법학입문

[제5판]

유병화 · 정영환 공저

法 文 社

Introduction of Law

Fifth Edition

by

Byung-hwa Lyou · Young-hwan Chung

2024

Bobmunsa

Pajubookcity, Korea

제5판 머리말

지난 2018년 3월 제4판 출간 이후 5년이 지난 시점에 개정을 하게 되었다. 늦었지만 매우 감사한 마음이 든다. 개정판이 거듭될수록 책 내용이 머리와 가슴에 자리를 잡아가는 것 같아 기쁘게 생각된다.

이번 개정도 우선 원저자인 은사님 국제법률경영대학원 대학교(Transnational Law and Business University, TLBU) 총장 유병화 교수의 「법학입문」을 기본 취지에 맞게 필체와 내용을 더욱 잘 다듬는 작업에 최선을 다하였다.

제5판 중 제1장 내지 제4장까지 법학의 본질과 방법에 관한 내용은 초심자도 쉽게 읽을 수 있도록 잘 다듬고 관련 홈페이지 등을 업데이트하는 데 주력하였다. 제5장에서 다루는 우리나라 실정법인 헌법, 행정법, 민법, 민사소송법, 형법, 형사소송법, 상법, 사회법 일반(노동법, 경제법, 사회보장법), 국제법 부분은 핵심 개념을 압축하여 정리하고 개정된 부분을 새롭게 추가하는 데 집중하였다. 이렇게 함으로써 초심자들에게는 책의 가독성을 높이게 하였고, 법학을 공부한 분들에게는 법의 전체적 내용의 핵심을 압축적으로 파악할 수 있도록 하였다. 본서가 법학의 초심자들과 전공자들에게 법학의 본질과 방법을 쉽고 깊게 배우는 길잡이가 되고, 법학의 총체적 내용을 압축적으로 이해하는 데 도움이 되길 바란다.

이번 개정작업을 강의와 업무 등으로 바쁜 중에서 열과 성의를 다하여 내용을 읽고 검토해 준 제자 장완규 교수, 김정환 박사, 이진규 박사(미국변호사), 최광선 교수, 박태신 교수, 조수혜 교수에게 깊은 감사를 표한다. 인생 중에 하나님의 축복이 넘치길 빈다.

또한 이 책이 더욱 의미 있게 되도록 교정과 제본 등 출판과정에 정성을 다하여 세세한 부분까지 챙겨주신 편집부 김제원 이사, 기획영업부 정해찬 과장께 깊이 감사드린다.

항상 옆에서 이해와 격려를 해주는 사랑하는 아내와 두 딸 희영, 다연에게도 진심으로 감사드린다. 어떤 상황 속에서도 항상 함께 해주시는 신실하신 하나님 아버지께 모든 영광 올려드립니다.

2024년 1월 5일
고려대학교 연구실에서
공동저자 정 영 환 드림

제4판 머리말

지난 2016년 1월 제3판 개정 이후에 2년 정도 지난 시점에서 제4판 개정을 하게 되었다. 원래 제3판 개정 시에 매년 개정을 하려는 마음을 가졌지만 공동저자인 본인의 게으름과 제3판의 재고가 조금 남아 있는 출판 상의 어려움이 있었다. 죄송한 마음을 금할 수 없다.

이번 개정은 우선 원저자인 TLBU 총장 유병화 교수의 「법학입문」을 기본취지에 맞게 잘 다듬는 작업을 하였다. 또한 민법상 부모의 직계존속에 의한 손자녀에 대한 면접교섭권 등의 일부 개정을 반영하였으며, 미국 현행 법령집 중 일부 추가된 부분 등을 넣었다.

공동저자가 개정작업 시마다 느끼는 것이지만 본서의 내용이 법학입문서로서 좀 어려운 부분이 있다는 점을 인정한다. 그러나 본서 제1장부터 제4장에서 법학의 철학적 기반과 법의 발전, 법학의 기본지식, 법학연구에 필요한 상식을 다룬 이후에 제5장에서 우리 실정법인 헌법, 행정법, 민법, 민사소송법, 형법, 형사소송법, 상법, 사회법 일반, 국제법의 핵심 내용을 체계적으로 서술하고 있다는 점에서 법학입문서로서 필요·충분조건을 갖추고 있다고 확신한다. 본서가 대학 및 대학원 과정의 법학교육에 많이 활용되길 바란다.

이번 개정작업을 바쁜 중에도 열과 성의를 다하여 도와준 제자 장완규 교수, 김정환 박사, 최광선 교수, 이명민 박사에게 깊은 감사를 표한다. 인생 중에 축복이 넘치길 빈다.

본서가 제4판 개정하게 됨을 주님께 진심으로 감사를 드린다. 이 책을 출판해 주신 법문사 사장님과 편집 등의 업무를 담당한 예상현 과장, 정해찬 씨에게 고마움을 표한다.

2018년 2월 15일
고려대학교 연구실에서
공동저자 정 영 환 드림

제3판 머리말

지난 2012년 8월 제2판 개정은 1998년 이후 개정하지 못한, 은사님이며 TLBU 총장 유병화 교수의 「법학입문」을 새롭게 시작하는 데 집중하였다. 이번 제3판 개정에서는 여기에서 한걸음 더 나아가 원저자의 본래 취지에 맞게 책의 내용을 전체적으로 보다 충실하게 하려고 노력을 하였고, 제2판 개정 이후에 법률개정 등으로 내용을 수정·추가할 부분을 개정하였다.

구체적으로 보면 제1장(법이란 무엇인가) 내지 제3장(법의 기본지식) 부분은 현재 법의 기초를 공부하는 법학도들이 조금 읽기 쉽게 표현을 다듬는 작업을 하였다. 제4장(법학연구에 필요한 상식) 부분은 인터넷 법률정보의 이용의 중요성이 강조된다는 점에서 제2절의 Ⅳ.항(한국의 법률정보 서비스) 부분을 일부 추가하였다. 제5장(법학의 여러 분야에서는 무엇을 배우는가) 제3절의 민법 부분에서는 Ⅱ.항(총칙) 부분에서 성년후견제도의 도입에 따른 종전의 무능력자제도(미성년자·금치산자·한정치산자)가 제한능력자제도(미성년자·피성년후견인·피한정후견인·피특정후견인)로 바뀐 부분을 수정하였고, 그 외에 친족·상속 부분 등에서 민법 개정을 반영하였다. 제4절 민사소송법 부분은 공동저자가 민사소송법을 전공하고 있기에 민사소송법의 핵심적인 내용을 일부 보강하였다. 제5절 형법 부분은 Ⅲ.항 (형벌론) 부분에서 유기징역·유기금고의 상한(15년 → 30년) 및 가중상한(25년 → 50년)을, Ⅳ.항(각종의 범죄)의 (2) 부분에서 강간과 추행의 죄에 있어서 범죄의 객체가 '부녀'에서 '사람'으로 개정된 것 등을 반영하였다. 제6절 형사소송법 부분은 Ⅱ.항(수사절차) 부분에서 검사의 처분과 관련한 '공소권없음' '죄가안됨' '혐의없음' 부분 등을 다듬어 검찰실무 부분에 부합하도록 하였다. 제7절 상법 부분에서는 2011년 5월 23일 상법 개정에 따라 항공운송이 상법전에 도입됨에 따라 Ⅶ.항에 '항공운송법'을 추가하였고, 이에 따라 일부 항목을 조정하였다. 제8절(사회법 일반) 및 제9절(국제법) 부분은 보다 전문성이 요구된다고 판단되어, 제8절 부분은 노동법을 전공하는 오세웅 박사의, 제9절 부분은 국제법을 전공하는 김민주 박사의 도움을 받아 내용을 다듬었다.

이번 개정작업을 통하여 앞으로는 매년 본서의 개정판을 내는 것이 좋겠다는 생각을 갖게 되었다. 또한 이번 개정작업을 열심히 도와준 제자 김정환 박

사, 김민주 박사, 오세웅 박사, 정상민 변호사, 이명민 박사, 이윤희 양(박사과정), 윤세교 양(박사과정)에게 진심으로 감사한다. 인생 중에 많은 축복이 함께하길 빈다.

이 책을 제3판 개정하게 됨을 주님께 진심으로 감사를 드린다. 이 책을 출판해 주신 법문사 사장님과 편집 등의 업무를 담당한 예상현 과장, 권혁기 대리, 정해찬 씨에게 고마움을 표한다.

2016년 1월 12일
고려대학교 연구실에서
공동저자 정 영 환 드림

제2판 머리말

이 책은 현재 국제법률경영대학원 대학교(Transnational Law and Business University, TLBU로 약칭함)의 총장인 유병화 교수의 「법학입문」을 고려대학교 법학전문대학원의 정영환 교수가 공동저자로 참여하여 일부 수정하여 출간한 것이다.

이 책은 유병화 교수께서 1980년 고려대학교 법과대학의 교수로 부임한 후에 법학 기초교육의 중요성을 절실히 느껴 1982년 「법학개론」을 출간하면서 시작되었다. 1982년 「법학개론」에서는 종래의 법학개론서와 달리 법의 기초가치관을 강조하여 제1편 총론에서 법이 무엇이고(법이론적 접근), 어떻게 발전하여 왔는지와(대륙법계와 영미법계의 법의 발전사), 기타 법의 연원, 체계, 효력, 적용, 해석, 논리구조 등의 일반론을 설명하였다. 이어 각론에서 헌법, 행정법, 민법, 민사소송법, 형법, 형사소송법, 상법, 노동법, 경제법, 국제법 등의 개별법을 살펴보았다. 이 책은 법학의 기초교육의 변화를 위한 중간작업이었다. 기존의 법학개론서보다 법의 기초가치관을 강조하여 총론부분에 법철학적 접근과 세계적인 법의 발전사를 살펴본 것이다.

그 이후 유병화 교수께서 1990년 국제화·전문화 시대에 대비하고 중간단계의 「법학개론」을 발전시켜 「법학입문」을 출판하였고, 1998년까지 개정하였다. 1990년 「법학입문」에서는 종전의 「법학개론」의 총론부분을 보완하였는데, 특히 법학연구에 필요한 상식에 해당하는 영미법의 판례연구방법인 Case Method, 컴퓨터 법률정보 서비스인 LEXIS, WESTLAW의 내용과 이용방법, 외국문헌의 이용방법, 법률관계 국제문헌 찾는 법, 외국판례 및 외국법령 찾는 법 등을 보강하였고, 각론부분은 실제 강의에 필요하도록 내용을 간결하게 소개하는 서술방식으로 바꾸어 분량은 줄이면서도 그 내용은 보다 알차게 하였다. 그러나 그 후에는 유병화 교수께서 아시아의 인재들을 모아 국제화 시대를 이끌어갈 국제적 인재들을 키우겠다는 오랜 꿈을 실천하기 위하여 고려대학교 법과대학의 학장을 마지막으로 고려대학교를 퇴직하고 국제법률경영대학원 대학교(TLBU)를 설립·운영하면서 개정판을 내지 못하여 큰 부담감을 가지고 있었다.

그러던 차에 유병화 교수의 제자인 정영환 판사가 2000년 3월에 고려대학교 법과대학에 민사소송법 교수로 왔고, 이제 유병화 교수의 「법학입문」의 공동저자로 참여하게 되었다.

공동저자로서 유병화 교수의 「법학입문」의 뜻을 잘 살려 더욱 좋은 법학입문서로 발전시켜 나가야 하는 의무감을 깊이 느낀다. 능력은 부족하지만 은사님인 유병화 교수의 지도하에 최선을 다할 것을 다짐해 본다.

이번에 개정되는 「법학입문」은 종전의 틀을 유지하면서 한글체 위주로 바꾸면서, 법률 개정 등으로 내용이 바뀐 것을 개정하였고, 또한 인터넷 홈페이지 등을 넣은 소폭의 변화를 주었다. 이번 개정판은 1998년 이후에 개정하지 못한 것을 다시 스타트 하는데 중점을 두었다. 특히 이번 개정작업에 도움을 준 제자 장완규 조교수(용인송담대), 김정환 박사, 홍영호 군(사법연수원생, 박사과정), 이윤희 양(박사과정), 김현 양(사법연수원생, 석사과정)에게 감사한다.

이 책을 다시 개정하게 됨을 주님께 진심으로 감사를 드린다. 또한 이 책을 출판해 주신 법문사 여러분과 편집을 담당한 예상현 과장에게 고마움을 표한다.

2012년 8월 15일
고려대학교 연구실에서
공동저자 정 영 환 드림

序　文

　　法學入門은 著者가 법과대학에서 오랫동안 가르치면서 늘 염두에 두고 있었
다. 법학도들이 법학을 공부하는데 매우 필요한 기초를 닦아주고 또한 시대변
화에 적응하는데 실질적 도움을 줄 수 있는 기본지식을 제시해 주는 기본서가
필요하다고 생각하였다. 이러한 목적에서 법학입문은 우선 법학의 기초교육을
중요시 하였다. 어느 학문이든지 그 기초교육이 중요하겠지만 인간사회생활의
모든 부분을 규율하고 그 평화와 발전을 추구하는 법학은 특히 올바른 기초교
육을 필요로 한다. 법이 인간사회의 공동선을 지향하고 자연질서에 기초한 참
다운 인간의 발전에 봉사하기 위하여는 법을 정립하고 집행하고 판단하는 사람
들에게 올바른 법의 가치관과 개념을 깊이 심어 주어야 한다. 이러한 기초교육
을 무시하고 법의 조문이나 암기하게 하고 해석 기술이나 열심히 가르치면 법
이 반드시 인간사회의 공동선을 위하여 봉사한다는 보장은 없는 것이며 오히려
인간의 참다운 발전을 저해할 수도 있는 것이다. 이 책에서는 주요 법사상가들
의 견해를 비교하면서 법의 올바른 개념과 가치관을 정립하려고 하였으며 동시
에 오늘날 적용되는 여러 법제도가 발전하여 온 과정을 간결히 정리하였다.

　　둘째, 법학입문은 국제화시대, 전문화시대에 능동적으로 적응해 나가는 기
초수단을 제시하고자 하였다. 오늘날은 확실히 국제화시대이다. 세계가 하나의
생활권으로 변하여 우리의 생존이나 발전을 위하여 국제사회는 국내사회 못지
않게 중요하게 되었다. 교통통신의 발전, 국제무역 및 투자의 발전, 컴퓨터 정
보처리의 발전과 국제화, 우주의 경제적 이용 등이 인간사회를 끊임없이 변화
시키고 있다. 인간사회의 모든 부분을 규율하는 법이 이러한 국제화・전문화와
긴밀한 관련이 있음은 물론이다. 그러나 법과대학에서는 이 모든 변화를 예상
하여 교육할 수도 없으며 특히 한국의 법학교육이나 관련제도는 이러한 사회적
변화와 발전에 매우 처지고 있다. 한 가지 예를 들면 우리의 주요 경쟁국들의
변호사제도가 첨단시설의 종합병원을 운영하고 있다면 우리 변호사들은 대체
로 내과, 외과 등 특별한 전문성을 갖추지 않은 일반 醫員들로 활동하고 있다.
또한 국제거래의 주요수단인 미국법상의 계약개념조차도 배우지 않고 대학을
졸업하게 되어 있다. 이러한 상황에서 우리 기업의 대외진출을 지원하여 주는

효과적인 법률서비스는 기대하기 어려운 것이다. 이 책에서는 이러한 문제점을 감안하여 혼자서라도 전문적인 법지식을 추구하고 또한 실무에 종사하는 경우에 필요한 지식을 혼자서 추구하여 갈 수 있는 기초지식을 제시하려고 노력하였다. 구체적으로 제4장에서 판례연구방법, 컴퓨터 법률정보시스템 이용방법, 외국문헌 인용하는 법, 국제문헌 찾는 법, 외국판례 찾는 법, 외국법령 찾는 법을 설명하면서 특히 국제사회에서 주된 기능을 하면서 우리 법학교육에서 소홀히 되는 영미제도의 설명에 중점을 두었다.

셋째, 법학입문은 종래의 법학통론에서 큰 분량을 차지하고 있는 이른바 각론 부분을 크게 개편하였다. 실제로 법과대학의 현실을 보면 이러한 각론은 거의 강의의 대상에서 제외되고 학생들의 공부 대상에서도 제외되고 있는 실정이다. 그러므로 이러한 각론을 없애고 대신 법학의 각 분야에서는 무엇을 배우고 있는지를 서술식으로 매우 간결히 소개하였다. 이러한 법학분야의 소개는 법과대학을 졸업한 젊은 법조인과 젊은 행정관료들이 맡아서 정리하였다. 구체적으로 조민행(헌법, 행정법), 강태순(민법), 안상돈(형법, 형소법), 김갑진(상법), 조홍준(민소법), 윤현중(사회법 일반) 군들이 수고하였다.

이 책이 앞에서 설명한 목적에 기여하기 바라며, 뒷바라지를 한 아내에게 고마움을 전한다.

1998년 4월 12일
國際法律經營研究員 研究室에서
柳 炳 華 씀

차 례

제1장 법이란 무엇인가

제 3 장　법의 기본지식

제 4 장   법학연구에 필요한 상식

제 5 장 법학의 여러 분야에서는 무엇을 배우는가

제1장

법이란 무엇인가

제1장 법이란 무엇인가

제1절 법사상가들의 견해

Ⅰ. 법 개념의 다양성과 올바른 법 개념의 중요성

1. 다양한 법 개념

사회가 있는 곳에는 어디나 질서 내지 법이 있다(ubi societas, ibi jus). 다시 말해서 인간은 늘 질서 내지 법과 더불어 살고 있다. 그러므로 사람들은 누구나 어렴풋이나마 법을 알고 있으며 또한 법이 사회생활에 매우 필요하다고 생각한다. 실제로 사회생활을 관찰하여 보면 모든 사람의 활동은 일정한 질서에 따라 이루어지고 있는 것을 알 수 있다. 이 질서란 전체적인 흐름이나 체계를 말하는 것인데 이러한 질서를 세분하면 여러 가지 규칙으로 구성되어 있다. 이 규칙을 지키지 않으면 인간은 일정한 부담을 느낀다. 아침 출근시간에 늦어서 허둥지둥 뛰어가는 모습이나 엄마에게 거짓말을 한 아기의 얼굴이 빨갛게 되는 것은 모두 이러한 부담으로부터 오는 것이다. 이런 현상을 다시 표현하면 인간은 여러 가지 규칙을 지켜야 할 의무가 있는데 이를 위반하면 일정한 부담을 받게 된다는 것이다. 이 부담은 법적 표현으로 제재라고 할 수 있다. 그런데 이러한 의무위반의 제재는 가슴이 두근거리는 것, 부끄러운 것, 남들이 비난하는 것, 교도소에 가는 것 등 여러 가지다. 이것을 체계적으로 분석하여 보면 종교적 의무 또는 도덕적 의무를 위반하여 양심의 가책을 받거나 부끄러움을 느끼는 모습, 예의범절 등 사회관습을 위반하여 스스로 부끄러움을 느끼거나 남의 비난을 받는 것, 법을 위반하여 법적 제재를 받는 것 등 다양하며, 흔히는 여러 의무를 중복하여 위반하는 경우도 많다. 이러한 것 중에서 이 책에서 주로 다루는 법적 의무는 객관적으로 명시되어 있으며 위반하면 어떠한 부담 내지 제재를 받는다는 것도 미리 객관적으로 명시되어 있다. 그리고 보통 제재라고 하면 이러한 객관적이고 조직적인 법적 제재를 의미한다. 이 모든 규칙과 의무는 다 중요하지만, 그중에서 법과 규칙은 특히 사회가 복잡하고 조직화되어 있을수록 더욱 필요하고 중요한 기능을 수행한다. 현대 도시생활을 한번 둘러보면 법에 관계되지 않는 영역이 거의 없다. 내가 살고 있는 집이나 아파트는 소유권 문제가 법으로 규율되고, 이웃과는 상린관계(相隣關係)의 여러 규칙이 적용되며, 전화, 전기, 가스, 수도 등 생활을 유지해주는 모든 시설도 일정한 계약관계로 유지되고 있다. 한마디로 우리 생활 어디를 둘러보아도 법의 규율을 받지 않는 부분이 별로 없다.

그러함에도 불구하고 법의 정확한 정의(定義)를 내리라고 하면 사람들은 이를 매우 어렵게 생각하고 그 정의 또한 사람마다 상당히 다르다. 특히 역사적으로 유명한 법사상가들 조차 저마다 매우 다른 개념으로 법을 정의하여 이를 배우는 사람들을 당황스럽게 만든다. 어떤 사람은 '법은 권력자가 마음대로 만드는 것'이라 하고, 어떤 사람은 '법은 마음대로 만드는 것이 아니라 올바른 법을 발견해 내는 것'이라 한다. 어떤 사람은 '법이란 현존하는 법규와 판례일 뿐'이라고 한다. 또 어떤 사람은 법을 추구해야 할 가치로 파악하여 '어느 사회집단의 즐거움을 극대화하는 것'으로 생각하기도 하고, '정의(正義)의 실현'이라고 하기도 한다.

법의 근거에 관하여도 의견이 다양하다. 정의라고 주장하는 사람도 있고, 권력자의 의사라는 사람도 있고, 자연질서에 있다는 사람도 있고, 사회적 필요성에서 구하기도 하고, 어떤 가정적 규범에서 구하기도 한다. 또한 법의 목적 내지 기능도 다양하게 생각하여 '정의의 실현'이라는 사람도 있고, '질서유지'라는 사람도 있고, '집권층의 착취수단'이라고 보는 사람도 있다.[1]

그러면 이러한 상황에서 법의 개념을 어떻게 파악하고 법을 어떻게 연구해 나가야 하는가? 올바른 입법정책을 수립하여 시행하거나 법을 효율적으로 집행하기 위해서 또는 단순히 법률생활을 제대로 해나가기 위해서는 올바른 법 개념에 기초하여 법을 올바르게 연구하고 인식할 필요가 있다. 그런데 법의 개념은 매우 다양할 뿐 아니라 극단적인 대립을 이루기도 한다. 이러한 경우에는 먼저 역사적으로 주요한 법사상가들의 견해를 비교 검토한 다음, 올바른 사회질서가 유지되기 위해서 또는 법의 참다운 근거를 부여하기 위하여 법의 개념이 어떠해야 하는가를 상식적으로 추구할 필요가 있다. 또한 법의 개념이 올바르

---

1) 유병화, 『법학개론』 (법문사, 1988), 33-34면.

냐 아니냐는 단순히 그 설명이 수긍될 수 있다든지 사회현상을 그럴듯하게 묘사한다는 것만으로는 검증할 수는 없고, 궁극적으로 사회에 어떠한 결과를 가져오는가, 인간의 발전을 위하여 바람직한 사회질서를 유지하는 데 도움이 되는가, 인간과 사회를 올바르게 설명할 수 있는가 여부로 검증해야 한다. 합리성이라는 구실 아래 너무 현실과 유리(遊離)되어 추상적 이론에만 집착하여도 문제이고, 현실성이라는 명분 아래 전체적인 합리성을 저버리고 일부 현상만을 강조하여 법의 개념을 설명하는 것도 잘못이다. 결국 합리적 상식에 근거하여 생각하고 판단하면서도, 인간사회의 실제적 현실을 반영하여 궁극적으로 인간의 행복과 인간사회의 발전을 가져오는 것이면 올바른 법의 개념이라고 할 수 있다. 이러한 관점에서 올바른 법 개념의 정립을 위하여 먼저 역사적으로 많은 영향을 준 법사상가들의 견해를 간단히 검토하여 볼 필요가 있다.[2]

본서에서는 많은 철학자 중에서 서양철학의 골격을 세운 그리스 철학자 플라톤(Platon)과 아리스토텔레스(Aristoteles), 중세 기독교 철학자 성 토마스 아퀴나스(St. Thomas Aquinas), 근대철학자 중 17세기의 영국 경험철학자인 토마스 홉스(Thomas Hobbes), 18세기 독일철학을 대표하는 이마누엘 칸트(Immanuel Kant), 공리주의 철학자 제레미 벤담(Jeremy Bentham), 공산주의 이론의 창시자 카를 마르크스(Karl Marx), 법실증주의 철학자 한스 켈젠(Hans Kelsen)을 중심으로 살펴보고자 한다.

2. 올바른 법 개념의 중요성

모든 인간사회가 법률을 포함한 사회질서에 따라 유지되고 발전되어 간다면 법의 개념을 어떻게 파악하느냐에 따라 매우 커다란 차이를 가져올 수밖에 없다. 특히 사회가 복잡하고 조직화될수록 법의 기능이 중요하다면 현대사회에서는 올바른 법 개념과 올바른 법 정책이 그만큼 중요할 것이다. 가령 법의 근거를 권력자의 의사에 두고 권력자가 만들면 법이라는 개념에 깊이 물든 사람들이 정권을 잡는다면 어떻게 되겠는가? 또한 법은 부유층의 지배수단이고 착취의 수단이므로 폭력에 의하여 기존체제를 전복시켜야 된다는 개념에 도취되어 있는 사람들이 많다면 사회질서가 정상적으로 유지되어 가겠는가? 다시 말해서 법의 개념을 어떻게 파악하느냐에 따라 사회를 발전시킬 수도 있고 후퇴

---

2) 법 개념의 깊은 연구를 원하면 유병화, 『법철학』(법문사, 2004) 참조.

시킬 수도 있으며, 사회구성원들의 복지를 추구할 수도 있고 괴롭히거나 착취할 수도 있다. 그러므로 법의 개념이나 가치 등 기초교육은 매우 중요하다. 이러한 법의 기초교육 없이 법규를 해석하고 적용하는 기술이나 열심히 가르친다면 매우 바람직하지 못한 결과를 초래할 수도 있으며, 법이 사회의 발전과 번영의 수단이 아니라 억압과 속박의 수단이 될 수도 있는 것이다. 그러므로 법학을 공부함에 있어서 올바른 법의 개념을 포함한 법의 기초교육은 매우 중요하다.

Ⅱ. 플라톤(Platon)

1. 플라톤의 법 개념

플라톤의 법 이론은 그의 여러 저서 중 주로 「국가」(πολιτεία), 「정치가」(πολιτικοζ), 「법률」(Nομοζ)에서 설명된다.

「국가」는 이상국가와 그 실현을 위한 정의, 법, 교육에 관한 대화로 이루어져 있다. 「정치가」는 왕의 기능, 정의, 법률의 구실을 소재로 대화형식으로 되어 있다. 마지막에 쓴 「법률」은 철학자인 아테네(Athenes), 크레테(Creta), 스파르타(Sparta) 사람인 세 노인의 대화로 엮어진다. 대화의 내용은 권력의 근거, 좋은 법률을 발견하는 방법 등이다. 이 「법률」은 「국가」에 비하여 상당한 변화가 있다. 즉 플라톤의 경험을 바탕으로 「법률」에서는 종전 「국가」에서의 유토피아적 내용에 많은 수정을 가하였다.[3]

플라톤의 이론은 먼저 이상적인 국가에서 출발한다. 이상국가를 실현하기 위하여 정치가나 법률가가 해야 할 일은 올바른 법을 추구하는 것이다. 플라톤에 있어서 법은 항상 올바른 것이며, 올바르지 않은 법은 법이 아니다. 그리스어의 '디카이오스(δικαιος)'는 '올바른 것'과 '법'을 동시에 나타내고 있다. 그러므로 법률가의 임무는 제정법규를 인식하고 적용하는 것이 아니라, 올바른 법을 찾아서 적용하는 것이다. 이것은 의사의 처방과 비슷하여 가장 효과적인 치료를 위한 최선의 해결을 구하는 것이다.[4]

플라톤에 의하면 법의 목적은 선을 추구하는 것이다. 그의 선이란 정의를

---

3) Michel Villey, *La formation de la pensée juridique moderne*, Edition Montchrestien, Paris, 1975, pp. 22–23.

4) Platon, *Laws*, Ⅳ, 715, Collected Dialogues edited by E. Hamiliton and H. Caims, Princeton University Press, 1982, p. 1306.

말하는 것이다. 아리스토텔레스의 정의가 사회관계만을 대상으로 하는 데 비하여 플라톤의 정의는 개인의 내면관계도 대상으로 한다. 플라톤에게 있어서도 정의란 각자에게 그의 몫을 돌려주는 것(suum cuique tribuere)이다.[5] 그러나 플라톤의 정의는 어느 국가 안에서 그 구성원인 개인에게 그의 몫을 돌려주는 것뿐 아니라 개인의 내면에서도 이것을 실현하는 것이다. 다시 말해서 정의는 정치뿐 아니라 개인의 도덕에도 직접 연결되는 것이다.[6] 국가란 개인으로 구성되어 올바른 삶을 추구해 나가는 것이므로 국가를 지배하는 도덕원칙, 정의원칙은 개인의 그것과 똑같을 수밖에 없다. 개인은 국가 구성원으로서의 삶을 영위하는 것이기 때문에 개인의 정의나 국가의 정의는 똑같이 이상적 정의로 결정된다. 플라톤이 교육을 절대적으로 강조하는 이유도 바로 여기에 있다.[7] 개인의 내면에서 균형을 이루는 정의가 실현되어야 국가의 정의가 실현된다. 개인 내면의 균형이란 감각적 본능을 이성에 종속시키는 균형을 의미한다. 이 균형이 국가에서는 여러 계급간의 분업과 종속으로 나타난다. 생산자, 군인, 정치가(철인)로 구분되는 모든 계급의 사람들이 다른 계급의 임무에 간섭함이 없이 자기 계급의 일에 충실하며, 지배받는 사람이 지배하는 사람에게 복종할 때 국가의 균형이 실현되고 정의가 이루어진다.[8] 그리고 개인의 균형이 이루어지지 않을 때, 다시 말해서 감각적 본능이 이성에 종속되지 않을 때, 국가의 정치질서도 타락하여 금권정치나 과두(寡頭) 독재정치가 이루어진다는 것이다.

그러므로 플라톤이 강조하는 것은 어느 사회의 법을 생각할 때 그 사회를 구성하는 구체적 인간들을 떠나서 생각해서는 안 되며, 사회관계를 그 구성원들의 양식이나 교육과 분리하여 생각하면 파탄에 빠지게 된다는 것이다.

그러면 법의 내용인 '올바른 것'은 어떻게 발견할 수 있는가? 올바른 법은 경험을 통해서 얻는 것이 아니라 사변학문(思辨學問)을 통해서 추구하는 것이다. 다시 말해서 자연에 대한 객관적 관찰과 사변으로 이데아(Idea)를 추구해야 한다. 이것은 아무나 할 수 있는 것이 아니라 철인(哲人)만이 할 수 있다. 즉 플라톤에 의하면 철인이 이상적인 입법자이다. 철인은 먼저 감각적인 것, 변화하는 것으로부터 사물의 실상인 이데아(Idea)에 도달하는 방법인 변증술(dialectic,

---

5) Platon, *Republica*, vol.1, 331e, 335e.
6) Platon, *Republica*, vol.2, 369a; F. Copleston, A History of Philosophy, vol.1, part Ⅰ, p. 250.
7) Platon, *Laws*, vol. Ⅶ, 788a－.
8) Platon, *Republica*, 433a－.

질문과 대답이나 질문과 비판으로 진행되는 토론의 과정)을 배워야 한다. 이와 관련하여 플라톤은 「국가」 Ⅶ권에서 유명한 동굴의 비유를 든다. 동굴의 포로들은 어려서부터 팔·다리가 묶여서 동굴 벽만을 쳐다보고 있다. 따라서 동굴 입구에서 흘러들어온 빛이나 동굴 밖의 사물을 직접 볼 수가 없고, 오직 동굴 벽에 비친 사물의 그림자만 볼 뿐이다. 그런데 이들 중 몇 명이 동굴을 탈출하여 진정한 태양과 사물을 보게 된다. 이처럼 철인은 변증술을 통하여 감각적 세계를 탈출하여 올바른 인식을 하는 이데아(Idea)의 세계에 도달해야 한다는 것이다.[9] 이것이 정치가나 입법자가 해야 할 일이다.

플라톤은 올바른 인식을 위하여 자연의 관찰에서 출발하지만, 그가 제시하는 것은 자연의 외견적 사실이 아니라 자연의 관찰에서 나오는 이데아(Idea)이다. 그러므로 플라톤의 법은 자연법이라기보다는 이념의 법이다.

2. 실 정 법

한편 플라톤의 성문 실정법규 이론을 보면, 처음 「국가」에서는 실정법을 매우 적대시하다가 나중에 「정치가」 및 「법률」에서는 실정법에 대하여 보다 현실적인 태도로 바뀌었다. 이 두 가지 태도가 모순이라고 하기 보다는 우선 실정법의 불완전성을 강조한 다음 현실적 필요성을 인정한 것이라고 봄이 적절하다고 생각한다.

우선 「국가」에서 말하는 비판적 주장을 들어보자. 플라톤에 의하면 철인·군주가 변증술과 금욕적 노력을 통하여 정의의 이데아(Idea), 즉 에이도스(Eιδoς)에 도달하여도 그가 추구하여 얻은 인식내용을 보통의 사람에게 전달할 수가 없다는 것이다. 동굴의 포로는 빛의 이야기를 믿지 않는다는 것이다. 따라서 철인은 그들이 이해할 수 있는 거짓말을 하게 된다는 것이다.

또한 실정법은 그 적용에 있어서 불의를 나타낸다. 법을 적용하는 인간의 세계는 끊임없이 움직이는데, 법규는 고정되어 있기 때문이라고 한다. 예컨대, 현실적으로 철인이 하나밖에 없으면 군주정치제가 적당하고, 철인이 여럿이 있으면 귀족정치제가 적당한데, 어느 한 가지로 고정시켜 놓으면 부당한 결과가 된다고 한다.

이러한 비판적 주장을 하기는 하여도, 플라톤은 현실적으로는 성문의 실정

---

9) Platon, *Republica*, Ⅶ, 514a –.

법이 필요하다고 주장한다. 철인이 늘 권력을 잡는 것도 아니고, 시민의 배척을 받는 수도 있다. 따라서 지속적 효과를 위해서도 철인이 입법자로 행동하는 수밖에 없다. 의사가 병자를 방문하여 처방을 남겨 놓고 가듯이 철인은 국가에 성문 실정법규를 남겨 놓는 것이다.

플라톤은 역사적으로 나타난 실정법상의 정부 형태를 세 가지로 구분한다. 군주정치제(Monarchy), 귀족정치제(Aristocracy), 민중정치제(Democracy)가 그것이다. 그런데 이들이 타락하면 각각 독재정치(Tyranny), 과두(寡頭) 전제정치(Oligarchy), 타락한 민중정치가 된다.

그러면 이러한 실정법규는 어디에서 나오는가? 이것은 민중의 의사에서 나오는 것이 아니라 철인에게서 나온다. 올바른 것의 완전한 내용인 이데아를 전달할 수 없으므로, 결국 "군주의 마음에 드는 것이 법률의 효력을 갖게 된다(quod principi placuit, legis habet vigorem)."는 것이다. 그러나 의사가 건강한 사람에게 자신의 처방에 대하여 설명해 주듯이 미리 그 사회의 엘리트들을 설득하는 것은 좋은 일이다.[10] 교양이 부족한 시민은 그저 강제로 복종시키면 된다. 이처럼 민중은 법규의 중개를 통하여 철인의 정의에 참여하게 된다.

이러한 실정법규는 완전한 정의의 이데아를 시원치 않게 모사(模寫)한 것이기 때문에 종종 불완전성을 드러내고, 따라서 제정자를 구속하지는 못한다.[11] 즉 "군주는 법률로부터 자유롭다(princeps legibus solutus est)."는 것이다. 그러나 철학을 배우지 않아서 중개 없이는 정의를 모르는 일반 대중은 실정법규를 엄격히 지켜야 한다. 실정법규가 적어도 정의의 모사라고 가정할 수 있기 때문이다.

결국 플라톤은 매우 고상한 것에서 출발하여 비천한 법실증주의로 전락하고만 셈이다. 너무 이상적인 것만을 추구하다 보면 너무 깊은 모순의 구덩이에 빠지는 경우가 있다. 실정법규가 철인에게서 나와야 하는데 철인이 없으면 잘못된 군주와 그의 독재에 넘어갈 수밖에 없는 것이다.

---

10) Platon, *Laws*, Ⅲ, 684, Ⅳ, 857.
11) Platon, *Politicus*, 300c.

Ⅲ. 아리스토텔레스(Aristoteles)

1. 법의 개념과 정의

플라톤의 방법이 주로 사변(思辨)을 통한 유토피아(utopia)적 성격을 띤다면, 아리스토텔레스는 사물에 대한 객관적 관찰·분석, 종합의 방법을 사용하고 있다. 아리스토텔레스는 법의 개념을 정의할 때에도 플라톤과 달리 일상 언어에 대한 관찰과 분석에서 출발한다. 아리스토텔레스에 의하면 단어가 부족하므로, 같은 말이 일상적 언어에서 여러 가지 뜻을 갖는다. 그러나 주의 깊게 분석해 보면 고유의미와 파생된 의미를 분리할 수 있고, 이에 따라 고유의미를 판별해 낼 수 있다. 아리스토텔레스는 이 방법을 통하여 법과 정의를 파악하려 한다.[12]

그리스어의 '디카이온(δικαιον)'은 법과 정의(올바른 것)를 동시에 뜻한다. 이것은 오늘날 서양 언어에 그대로 반영되어 있다. 따라서 재판하는 것을 '정의를 내린다(rendre la justice)'라고 하거나, 법무부를 '정의의 부(Ministry of Justice)'라고 부르며, 법의 시행업무를 '정의의 행정(administration de la justice)'이라고 한다. 아리스토텔레스에 의하면 '디카이온(δικαιον)'은 법과 정의를 동시에 내포하고 있으며, 이 언어를 검토·분석해 보면 법은 정의의 실현을 목적으로 하는 데서 유래한다고 한다. 따라서 아리스토텔레스는 먼저 정의의 내용, 적용영역을 세밀하게 분석함으로써 법의 개념을 밝히려 한다.

넓은 의미의 정의는 도덕규칙에 합치하는 모든 행위를 뜻한다. 절제, 용기 등 모든 덕행을 넓은 의미의 정의로 나타내는 이유는 일반적으로 덕행의 수행을 사회적 유용성과 결부시켜서 생각하기 때문이다. 예컨대 위험을 무릅쓰고 조국(祖國)에 대한 임무를 수행하는 사람을 의인이라고 한다. 그러나 정의라는 말의 고유한 의미를 주의 깊게 추구해 보면 플라톤도 지적한 것처럼 '각 사람에게 그의 몫을 주는 것(suum cuique tribuere)'이다. 각 사람에게는 올바른 척도에 따라 더 받지도 덜 받지도 않은 타당한 분배가 실현되어야 한다.[13] 여기에 아리스토텔레스의 중용(medium) 개념이 다시 연결된다. 즉, 각 사람에게 분배된 사물의 몫이 너무 크지도 작지도 않다는 것이다. 이와 같이 해서 정의는 도덕

---

12) Aristoteles, *Ethique á Nicomaque* (traduction par J. Tricot), J. Vrin, Paris, 1979, V. 1 (1129a－).

13) *Ibid.*, v.3 (1130a).

전체와의 혼동을 벗어나게 된다.

그러면 정의의 기능은 무엇인가? 그것은 평등 혹은 동등(同等)을 실현하는 것이다. 그런데 평등, 즉 정의의 기능에는 두 가지가 있다. 첫째는 분배적 정의(justitia distributiva, '배분적 정의'라고도 한다)로서 국민에게 재산, 명예, 부담을 올바르게 분배하는 것이다. 여기서 말하는 평등은 기하학적 평등으로 비율이 같은 것을 의미한다.[14] 예를 들면 구두 만드는 사람의 봉급과 건축가의 봉급 비율은 이 두 사람의 작업이 갖는 품질의 비율과 같다.[15]

$$\frac{건축가의\ 노동}{구두를\ 만드는\ 사람의\ 노동} = \frac{건축가의\ 봉급}{구두를\ 만드는\ 사람의\ 봉급}$$

두 번째 정의의 기능은 교환적 정의(justitia commutativa)이다. 이미 재산, 명예, 부담이 분배되어 있는 경우에 A에 속한 일부를 다시 B에게 주었다면 A와 B 사이의 균형이 파괴되므로, 그에 상당하는 재산이나 돈을 B로부터 A에게 지불해야 한다. 이것이 교환(commutation)이다. 여기에서의 평등은 산술적 평등이다.[16] A의 자동차가 매매, 절도, 공용수용 등의 이유로 B에게 옮겨졌으면 B는 그만한 대가를 A에게 지불해야 한다.

정의의 두 가지 기능 중에서 올바른 분배 즉 분배적 정의가 주된 기능이다. 교환은 정의의 목적인 비율적 평등을 유지하는 보조적 기능을 한다.

그러면 이 정의의 적용영역은 무엇인가? 본래 의미의 정의는 어느 국가 안에 사는 여러 시민 간에 균형이나 평등을 실현하는 것이다. 국가는 명예와 재산을 다투는 이해관계가 다른 여러 시민으로 구성되어 있다. 이 시민들 간에도 정치적 올바름을 실현하는 것이 정의의 주된 내용이다. 물론 가정에서도 제한적으로 정의를 이야기하는 수가 있다. 예를 들면 자녀나 하인들 간에 재산을 평등하게 분배해 주는 경우, 정의에 따른다고 한다. 그러나 가정은 엄격히 몫을 나누어야 하는 구별된 이해관계가 없다. 자녀와 부모는 특별한 인연을 갖고 결합한다.[17] 현대식 표현을 빌리자면, 가정이란 이익사회(Gesellschaft 또는 Society)가 아니라 공동사회(Gemeinschaft 또는 Community)이다. 따라서 가정에는 엄격한 의미의 법이나 정의는 문제가 되지 않는다. 19세기 독일 사회학보다 훨씬 앞서서

14) *Ibid.*, 1131a.
15) Michel Villey, supra note 3, p. 40.
16) Aristoteles, *Ethique á Nicomaque*, supra note 12, V. 7 (1131b-1132a).
17) Michel Villey, supra note 3, p. 42.

아리스토텔레스는 이 모든 것을 알고 있었다고 볼 수 있다.

2. 법과 도덕

플라톤은 법과 도덕을 혼합시키지만, 아리스토텔레스는 법과 도덕을 구별하며, 또한 법과 정의도 구별한다. 특히 아리스토텔레스는 일상의 언어사용을 관찰, 분석하는 데서 출발한다. 아리스토텔레스에 의하면 '올바르다는 것'과 '올바른 것을 성취하는 것'은 구별해야 한다. 즉 '디카이오스(δικαιος)'와 '디카이운(δικαιον)'은 구별해야 한다.

나는 올바르지 않고서도 올바른 것을 성취할 수 있다. 예를 들면 나는 정의에 근거해서가 아니라 단순히 감옥에 갈 것이 무서워서 위탁받은 물건을 돌려줄 수도 있다. 또 나는 주관적인 불의의 의사 없이 단순히 공포나 착오 때문에 옳지 못한 것을 하는 수가 있다.[18]

법은 정의의 대상인 중용, 시민 사이의 평등을 실현하되 그 효과 내지 외부적인 결과를 다룬다. 그 의도를 추구하는 것은 주로 도덕에 속한다. 법은 그 목표만을 추구할 뿐이지 그 목표를 달성하는 방식은 상관하지 않는다. 이렇게 법과 도덕은 구분된다.

3. 자 연 법

많은 사람들은 실정법과 자연법을 구별하여 서로 대립시킨다. 하지만 아리스토텔레스는 실정법과 자연법을 구별은 하지만, 서로 대립하는 것으로 보지 않았다. 자연의 관찰·분석에서 끌어내는 자연법은 매우 불완전하고 모호하므로, 실정법은 자연법의 테두리 안에서 그러한 자연법을 분명하게 표현하고 완성한다는 것이다. 아리스토텔레스에 의하면 자연(φυσις)이란 우리가 사는 외부세계 전체를 의미한다. 그런데 우주에는 질서가 있는데 그 일부인 자연은 당연히 질서를 갖고 있다. 아리스토텔레스가 보는 세계는 이지(理智)의 작품이며, 예술가의 작품이다. 아리스토텔레스는 자연을 탐구하는 네 가지 길을 제시하였고(4원인설), 세상을 찰흙으로 어떤 형태를 빚어내는 도자기공의 작품으로 비유하였다. 세상은 질료적(質料的) 원인(causa materialis)으로 형상적(形相的) 원인(causa formalis)이 만들어지고, 이것은 작용적 원인(causa efficiens)으로 작용하고 결국

---

18) Aristoteles, *Ethique á Nicomaque*, supra note 12, V. 10 (1134a−).

목적적 원인(causa finalis)으로 나타나게 된다. 즉 도자기공은 질료인 찰흙으로 병이라는 형상을 만들고, 이것은 꽃을 꽂는 꽃병으로 작용을 하고, 보는 사람에게 즐거움을 주는 목적을 가지는 것이다.

그뿐 아니라 모든 개별적 존재는 각각 본성(natura: 우리말에서는 자연과 본성이 다르나 서양 언어에서는 같은 의미이다)을 갖고 있다. 이 본성이란 보편적인 자연의 계획에 따른 당위성, 형태, 목적을 의미한다. 각 개체의 본성은 그 개체가 추구하여 나아가는 목적이다. 예를 들면 인간의 본성은 현재 구체적으로 나타나 있는 것이 아니라 인간이 추구하여 가는 완전한 형태, 목적이라고 할 수 있다. 다시 말해서 인간의 본성은 현재 말도 못하고 울고 있는 어린아이나 환자, 기타 장애인이 아니라 완전히 발전한 어른의 충만한 상태일 것이다. 그러므로 개체의 본성은 현재 나타나 있는 그 이상의 것이며 그것이 도달하려는 완성 내지 목적인 것이다. 그리고 이러한 완성은 동시에 그 살아 있는 개체의 행복인 것이다.[19]

오늘날 자연 내지 본성이라면 대체로 가공되지 않은 원료, 날것 등을 나타내지만 아리스토텔레스의 자연개념은 목적과 연결되어 있다.[20] 따라서 아리스토텔레스가 말하는 자연의 관찰이란 중립적인 것이 아니며, 또한 단순한 수동적·서술적인 것도 아니다. 이것은 적극적인 가치의 판별이다. 또한 어느 존재의 본성을 인식한다는 것은 여러 현상 중에서 완전한 것, 완성된 것의 선택을 의미한다. 이 세상에는 잘못 형성된 물건, 즉 도자기공이 쓰레기통에 버린 깨진 도자기도 있고 장애인이나 잘못 형성된 것이 많이 있다. 자연 또는 본성에 관한 연구는 이러한 잘못된 존재들을 자연에 따른 올바른 존재와 구별해 내는 것이다. 인간 본성에 대한 관찰도 마찬가지다. 인간 본성의 충만성에 도달하지 못한 야만인도 있고, 도달한 문명인도 있다. 잘못 구성된 가정도 있는가 하면, 무질서한 제도도 있다.[21] 자연과 사회에 대한 관찰·분석을 통하여 자연의 계획대로 형성된 인간이나 조직을 그렇지 못한 잘못된 것으로부터 구별하게 되는 것이다. 자연법이란 바로 이러한 자연의 관찰에 따라 발견해 내는 규칙이다. 이것은 인간의 구체적 의사에 따라 달라지는 것이 아니라는 점에서 보편적이다. 그러나 이 자연법은 시간과 공간에 따라 달라질 수 있다. 이 세상은 움직이는 세

---

19) Michel Villey, supra note 3, p. 45.
20) Aristoteles, *La Politique* (traduction par J. Tricot), J. Vrin, Paris, 1977, Ⅰ, 2(1252b).
21) Michel Villey, supra note 3, p. 47.

상이기 때문이다.

이처럼 아리스토텔레스의 자연법은 많은 사람이 일반적으로 생각하는 것과는 상당히 다르다. 많은 사람에 의하면 자연법의 해결방법은 불변의 원칙으로부터 연역해 내는 것으로 생각한다. 칸트(Kant)는 실천이성의 선험적인(a priori) 원칙에서 연역해 내고, 또 근대 자연법론자들은 인간 본성의 추상적 정의, 즉 인간 이성으로부터 연역해 낸다. 그러나 아리스토텔레스의 자연법은 자연의 관찰을 통하여 그 충만한 본성과 그렇지 못한 것을 구별해 내는 방법을 사용한다. 따라서 이 원칙은 움직이는 세상에 따라 그 내용이 변할 가능성을 갖고 있다.[22)]

4. 실 정 법

위에서 본 바와 같이 자연의 관찰을 통하여 얻은 자연법이란 매우 불완전하고 모호하다. 또한 세상 자체가 항상 변하고 있어서 자연의 관찰 자체가 불완전할 수밖에 없다. 아리스토텔레스가 노예제도를 인정한 것, 이자를 부정한 것도 이러한 불완전성에 기인한다고 볼 수 있다.

만일 인간이 자연에 관한 하느님의 설계도를 가지고 있다면 확실한 불변적 원리를 연역해 낼 수 있을 것이다. 그러나 잘 알려져 있지 않고 끊임없이 움직이는 자연을 불완전한 감각적 경험을 통해서 꾸준히 관찰하고, 이것을 기초로 변증술(dialectic)을 통해 도달하는 연구 결과는 임시적일 수밖에 없는 것이다. 즉 법은 본질적으로 유동적이다.[23)] 그렇기 때문에 아리스토텔레스는 "불은 페르시아나 그리스에서 똑같은 방식으로 타오르지만, 법은 항상 변한다."[24)]고 한 것이다.

이러한 상황에서 실정법규의 제정은 당연히 필요하게 된다. 이러한 모호하고 불완전한 법규칙을 가지고는 국가의 기능을 수행하고 그 질서를 유지할 수 없다. 이런 의미에서 자연의 관찰을 통해서 찾아내는 자연법은 실정법규의 제정을 위한 첫 단계라고 볼 수 있으며, 막연한 골격만을 제공할 뿐이다. 구체적 상황에 분명히 적용할 수 있는 법규를 제시하려면 입법자와 법관의 개입이 필요한 것이다. 그 밖에도 아리스토텔레스에 의하면 성문법규의 제정은 두 가지

---

22) *Ibid.*, pp. 50-51.
23) 아리스토텔레스(Aristoteles)의 dialectic을 헤겔(Hegel)의 변증법과 구별하기 위해 '변증술'이라고 번역하였다.
24) Aristoteles, *Ethique á Nicomaque*, supra note 20, V. 10(1134b).

이유에서 필요하다. 첫째, 소수의 현명한 입법자를 찾아내는 것이 많은 수의 현명한 법관을 찾아내는 것보다 쉽다는 것이다. 둘째, 법관의 판결은 동정이나 두려움으로 변질될 염려가 있으나 입법자는 일반적인 것을 다루므로 이런 탈선을 비교적 쉽게 피할 수 있다. 즉 "법률은 감정 없는 이지(理智)인 것이다."[25]

'자연적 올바름'이라는 체계가 없는 모호한 자료에서 실정규칙을 제정하는 입법자나 법관의 활동을 어떻게 설명할 수 있는가? 아리스토텔레스에 의하면 이 작업은 이지의 작업이 아니라 의지의 작업이다. 실정법 제정을 위하여 자연적 올바른 것의 추구 결과에 추가되는 요소는 상당히 임의적이다. 이른바 '실정적 올바름'의 내용은 미리 알 수 없으며 입법자의 의사적 결정에 달려 있다. 아리스토텔레스에 의하면 '자연적 올바름'을 추구하고 난 다음에 이에 추가되는 제2단계 작업인 입법과 재판은 이지의 작업이 아니라 슬기(prudentia)의 작업이다. 슬기란 논증을 할 시간과 방법이 없는 구체적 상황에서 행동을 위하여 결단을 내리는 지적 덕행이다.[26] 로마인들이 판결(jurisprudentia)을 'juris(법의)＋prudentia(슬기)'라고 부르는 까닭도 여기에 있다.

자연적 올바름 혹은 자연법 규칙에다가 입법적 결정을 추가하는 것은 두 가지 의미가 있다. 하나는 끝이 없는 자연적 올바름의 추구를 결론짓는 것이다. 이것은 입법자나 법관의 의지적 작업이다. 또 하나는 모호한 자연적 올바름에 분명한 규정을 부여하는 것으로 상당한 정도의 임의성이 개입된다. 예를 들어 A라는 위법행위에 대하여 2만 원의 벌금을 물리지 않고 5만 원의 벌금을 물리는 것, B라는 세율을 10%로 책정하는 것은 모두 '실정적 올바름'으로 상당히 임의적이다.

이처럼 아리스토텔레스에게 있어서 법이란 자연과 의사(합의)의 결합으로 이루어진다. 좀 더 구체적으로 말하면 입법자는 '자연적 올바름'을 바탕으로 거기에 보충하기 위해 그 고유의 의사활동 결과를 추가하는 것이다.[27]

아리스토텔레스는 실정법규의 정당성 근거를 자연법에 기초한 다음 두 가지 점에서 들고 있다.[28] 첫째는, 실정법규가 '자연적 올바름'에 기초하고 있다는 것이다. 즉 실정법규의 내용이 되는 재료는 입법자의 의사와 관계없는 자연의 관찰에서 얻은 '자연적 올바름'이다. 둘째, 자연법의 보충을 위한 입법자의

25) Aristoteles, *La Politique*, supra note 20, Ⅲ, 16(1287a).
26) Aristoteles, *Ethique á Nicomaque*, supra note 12, Ⅳ, 8−9(1141b−1142b).
27) Aristoteles, *Ethique á Nicomaque*, V. 7; Michel Villey, supra note 3, p. 55.
28) Arictoteles, *Rhetorique*, Ⅰ, 15; Michel Villey, supra note 3, p. 57.

임의적 추가작용도 자연적 올바름의 규제를 받는다. 즉 자연의 추구를 통하여 입법자에게 속한다고 판단되는 규제권력의 범위 안에서 타당한 것이다.

그리고 이 실정법규의 효력은 그 입법권력이 미치는 범위 내에서 인정된다. 이런 범위 내에 실정법도 자연법과 마찬가지로 준수되어야 한다. 예컨대 우측으로 자동차를 몰고, 빨강 신호등이 켜지면 정지해야 하다는 것은 비록 실정법 규정에서 나온 것이지만 이를 준수하여야 하는 것이다.

이처럼 아리스토텔레스는 법실증주의가 실패한 법률의 권위 또는 강제력의 근거를 설득력 있게 확립한다.

실정법의 한계는 위에서 설명한 실정법 정당성의 근거 하에서 자연히 정하여지게 된다. 즉 실정법규는 자연적 올바름의 범위 내에서 설정되고, 자연적으로 권한 있는 기관에서 나와야 한다. 입법자는 그 사회의 엘리트이며 자연에 합치하는 최선의 법규를 제정하는 것이 보통이므로 실정법규는 자연적 올바름의 범위 내에서 제정되었다고 추정된다. 그러나 명백히 공익을 무시한 실정법규는 악법이며, 아무런 구속력도 없다. 자연적으로 권한 있는 기관은 구체적 상황에 따라 다르다. 군주정치제에서는 군주이고, 귀족정치제에서는 귀족회의이며, 민중정치제에서는 민중이다.

5. 형 평

평등의 충만한 실현을 위하여 형평이 요청된다. 이것은 성문법규의 결함을 고치는 교정적 기능을 수행한다. 실정법규는 본질적으로 유연한 정의에다가 고정된 규칙 형태를 부여하는 것이므로, 구체적 상황에 따라서는 원래 취지에서 크게 벗어날 수도 있다. 이것은 마치 굴곡 있는 물체를 정확히 잴 수 없는 딱딱한 쇠로 만든 자에 비유할 수 있다. 그러므로 법관에게 일정한 권한을 주어 구체적 상황에 적응하고 특별한 여건을 고려하는 등 법 규정에 대하여 탄력성 있는 일정 한도의 재량을 부여해야 한다. 그러므로 형평은 물건의 형태에 적응할 수 있는 부드러운 납으로 된 자와 같다.[29]

---

29) Aristoteles, *Ethique á Nicomaque*, supra note 12, V. 10; Arictoteles, *Rhetorique*, supra note 22, I, 13.

Ⅳ. 성 토마스 아퀴나스(St. Thomas Aquinas)

1. 신(神)의 존재

성 토마스 아퀴나스의 모든 이론은 절대자인 신(神)에서 출발하고 있으며, 궁극적으로 신에 근거하고 있다. 따라서 구체적으로 그의 법 이론을 설명하기 전에 간단히 신에 관하여 고찰할 필요가 있다.

인간은 영혼과 육신으로 되어 있기 때문에 인간의 이지(理智)는 감관(感官)에 의존하고 있다. 그러므로 인간의 이지의 직접적 대상은 물체다. 이러한 물체가 그를 초월하는 대상과의 관계를 나타내면 그 한도 내에서 인간의 이지는 초월적인 것이 존재한다는 것을 파악할 수 있다.

절대자인 신의 존재를 증명하는 첫째 논증은 세상에서 볼 수 있는 운동에서 출발한다.[30] 여기서 운동이란 광범위한 개념으로, 아리스토텔레스가 말하는 가능태(potentia)에서 현실태(actus)로의 변화도 포함한다. 즉 씨앗은 나무가 될 수 있는 가능태이고 나무는 현실태이다. 이것을 일반적으로 표현하면 질료(質料, materia)는 가능태이고 형상(形象, forma)은 현실태이다. 성 토마스 아퀴나스에 의하면 움직이는 모든 것은 처음부터 스스로 움직일 수 없고 '어떤 것'에 의하여 움직여진다. 또는 가능태에서 현실태로의 변형도 이미 현실태에 있는 '어떤 것'에 의하여서만 가능하다. 이 '어떤 것'도 또 다른 것에 의하여 움직여진다. 그런데 이런 과정이 무한히 계속될 수는 없다. 결국, 맨 처음 운동을 부여한 존재를 인정해야 한다. 이 존재는 그 자체는 움직이지 않고 남을 움직이는 것이다. 이것을 하느님이라 부른다.

둘째 논증은 인과관계에서 출발한다. 아무 것도 스스로 존재할 수 없다.[31] 다시 말해서 아무 것도 자신의 원인이 될 수 없다. A는 B라는 원인에서 나오고 B는 다시 C라는 원인에서 나온다. 그러나 이 과정은 무한히 계속될 수 없으며, 결국 첫째 원인을 인정해야 한다. 이 첫째 원인을 하느님이라 부른다.

셋째 논증은 우유적 존재(偶有的 存在, ens accidens)와 필연적 존재(ens necessarium)에서 나온다.[32] 세상에 있는 존재들은 존재하다가 사라진다. 이것

---

30) St. Thomas de Aquino, *Summa Theologiae*, prima pars, Qu. 2 A. 3, prima via.

31) St. Thomas de Aquino, *Summa Theologiae*, prima pars, Qu. 2 A. 3, Secunda via.

32) *Ibid.*, Tertia via.

은 있을 수도 있고 없을 수도 있다는 뜻이다. 다시 말해서 우연적인 존재이며 필연적 존재가 아니다. 만일 필연적 존재라면 항상 존재하였을 것이고 생겨났다가 사라지지 않을 것이다. 성 토마스 아퀴나스에 의하면 필연적 존재가 하나는 있어야 한다. 이 필연적 존재는 다른 우유적 존재(偶有的 存在)가 존재하는 이유가 된다. 만약 필연적 존재가 전혀 존재하지 않는다면 실제로 아무 것도 존재하지 않을 것이다. 이 필연적 존재를 하느님이라 부른다.

넷째 논증은 완전성, 선, 진리의 정도에서 출발한다.[33] 사람은 이 세상에 있는 사물에 관하여 비교적인 판단을 한다. 이는 'A는 B보다 아름답다'라거나, 'A는 B보다 좋다'는 판단을 말한다. 성 토마스 아퀴나스는 이런 판단들이 객관적 근거를 갖는다고 가정을 하며, 따라서 완전성의 정도는 필연적으로 가장 아름다운 것, 가장 좋은 것, 가장 진리인 것의 존재를 내포한다. 이와 같은 최상의 선이나 진리는 상대적이지만, 성 토마스 아퀴나스는 여기서 한 걸음 더 나아가서 궁극적으로 최상의 선은 모든 사물에 있는 선의 원인이어야 하며, 이 수준에 도달하면 선과 진리와 존재는 같은 것이다. 만일 다른 것이라면 차이가 있고 차이가 있다면 최상의 것이 될 수 없기 때문이다. 그러므로 이 최상의 존재는 모든 선, 아름다움, 존재의 원인이 되는 것이며 이를 하느님이라 부른다.

다섯째 논증은 목적론적 증명이다.[34] 성 토마스 아퀴나스에 의하면 이 세상의 무생물들이 일정한 목적을 향하여 작용하고 있음을 흔히 본다. 즉 우주질서를 구성하는 무생물의 협력을 볼 수 있다. 이것은 우연히 이루어질 수 없으며 어떤 의도의 결과다. 무생물은 인식하지 못하며, 따라서 어떤 이지적 존재에 의하여 일정한 목적으로 향하도록 되지 않으면 목적을 지향할 수 없다. 그러므로 모든 자연적 사물을 일정한 목적으로 지향시키는 이지적 존재가 있어야 하는데, 이것을 하느님이라 부른다.

2. 자 연 법

성 토마스 아퀴나스의 자연법은 전통적인 자연질서 개념에서 출발한다. 세상은 우연한 결과가 아니라 어떤 질서를 포함하고 있으며, 일정한 목적을 지향하고 있다는 것이다.[35] 성 토마스 아퀴나스는 이러한 개념의 당연한 귀결로부

---

33) *Ibid.*, Quarta via.
34) *Ibid.*, Quinta, via.
35) St. Thomas de Aquino, I^a II^{ae}, Qu.1, art, 1.

터 유신론적 가정(假定)을 직접 연결시킨다. 즉 이 세상은 하느님의 이지적 작품이며, 하느님은 우주질서의 원인이다. 하느님은 모든 것의 원인이지만 구체적인 모든 일에 직접 하나하나 개입하지 않고 간접적으로 개입한다. 학문적으로 표현하면 하느님은 1차 원인으로 남아 있으면서 2차 원인을 사용한다.[36) 다시 말해서 인쇄공이 노력을 절약하기 위하여 그 작업과정의 일부를 자동장치로 대체하는 것처럼 창조주도 각종 사물에 고유의 본성 또는 자연법칙을 부여한다. 따라서 모든 사물은 이 자연법칙, 즉 그 본성에 따라 작용하는 것이다.

세계는 이처럼 질서로 충만하다. 우주의 모든 존재는 그 고유질서에 따라 움직이는 것이며, 이 질서의 본질은 가능태(potentia)에서 현실태(actus)로 가는 운동이다. 이 존재의 운동은 그 본성 또는 자연질서에 따르며, 이 질서는 일정한 목적을 지향하고 있다. 그리고 이 목적은 바로 그 존재의 충만성에 도달하는 것이다. 짐승들은 이 질서를 본능적으로 따르고 있다. 예컨대 짐승들의 본능이 유발하는 성적 자극은 종족보존이란 목적에 기여하는 것이다.

인간도 본능을 가지고 있어서 본성 내지 자연질서가 작용한다. 그러나 인간은 이성을 가지고 있기 때문에 자유를 가지고 있고, 따라서 인간은 자연질서를 벗어날 가능성을 갖고 있는 것이다.[37) 이런 가능성 때문에 인간의 본성 내지 자연법규를 인식할 실익이 있고, 인간은 이러한 인식을 통하여 본성 또는 자연을 따르게 된다. 그러면 인간은 어떻게 본성 내지 자연을 인식할 수 있는가? 인간은 순수이지(純粹理智)로 되어 있는 것이 아니라 영혼과 육신으로 되어 있기 때문에 모든 인식은 감각기관의 중개를 통하여 이루어진다. 즉 사실이나 자연의 관찰을 이용하는 경험적 방법을 사용한다. 여기에서 두 가지 결론을 도출할 수 있다. 하나는 인간의 갖가지 자연적 경향이 정당화된다는 것이며, 다른 하나는 제한된 인간 경험의 한계 때문에 자연이나 본성에 대한 인간의 인식은 불완전하고 또한 임시적이라는 것이다. 인식의 과정을 살펴보면, 인간의 감각기관은 개별적·구체적인 것만을 인식하며, 본성 자체를 인식하기 위해서는 추상화 능력이 있어야 한다. 다시 말해서 감각을 통해 들어오는 일차적 실체(김선달, 홍길동……)로부터 추상화 작용을 통해 이차적 실체인 유(genus: 동물), 종(species: 사람)의 개념을 인식하고 우주의 질서를 파악하게 된다. 인간에 관해서 생각하

---

36) St. Thomas Aquinas, *De gubernatione rerum* I*ª*, Qu.103, recitatio de; M. Villey, supra note 3, p. 124.

37) M. Villey, supra note 3, p. 125.

면, 인간의 구체적·개별적 움직임에서 일반적 경향을 파악하고 일정한 목적을
발견하게 된다. 인간의 이러한 일반적 인식 경향과 일정한 목적의 발견을 통하
여 자연 또는 본성 속에 있는 질서나 규칙을 발견하게 된다. 매우 구체적인 예
를 하나 들면 다음과 같다. 성 토마스 아퀴나스에 의하면 일반 짐승이나 새의
경우에는 암놈과 수놈이 결합하거나 한 계절을 같이 지내는 것만으로 종족보존
을 위하여 충분하다. 그러나 인간의 어린애는 육체적으로 연약할 뿐 아니라 복
잡한 지능의 정도에까지 발전해야 하므로 지속적인 가정환경과 안정된 재원이
필요하다. 이러한 이유에서 인류의 행복을 유지하게 하는 자연법칙이 유도된다.
다시 말해서 이혼, 일부다처, 어린 나이의 민며느리제도 등은 모두 자연질서에
어긋난다는 것이다. 성 토마스 아퀴나스는 이와 같이 자연의 관찰을 통하여 상
식적인 자연법 규칙을 발견하려는 것이다.[38) 이 이론을 요약하면 개개의 존재
는 그 고유의 본성을 가지고 있으며, 이 본성을 실현하는 것이 그 목적이다. 자
연법이란 이 본성(자연)을 실현하도록, 다시 말해서 그 목적에 도달하도록 인간
의 행동을 조화시키는 규칙 혹은 질서다. 그리고 이 자연법의 궁극적 근거는 우
주에 질서를 부여하는 하느님의 이성이며, 성 토마스 아퀴나스는 이것을 '영원
법(lex aeterna)'이라 부른다.[39) 말하자면, 자연법이란 이성을 갖춘 창조물이 이
영원법에 참여하는 것이다.

　성 토마스 아퀴나스는 자연법을 일차적 규칙과 이차적 규칙으로 구분한다.
일차적 규칙만이 불변의 성격을 나타내는데, 그것은 결국 '선을 행하고 악을 피
하라(Bonum est faciendum et malum vitandum)'로 요약할 수 있다. 다시 말해서
선 또는 정의는 보편적으로 준수되어야 한다. 그러나 이차적 규칙인 구체적인
선의 내용, 즉 올바른 것의 내용은 인간의 구체적 상황에 따라 필연적으로 다양
하다. 그 이유는 두 가지다. 하나는 인간이 경험적 방법을 통하여 매우 불완전
하게 자연(본성)을 인식하기 때문이며, 다른 하나는 규율의 대상이 되는 구체적
상황이 다양하게 변한다는 것이다. 따라서 올바른 것 자체도 변한다. 그러므로
자연법이 불변의 법규칙으로 되어 있는 것처럼 주장하여 성 토마스 아퀴나스를
비난하는 것은 있을 수 없는 일이다. 성 토마스 아퀴나스는 우리 본성 자체가
변화하므로 자연법도 변한다고 분명히 선언하고 있다.[40)

38) St. Thomas de Aquino, *Summa Theologiae, Supplementum* Qu. 41, 45, 65, 67.
39) *Ibid.*, I^a II^{ae}, Qu.91, art.1.
40) *Ibid.*, II^a, II^{ae}, Qu.57, art.2, I, II, Qu.94, art.5.

이처럼 성 토마스 아퀴나스의 자연법 내용은 매우 일반적이고 불분명하며 유동적이고 골격적(骨格的) 성격의 지침이다. 이에 대하여 완전하고 분명하며 불변의 원칙이 아니라고 불만과 아쉬움을 나타내는 사람은 많겠지만, 인간 이성이 불완전한 현실에서 이것은 당연한 결론일 것이다. 그러므로 실정법이 필요한 것이다. 하지만 자연법이 불확실하고 유동적·일반적 지침이긴 하지만, 실정법의 근거와 한계가 된다는 점에서 지극히 중요하다고 할 것이다.

3. 실 정 법

위에서 본 바와 같이 자연에서 이끌어 낸 올바른 행위규칙인 자연법은 불분명하고 일반적이며 유동적이고 골격적(骨格的) 지침일 뿐이다. 그러나 구체적인 인간의 사회생활을 안정되고 질서 있게 규율하기 위해서는 분명하고 구체적인 실정법규의 제정이 필요하게 된다. 그런데 이러한 실정법규는 자연법 규칙과 독립되어 있거나 대립하는 것이 아니라 자연법 규칙에서 이끌어 내며, 자연법 규칙의 범위 내에서 인정된다는 점에서 자연법과 직접 연결되어 있다. 성 토마스 아퀴나스에 의하면 실정법규는 두 가지 방식으로 제정된다. 하나는 자연에서 이끌어낸 행위규칙을 역사적 상황에 적용하는 결론(conclusio)의 방식이고, 다른 하나는 자연법의 범위 내에서 자연이나 본성의 목적을 위하여 자연법의 모호하고 부족한 내용에 필요한 것을 추가하는 결정(determinatio)의 방식이다. 그러므로 실정법이란 이성과 동시에 의지의 산물이다. 자연 또는 본성에서 인간의 이성을 통하여 이끌어 낸다는 점에서 이성의 산물이고, 입법권력이 분명하고 고정된 성문형태를 부여한다는 점에서 의지의 산물이다.[41]

이러한 실정법규는 어떤 자질을 갖춰야 하는가? 우선 실정법규가 자연법에 근거하고 있다는 데서 당연히 나오는 결론이지만 민중 내지 사회의 자연적 목적을 추구해야 한다. 그것은 곧 그 사회의 공동선(共同善, bonum commune)을 지향해야 한다는 것이다. 그래야 '올바르다'라고 할 수 있다. 그러므로 입법자 개인이나 소수 그룹의 이익을 추구해서는 안 된다.[42] 또한 실정법규는 시간과 장소에 적용되어야 한다. 실정법규는 변화하는 자연적 정의의 표현이기 때문이다. 성 토마스 아퀴나스는 세비야의 성 이시도로(Isidorus de Sevilla, 560?−636,

---

41) *Ibid.*, I^a, II^{ae}, Qu.95, art.2.
42) *Ibid.*, I^a, II^{ae}, Qu.96, art.1.

주교·교회학자)의 표현을 인용한다. "실정법규는 자연(본성)을 따라, 국가의 관습을 따라, 정직하고, 올바르고, 가능해야 하며, 장소와 시간에 적합하고, 필요하며 유익해야 한다. 또한 어떤 식으로 공시되어야 하고, 애매함을 통해 함정에 빠뜨리는 것을 포함하지 말아야 한다. 그리고 개인적 이익이 아니라 그 사회의 공동이익을 위해 제정되어야 한다(Erit lex honesta, justa, possibilis, secundum naturam, secundum consuetudinem patriae, loco temporique conveniens, necessaria, utilis; manifesta quoque, ne aliquid per obscuritatem in captione contineat; nullo privato commodo, sed pro communi utilitate civium scripta)."[43]

그러므로 성 토마스 아퀴나스에 있어서 실정법규는 어느 공동체의 책임을 맡은 사람이나 그룹이 그 공동체의 공동선을 위하여 자연법에 근거하여, 자연법의 한계 안에서 구체적 사회생활의 규칙을 제정하는 인간 이성과 의지의 작품이다. 이 실정법규가 자연이나 본성에 뿌리를 박고 있으므로, 다시 말해서 자연법에 근거하여 공동선을 지향하고 있기 때문에 올바른 것을 내용으로 삼고 있고 따라서 사람들을 구속한다. 이 실정법규는 부분적으로 입법자의 임의성을 내포하고 있다. 그러나 그 근거와 한계가 자연법에 기초하고 있으므로 전반적으로 인간 양심을 구속하는 것이다. 이러한 실정법규의 정의에서 자연적으로 그 한계를 발견할 수 있다. 즉 이 실정법규는 정의의 실현 및 표현이라는 그 임무를 충족할 때에만 법이라고 할 수 있다. 다시 말해서 인간의 본성 또는 자연에 뿌리박고 공동선을 지향하는 것으로 인간 이성에 의해 인정될 때에만 법이라고 할 수 있는 것이다.

실정법규는 또한 형식적 조건을 충족해야 한다. 형식적 조건이란 정당한 권한이 있는 기관이 일정한 절차에 따라서 제정하여야 한다는 것이다.

4. 법과 도덕

성 토마스 아퀴나스도 법과 도덕의 관계를 다룸에 있어서 아리스토텔레스의 정의이론에서 출발한다. 아리스토텔레스는 넓은 의미의 일반적 정의 개념과 좁은 의미의 고유적 정의 개념을 구별한다. 일반적으로 '옳다', '의인'이라고 할 때는 모든 도덕규칙에 합치하는 것을 말한다. 그런데 좁은 의미의 정의라 할 때는 인간의 행복 일반을 지향하는 것이 아니라 선의 몫을 올바르게 나누는 것을

---

43) *Ibid.*, I^a, II^{ae}, Qu.95, art.3.

의미한다.

　자연 또는 인간의 본성은 질서를 포함하며, 일정한 목적을 지향하고 있다. 성 토마스 아퀴나스에 의하면 이 질서이나 목적은 궁극적으로 그 존재의 원인인 하느님에게 귀착한다. 그러므로 자연적·본성적 경향은 이러한 목적을 지향하고 있고, 이것이 곧 선이다. 다시 말해서 선이란 인간행위가 그 목적에 합치하는 것, 조화를 이루는 것이다. 인간은 이성을 갖고 있으므로, 이 본성과 그 목적을 인식할 수 있고, 또한 자연적 경향을 벗어날 가능성도 있다. 즉 자유를 갖고 있는 것이다. 물론 이것은 이성으로만 되어 있지 않고 영혼과 육신으로 되어 있으며, 따라서 인간의 인식은 감각기관에 의존하고 불완전하다. 그러나 불완전하다고 하지만 인간은 자신의 이성과 슬기(prudentia)를 통하여 자연적 경향, 목적에의 합치를 판단하고 이에 따라 행동할 수 있는 것이다. 이처럼 그 목적을 지향하는 것이 도덕적으로 선한 행위이며, 이것에 역행하는 것이 비도덕적 행위인 것이다. 즉 인간은 이성적 존재이기 때문에, 도덕적 행위란 인간이 궁극적으로 이성을 통하여 발견하는 그 고유의 목적을 지향하는 자연질서에 따라 지나치거나 부족함이 없이 중용(medium)을 따라가는 것을 의미한다고 할 수 있다.[44]

　이에 비하여 법적으로 옳은 행위란 모든 옳은 행위를 포함하는 것이 아니라 선의 몫을 올바르게 나눈다는 특정한 외적 관계에 국한된다.[45] 인간이 자연이나 사물 및 인간의 본성을 객관적으로 관찰함으로써 이성과 슬기(prudentia)를 통해서 자연적 경향과 목적에 합치하는 질서규칙을 발견한다는 것은, 동시에 도덕규칙과 법규칙의 근거와 내용이 된다. 그러나 법규칙의 영역은 외적 관계라는 특수한 영역에 속하는 것이다. 도덕규칙은 '내 것'과 '네 것'을 나누는 것, 각자의 몫을 나누는 것에 관하여는 구체적으로 관여하지 않는다. 도덕규칙은 이처럼 물질적 선의 몫을 나누는 분명한 결정의 객관적 기준을 결여하고 있다.[46] "도둑질을 하지 말라."는 도덕규칙도 되고 법규칙도 되지만, 도덕규칙의 경우에는 구체적이고 객관적인 재산권의 한계에 관하여는 전혀 관계하지 않는 것이다. 도덕규칙은 인간의 고유목적을 지향하는 모든 질서규칙을 다 포함하는데 비하여, 법규칙은 선의 몫을 나누는 특수한 측면만을 관계한다. 따라서 도덕

---

44) *Ibid.*, Ⅰ*ᵃ*, Ⅱ*ᵃᵉ*, Qu.100, art.1.
45) *Ibid.*, Ⅰ*ᵃ*, Ⅱ*ᵃᵉ*, Qu.100, art.10.
46) *Ibid.*, Ⅰ*ᵃ*, Ⅱ*ᵃᵉ*, Qu.100, art.1.

규칙이 법규칙 제정의 골격, 지침, 근간은 될 수 있어도 법규칙 그 자체와는 성격을 달리하는 것이다.

또한 성 토마스 아퀴나스에 의하면 법규칙은 강제력(vis coactiva)을 가지고 있다. 이 강제력은 형벌의 두려움을 통하여 이루어진다. 법을 통한 형벌은 입법자가 심판하기로 명시한 사람(법위반자)들에게만 적용된다. 그런데 실정법의 제정자는 외부적 행위에 대해서만 판단하게 된다. 이 점에서 의지의 내적 동기를 심판하는 하느님의 법과 다르다.[47]

그리고 법규칙은 일반 대중을 위한 것이다. 일반 대중은 덕을 완전히 갖춘 훌륭한 사람과 거리가 멀다. 이 때문에 인간의 법규는 덕행이 있는 사람이 자제해야 할 모든 잘못을 금지하는 것이 아니라 살인이나 절도, 그 외에 다른 사람에 대한 피해가 있는 행위 등 인간사회의 존립을 불가능하게 만드는 중대한 잘못만을 금지시키는 것이다.[48]

5. 공 동 선

앞에서 본 바와 같이 선(bonum)이란 인간의 행위가 그 본성의 실현, 즉 그 목적 도달을 지향하는 것이다. 개별적 선은 인간의 개별적 본성과 관련되어 인정되는 선이며, 공동선(bonum commune)이라는 것은 개인들이 모여서 형성한 사회적 본성과 관련하여 인정된다. 인간은 그 개별적 본성을 실현하기 위하여, 다시 말해서 그 고유의 목적에 도달하기 위하여 사회를 필요로 한다. 즉 인간은 사회를 통하여 보다 쉽게 그 목적에 도달할 수 있는 것이다.[49] 따라서 개별적 선의 개념은 공동선의 개념 속에서 그 충만한 발전을 발견하게 된다.

성 토마스 아퀴나스의 법이론에 있어서 공동선이 특히 중요한 것은, 공동선이 첫째로 개인과 사회의 공동행위에 목적을 부여하고, 둘째로 법적 의무이론의 기준이 되며, 동시에 독재(獨裁) 혹은 압제(壓制)에 대한 저항권이론의 근거가 되기 때문이다.

(1) 공동선은 개인과 사회의 공동행위에 목적을 부여한다

우주와 그 안에 있는 모든 사물에는 일정한 질서가 있고, 이 질서에 따라 일

---

47) *Ibid.*, I ^{a}, II ^{ae}, Qu.100, art.10.
48) *Ibid.*, I ^{a}, II ^{ae}, Qu.96, art.2.
49) *Ibid.*, I ^{a}, II ^{ae}, Qu.90, art.2.

정한 목적을 향하고 있다. 인간과 사회도 마찬가지로 이러한 질서와 규율 속에 있는 것이며, 이 목적을 지향하고 있다. 이 목적은 곧 그들 존재의 궁극적 원인인 하느님이다. 그러므로 사회 속에 모인 민중은 그저 맹목적으로 질서 있게 사는 것이 아니라 질서 있는 삶, 즉 덕행을 통하여 그들의 목적에 도달하는 것이다. 이 공동목적에 도달하는 것 또는 도달에 이바지하는 것이 바로 공동선이다. 그러므로 인간의 개별행위와 집단행위는 자연적으로 이러한 공동선에 기초하고 있다. 즉 개인의 고유적 선은 이러한 사회의 공동선과 독립적으로 실현되는 것이 아니며, 또한 개인이 사회적 구성원이기 때문에 자기 고유의 선을 추구함에 있어서 사회 전체의 선을 고려해야 할 의무가 있는 것이다. 그러므로 개별적 선과 공동선의 조화가 요청되는 것이다.

국가는 이러한 공동선을 목적으로 한다. 이 목적은 그 자체가 자연적이며 이성에 기초하고 있다. 다른 말로 표현하면 공동선에 따라서 사는 것은 질서에 따라서 사는 것이다. 그러므로 국가기능 및 생활을 실현하기 위한 법규칙은 자연적으로 이러한 공동선에 기초하고 있는 것이다.[50]

(2) 법적 의무이론의 기준이며, 압제에 대한 저항의 근거이다

공동선은 국가 실정법규의 목적이며 기초다. 실정법규가 이러한 공동선에 기초하고 있지 않을 때 그것은 법으로서의 근거를 갖지 못하며, 따라서 구속력을 잃는다. 실정법규는 원래 공동선의 실현을 위하여 공동체의 책임자가 이성을 통하여 발견되는 자연질서에 근거하여 제정·공포한 규칙이기 때문에 이 실정법규에 복종한다는 것은 강제나 두려움 때문에 행동하는 것이 아니라 이성과 선에 따라 행동하는 것이다. 그러므로 성 토마스 아퀴나스의 실정법규는 동시에 객관적이고 주관적인 근거를 갖는 것이다. 따라서 타당해야 합법성을 이루는 것이지 형식적으로 합법성을 충족한다고 타당성이 성립되는 것은 아니다. 권력의 행사는 정부의 본래 기능인 공동선의 실현을 위한 것이며, 권력의 자격을 갖추었다는 사실만으로 다른 사람들의 자유를 함부로 구속할 권한은 있을 수 없는 것이다.[51]

공동선에 합치되지 않는 실정법규는 입법권의 한계를 넘어서는 것이며, 이런 조건 하에서 제정된 법규에 복종하는 것은 권력의 부패를 강화시켜줄 뿐이

50) St. Thomas de Aquino, *De regimine principium liber primus caput* X.
51) St. Thomas de Aquino, *Summa Theologiae*, Ⅰ Ⅱ, Qu. 96, art. 4.

다. 여기에서 법적 의무의 한계가 성립되며, 동시에 저항권이 인정되는 것이다.

6. 저 항 권

위에서 본 바와 같이 실정법규가 공동선에 합치하지 않으면 그것은 공동이익을 위하여 제정한 것이 아니라 권력자의 탐욕과 개인적 영광을 위하여 제정한 것으로 법적 의무를 부과하지 못한다.[52] 이런 법규에 복종하는 것은 타당하지 않다. 그러면 법적 의무를 갖지 않는 그릇된 실정법규의 기준은 무엇인가? 성 토마스 아퀴나스에 의하면, '정당한 권력자가 제정한 불의한 법규에의 복종거절은 이를 준수하는 것이 불의한 행위를 범하는 경우에만 정당화된다는 것'이다. 예를 들면 자연질서에 어긋나는 무법상태의 혼란을 막기 위해 임시로 불의한 법규에 복종하는 것은 타당하다.[53] 사회적 통일과 질서를 유지하기 위해 임시로 불의한 법규에 복종하면서 나중에 개혁하는 것은 공동선에 저촉되지 않기 때문이다. 그러나 비겁하게 불의 속에 안주하는 것은 자연질서에 어긋난다. 불의한 법규에 저항할 의무는 정당한 권력을 존중해야 할 원칙에 포함되어 있는 것이다.[54]

그러면 탄압에 대한 저항은 어떤 형식으로 이루어져야 하는가? 저항은 원칙적으로 비폭력적이어야 한다. 무력의 사용은 일반적으로 정당한 권력의 존중원칙에 어긋나기 때문이다. 그러나 권력이 더는 제 기능을 발휘하지 못하고 사회를 무질서와 혼란에 빠뜨릴 정도로 계속되는 폭군적 입법을 강화해 나갈 때는 문제의 상황이 다르다. 폭군정부는 공동선을 지향하지 않기 때문에, 이런 정부를 전복시키는 것은 폭동이 아니다. 다만 이럴 때도 폭군의 전복이 더 심한 폭군을 등장시켜 더 심한 무질서를 초래할 때는 정당화되지 않는다. 그렇다면 폭군이란 무엇인가? 불의한 정부가 통치자 한 사람의 고유이익을 위하여 운영되고, 그 통치자 밑에 있는 국민의 선이 도외시되면 이런 통치자는 폭군이다.[55]

그러나 성 토마스 아퀴나스는 이런 문제를 해결하는 신중한 원칙을 제시한다.[56] 첫째는 예방의 원칙으로, 한 사람을 권력에 앉힌 사람들은 이 권력자가

---

52) *Ibid.*, I ^{a}, II ^{ae}, Qu.96, art. 4.
53) *Ibid.*, I ^{a}, II ^{ae}, Qu.96, art. 4.
54) Albert Brimo, *Les grands courants de la philosophie du droit et de l'Etat,* Ed. *Pédone*, 1978, Paris, p. 68.
55) St. Thomas de Aquino, *Summa Theologiae,* II II, Qu. 42, art. 2.
56) St. Thomas de Aquino, *De regno, Liber 1,* caput VI; A. Brimo, supra note 54, pp.

폭군이 되지 않도록 예방조치를 할 의무가 있다. 둘째는 균형의 원칙으로, 일단 권력자가 된 다음에 폭군이 될 기회를 제거하도록 통치구조를 조직해야 한다. 셋째는 평화적 방법의 소진원칙으로, 먼저 합법적으로 사태를 해결할 수 있는 모든 평화적 방법을 다 사용해야 한다. 무력 봉기는 비례성의 원칙에 따라 규제되는 최후의 수단일 뿐이다. 넷째는 유효성의 원칙이다. 성공할 자신이 있어야 한다. 그렇지 않으면 폭군을 오히려 더 악화시키고 강화시키는 결과가 될 수 있기 때문이다.

폭군을 내쫓을 다른 방법이 없을 때 폭군을 죽이는 것은 정당화되는가? 이에 관하여 성 토마스 아퀴나스의 입장은 대체로 부정적인 것 같다. 그에 의하면 폭군이라 해도 권력자를 죽이는 것은 국민이나 국민 지도자에게 위험스러운 것이다. 흔히 이런 행동을 하려는 사람들은 선량한 사람들보다는 악한 사람들인 경우가 더욱 많다. 일정한 사람들이 개인적으로 선도하는 것보다는 공적 권력을 통해 행동하는 것이 더 낫다.

V. 토마스 홉스(Thomas Hobbes)

1. 홉스 이론의 개관

토마스 홉스는 자연상태와 시민상태 또는 문명상태를 구분한다. 자연상태에서는 고립된 개인들만이 있고 사회가 없으며 법규도 없다. 모든 사람은 자기보존의 본능에 따라 행동한다. 홉스에 의하면 모든 사람은 자기보존을 위하여 모든 수단을 사용할 자유를 가지는데 이것이 자연권(jus naturale)이다. 이 자연권은 무제한이며 무한정하다. 그러므로 사람들은 모든 수단을 사용하여 자기와 가족의 생명을 보존하려고 하며 여기에서 충돌이 생긴다. 홉스에 의하면 각 사람에게 즐거움을 주고 유익한 것이 선이고, 고통을 주고 해로운 것이 악이다.[57] 사람들은 필연적으로 선을 추구하고 악을 피하려 하며 특히 가장 큰 악인 죽음을 피하려 한다. 자연상태에서는 아무런 사회도 법규도 없이 오직 고립된 개인들이 이러한 자기보존의 자연권에 따라 행동하게 되므로 극심하고 항구적인 투쟁상태가 되며 가장 강한 자가 일시적으로 이기게 된다. 그러므로 자연상태에

69-70.

57) A. Brimo, supra note 54, p. 112.

서 "인간은 인간에게 늑대이며(homo homini lupus), 모든 사람이 모든 사람을 상대로 하는 투쟁이다(bellum omnium contra omnes)." 모든 사람은 혼란한 자연 상태에서 심한 공포를 느끼게 마련이다.[58]

홉스에 의하면 인간은 사회적 동물도 아니고 정치적 동물도 아니다. 사람이 무리를 지어 즐거워하는 것 같아도 구체적으로 관찰하여 보면 이는 우연한 일이다. 그러면 무엇 때문에 또 어떻게 사회와 국가를 형성하는가? 자연상태의 인간은 모두 심한 공포 속에 산다. 또한 자연권은 제한이 없지만 다른 사람의 자연권과 복잡한 충돌을 빚기 때문에 아무 소용이 없다. 따라서 사람들은 자연상태에 대한 공포에서 벗어나려고 한다. 이런 공포 때문에 사람들은 사회계약(pactum)을 통해 자연권의 사용을 포기하며 여기에 정치집단 내지 정치권력인 리바이어던(Leviathan)이 성립된다.[59] 리바이어던의 권한인 주권은 자연권 그대로 무제한이며 무한정이다. 이것이 문명상태요, 시민상태며 국가다. 정치권력자는 명확한 법규를 제정하여 재산권의 한계를 분명히 함으로써 질서를 확립한다. 정치권력자는 법규위반자에게 무력을 행사하여 제재를 가하게 된다. 이처럼 홉스는 아리스토텔레스의 사회성을 정면으로 배척하고 자기 나름의 체계를 세운다.

2. 주체적 권리의 개념

(1) 주체적 권리 개념의 정의

개인의 주체적 권리(jus subjectivum) 개념은 그리스·로마 시대의 스토아(Stoa)이론에서 싹터서 개인주의적 그리스도교 사상, 특히 성 아우구스티누스(St. Augustinus)를 거쳐 유명론(唯名論, Nominalism, 실재론에 반대하고 보편의 실재성을 부정하여 참으로 실재하는 것은 단지 개개의 사물뿐이며 보편 개념은 '개별적 사물의 뒤에' 오는 일반적인 기호나 이름에 불과하다고 하는 학설)에 와서 확고히 정립되었다. 이런 주체적 권리 개념을 근대적 개념으로 가장 발전시킨 사람이 홉스이다. 이 개념을 설명할 때마다 서양 언어와 우리말의 차이 때문에 불편을 겪는다. 서양 언어의 'jus'에는 '올바른 것', '법', '권리'라는 뜻이 모두 포함되어 있으며, 이것은 'jus'(droit, Recht)라는 개념이 어떻게 변질되어 왔는가를 말해주는 증

---

58) F. Copleston, *A History of Phiolsophy*, vol.5, Part Ⅰ, Image Book, p. 41.
59) A. Brimo, supra note 54., p. 113.

거가 되기도 한다. 그러나 우리말은 이 세 가지가 모두 다르기 때문에 불필요한 혼동과 오해를 불러일으키며 이를 표현하기 위하여 지루한 설명을 해야 한다.

원래 'jus'(법·권리)가 아리스토텔레스와 성 토마스 아퀴나스의 경우에는 자연적으로 형성된 사회그룹을 관찰함으로써 발견해 내는 개인들 간의 올바른 관계, 법의 올바른 몫으로 사용되었고 이것이 고전 자연법 개념이다. 그러나 개인주의 도덕이론인 스토아(Stoa)이론에 오면 'jus'란 자기를 보존하고 방어하는 직무를 그 내용으로 한다. 성 아우구스티누스(St. Augustinus)에 와서는 내 것, 네 것의 구분은 정치권력이 만든 것으로 보며 이런 사상이 그라티아누스(Gratianus)의 칙령을 거쳐 홉스에게까지 이른다. 'jus'가 오컴(Occam)의 유명론(Nominalism)에 와서는 권리의 개념으로 명확하게 변질되며 개인에게 부착된 권력이라고 한다. 이것이 스페인 스콜라(Schola) 학파, 인문주의자(Humanist) 법학, 보댕(Bodin), 알투지우스(Althusius), 그로티우스(Grotius)를 거치면서 '개인적 권한'의 의미로 굳어진다.⁶⁰⁾

홉스는 이 모든 사상을 읽고 나서 아리스토텔레스의 사회과학 이론을 완전히 붕괴시키고 이에 대체하는 새로운 이론을 세우려고 한다. 따라서 아리스토텔레스가 인간은 사회적 동물이라고 한 가정과 정반대라는 개인주의라는 가정으로부터 출발한다. 홉스에 의하면 자연상태에서 사람들은 모든 사회적 인연이 끊긴 고립된 개인들이다. 인간의 본성은 사회적이지 않다. 인간은 자연(본성)적으로 자유롭다. 홉스는 자연상태의 'jus'(권리·법)에 관한 설명에서 시작한다.⁶¹⁾ 보통 저자들이 'jus naturale'(자연권: 자연법)라고 부르는 자연의 jus(권리)는 각 사람이 자신의 생명을 보존하기 위하여 자신의 힘을 임의로 사용할 수 있는 자유를 말한다. 그러므로 이를 위하여 가장 적당하다고 생각하는 자신의 판단과 이성에 따라 행동할 자유를 말한다.⁶²⁾ 다시 말해서 자신의 생명을 보존하기 위하여 필요한 수단이 jus(권리)인 것이다. 자기를 보존할 의무에서 자기를 방어할 권리를 이끌어내는 것은 스토아 이론의 영향에서이다. 홉스는 이처럼 사람마다 자신을 보존하고 이성에 따라 행동하도록 촉구하는 개인적 양심에 새겨진 도덕규칙을 자연법규라고 한다.

홉스는 'jus(right, 권리)'와 'lex(law, 법규)'의 혼동을 비판하는 데서 jus(권리)

---

60) M. Villey, supra note 3, p. 654.
61) Thomas Hobbes, *Elements of Law* I.1.6, De cive I, 17, *Leviathan*, I, XIV, 1~2.
62) Thomas Hobbes, *Leviathan*, I, XIV, 1~2.

개념을 설명한다. 홉스에 의하면 jus(권리)는 개인의 본질에서 이끌어낸 것이며, lex(법규)의 창조물이 아니라 lex의 반대이다. lex는 나에게 무엇을 하라거나 하지 말도록 의무를 주는 데 비하여, jus는 lex가 금지하지 않은 것을 할 수 있도록 남겨 놓는 자유이다. lex는 속박이요, jus는 자유다.[63] 주체적 권리(jus subjectivum: subjective right)는 개별적 인간의 특성(qualitas)인 자유다.

홉스에 의하면 이러한 주체적 권리는 자연상태에서 원칙적으로 무제한이다.[64] 자연상태에서는 사회도 없고 자유를 제한할 법규도 없기 때문이다. 물론 이성에 따라 자기보존을 위하여 자유를 사용하라는 자연법규가 있고 이 자연법규가 주체적 권리의 기초가 되는 것이지만 자연법규에 관하여는 각자가 자신의 심판관이므로 외적 제한이 될 수 없다. 즉 자연법규는 자유를 전혀 제한하지 못한다. 또한 이 권리의 대상은 법규가 제외하지 않는 모든 것에 관한 것이다.

그런데 자연상태에서 문명상태 내지 시민상태로 넘어오면서 개인의 권리는 리바이어던(Leviathan)의 법규에 의해 제한을 받는다. 따라서 권리란 법규의 범위 안에서 일정한 사물에 대한 절대권력이다.

홉스에 의하면 사회계약(pactum)은 권리의 포기로서, 상호양도를 뜻하는 개인 간의 계약(contractum)과 다르다.[65]

홉스에 의하면 사회계약(pactum)에서 리바이어던(정치권력)이 나오고 리바이어던을 통하여 모든 법규가 나온다.

(2) 주체적 권리의 내용
① 주 권

홉스는 유명론(Nominalism)의 영향을 받아 철저히 개인주의적인 입장을 취하고 있다. 홉스에 의하면 주권(Sovereignty)이란 군주가 이미 자연상태에서 가지고 있는 무한한 자연권리이다. 시민들은 사회계약을 통하여 군주에게 주권을 부여한 것이 아니라 자신들의 자유와 권리를 포기한 것이다. 다시 말하면 시민들은 사회계약을 통해 군주에 대한 저항권을 포기한 것이다. 그러므로 주권자의 권리도 개인권리적 성격을 갖고 있다. 이 권리는 현실적 개인에 의해서만 행사될 수 있고 이 때문에 홉스는 군주제를 선호한다.[66] 주권은 제한이 없으며

---

63) *Ibid.*, pp. 5-6.
64) *Ibid.*, pp. 8-9.
65) *Ibid.*, pp. 53-54.

무엇이나 할 수 있고 또한 분리할 수 없다. 국가관계에서도 주권은 계속 존재하며, 따라서 홉스는 실질적으로 국제법을 부정한다. 군주에게 어떠한 저항권도 인정하지 않은 것은 군주의 권력남용보다 무정부적 결과를 더 무서워하였기 때문으로 보인다.

② 자유와 공권

시민들은 사회계약을 통해 자유와 권리를 포기하지만 모든 것을 포기하지는 않는다. 이른바 양도 불가능하다고 선언하는 것은 그대로 보유한다. 예컨대 시민들은 정치권력인 리바이어던이 취할 수 없는 양심의 자유를 보유하며, 포기하는 것이 어리석은 것으로 생각되는 정당방위를 보유한다.[67] 다시 말해서 개인의 권리와 자유를 뿌리째 뽑아낼 수는 없다. 자유의 뿌리는 인간존재 자체에 근거를 둔 것이며 인간으로부터 분리할 수 없다. 인간이 포기한 것은 자연상태의 자유에서 나오는 결과를 포기한 것이지 자유 그 자체를 모두 포기한 것은 아니다. 이 결과 홉스는 근대사상의 특징인 양도할 수 없는 권리, 기본적 자유 개념을 처음으로 제시하게 되었다.

③ 사 권

사권은 국가에 대하여 행사하는 것이 아니라 개인 간의 관계에서 행사하는 것이다. 자연상태에서는 각 개인에게 무한하고 일반적인 권리가 있다. 그러나 이러한 무한한 권리가 다른 사람들의 무한한 권리와 충돌하게 되기 때문에 실제로 아무 소용이 없다. 사회계약에 의하여 리바이어던에게 모든 사물에 대한 원시적 권리를 포기하고 새로운 시민의 권리를 받는다. 이 시민의 권리는 군주가 법규를 통하여 서로 경합이 되지 않도록 명확한 한계를 정한 것이다.[68] 그러므로 개인의 자연권리는 시민상태에서 시민권리로 대체된다. 그러면 군주는 어떤 기준과 방법에 따라 재산의 분배를 하는가? 홉스는 이에 대하여 신통한 대답을 하지 못한다.

물론 이 시민의 권리도 법규가 설정한 제한 속에서 유지되는 것이며, 따라서 권리란 항상 법규가 제한하지 않는 나머지 영역이다. 쉽게 말해서 군주는 시민들이 자연상태에서 이미 소유한 권리를 계속 보유하도록 하는 것뿐이다.

---

66) M. Villey, supra note 3, p. 665; Thomas Hobbes, *Leviathan*, Ⅱ, ⅩⅧ, 23~26.
67) Thomas Hobbes, *Elements of Law* Ⅰ, Ⅳ, 2, *Leviathan*, ⅩⅣ, 46~47.
68) M. Villey, supra note 3, p. 668; T. Hobbes, De cive ⅩⅣ, 6~7, Leviathan, ⅩⅩⅥ, 8.

3. 법규이론

(1) 법규의 개념

홉스에 의하면 법규(lex)란 주권을 가진 자의 명령이다. 법규는 구두로 되어 있든 성문으로 되어 있든 명시적 규칙이다. 법규는 서약과 달라서 스스로 구속받는 것이 아니라 타율적으로 구속된다. 또한 권리(jus)는 자유인 데 비하여 법규는 각 사람의 자유를 제한하는 것이다.[69] 법규는 의견(consilium)과도 달라서 자유롭게 따르는 것이 아니라 강제로 따라야 한다. 홉스에 의하면 법규를 만드는 것은 지혜가 아니라 권위다. "법규는 철학이 아니라…… 명령과 금지다. 법규는 주권을 가진 자의 명령이다. 그것은 주권자가 시민들에게 무엇을 해야 하는지, 무엇을 하지 말아야 하는지를 공공연하게 선언하는 명령이다."[70]

홉스는 법규를 실질적 연원에 따라 하느님의 법규(lex divina) 및 자연법규(lex naturalis)와 시민법규(lex civilis)로 구분한다. 하느님의 법규와 자연법규는 궁극적으로 같은 것이며 모두 하느님이 제정한 것이다. 시민법규는 정치권력, 즉 군주가 제정한 것이다.

(2) 자연법규

홉스에 의하면 모든 법규는 입법자의 의사에서 나와야 하며 위반할 경우 벌을 가한다는 위협이 있어야 한다. 자연법규란 하느님의 의사에서 나온 법규이며 이 법규의 제재는 저세상의 벌이다. 자연의 주인은 결국 하느님이기 때문에 자연법규는 하느님의 법규라고 불린다.[71] 홉스에 의하면 "너는 하느님과 이웃을 사랑하라", "다른 사람이 네게 하기를 원하는 것을 너도 다른 사람에게 행하라"와 같은 성경상의 계율이 자연법규의 내용이다. 이것은 그리스도교 신학과는 다르다. 그리스도교 신학에 의하면 하느님의 법규와 자연법규는 전혀 다르다. 하느님의 법규는 명시적 형식 하에서 성경에 의하여 그의 충실한 백성에게 직접 계시한 것이다. 반대로 자연법규는 이성의 중개를 통하여 모든 사람에게

---

69) T. Hobbes, *Leviathan*, I, XIV, 3~4.

70) T. Hobbes, *Dialogue between a Philosopher and a Student of The Common law of England*, 89~91; T. Hobbes, *Leviathan*, XXVI, 15~18.

71) Thomas Hobbes, *Elements of Law II*, 10. 7, recitatio de M. Villey, supra note 3, p. 685.

인식되는 것이다. 그런데 신 스토아주의(Neo-Stoa) 전통에 따른 견해는 이성이란 하느님의 명령을 담아놓은 그릇처럼 생각한다. 이와 같은 의미에서 홉스도 자연법규를 이성의 명령이라고 한다.[72] 이것은 그로티우스(Grotius)나 스토아 이론의 영향을 받은 다른 학자들의 경우와 마찬가지다. 그런데 홉스의 자연법규 이론은 매우 모호하며 일관성이 없고 진정한 법규로 생각하지 않는 것 같다. 홉스에 의하면 사람들은 저세상의 벌을 생각하기보다는 당장의 이해관계에 좌우된다. 저세상의 벌을 생각하는 것은 결국 자신의 판단에 따르는 것이며 아무런 외적 제재도 수반하지 않는다. 홉스에 의하면 자연법규란 이성이 발견한 일반규칙으로 이를 통하여 인간은 자기를 파멸시키는 것을 피한다. 결국 자연법규의 본질은 자기를 보존할 의무라고 보는 것이다.

홉스는 리바이어던 XIV장과 XV장에서 이러한 일반적 법규에서 파생되는 다른 자연법규 목록을 제시하기도 한다.[73] 즉 홉스에 의하면, 첫째, 자연법규는 평화를 추구하고 폭력을 배제하는 의무다. 둘째, 모든 사물에 대한 자연권리를 독차지할 것이 아니라 일부는 다른 사람에게 양도할 의무다. 그 밖에도 감사하는 것, 교만하지 않는 것, 잔인하지 않는 것 등을 들기도 한다. 그의 자연법규 이론은 일관성이 없고 매우 모호하며 스토아 사상(Stoa)의 도덕규칙을 다시 열거하고 있다. 홉스에 의하면 이것은 복음인 성경에 나오는 도덕규칙과 같다고 한다.

그러면 홉스에 있어서 자연법규의 기능은 무엇인가?

홉스가 자연상태에서 자연권 내지 자연적 권리를 주장하기 위해서는 자연법규의 존재를 전제로 한다. 즉 아무리 무한정한 권리라도 '권리'라는 말을 하기 위해서는 '자연법규에 의하여 허용되기 때문'이라는 설명이 필요하다는 것이다. 그뿐 아니라 자연법규는 정치권력의 항구적 원칙이다. 정치권력이 자연법규를 지키는 동안, 다시 말해서 이성의 지시와 양심의 소리에 따르는 동안 시민들도 정치권력을 신뢰하여 질서와 복종 속에 머물러 있기 때문이다. 결국 군주는 시민법규에는 구속되지 않지만 자연법규에는 구속된다. 다시 말해서 군주도 저세상에서 심판받을 두려움 때문에 그의 직무를 충실히 수행한다는 것이다. 그러므로 엄격하게 말해서 자연법규는 법규칙이 아니다.[74] 그저 시민과 군주를

---

72) *Ibid.*, I, 2. 1.

73) T. Hobbes, *Leviathan*, XIV. 93, XV. 3.

74) *Ibid.*, XXVI, 30.

구속하는 도덕적 기초일 뿐이다. 그 이유는 홉스에 의하면 복음적 계율이나 주관적 이성에서 이끌어낼 자연법규는 모호하고 불변하며 외적 실질적 제재가 아니라 내부적 양심만을 규제할 뿐이기 때문이다.

(3) 시민법규: 법실증주의

시민법규(lex civilis)는 정치권력자가 제정한 명확한 형식의 법규칙을 의미한다. 자연상태의 공포 때문에 사람들이 자연권의 사용을 포기하고 사회계약(pactum)을 체결함으로써 정치권력인 리바이어던을 형성한다. 이 리바이어던은 무제한적 주권을 행사하며 이런 권한의 일환으로 시민법규를 제정한다. 이 시민법규는 이성의 법규인 자연법규를 사회계약의 중개로 지상세계에서 사용하도록 다시 만든 셈이다. 시민법규는 정치권력자가 만든 법규칙이며 분명한 형식으로 표시된다.[75] 분명해야 모든 사람이 접근할 수 있고 효율적이기 때문이다. 물론 이러한 시민법규는 사람의 마음속에 작용하는 은밀한 생각에는 미치지 못한다. 그 대신 인간행위의 외부적 효과를 파악하여 엄격히 다스린다. 또한 시민법규는 구체적 제재를 갖추고 있다.[76] 홉스에 의하면 이 세상에 사는 사람들은 신앙도 약하고 비합리적이기 때문에 도덕만으로는 효율적으로 행동할 수 없다. 직접적이고 현실적인 구속의 압력을 도구로 사용해야 한다. 시민법규 뒤에는 군주의 무력이 있다. 이러한 법규야말로 진정한 법규다.

시민법규의 기능은 질서를 확립하는 것이다.[77] 홉스에 의하면 하느님도 이 세상의 질서를 확립할 수 없고 인간의 주관적 이성도 질서를 확립할 수 없고 오직 리바이어던만이 할 수 있다. 군주는 정치집단의 우두머리로서 집단의 조직을 감시하고 시민관계를 규율한다.

시민법규는 장소와 시대에 적응하여 변화하는 법규이다. 불변의 자연법규와는 달리 변하는 시민법규는 그 수가 매우 많다. 시민법규에서 재산의 분배가 이루어지고, 내 것과 네 것의 고유권리가 인정된다. 시민법규는 무력의 수단으로 각자의 재산권을 보장한다. 또한 개인들 간의 계약을 가능하게 한다. 자연상태에도 약속을 지키게 하는 법규가 있으나 객관적인 제재가 없기 때문에 자기에게 유리할 때만 이행하게 되며, 따라서 약속을 이행시키는 객관적 제도가 없다.

---

75) *Ibid.*, XXVI, 8.
76) *Ibid.*, XXVI, 32; M. Villey, supra note 3, p. 697.
77) *Ibid.*, p. 697.

그러나 시민법규는 제재를 통하여 계약의 이행을 보장한다. 시민법규는 모든 엄격한 의무 내용을 분명히 규정하여 옳고 그른 것을 명확히 밝혀 놓는다.[78] 시민법규가 없으면 사회의 정의는 없으며 불의란 바로 시민법규를 위반하는 것이다. 그러므로 시민법규가 있기 전에는 불의가 있을 수 없다. 법규가 정의·불의에 선행한다는 것이다.[79] 홉스는 철저한 법실증주의를 선언한 것이다.

홉스는 「대화편(Dialogue)」이라는 저서에서 코먼로(common law)의 전통을 대표하는 코크(Edward Coke)를 공격한다.[80] 영국의 코먼로는 고전 로마 법률가들의 결의론적(Casuistic) 방법에 가까워서 법률가들이 구체적인 경우를 고찰하여 올바른 법을 찾아내고 선행 판례에다 권위를 줄 뿐 아니라 학설과 관습에도 권위를 주었던 것이다. 그러나 홉스에 있어서는 군주의 의사만이 법의 실질적 연원이다. 법률가들의 의견은 다르며 어느 것이 가장 현명한지 알 수 없다. 이들이 말하는 이성이나 자연법은 이름뿐이다. 법은 철학이 아니며 학자들에게 달려 있지 않다. 법규를 만드는 것은 지혜가 아니라 군주다(It is not wisdom but Authority that makes a law). 법은 제정법규며 관습법이나 판례가 아니다. 또한 사람들은 사회계약에 의하여 군주에게 권한을 인정하였으므로 제정법규에 죄악은 있을지 몰라도 불의는 없다. 성문법규에 의하여 확인되지 않는 한, 관습법은 법원의 목록에서 지워 버려야 한다. 선례도 잘못되었으며 다른 재판에 아무런 효력이 없다. 과거 로마법의 연원, 학설 등도 본래 효력을 갖는 것이 아니라 군주의 묵시적 동의로 권위를 가질 뿐이다(non natura sua, sed consensu tacito imperatoris).[81] 그러나 군주의 법규는 해석할 필요가 있다. 해석은 군주의 의사를 추구하는 것이다. 다시 말해서 입법자의 의도를 추구하는 것이다. 법관은 법규정이 없는 경우에만 보조적으로 형평을 사용할 수 있다. 법규를 교정하는 형평은 군주만이 사용할 수 있다. "군주는 법규의 제정자이기 때문에 법규에서 해방된다(princeps legibus solutus est)."[82] 로마시대에도 같은 격언이 있었다. 홉스에 의하면 법규의 해석은 궁극적으로 군주에게 속한다. "학설이 진실할 수 있다. 그러나 법규를 만드는 것은 진리가 아니라 군주다(Doctrinae quidem verae esse possunt sed auctoritas, non veritas, facit legem)."[83]

---

78) T. Hobbes, *Leviathan*, XIV, 7~8.
79) M. Villey, supra note 3, p. 699.
80) *Ibid.*, p. 700.
81) T. Hobbes, *Leviathan*, XXVI 22~23, 27~28.
82) *Ibid.*, XXVI 23.

이와 같은 과정을 거쳐 아리스토텔레스, 성 토마스 아퀴나스의 고전 자연법 이론은 조금씩 변질되어 가다가 홉스에 와서는 완전히 사라지고 철저한 법실증주의만이 남게 된다. 이제 리바이어던은 아무 제한을 받지 않는 엄청난 권력을 가지고 무엇이나 할 수 있으며, 시민은 질서를 지켜 준다는 불확실한 대가를 받고 무조건 순종해야 하는 딱한 처지에 이른 것이다. 이제 법이란 군주가 만드는 것이다. 반면 군주는 법에서 해방된다. 정의란 군주가 만든 법을 지키는 것이고 불의란 그것을 위반하는 것이다. 절대주의에 철저히 봉사하는 이론이다.

VI. 임마누엘 칸트(Immanuel Kant)

1. 도덕이론의 일부인 법이론

칸트에게 법이론이란 어디까지나 도덕이론의 일부이며 도덕이론에 예속된 것으로 다룬다. 보다 구체적으로 말해서 '도덕의 형이상학(Die Metaphysik der Sitten)'을 두 편으로 나누어, 제1편은 '법이론의 형이상학적 기초', 제2편은 '덕행이론의 형이상학적 기초'를 다루고 있다. 그러므로 칸트에게 도덕과 분리된 법이론은 의미가 없으며 오직 도덕생활을 위한 조건으로서의 법규를 생각할 뿐이다.[84]

2. 공존의 조건과 이른바 자연법

칸트에 있어서 법은 실천이성 내지 의지의 자율성에 기초하고 있다. 따라서 법은 자유의 개념에서 출발한다. 모든 사람은 인격자이며 자유롭고 평등하다. 평등권도 자연법상 인정되는 타고난 권리로서 시민들이 다 같이 법규에 종속되는 이외에 다른 사람을 법적으로 강제할 수 없는 시민 상호 간의 관계이다.[85] 그런데 모든 사람은 고립되어 사는 것이 아니고 상호의존적으로 함께 살고 있다. 그러므로 자유의 한계 내지 제약이 필연적으로 전제되고 있다. 이성적 존재인 인간은 그 자체가 목적이며, 인격을 바탕으로 하고 인격을 보존·발전시켜 나가야 할 의무를 지는 것이며 이러한 의무개념 속에 자유의 개념이 전제되어

---

83) M. Villey, supra note 3, p. 703.
84) *The Encyclopedia of Philosophy*, vol. 4, Macmillan Co., p. 322.
85) A. Brimo, supra note 54, p. 148.

있다. 그런데 이 자유는 무제한일 수는 없는 것이며 다른 사람의 자유와 양립되는 범위에서 확대시켜 나가야 한다. 사람은 모두 인격자이고 자유롭기 때문에 모든 사람이 동시에 자유롭고 인격자일 수 있도록 보장할 필요가 있다. 이런 규칙은 자유와 인격이 필연적으로 이성적 존재의 본질에 속하는 것과 같이 자유로운 존재들이 사회생활을 공동으로 할 수 있기 위해 필연적으로 인정되는 규칙이다. 다시 말해서 인간 즉 자유로운 인격자들이 상호 공존할 수 있기 위해 이성이 선천적으로 인식하고 있는 규칙들이다. 칸트는 이러한 이성의 선험적(a priori) 규칙들을 '이른바 자연법'이라고 부른다. '이른바 자연법'이라고 한 것은 자연과 관계없는 이성의 법규를 칸트가 자연법이라고 부르고 있기 때문이다. 칸트에 의하면 "법이란 한 개인의 의지(Willkür)가 자유의 일반법규에 따라 다른 사람의 의지와 공존할 수 있는 조건의 전제이다(Das Recht ist der Inbegriff der Bedingungen, unter denen die Willkür des anderen nach einem allgemeinen Gesetz der Freiheit zusammen Vereinigt werden kann)."[86] 자유의 일반법규에 따라 공존할 수 있다는 것은 모든 사람의 자유가 평등하게 공존할 수 있다는 뜻으로 해석된다. 칸트에 의하면 법이란 이처럼 이성적 존재가 서로서로 자유로울 수 있는 조건이기 때문에 자신의 인격을 발전시켜 나가야 하는 도덕의무의 전제조건 내지 기초조건이다. 칸트에게 궁극적 목표는 도덕적 발전에 있는 것이며 법이란 이러한 발전을 이룩하기 위한 기초조건에 지나지 않는다.

칸트가 궁극적으로 법이론을 도덕의 일부로 다루고 있으며, 법을 도덕적 발전의 조건 내지 수단으로 다루고 있는 것은 사실이지만 형식적으로 법과 도덕을 구별한다. 즉 칸트는 내부적 행위와 외부적 행위를 구분함으로써 도덕과 법을 구분하려고 한다. 내부적 행위란 행위를 하는 동기를 말하고 외부적 행위란 행위를 하는 물리적 측면을 말한다. 다시 말해서 도덕은 내부적 동기를 중요시하여 보편적 도덕법규를 준수하려는 의무감에서 나온 행위가 도덕적 행위가 되는데 비하여, 법은 행위의 물리적 측면에 관계하여 어느 행위가 성취되었느냐 안 되었느냐를 추구한다. 동기 내지 의도는 강요할 수 없으므로 도덕적 사고는 본질적으로 자유롭다. 그러나 법은 강제가능성이 있으므로 강제적이다.[87]

거듭 말하지만 칸트가 말하는 자연법이란 인간이성을 통하여 선험적(a

---

86) Immanuel Kant, *Métaphysique des Moeurs, première partie, Doctrine de droit, traduction française par A Philonenko*, Paris 1979, p. 104.

87) A. Brimo, supra note 54, p. 147.

priori)으로 인식할 수 있는 규칙이다. 아리스토텔레스나 성 토마스 아퀴나스가 자연의 관찰을 통하여 사회구성원들 사이에 인정되는 재산과 의무의 올바른 몫을 찾아내려는 것과는 근본적으로 다르다. 그러므로 칸트에게 있어서 이러한 이성의 규칙인 자연법을 불변의 원칙이라고 하는 것은 당연하다. 성 토마스 아퀴나스의 경우에 자연법의 내용은 구체적인 사회변천에 따라 변한다. 올바른 몫이란 사회여건에 따라 달라질 수밖에 없는 것이다. 그러나 모든 경험 이전에 선험적(a priori)으로 인식하는 이성의 규칙은 불변이라고 할 수밖에 없는 것이다. 이러한 자연법은 실천이성 내지 의지의 자율성에 기초하고 있는 필연성이며 무조건명령이다. 이것은 이성적 존재가 경험의 도움 없이 선험적으로 인식하는 것이다. "우리 머리 위에는 별이 반짝이는 하늘, 우리 가슴 속에는 도덕규칙과 자연법규"라는 것이 칸트의 이념이다.[88]

3. 국가와 실정법

칸트에 의하면 국가란 이념적 측면에서 볼 때 사회계약에 의하여 결합되고 법규 아래서 같이 살고 있는 사람들의 집단이다. 칸트도 사회계약에서 국가의 기초를 찾는 것이다. 그러나 칸트에게 사회계약이란 역사적 사실이 아니라 원칙적 또는 이성적 성격을 띠고 있다. 다시 말해서 사회계약이란 자유로운 이성적 존재의 공존을 실현하는 책임을 맡은 국가가 성립하기 위하여 선결적으로 요청되는 이념이다.

칸트는 자연상태의 개념에서 사회계약의 이론적 근거를 추구한다. 칸트의 자연상태도 홉스의 경우와 비슷하여 역시 만인의 투쟁상태로 본다. 칸트에 의하면 자연상태에서는 모든 것이 법률로 제한되거나 제재를 통하여 개인의 권리가 보장되는 것이 아니기 때문에 폭력에 대하여 무방비 상태이다. 또한 자연상태에서는 사람들이 다른 사람의 의견과는 관계없이 각각 옳고 좋다고 생각하는 것을 수행하려고 한다. 그러므로 모든 권리가 부정되지 않으려면 다음과 같은 원칙을 인정하지 않을 수 없다. "각자가 자신의 생각대로 행동하는 자연상태를 떠나서 외적이고 법적인 공적 강제 밑에 있는 공동체 속에서 다른 모든 사람들과 결합해야 한다."[89] 다시 말해서 각자에게 속하는 것으로 인정되어야 할 것

---

88) *Ibid.*, p. 151.
89) Emmanuel Kant, *Métaphysique des Moeurs*, supra note 86, p. 194.

을 법적으로 결정하고 권력으로 보장해주는 시민상태로 모든 사람이 들어가야 한다는 것이다. 물론 자연상태는 상호 간에 폭력으로만 행동하는 불의(injustus)의 상태는 아니다. 그러나 자연상태는 권리가 부정되는 경우에 이를 해결할 권한 있는 법관이나 권력이 없는 무법의 상태(status justitia vacuus)이기 때문에, 사람들은 이런 상태를 벗어나서 시민상태로 들어가지 않을 수 없다.[90]

칸트도 자연상태에서 사회계약을 통해 시민상태로 발전한다고 생각하지만 이러한 발전과정이 이성에 의해 수행된다는 점에서 로크(Locke)의 의사주의적이고 역사적인 사회계약과는 다르다. 칸트에 의하면 사회계약의 역사적 기원을 추구하는 것은 증명할 수 없을 뿐 아니라 무익한 일이다. 칸트는 사회계약의 역사적 기원이 아니라 이성적 확실성을 추구한다. 그에 의하면 이러한 사회계약은 순전히 이성의 개념이지만 부정할 수 없는 현실성을 지니고 있다. 즉 사회계약 개념은 입법자로 하여금 국민 전체의 집단의사에서 나올 수 있는 그런 법규를 제정하도록 할 뿐 아니라 국민도 시민이 되기를 원하는 한 이런 종류의 집단의사 형성에 동의한 것으로 생각하도록 한다는 의미에서 현실성을 갖는다.[91] 사람들은 이 사회계약을 통하여 국가구성원으로서의 자유를 취득하기 위하여 자연상태의 외적 자유를 위탁하는 것이다. 이러한 사회계약은 이념적이요 가정적이다.

칸트가 법을 자유로운 인격자들의 공존조건으로 생각한다는 것은 앞에서 설명하였지만, 구체적 현실사회에서 이러한 공존조건을 분명히 설정할 필요가 있다. 다시 말해서 국가구성원들의 자유 한계를 구체적으로 결정해야 한다. 이러한 자유의 구체적 한계 결정은 실정법규를 통하여 이루어진다. 경험을 통해서가 아니라 이성이 선험적으로 인식하는 인격자들의 공존조건인 규칙이 자연법이라면 이러한 자연법을 바탕으로 구체적 공존조건의 세부내용을 규정하는 것이 실정법규라고 할 수 있다. 이러한 실정법규는 권력을 담당하는 입법자가 제정한 규칙으로 제재를 갖추고 있다. 칸트는 실정법이 임의적이고 우연한 것이기 때문에 이론적으로 중요시하지 않고 선험적으로 이성이 인식하는 자연법규를 법이론의 본질로 생각한다.[92] 그러나 구체적 사회현실에서 실질적으로 자유의 한계를 결정하는 것은 이와 같은 실정법규이기 때문에 이론적 관점과는

90) *Ibid.*, p. 194.
91) A. Brimo, *supra* note 54, p. 150.
92) *Ibid.*, p. 146.

달리 실제적 관점에서는 실정법규가 매우 중요하다고 할 것이다.

칸트는 자연상태의 법 내지 권리를 사법(私法) 내지 사권(私權)이라고 부르고, 시민상태의 법 내지 권력을 공법(公法) 내지 공권(公權)이라고 부른 점에 유의해야 한다.[93] 칸트에 의하면 자연상태에서는 사회는 있으나 시민상태가 아니므로 공권력을 갖춘 법규에 의한 내 것과 네 것의 분배적 정의가 보장되지 않아서 사법 또는 사권(jus privatum)이라고 부르고, 시민상태에서는 공권력을 갖춘 법규에 의하여 내 것과 네 것이 보장되기 때문에 공법 또는 공권(jus publicum)이라고 부른다. 자연상태에서도 내 것과 네 것이 있을 수 있으나 법규에 의한 보장이 없으므로 어디까지나 임시적이다. 칸트는 사권, 형법관계, 국제법 등을 다루고 있다. 어쨌든 칸트는 철학자이지 법학자가 아니기 때문에 그 용어의 사용에 있어서 상당한 혼란을 가져온다.

국가를 권력의 측면에서 보면 자유로운 인격자들의 공존을 실현하고 보장하는 공권력의 담당자로 생각할 수 있다. 이러한 권력은 국민 전체의 집단의사 내지 일반의사에 속한다. 바꾸어 말하면 이러한 권력은 법규 아래 사는 사람들의 집단인 국가에 속한다. 그러므로 권력담당자인 국가는 모든 권력을 갖는다. 사람들은 일단 그들의 외적 자유를 입법권을 가진 일반의사에 위탁하였으므로 국가라는 현실적 주권자(summus imperans)에 따라야 하며 그에 대해 판단할 수도 없고 저항할 수도 없다. 국가의 통치자는 국민에 대하여 권리만을 가질 뿐 강제적 의무를 부담하지 않는다.[94] 통치자가 법규에 위반하여 부당하게 세금을 매기거나 부역을 시켜도 국민은 청원을 제기할 수는 있어도 저항할 수는 없다.[95] 국가의 최고 권력자에게는 어떤 경우에도 저항할 수 없다. 시민상태 내지 법적 상태는 민중이 보편적 입법의사에 종속함으로써만 성립할 수 있기 때문이다. 권력의 남용이라는 구실 아래 최고 권력자를 저해하려는 사소한 시도도 대반역죄이며 사형에 처할 수밖에 없다. 군주가 법을 위반하는 것은 어느 경우에도 불법으로 생각할 수 없기 때문이다. 저항권을 인정하려면 종속된 국민이 오히려 권력자의 지배자라는 모순된 원칙이 인정되어야 한다.[96] 그러므로 저항권은 있을 수 없으며 권력의 남용은 참을 수 없어도 감수해야 한다.

---

93) Emmanuel Kant, *Métaphysique des Moeurs*, supra note 86, p. 116.
94) Emmanuel Kant, *Métaphysique des Moeurs*, supra note 86, p. 201.
95) *Ibid.*, p. 202.
96) *Ibid.*, p. 202.

Ⅶ. 제레미 벤담(Jeremy Bentham)

1. 유용성의 원칙

벤담의 이론은 모든 사람이 본래적으로 즐거움을 추구하고 고통을 피한다는 심리학적 요인에 근거하고 있다. 벤담에 의하면 자연은 인간을 고통과 즐거움이라는 두 명의 최고 스승의 지배 아래에 두었다. 이 두 스승은 인간이 행하고 말하고 생각하는 모든 것에서 인간을 지배한다. 인간이 이러한 지배를 벗어나려고 아무리 노력하여도 오히려 이러한 지배를 증명하고 확인할 뿐이다. 또한 어떤 사람이 말로는 이들의 지배를 배척하는 것처럼 주장할지 모르나 실제에 있어서는 여전히 이러한 지배 밑에 남아 있다.[97]

그러면 즐거움이나 고통이란 무엇인가? 벤담은 이런 용어를 특별히 정의하지 않고 일반사람들이 생각하는 의미, 즉 보통 언어상의 의미 그대로라고 생각한다. 다시 말해서 즐거움이란 먹고 마시는 데서 시작하여 음악을 듣거나 미술을 관람하는 것 또는 음악이나 미술 자체의 예술활동을 하는 것에 이르기까지 매우 다양하다. 고통도 마찬가지로 일상 언어상의 의미로 생각하면 된다.

이러한 즐거움과 고통이 인간의 모든 행위를 지배하기 때문에 인간의 행위나 결정은 바로 이러한 즐거움과 고통에 따라 이루어진다. 또한 옳고 그른 것, 행위의 원인과 결과가 이러한 즐거움과 고통에 연결되어 있으며, 즐거움, 행복, 선(善)은 동의어이고 고통, 불행, 악도 같은 말이다. 이처럼 즐거움 내지 선을 증가시키고 고통 또는 악을 감소시키는 사물의 성격이나 경향이 바로 유용성(utility)이다. 인간행위의 목적은 개별적으로 보나 공동체의 관점으로나 바로 이러한 유용성에 있다. 다시 말해서 개인행위의 목적은 그 자신의 최대행복이요, 공동체행위의 목적은 공동체 구성원의 최대다수의 최대행복(the greatest happiness of the greatest number)이다. 이것이 유용성의 원칙이다.[98] 따라서 올바른 행위란 즐거움의 총량을 증가시키고 고통의 총량을 감소시키는 행위이며, 반대로 그릇된 행위란 즐거움의 총량을 감소시키고 고통의 총량을 증가시키는 행위다. 그러므로 어떤 행위가 올바른가 아닌가 또는 어느 것이 가장 올바른가

97) J. Bentham, *An Introduction to the Principles of Morals and Legislation*, Ch. 1, sect. 1. recitatio de F. Copleston, *A History of Philosophy*, vol. 8, Part Ⅰ, Image Book, p. 24.
98) A. Brimo, supra note 54, p. 234. F. Copleston, supra note 58, p. 26.

를 결정하려면 즐거움의 증가 및 감소 정도와 고통의 증가 및 감소 정도를 측정해야 한다. 벤담에 의하면 이러한 측정하기 위하여 4가지 요인을 고려해야 한다. 4가지 요인이란 강도(intensity), 지속성(duration), 확실성(certainty), 원근성(propinquity or remoteness)이다. 예를 들면 A와 B라는 두 가지 즐거움 중 하나를 선택해야 하는 경우, A는 강한 즐거움이지만 잠시만 지속할 뿐이고 B는 그리 강하지 않은 즐거움이지만 매우 오랫동안 지속한다면 즐거움 B를 선택하게 된다. 또한 여러 행위 중 하나를 선택함에 있어서는 풍부성(fecundity)과 순수성(purity)도 고려해야 한다. 더욱 더 많은 즐거움이나 즐거운 감각을 산출하는 것이 풍부한 것이며 순수성이란 반대 종류의 감각(고통)이 따라 올 가능성이 제외되는 정도다. 쉽게 말해서 알콜중독에 걸리면 점점 즐거움이 감소하고 반대되는 고통이 증가하므로 순수성이 매우 낮다. 반대로 음악감상은 점점 습관이 될수록 지속적 즐거움을 산출하기 때문에 순수성이 높다. 그뿐 아니라 개인이 아니고 공동체의 경우에는 7번째 요인인 범위(extent)를 고려해야 한다. 즐거움의 범위란 특정 즐거움이나 고통으로 영향을 받는 사람들의 범위, 즉 사람들의 숫자다.[99]

벤담은 인간이 행위를 선택 내지 결정할 때 관계되는 행위들의 즐거움과 고통을 각각 계산한 다음에 이를 비교한다. 예컨대 조카가 서커스 구경을 시켜 달라고 조르는 경우, 서커스 구경을 조카와 함께할 것인지 아닌지를 고려하게 된다. 서커스 구경이 어른에게는 지루하므로 5단위의 고통을 준다고 하자. 그런데 조카가 좋아하는 것을 보는 것은 즐거운 일이며 그 단위는 2단위라고 하자. 조카는 서커스 구경을 매우 좋아하기 때문에 10단위의 즐거움을 가진다고 하면, 서커스 구경을 가는 경우의 즐거움은 10＋2－5＝7이 된다. 반대로 서커스 구경을 가지 않고 집에 남아 있다면 조용한 저녁시간을 즐길 수 있으므로 6단위의 즐거움을 얻는다고 하고, 조카가 슬퍼하는 것을 보는 고통이 2단위라고 하자. 또한 서커스 구경을 가지 못하기 때문에 조카가 당하는 고통을 8단위라고 하면 집에 남아 있는 경우의 즐거움은 6－2－8＝－4가 된다. 따라서 이 두 가지를 비교하여 조카를 데리고 서커스 구경을 가게 된다는 것이다.[100]

---

99) *The Encyclopedia of Philosophy*, vol. 1, Macmillan Co., p. 283; F. Copleston, supra note 58, p. 27.

100) *The Encyclopedia of Philosophy*, supra note 99, p. 282.

2. 공동체와 최대다수의 최대행복

공동체는 개인들로 구성된 사회집단이다. 그러므로 공동체의 이익이란 그 구성원들이 누리는 이익의 합계다. 따라서 입법활동이나 정부행위를 수행함에 있어서는 공동이익 내지 공동선(共同善)을 지향해야 한다. 공동선을 지향한다는 것은 가능한 많은 구성원의 더 큰 행복을 지향해야 한다는 것이다. 공동체의 이익이 단순히 개별 구성원의 이익을 모두 합친 것이라면 모든 구성원이 제각기 자신의 행복을 추구하여 가면 공동체 이익 내지 공동선은 증진될 것이다. 그러나 개인들이 자신의 이익을 합리적으로 추구한다는 보장도 없고 다른 구성원의 이익을 감소시키지 않는다는 보장도 없다. 실제로는 구성원들 간에 이익충돌이 일어난다. 그러므로 공동선을 증진시키려면 반드시 개인이익의 조화가 먼저 이루어져야 한다. 이것이 곧 정부 및 입법행위의 기능이다.[101]

개인의 이익을 사회 입장에서 조화시킨다는 것은 개인들이 공동선을 위하여 행동한다는 것을 의미한다. 따라서 벤담은 인간의 이타적인 행위 가능성을 전제로 하는 것 같다. 벤담의 즐거움 목록에는 이른바 호의(benevolence)를 베푸는 즐거움도 있다. 즉 다른 사람에게 호의를 베풀고 다른 사람이 즐거워하는 것을 보는 즐거움도 있다는 것이다. 그러므로 공동체의 공동선을 위하여 모든 사람들이 합리적으로 조화롭게 개인적 이익을 추구하는 것이 공동체의 이상이다. 그리고 이러한 공동체의 이상을 실현하는 것이 정부의 기능이요, 입법행위의 기능이라는 것이다. 그런데 문제는 개인의 이익을 조화시키는 직무를 맡은 사람들, 즉 정부의 책임자들이 자신의 이해관계에 기울어짐이 없이 공정하게 공동선을 추구한다는 보장이 없다. 그러므로 이러한 보장을 제도적으로 마련해야 하며 이런 의미에서 벤담은 민중정치 내지 민주정치를 주장한다. 벤담에 의하면 절대군주는 대체로 자신의 이익을 추구하고 귀족정치의 지배계급도 마찬가지로 자신들의 이익을 추구한다. 그러므로 최대다수의 최대행복(The greatest happiness of the greatest number)을 확보하려면 정부를 모든 사람의 손에다 올려놓는 것이다. 이에 따라 벤담은 군주제와 상원을 폐지하고 보편선거와 의회를 도입하도록 주장한다.[102] 또한 공동체의 구성원으로 하여금 공동선을 위하여

---

101) F. Copleston, supra note 58, p. 30.
102) *Ibid.*, p. 31.

행동하는 것이 동시에 자신의 이익을 위하여 행동하는 것으로 이해할 수 있게 교육시켜야 한다. 개인적 이기주의를 제 각각 추구하면 사회생활 자체가 유지될 수 없다. 그러므로 최대다수의 최대행복이라는 공동체의 목적은 개인의 행복을 위해서도 반드시 실현되어야 한다.

3. 법이론과 성문법전

벤담의 법이론은 유용성의 원칙에서 출발한다. 즉 입법이나 국가기능의 목적은 최대다수의 최대행복을 실현하는 것이다. 이를 위하여 개인의 이익을 상호 조화시켜야 하는데 이러한 조화수단이 바로 법이다. 벤담에 의하면 모든 법규칙은 공동체의 행복 내지 즐거움을 증진시키고 고통을 감소시키는 측면을 고려해야 한다. 그러므로 법이 개별적 이익을 조화시킨다는 것은 개인의 자유에 대한 적극적 간섭이 아니라 최대다수의 행복을 증진시키는 데 장애가 되는 것을 제거하는 데 있다.[103] 이와 관련하여 벤담은 형벌이론을 전개한다. 형벌이란 최대다수의 행복과 양립할 수 없는 행위를 방지하기 위하여, 법을 위반하여 사회일반의 행복을 감소시킨 행위에 형법적 제재를 부과하는 것이다. 다시 말해서 형벌의 주된 목적은 최대다수의 행복을 방해하지 못하도록 저지(deter)하는 데 있지, 범죄자 개인을 교정 내지 개혁하려는 것이 아니다. 범죄자 자신의 교정은 부수적 목적에 지나지 않는다. 형벌은 즐거움의 감소와 고통의 부과를 내용으로 하는데, 고통 그 자체는 악이기 때문에 형벌 그 자체도 악이다. 그러므로 형벌은 범인에 대하여 소망되는 효과를 얻기 위해 필요한 만큼만 부과해야지 그 이상을 부과하여서는 안 된다. 얼핏 생각하기에는 형벌의 목적이 저지효과에 있기 때문에 가장 심한 형벌이 가장 효과적이라고 할지 모르나 형벌 자체가 필요악이기 때문에 저지효과를 내는 최소한의 형벌이 가장 적절한 형벌이다.[104] 그뿐 아니라 입법자는 여론도 고려해야 한다. 어떤 형벌이 너무 지나치거나 적절하지 못하다고 여론이 생각하면 할수록 이 법의 집행에 대한 사람들의 협력은 소극적이고 형벌의 저지효과 자체도 감소되고 말 것이다.

'법학영역의 한계(The limits of jurisprudence defined)'에서 벤담은 법을 실정법규에 환원시킨다. 벤담도 후에 오스틴(Austin)이 주장하는 것과 같이 법을 주

---

103) *Ibid.*
104) *Ibid.*, p. 31.

권적 존재의 명령이라고 생각한다. 벤담에 의하면 법이란 국가 주권자가 자기 권력에 종속되는 구체적인 사람들로 하여금 구체적인 경우에 지켜야 하는 행위 준칙으로 해석하거나 의사를 표명한 모든 것이다.[105] 이러한 법의 정의로부터 벤담은 여러 가지 법률용어를 정의하며 법의 주체 및 객체를 결정하고 법의 여러 가지 성격을 묘사한다.

벤담은 당위의 법이 대체로 모든 나라에 있어서 거의 같다고 확신하면서도 자연법의 형이상학적 성격 때문에 자연법을 받아들이지 않는다. 벤담에 의하면 자연법이니 정의니 또는 자연권이니 하는 것은 모두 유용성의 원칙을 치장한 것에 지나지 않는다. 특히 18세기 자연권론에서 나타난 권리개념을 배척하면서 법과 도덕의 상대주의가 인간발전의 특성이라고 한다.[106]

벤담은 또한 법이 개별적 이익충돌을 방지하고 조화시킬 수 있으려면 확실하고 명확해야 한다고 보았고, 그런 의미에서 성문법전의 필요성을 강조한다. 벤담은 특히 영국법의 불명확성, 체계의 결여 등을 비판하면서 민법, 형법, 헌법의 성문법전화를 주장한다. 벤담의 이러한 법이론은 유럽 지식층에 매우 호의적으로 받아들여졌으나 실제에 있어서는 별로 결실을 거두지는 못하였다. 또 벤담은 불문법 제도인 영국 법질서를 비판하면서 성문법전의 제정을 통하여 법관의 권한을 제한해야 한다고 주장하였다. 법률의 확실성이 확보되지 않으면 개인의 권리는 보장되지 않는다고 보았다.[107]

성문법전은 특히 최대다수의 최대행복이라는 유용성의 원칙이 실현되도록 중점을 두어야 한다. 그뿐 아니라 성문법전에 계몽주의 이념을 받아들여 법전을 통한 사회개혁을 추진해야 한다. 벤담에 의하면 법전 제정은 법률가에게 맡길 필요가 없다. 법률가는 법을 단순화하고 합리화하는 데 소극적이다. 또한 이런 작업을 여러 계층으로 구성된 위원회에 맡기면 내용이 혼란스럽고 상충하게 된다. 따라서 일반 민중이 선출한 한 사람에게 맡겨야 한다. 계몽주의의 영향을 받은 흔적이 강하다.[108]

---

105) Bentham, *The limits of jurisprudence Defined*, New York, 1945, p. 88.
106) A. Brimo, supra note 54, p. 234.
107) G. Fasso, Histoire de la philosophie du droit ⅩⅨ et ⅩⅩ siècles, LGDJ, Paris, p. 17.
108) *Ibid.*, p. 18.

Ⅷ. 칼 마르크스(Karl Marx)

1. 마르크스의 일반이론

마르크스의 사상은 헤겔(Hegel) 사상에 관심을 갖고 비판하는 데서 출발한다. 헤겔의 법철학은 국가를 신격화하여 개인뿐 아니라 시민사회까지도 종속시킨다. 마르크스는 그 밖에 헤겔에 대한 포이에르바흐(Feuerbach)의 일반적 비판을 받아들인다. 헤겔은 구체적 존재에 대한 고찰에서 출발하지 않고 보편적·추상적 존재에 대한 고찰에서 출발한다. 그러나 마르크스는 구체적 존재에서 비록 2차적이긴 하지만 존재의 순수한 속성을 추구한다.

그러므로 헤겔이 시민사회를 국가에 종속시키고, 국가를 경제적·사회적 조직의 결정체로 삼는 것과는 달리, 마르크스는 건물 꼭대기에 국가가 아니라 시민사회를 갖다 놓는다. 마르크스에 의하면 시민사회야말로 인류발전의 역사적 과정을 이해하는 열쇠라고 한다.[109]

마르크스는 포이에르바흐가 인간의 통합적 실재를 다루려는 점을 긍정하지만 이에 만족하지 않고 한 걸음 더 나아간다. 마르크스에 의하면 인간을 철학의 첫째 대상으로 삼는 것만으로는 충분하지 않다. 철학은 인간에게 봉사해야 한다. 철학자들은 세상을 여러 가지 방식으로 해석하는 데 그칠 것이 아니라 한 걸음 더 나아가서 세상을 변형시켜야 한다.[110]

이러한 현실변형을 위해서는 현실의 발전내용을 깨달아야 한다. 현실의 발전은 생산관계제도의 변증법적인 발전을 통해 실현된다. 생산관계는 사회구조를 형성한다. 즉 경제구조야말로 사회의 기초를 이루는 하부구조(Unterbau)이다. 그리고 정치, 종교, 도덕 및 법적 제도는 경제구조의 부산물인 상부구조(Überbau)일 뿐이다. 이데올로기(Ideologie)도 상부구조로서 계급이익의 무의식적인 영향 아래 경제·사회적 현실을 잘못 나타내고 있는 것이다.

마르크스에 의하면 인간은 물질적 생산력의 발전 정도에 상응하는 생산관계에 결부되어 있다. 이 생산관계는 구체적인 개인의사와는 독립된 것이며 필연적으로 결정된 관계이다. 이 생산관계 전체가 사회의 경제구조를 구성한다.

---

109) G. Fasso, supra note 107, pp. 98-99.
110) K. Marx, *Thesen über Feuerbach*, 11, MEW, Ⅲ, p. 7.

이 관계는 법적·정치적 상부구조의 바탕이 되며 사회구조의 현실적 기초가 되는 것이다. 구체적 사회의식도 이 생산관계에 상응하게 된다. 물질적 생산형태가 결국 생활일반의 사회적·정치적·정신적 발전과정을 조건 짓는다. 그러므로 인간의 의식(Bewusstsein)이 인간의 존재를 결정하는 것이 아니라, 인간의 사회적 존재(gesellschaftliches Sein)가 인간의 의식을 결정하는 것이다.[111]

마르크스에 의하면 사회의 물질적 생산력이 일정한 정도까지 발전하면 이 생산력은 기존의 생산관계, 즉 소유관계에 대립하게 된다. 처음에는 생산력 발전의 형식이었던 이 관계가 나중에는 쇠사슬이 된다. 그러므로 사회혁명이 대두된다는 것이다.

마르크스는 사회구조의 바탕인 생산력의 발전과 사회조직의 기초인 법적 형태 간에 대립이 생기면 이 대립을 해소하기 위하여 현실을 전복시키는 혁명이 필요하다는 것이다. 즉 지배계급은 기존의 생산관계를 유지하려고 노력하고 새로 부각된 계급은 기존 생산관계 및 사회질서를 무너뜨리는 것이 중요하기 때문에 혁명이 발생한다. 이제 새로운 계급은 다시 국가와 법을 그들의 체제를 유지하기 위한 도구로 사용하며 어느 정도 발전과정이 지나가면 다시 새로운 계급이 부각된다. 이러한 변증법적 발전과정은 사유재산제도가 폐지되고 이에 따라 계급대립이 해소될 때까지 계속된다.[112] 다시 말해서 인간역사는 원시공산주의에서 발달된 공산주의까지 발전해 가는 변증법적 과정이다. 중간과정은 발달된 공산주의가 성립할 수 있도록 생산관계를 발전시켜 준다는 의미에서 필요한 단계다. 마르크스는 이 발전과정의 필연적 결과로 발달된 공산주의가 도래한다고 본다. 결국 이러한 역사이론은 공산당의 역사적 임무를 주장하기 위한 도구일 뿐이다.[113]

2. 마르크스의 법철학

마르크스가 말하는 법이란 현존 물질관계의 상부구조 중 하나다. 개개의 상부구조는 그 자체로서 파악되는 것이 아니고 인간정신의 보편적 발전을 통해 파악되는 것도 아니며, 오직 현존의 물질관계에 대한 과학적 연구를 통하여 파

---

111) K. Marx, *Zur Kritik der politischen Ökonomie*, MEW, XIII, pp. 8-9, recitatio de Fasso, supra note 103, p. 99.
112) F. Copleston, *A History of Philosophy*, vol. 7, Part II, Image Book, p. 95.
113) *Ibid.*, p. 98.

악된다.

마르크스에 의하면 철학적 또는 과학적이거나 법의 연구는 결국 경제연구로 환원된다. 상부구조인 법은 사회의 바탕인 경제구조의 발전에 뒤따라오기 때문이다. 모든 생산형태는 그 고유의 법률관계를 낳는다. 결국 법률관계란 그 내용을 구성하는 경제관계를 반영하는 것에 지나지 않는다. 예를 들면 공장에 대한 영국의 입법은 대기업의 필연적 산물이라고 한다.[114]

마르크스에 의하면 생산제도는 계급관계로 구성되기 때문에 이 제도는 계급투쟁의 결과로서 발전한다. 그러므로 계급투쟁은 역사의 강력한 활력소이다. 법은 다른 모든 상부구조와 마찬가지로 이 생산제도를 반영하며 생산제도와 동시에 변형된다. 사회구조가 변하면 법도 따라서 변한다. 나폴레옹(Napoleon) 법전(여기서는 형법전을 말함)은 18세기에 생겨나서 19세기에 발전한 부르주아(bourgeois) 사회의 법적 표현이며, 현대 사회관계에는 상응하지 않는다. 마르크스와 엥겔스(Engels)는 공산당선언에서 부르주아를 비난하며 "당신들의 법이란 법률로 제정한 당신들 계급의 의사일 뿐이다. 이 의사의 내용은 당신들 계급의 존재를 위한 물질조건 속에 이미 포함되어 있다."라고 주장한다.[115]

마르크스에 의하면 법규는 부르주아 법의 전형적 형태며 나폴레옹 법전이 대표적이다. 반대로 엥겔스에 의하면 권력을 잡은 계급이 어떤 계급이든 간에 법은 항상 법규의 형태를 취한다. 개인의 행동 속박은 행동으로 결정되기 위하여 두뇌를 거쳐 의사로 변형되는 것처럼, 시민사회의 필요성도 지배계급이 무엇이든 일반적 효력을 얻기 위하여 법규의 형식으로 국가의사를 거친다.

마르크스와 엥겔스에 의하면 단지 법규형태의 법만이 공산주의와 양립할 수 없는 것이 아니라 법 일반이 공산주의와 양립할 수 없다. 법이란 근본적으로 국가를 매개로 하는 지배계급의 수단이기 때문에 이들 사이에는 대립이 형성된다는 것이다.

3. 소위 정의로운 사회의 이상

공산당선언에 의하면, 프롤레타리아(prolétariat)가 혁명수단을 통하여 권력을 장악하고 지배계급이 되면 이들은 기존의 생산관계를 파괴하고 기존의 계급 대

---

114) K. Marx, *Das Kapital*, Ⅰ, 13, §9, MEW, XXIII, p. 99, p. 505, recitatio de G. Fasso, supra note 107, p. 101.

115) K. Marx, Engels, *The Communist Manifesto*, MEW, Ⅳ, p. 477.

립조건을 없애 버릴 것이며, 그 결과 부르주아(bourgeois) 사회에 대신하여 '각자의 자유로운 발전이 모든 사람의 자유로운 발전의 조건이 되는' 이상사회가 실현된다는 것이다.[116] 이 이상의 전개는 역사적 발전과정으로 설명된다고 한다. 즉 역사의 논리법칙에 따라 변화되어 간다는 것이다. 다시 말해서 마르크스는 사회의 이상을 이론화하여 놓고 역사적 사회가 이에 귀결될 수 있으며, 실제로 귀결되어야 한다고 본다. 헤겔의 역사철학을 비판하였지만, 그것이 지닌 결점이 마르크스이론에도 그대로 반영되고 만다. 물론 마르크스와 엥겔스의 변명에 의하면 공산주의란 현실이 그에 적응하도록 정립되어야 할 이상이 아니라 현재의 물질적 상태를 파괴시킬 운동이라고 주장하지만, 실제로 그들이 주장하는 내용을 검토해 보면 그 실현을 위해 투쟁해야 할 이상이라고밖에 할 수 없는 것이다.[117]

마르크스와 엥겔스가 주장하는 바에 따르면 국가를 없애고 계급과 대립을 없애려면 전 세계의 프롤레타리아가 단결하여 혁명의 수단으로 사회를 변혁해야 한다는 것이다. 이것은 몇 단계를 거쳐 이루어지며, 궁극적으로 권력의 지배현상인 동시에 탄압과 착취의 도구인 국가와 법은 사라져야 한다는 것이다. 이런 과정을 통하여 공산주의가 완전히 실현되면, '각자는 능력에 따라 일하고 그 필요에 따라 충족되는' 사회가 이루어진다는 것이다.[118] 이것이 공산주의에서 말하는 정의다. 다른 어떤 윤리철학이나 정치철학의 정의개념과도 다른 특이한 주장이다.

4. 마르크스주의(Marxism)에 대한 비판

마르크스주의의 내용을 검토해 보면 그럴듯하게 느껴지는 부분이 상당히 있는 것은 사실이나, 하지만 지나치게 깊은 편견에 사로잡혀 있고 복잡한 사회현상을 너무 일반화·단순화시켰으며, 논리 그 자체에도 모순이 있다.

첫째, 생산관계 혹은 경제구조만이 사회의 하부구조로서 법·정치·이데올로기 등 상부구조인 다른 모든 사회관계를 결정한다는 주장은 지극히 편견적인 이론이다. 코플스턴(Frederick Copleston) 교수가 지적한 대로 기독교주의

---

116) *Ibid.*, p. 482.
117) G. Fasso, supra note 107, p. 102.
118) K. Marx, *Kritik des Gothaer Programms*, MEW, XIX, p. 21, recitatio de G. Fasso, supra note 107, p. 103.

(Christianism)는 로마제국 후기에도 지배적인 종교였고, 중세봉건사회에서도 지배적인 종교였으나, 로마제국과 중세봉건사회의 생산관계나 경제구조는 근본적으로 다르다.[119] 물론 경제구조가 사회구조 전반에 중요한 영향을 미치는 것은 사실이다. 그러나 사회의 여러 가지 요인 내지 부문은 상호의존관계에 있는 것이지 어느 일방이 결정적으로 다른 것을 결정하는 것은 아니다. 예를 들면 국가는 경제개발정책 및 관계 법률제도로써 경제구조를 농업국에서 제조업 위주로 변경시키며, 생산관계를 크게 변경할 수 있고, 실제로 그렇게 하고 있다. 그렇다면 경제구조만이 다른 모든 사회구조를 결정하고 변경한다는 것은 분명히 모순이다.

둘째, 마르크스가 사용한 방법론인 변증법은 복잡한 사회관계의 발전을 너무 단순화하였을 뿐 아니라 몇 가지 모순을 내포하고 있다.[120] 우선 사회의 발전과정은 이처럼 기계적으로 단순화할 수 없는 복잡한 요인과 변수를 갖고 있다. 그리고 마르크스와 엥겔스에 의하면 변증법은 외부에서 부과되는 것이 아니라 실재의 내적 움직임을 반영하는 것이며, 내재적인 발전법칙이다. 그리고 이런 경우에 있어서 이 움직임은 필연적이고 불가피하다. 그렇다면 혁명의 활동이 개입할 여지는 없어야 할 것이다. 또한 변증법이 자율적인 자기발전 문제라면, 왜 어느 지점에서 이 발전과정이 멈추어야 되며, 또 어떤 시점에 가면 어째서 대립과 모순이 해소되는지를 타당하게 설명할 수 없다. 결국 공상적인 '지상낙원'을 가정하고, 이에 도달을 합리화하기 위하여 이론적으로 심한 무리를 범한 것으로 보인다. 다시 말해서 역사의 발전과정을 너무 기계적으로 해석하는 것이다. 또 목적론적 측면에서 보면 원시공산체제에서 사유재산제의 도입과 이기주의의 등장, 착취 및 계급투쟁에서 공산주의의 회복에 이르기까지 높은 단계로 점차 계획을 실현해 가는 것은 결국 이데아(Idea)의 실현과정과 같은 것이고, 그가 비난한 관념주의의 요소가 다시 노출되는 것이다.

이와 같이 마르크스주의(Marxism)는 매우 모호하다. 어떤 점을 강조하면 역사적 발전과정의 기계적 설명이 되고, 어떤 점을 강조하면 관념주의적 요소가 다시 등장한다.[121] 이것은 부분적으로 마르크스주의가 헤겔의 관념주의를 변형시킨 데서 오는 당연한 결과라 할 것이다. 마르크스주의는 그 내용면에서 무엇

---

119) F. Copleston, supra note 112, p. 100.
120) *Ibid.*, p. 101.
121) *Ibid.*, p. 102.

을 강조하느냐에 따라 상당히 성격을 달리할 수 있다. 필연성을 강조할 수도 있고(결정론), 혁명운동을 강조할 수도 있으며, 유물론적 요소를 강조할 수도 있고, 변증법적 요소를 강조할 수도 있다. 구소련 내에서도 여러 가지 사고노선이 나타나는 것은 그 때문이다. 그러므로 이러한 노선의 차이가 존재하는 것은 철학 이외의 요소인 공산당의 정치노선 때문이다.

셋째, 인간은 정신과 육체로 되어 있다. 그러므로 인간사회를 구명(究明)함에 있어서도 정신적 요소와 물질적 요소를 모두 중요하게 고려해야 통합적인 설명이 될 수 있다. 정신적 가치보다 물질적 요소를 지나치게 강조하여 주로 물질적 생산력이나 그 관계에 의해 결정되는 것으로 파악하는 것은 처음부터 그릇된 방법이다. 결국 이것은 인간을 해방하는 것이 아니라 인간의 지위를 격하시키는 것이다. 생산문제가 모든 것을 결정한다는 것, 다시 말해서 먹고 사는 것만이 궁극적 문제라면 인간의 가치는 처음부터 무시당한 것이며, 예술, 종교, 도덕 등 인간문화는 의미가 없는 것이고 학문도 바로 이러한 먹고 사는 문제를 해결하는 데에서만 존재가치가 있다고 해야 할 것이다.

넷째, 마르크스가 가정한 이상사회는 각 개인의 능력에 따라 일하고 필요에 따라 충족되는 사회다. 다시 말해서 정의개념을 완전히 바꾼 것이다.[122] 그러나 각 개인이 모두 능력에 따라 일한다는 것을 검토할 때 이것이 모두 능력만큼 일을 해야 한다는 뜻이라면 이보다 무서운 말은 없을 것이다. 인간은 자기능력의 범위 내에서 원하는 만큼 일을 하려는 것이 일반적인 경향이다. 이 경향을 강제로 바꿔 좋으나 싫으나 능력만큼 일을 해야 한다면 그것은 자유가 없는 무서운 사회일 것이다. 만일 이것이 자기의사대로 일을 한다는 뜻이라면 그 결론에 문제가 있다. 즉 자기 의사대로 일을 하고 그 업적에 관계없이 필요한 만큼 충족된다면 사회는 더 이상 유지될 수 없다. 인간사회에 대한 간단한 고찰을 통해서도 이 점은 분명하다. 마르크스는 인간의 정신적 요소를 경시하면서 자기 이론을 과학적이라고 했지만 결국 가장 비과학적인 결론에 도달하고 만 불행한 학자 중의 하나일 것이다.

---

122) G. Fasso, supra note 107, p. 103.

IX. 한스 켈젠(Hans Kelsen)

1. 법학의 자율성과 규범주의적 실증주의

켈젠은 우선 법 인식론을 확립하려고 노력하였다. 법학의 목적은 법규범의 재료인 인간행위를 포착하는 것이다. 그러므로 법은 규범학문이다. 법학의 대상은 법을 인식하고, 이 인식을 기초로 법을 서술하고 분석하는 것이다. 켈젠에 의하면 칸트가 말하는 대로 학문은 단지 인식을 모아 놓은 것이 아니고 분류·정돈·체계화하는 것이다. 이에 따라 켈젠은 다른 학문과 구별되는 법학의 자율성을 확립하려고 한다.

(1) 법학의 자율성

켈젠은 법학은 도덕·이데올로기·사회학 등과 구별·분리해서 그 고유의 대상과 방법을 밝혀야 한다고 생각한다. 이런 의미에서 자기의 이론을 '순수한' 법의 이론 또는 순수법학이라 부른다.[123]

우선 법규범은 도덕규범과 구별해야 한다. 켈젠에 의하면 법규가 올바르냐 올바르지 않는가는 도덕문제이지 법의 문제가 아니다. 법률가는 법규칙이 적법한가의 여부만을 생각하면 된다. 법규범은 명령(imperative)이 아니다. 조건판단 내지 가언판단(hypothetical judgment)이다. 조건판단 내지 가언판단이란 조건사실과 결과를 연결시키는 판단이다.[124]

이처럼 법을 도덕에서 분리한 것은 법의 비도덕성(immorality)을 의미하는 것이 아니라, 법이 도덕과 관계없다는 무도덕성(amorality)을 의미한다고 한다.

켈젠은 또한 자연법이론을 비난한다. 자연법이론은 법을 형이상학에 연결시키기 때문에 법의 순수이론과 양립할 수 없다는 것이다. 또한 켈젠에 의하면 법학은 또한 정치적 이데올로기와 분리시켜야 한다고 주장한다. 이데올로기는 의지·원의에 뿌리를 박고 있지, 인식에 근거하는 것이 아니므로, 법의 순수이론은 특히 정치적 이데올로기와의 분리를 강조한다. 나아가 법의 순수이론은 사회학에서 분리되어야 한다. 법학은 행위규범에 관련되는 문제를 연구대상으로

---

123) Kelsen, *Reine Rechtslehre*, Preface of the first edition.
124) A. Brimo, supra note 54, p. 303.

하는 데 비하여, 사회학은 사회생활의 행위형태와 인과법칙을 연구대상으로 하는 것이기 때문이다.

따라서 켈젠의 주장에 의하면 법의 순수이론은 방법의 혼합을 지양하고 법학의 고유방법인 실증주의적 방법을 사용해야 한다. 그러므로 그의 법이론은 규범주의적 실증주의라고 한다.

(2) 실증주의적 방법

켈젠은 칸트와 마찬가지로 현실과 의무, 존재와 당위, 즉 존재(sein)의 세계와 당위(sollen)의 세계를 구분한다. 존재의 세계는 자연법칙과 인과율의 원칙이 지배한다. 이 자연의 법칙은 위반할 수 없다. 존재의 세계는 자연과학에 상응한다.

당위의 세계는 인간에 관한 규칙을 대상으로 하며, 일정한 행위를 규정하여 사회관계를 지도해 나가려는 목적을 갖고 있다. 당위의 세계는 규범학문에 상응한다. 이 규칙은 위반할 수 있으며 여기에는 인과율의 원칙이 지배하지 않고 귀속(Zurechnung)의 원칙이 지배한다.[125] 이것은 규범의 조건과 규범의 결과를 연결하는 법칙이며, 행위와 제재간의 특별한 관계를 나타내는 법칙이다. 즉 A(범죄)라는 사실이 일어나면 B(제재)라는 사실이 뒤따라야 함을 선언하는 것이 법규범이다. 그러므로 인과관계로 연결된 현상 간의 자연적·필연적 관계를 단지 확인하는 자연과학과는 달리, 법은 조건인 사실에 일정한 결과를 인간의사에 의하여 '귀속시키는 것'이다. 규범에는 도덕규범과 법규범이 있는데, 이 두 규범의 차이는 제재(sanction)에 있다. 켈젠에 의하면 법규범은 강제질서다.[126] 다시 말해서 일정한 행위를 규정하고 반대되는 행위를 하는 때에는 사회적으로 조직된 강제를 부과하는 것이다. 도덕규범의 경우에는 물리적 힘을 사용함이 없이 단순히 규범에 합치되는 행위를 인정하고 위반되는 행위를 비난하는 데 그친다.

켈젠의 용어사용에 관하여 주의할 점이 있다. 일반적으로는 법률주체에 대하여 일정한 행위를 지시하거나 금하는 것을 1차 규범이라 하는데 켈젠은 이것을 2차 규범이라 하고, 일반적 의미의 1차 규범을 위반한 결과로 제재를 선언하고 집행하는 데 관련된 규칙을 2차 규범이라고 하는데 켈젠은 이를 1차 규범이라 한다.

---

125) Kelsen, *Reine Rechtslehre, traduction française*, Eisenmann, Dalloz, p. 104.
126) G. Fasso, supra note 107, p. 218.

켈젠은 법학의 방법에 있어서 자연과학의 방법처럼 실증적 방법을 사용한다. 즉 형이상학적 가치에 연관시키지 않고, 감정적 요인을 작용시킴이 없이, 단순히 대상을 서술하는 것이다. 이것은 본질적으로 법의 형식적 성격을 다루는 규범주의적 방법이다. 법은 아무런 필연적 내용도 갖고 있지 않기 때문에 법규칙은 어떤 가치체계라도 포함할 수 있는 것이다. 그러므로 법학은 이러한 가치와 관련시키지 않고 순수히 그 형식적 성격을 취급하는 것이다.

(3) 법현상의 특성

켈젠에 의하면 규범학문은 법현상의 특성을 연구하는 것이다. 법규범은 아무렇게나 흩어져 있는 것이 아니라 일정한 체계와 서열에 따라 질서 있게 정돈되어 있다. 이 규범의 서열을 법률질서의 단계적 구조(Stufenbau)라 한다. 이 단계적 구조이론으로부터 법의 유효성(validity)과 실효성(effectiveness)을 설명한다.[127]

켈젠에 의하면 법의 효력은 규범의 특유한 존재방식이다. 이것은 강제적 효력을 말하는 것으로 법규칙이 준수되어야 한다는 사실을 뜻한다. 규범은 공간적·시간적 영역, 실질적 또는 인적 영역을 갖고 있다. 이런 것은 규범의 내용요소에 속한다.

이 효력의 성격은 그 자체만을 고려하면 아무런 의미가 없다. 법구조 전체와 관련지어 생각해야 한다. 법구조의 본질적 성격은 서열화된 구조라는 것이다. 그리고 상위규칙은 하위규칙의 효력근거가 된다. 그러므로 법구조상의 모든 규칙 간에는 이와 같이 효력근거라는 공통연관으로 이어져 있다. 이 규칙들은 서열에 따라 피라미드를 구성한다. 실정법 구조를 고려한다면 이 피라미드의 맨 밑에는 행정행위나 사법행위라는 개별규범이 있고 맨 위에는 헌법이 있게 된다. 그런데 이 헌법도 그보다 상위규범으로부터 효력근거를 받아야 한다. 이처럼 상위규범으로부터 효력근거를 받는 단계적 절차는 무한히 계속될 수 없고, 궁극적으로 최상규범을 인정해야 한다. 이것은 규범의 피라미드 최상위에 있는 것이며, 켈젠은 근본규범(Grundnorm)이라 부른다.[128] 이 근본규범은 모든 법체계의 근거가 되는 가장 기본적인 법규범이다. 이 근본규범은 실제로 설정되는 규범이 아니라 가정되는 규범이다. 켈젠은 이 근본규범을 법규범의 객관

---

127) A. Brimo, supra note 54, p. 307.

128) Kelsen, *Reine Rechtslehre*, 1960, §6.c.

적 가치를 위한 논리적·선험적 가정이라고 한다. 켈젠은 실증주의적 방법을 주장하여 형이상학적 가치를 배제하고 순수형식적 법이론을 전개한다고 했는데 그도 역시 규명할 수 없는 가정적 규범에 도달하고 마는 것이다.

켈젠은 법의 효력 이외에 실효성을 주장한다. 어느 규범이 법규범이 되기 위해서는 실효적이어야 한다. 다시 말해서 전체적 법질서에 종속된 대부분의 사람들이 준수해야 한다. 법은 강제질서의 성격을 띤 사회질서다. 이것은 사회적으로 해로운 위법행위에 대하여 강제조치로 대처할 수 있음을 의미한다. 다시 말해서 법의 실효성은 법규칙이 지닌 제재에 의하여 확보된다. 그러므로 켈젠에 있어서 법질서의 실효성은 그 효력의 본질적 조건이다. 비실효성은 효력의 상실을 초래하기 때문이다. 그러나 실효성과 효력을 혼동해서는 안 된다. 실효성은 효력의 조건일 뿐이다.

2. 국가개념

켈젠의 국가개념은 독특하다. 켈젠에 의하면 국가는 법을 집행하는 통로로서 법과 같은 것이다. 국가와 법은 동일한 법질서이며 공법과 사법의 통일성도 바로 이러한 법질서의 통일성에 근거하는 것이다. 국가와 법을 구별하고 공법과 사법의 이원론을 주장하는 것은 법의 순수이론과 합치하지 않는 정치적 이데올로기에서 나온 것이다. 국가도 법과 마찬가지로 강제질서다. 국가를 정치적 조직으로 정의하는 경우 이 조직이 일정한 개인들을 매개로 하여 다른 개인들에게 강제를 행사할 수 있는 가능성을 의미하기 때문에 결국 강제질서를 말하는 것이다. 법질서와 국가는 다 같이 조직된 강제질서다.[129]

그러므로 정치적 조직인 국가는 법질서다. 그렇다면 모든 법질서가 국가란 말인가? 그렇지는 않다. 켈젠에 의하면 국가가 되기 위해서는 이 법질서가 아주 좁은 고유의미의 조직이라는 성격을 가져야 한다. 다시 말해서 규범의 창설과 적용을 위하여 전문기관을 갖춘 중앙집권화된 법질서이다.

전통적으로 국가는 국민·영토·공권력을 갖추어야 한다고 한다. 국민이란 무엇인가? 국민이란 결국 일정한 국가를 구성하는 개인들이다. 이들이 특정국가의 부분을 이루는 것은 개별적으로 보면 일정한 강제질서에 종속된다는 의미다. 영토란 무엇인가? 영토란 일정한 법질서의 지역적 효력영역이다. 국가권력

---

129) *Ibid.*, p. 373(traduction française).

이라는 것은 법적으로 규제되는 점에서 다른 세력관계와 다르다. 국가의 독립도 국제법에만 종속될 뿐 다른 국가적 법질서에는 종속되지 않는다는 의미다.[130]

국가는 법과 동일한 본질을 갖기 때문에 입법·행정·사법 등 국가의 모든 기능은 법적 기능이다. 즉 법을 창설하는 기능이거나 적용하는 기능이다. 그러므로 국가의 자기제한설은 모순이다. 국가는 법을 통해서만, 그리고 법 안에서만 행동하게 된다. 국가란 법규범에 기초를 둔 국가행위를 통해서만 존재하기 때문이다.

제 2 절   법의 개념

I. 법의 정의(定義)

1. 올바른 정의에 도달하는 방법

앞에서 설명한 바와 같이 사회가 있는 곳에는 어디에나 법이 존재한다(ubi societas, ibi jus). 따라서 법은 사회생활과 나눌 수 없을 정도로 결합되어 있다. 그러므로 법이 무엇인지를 밝히는 것은 단지 학문적인 목적뿐만 아니라 사회생활 자체를 올바르게 영위하기 위해서도 필수적이다. 특히 현대인들은 복잡하고 분업화된 세상에서 얽매여 살다 보니 목적이나 정의 같은 문제에는 점점 무감각해지고, 당장의 능률, 성과, 좀 더 많은 수입, 당장의 즐거움을 주는 수단 같은 문제에 집착하게 된다. 그러나 인간이 진실로 실용적이라면 당장보다는 삶 전체를 생각하게 되며, 당장의 능률이나 즐거움보다는 보다 항구적인 능률과 즐거움을 고려하지 않을 수 없을 것이다. 사회생활의 보다 항구적인 능률과 즐거움을 추구하려면 결국 사회생활의 목적, 본질, 정의 같은 원리적 문제에 귀착하게 마련이다. 법도 마찬가지여서 실정법 전체를 올바르게 이해하고 효율적으로 활용하기 위해서나, 국가 법제도 전체를 올바른 방향으로 개선해 나가기 위해서는 이러한 법의 목적, 본질, 성격, 근거, 기능 등을 올바르게 이해하지 않고

---

130) *Ibid.*, p. 383.

서는 도저히 그 목적을 달성할 수 없다.

　앞에서 여러 학자의 견해를 검토하였는데 이들은 모두 자신의 시각에서 매우 다양한 주장을 하고 있다. 어떤 이는 법은 자연에서 발견하는 것이라 하고, 어떤 이는 인간 이성의 규칙이라 하며, 어떤 이는 국가권력이 만들거나 그 의사에서 나온 것이라 하고, 또 어떤 이는 사회나 역사 속에서 저절로 형성된 것이라고 한다. 어떤 이는 법이 잘 살기 위한 것이라고 생각하고, 어떤 이는 착취와 탄압의 수단이라고 생각한다.

　이 모든 주장이 각각 그 나름대로 약간의 타당성과 근거를 가지고 있다. 그렇지만 이들의 주장은 매우 다양할 뿐 아니라 서로 상충하고 있어서, 법학 초보자의 입장에서는 매우 당황스럽고 누구의 주장이 올바른지 판단하기 매우 어려운 상황이다.

　그러나 저자의 판단으로는 사회생활의 모든 측면이 그렇듯이 이러한 문제를 해결하는 데 있어서도 가장 현명한 방법은 건전한 상식에서 출발하여 상식적인 방법으로 해결하여 가는 것이라고 생각한다. 그러면 법의 본질이나 목적을 밝히는 데 있어서 합리적인 상식적 방법이란 무엇인가? 앞에서도 언급한 바와 같이 법과 사회생활이 불가분의 관계이며, 사회생활을 위한 것이 법이라면 결국 일상의 사회생활을 주의 깊게 객관적으로 관찰함으로써 법이 무엇인지를 점차적으로 분석하여야 할 것이다. 이러한 견지에서 볼 때 아리스토텔레스나 성 토마스 아퀴나스의 방법이 비교적 가장 타당하다고 생각한다. 이들은 자연과 사회생활을 관찰하는 데서 출발하여 여기서 얻은 경험적 자료를 분석하고 비교하고 종합함으로써 객관적이고 실재적인 해답을 추구하여 나간다. 이들은 어떤 특정한 문제에 대하여 명확한 답변을 세우기 위하여 무리한 결론을 내리기보다는 차라리 현실 그대로 모호한 것은 모호하게 남겨 놓으며, 어려운 문제에 부딪칠 때마다 자연과 사회의 관찰·분석을 통하여 해결하려고 노력한다. 물론 이들은 2400년과 800년 전의 사람들이었기 때문에 그들의 사회 속에서 생각하고 연구할 수밖에 없었으며, 따라서 상당한 경험적 오류도 범하고 있다. 아리스토텔레스가 노예제도를 인정한 것이라든지 이자 문제를 부정적으로 생각한 것은 모두 이러한 사정에 기인한다.[131] 그러므로 여기서 아리스토텔레스나 성 토마스 아퀴나스가 옳다는 것은 문제를 해결해 가는 그들의 기본적 태도나

---

131) 유병화,『법철학』(법문사, 2004), 445면.

골격이 옳다는 것이지 그들의 주장이 모두 옳다는 것은 결코 아니다. 그들도 시간과 장소에 국한된 역사 속의 인물이었고, 그러므로 그 시대적 오류에서 완전히 벗어날 수는 없다고 본다. 예컨대 국제법에 관하여 그들이 주장한 것은 오늘날 국제사회에서는 거의 의미가 없을 정도다. 그것은 그들이 살고 있던 그 시대의 국제사회가 오늘날 국제사회와 본질적으로 다르기 때문일 것이다.

2. 법적 정의(定義)의 내용[132]

그러면 이들의 방법을 현대사회에 적용하여 오늘날의 자연과 사회를 관찰·분석·종합하여 볼 때 법이란 무엇이라고 할 수 있는가? 우선 결론부터 내린다면 "법이란 어느 사회의 정당한 정치권력이 그 사회의 공공선을 위하여 자연질서에 근거를 두고, 그 사회의 도덕·관습·필요성 등 합리적 가치요소들을 반영하여 정당한 방법으로 제정하거나 확인·적용하는 강제적 사회생활 규범으로서 여러 주체 사이의 관계에서 최소한의 정의 실현 내지 질서유지를 내용으로 하는 것"이다. 이와 같은 법의 정의는 자연법·실정법을 하나의 체계 속에 유기적으로 연결시킴으로써 자연법·실정법이 별개의 분리된 법규가 아니라는 것을 분명히 하고 동시에 현실사회의 실정법규에 대하여 자연질서에 기초한 그 근거, 목적, 한계를 명확히 설정한다고 말할 수 있다.

(1) 법의 목적

법은 그 사회의 공동선(共同善)을 목적으로 하여야 한다. 여기서 공동선이란 단지 즐거움이나 유용성을 말하는 것이 아니라 그보다 본질적으로 존재론적 의미를 갖는다. 다시 말해서 사회구성원의 존재에 뿌리를 둔 목적이며 이들을 완성시켜 주는 것이다. 인간은 사회적 존재이기 때문에 존재론적 측면에서 볼 때, 개인의 선과 사회의 선이 충돌하는 것이 아니라 사회 속에서 개인이 보다 적절히 완성될 수 있으므로 개인의 선은 사회의 공동선 속에서 충만히 실현된다. 여기서 선이란 존재론적 의미를 나타내는 것으로 공리주의에서 말하는 즐거움이나 유용성하고는 차원을 달리한다. 공리주의에서 말하는 즐거움이나 유용성의 경우는 사회의 유용성과 개인의 유용성이 충돌하는 경우도 흔히 있을 수 있으나, 인간이 사회적 존재라는 사실을 부정하지 않는 이상 존재론적 의미에서 개

---

132) 유병화, 전게 『법철학』, 445-449면.

인의 선은 사회의 공동선 속에서 보다 완전한 실현을 달성할 수 있는 것이다. 공동선이란 개인의 존재 내지 본성을 완성시키기 위한 소망스런 여건이라고 할 수 있다.

어쨌든 모든 인간의 활동은 직접·간접으로 어떤 목적에 연결되어 있으므로 이러한 목적을 제쳐놓고 어떤 행위의 의미를 이해하려는 것은 어리석은 일이다. 법도 마찬가지로 목적이 있어야 하며, 이 법의 목적은 어느 특정 구성원이나 권력자의 이익이 아니라 구성원 모두를 고려하는 사회의 공동선이어야 한다.

(2) 법의 근거

법의 근거는 무엇인가? 법규정은 결과적으로 개인의 의사를 구속하고 제한하게 되는데 이러한 강제규범이 아무런 근거 없이 설정된다는 것은 있을 수 없는 일이다. 이러한 근거가 법규에 대하여 객관성과 타당성을 부여하려면 입법자의 의사 밖에서 구해야 하며, 그렇지 않고 단순히 권력자의 명령이라든지 권력자 내지 국가의사에서 나오는 것이라고 하면 엄밀한 의미에서 근거가 될 수 없다. 이러한 근거는 자연과 사회의 주의 깊은 관찰을 통하여 찾아낼 수밖에 없다. 사회 및 자연에 있는 생물·무생물이 모두 일정한 '질서'에 따라 움직이고 있다는 사실은 부인할 수 없다. 여기서 질서라는 것은 인간의 공통된 경향, 자연 및 우주의 법칙 등을 모두 포괄하는 일반적인 개념이다. 이러한 질서를 자연질서라고 한다면 자연의 일부인 사회질서도 궁극적으로 이러한 자연질서에 합치해야 하며, 자연질서를 벗어난다는 것은 존재론적으로 그 목적에 도달하는데 문제를 일으킨다. 이것이 자연법적 견해임에는 틀림이 없으나 이러한 자연법은 자연질서를 의미할 뿐이며, 실정법과 관계없이 별도의 법규칙이 따로 존재한다는 것은 아니다. 자연법 내지 자연질서는 실정법규의 근거 및 한계이며 그 지침이 되는 것이다. 자연질서는 실정법규를 통하여서만 구체화될 수 있는 것이며, 실정법과는 별도의 법규칙으로 효력을 발생하고 인간들에게 법적 구속을 주는 것은 아니다. 자연질서에 관하여는 앞서 여러 법사상가의 견해에서 위에서 상세히 검토하였다.

(3) 법의 합리성

법은 합리적이어야 한다. 여기서 합리적이라는 것은 이성주의와 달리 법규칙을 인간이성이 만들어 내는 것이 아니라 객관적 의미를 갖는다는 것을 의미한다. 다시 말해서 합리성이란 법규칙이 그 사회의 모든 합리적 가치요소를 반영해야 한다는 것이다. 그 사회의 합리적 가치요소란 그 사회의 도덕, 관습, 전통, 필요성 등을 말한다.

자연질서는 일정한 경향 내지 골격으로서 구체적 법규칙이 되기 위해서는 상당한 이성의 작용이 필요하다. 우선 이러한 올바른 본성의 경향 내지 자연 질서의 지침을 파악해야 한다. 이러한 파악은 앞에서 거듭 말한 것처럼 인간 이성이 경험을 떠나서 추상적 개념 작용이나 성찰을 통하여 파악하는 것이 아니다. 그뿐 아니라 이러한 골격적 자연질서를 구체화하기 위해서는 여기서 말하는 그 사회의 합리적 가치요소를 반영하여 구체적 규범으로 만들어야 한다. 그러기 위해서는 인간이성이 판단작용에 상당히 개입할 것이며, 여러 가치요소에 대한 비교·검토 및 선택작업이 수행될 것이다. 이런 의미에서 법규칙은 마음대로 만드는 것이 아니라 객관적으로 그 사회의 가치요소를 반영하는 것이다.

(4) 법의 구체적 기능 내지 적용영역

법의 구체적 기능이나 적용영역은 여러 주체 사이의 관계에서 최소한의 정의구현 내지 질서유지를 하는 것이다. 최소한 정의를 실현하는 것이나 그 사회의 질서를 유지하는 것은 결국 동일한 내용이다. 법의 기능인 최소한의 정의실현은 도덕의 경우와 달라서 모든 측면에서 올바른 것을 실현하는 것이 아니라 다른 주체와의 관계에서 각자의 행위 한계를 분명히 하는 것이다. 다른 주체와의 관계에서 각자의 행위 한계 내지 범위를 분명히 한다는 것이 곧 인간사회의 질서를 유지한다는 것을 의미한다. 이처럼 여러 주체 사이의 행위 한계를 설정하는 것은 각자에게 그의 몫을 돌려주는 것(suum cuique tribuere)이다. 도덕규범은 주로 인간의 내면적 의도를 중요시하는 내면의 질서이다. 물론 도덕규범도 사회규범이지만 그러나 사람이 혼자 있는 경우에도 적용될 수 있다. 도덕에는 내면적 의도가 핵심이기 때문이다. 그러나 법규범은 반드시 사회를 전제로 한다. 물론 혼자서 불법을 할 수 없다는 뜻이 아니다. 예컨대 혼자서 살인을 계획하여 구체적으로 준비할 수는 있다. 그러나 살인을 하려면 다른 사람이 있는 것을 반드시 전제로 해야 하기 때문이다.

법의 기능은 '최소한'의 정의실현이다. 법이 정의를 실현한다고 해도 모든 행위 한계를 완전하게 규정할 수는 없으며, 다른 주체들과 함께 사회생활을 통하여 자신의 본성 내지 존재를 완성해 나갈 수 있도록 대강의 행위 한계를 설정하는 데 그치는 것이다. 많은 사람이 이 세상에 이상적인 세계를 실현할 수 있는 것처럼 주장했지만, 현실적으로 이 세상의 눈으로 볼 때 반드시 선한 사람이 그만한 대우나 보상을 받는 것도 아니고, 또한 모든 사람이 노력과 능력에 따라 정확히 평가되는 것도 아니다. 상식적인 의미에서 악한 사람이 세상의 눈으로 볼 때 훨씬 번영하는 경우도 흔하다. 가난하고 성실한 사람이 땀을 흘려 저축하여 큰돈을 모으는 경우보다는 인색하고 심술궂은 사람들이 투기나 약간의 술수를 써서 떼돈을 버는 경우를 우리는 주위에서 너무도 많이 보고 있다. 이 세상에서 정의를 완전히 실현할 수 있다고 주장하는 것처럼 비현실적인 주장도 없다. 법의 기능은 최소한의 정의를 실현할 뿐이며 모든 사람이 자신의 존재나 본성을 완성해 나갈 수 있는 대강의 여건을 마련하는 것이다. 이것을 다시 표현하면 인간사회의 대체적인 질서를 유지한다는 것과 같은 말이다.

(5) 법의 강제성

사회에 적용되는 구체적인 법은 강제적이다. 여기서 강제라는 것은 사회조직의 힘을 배경으로 하는 객관적·구체적 강제다. 법을 위반하면 그 사회의 객관적인 제재를 받도록 구체적으로 예정되어 있다. 그 제재내용은 실제적인 사안에 따라 다르지만, 법규범의 준수를 강요하는 구체적 수단이라는 점에서는 동일하다. 예를 들면 행위의 효력이 부인되어 법적인 보호를 받지 못하는 경우도 있고, 손해를 배상해야 하는 경우도 있고, 감옥에 격리되는 경우도 있다. 이러한 법의 강제는 사회조직의 힘을 배경으로 하는 객관적·구체적 강제라는 점에서 개인의 강제와 다르다. 미리 그 발동의 조건·절차·내용 등이 사회구성원의 수락 하에 예정되어 있다는 점에서 사회집단의 폭력이나 무력행동과 다르다.

(6) 법의 형식적 요건

실정법 규칙이 구체적으로 성립하려면 일정한 형식적 요건을 갖추어야 한다. 한마디로 표현해서 정당한 정치권력이 정당한 방법으로 제정하여야 한다. 우선 아무나 제정할 수는 없는 것이며, 그 사회조직의 의사를 수렴시킬 수 있는 정당한 정치권력이 제정해야 한다. 역사적으로 볼 때 악한 사람이 폭력으로 권력을 잡고 사실상 기정사실화하여 오랫동안 통치하다가 아무 일 없이 죽은 일도 허다하다. 그러므로 여기서 정당해야 한다는 것이 절대적일 수는 없다. 이 세상의 정의실현이 완전할 수 없다든지, 이 세상의 가치가 절대적일 수 없다는 것은 모두 이러한 현실을 반영한 것이다. 그러나 범죄를 저지르고도 들키지 않고 지나칠 수 있다고 해서 형법규정이 무의미하다고 할 수 없는 것처럼, 어떤 불법적 독재자가 부당하게 권력을 잡고도 버티어 나갔다고 해서 정치권력이 정당할 필요가 없다고 말할 수는 없다.

그뿐 아니라 실정법규를 제정하는 것은 객관적으로 예정된 정당한 방법에 따라야 하며 임의로 제정할 수 없다. 민주주의가 확립되지 않은 곳에서는 이를 위반하여 제정된 법을 부과하는 경우도 종종 있으나 역시 있어서는 안 될 일이 일어났을 뿐이다.

II. 법과 다른 사회질서

1. 법과 도덕

(1) 법과 도덕의 문제

법과 도덕은 모두 인간행위의 규범으로서 그 근거나 원천에 있어서 서로 연결되어 있을 뿐 아니라 내용 면에서도 상호 관련되어 있으며, 효력 면에서 서로 보완관계에 있어서 서로 뗄 수 없는 긴밀한 관계에 있다.[133] 그러나 법을 올바르게 이해하기 위하여 법의 고유한 성격을 충실하게 분석할 필요가 있으며, 이러한 의미에서 법과 도덕이 구별되는 측면을 이해하려는 노력이 많았다. 법과 도덕이 현실사회에서 긴밀히 결합되어 있는 관계로 이러한 구별이 매우 어려웠기 때문에, 오히려 학자들은 그 상호관계의 적극적 측면보다도 서로 구별되는 소극적 측면을 구명(究明)하는 데 훨씬 많은 노력을 기울였다. 법과 도덕의 구별 노력은 그다지 큰 성공을 거둔 경우가 많지 않기 때문에 매우 어려운 문제로 생각해 왔다. 따라서 예링(Jhering)은 법과 도덕의 문제를 항해하는 선박의 매우 위험한 곳인 케이프 혼(Cape Horn)에 비교하기도 하였다. 저자는 이러한 연혁적(沿革的) 사실을 고려하여 여기서는 일단 법과 도덕이 구별되는 측면을 고찰한 다음 그 상호관계를 검토하여 보고자 한다.

---

133) 법과 도덕 문제에 관하여는, C. Pereleman, *Droit et Morale et Philosophie*, 2 edition, Paris, 1976; 심헌섭, 『법철학 I』(법문사, 1982) 참조.

(2) 법과 도덕의 구분

① 스토아(Stoa) 학파와 법·도덕의 혼동

스토아 철학이 생겨난 사회적 배경은 알렉산더 대왕(Alexander)의 절대주의 사회이다. 알렉산더 대왕의 정복 이후 그리스 시대의 시민적 자유는 사라지고 일반 시민은 국가행정이나 정치문제에 개입할 수 없었다. 그러므로 철학에서 이러한 문제를 자유롭게 다룰 수 없는 것은 당연하며, 따라서 스토아 철학이 주로 개인의 도덕생활에 관심을 갖게 된 것은 우연한 일이 아니다.[134] 또한 스토아 철학은 결정론자(determinist)로서, 모든 것은 역사를 만드는 최고의 이지(理智)인 로고스(logos)에 의하여 결정되기 때문에 인간은 모든 일에 순응하고 운명을 기꺼이 받아들여야 한다. 이러한 결정론은 인간의 내면세계를 다루는 것으로 사람들 사이에서 재산이나 부담을 분배하는 것과는 거리가 멀다. 다만 스토아 이론은 로마 세계와의 접촉을 통해 행위규율, 국가에 대한 의무 등 사회규범의 문제가 부각되었고, 이것은 아리스토텔레스의 영향이 크다. 여기에서 법과 도덕의 혼합이 생긴다.

스토아 학파의 대표자인 키케로(Cicero)를 통하여 이러한 현상을 구체적으로 검토하여 보자. 키케로에 의하면 진정한 법규는 올바른 이성이다. 이것은 자연에 합치하고 만물에 침투되어 있으며, 영원불변이다. 그러므로 이 올바른 이성이 지시하는 법규대로 따라야 하고, 금지하는 것은 삼가야 한다.[135] 키케로가 말하는 'natura(자연·본성)'는 우주도 아니고 사회그룹도 아니며, 오직 개인의 본성 즉 인간이성을 말한다. 그러면 인간이성에서 이끌어내는 올바른 규칙은 무엇인가? 현실적인 이성에서 나온 올바른 규칙이므로 여기에 순응해야 한다는 것은 무엇인가? 결국 우리 의무를 수행하고 거짓을 피하며 양심에 따라 참되게 살면서 현실적 운명에 순응하라는 것이다. 이것은 분명히 도덕규칙이다. 가끔 키케로의 견해를 자연법이라고 하지만 자연의 관찰에서 객관적인 질서를 발견해 내려는 아리스토텔레스의 입장과는 본질적으로 다르다. 키케로의 견해는 개인적 관점에서의 도덕이며 이성주의일 뿐이다. 이러한 스토아 철학의 깊은 영향을 받아 인간이성의 규칙을 주장하는 근세 자연법이론의 그로티우스(Grotius), 푸펜도르프(Pufendorf) 등도 실제로는 법과 도덕을 혼동하고 있는 것이다.

---

134) M. Villey, *La formation de la pensee juirdique moderne*, Paris, 1975, p. 433.
135) Cicero, De legibus, Ⅰ, 8.

② 성 토마스 아퀴나스와 법·도덕의 기능적 구분

성 토마스 아퀴나스는 법과 도덕의 관계를 설명함에 있어서 아리스토텔레스의 정의이론(正義理論)을 이용한다. 아리스토텔레스는 정의를 자세한 관찰을 통하여 일반적 의미와 고유한 의미로 나누고 있다. 넓은 의미의 일반적 정의는 도덕규칙에 합치하는 모든 올바른 행위를 뜻한다. 절제 있는 행위, 용기 있는 행위, 조국을 사랑하는 행위, 이웃을 사랑하는 행위 등이 모두 넓은 의미의 정의에 속한다. 그러나 좁은 의미의 고유한 정의는 일정한 사회에 살고 있는 사람들 사이에 재산이나 부담의 올바른 몫을 나누는 것이다. 이것은 본래적 정의이며 법적 정의다.

성 토마스 아퀴나스에 의하면 자연이나 인간의 본성(natura)은 각각 그 존재의 본성을 완성 내지 실현하는 목적을 갖고 있으며, 여기에 도달하기 위해 자연질서에 따르고 있다. 인간은 그 이성과 슬기를 통하여 자연 내지 본성의 올바른 경향과 목적을 불완전하게 인식할 수 있으며, 이러한 인식을 기초로 자연질서에 따른 올바른 경향과 목적에 따라 행위를 하면 선한 행위, 즉 도덕적 행위가 된다. 이에 달리 법적으로 올바른 행위란 모든 면에서 올바른 것을 추구하는 것이 아니라 사람들 사이에 재산 및 부담의 몫을 올바르게 나누는 외적 관계에 국한된다. 그러므로 법과 도덕은 긴밀한 관계를 가지면서도 그 기능에 있어서 구분되는 것이다.

성 토마스 아퀴나스에 의하면 인간이 자연 내지 인간본성(natura)을 객관적으로 관찰함으로써 이성과 슬기(prudentia)를 통하여 자연의 올바른 경향과 목적에 합치하는 질서규칙을 추구해 내는 것은 동시에 도덕규칙과 법규칙의 근거와 내용이 된다. 그러나 법의 영역은 재산과 부담의 올바른 배분이라는 고유한 영역에 국한된다. 예컨대 '도둑질을 하지 말라'는 도덕규칙도 되고 법규칙도 되지만, 도덕규칙의 경우에는 구체적이고 객관적인 재산권의 한계에 관하여 전혀 관계하지 않는다. 도덕규칙은 인간의 본성을 완성 내지 실현하는 데 기여하는 모든 올바른 규칙을 포함하는 데 비하여, 법은 재산과 부담의 올바른 몫이라는 특수한 측면만을 다룬다. 그러므로 도덕규칙이 법규칙 제정의 지침이나 방향은 될 수 있어도 그 기능에 있어서 법과는 성격이 다르다고 해야 할 것이다.

③ 칸트와 법·도덕의 형식적 구분

칸트에게 법은 어디까지나 도덕의 일부며 도덕에 예속된 것이다. 예컨대 칸

트는 주요 저서인 「도덕의 형이상학(Die Metaphysik der Sitten)」을 두 편으로 나
누어 1편은 '법이론의 형이상학적 기초', 제 2편은 '덕행이론의 형이상학적 기
초'를 다룬다. 칸트에게, 도덕에서 분리된 법은 무의미하며 법은 도덕생활을 위
한 조건일 뿐이다. 다시 말해서, 법이란 이성적 존재인 인격자가 서로 자유로울
수 있는 공존의 조건이며, 자유로운 인격자가 자신의 인격을 발전시켜 나아가
야 하는 도덕의무의 전제조건 내지 수단적 조건이다.

이처럼 칸트는 궁극적으로 법을 도덕의 일부로 다루고 도덕 발전의 조건이
나 수단으로 다루고 있는 것은 사실이지만 형식적으로나마 법과 도덕을 구별한
다. 칸트는 내부행위와 외부행위를 구분함으로써 법과 도덕을 구별한다. 내부
행위란 행위를 하는 동기를 의미하고, 외부행위란 행위의 물리적 측면을 말한
다. 즉 도덕은 내부적 동기를 중요시하며 보편적 도덕법규를 준수하려는 의무
감에서 나온 행위가 도덕적 행위인 데 반하여, 법은 행위의 물리적 측면을 주로
고려하여 어떤 행위가 성취되었는가, 안 되었는가를 중요시한다. 동기나 내부
의도는 강요할 수 없으므로 도덕적 사고는 자율적이고, 법은 강제 가능성이 있
으므로 강제적이고 타율적이다.[136]

④ 법실증주의와 도덕적 가치의 배제

법실증주의에 있어서 법이란 오로지 국가의 제정법이나 국가가 인정한 관
습법을 말하며, 이러한 법은 궁극적으로 국가 권력자의 의사에서 나오는 것이
다. 따라서 법은 국가의사에서 일정한 형식에 따라 법규로 성립되면 강제적 효
력을 갖는 것이지, 법의 내용이 옳고 그른 것은 문제가 되지 않는다. 더구나 국
가 이전에 법의 근거를 따질 필요는 전혀 없다. 도덕적 가치는 법규범과 직접
관계가 없다.

이러한 법실증주의 중에서도 국가주의를 대표하는 옐리네크(Jellinek)의 견해
를 검토하기로 하자. 옐리네크에 의하면 법이란 국가의사의 표현이며 관습법도
국가의 승인을 받아야 법으로서 효력을 갖는다. 옐리네크는 이러한 국가주의적
법실증주의를 뒷받침하기 위하여 사실의 규범력(normative Kraft des Faktischen)
이라는 개념을 주장한다. 이것은 지배·복종관계에 있는 힘의 조직, 즉 국가가
힘의 지배(Herrschaft)에 기초하여 완성된 사실을 일단 만들어 내면, 이 완성된
사실은 성립과정이나 그 내용이 옳고 그른 것을 따질 필요 없이 규범적 효력을

---

136) A. Brimo, Supra note 54, p. 147.

갖는다는 주장이다. 이러한 국가의 지배권은 저항할 수 없는 권력이고 무조건적 명령이다. 옐리네크는 법실증주의의 노골적인 모습을 감추기 위하여 유행이나 관습을 예로 들어 사회학적 설명을 부연하지만, 궁극적으로 국가가 그 힘을 바탕으로 타당성이나 도덕성과 상관없이 하나의 기정사실을 만들어 내면, 이 완성된 사실은 법으로서의 효력을 갖는다는 것이다. 그리고 국가권력은 절대이기 때문에 법을 만드는 것은 스스로의 의사에 따라 자기를 제한하는 것이라고 주장한다.[137] 국가가 왜 자신의 고유의사에 따라 구속을 받아야 하는지에 대하여 옐리네크는 신통한 답변을 하지 못한다. 단지 모든 법질서를 파괴하고 무질서를 만들 수는 없기 때문이라고 한다. 그러나 국가가 마음대로 법을 변경할 수 있고, 아무런 도덕적 가치나 객관적 기준도 없기 때문에 '구속력'이라는 말 자체가 가면에 지나지 않는다.

⑤ 결 론

위에서 설명한 것처럼 법과 도덕은 모두 올바른 인간행위를 위한 규범이며, 그 원천이나 내용에 있어서도 긴밀히 결합되어 있을 뿐만 아니라 효력 면에서도 보완관계에 있다. 따라서 법과 도덕을 완전히 분리하는 것은 현실적으로 불가능하다. 다만 법과 도덕을 올바르게 이해하기 위하여 그 고유영역과 성격을 분석하여 볼 필요가 있다. 따라서 이러한 고유영역 등 본질을 밝힌 다음 그 상호관계를 연구하는 것이 학문적 순서라고 본다.

ⓐ 기능 또는 영역의 차이

법과 도덕은 성 토마스 아퀴나스가 밝힌 대로 그 기능 내지 적용영역이 다르다. 도덕은 모든 측면에서 올바른 것을 추구하는 것이며 한마디로 덕행을 쌓는 것이다. 이에 대하여 법이란 어느 사회에서 시민과 시민 사이나 시민과 국가 사이에 물질적 선이나 명예, 부담 등을 공평하게 분배하는 것이다. 다시 말해서 여러 주체 사이에 행위의 한계를 규정하는 것이며 전통적 방식으로 표현하면 각자에게 그의 몫을 돌려주는 것이다(suum cuique tribuere).

여기서 '여러 주체 간에 행위 한계를 설정하는 것'이라든가, '각자에게 그의 올바른 몫을 돌려주는 것'은 넓은 의미의 한계 설정인 것이다. 즉 직접 이런 것에 해당하는 것뿐 아니라 이것에 관련된 것까지 모두 포함한다. 예컨대 민법 규정 중에서 물건에 관한 정의라든가, 사람이 만 19세로 성년이 된다는 규정[138]

---

137) *Ibid.*, pp. 287 – 288.
138) 민법 개정으로 2013. 7. 1.부터는 만 19세부터가 성년이다.

등은 모두 그 자체로서는 여러 주체 사이에 행위의 한계를 설정하는 것이나, 각자에게 그의 마땅한 몫을 돌려주는 것은 아니지만 그러나 한계의 설정과 관련되어 있다. 구체적으로 말해서 물건에 관한 올바른 몫을 결정하려면 물건이 무엇인지를 분명히 해야 하며, 또한 재산관계의 분배적 정의나 교환적 정의를 정하려면 각종 재산관계 법률행위를 혼자서 유효하게 할 수 있는 나이를 미리 규정해야 하는 것이다. 이처럼 법과 도덕은 그 기능이나 적용영역이 다르다. 법은 그 기능상 반드시 둘 이상의 주체를 전제로 한다. 예컨대 이 세상에 한 사람이 존재한다면 교통규칙을 정할 필요도 없고 형법규정을 정할 필요도 없다. 다른 사람과 충돌할 수 있는 가능성이 전혀 없기 때문이다. 여러 사람이 있어야 재산과 부담의 올바른 몫을 정할 필요가 있는 것이다. 이와 같이 기능이나 적용영역의 차이는 법과 도덕을 구분하는 본질적 기준이 된다.

(b) 성격의 차이[139]

법과 도덕은 성격, 형식 등에 있어서도 서로 다르다. 물론 이러한 성격이나 형식의 차이는 절대적인 것이 아니라 대체로 그런 경향이 있다는 것이다. 그러므로 이러한 성격 중의 하나를 가지고 법과 도덕을 구분하려는 것은 충분하지 못하다.

첫째, 법과 도덕은 조직된 강제 또는 제재(sanction)의 유무라는 점에서 차이가 난다. 도덕을 위반하는 경우에는 양심의 가책을 느끼거나 다른 사람의 비난을 받지만 객관적으로 예정되어 있는 제재에 의하여 강제되지는 않는다. 그러나 법규정을 위반하면 대체로 행위가 무효가 되든가 손해를 배상하든가, 감옥에 가게 된다. 물론 이러한 제재가 항상 분명하고 반드시 따라오는 것은 아니다. 예컨대 헌법의 경우는 매우 애매하다. 물론 헌법규정을 위반하면 무효가 되든지 기타 하위법규에 의한 제재를 받는 것이 보통이겠지만, 최고 권력자가 이를 위반하는 경우에는 현실적으로 제재방법이 없는 경우가 많다. 물론 탄핵을 할 수도 있겠지만 탄핵은 일반적 행위에 대하여 비난을 받는 것이지 어떤 규정을 구체적으로 위반한 데 대하여 예정된 제재는 아니다.

둘째, 도덕에 있어서는 사람의 내면적 의도나 동기가 핵심적 요소인데 비하여, 법은 외부적 결과에 치중한다. 법에도 내면적 동기를 따져서 불법의 성립이나 그 정도를 결정하는 요인으로 삼는 경우가 흔히 있지만 그러나 이런 경우에도 외부적 결과의 가능성을 전제로 한다고 해야 한다. 예컨대 아무리 의도적으

---

139) 유병화, 전게 『법철학』, 503–504면.

로 범죄를 하려고 하여도 불능범의 경우는 처벌하지 않는다. 불능범이란 범인이 의도한 행위가 모두 실현되어도 의도한 결과가 발생할 수 없는 경우로 미신범이 그 대표적 예이다. 가령 미운 사람의 이름을 3번 부르고 일정한 주문을 외우면 그가 틀림없이 죽을 것이라고 믿고 그렇게 한 경우, 법적으로 비난을 받지 않는다. 그러나 이런 경우에도 도덕적으로는 크게 비난을 받을 수 있다.

셋째, 위의 두 가지 성격에서 수반되는 차이로서 자율성·타율성을 들 수 있다. 법은 조직된 강제에 의하여 강요되고 외부적 결과를 중요시하기 때문에 대체로 타율적이라고 할 수 있으며, 반대로 도덕은 제재가 수반되지 않고 내면적 의도를 중요시하기 때문에 당연히 자율적이다. 법은 본인의 의도와 관계없이 제재 때문에 억지로라도 해야 하나 도덕은 스스로 준수하게 된다. 물론 이러한 자율성·타율성은 절대적 구분은 아니며, 또한 그 구분이 항상 명확한 것도 아니다. 예컨대 여러 사람의 심한 비난이 몹시 두려워서 억지로 어떤 행위를 한 것이 자율적이라고 해야 하는지 타율적이라고 해야 하는지는 명확하지 않다.

결론적으로 법과 도덕은 기능 내지 적용영역이 서로 다르며, 이것에 기초하여 여러 가지 다른 성격들을 일반적으로 제시할 수 있다. 예컨대 절도금지라는 동일한 내용의 규칙이 법규칙도 되고 도덕규칙도 되지만, 그 기능이 다르기 때문에 도덕규칙의 경우에는 네 것과 내 것을 가리는 구체적이고 객관적인 재산권의 한계에는 관여하지 않는 것이다.

(3) 법과 도덕의 상호관계

위에서 법과 도덕을 구분하는 여러 가지 기준이나 성격에 관하여 관찰하였다. 그러나 이것은 법과 도덕의 고유기능 및 성격을 올바르게 이해하기 위하여 검토한 것일 뿐이며, 현실사회 속에서 법과 도덕을 완전히 분리시킨다는 것은 매우 어려운 일이다. 따라서 여기서는 법과 도덕의 상호관계를 적극적인 측면에서 검토하기로 한다.[140]

① 공통근거

자연의 모든 존재는 그 존재의 본성(natura)을 완성 내지 실현하려 하며 이러한 목적을 지향하거나, 이러한 목적에 도달할 수 있게 조화시켜 주는 자연의

---

140) *Ibid.*, pp. 504–506.

질서가 있음은 앞에서 상세히 설명하였다. 자연의 질서는 인간 본성의 올바른 경향으로 나타나고 사람들은 이러한 올바른 경향에 합치함으로써 그 존재의 목적을 추구하고 선에 도달하는 것이다.

법이나 도덕은 그 적용영역은 다르나, 다 같이 인간존재의 목적을 지향하고 이러한 자연질서에 기초하고 있다. 도덕적으로 선이란 궁극적으로 그 존재의 본성을 실현하는 것 즉 자연질서에 따르는 것이며, 법 역시 사회 속에서 이른바 공통선(bonum commune)을 지향함으로써 자연질서에 기초하고 있다. 법이나 도덕의 궁극적 근거는 모두 자연질서에 있는 것이다. 다만 이들의 구체적 기능 내지 적용영역이 다를 뿐이다. 도덕은 모든 측면에서 올바른 것을 추구해 나가는 데 비하여 법은 여러 주체 사이에 올바른 몫을 분배하는 데 직접 관여하는 것이다. 그러나 여기서 올바르다는 것이나 선이라는 것은 모두 존재론적 의미를 갖는 것으로 그 존재의 목적 내지 본성(natura)을 실현하는 것에 연결되며, 이런 목적 내지 본성의 실현을 지향하는 질서가 자연질서인 것이다.

② 법의 가치요소와 도덕

리페르트[(Ripert Georges, 1880 – 1958, 프랑스의 사법(私法)학자)]는 피가 신체를 돌고 있듯이 도덕은 실정법 내부를 순환하고 있다고 표현한다. 이것은 도덕이 법형성에 미치는 본질적 영향을 표현한 것이다. 법규정은 아무렇게나 형성되는 것이 아니라 그 사회의 합리적 가치요소를 반영하는 것이다. 즉 법은 합리성을 갖는다. 사회의 합리적 가치요소에는 도덕 이외에도 전통, 관습, 사회적 필요성 등 여러 가지가 있으나, 도덕이 차지하는 비중이 제일 중요하다. 이처럼 자연질서에 기초를 둔 법규정은 사회의 합리적 가치요소를 반영하여 실정화된 것이다. 이것은 관습법의 경우를 관찰해 보면 보다 명확해진다. 물론 도덕과 거의 직접적 관계가 없는 법규도 상당히 있지만 대부분의 법규 형성에는 도덕이 본질적인 구실을 하는 것이다. 그러므로 살인금지 또는 절도금지 등 많은 법규정이 도덕규칙과 중복되는 것은 당연한 일이다.

③ 상호침투

도덕이 법규형성에 매우 중요한 구실을 하므로 법규 내용 중에 도덕적 경향이 침투되어 있는 것은 흔히 볼 수 있는 일이다. 특히 어떤 규정은 노골적으로 도덕적 의미를 내포하고 있다. 가령 신의성실(bona fides)의 원칙, 선량한 풍속, 형평 등은 도덕적 의미를 강하게 풍기고 있다.

반대로 법규정이 제정되어 오랫동안 준수되다 보면 도덕적 내용형성이나 가치판단에 영향을 주게 된다. 예컨대 자동차의 우측통행이나 일정한 형식절차를 내용으로 하는 법규정은 원래 도덕과는 전혀 관계가 없는 임의적 결정이었다. 그러나 오랜 세월을 통하여 사회생활 속에 뿌리를 내린 다음에는 이런 법규칙을 지키지 않으면 도덕적으로도 비난을 받게 된다. 물론 이 경우 법규의 내용보다는 법질서를 지키지 않는다는 사실 자체 때문에 도덕적으로 비난을 받는 측면이 더 크겠지만, 법규정이 사회에 깊이 뿌리를 내릴수록 이런 구분이 어려워지는 경우가 보통이다.

④ 효력상 상호부조

법은 여러 주체 간의 관계에서 최소한의 정의실현이나 질서유지를 내용으로 한다. 법으로 모든 것을 다 규정한다는 것은 현실적으로 불가능한 일이다. 사람들이 사회생활 속에서 자유롭게 도덕원칙에 따라 그 존재의 본성을 완성내지 실현해 나갈 수 있는 최소한의 테두리 또는 여건을 국가권력으로 조성해준다는 의미가 된다. 법의 도덕적 가치요소를 배제한 옐리네크가 법을 도덕의 최소한이라고 한 것은 앞뒤가 맞지 않지만, 사회의 도덕적 요청을 법이라는 강제수단으로 최소한 보장한다는 의미로 볼 수 있다. 따라서 이것은 법과 도덕의 효력 상의 보완관계로 파악할 수 있다.

반대로 도덕은 법의 유지·안정성에 결정적으로 기여한다. 법이 아무리 무력의 뒷받침을 받는 강제규범이라고 하여도 사람들 모두 도덕관념을 전혀 가지고 있지 않다면 법은 유지될 수 없는 것이다. 모든 사람이 도덕적으로 살려는 일반적 경향을 갖고 있으므로 예외적으로 법을 위반하는 사람이 있는 것이고, 따라서 제재를 통하여 이러한 예외적인 사람을 강제로 격리시키거나 고통을 가함으로써 일반적인 경향에서 벗어나는 일이 없도록 할 수 있는 것이다. 만일 대부분의 사람이 도덕관념을 가지고 있지 않아서 법의 위반이 오히려 일반적이라면 법을 유지하는 것은 거의 불가능할 것이다. 이처럼 법과 도덕은 그 효력을 유지하는 데 서로 크게 돕고 있는 것이다.

2. 법과 종교

(1) 역사상 법의 형성과 종교

① 고대 유대인과 토라(Torah)

고대 유대인에 있어서 종교는 그들의 모든 생활을 지배하였다. 그들은 인격적 신과 함께 살았으며 예언자들을 통하여 그들에게 일러 주는 신의 계시가 곧 그들의 사회생활 규범이었다. 특히 모세(Moses) 5경으로 되어 있는 토라는 그들의 신앙 근원이며 도덕규칙과 사회법규의 연원이었다. 모세 5경은 창세기(Genesis), 출애굽기(Exodus), 레위기(Leviticus), 민수기(Numerus), 신명기(Deuteronomus)로 되어 있다. 이 중에서도 출애굽기(이집트 탈출기)에 나오는 십계명은 그들의 도덕 및 법규칙을 형성하는 골격이다. 시내 산에서 모세를 통하여 계시된 십계명은 하느님을 섬기고, 그 이름을 존중하며, 부모를 존경하는 것을 근간으로 하여, 그 밖에 안식일 준수, 살인 금지, 간음 금지, 절도 금지, 거짓증언 금지, 남의 재물이나 남의 아내를 탐내지 말 것으로 되어 있다.[141] 그 외에도 구약성경에 나오는 많은 의견이나 사회규칙이 그들의 법전이었다. 이 중에 법규칙으로 두드러진 것은 탈리오(talio)의 법규,[142] 간음한 여인을 돌로 쳐 죽이는 것, 근친결혼의 금지, 군주제도 등이 있다.[143]

이와 같은 구약성경의 계율들은 그 후 그리스도교를 통하여 걸러진 다음에 유럽법 형성에 커다란 영향을 주었음은 주지의 사실이다. 특히 십계명은 유럽법 및 도덕의 근간이 되어 사회 전체 속에 깊은 뿌리를 내리고 있다.

② 그리스도교회와 유럽의 법

ⓐ 교부들의 활동과 법

교부(Patris ecclesiae)들이란 그리스도교의 초창기 시절에 이교인의 공격에 맞서서 그리스도교 신앙을 옹호하고 그 신학적·철학적 이론의 체계를 세운 사람들이다. 그리스도교가 유럽지역에 급속히 팽창하자 유대인이나 정치당국자들, 기타 이교인 학자들의 심한 공격이 계속되었으며, 교부들은 이러한 사회적 여건에 밀려 그리스도교 신앙에 입각한 사회 및 세계관을 포괄적으로 확립하려

---

141) 출애굽기 20: 1~20.
142) "눈에는 눈, 이에는 이"라는 처벌의 방식을 말한다(레위기 24:20, 신명기 19: 21). 즉 피해자가 입은 피해와 같은 정도의 손해를 가해자에게 가하는 보복의 법칙이다.
143) M. Villey, *Philosophie du droit*, vol. 2, Paris, 1979, p. 89.

고 노력하였다. 이들은 성경의 계시를 자료로 하고 그 당시 유행하던 플라톤과
신플라톤주의(Neo-Platonism)를 이용해 논리의 체계를 세웠으며 그 대표자가
성 아우구스티누스(St. Augustinus)이다.

아우구스티누스에 의하면 하느님의 정의(正義)는 인간의 이성을 통해 인식
되는 자연법, 구약성경에 제시된 계율로 되어 있는 모세의 법, 신약성경에 계시
된 계율이 주축이 되어 있는 그리스도 교회의 법 등 3가지 방법으로 접근할 수
있다.[144] 이 중에서 인간의 본성에 따라 인식하는 자연법은 모든 인간이 그 이
성을 통하여 자연적으로 접근할 수 있는 것이지만, 원죄 이후 인간본성의 부패
로 하느님의 정의를 제대로 파악할 수 없게 되었다. 결국 인간이 하느님의 정의
내지 법을 인식하는 방법은 구약·신약성경에 나오는 계시된 계율을 신앙을 통
하여 인식하는 것이 가장 중요하다. 다시 말해서 성경이 가장 중요한 법의 연원
이요, 인식방법이 된다. 물론 지상국가의 법도 하느님 섭리에서 나왔을 뿐만 아
니라 잠정적 안정과 평화에 기여하기 때문에 준수하여야 한다. 그러나 중요한
것은 성경에 계시된 법규이다.

이러한 아우구스티누스의 사상은 중세 전기를 완전히 지배하였다. 이 당시
문화는 완전히 그리스도 교회의 문화였고, 모든 교육기관은 수도원에서 운영하
였다. 그러므로 성경에 바탕을 둔 아우구스티누스 사상이 지배한 것은 당연한
일이었다. 이와 같은 이유에서 성경 상의 여러 계율이 유럽법에 깊숙이 영향을
미친 것은 필연적인 일이다. 특히 수도자들은 이교철학을 배척하였기 때문에
성서와 성서에 바탕을 둔 아우구스티누스의 사상이 거의 절대적이었다. 이러한
성경상의 여러 계율은 특히 수도원 법규와 교회법규를 통하여 유럽법 형성에
깊숙이 침투하였다.

(b) 수도원 법규

수도원 법규(lex monastica)는 수도생활을 하는 수도자들을 위한 생활규칙이
지만 중세에는 이들의 숫자가 엄청나게 많았을 뿐 아니라 이들이 유럽문화를
지배하였고, 또한 수도원 법규가 사회법규의 모델이 되었기 때문에 법의 형성
과 내용에 끼친 영향은 지대하였다. 이러한 수도원 법규는 특히 성경에 바탕을
둔 아우구스티누스주의(Augustinism)가 지배하였다. 아우구스티누스는 자신이
수도원 규칙을 만들었을 뿐 아니라 다른 수도원 창설자들도 아우구스티누스의

---

144) M. Villey, supra note 3, pp. 83-86.

수도원 규칙을 상당히 본받았다. 그 내용은 성경에 나와 있는 모든 계율과 권고 사항에 따라 만든 생활규칙이었다.

  ⓒ 교회법규

  교회법규(lex canonica)는 가톨릭 교인들 전체에 적용되는 법규칙을 말한다. 교회법규는 성서의 규칙, 교부의 규칙, 교황의 법령 및 공의회의 결정 등으로 형성되는 규칙이다. 특히 12세기 이탈리아의 수도자 그라티아누스(Gratianus)가 그때까지의 교회법을 수집·편찬한 그라티아누스 교회법전(Decretum Gratiani)이 역사적으로 유명하다.

  중세 유럽인은 모두 가톨릭 신자였으므로 가톨릭 교인들에게 적용되는 법규란 곧 유럽 전체에 적용되는 법규이다. 또한 성 바오로(St. Paulus)는 그리스도 교 신자들에게 그들의 분쟁을 국가법원에 제기하지 말도록 권유하였고, 아우구스티누스도 같은 주장을 하였다.[145] 그러므로 국가법원보다 교회법원이 훨씬 활발하였다. 결국 중세 전기 유럽사회 전체가 성서를 법의 최고 연원으로 인정한 것이며, 그 해석은 주로 사제들이 담당하였다. 물론 중세 전기 사회에도 교회법 이외에 영주들의 규칙이나 마을의 규칙이 있었지만 이들은 교회법에 종속되었고 그 중요성이 크지 않았다.

  ⓓ 프로테스탄트(Protestant)와 법

  마틴 루터(Martin Luther)나 장 칼뱅(Jean Calvin) 등도 아우구스티누스의 영향을 강하게 받는다. 이들은 모두 원죄 이후 인간 본성의 부패를 강조하고, 따라서 그 인간 이성의 진리에 대한 인식능력을 거의 무시하였다. 루터에 의하면 인간은 인간 본성의 타락으로 그 자신의 공로로는 구원을 받을 수 없고, 그리스도의 은총에 의해서만 구원될 수 있기 때문에 오로지 믿음을 통해서만 구원이 가능하다고 하였다. 루터는 그리스도교인은 모든 법규에 대한 복종에서 해방되며, 오로지 그리스도의 법규에만 복종하는데 이것은 형식이 없고 주관적이며 그 내용은 성경 상의 신앙이다.[146] 다만 진정한 그리스도교인이 별로 없기 때문에 하느님의 섭리를 통하여 지상의 왕국과 그 법규가 등장하게 되며 여기에 철저히 복종해야 한다.

  칼뱅도 루터와 비슷한 주장을 한다. 원죄 이후 인간 이성은 인식능력이 미비하기 때문에 올바른 법이나 정의를 인식할 수 없고 그리스도교인은 하느님의

---

145) *Ibid.*, p. 104.
146) *Ibid.*, pp. 287－288.

계시된 계율인 성경에 의지해야 할 뿐이다. 이처럼 프로테스탄트 선구자들은 다시 아우구스티누스주의(Augustinism)으로 돌아와 성경만을 모든 진정한 정의와 법규의 원천으로 삼는다. 다만 현실적으로 현세 권력과의 조화를 위하여, 현세 권력이 하느님의 섭리에서 나왔다는 것과 현세 질서의 유지를 위하여 필요하다는 이유에서 철저하게 그에 복종할 것을 주장한다.

이 모든 주장은 그것의 옳고 그름을 떠나 유럽의 법형성에 있어서 근본적인 영향을 준 것은 사실이다. 법의 실질적 연원을 비종교화하기 위하여 아리스토텔레스를 도입한 성 토마스 아퀴나스의 노력은 성경만을 강조하는 이들의 주장으로 그 영향력이 감소되었다.

이와 같이 유럽의 법은 그 형성에 있어서나, 내용에 있어서나, 인식방법에 있어서나 그리스도교 성경의 영향이 뿌리 깊게 침투되어 있음을 알 수 있다.[147)

③ 이슬람교와 법

이슬람 사회의 법규는 완전히 이슬람 종교의 한 측면이다. 이 법의 특색은 주로 다른 신도나 신에 대한 의무를 중심으로 규정되어 있다는 것, 법적 제재에 관한 규정이 매우 미비하여 이슬람교인들 사이에나 적용될 수 있다는 것 등이다.[148)

이슬람 법규의 기본원칙은 신권정치다. 국가는 종교에 봉사하는 도구일 뿐이다. 또한 이슬람 법규는 이슬람교 사회에 준수해야 할 도덕원칙을 선언하는 것이 아니라 구체적인 적용법규를 규정한 것이다. 이 법의 기초는 이슬람교의 신학이론이기 때문에 최소한의 이슬람 교리를 알지 못하면 그 법을 이해할 수 없다.

이슬람법을 피크[filch(fiqh)]라고 부르는데 그 연원에는 4가지가 있다.[149)

> 코란(Koran): 이슬람교의 성서
> 순나(Sunna): 전통 또는 예언자들의 모범적 행위
> 이즈마(Ijma): 회교도 학자들의 공통된 의견
> 키야(Kiyas): 유추에 의한 법적 논증

---

147) 종교와 법 및 사회관계에 관련된 여러 문제를 다룬 것으로는, Archives de Philosophie du droit, Tome XⅧ. *Dimensions religieuses du droit*, Paris, 1973; Jacques Maritain, *Man and the State*, 1951; 이태재, 『법철학사와 자연법론』(법문사, 1984).

148) R. David, J. Brierley, *Major Legal Systems in the World Today*, London, 1978, pp. 421－422.

149) *Ibid.*, pp. 422－425.

코란은 알라(allah)신이 마지막 예언자인 무함마드(Muhammad, 570~632년)에게 계시한 내용을 모아 놓은 것이라 한다. 코란은 이슬람교도 신앙의 근원이며 그 법의 최고연원이다. 순나는 예언자의 모범적 생활 및 행위방식으로 회교도를 위한 생활지침서다. 이것은 중개자들을 통해 전해 내려오는 무함마드의 행위 및 말을 이슬람교도(회교도) 학자인 알부카리(Al-Bukari, 810~870년)와 무슬림(Muslim, 820~875년)이 정리하여 놓은 것이다. 이즈마는 학자들의 일치된 의견이다. 코란과 순나가 복잡한 사회생활의 모든 문제에 해답을 줄 수는 없기 때문에 이러한 결함을 보충하고, 상반되는 것을 설명하기 위하여 학자들의 일치된 의견을 모아 놓은 것이다. 이러한 이즈마를 형성하기 위해서는 대중의 지지가 필요한 것도 아니고, 그 사회의 감정을 대표해야 하는 것도 아니다. 다만 자격 있는 사람들의 일치된 의견이 있으면 된다.

이러한 회교들의 의식 및 법규의 해설에 관하여는 초창기에는 완전히 일치된 의견을 강요하지 않았기 때문에 여러 가지 종류가 있다. 정통파를 수니파(Sunnites)라고 하는데 다시 4가지가 있으며, 각각 창설자의 이름을 따서 하나피(Hanafi)(터키, 구소련, 아프가니스탄, 파키스탄, 인도), 말리키(Maliki)(북아프리카, 북서아프리카), 샤피이(Shafii)(말레이시아, 인도네시아, 동부아프리카), 한발리(Hanbali)(사우디 등 아랍 지역)로 불린다. 분파(分派) 중 주된 것이 시아파(Shiite)인데 기본 구조에 있어서 페르시아(Persia) 군주국가의 전통이 혼합되어 있으며, 이란・이라크에서 지배적이다.

(2) 법의 궁극적 근거와 종교[150]

법의 개념을 설명하면서 법의 근거는 자연질서에 있다고 하였다. 즉 자연에는 모든 존재가 그 존재의 본성을 완성 내지 실현시키기 위하여 움직이는 일정한 질서가 있음을 정도의 차이는 있으나 누구나 인식할 수 있다. 자연의 일부인 인간사회의 법규범도 결국은 존재론적으로 이러한 자연의 질서에 연결되지 않을 수 없기 때문에 법의 근거는 결국 자연질서에 있다는 것이다.

이러한 설명은 법학의 자율성을 유지하기 위하여 여기까지 설명하고 일단 멈춘 것이다. 그러나 법학을 떠나서 진리를 갈망하는 인간에게 이것은 불완전한 답변이 분명하다. 여기서 한 걸음만 더 나아가도 자연질서의 원인은 무엇인

---

150) 유병화, 전게 「법철학」, 512-515면.

가, 아리스토텔레스나 성 토마스 아퀴나스가 자연에 개입한 이지적 작용이라고
한 이지(理智)는 무엇인가 하는 궁극적 질문에 도달하게 된다. 다시 말해서 자
연질서의 원인을 추구하면 궁극적으로 절대적인 신(神)의 문제에 도달한다. 신
의 문제는 결국 법의 최종 근거에 관한 문제일 뿐 아니라, 이 세상의 모든 가치
체계와 깊은 관련을 갖고 있는 것이다.

　장 폴 사르트르(Jean-Paul Sartre)는 "실존주의는 휴머니즘이다(Existentialisme
est un humanisme)."에서 도스토옙스키(Dostoievsky)를 인용한다.[151] 도스토옙스
키의 「카라마조프(Karamazov)의 형제」에 보면 "하느님이 존재하지 않는다면 모
든 것이 허용된다."는 구절이 나온다.[152] 사르트르에 의하면 하느님이 존재하지
않는다면 일반적인 도덕질서도 없기 때문에 금지되는 것도 없고 의무도 없
다.[153] 오히려 '허용된다'는 말 자체가 우습다. 객관적으로 타당하게 의무를 지
우는 일반법이나 도덕규칙이 있을 수 없기 때문이다. 사람마다 멋대로 자신의
가치체계를 세울 수 있는 것이다. 한마디로 말해서 하느님이 없다면 각 사람은
모두 자신의 절대자가 될 수 있다는 것이다.

　어쩌면 그의 논리가 옳을지 모른다. 절대적인 신이 없다면 '객관적 타당성',
'객관적 가치기준'은 있을 수 없다. 그러므로 아무 것도 '객관적'으로 요구하거
나 금지할 수 없다.[154] 다시 말해서 권력자나 권력그룹의 주관적 결정과 무력
에 의한 강제는 있을 수 있어도 객관적으로 누구에게나 타당한 가치기준은 있
을 수 없다.

　사르트르는 하느님은 존재하지 않는다는 쪽을 택하여 모든 사람은 자신이
절대자라고 주장한다. 이에 대하여 토마스 아퀴나스는 반대로 "하느님은 존재
한다."는 것을 면밀히 증명하고 나서 앞서 본 바와 같은 설명을 전개하였다.

　대부분 학자들은 사르트르처럼 신이 존재하지 않는다고 단정을 내리지도
않고 토마스 아퀴나스처럼 신의 존재를 증명한 다음에 이를 기초로 논리를 전
개하지도 않는다. 어떻게 보면 이들은 궁극적인 문제를 표면화시키기 꺼려하거
나 아니면 종교문제를 떠나서 법을 설명하려고 하였는지 모른다. 그렇다면 이
세상에서는 어떻게 객관적 가치체계가 존재하고 법질서·도덕질서가 유지되어

151) G. Kalinowski, "*Le londement objectif du droit d'apres la Somme theologique de Saiat Thomas d'Aquin*," Archives de Philosophie du droit Tome XVIII, supra note 145, p. 74.
152) Dostoievesky, *Les freres Karamazov*, Paris, Ed. Baudelaire, 1965, pp. 279.
153) J.P. Sartre, *L'Existentialisme est un humanisme*, Paris, Nagel, 1964, pp. 36-.
154) G. Kalionowski, *op. cit.*, p. 75.

가는가? 물론 지금까지 법의 개념을 설명하면서 이에 대한 답변을 주려고 노력하였다. 다시 말해서 이 세상에는 인간의사와는 독립적인 자연의 질서가 확실히 존재하며, 이것은 모든 존재가 그 존재의 본성을 실현하는 것, 즉 그 존재의 선 내지 행복을 추구하는 것이며, 인간이 그 이성을 사용하여 자연과 사회의 관찰을 통해 모호하게나마 이러한 질서를 인식할 수 있고, 이러한 질서에 기초하여 도덕규칙이나 법규칙이 정립되어 나간다는 것이다. 확실히 객관적으로 수긍이 가는 이론이다. 그러나 여기에는 자연질서의 궁극적 원인을 묵시적으로 전제하고 있는 것이다. 그것을 의식하든 안 하든 객관적인 자연질서가 있다면 이 질서의 궁극적 원인은 이미 전제하고 있는 것이다.

이에 관하여 이 세상을 사는 사람들의 심리상태는 어떠한가? 신의 존재와 관련하여 세상 사람들이 가질 수 있는 결론은 4가지로 요약할 수 있다.[155]

> 신은 확실히 존재한다.
> 신은 존재하는지 불확실하나 존재하는 것 같다.
> 신은 존재하는지 불확실하나 존재하지 않는 것 같다.
> 신은 확실히 존재하지 않는다.

그러나 이 마지막 결론은 현실적으로 불가능하다. 이 세상이 있다는 것, 자연의 질서가 있다는 것 등 신이 있을지도 모른다는 여러 가지 구체적 개연성이 있기 때문에 신이 없다고 확정짓는 것은 실제로는 있을 수 없다. 그렇다면 나머지 3개의 결론 중 하나를 세상의 모든 사람이 갖고 살게 된다. 또 한 가지, 여기에 추가하여 고려할 것은 모든 사람이 예외 없이 죽는다는 것이다. 아무리 오래 살아 보아야 100년을 넘기기 어렵다. 이처럼 세상 사람들은 모두 자신이 언젠가는 죽는다는 것을 확실히 알고 있다. 다만 언제 죽을지 모를 뿐이다. 그리고 의식적이건 무의식적이건 사람들은 신의 존재 문제와 자신이 죽는다는 사실을 결부시키게 된다. 여기서 이루어지는 심리적 결과를 종교심리라고 부르자. 이러한 종교심리는 구체적인 사람에 따라서 매우 다양할 것이다. 그러나 이러한 종교심리는 확실히 모든 사람의 사회생활에 직접·간접으로 영향을 준다. 신이 확실히 존재한다고 생각하는 사람의 행위에 이러한 종교심리가 미치는 영향은 말할 필요가 없을 것이다. 그러나 가장 소극적인 결론인 "신이 존재하는

---

155) 유병화, 전게 『법철학』, 513면.

것은 불확실하나 존재하지 않는 것 같다."고 생각하는 사람에게도 이 종교심리는 실제로 상당히 중요하다. 특히 이러한 종교심리를 사회 전체적 관점에서 볼 때에도 매우 중요한 영향력을 갖는다. 바로 이러한 종교심리가 있기 때문에 객관적 가치가 있을 수 있고, 이에 따라 도덕질서·법질서가 성립하며 사회생활이 가능하게 되는 것이다. 만일 신이 없다는 것이 확실할 수만 있다면 모든 객관적 가치는 무너지고 세상은 적어도 현재와는 완전히 달라질 것이다. 선한 사람은 선한 사람대로 악한 사람은 악한 사람대로 신이 존재할 수 있다는 가능성에서 받는 영향은 매우 크다. 어쩌면 이런 것을 분명히 의식하지 못할 수도 있다. 비록 신의 존재나 존재가능성을 분명히 의식하지 못한다고 하여도 적어도 무의식적으로라도 크게 영향을 미친다. 예컨대 사기꾼에게 퇴직금을 모두 날리고 하루아침에 매우 곤란하게 된 사람, 잔인한 폭군에게 부당하게 고문을 당하고 감옥에서 신음하고 있는 사람에게 만일 그 사기꾼이나 폭군이 영원히 죽지 않고 잘 산다면 어떻게 될 것인가? 그러나 그 사기꾼이나 그 폭군은 틀림없이 죽는다. 그리고 혹시라도 신이 있다면 틀림없이 벌을 받을 것이다. 자신도 죽고 나서 이 억울함을 보상받을 수도 있을 것이다. 이러한 여러 가지 막연한 가능성에 관한 생각들이 그의 삶에 희망과 용기를 주기도 하며, 자신이 당하는 고통에 가치를 부여하기도 한다. 반대로 악을 즐겨 행하는 사람들도 가끔은 두려운 생각을 하게 되고 자신이 갑자기 죽을지도 모른다는 생각, 또는 벌을 받지 않을까 하는 생각을 하기도 하며, 심한 경우에는 잠을 자다가 악몽에 사로잡히기까지 한다. 바로 신이 존재할지도 모른다는 희미한 가능성과 모든 사람이 죽는다는 확실한 사실이 결부된 종교심리가 이 세상에 가치체계를 성립시키고 질서를 유지하는 데 결정적인 구실을 하는 것이다. 나는 확실히 죽는다. 신은 존재할지도 모른다. 여기에서 객관적 가치의 정립이 가능하게 되며, 올바르게 살겠다는 의지가 의미를 가지게 되는 것이다.

제 **2** 장

법은 어떻게 발달하여 왔는가

제 2 장   법은 어떻게 발달하여 왔는가

제 1 절   법계통의 분류

I. 법계통의 분류 의의

모든 사회의 법은 각각 그 고유의 사회적 여건을 반영하면서도 궁극적으로는 자연질서에 기초하고 있으므로 여러 사회의 법 사이에는 상당한 연관과 공통내용이 존재한다. 또한 역사적으로 여러 사회 사이의 관계와 상호작용으로 여러 사회의 법은 실제로 깊은 연관을 갖고 발달하여 왔다. 그러므로 어느 사회의 법을 잘 이해하기 위하여서나 또는 좀 더 완전하게 발전시키기 위하여서는 법이 발달하여 온 역사나 여러 사회의 법 사이의 관계를 연구하는 것이 매우 중요하다. 특히 한국의 법과 같이 그 고유한 사회의 전통적 법을 발전시켜 온 것이 아니라 다른 사회에서 발전되어 온 것을 받아들여서 적용하는 경우에는, 이러한 여러 사회의 법 역사의 연구가 더욱 중요하다.

이와 같이 세계 각국에서 적용하는 법을 체계적으로 이해하기 위하여서는 일정한 기준에 따라 분류하여 몇 개의 계통으로 나눌 필요가 있다. 이러한 기준에는 보통 법이 발달하여 온 역사적 배경과 그 구조가 가장 중요하고, 그 다음으로 법이 적용되는 정치·사회적 이념이나 기본구조를 고려해야 한다. 법의 역사적 배경과 그 구조에 따라 분류할 때에 가장 중요한 계통은 우선 로마·게르만 법계통과 코먼로(common law) 계통이라고 할 수 있다. 그 밖에 이슬람법이 독특한 성격을 띠고 있다. 다음에 그 법이 적용되는 정치적, 사회적 이념에 따른 기본구조를 기준으로 한다면 공산주의 내지 사회주의 체제를 별도로 검토해야 하나 구소련을 중심으로 한 공산주의 진영의 붕괴와 중국·베트남의 기존 노선의 수정선언 등으로 인해 현재는 그 중요성이 과거에 비해 많이 약화된 상태이다. 이하에서는 로마·게르만법(대륙법) 계통과 코먼로(영미법) 계통을 살펴보고 나머지는 기타 법계통으로 분류하여 설명하도록 하겠다.

Ⅱ. 로마·게르만법 계통과 코먼로 계통

현대사회에서 압도적으로 중요한 비중을 갖는 법체계는 로마·게르만법(대륙법) 계통과 코먼로(영미법) 계통이다. 로마·게르만법 계통은 유럽대륙에서 발달하였다 해서 대륙법이라고도 하고, 로마법의 사법을 중심으로 발달하였다고 해서 시민법(civil law) 계통이라고도 한다. 또한 코먼로 계통은 영국과 미국을 중심으로 생성·발전하였다고 하여 영미법 계통이라고도 한다.

이러한 두 가지 법의 줄기는 매우 많은 공통점을 갖고 있다. 둘 다 서양 문화의 윤리적 유산을 이어받았으며 특히 그리스도교의 깊은 영향을 받았다. 그러면서도 두 가지 법계통은 매우 고유한 성격을 갖고 있다. 우선 일반적으로 말해서 로마·게르만법 계통은 그 법적 권위를 입법에 의지하는 데 비하여, 코먼로는 초기로 올라갈수록 판례에 의존하고 있다. 또한 로마·게르만법 계통은 로마법의 영향을 깊이 받았으나 코먼로는 그 영향이 매우 적다.[1]

좀 더 구체적으로 두 법계통의 특성을 검토하여 보면, 첫째 로마·게르만법 계통은 유스티니아누스(Justinianus, 483~565) 황제의 주도 하에 편집한 로마의 민법전(corpus juris civilis)이 유럽에서 재발견되어 12세기부터 본격적으로 연구됨에 따라 그 영향을 깊이 받는다. 이 당시 유럽대륙은 사회변화를 수용할 법제도가 확립되지 못하고 지역마다 단편적인 지역 관습법이 비효율적으로 적용되고 있었기 때문에 새로운 사회질서를 규율할 법제도가 매우 요청되고 있는 형편이었다. 이러한 로마법은 특히 대학에서 이론적으로 연구된 로마법이기 때문에 실체법의 주요 원리를 중심으로 체계화한 특성이 있다. 또한 법규칙을 올바른 행위규칙으로 생각하며 정의, 도덕개념과 깊은 관련을 맺고 있다. 이에 비하여 코먼로는 노르만족(Norman)의 영국 정복으로 영국에 효과적인 중앙집권적 체제가 확립되고, 이를 기초로 중앙집권적 사법행정이 만들어지게 되어 강력한 왕의 법원이 모든 지역에 공통된 법을 선언할 수 있었다. 그러므로 로마법의 연구가 영국대학에 전파된 시기에 이미 영국법의 위치가 확고하여 깊은 영향을 줄 형편이 못 되었다.

둘째, 로마·게르만법 계통은 대학에서 학자들이 연구한 로마법을 주축으로

---

1) Arthur von Mehren, *Law in the United States: A General and Comparative View*, New York, 1967, p. 3.

하고 게르만 관습법을 첨가한 것으로 추상적 실체법 원리를 중심으로 체계를 이루고 있으나, 코먼로는 법원에서 선언되는 법으로 실무가들이 지배적 영향을 주었다. 유럽대륙에서 재발견한 로마의 민법전(corpus juris civilis)은 방대하고 복잡하였으며 그 당시 유럽과는 상당히 다른 이미 없어진 사회를 위하여 발전되어 온 법이므로 이를 유럽사회에 적용하기 위하여는 학자들이 구체적인 해결을 밝혀주는 일반원칙을 추구할 수밖에 없었다. 이에 비하여 법 실무가들이 주도하여 만들어진 코먼로는 일반적 원리보다는 구체적 문제해결과 소송절차에 깊은 관심이 있었으며, 또한 법률가 지망생도 대학에서 학자로 키운 것이 아니라 견습자로 키웠기 때문에 법적 연구와 분석도 구체적 소송문제와 그 절차에 중점을 두고 이미 결정된 판례에서 선례를 찾아내는 데 관심이 컸다.

셋째, 로마·게르만법 계통은 성문법주의로 성문법전을 중심으로 그 체계가 전개되는데, 코먼로는 법원이 선언한 판례를 중심으로 발전되어 온 불문법주의가 특색이다. 유럽대륙에서 법적 통일이 이루어질 때의 상황은 시대적으로 훨씬 앞선 영국의 법적 통일이 이루어진 시대상황과는 근본적으로 다르다. 유럽대륙에서 법적 통일이 이루어진 시대는 정치·사회·경제의 변혁기로 이러한 빠른 변화를 수용하기 위하여 그 동안 대학에서 이론적으로 발전되어온 법학을 기초로 국가가 체계적인 입법기능을 수행할 것이 요구되었다. 또한 그 당시 삼권분립 사상으로 법의 제정이 사법부의 기능이 아니라 입법부나 행정부의 업무일 수밖에 없었다. 그러나 영국법은 이미 13세기에 어느 정도 법적 통일이 이루어졌으며 앞에서 설명한 대로 법원의 중앙집권화를 배경으로 소규모 법률실무 그룹이 소송절차를 중심으로 선언한 판례를 누적하여 이룬 법이다. 물론 영국도 당시 사회에 적응하기 위하여 입법기능이 활발하여 졌으나 이미 확립된 전통을 근본적으로 변경하지 않는 범위에서 보완하여 나갔다고 볼 수 있다.[2]

Ⅲ. 기타 법계통

먼저 공산주의 내지 사회주의 법계통은 구소련을 중심으로 동구권의 여러 나라를 포함하고 있었다. 이들은 원래 로마·게르만법 계통에 속하였으며, 법규칙을 행위규칙으로 본다든가 법의 분류나 체계화 등에 있어서는 그 특성을

---

2) Rene David, *Les grands ststemes de droit contemporains*, Dalloz, 1978, pp. 23-25; von Mehren, supra note 1, pp. 3-6.

그대로 간직하고 있었다. 그러나 공산주의 내지 사회주의 법계통은 공산주의 이론이라는 전혀 다른 이론에 기초하고 있었기 때문에 피상적인 유사성은 가지고 있었을지 몰라도 그 근본에 있어서는 매우 다른 특성을 보인다. 공산주의 이론은 필연적으로 생산수단의 국유화를 요구하였고, 개인의 사적 소유관계를 극히 제한시킴에 따라 개인 간의 법률관계는 기형적으로 억제되었고, 이는 사법관계(私法關係)가 크게 위축되는 반면에 공법관계(公法關係)는 비정상적으로 확대되는 결과를 낳았다. 그러나 20세기 후반에 동구권에서 불기 시작한 급속한 개혁의 바람으로 인해 구소련이 붕괴되고 상당한 수준으로 사회주의 노선을 포기함에 따라 위와 같은 기형적인 형태는 다시 수정되어 현재는 개인의 소유개념을 중심으로 한 사법관계가 다시 강조되고 있다. 이러한 움직임은 상법이나 민법, 국제거래법 등의 분야에서 특히 두드러지게 나타나고 있으며 결국 사법관계가 완전히 회복된다면 예전의 로마·게르만법 계통으로 다시 돌아오게 될 것으로 생각된다.[3] 또한 구소련과 함께 사회주의의 또 다른 축을 담당하였던 중국도 개혁·개방노선을 선언하였으므로 사회주의 법계통의 중요성은 더욱 약화할 것으로 보인다.

이슬람(회교도) 사회의 법제도는 이슬람 종교의 한 부분이라고 할 정도로 철저히 종교적 영향을 받고 있다. 이 법의 특색은 이슬람 종교의 신과 다른 신도에 대한 의무를 중심으로 법제도가 이루어져 있다. 이슬람 법제도는 근본적으로 신권정치(Theocracy)를 바탕으로 하여 국가는 종교에 봉사하는 도구다. 또한 이 법은 이슬람교의 신학이론을 기초로 하고 있으며 법원도 이슬람교의 성서를 근간으로 하고 있다. 구체적으로 이슬람교의 성서인 코란(Koran), 이슬람교의 전통 또는 그 예언자들의 모범적 행위인 순나(Sunna), 이슬람학자들의 공통된 견해인 이즈마(Ijma), 유추에 의한 법적 논증인 키야(Kiyas)로 되어 있다.[4]

Ⅳ. 여러 법계통의 현황과 관계

오랜 세월을 지나는 동안 여러 법계통, 특히 로마·게르만법 계통과 코먼로 계통은 많은 접촉을 통해 서로 깊은 영향을 주게 된다. 원래 두 법계통은 그리스도교의 영향, 유럽의 공통된 문화적 배경 등 상당한 공통점을 가지고 있는 데

---

3) 명순구·이제우, 『러시아법 입문』(2009, 세창출판사), 263–269면.
4) 유병화, 『법철학』(법문사, 2004), 511면.

다가 상호 접촉과 교류를 통하여 발전되어 왔기 때문에 상당한 상호 동화작용을 이루어 왔다. 로마·게르만법 계통도 코먼로 계통에서 발달한 소송관계법을 상당히 받아들였으며, 반대로 코먼로 계통도 현대사회의 복잡한 생활관계를 규율하기 위하여 입법기능이 강화되고 실체법 원리에 관심을 강화할 수밖에 없다.

그러나 현대사회의 가장 중요한 변화는 국제화시대의 급속한 진전이다. 특히 IT의 혁명적 발전에 따른 4차 산업혁명이 이루어지면서 세계가 하나의 단일 경제생활권으로 발전되어 가면서, 국제적인 사회생활을 영위하기 위하여 법제도의 통일성이 적극적으로 요청되고 있다. 국제무역을 발전시켜 나가기 위해서는 상법의 여러 분야가 통일되어야 하며 그 분쟁해결 역시 통일된 제도를 필요로 한다. 또한 유럽공동체의 발전에서 보는 바와 같이 지역통합이 발전되어 가자 법제도의 통일이 필수적인 전제조건으로 등장한다. 이러한 상황 속에서 여러 법계통 사이의 동화작용은 앞으로 더욱 가속되고 통일되어 갈 것으로 보인다.

이러한 여러 법계통 사이의 동화작용을 전제로 현재 적용되는 여러 나라의 법이 비교적 어느 계통에 가까운지를 살펴보는 것은 그 사회를 이해하는 데 도움이 될 것이다. 우선 유럽의 경우를 보면 대체로 3가지 법계통으로 분류할 수 있다. 공산권은 한때 사회주의 내지 공산주의 법계통으로 분류되었으나, 구소련의 붕괴 이후에 상당 부분 공산주의적인 요소를 포기하고 과거의 로마·게르만법적 요소에 서구법적 요소를 더하고 있으므로 앞으로는 해당 분류가 큰 의미가 없을 것으로 사료된다. 나머지 유럽국가 중 영국과 아일랜드는 코먼로 계통이고 나머지는 대체로 로마·게르만법 계통에 속한다.

그 다음 유럽 이외의 지역은 역사적으로 영국의 식민지를 경험한 국가들은 대체로 코먼로 계통이고, 프랑스, 스페인, 포르투갈, 네덜란드 등의 식민지를 거친 나라들은 로마·게르만법 계통에 속한다고 볼 수 있다. 그러나 그 후 영향권이 바뀐 국가는 그 영향의 정도에 따라 일정하지 않아 복잡한 형태로 나타나고 있다. 예컨대 미국의 플로리다(Florida), 캘리포니아(California), 뉴멕시코(New Mexico), 애리조나(Arizona), 텍사스(Texas) 등은 과거 스페인의 영향을 받았으나 미국에 통합되어 코먼로 계통으로 변했다고 볼 수 있다. 또한 파나마(Panama), 가이아나(Guyana)도 마찬가지로 미국의 영향을 강력히 받아 코먼로 쪽에 가깝다. 그러나 미국의 루이지애나(Louisiana), 캐나다의 퀘벡(Quebec), 푸에르토리코(Puerto Rico)는 미국의 강력한 영향에도 불구하고 아직도 로마·게르만법 계통의 전통이 강하다. 인도양의 모리셔스(Mauritius), 세이셸(Seychelles)은 프랑스 식민지에서 영국 식민지를 거쳐 독립하였으나 로마·게르만법 계통의 성격이 강하다. 남아프리카공화국은 네덜란드 영향권에서 영국의 영향권을 거쳐 독립하였는데 역시 혼합형이라고 할 수 있다. 이스라엘은 프랑스의 영향력 아래에 있다가 영국의 위임정치로 대체로 혼합형의 성격을 갖고 있다. 이라크, 요르단도 비슷한 상황이나 영국의 위임통치가 끝나면서 로마·게르만법 계통의 성격을 더 강하게 지니고 있다. 북아프리카 국가들은 프랑스의 영향을 많이 받았으나 이슬람교 법의 영향으로 독특한 성격을 갖고 있다. 인도네시아는 네덜란드의 영향권에 있었으나 동시에 이슬람교 법과 지역 관습법의 요소를 상당히 갖고 있다. 한국·일본·대만 등은 계수를 통하여 로마·게르만법 계통에 속한다.[5]

제 2 절   로마·게르만법(대륙법) 계통의 역사적 고찰

로마·게르만법은 고대 로마법에서 출발하였으나 오랜 세월을 거친 다음 13세기에 와서야 로마·게르만법 체계라고 할 수 있는 것이 형성되었다. 12~13세기에 유럽대학에서 로마법 연구의 붐이 일어나면서 5세기 동안 많은 이론이 이 법체계 형성에 기여하였다. 그 후 자연권론자들의 영향을 받으면서 현재의 제정법 시대가 시작된다.

Ⅰ. 관습법 시대

1. 암흑시대

강력한 정치적 세력과 찬란한 문화를 자랑하던 서로마제국이 게르만 민족을 비롯한 여러 야만족의 침입으로 5세기(476년)에 멸망한다. 이처럼 야만족의 침입으로 문화제도가 파괴되어 혼란을 겪은 시대를 암흑시대라고 한다. 이러한 야만족의 침입이 있은 뒤 문화인인 라틴족과 야만족들은 각각 그 고유의 법인 로마법과 야만인 부족법에 따라 나란히 살아간다. 그러나 그 이후 게르만족을 주축으로 하는 야만인들을 그리스도로 개화시키면서 이들 야만인과 문화인들

---

5) René David, supra note 2, pp. 23-31.

은 서로 가까워지기 시작한다. 그러나 그 동화(同化)는 매우 서서히 진행되었고 이들은 속인주의 법에 따라 자기 고유의 법규칙을 지키며 살아간다. 그 후 봉건 제도가 보편화되면서 이러한 속인법주의는 그 지역법을 준수하는 속지법주의로 변한다.

이 당시의 로마법의 상태나 야만인 법의 상태를 알려 주는 몇 가지 문헌들이 있다. 이 중 가장 중요한 것은 동로마제국의 유스티니아누스(Justinianus) 황제가 529~534년 중에 편찬한 법률집인데 이를 「로마의 민법전(corpus juris civilis)」이라 한다. 이것은 유스티니아누스 황제 이전 황제들의 칙령을 모아 놓은 사본(Codex Vetus), 고전기 법학자들의 학설을 모아 놓은 학설휘찬(Digesta), 초학자들과 관리들을 위하여 법의 기초원칙을 정리하여 놓은 법학제요(Institutiones)로 되어 있으며, 후에 유스티니아누스 황제 자신의 칙령을 모아 놓은 신칙법(Novellae)을 추가하여 로마의 민법전(corpus juris civilis)을 구성한다. 그 밖에 프랑스와 스페인에서 통용되던 서고트 로마인법전(lex romana visigothorum) 또는 알라리크의 적요(Breviary of Alaric)가 506년에 제정된다. 그 밖에 야만인들 특히 게르만족의 법령들이 6세기경에 대부분 라틴어로 편찬된다. 이들을 모아 놓은 것이 「역사적 게르만 문헌(Monumenta Germaniae Historica: 1826~1909)」이다.[6]

그런데 이들 야만인 법은 사회생활 중의 일부만을 규제할 뿐이었고, 나머지는 비법적인 방법으로 해결되었다. 그뿐 아니라 이른바 문화인들의 법도 너무 학문적이고 복잡하여 실제로는 자발적으로 형성된 통속적 법규칙이 적용된다. 따라서 이 시대는 인간의 사회적 행위관계가 법적으로 규제된다기보다는 비법적 요소인 서약이나 결투, 지도자의 중재 등으로 해결된다. 이런 경향은 분쟁을 법정에서 해결하기보다는 형제적 사랑으로 해결하라는 그리스도교의 가르침에 따라 영적인 지도자들의 중재 해결이 권장되면서 더욱 강화된다. 특히 독일에서는 16세기 후반까지 '법률가는 나쁜 그리스도교인(Juristen, böse Christen)'이라는 말이 통용된다.[7]

2. 유럽대학의 로마법 연구

그러나 상업의 발달과 일부 도시의 번영에 따라 그 발전이 계속 유지되기

---

6) *Ibid.*, p. 37.
7) *Ibid.*, p. 39.

위해 법에 따른 질서 및 안전의 필요성이 강력히 요청되었다. 이에 따라 가톨릭 교회에서도 하느님의 나라와 세속사회를 구분하게 되고, 교회사법이 제정된다. 따라서 13세기에는 종교, 도덕과 사회질서 및 법이 구분되어 간다.

이러한 로마·게르만법 계통의 형성은 정치권력의 구축이나 중앙집권화의 결과가 아니라는 점이 특성이다. 코먼로가 왕권의 발전 및 중앙집권화한 법정의 존재와 연결되어 발전한 것에 비하여, 로마·게르만 법체계는 유럽의 정치적 통일을 생각할 수도 없던 시대에 정치적 야망과는 관계없이 문화공동체에 기초하여 형성된 것이다.[8]

이러한 법 연구는 문화의 중심인 유럽의 대학을 통하여 발전하여 간다. 가장 선구적 기여를 한 대학은 이탈리아의 볼로냐(Bologna)대학이다. 그러므로 이러한 대학을 중심으로 구성된 이른바 공통법(jus commune)을 검토한 다음, 지역이나 나라에 따라 다양하게 적용하는 통속적인 법(jus vulgare)을 설명하겠다.

대학에서 형성되는 이른바 공통법은 실용적인 것보다는 원칙적이고, 정의와 도덕을 실현하기 위한 이상적인 법원칙들이다. 요즘 말로 표현하면 존재(sein)의 법이 아니라 당위(sollen)의 법이라 하겠다. 그러므로 이러한 법의 연구는 필연적으로 철학·신학·종교와 연결되어 있다. 더구나 그 당시 법 공동체가 지극히 분열되어 매우 혼란스러운 상태였으므로 실정법에 기초하여 연구하는 것이 어려웠을 것이다. 이러한 분열과 혼란의 상황에서 표준적인 법으로 로마법을 다시 추구하게 된 것은 너무도 당연한 현상이다. 이 당시 모든 학문사회와 교회에서 사용하는 공통어가 라틴어이기 때문에 유스티니아누스의 법률집은 쉽게 사용될 수 있는 상황이었다.

로마법의 연구가 활발해지자 제일 먼저 등장한 문제는 그리스도교 이전의 로마인들이 만든 로마법을 기초로 그리스도교 사회의 질서를 이룩할 수 있겠느냐 하는 것이다. 성 토마스 아퀴나스는 그리스도교 이전의 철학도 인간 이성에 기초하고 있으므로 상당한 정도로 그리스도교 법과 합치한다는 것을 밝힘으로써 이 문제를 깨끗이 해결한다. 이 점에 있어서 성 토마스 아퀴나스의 공로는 매우 중요한 것이다.[9]

그러므로 유럽대학의 법학기초는 로마법 및 로마법에 기초한 교회법(canon)이다. 17세기에 들어오면서 비로소 일부 대학에서 그 나라의 국가법을 가르치

8) *Ibid.*, p. 40.
9) 유병화, 전게 「법철학」, 66−67면.

기 시작하였다. 1620년경에 웁살라(Uppsala) 대학에서 스웨덴법을 가르치고, 1679년부터 소르본(Sorbonne)에서 프랑스법을 가르친다. 다른 나라는 18세기에 가서야 그 나라의 법을 가르치기 시작한다. 1707년 비텐베르크(Wittenberg)에서 독일법을 가르치고, 1741년에 스페인에서 스페인법을, 1758년 옥스퍼드(Oxford)에서 영국법을 가르치기 시작한다.

이와 같은 로마법의 연구도 시간이 감에 따라 발전한다. 처음에는 유스티니아누스의 법률집을 가지고 주석을 달아 가며 가르쳤으나 점차 그 시대 그 사회에 맞는 내용을 가르치게 된다. 이리하여 14세기의 후기 주석학파를 거쳐서 로마법은 원래의 모습에서 크게 달라져 간다. 이처럼 그 시대의 여건에 맞게 발전시키고 수정한 로마법을 '판덱타이(Pandectae)[10]의 현대적 사용(usus modernus pandectarum)'이라고 부른다. Pandectae 또는 Pandectes는 로마 법률전문가(jurisconsultus)들의 판결집을 말한다. 이처럼 로마법은 크게 수정되었으며, 그 과정에 교회법(canon)의 영향이 매우 많았다. 이 당시의 유명한 학자로는 바르톨루스(Bartolus, 1313~1357), 발두스(Baldus, 1327~1400), 아조(Azo, 1150~1230) 등이 있다.[11]

이 당시의 학문적 방법은 스콜라(Schola) 학파의 방법으로 어떤 문제에 관련된 저자와 다른 학자들의 의견을 모두 나열한 다음 여러 학자의 공통의견을 추구하여 적절한 해결방안을 제시하는 것이다. 이러한 공통법(共通法)은 코먼로와는 근본적으로 다르다. 코먼로는 코먼로가 생기기 전부터 있던 지방관습에 대립하는 개념으로, 영국 왕실법원에서 적용되는 통일적 형식의 법이라는 뜻이다. 이것은 소송절차와 관련하여 형성된 실제 법체계로서, 그 고정성을 보충하기 위하여 형평의 법칙(rules of equity)을 적용하였다.[12]

이에 비하여 공통법은 유럽대학에서 형성된 법학의 일반원칙으로, 분쟁의 올바른 해결을 위한 테두리, 용어, 방법을 법률가들에게 제공하는 것이다. 그러므로 이러한 공통법은 자연법 개념과 결부하여 이해하여야 한다. 그 이유는 공통법이 원래의 로마법에서 상당히 변천하여 이성에 기초하여 보편적이고 올바른 적용을 추구해 나가기 때문이다. 그러므로 점차 완전히 합리적이고 이상적

---

10) 판덱타이(Pandectae)은 라틴어로 "모든 것이 들어 있는 책 즉 백과사전"을 의미하고, 우리 민법의 구성체계를 뜻하는 판덱텐체계(Pandekten System)라는 명칭은 독일 법학자들이 판덱타이에서 이름을 빌려온 것이다.

11) René David, supra note 2, p. 43.

12) J. H. Baker, An Introduction to English Legal History, London, 1979, pp. 89-95.

인 법원칙을 발견하고 가르치는 데 관심을 두게 되어 자연법 학파가 그 주도력을 확대해 간다.

17~18세기를 지배하던 이 자연법 학파는 후기 주석학파와 여러 가지 점에서 다르다. 우선 스콜라 학파적 방법을 버리고 법의 체계화에 역점을 둔다. 또한 하느님이 원하는 사물의 자연질서라는 개념을 떠나 모든 사회질서를 순전히 인간적인 고려에 기초하여 건설하려 한다. 그리고 각 주체의 인격에서 유래하는 개인의 자연관을 찬양한다. 그러므로 주체적 권리의 개념이 이제부터 법사상의 중심을 이루게 된다. 여기서 한 가지 주의를 환기할 필요가 있는 것은 자연법의 학파가 워낙 여러 가지여서 혼동을 일으킬 수 있다는 점이다. 여기서 말하는 자연법이란 아리스토텔레스나 성 토마스 아퀴나스의 본래 자연법과는 매우 거리가 먼 것으로, 법에서 어떤 자연적 소여(natur consonante, 自然的 所與)를 인정하는 것이 아니다. 이것은 법을 순전히 이성의 작품으로 보는 견해이므로 자연법이라는 명칭을 붙이는 것 자체가 잘못된 것이다. 이러한 왜곡된 자연법은 칸트와 신칸트주의(Neo Kantism)를 거쳐 한스 켈젠에 이르면 형식적 실증주의로 전락하고 만다.[13)]

어쨌든 이 왜곡된 자연법은 인간 이성을 유일한 안내자로 삼고 보편적 이상을 추구하며, 시대와 민족을 초월한 보편법의 정의규칙을 추구한다. 이로부터 지역관습을 통합하려는 움직임이 나온다. 법이 오로지 인간 이성의 작품이라는 데서 의사주의 이론이 생겨나고, 이는 제정법의 법전화를 모색하는 새로운 구실로 작용한다.

이 왜곡된 자연법 학파는 그 고유의 가치 경향과 제정법의 확장으로 법학의 방법론을 크게 바꾸어 놓는다. 법의 내용에 있어서도 사법(私法)과 공법(公法)에 큰 영향을 준다.

우선 사법에서 보면, 이들은 이성에 기초하고 있는 후기 주석학파의 내용을 완전히 거부하는 것은 아니다. 이들은 대학사회에서 연구·발전시킨 로마법, 즉 '판덱타이(Pandectae)의 현대적 사용(usus modernus pandectarum)'과 이른바 자연법이 결국 같은 것으로 본다. 그로티우스(Grotius)나 스테어(Stair, 1619-1695), 도마(Domat), 위고(Hugo) 같은 학자들은 이러한 로마법이 인간 이성에 합치하는 경우에 자기 나라에서 적용하는 것이 정당하다고 주장한다. 스테어의

---

13) 유병화, 「법철학」, 220-234면; 237-383면.

활동 때문에 스코틀랜드는 영국에 붙어 있으면서도 로마법의 영향을 상당히 받는다. 이들이 주장하는 것을 요약하면, 로마법 규칙의 기계적 적용을 반대하고 이성의 원칙과 그 사회의 이상에 합치하는 경우에 적용하자는 것이다. 따라서 로마법의 적용과 해석에 있어서 발전적 방법을 주장하는 것이다.[14)]

공법에서는 사정이 좀 다르다. 로마법은 공법의 모델이 될 수가 없기 때문이다. 로마법에서는 정부나 행정을 법의 영역으로 생각지 않았기 때문에 헌법도 행정법도 없었다. 로마 형법도 유스티니아누스 법률집에 조금 있을 뿐 신통치 않았다. 자연법 학파는 17~18세기에 자신들이 인식한 이른바 이성의 원칙에 기초하여 헌법, 행정법, 형법의 모델을 제시하였다. 이 모델은 상당한 정도 코먼로의 영향을 받았다. 원래 코먼로가 사법(私法)보다는 왕권과 신하관계에서 발전되어 온 것이기 때문에 행정 및 경찰권력과 개인의 자유를 잘 조화시키고 있다. 이런 점에서 자연법 학파는 인간의 자연관과 개인의 자유를 보장해주는 공법 형성에 이바지하였다.[15)]

3. 실제 적용법

대학에서 비록 로마법을 이상적인 법으로 가르친다 해도 실제로 법을 적용하고 준수하는 것은 정부지도자, 법관, 국민이다. 특히 그 당시 법의 적용뿐 아니라 적용법의 결정에 관하여서도 주된 책임을 맡고 있던 법관의 행동은 대학 연구와는 별개의 문제다.

이와 관련하여 빼놓을 수 없는 중요한 사건은 1215년 제4차 라테라노(Laterano) 공의회 결정이다. 이 결정은 성직자들이 소송절차에 개입하는 것을 금지하였다. 그 당시에는 '신성재판(ordeal)'과 같이 분쟁의 해결을 신의 판정을 추정하는 데서 구하는 경우가 흔히 있었다. 재판을 초자연적인 것에 호소하여 해결한다면 그 사회는 법으로 다스려질 수 없을 것이다. 그러므로 제4차 라테라노 공의회의 결정은 이 점에서 지극히 중요한 전기를 마련한 셈이다. 이에 따라 교회법(canon)을 모델로 하는 합리적인 소송절차가 성립된다.[16)]

실제로 적용할 법을 결정하는 문제에 관하여는 두 가지 가능성이 있다. 하나는 이미 대학에서 연구해 놓은 로마법을 적용하는 것이고, 다른 하나는 기존

---

14) René David, *supra note 2*, pp. 45–46.
15) *Ibid.*, p. 47.
16) *Ibid.*, p. 49.

의 관습법이나 판례를 기초로 하여 새로운 법을 창설하는 것이다. 영국의 경우는 후자를 택하여 코먼로를 형성하였으나 유럽대륙에서는 대학의 주장이 거세게 작용하여 로마법을 기초로 하는 로마·게르만 법체계가 형성된다.

제4차 라테라노 공의회 이후 교회법(canon)을 본받아 새롭고 합리적인 성문의 소송절차법이 유럽에 형성되자 사법조직이 크게 발전한다. 카롤링거(Carolinga) 소송제도란 법관(Richter)은 단지 소송절차만을 정리할 뿐이지 법의 결정, 해석과 판결은 스카비니(Scabini; Schöffen)라고 불리는 일종의 행정관이 담당하였다.[17] 13세기에서 16세기에 이르는 동안 사법행정은 대학에서 로마법의 전통에 따라 공부한 법률가의 통제 아래 들어가게 된다. 이처럼 대학에서 정식으로 공부한 법률가들이 법을 집행하게 되자 대학에서 가르치는 법학과 법의 체계는 현실에 큰 영향을 미치게 된다. 특히 그 당시에는 오늘날과 같이 법제도가 완비되지 않아서 법의 확실성·통일성이 결여되어 있었던 점을 생각하면 대학의 영향을 쉽게 짐작할 수 있을 것이다. 다시 말해서 유럽대륙의 법은 정부의 지도에 따라 발전된 것이 아니라 대학이론의 지도에 따라 형성되고 발전된 것이다.

이와 같은 로마법 연구가 부흥된다고 해서 로마법이 완전히 계승되었다는 것은 아니다. 이 연구의 부흥은 사회발전과 질서유지를 위하여 법이 중요하다는 감정을 강력히 회복시켜 준 것이다. 또한 이 연구는 로마법상의 용어 및 구분개념을 다시 활성화한다. 공법과 사법의 구분, 용익권, 지역권, 시효, 책임 등이 그 예다. 즉 로마법을 불변의 초자연적 제도로 강요했다는 것이 아니다. 다만 로마법에서 출발하여 무엇이 최선의 법인지 어떻게 하나의 법을 찾아내는지를 밝히려고 노력한 것이다.

이러한 영향은 지역법의 풍토를 바꾸어 놓는다. 다시 말해서 현재 적용되는 각종 관습법을 이러한 기준에 따라 비판하여 진정으로 법적인 성격을 지니지 않은 것은 더 이상은 유지되기가 어렵게 된다. 좀 더 구체적으로 말하면 확실성, 지역적 일반성, 정의에의 합치 등을 갖추지 않으면 배척된다. 그러므로 마을마다 다른 마을 관습법은 점차 사라진다. 관습법은 넓은 지역에 적용되고 관습 법전집으로 편찬된 것만이 존속하게 된다. 적용되던 좁은 지역의 관습법이 사라지면 그 대신 대학에서 연구되어 온 법규칙이 적용되기 마련이다. 그러므로 로마법의 발전은 주요 관습법전집이 편찬된 부분에서만 억제된다고 볼 수

---

17) *Ibid.*, pp. 49−50.

있다.

관습 법전집은 대체로 단편적이다. 이들은 주로 13세기 전에 이미 존재하던 사회관계만을 다룬다. 다시 말해서 가족관계, 토지관계, 상속관계가 그 주요내용이다. 따라서 이러한 관습법의 부족, 불완전은 결국 대학에서 연구되는 합리적인 법의 발전을 급속히 촉진시킨다.

이러한 대학의 로마법과 지역 관습법을 구체적으로 검토해 보면 적용되는 지역에 따라 약간의 차이가 있다. 어떤 지역에서는 일반적으로 적용되고, 또 어떤 지역에서는 이른바 '성문의 이성(raison ecrite)'으로 취급되어 부족한 부분을 보충한다. 그러나 실제로 이 두 가지의 차이는 중요하지 않다. 다시 말해서 그 당시 로마법이 원칙적으로 적용하되 예외를 인정하는 경우와 부족한 때에만 적용하는 경우가 실제로 차이가 미미하다는 것이다. 부족한 경우에만 적용한다 해도 부족의 정도가 매우 심하면 원칙적으로 적용하고 예외를 인정하는 경우와 큰 차이가 없기 때문이다.

프랑스의 경우에는 대체로 대학의 로마법을 '성문의 이성'으로 인정한다. 그러나 남부지역은 이른바 성문법지역(pays de droit ecrit)으로 로마법이 주로 적용되고 북부지역은 이른바 지역법지역(pays de coutumes)으로 관습법이 비교적 우세하다.[18]

현재의 독일을 주축으로 하는 신성로마제국에서는 로마법이 원칙적으로 계수된다. 그러나 지역법인 관습법이 우선 적용될 수 있다. 스위스 지역은 로마법이 '성문의 이성'으로 적용된다. 스페인의 경우에는 두 지역으로 나뉘어 카탈루냐(Catalonia)에서는 로마법이 계수되고 카스티야(Castilla)에서는 성문의 이성으로 적용된다. 그러나 앞서 말한 것처럼 계수되는 경우와 성문의 이성으로 적용되는 경우는 실제로 큰 차이가 없다.

한편, 관습법의 수집 및 편찬도 로마법 연구의 발전과 상호 관련이 있다. 14세기에서 18세기에 이르는 동안 여러 가지 지역 관습법전을 편찬한다. 이 편찬은 두 가지 방식으로 구분할 수 있다. 하나는 부족한 관습법 내용을 그대로 수집하여 특별법으로 사용하고 부족한 점은 일반법인 로마법 연구를 통하여 보충하게 하는 것이다. 다른 하나는 처음부터 로마법 연구를 이용하여 관습법의 부족을 보충하고 체계를 세워서 일반적인 관습법전을 편찬하는 것이다.

---

18) *Ibid.*, pp. 52-53.

15~16세기에 걸쳐 샤를 7세(Charles Ⅶ)의 명령(Ordonnance de Montils−les−tours, 1454)으로 이루어진 프랑스 관습법은 특별법의 형식을 취한다. 13세기 카스티야의 왕인 알폰소 10세(Alphonsus X)에 의해 이루어진 7부 법전(Las Siete Partidas)은 일반법의 형식을 따른다. 이것은 카스티야 관습법, 로마법, 교회법(canon)을 망라하여 편찬한 것이다.[19]

4. 사법제도와 로마법 연구의 발전

이 당시 사법조직 및 소송절차도 로마법 발전에 주요한 영향을 준다. 프랑스의 경우에는 '지방관습조사(enquête par turbes)'라는 제도가 있어서 로마법의 침투를 제한한다. '지방관습조사'란 각 지방의 관습법 존재 및 그 내용을 결정하는 소송절차제도이다. 그러나 14세기부터 '파리 고등법원(Parlement de Paris)'이라는 새로운 중앙법원을 설립하여 운영한다. 이 법원의 법관들은 왕의 특권에 기초하여 엄격한 법의 적용보다는 형평을 중요시하며, 프랑스법을 합리화하기 위하여 로마법을 비롯한 여러 법원(法源)을 모두 고려한다. 이들은 중요한 권위를 가진 판례들을 모아 판례집을 발행하며, 이것은 일반법의 성격을 지닌다.[20]

독일과 이탈리아 지역에는 이런 장애가 없다. 여기에는[21] 지역 관습법을 결정하는 소송절차나 이에 관한 지침이 없다. 더구나 이탈리아에는 13세기에 순회법관제도가 있는데 이 순회법관은 공정한 재판을 위하여 다른 지역 출신을 선발한다. 따라서 그 지역 관습법에는 특히 어두웠을 것이다. 독일 지역에는 16세기에 '소송이송제도[22](Aktenversendung)'이라는 소송절차가 있었는데, 이는 소송기록을 법과대학에 보내어 법과대학이 어떻게 판결을 내려야 할지를 말하게 하는 제도이다. 기록을 받은 대학의 법률전문가들은 구체적인 소송사건에서 로마법에 따라 의견을 제시하였고, 이를 통해 사법적으로 로마법이 계수될 수 있

---

19) *Ibid.*, pp. 51−52.

20) J. P. Dawson, *The Oracles of the Law*, 1968, pp. 307−348.

21) *Ibid.*, pp. 134−196.

22) 본 제도를 '소송이송제도'라고 번역하기도 하고(김상용, "민법사상사 — 로마법 발전에 영향을 미친 사상들 —", 『학술원논문집(인문사회과학편)』 제53집 1호(2014), 330면), '기록송부'라고 번역하기도 한다(차동언, "公判中心主義 確立을 위한 傳聞法則의 再定立", 동국대학교 박사학위논문, 2006, 31면; 이완규, "검사의 신문과정상 참여수사관의 역할과 한계", 『형사판례연구』 제21권, 2013, 423면). 이곳에서는 전자의 번역을 따라, '소송이송제도'라고 번역하기로 한다.

었다.[23] 신성로마제국이 무너지자 독일 지역의 사법조직은 심각히 분열되어 작센(Sachsen) 지방에만도 2,000개의 법정이 난립하고 있던 터라 이러한 소송이송 제도는 공정한 재판을 달성하기 위하여 만들어진 제도이다. 그러므로 로마법의 영향이 어떠했으리라는 것은 쉽게 수긍이 간다.

이와 같이 독일의 정치적·사법적 분열은 로마법이 다른 어느 지역보다도 순수하게 뿌리를 내리는 계기가 된다. 18세기에 와서 독일 법학자들이 이른바 게르만법을 체계화하려고 하였는데 이미 때는 늦었고, 특히 사비니(Savigny) 등의 역사학파는 법의 자발적 발전을 강조하여 로마법의 엄격한 적용을 오히려 변호하였다. 이러한 역사적 이유로 프랑스 민법이 독일 민법보다 이른바 게르만법 요소(관습법)를 더 많이 포함하게 된다. 게르만법 요소란 관습법 요소를 말하는 것으로, 앞에서 설명한 것처럼 게르만 민족을 주축으로 하는 야만족의 침입으로 문화민족인 서로마(라틴족)가 망하고 이들이 섞여 살게 되자 로마법과 게르만 계통의 관습법이 함께 통용된다. 그런데 이 '관습법'에는 게르만 관습법의 요소가 주요 연원이므로 관습법을 게르만법이라고도 한다.

II. 제정법 시대

18세기 이전에는 정치권력이 법을 제정하는 것으로 생각지 않고, 형성된 법을 집행하는 것으로만 생각하였다. 18세기의 그라티아누스(Gratianus)도 법이 유효하기 위하여는 사회관습을 통하여 확인되어야 한다고 했다. 그러나 18세기 왜곡된 자연법학자, 즉 자연법론자들은 이 전통을 무너뜨리고 주권자의 입법 기능을 인정하였다. 이에 따라 단순히 기존 관습법을 수집하여 편찬하는 것과는 근본적으로 다른 성문법전의 형식이 등장한다. 성문법전을 통하여 법을 발견하고 체계화하며 발전시키는 데 있어서 입법자의 기능이 결정적으로 중요하게 된다.

위에서 나오는 간접적인 결과로 이 자연법학파는 정치권력을 제한하기 위한 입법적 모색을 하게 되는데, 이것이 곧 공법의 발전이다.

---

23) 김상용, 전게논문(주21), 330면; Rechtslexikon.net homepage, 〈http://www.rechtslexikon.net/d/aktenversendung/aktenversendung.htm〉 (2015. 8. 20 최종방문).

1. 공법의 발전

로마법에서도 공법과 사법을 구분하기는 한다. 그러나 이것은 공법을 제정하기 위해서가 아니라 오히려 법의 영역에서 제외하려는 것이다. 그러나 18세기부터 자연권론자들은 정치권력과 국민 간의 관계, 행정과 사인 간의 관계를 법으로 규정하여 정치권력을 제한하고 개인의 기본권 보장을 주장한다. 이러한 노력은 프랑스혁명을 통하여 큰 진전을 본다. 프랑스혁명 후 이들 개혁자는 전통적 사법에 상응하는 법적 체계를 공법 분야에도 확립하려고 한다. 특히 형법 분야에는 커다란 발전을 이루었으나, 행정법분야에는 불완전한 실적을 거둔다. 특히 헌법 분야의 형성은 매우 미온적이다.[24]

2. 성문법전의 변모

앞에서 설명한 바와 같이 18세기를 전후하여 번성한 자연권론자는 정치권력에 입법기능을 인정하여 600여 년 동안 가르쳐 온 합리적인 법을 실제로 다시 제정하도록 요구한다. 그리고 이러한 입법기능을 통하여 사회를 개혁하려고 한다. 말하자면 이러한 입법기능이야말로 이른바 자연법원칙을 현실화하는 훌륭한 수단이라고 한다. 이런 생각은 수세기에 거쳐 발전하여 온 로마법 연구 결과를 더욱 공고히 하며, 로마법이야말로 18세기에 가장 적합하고 합리적 법이라고 설명한다.

이러한 성문법전화 작업을 통하여 이론적 연구와 실제 적용법규를 통합하며, 시대에 뒤떨어진 것을 폐기하고 단편적인 법규정을 지향하여 체계를 세우며, 혼잡하고 다양한 관습법을 통일해 나갈 수 있다는 것이다. 그러므로 이러한 성문법전화 작업은 그때까지 시행되어 오던 관습법의 수집 및 편찬과는 근본적으로 다르다.

(1) 프랑스 민법전

이러한 성문법전의 편찬은 프랑스에서 제일 먼저 이루어진다. 1789년의 혁명으로 프랑스 사회가 제일 먼저 개편되었기 때문이다. 혁명계획 속에는 민법전의 편찬이 포함되어 있었으며, 캄바세레(Cambacérès)는 계획안을 내기도 하였

---

24) René David, *supra note 2*, p. 63.

으나 이루어지지 않는다. 성문법전의 편찬은 나폴레옹(Napoléon)이 정권을 잡으면서 본격화된다. 나폴레옹은 1800년 8월 13일 4명으로 구성된 법률가위원회(Commission de quatre juristes)를 조직한다. 즉 트롱셰(Tronchet), 포르탈리스(Portalis), 비고 드 프레아므뇌(Bigot de Preameneu), 마르빌르(Maleville)가 위원들이다. 이른바 북부 관습법에서 2명, 남부 로마법에서 2명을 선임한 셈이다. 이들이 만든 민법전 초안이 프랑스 참사원(Conseil d'Etat)은 통과하였으나 국회에 해당하는 입법의회(Tribunat)에서 좌파의 반대에 부딪힌다. 이에 나폴레옹은 쿠데타로 반대파를 제거하고, 드디어 2,281조의 민법(Code Civil)을 1804년 3월 21일 제정·공포한다.[25]

　이러한 프랑스 민법전이 법 역사에서 갖는 의의는 대단히 중요하다. 즉 로마법 이래 인류역사상 최초의 일반법전이며, 그 내용은 18세기 자연권론자들의 영향으로 과거와 결별하고 현대사회를 수립하는 기틀이 된다고 볼 수 있다. 좀더 구체적으로 말하면 민법을 교회와 분리시키고, 자유와 평등을 기본이념으로 하는 개인주의사상을 반영하고 있다. 이 프랑스 민법전은 그 후 100년 가까이 독점적 지위를 누리며 벨기에, 룩셈부르크, 바덴(Baden), 폴란드, 이탈리아 등 여러 나라의 민법전 편찬의 모델이 된다.

(2) 독일 민법전

　그러나 이러한 흐름에 제동을 건 사건이 독일 민법전의 제정이다. 독일은 그때까지 다른 나라의 경우와 달리 프랑스 민법전을 거부하고 독자적인 민법전을 제정한다. 지금까지는 나라마다 민법전을 제정하면서 프랑스 민법전을 모델로 하였기 때문에 수세기에 걸쳐 형성된 공통법(jus commune)이 지속한다. 그러나 독일 민법전의 제정으로 이러한 공통법의 전통은 위축되며, 때마침 등장한 법실증주의 세력과 함께 입법적 측면에서도 국가주의(nationalism)가 강하게 작용하게 된다. 그러므로 독일의 뒤를 이어 여러 나라가 각자 고유의 법전을 제정하여 나가자 유럽 전체를 공동단위로 하는 법공동체의 통일성은 상당히 위축될 수밖에 없었다.

　독일 민법전은 프랑스 민법전이 제정된 지 10년 후부터 그 제정이 주장되어 왔으나 오랫동안 실현되지 못한다. 복잡하게 분열된 민법의 통일민법을 주장하

25) Jean Carbonnier, *Droit Civil*, vol.1, 1874, pp. 63−65.

게 된 것은 법적인 이유뿐만 아니라 나폴레옹에 시달린 독일 국민의 민족적 감정과 정치적 통일의 필요성도 크게 작용한다.

1814년 티보(J. Thilbaut)는 '독일 일반민법전의 필요성에 관하여(Über die Notwendigkeit eines allgemeinen bürgerlichen Rechts für Deutschland)'라는 논문을 통해 통일된 민법전 제정을 강력히 주장한다. 그러나 역사학파의 사비니(Savigny)는 '입법과 법학에 관한 우리 시대의 사명(Vom Beruf unserer Zeit für Gesetzgebung und Rechtswissenschaft)'에서 법의 자발적인 발전과 형성을 강조하고, 인위적인 법전제정을 반대한다.[26] 프랑스에서 독일로 이주해 온 프랑스 신교도들의 자손인 이 두 사람의 논쟁으로 독일 민법전 제정은 독일의 정치적 통일이 이루어지는 1870년대 가서야 구체화된다. 1874년 준비위원회의 보고서에 따라 11명의 민법전 제정위원회를 구성하여 1888년 제1초안을 발표한다. 제1초안에 대하여 지나치게 로마법을 반영하였다는 비난이 일자, 1890년부터 제1초안을 수정하여 이른바 제2초안을 작성한다. 이 초안은 국회의 의결을 거쳐 마침내 1896년 8월 24일 2,385조의 독일 민법전(Das bürgerliche Gesetzbuch)이 공포되고 1900년 1월 1일부터 시행된다. 비슷한 시기인 1907년에 스위스 민법전도 제정되어 1912년 1월 1일부터 시행된다.

(3) 법전제정 후의 동향

이처럼 법전제정의 국가주의(nationalism)와 법실증주의의 영향으로 유럽 전체를 단위로 하는 법공동체 형성은 상당히 후퇴한다. 그러나 그 후 다른 나라들이 프랑스 민법전과 독일 민법전의 비교법적 견해에서 민법전을 제정하고, 법학의 발달에 따라 법이론과 판례가 중요한 구실을 하게 되어 이러한 입법적 분열은 상당히 완화된다. 또한 법실증주의가 퇴색하여 감에 따라 법전 텍스트만을 가지고 법을 집행하는 경향은 급속히 사라진다. 이에 따라 유럽의 공통법 기운은 다시 형성되며, 로마·게르만법 체계는 상당히 공고히 되어가고 있다.

끝으로 한 가지 언급할 것은 로마·게르만법 체계 안에서 이른바 프랑스법계와 독일법계를 세분하는 문제다. 프랑스법에 스페인법과 이탈리아법 등을 첨가하고, 독일법에 스위스 및 스칸디나비아법을 첨가하는 것을 흔히 본다. 그러나 이런 견해는 피상적이다. 라틴계통의 여러 나라 법이 특히 유사하게 보이는

---

26) 유병화, 전게 「법철학」, 282－284면.

것은 그 용어의 사용이 매우 비슷하기 때문이다. 그러나 실제로는 그들 사이에도 여러 가지 차이가 있으며, 그 차이는 프랑스법과 독일법의 차이만큼 현저하다. 예를 들면 스페인법과 이탈리아법은 가톨릭적 요소를 강하게 간직하고 있다. 또한 이탈리아법과 스페인법에는 독일의 법이론이 상당한 영향을 준다. 그리고 이탈리아법과 스페인법 사이에도 결혼, 부부재산 관계나 민사소송법은 상당히 다르다. 한 마디로 나라마다 그 고유의 특색을 모두 갖고 있다. 그러나 이러한 차이에도 불구하고 이 모든 법체계에는 공통적인 흐름이 있고, 이 흐름은 로마법에서 출발하여 수백 년을 두고 공동으로 형성되어 온 것이며, 이런 의미에서 모두 한데 묶어 로마 · 게르만법이라고 부를 수 있다. 따라서 이것을 다시 프랑스법계 또는 라틴법계와 독일법계로 나누는 것은 인위적이며 비논리적이다.[27]

Ⅲ. 한국 사법의 제정

한국 민법은 일본 민법을 의용(依用)하는 데서 출발하였다. 일본의 제국주의 정책에 의해 희생당하여 36년간 그 지배를 받는 데서 나온 부산물이다. 이 일본 민법은 독일 민법 제1초안과 프랑스 민법을 기초로 하여 제정한 것으로, 총칙 및 재산편은 1896년 4월 27일부터 시행되고, 가족편은 1898년 7월 16일부터 시행되었다. 이와 같이 과거 우리나라에 의용(依用)되던 일본 민법을 구민법이라고 부른다.

해방되고 나서 즉시 한국 고유의 민법전 제정을 서둘렀으나 6 · 25 전쟁으로 늦어져 1958년 2월 25일에 제정되어 1960년 1월 1일부터 시행되었다. 이 현행 민법은 일본 민법을 기초로 하여 제정되었지만, 독일 민법의 요소를 더욱 추가하였다고 볼 수 있다. 한편 우리 민법전의 개정사는 다름 아닌 친족편과 상속편의 개정사라고 보아도 과언이 아니다. 2009년 개정까지 많은 규정이 개정 · 삭제 · 신설되었다. 2013년의 개정에서는 성년후견, 한정후견, 특정후견 및 후견계약제도가 도입되었고, 이후 친권과 입양에 관한 여러 조문이 다시 개정되었다. 최근 민법개정위원회가 구성되어 민법 재산편 전반에 대한 개정작업을 준비하고 있다.[28]

---

27) René David, *supa note 2*, pp. 69−70.
28) 법률신문 2023. 8. 1. 기사, "민법 개정의 닻을 올리다", https://www.lawtimes.co.kr/

제3절 코먼로(영미법) 계통의 역사적 고찰

Ⅰ. 코먼로의 형성과 발전

1. 노르만족의 정복과 중앙집권화

어느 법이건 그 법이 형성된 사회의 지역적·시대적 배경이 중요하다. 이런 의미에서 코먼로(common law)의 형성에는 영국의 역사 그중에서도 1066년에 있었던 노르만족(Norman)의 영국정복이 매우 중요한 의미를 갖는다. 노르만족이 영국을 정복하기 전에는 앵글로 색슨(Anglo-Saxon) 시대로 여러 부족이 지배하였으며 영국 전체에 적용되는 통일된 법제도가 없이 불완전한 지역 관습법이 시행되었다.[29]

노르만족의 정복 전에 존재하던 법제도는 매우 불완전한 것이다. 예컨대 10세기경 행정단위로 'hundreds'라는 것이 있었다. 이것은 성인 남자 100인을 단위로 구분한 행정단위로 매월 회의를 개최하였다. 또한 hundreds는 다시 'things'라는 단위로 구분되었는데 이것은 10가구를 단위로 하였다. 이와 같은 행정단위의 구분은 질서를 유지하고 세금을 걷으며 군주를 지원하기 위한 것이다. 그런데 이러한 hundreds의 월례회의에서는 그 지역의 재판도 다루었다. 그리고 hundreds보다 더 큰 행정단위로는 shires(county)가 있다. 이러한 shires(county)의 명칭은 대체로 오늘날에도 지속되어 사우스요크셔(South Yorkshire) 주, 웨스트 요크셔(West Yorkshire) 주, 버킹엄셔(Buckinghamshire) 주, 옥스퍼드셔(Oxfordshire) 주 등의 명칭이 그것이다.

노르만족의 영국정복 이후 윌리엄 1세(William, 1028~1087)는 불완전하나마 그 전에 있던 법제도를 그대로 유지한다고 선언하였다. 노르만족의 정복으로 윌리엄 1세를 도와 영주가 된 사람들은 프랑스어를 사용하고, 이 지역의 언어를 말하지 못하였고, 낯선 지역에서 권력을 유지하고 토지를 유지하기 위하여

---

news/188447 (2023. 8. 1. 최종방문).

29) René David and John Brierly, *Major Legal Systems in the World Today*, London, 1978, pp. 287-288.

는 군주 주위에 결속하지 않을 수 없었다. 또한 군주도 영주의 권력성장이 왕권에 위협이 됨을 알았기 때문에 미리 막으려고 노력하였을 것이다. 이러한 배경에서 영국의 봉건주의는 유럽대륙과는 달리 군주의 중앙집권화를 방해하지 않았다. 그러므로 노르만족의 정복 이후 영국은 강력한 중앙집권체제를 확립하여 12세기에 코먼로가 형성될 여건을 마련하였다.[30]

우선 코먼로는 무슨 의미인가? 노르만족의 정복 이후 15세기 말 튜더(Tudor) 왕가가 성립할 때까지 영국에서는 궁중 및 법원에서 사용하는 언어는 프랑스어였다. 특히 법률언어로는 프랑스어가 그 후에도 지배하여 1731년까지 지속된다. 좀 더 정확히 말해서 구어는 프랑스어고 문장어는 라틴어였다. 다시 말해서 county나 hundred 등 지방 행정단위의 법원에서는 그 지역 관습법을 적용하였고, 이러한 법원은 노르만족의 정복 이후 점차 영주의 법원으로 바뀌었지만, 여전히 지역 관습법을 적용하였다. 그러나 중앙집권을 배경으로 하는 왕의 법원에서 선언하는 법은 선례로서 영국 전체에 그 효력을 미쳤다. 이러한 선례의 누적으로 코먼로가 형성되어 간 것이다.

이 당시의 법을 연구하기 위한 주요 문헌에는 두 가지가 있다. 하나는 1118년 경의 『헨리 1세의 법률(Leges Henrici Primi)』로, 웨섹스(Wessex)에 있던 유럽대륙인의 관찰기록으로 보인다. 이 책에 의하면 당시 영국의 법은 지역에 따라 다양하였으며 특히 소송절차는 32개의 county마다 달랐다. 또한 재판절차도 서약, 신성재판(ordeal) 혹은 결투에 의하는 등 매우 다양하여 분쟁의 재판이 주사위 게임처럼 불확실하다고 기록되어 있다. 다만 왕의 법원만은 절대적인 왕의 지위를 기초로 특별한 지위를 가지고 효과적으로 수행하였다. 다른 하나는 1180년대에 쓰인 논문으로 『영국의 법과 관습(the laws and customs of England)』인데, 글랜빌(Ranulf de Glanvill, 영국의 정치가 · 법률가)의 논문이라고 하나 확실하지 않다. 이 책은 그 당시 왕실법원의 관습법을 상세히 다루고 있다.[31]

2. 왕실법원

왕이 관여하는 왕실법원(royal court)은 시간이 지남에 따라 여러 가지로 분화되는 등 변화를 겪었고 그 절차나 적용법의 내용도 상당히 변화하였다. 처음

---

30) David and Brierly, supra note 27, pp. 288−289.
31) Baker, supra note 11, pp. 11−13.

에는 왕의 법원이 따로 있다기보다는 왕의 집무를 수행하는 왕실(Curia Regis, Royal Council)이 있었다. 여기에는 왕의 시중을 들고 왕에게 자문하는 신하들이나 자문위원들이 근무하였다. 이러한 왕실에서 사법행정에도 관여하게 된 것이다. 노르만 정복 후 초기에는 매우 제한적으로 왕이 재판에 관여하였다. 대부분은 지역 관습법을 적용하는 지방의 법원 내지 영주의 법원에서 처리하였고, 왕국의 평화를 위협하거나 보통법원에서 재판하기 어려운 사건만을 예외적으로 왕이 직접 재판하였다. 그러나 13세기부터는 일정한 사건은 왕실법원에서 자율적으로 처리하였으며 반드시 왕이 참석하는 것도 아니었다. 대체로 3가지 사건을 왕실법원에서 다루었는데 왕실재정, 토지의 소유 및 점유에 관한 문제, 국가의 평화를 위협하는 심각한 범죄가 그것이다. 그리고 왕실법원도 재무법원(Court of Exchequer, 1178년 영국의 헨리 2세가 국왕이 일방 당사자가 되는 소송과 구별해 민사사건을 심리하도록 왕실회의에서 5명을 임명한 데서 기원한 법원), 민소법원(Court of Common Pleas, 民訴法院), 왕좌법원(Court of King's Bench)의 3가지로 분화되었는데, 처음에는 앞의 3가지 사건을 분야별로 전담하다가 나중에는 왕실법원에 제기되는 사건을 아무거나 다루기도 하였다. 3가지 사건 이외의 것은 지방법원 내지 영주의 법원에서 처리하였다.[32]

이러한 왕실법원은 계속 발전하여 갔다. 우선 소송당사자의 입장에서는 효과적 절차와 확실한 집행 때문에 왕실법원을 대단히 선호하였다. 구체적으로 선서의 서약을 요구할 수 있고, 증인을 소환할 수 있고, 판결을 강제집행 할 수 있는 것은 왕실법원뿐이다. 왕실의 입장에서는 법질서를 확립한다는 목적 이외도 사법행정에서 생기는 수입이 상당하였기 때문에 계속 관할권을 확대하였다. 관할권이 확대됨에 따라 왕실법원은 절차를 개선하고 새로운 제도도 도입하였다. 그리하여 중세 말에는 왕실법원이 실질적 중요성을 갖는 유일한 법원이 되었다. 영주법원은 거의 사라지고 상사법원은 경미한 사건만 다루고 교회법원은 혼인과 사제의 규율에 관한 사건만 다루었다.

왕실법원의 관할권이 확대되자 왕의 참석이나 왕의 실재와는 독립적으로 운영되는 왕실법원이 설치되기 시작하였다. 대체로 1178년 헨리 2세(Henry II)가 5명의 법관을 왕실법원(Curia Regis)에 남아있도록 한데서 이런 제도가 시작되었다고 한다. 그리하여 헨리 2세 하에서 the Bench라고 부르는 왕실법원이 웨스트민스터(Westerminster)에서 정규적으로 열렸는데 이것이 왕좌법원(King's

---

32) David and Brierly, supa note 27, pp. 290-291.

Bench)과 민소법원(the Common Pleas) 중 어느 것이냐에 관하여는 논란이 많다. 또한 재무법원(Exchequer Chamber, 재정부서가 체크무늬 책상인 chequered table를 사용한 데서 유래되었다)은 재정관계 일을 보았으나 그 후 왕실의 재정관계 재판도 담당하다가 나중에는 재정과 관계없는 재판도 담당하였다. 이러한 제도는 계속 발전하여 1200년 이후에는 정치가나 행정가가 아닌 전문법관이 재판을 담당하였다. 그런데 왕과 신하들이 특히 중요시하거나 관심이 있는 재판은 직접 자신들이 관장하였는데, 왕의 앞에서 열리는 법원이라 하여 왕좌법원(curia regis coram rege, before the king)이라고 불렀다. 노르망디 공국(Normandy)이 몰락하고 나서 웨스트민스터(Westerminster) 법원이 1209년 잠시 중단되다가 1214년에 다시 회복되었다. 특히 1215년의 대헌장(Magna Carta)은 민소법원(Common Pleas)은 왕을 따라다니지 않고 고정된 장소에서 재판하도록 규정하였다. 그 후 1234년에 가서 왕좌법원(coram rege)이 다시 등장하였다. 이렇게 하여 왕실법원의 두 줄기인 민소법원(Common Pleas; the Bench)과 왕좌법원(coram rege; the King's Bench)이 확립되었다.[33]

이 두 가지 법원의 관할과 특성을 자세히 검토하면 우선 왕좌법원(King's Bench)는 원래 왕이 영국에 있는 한 항상 왕 앞에서 열리도록 되어 있었다 (coram rege ubicumque fuerit in Anglia). 대헌장 제17조에 의하여 항상 고정된 장소(Westerminster)에서 열리게 되어 있는 민소법원(Common Pleas) 재판과 구별된다. 물론 왕좌법원의 재판은 왕에게 이해관계를 많이 갖는 사건을 다루었으며 이른바 평화를 위반하는 사건이 그 대상이었다. 구체적으로 보면 시대에 따라 변화가 상당히 있으나 주로 형사사건, 불법행위 사건, 민소법원의 오류를 바로잡기 위한 것 등으로 민소법원에 비하여 관할권이 좁았다. 민소법원은 왕의 이해관계가 적은 민사사건을 주로 다루었다. 중세 코먼로 형성에 크게 기여한 것은 민소법원이다.[34]

3. 순회재판제도

앞에서 설명한 대로 왕실법원은 효과적인 제도여서 그에 대한 수요가 컸을 뿐 아니라 재정수입 면에서도 중요하여 계속 확대되어 갔다. 처음에 왕은 이러

---

33) Baker, supra note 11, pp. 16−18.
34) *Ibid.*, pp. 35−36.

한 소송을 자신이 감당할 수 없어서 재판권한을 위임하였는데 이처럼 재판권한을 위임받은 사람을 최고사법관(justiciar, justiciarius)이라고 불렀다. 그 후 재판의 수요가 증가하자 최고사법관을 지방에도 임명하였으나 이러한 제도는 곧 없어지고 대신 최고사법관을 지방에 순회시키는 제도로 변모하였다. 이것이 순회재판제도의 시작이다. 그러나 이러한 순회재판제도는 보통 7년에 한 번 정도 열렸으므로 그 간격이 너무 커 매우 불편하였다. 하지만 상설 왕실법원을 이용하려면 비용이 많이 들었다. 또한 배심제의 어려움도 있었다. 다시 말해서 문제의 사건이 발생한 곳 근처에 사는 사람들을 12명 이상 웨스트민스터(Westerminster) 법원에 참가시키는 것도 번거로웠다. 이러한 배경에서 생겨난 것이 순회재판관(commission)제도다. 이것은 왕의 허가장에 의하여 수시로 부여하는 재판권한이다. 이는 다시 두 가지로 분류할 수 있는데, 하나는 형사순회재판(commission of oyer and terminer)으로 특정한 침해를 심리·조사하여 결정을 내리는 제도이며, 다른 하나는 미결수 순회재판(commission of gaol delivery)으로 감옥에 있는 특정 죄수를 석방하기 위한 제도이다.[35]

4. 소송의 형식절차와 대법관청(Chancery)

원고가 소송을 제기하려면 소송절차의 개시를 허가하는 왕의 허가서(writ)를 받아야 한다. 이러한 소제기허가서(writ)는 요금을 내고 왕의 대법관청(Chancery)에서 발부받아야 한다. 그러므로 원래 소제기허가서는 왕실법원에 소제기를 허용하는 왕의 증서이다. 소제기허가서는 라틴어로 쓴 왕의 지시를 포함한 문서로 국새(國璽)의 날인을 받아야 한다. 처음에는 소송마다 그 내용이 달라서 일반적으로 설명할 수 없다. 또한 상당한 기간 사건의 하나하나를 자세히 검토하여 소제기허가서의 당부를 결정지었다. 그러나 이러한 실행이 누적되어 가자 기존의 실행을 기초로 유사한 사건에 대하여는 자동적으로 발부하는 관행이 생겼다. 그리하여 점차 소제기허가서를 자동 발부하는 목록을 만들었는데 이러한 목록은 1227년의 56개에서 1832년에는 76개로 확대되었다. 1285년의 웨스트민스터법 Ⅱ(Statute of Westerminster Ⅱ)는 전에 허가서를 발부한 사건과 매우 비슷한 사건에 대하여는 자동으로 허가서를 발부하여 주도록 규정하였다. 이처럼 먼저 허가서를 발부한 것과 유사한 사건에 대하여 자동으로 허가서를 발부하는

---

35) *Ibid.*, pp. 14-19.

소송사건을, 먼저 사건에 기초한 소송(action on the case, actio super causam)이라고 한다. 또한 소제기허가서의 내용도 1200년까지 내려오는 동안 일정한 형식으로 확립되었으며, 오늘날에는 한 가지 형식의 소제기허가서(writ)만이 있고 표준요금을 내면 발행하여 준다. 이와 같이 Westerminster 왕실법원에 소송을 제기하려면 반드시 요금을 내고 소제기허가서(writ)를 발부받아야 한다.[36]

소제기허가서(writ)를 발부하는 대법관청(the Chancery, cancellaria)은 원래 왕의 비서실이었다. 이 비서실에는 격자를 넣는 스크린(screen), 즉 첸설(chancel)을 사이에 두고 그 뒤에서 비서들이 일하였기 때문에 '첸서리(Chancery)'라 불렀다.[37] 그러므로 대법관청은 법원이 아니라 왕의 비서실로 왕의 헌장이나 허가서 등에 날인하여 주었다. 이 부서의 장(長)인 첸설러(Chancellor: cancellarius)는 영국의 국새를 보존하고 대법관청에서 준비한 문서를 인정하는 일을 하였다. 왕실법원의 소제기허가서(writ)도 이곳에서 발부하였으며 첸설러(Chancellor)는 이러한 업무를 통하여 사법업무와 결부되었다. 1708년부터는 이 제도가 변경되어 영국의 국새를 보관하는 업무도 없어졌으나, 이러한 대법관청(Chancery) 제도는 영국의 상급법원제도로 계속 발전되어 왔다.[38]

5. 코먼로의 특성

코먼로(common law)의 특성을 보면 다음과 같다.

첫째, 형식적 절차에 중점을 두고 발전하여 왔다는 것이다. 19세기까지 영국 법률가의 주된 관심은 분쟁해결의 기초가 되는 실체적 법원칙이 아니라 소제기허가서에 의하여 개시되는 여러 가지 형식적 절차에 있었다. 절차문제 중에서도 어떻게 사실문제를 배심원들에게 제기할 수 있도록, 다시 말해서 배심의 기회를 얻을 수 있도록 형성하느냐에 중점을 두었다. 그러므로 코먼로는 정의 기타 법의 목적을 실현하는 체계적 제도로 발전하여 온 것이 아니라 구체적인 분쟁해결을 위하여 고안된 절차를 누적하여 모아 놓은 것이다.[39]

둘째, 코먼로는 공법 절차적 성격을 띠고 발전하였다. 왕실법원의 소송을 개시하는 소제기허가서(writ)도 단순히 원고가 소송을 제기할 수 있게 허가하는

---

36) David and Brierly, supra note 27, pp. 292－293.
37) Baker, supra note 11, p. 84.
38) *Ibid.*, pp. 84－86.
39) David and Brierly, supra note 27, pp. 294－295.

것이 아니다. 정확히 분석하여 보면 소제기허가서(writ)는 왕이 피고에게 원고의 청구를 만족시켜 법에 따라 행동하도록 그 신하들에게 명령하는 것이다. 피고가 이러한 명령에 거부하면 소송이 성립하는 것이다. 다시 말해서 소송의 성립은 원고의 청구에 피고가 반대하여 성립하는 것이 아니라 정부명령에 피고가 불복종하기 때문에 성립하는 것이다. 그러므로 이러한 재판의 대상은 사법문제라기보다는 공법적 성격을 띠고 있다.

셋째, 유럽대륙의 법원은 그 관할권이 일반적이어서 교회법의 재판절차를 받아들여 근대화하고 로마법의 모델을 이용하여 재판원칙의 체계적 발전을 도모할 수 있었다. 그러나 코먼로의 왕실법원은 중앙집권적 왕권에 기초하여 운영되고 왕과 국가의 이해관계에 치중하여 정치적으로 운영되었으며, 엄격한 전통적 절차의 테두리 안에서 운영하려 하였기 때문에 로마법의 개념과 규칙을 받아들일 수가 없었다.[40]

Ⅱ. 형평법(equity)과 영국법의 이중구조

1. 코먼로의 결함과 형평법의 등장

코먼로는 앞에서 설명한 대로 엄격한 형식적 절차에 얽매여 그 시대적 수요를 충족시킬 수 있도록 융통성 있게 발전하지 못한데다가, 이러한 제도적 결함에도 불구하고 전통을 고수하려는 법조계의 경향이 강하여 사회의 강한 저항을 받게 되었다. 그러므로 부당한 절차적 결함 때문에 희생을 당한 소송당사자들은 직접 왕에게 문제해결을 호소하게 되었다. 왕은 모든 권한의 근원이었기 때문에 왕실법원이 문제를 해결하지 못하면 왕에게 호소하여 해결할 수밖에 없다고 생각하게 되었다. 그뿐 아니라 왕실법원 자신도 예외적인 경우 왕에게 부탁하여 이러한 문제를 해결하였다. 이러한 호소는 왕의 첸설러(Chancellor)를 통하여 이루어졌다. 이처럼 첸설러를 통하여 왕에게 직접 호소하여 문제를 해결하는 것이 예외적으로만 이루어지면 큰 문제가 없으나, 이러한 실행이 발전하여 일반화함에 따라 코먼로에 대립되는 별개의 법제도로 정착하려는 경향이 발생하였다. 더욱이 15세기에 와서는 첸설러가 점차 자율적 법관이 되어 왕의 위임을 받아 스스로 판결을 내렸다. 시대가 발전하여 코먼로가 절차적 형식주의로

---

40) *Ibid.*, pp. 298-300.

문제가 될수록 첸설러의 개입은 확대되어 갔다. 첸설러는 이른바 형평법(equity)을 기초로 재판을 하였다. 처음에는 구체적인 사건에서 보완적 목적으로 형평을 인용하였으나 점차 법원칙을 바로잡는 방향으로 형평이론을 적용하여 갔다. 16세기 튜더(Tudor) 왕가가 성립되자 왕의 절대주의가 강화되어 이러한 경향은 심각하였다. 특히 형법분야에서는 내란 이후 질서회복을 명분으로 성실청(Star Chamber)이라는 법원을 운영하여 국민의 자유를 제한하였다. 민사사건에서도 첸설러(Chancellor)의 형평에 기초한 관할권을 확대하였으며, 교회법에서 모방한 성문절차를 도입하여 코먼로의 절차와는 상당한 차이가 있었다. 또한 첸설러가 적용하는 실체법 원칙도 주로 로마법과 교회법에서 빌려온 것으로 사회적 복지와 정의를 강조하는 그 당시 르네상스(Renaissance) 사상을 수용하는데도 용이하였다. 또한 영국의 군주들도 첸설러의 관할권을 선호하였다. 또한 권위주의적 군주들은 배심제도를 사용하지 않는 비공개, 서면, 직권주의적(inquisitorial) 절차를 선호하였다.[41]

2. 영국법의 이중구조

상황이 이와 같이 진전되자 코먼로 법률가의 저항이 강해졌다. 이러한 저항은 절대주의 군주에 대항하는 의회의 세력과 결합하게 되었다. 특히 대법관청(Chancery)의 조직은 빈약한 데다 과다한 기능을 수행하였고 그 구성원들이 부패하였으므로 이를 공격의 대상으로 삼았다. 대법관청과 코먼로 법원 사이의 극심한 대립 속에서 코먼로 법원은 에드워드 코크(Edward Coke, 1552~1634) 대법원장이 주도하였는데 그는 동시에 의회에서 야당지도자였다. 한편 제임스 1세(James I)는 대법관청 편을 들어 문제가 심각하였는데, 첸설러(Chancellor)들은 그들의 권한을 자제하는 자세를 취하여 의회의 감정을 완화하였으며 의회도 성실청(Star Chamber)을 없애는 데 주력하여 적절한 절충이 이루어졌다. 즉 형평법(Equity)과 관련하여 첸설러의 권한은 유지하되 코먼로 법원의 관할권을 더 이상 침해하지 않기로 양해가 이루어졌다. 또한 첸설러도 그 선례에 따라 재판을 하여 멋대로 한다는 비난에서 벗어났으며, 왕은 더 이상 코먼로 법원과 다른 독립된 별도의 법원을 설립하지 않기로 양해하였다. 1673년 이후는 첸설러의 자격도 더는 왕의 고백성사를 집행하는 사제로서 도덕적 기초 위에서 판단하지

---

41) *Ibid.*, pp. 300−303.

않고 진정한 법관으로 직무를 수행하였다. 특히 1621년부터는 상원이 대법관청 (Chancery) 법원[42]의 결정을 통제하게 되었다. 영국법은 이러한 연혁(沿革)을 통하여 코먼로(common law)와 형평법(equity)의 이중구조를 형성하게 되었다. 구체적으로 웨스트민스터(Westerminster)의 왕실법원(코먼로 법원)의 작품인 코먼로 규칙과 이를 보충해 주고 바로잡는 형평규칙(rules of equity)이 있다. 형평규칙은 1875년까지는 특별법원인 대법관청(Chancery) 법원의 배타적 적용대상이었으나, 몇 세기를 지나는 동안 형평규칙도 코먼로와 마찬가지로 엄격하고 법률적이 되었다. 그리고 형평규칙도 일상적 의미의 형평 그 자체에 접근하여 갔기 때문에 코먼로 규칙상의 형평과 크게 다르지 않아서, 15~16세기의 자연적 정의의 표현으로 이해하던 형평에서 크게 변하였다. 그러므로 오늘날 영국법의 일부로서의 형평법은 역사적으로 영국법을 바로잡아 온 규칙의 집합이다. 그러나 오늘날 영국법을 시정할 필요가 있으면 그것은 국회가 할 일이며, 법관이 형평이라는 구실 아래 확립된 법규칙을 개정하려 한다면 오히려 법률관계의 안정성과 법의 권위를 위협하게 된다.[43]

3. 참고할 문헌

이 시기의 법학을 연구하는 데 중요한 문헌은 Littleton의 「Of Tenures」(15세기 후반), Edward Coke(1552~1634)의 「Institutes of the Laws of England」(17세기 후반), Fortescue의 「De laudibus legum angliae」(1470) 등이 있다. 또한 로마법을 지지하는 사람과 코먼로를 지지하는 사람 간의 대화로 되어 있는 「Doctor and Student」(1523~1532)가 있다. 법원의 실행에 관한 연대기인 「Yearbook」이 1535년까지 나오다가 그 이후에는 「판례집」(Collections of judical decision: Reports)이 나왔고 나중에는 「English Reports」로 발행되었다. 또한 18세기 후반 영국의 법을 이해하기 위하여는 William Blackstone(1723~1780)의 「Commentaries of the Laws of England」가 중요하다. 이것은 1765년에서 1769년 사이에 발행되었고 그 후 계속 보충되어 발행되었다.[44]

---

42) 영국의 형평법원을 의미한다고 보면 된다.
43) *Ibid.*, pp. 303－304.
44) *Ibid.*, p. 307.

Ⅲ. 영국법의 현대적 발전

　19세기에서 20세기에 이르는 동안 영국법은 큰 변혁을 겪는다. 구체적으로 영국법은 민주주의 사상과 제레미 벤담(Jeremy Bentham, 1748~1832)의 실용주의 사상으로 입법기능이 크게 발전한다. 우선 1832~1833, 1852년에 절차법의 급격한 개혁이 이루어졌다. 그때까지는 전통적인 절차의 틀 속에서 발전되어 왔으나 이러한 구속에서 일단 벗어나면서 영국의 법률가들도 유럽대륙의 경우와 마찬가지로 실체법에 관심을 가지면서 코먼로 원칙들을 체계적으로 재구성하였다. 또한 사법조직도 1873~1875년의 최고사법관법(the Judicature Acts)에 의하여 개혁되었다. 이 법은 우선 코먼로 법원과 대법관청(Chancery) 법원의 형식적 구분을 없앴다. 과거에는 코먼로 법원에서는 코먼로의 구제판결을 내리고, 형평규칙(rules of equity)에 의한 구제판결은 형평법원인 대법관청 법원에서 추구하였으나, 이 법 시행으로 영국의 모든 법원이 코먼로 규칙과 형평규칙을 같이 적용하게 되었다.[45]

　실체법에서도 실효된 법률을 폐지하고 성문법절차를 강화하여 상당한 개편을 단행하였다. 영국법은 이런 식으로 낙후된 부분을 개정하고 여러 분야에서 체계적으로 법규칙을 정비하였다. 그러면서도 전통적인 측면을 유지하였다. 다시 말해서 프랑스식의 법전 편찬작업을 하지 않고 법의 발전을 본질적으로 법원의 작업으로 남겨 두었다. 국회는 새로운 법을 제정하기보다는 그러한 발전을 위한 새로운 가능성과 방향을 제시하여 준다. 그러므로 영국법을 이해하기 위한 본질적 수단은 역시 1865년 이후 새로 편찬하기 시작한 「판례집(Law Reports)」이다. 또한 할스버리(Halsbury) 주도로 발간한 「Laws of England collection」도 영국법의 일반적 연구를 위하여 매우 중요하다.[46]

　특히 현대사회의 국제화 경향에 따라 로마·게르만법 체계와 영국법 사이의 접근이 진행되었으며, 이러한 경향은 특히 국제무역의 발달에 따라 촉진되었다. 또한 영국의 유럽공동체 가입에 따라 양 법제도의 통일 노력은 꾸준히 발전해 나갈 것으로 보인다.[47] 다만 2016년 영국의 유럽연합(European Union) 탈

---

45) *Ibid.*, pp. 306－307.
46) *Ibid.*, p. 307.
47) *Ibid.*, p. 308.

퇴(Brexit) 결정으로 인해 약간의 변화는 있을 것으로 보이지만 시간의 문제로
보인다.

Ⅳ. 미국과 코먼로 계수

1. 코먼로의 계수

미국은 원래 인종적으로 여러 나라 사람들이 이주하여 와서 법제도를 포함
하여 다양한 문화를 포용하고 있었다. 특히 프랑스, 네덜란드, 스페인 사람들이
밀집하여 사는 곳은 로마·게르만법 계통에 속한다. 그러나 미국의 정치적·경
제적 발전과정에서 영국적 전통이 주도하여 나갔기 때문에 대체로 코먼로 계통
이 자연스럽게 확립되어 갔다. 미국 독립 후인 1775년 13개 주 중 대부분이 헌
법이나 성문법으로 영국의 코먼로를 받아들였다. 미국이 코먼로를 받아들였다
해도 미국의 사회적·경제적 여건은 영국의 경우와는 매우 달랐다. 그러므로
영국법을 적용한다 해도 이러한 사회환경에 적응하는 것은 당연하다. 예컨대
개척자 사회에서는 영국사회에서 적용되던 장자의 신분제도는 적당하지 않았
고, 사무변호사(solicitor), 법정변호사(barrister)의 구분도 필요 없었다. 영국에서
는 법관을 법정변호사(barrister) 중에서 선발하였고 직업적 실무가들이 법률교
육을 지배하여 이러한 제도를 유지하여 나갔다. 그러나 미국에서는 대체로 영
국의 법률제도가 유지되었고 법적 사고와 용어도 그대로 사용되었다.[48]

2. 고유한 공법제도

미국이 영국의 법제도를 받아들였지만, 공법분야는 사정이 전혀 다르다. 우
선 국가의 기본조직과 통치구조와 관련하여 혁명적 분위기의 미국에서 영국의
왕실제도를 받아들일 수는 없었고, 대통령제도라는 고유한 제도를 창설하였다.
또한 미국의 정치적 발전과정을 반영하는 연방제도도 매우 고유한 것이다. 삼
권분립과 조화에 관한 현대적 사상을 받아들여 민주주의를 효율적으로 시행할
수 있도록 통치구조를 마련하였다. 이러한 통치구조와 국민의 기본권보장을 헌
법이라는 최고의 성문법을 제정하여 제도적으로 확립하였다. 이러한 헌법제도

---

48) Arthur von Mehren, supra note 1, pp. 7-8.

하에서 법원의 기능도 영국과는 다르고, 기본법으로서의 헌법의 지위를 보장하기 위한 여러 제도도 영국에는 없는 고유한 제도이다.

3. 미국법의 발전

미국은 독립 후에도 영국법을 계속 미국사회에 적용하며 발전시켜 나갔다. 이러한 발전은 대체로 미국의 남북전쟁 시까지 성숙하여 간다. 새로운 사회적·경제적 여건에 적응하기 위하여는 미국의 법원은 선례의 구속을 영국보다는 완화할 수밖에 없었다. 구체적으로 말해서 미국의 선례구속원칙(principle of stare decisis)은 영국과 달라서 미국의 법관은 자신이 전에 내린 판결을 뒤집을 수 있다. 이러한 실행을 통하여 영국의 경우보다는 사법적 개혁을 더 크게 허용하였다. 또한 19세기 이후 미국에서는 로스쿨(Law School)이 법학교육을 주도하면서 법률실무가를 양성하는 종전의 수습제도가 쇠퇴하였다.[49]

---

49) Ibid., pp. 8-9.

제 3 장

법의 기본지식

제 3 장 법의 기본지식

제 1 절 법의 연원

I. 법원(法源)의 의의

법이란 어느 사회의 정당한 정치권력이 그 사회의 공동선을 목적으로 자연질서에 기초하여 정당한 방법으로 제정하거나 확인·적용하는 강제적인 사회생활규칙으로서, 그 사회의 도덕·관습·필요성 등 합리적 가치요소를 반영하여 다른 주체들과의 관계에서 최소한의 정의실현 내지 질서유지를 규정하는 것이다.

옛날에는 사회가 매우 단순하여 사람 대부분이 법이라는 것을 의식하지 않고, 일반적인 관습과 상식에 따라 조용히 살 수 있었다. 그러므로 구태여 이러한 법을 찾아내어 조목조목 따져가며 살지 않아도 큰 불편이 없었다. 그러나 오늘날 사회는 지극히 복잡하고 여러 종류의 사람들이 서로 누구인지도 모르며 한데 모여 살고 있다. 사회 자체가 워낙 복잡하므로 일정한 경우 법규칙을 일일이 따져보면서 살아야 할 뿐 아니라 사람 중에는 의식적으로 남을 속이려는 사기꾼까지 있기 때문에 법규칙의 인식은 한층 중요하게 되었다.

그러면 이러한 법규칙은 어디에 어떻게 존재하는가? 바로 이 질문에 대한 답이 법의 연원(淵源) 또는 법원(法源)의 문제인 것이다. 좀 더 구체적으로 말해서, 법규칙이 어디에 어떻게 있는지, 구체적인 소송절차에서 법관이나 소송당사자, 또는 변호사들이 해당 법규칙을 어떻게 찾아내는지를 추구하는 것이 법원(法源)의 문제이다.

그런데 이 법의 연원 또는 법원을 좀 더 엄밀히 검토하면 다시 두 가지로 구분할 수 있다. 이른바 형식적 법원(法源)과 실질적 법원(法源)의 구분이 그것이다. 형식적 법원이란 어느 구체적 법규칙이 객관적으로 존재하거나 제정되는 형식을 의미한다. 예를 들면 병역의 의무는 헌법과 병역법에 근거하고 있다고 말하는 경우, 이러한 헌법과 병역법이 병역의무라는 법규칙의 형식적 법원이 되는 것이다. 다른 한편 실질적 법원이란 법규칙의 내용을 형성하는 데 실질적 근원이 되는 모든 사회적 현상이나 사회적 가치요소들을 말한다. 보다 구체적으로 말해서 그 사회의 관습·전통·도덕·종교·사회적 필요성 등 그 법규의 실질적 내용을 구성하는 근원적 요소들을 말하는 것이다. 법의 실질적 연원 문제는 결국 법이란 무엇이냐에 관련된 문제이므로 법철학의 대상이 된다. 그러므로 통상 법의 연원 또는 법원이라고 하면 형식적 법원을 의미하게 된다. 따라서 여기서도 법의 형식적 연원만을 검토하여 보겠다.

이러한 법의 연원 또는 법원(法源)의 문제는 간단하지 않다. 만일 민법전·형법전이라고 부르는 구체적 텍스트에 들어 있는 제정법 규칙만이 법이라면 문제는 비교적 간단할 것이다. 그러나 오늘날 그렇게 생각하는 사람은 없다. 이러한 성문법 규칙 이외에도 불문법 규칙인 관습법·판례·조리 등이 문제된다. 이러한 불문법 규칙들은 국회·행정관청·지방자치단체라는 객관적 법제정기관에서 객관적인 입법절차에 따라 제정되어 공시되는 것이 아니다. 관습법을 예로 들어 보면, 매일 매일의 사회생활을 실행하는 데서 일정한 관행이 생기고, 이 관행이 널리 반복되어 꼭 지켜야 한다는 법적 의식이 굳어지면 관습법 규칙이 되는 것이다. 이러한 관습법은 특히 개인의 사적 자치가 널리 존중되고 있는 사법(私法) 분야에서는 매우 중요하고 또한 흔히 있는 일이다. 또한 법관이 어떤 법규칙의 부족을 보충하기 위하여 일정한 원칙을 계속 적용하면 일정한 조건 하에서 법규칙이 될 수 있다. 그뿐 아니라 특정분야 전문가들의 관행, 법률고문의 일관된 견해, 법학자들의 한결같은 주장도 오랫동안 일정하게 반복되어 가면 점차 법규칙이 될 수 있는 것이다. 이처럼 법의 제정절차가 불문법의 경우에는 복잡하고 불확실하며 쉽게 판별할 수 없으므로 이러한 법규칙이 있는지, 있다면 어디에 어떻게 있는지를 찾아내는 것은 결코 간단한 일이 아니다. 이 모든 것을 연구·검토하는 것이 법의 연원(淵源) 또는 법원(法源)의 문제인 것이다. 그러므로 여기서도 먼저 성문법을 설명하고 이어서 불문법을 검토하도록 하겠다.

Ⅱ. 성 문 법

1. 성문법제도와 불문법제도

성문법이란 위에서 설명한 법규칙을 객관적 입법기관이 일정한 객관적 형식과 절차에 따라 문서로서 제정하는 것이다. 그리고 그 나라 법질서의 테두리와 내용 대부분을 이와 같은 성문법으로 제정하는 방식을 성문법주의 또는 성문법제도라고 부른다. 그렇지 않은 방식을 불문법주의 또는 불문법제도라 한다.

오늘날 대부분의 나라가 성문법제도를 채택하고 있으나, 영국, 미국 등 이른바 코먼로(Common Law) 계통의 상당수 국가는 불문법제도를 시행하고 있다. 그러나 이들 코먼로 계통의 국가들도 복잡한 현대 사회생활을 규제하기 위하여 불가피하게 많은 부문에서 성문법을 제정하고 있는 실정이다.

성문법제도는 법규칙의 내용이 분명하고, 입법기간이 짧으며, 입법정책을 통하여 발전적 방향으로 사회제도를 개혁해 나갈 수 있는 장점이 있다. 이에 비하여 불문법제도는 그 사회의 공동생활에서 자발적으로 형성되는 것이기 때문에 그 사회의 가치요소를 잘 반영하고 있다. 다시 말해서 그 사회의 구체적 현실에 잘 적응되어 있고, 법적용에 융통성이 있는 것이 장점이라 하겠다.

그리고 성문법제도의 장점은 불문법제도의 단점이며, 반대로 불문법제도의 장점은 성문법제도의 단점이라는 점에서 서로 반대적 성격을 띠고 있지만, 반면 기능적인 면에서 보면 상호보완적 성격이 있다.

우리나라는 로마·게르만법(대륙법) 계통의 성문법제도를 채택하여 시행하고 있다.

2. 국내성문법의 체계와 내용

국내사회에서 적용되는 성문법에는 국내성문법과 국제성문법이 있다. 이러한 성문법규들은 아무렇게 흩어져 있는 것이 아니라 일정한 서열규칙에 따라 체계를 이루고 있다. 국내성문법의 예를 들어 보면, 위에서부터 헌법·법률·명령 및 규칙의 형식으로 상·하의 서열질서를 구성하고 있다. 그리고 이러한 서열질서에 따라 상위의 법규는 하위법규의 근거와 한계가 된다. 따라서 하위법규는 상위법규를 위반할 수 없으며, 위반하는 경우에는 그 효력을 인정받지 못하게 된다. 여기서는 먼저 국내성문법을 이러한 서열질서에 따라 설명하고, 국제성문법은 별도로 설명하고자 한다. 국내성문법에는 헌법·법률·명령 및 규칙과 자치법규(조례와 규칙)가 있다.

(1) 헌 법

헌법이란 그 나라의 국가조직과 통치작용, 그리고 국민의 권리·의무에 관하여 기본이 되는 나라의 골격을 규정하는 기본법이다. 그러므로 헌법은 그 나라 국내법원(國內法源) 중에서 최상에 위치하여 그 모든 하위법규의 근거·기준·한계가 되는 법이다. 이처럼 헌법이 그 나라의 법질서에서 차지하는 비중이나 기능이 극히 중요하기 때문에 이러한 헌법을 제정하거나 개정하는 데에는 특별히 어렵고 복잡한 절차를 규정하여 함부로 제정하거나 개정할 수 없도록 하고 있다. 좀 더 구체적으로 설명하면 다른 일반법률의 개정에는 국회에서 다수결로 정하는 데 비하여 헌법을 개정하려면 특별 의결정족수(2/3 또는 3/4 이상 등)를 정해 놓고, 그 후에 국민투표를 거치도록 하는 등 여러 가지 신중한 절차를 마련하고 있다.

헌법은 이처럼 국내법원 중에서 제일 중요한 법규칙이기 때문에 그 하위법규가 이에 위반하면 무효로 할 뿐 아니라 하위법규가 헌법을 위반하는지 여부를 심사하는 특별제도를 마련하고 있다. 이러한 위헌법률심사제도는 나라에 따라 달라서 어떤 나라는 헌법재판소, 헌법위원회와 같은 특별기구를 설치하고, 또 어떤 나라는 대법원에 위헌법률심사기능을 부여하고 있다. 우리나라에서는 1987년 이후 헌법재판소에서 위헌법률심사를 담당하고 있다. 이런 제도를 두는 이유는 그 나라의 기본골격법인 헌법을 소중하게 유지해 나감으로써 법질서의 권위와 안정을 확립하려는 것이다.

우리나라도 해방이 되면서 1948년 7월 17일 성문헌법을 제정하여 시행하고 있으나 제정 이후 짧은 기간에 9차례의 개정을 하여 왔다. 헌법이란 그 나라 법질서의 골격이 되는 기본 테두리를 정해 놓고, 가능한 바꾸지 않고 소중히 준수해 나감으로써 그 나라 법질서의 안정을 확립하자는 데에 의의가 있는 것이다. 헌법의 빈번한 개정은 그 나름대로 불가피한 이유가 있었겠지만, 법치국가의 기틀이 아직 확고하게 잡히지 않았다는 것을 반영하는 것이라 하겠다.

(2) 법　률

좁은 의미의 법률이란 헌법에 근거하여 국회의 의결을 거쳐 제정·공포된 법을 말한다. 헌법에 근거하여 제정되는 법이기 때문에 당연히 서열규칙상 헌법보다 하위이며, 그 효력과 한계를 헌법에 기초하고 있다. 이러한 법률은 헌법보다는 하위이지만 명령·규칙보다는 상위이다. 이 법률은 국회나 행정부가 그 법률안을 제출하여 국회가 정해준 규칙에 따라 심의·의결한 다음, 대통령이 공포함으로써 성립한다.

이러한 법률제정절차의 핵심은 역시 국회의 심의·의결일 뿐 아니라 국회의 의결이 실질적 법률제정의 의미가 있기 때문에 법률제정권은 국회에 있다고 말하는 것이다.

그리고 국민의 권리·의무에 직접 관계되는 사항은 반드시 법률이라는 형식을 통하여 제정하도록 헌법에서 규정하고 있다. 국민의 권리·의무에 직접 관련되는 중요사항은 국민의 대표기관인 국회의 심의·의결을 거치게 하는 것이 오늘날 민주주의 원리의 핵심이기 때문이다. 이처럼 국회의 의결을 거쳐야 할 사항, 다시 말해서 법률로 제정해야 할 사항을 입법사항이라고 부른다. 이러한 입법사항을 국회에서 법률로 정하지 않고 행정부에서 명령으로 제정하면 헌법위반이 되는 것이다.

(3) 명령과 규칙

국내성문법원의 서열규칙상 법률보다 바로 하위에 있는 법규로는 명령과 규칙이 있다. 명령과 규칙은 그 서열에 있어서 동등하나 제정기관이 다르다. 명령이란 지방자치단체가 아닌 좁은 의미의 행정기관이 국회의 의결을 거치지 않고 헌법과 법률에 근거하여 일정한 절차에 따라 제정하는 법규이다. 이러한 명령은 법률에 근거하여 제정되므로 법률보다 하위이다. 그러나 이른바 대통령의 비상명령이라는 것과는 구별해야 한다. 대통령의 비상명령은 문자 그대로 국가비상 시에 어쩔 수 없이 제정하는 비정상적인 긴급조치로서 그 효력이 헌법이나 법률과 같은 것이므로, 일반적인 명령과는 다르다고 할 것이다.

명령은 다시 그 성격에 따라 집행명령과 위임명령으로 구분된다. 집행명령이란 행정기관이 실제로 법률을 집행하기 위하여 구체적으로 필요한 사항을 제정하는 법규이다. 국회에서 제정하는 법률은 대체로 그 핵심이 되는 주요사항만을 결정해 놓기 때문에 이러한 법률을 실제로 집행하기 위해서는 구체적인 세부사항을 집행기관인 행정기관이 직접 결정하는 수밖에 없는 것이다.

집행명령과는 구별되는 것으로 위임명령이 있다. 특별한 경우 법률은 입법사항에 관하여 자신이 직접 그 내용을 정하지 않고 다만 구체적인 범위만을 정하여 행정기관에 그 법규제정을 위임하는 경우가 있다. 이러한 법률의 위임에 따라 행정기관이 위임받은 사항에 관하여 직접 제정하는 법규를 위임명령이라한다.

한편 행정기관이 정하는 명령은 행정기관이 다양하기 때문에 그 행정기관의 등급 또는 종류에 따라 구분할 수 있다. 다시 말해서 대통령이 제정하는 대통령령, 국무총리가 정하는 국무총리령, 각 행정부처가 정하는 부령이 있다. 이러한 명령은 자연히 관계 행정관청의 등급에 따라 효력 상의 서열이 인정되는것이다. 부령은 행정부처 종류에 따라 외교부령, 행정안전부령, 기획재정부령등으로 불린다.

한편 규칙은 명령과는 그 성질이 다르다. 규칙이란 자율성을 극히 존중해주어야 할 국가기관이 그 소관사무에 관하여 법률에 저촉되지 않는 범위 내에서 내부규율과 사무처리에 관하여 제정하는 법규다. 대법원규칙, 국회규칙, 중앙선거관리위원회규칙 등이 있다. 대법원은 공정한 재판을 담당하는 법원의 최고기관으로서 외부의 간섭 없이 그 내부규율과 사무처리를 할 수 있도록 자율성을 확립하는 것이 강력히 요청되며, 마찬가지로 중앙선거관리위원회도 민주정치의 생명인 선거의 공정을 위하여 그 자율성을 보장하려는 것이다. 국회에관하여 말하자면 국민의 대표기관으로 입법기능과 통제기능을 행사하면서 외부의 간섭을 받는다는 것은 타당하지 않으므로 역시 규칙제정권을 인정한 것이다.

(4) 자치법규

지방자치제도라는 것은 원래 그 지방의 고유한 일에 관하여는 될 수 있는대로 중앙의 간섭 없이 그 지방 주민이 스스로 처리하도록 하는 발달한 민주정치제도의 실행방법이다. 이러한 지방자치의 취지에 따라 지방자치단체(특별시, 광역시, 도, 시, 군, 구)는 원래 중앙행정부를 본떠서 지방의회와 집행기관을 별도로 갖추게 되어 있다. 그러므로 지방자치단체도 자치행정 업무를 수행하기 위하여 법규를 제정해야 한다. 이처럼 지방자치단체가 지방자치의 취지에 따라법령의 범위 안에서 그 자치에 관련된 법규를 제정하는 것을 자치법규라 한다.

이러한 지방자치단체의 자치법규에는 다시 조례와 규칙이 있다. 지방자치단체의 조례는 법령에 따라 지방의회의 심의와 의결을 거쳐 제정하는 자치법규이다. 이에 대하여 지방자치단체의 규칙은 지방자치단체의 장이 법령 및 조례에 따라 단독으로 제정하는 법규다. 그러므로 지방자치단체의 조례와 규칙의 관계는 중앙정부의 법률과 명령의 관계와 비슷하다.

지방자치단체의 자치법규는 당연히 지방자치단체의 관할구역 안에서만 효력을 갖는다.

3. 국제성문법원

(1) 국제법의 개념

국제법이란 국제사회의 법이다. 사회가 있는 곳에는 어디에나 법이 있으므로 국제공동체의 존재와 발전을 위해서도 법규가 필요하며, 이러한 법규의 총체가 국제법인 것이다.

과거에는 국제법을 주권국가 간에 적용되는 법으로 잘못 인식하여 국가가 자기의사에 따라 그 권한 행사를 스스로 제한함으로 인하여 겨우 유지하는 법이라든가, 국내법이 종속관계를 규율하는 법인데 비하여 국제법은 동등관계를 규율하는 법이라고 하였다.

그러나 법의 본질은 국내법이건 국제법이건 다 같은 것이며, 다른 것이 있다면 발달의 정도가 다를 뿐이다. 국제사회는 확실히 국내사회처럼 철저하게 조직되어 있지 못하다. 특히 과거에는 국제사회가 별로 조직되지 않아 국가의 주권이 절대시 되었다. 그러나 국제사회는 두 번에 걸친 세계대전을 치른 다음 깊은 각성과 새로운 요청에 따라 매우 빠르게 조직되어 왔다. 그러므로 국가 이외에도 많은 국제기구가 등장하였으며, 유럽공동체와 같은 지역통합기구가 등장한 후 유럽연합(EU)으로 발전하면서 경제통합을 넘어 정치적·법적 통합까지 이루어 가고 있다. 또한 제한적이긴 하지만 개인도 점차 직접 국제기관에 소원 내지 소송을 제기할 수 있다. 그뿐 아니라 1969년 비엔나(Vienna) 협약 제53조는 강행법규(jus cogens)를 인정하였다. 강행법규란 국제공동체 전체가 어떤 위반도 있을 수 없는 것으로 인정한 법규이며, 임의법규에 대립되는 개념이다. 다시 말해서 국제사회에도 법규정 제정에 참여하였든 하지 않았든, 찬성하였든 반대하였든, 모든 구성원에게 예외 없이 강제적으로 적용되는 법규가 있다는 것이다.

그러므로 국제법이 주권국가 사이의 법이라는 것은 국제법의 본질을 잘못 파악한 것이다. 물론 아직도 국제사회의 조직은 국내사회에 비할 바가 못 되며, 국가가 국제사회의 주된 주체인 것도 사실이다. 따라서 국제법은 불완전하다. 그러나 이러한 불완전성은 임시적이다. 국제사회의 조직이 완성되어 국내사회와 같이 되면 국제법도 국내법과 같은 수준이 될 것이며, 국내법과 국제법을 구별할 필요 없이 세계화를 형성하게 될 것이다. 국제법은 이렇게 세계법을 향하여 발전해 가는 것이고, 세계법에 이르러 완성되는 것이다.

(2) 국제법의 실정성(實定性)

오늘날 모든 국가는 거의 예외 없이 그 헌법규정이나 관행을 통하여 국제법의 실정성(positivity)을 인정하며, 이러한 입장은 다시 국내·국제법관에 의하여 확인되고 있다. 특히 2차 대전 이후에 제정된 거의 모든 헌법이 국제법의 실정성, 그리고 국가가 국제법에 종속됨을 명문으로 규정하고 있다. 예를 들면 다음과 같다.

① 1947. 12. 27 이탈리아 헌법 10조: 이탈리아 법질서는 일반적으로 인정된 국제법 규칙을 준수한다.
② 1949. 5. 23 독일기본법 25조: 국제법의 일반규칙은 연방법의 일체적 부분을 이룬다. 국제법은 법률에 우선하며, 연방영토 상의 주민에 대하여 직접 권리·의무를 발생시킨다.
③ 1956. 네덜란드 개정헌법 63조: 국제법 질서의 발전상 필요하다면 조약이 헌법규정에 어긋날 수 있다.
④ 1958. 10. 4 프랑스 헌법 전문: 전통에 충실한 공화국은 국제법 규칙을 준수한다.

그뿐 아니라 국가들은 외교논쟁에서 항상 자기주장의 타당근거를 국제법규정에서 찾고 있다. 또한 모든 국가의 외무성에는 국제법규국이나 조약국이 설치되어 있어서 국가행위에 있어서 국제법의 중요성을 잘 반영하고 있다.

이처럼 헌법상 국제법을 준수하도록 규정한 국가에서는 당연히 국내법정에서 국제법을 적용하지만, 명문규정이 없는 경우에도 '국제법은 국내법의 일부'라는 코먼로의 법원칙이 보편화하여 국내법정에서 국제법을 적용한다.

(3) 국제성문법의 종류

위에서 본 바와 같이 국제법도 국내사회에 적용되므로 국내법과 마찬가지로 이를 고려해야 한다. 국제사회라는 것이 국내사회와 아무런 관계가 없는 별개의 사회가 아니라 바로 국내사회가 모여 이루어진 사회이기 때문이다.

이러한 국제성문법원(法源)으로는 일반조약, 국제기구법규, 지역공동체의 법규를 들 수 있다.

① 일반조약

1969년 "조약법에 관한 비엔나(Vienna) 협약" 제2조 제1항 a를 기초로 하여 조약의 일반정의를 내린다면, "조약이란 그 명칭을 불문하고, 한 개의 문서로 되어 있든 여러 부속 문서가 있든 간에, 국제법 주체들이 일정한 법률효과를 발생하기 위하여 체결한 국제법의 규율을 받는 합의 결정"이다.

조약이란 여러 국제법 주체들의 의사합치로 성립된다는 점에서 일방적 법률행위와 구별된다. 그러나 그 의사가 나란히 수락될 필요는 없고, 한쪽 당사자가 일방적인 선언을 하고 나서 다른 당사자가 이를 수락하여도 상관없다.

조약의 당사자는 한마디로 국제법 주체이다. 이러한 국제법 주체는 국제법이 발전되어 감에 따라 확대되어 왔고, 앞으로도 더욱 확대될 전망이다. 과거에는 국가만이 국제관계에서 배타적 지위를 누렸고, 따라서 조약이라면 국가 간의 조약만을 생각하였다. 그러나 수많은 국제기구가 등장하게 되자 조약의 개념이나 내용도 상당히 변화되어 가고 있다. 그뿐 아니라 국제기구 이외에도 다른 조직체들이 등장하여 논란이 되고 있는데, 이런 현상은 국제법의 발전에 따르는 당연한 현상이라 하겠다. 이 중에 특히 중요한 것은 국가와 국제기업(다국적기업: transnational corporation)이 체결한 계약의 성격, 국가와 비정부간기구가 체결한 협정의 성격이다. 비정부간기구(Non Governmental Organization, NGO)란 국제조약에 의하지 않고 사인들이 국제적으로 설립한 기구로서, 정부간기구인 일반국제기구에 대립한 개념이다. 이에 관하여 과거에는 이런 조직체들의 국제법 주체성을 부정하여 이들이 하는 국제계약이나 협정의 국제법적 성격을 완전히 부정하였다. 그러나 국제공동체가 점차 발전되어 감에 따라 이런 태도는 다시 검토되어야 할 것이다. 국제사회에서 법률행위를 할 수 있고, 권리·의무의 당사자가 될 수 있으면 당연히 국제법 주체성을 인정해야 할 것이다. 과거에는 국가만을 국제법 주체로 인정하였으나 국제법이 발전되어 국제기구도 당연히 국제법의 주체로 인정된 것처럼 그 밖의 국제조직체에 대해서도 필요한 한도 내에서 그 권리·의무의 주체성을 인정함으로써 오히려 국제사회의 법적 안정성과 질서를 확립할 수 있다고 본다.

이러한 국제조약이 국내사회에서도 적용된다는 것은 앞서 국제법의 실정성을 통하여 설명한 바 있다.

② 국제기구법규

과거에는 국제공동체가 주권국가로만 구성되어 있다고 생각하고 실제로 국가만이 배타적 지위를 차지하고 있었다. 그러나 오늘날에는 수많은 국제기구가 등장하여 정치·경제·문화 등 모든 국제사회생활 부문에 깊이 관여하고 있다. 이러한 국제기구들이 현대사회에서 차지하는 비중은 절대적이어서 이들을 배제한 국제생활은 더 이상 생각할 수 없다. 만국우편연합(UPU), 국제통화기금(IMF), 국제전기통신연합(ITU), 국제민간항공기구(ICAO) 등이 없는 세계를 상상해 보면 어떤 혼란이 일어날지는 쉽게 짐작이 갈 것이다.

국제성문법의 견지에서 볼 때 이러한 국제기구의 기본법인 설립헌장은 국제기구의 헌법과 같은 것으로, 당연히 그 회원국들을 구속한다. 또한 국제기구에 따라서는 회원국들에 대하여 구속력을 갖는 강제규칙을 제정한다. 예를 들면 세계보건기구(WHO)는 질병의 전파를 막기 위하여 위생조치나 격리조치의 규칙을 정한다. 이 규칙이 회원국들을 구속함은 물론이다. 그 밖에 국제기구는 회원국들에 대하여 구속력을 갖는 강제결정을 하는 경우가 많다. 예를 들면 UN헌장 7장에 규정되어 있는 안전보장이사회의 강제조치 결정은 회원국들을 강제하게 된다.

이와 같은 국제기구의 법규는 국제사회가 발전되어 갈수록 점점 더 중요성을 갖는다. 그러므로 국가가 적용할 성문법원을 설명함에 있어서 당연히 포함되어야 한다.

③ 지역공동체의 법규

국제공동체의 발전경향을 보면 국제공동체 전체의 조직이 강화되어갈 뿐 아니라, 동시에 그 유대관계가 매우 긴밀한 지역공동체의 통합현상이 뚜렷이 나타나고 있다. 유럽연합(European Union, EU)의 발전내용이 그 증거라 할 수 있다. 유럽연합은 1951년 유럽 석탄·철강공동체(ECSC)를 창설함으로써 시작되어, 1957년 로마(Roma) 조약을 통해 유럽경제공동체(유럽공동시장: EEC)와 유럽원자력공동체(Euratom)를 결성함으로써 본격화한다. 이후 유럽공동체(European Communities, EC)를 거쳐 1993년 11월 1일 마스트리흐트 조약(Maastricht Treaty) 의 발효(체결: 1992. 2. 7.)를 통해 유럽연합으로 발전하였다. 유럽연합은 현재 경제적 통합을 완수하고 정치적·법적 통합을 활발히 추진하고 있다. 이들은 공동시장을 결성하고 단일화폐(유로화)를 사용하며, 회원국 간에 관세를 철폐하고 공동경제정책을 추구한다. 또한 출입국의 제한을 철폐하고 노동의 자유로운 이동을 제도화하여, 이탈리아 노동자가 원하는 바에 따라 프랑스나 독일에 가서 살 수 있으며, 특히 국경선 근처에서는 독일에서 살면서 프랑스 직장에 출퇴근 할 수도 있다. 또한 1979년에는 유럽공동체 주민의 직접선거에 의한 유럽의회 를 구성하고, 유럽사법재판소(ECJ), 유럽이사회와 유럽연합(EU) 집행위원회를 설립하는 등 정치적·법적 통합을 꾸준히 추구해 가고 있다.

그러나 2016년 6월에 실시된 영국 국민투표 결과, 과반수의 찬성으로 영국의 유럽연합 탈퇴가 확정되었고, 2020년 1월 31일 23시부터 유럽연합에서 정식으로 탈퇴하였다.

유럽연합의 법규범에는 유럽연합 설립조약과 그 개정조약인 1차 규범이 있고, 그에 근거하여 유럽연합의 기관들이 발하는 2차 규범, 그 외 유럽연합이 국제적 차원에서 제3국 또는 국제기구와 체결하는 국제조약이나 유럽연합법의 일반원칙 등이 있다. 이 중 2차 규범에는 ① 규칙(regulation), ② 지침(directive), ③ 결정(decision), ④ 권고(recommendation)와 의견(opinion)의 4가지가 있다. 규칙이란 국내법상의 법률과 같은 일반적 법규범으로, 회원국에 대하여 행위형식이나 방법과 그 결과를 모두 구속한다. 지침이란 일반적 강제력을 가지는 점에서는 규칙과 같으나, 행위의 형식이나 방법은 회원국의 재량에 맡기고 일정한 결과만을 발생시키도록 요구하는 것이다. 결정은 행위형식이나 방법과 결과가 모두 강제적이라는 점에서는 규칙과 같으나 일반적 효력을 갖지 않고 개별적·구체적이라는 점이 다르며, 권고와 의견은 구속력이 없다는 점에서 다르다.

Ⅲ. 불 문 법

성문법은 일정한 입법기관이 예정된 일정한 형식절차에 따라 문서로써 제정·공시한 법규칙인 데 비하여, 불문법은 사회생활 속에서 그 구성원 일반이나 법관 또는 법학자, 기타 전문가들의 한결같은 반복된 행위에 따라 점차 의무감이 발생함으로써 자발적으로 형성되는 법규칙이다.

이처럼 성문법과 불문법은 대립하는 것으로 보이나 엄밀히 관찰해보면 형식이 다를 뿐이며, 그 근원에 있어서 본질적 차이가 있는 것은 아니다. 성문법이라 하여도 권력자가 마음대로 만들 수 있다고 생각하는 것처럼 잘못된 것은 없다. 이것은 진정한 민주정치제도 하에서 생각하면 쉽게 이해된다. 정부나 국회가 법률안을 제안하여 제정하는 것은 근본적으로 일반국민의 여론에 따라 움직이는 것이다. 여론에 정면으로 배치되는 법안은 민주정치제도 아래서 의결될 수 없다. 그러므로 법제정을 좌우하는 근본적인 힘은 일반국민이다. 바로 이 점에서 성문법이나 불문법이나 모두 그 사회의 구성원 일반이 법제정의 주체적 세력이라 할 수 있다.

그뿐 아니라 성문법이나 불문법이 근본적으로는 모두 자연질서에 기초하여 그 사회의 공동선을 추구하는 것이다. 성문법의 경우 어느 특정인을 위해서 일반 공동선을 희생하여 일정한 법규칙을 제정한다면 그것은 법이 아니다. 형식적으로는 법의 형식을 띠고 있겠지만 법의 자격을 갖추고 있지 않기 때문이다. 물론 독재국가에서 이런 법규칙도 일시 통용되겠지만 그 독재자가 쫓겨나기만 하면 즉시 없어지게 마련이다. 또한 성문법도 전통·관습·도덕·사회적 필요성 등 그 사회의 합리적 가치요소를 반영해야 한다. 다시 말해서 법은 그 사회의 합리성을 나타내야 한다. 인위적으로 형성되건 자발적으로 형성되건 바로 법의 내용이란 이와 같은 사회의 합리적 가치요소이다. 그러므로 성문법과 불문법이 크게 다를 바가 없다.

이상에서 본 바와 같이 성문법과 불문법이 다른 점은 본질적인 것이 아니라 형식·절차적인 것이다. 물론 형식·절차적인 차이가 중요하지 않다는 것은 아니다. 이것은 실제로 상당한 차이가 날 수 있다. 그런 의미에서 불문법에 대한 고찰은 또 다른 의미가 있는 것이다. 다시 말해서 법은 마음대로 만드는 것이 아니라 발견해 나가는 것이며, 발견해 낸 자료가 거칠기 때문에 그것을 다듬고 손질하여 내어놓는 것 자체가 성문법이라는 생각을 확신시켜 주기 때문이다. 불문법 중에 가장 중요한 것은 관습법이며, 그 밖에도 판례나 조리가 논의된다.

1. 관 습 법

(1) 관습법의 의의

관습법이란 일정한 법공동체에서 법규칙 형성을 의도하지 않은 그 사회구
성원들의 반복된 행위를 통하여 점차 의무감이 굳어진 자발적 형성규칙이다.

원래 법이란 이러한 관습법에서 발달하여 온 것이다. 성문법이 제정되는 것
은 그 정치사회가 상당한 정도로 발달하고 조직되는 것을 전제로 하기 때문이
다. 그러므로 옛날에는 주로 관습법이 지배하였다. 물론 바빌론(Babylon)의 함
무라비(Hammurabi) 법전 같은 것은 B.C. 2000년경으로 거슬러 올라가지만, 이
것도 따지고 보면 성문법이 아니라 그 시대의 관습법을 모아놓은 것일 뿐이다.

이러한 관습법은 법규칙 형성을 목적으로 단시일 내에 규정하는 성문법과
는 달라서 아무런 규칙 형성도 의식하지 않은 채 오랜 세월을 두고 일정하게
반복되어 감으로써 점차 법적 의식이 형성되어 성립하는 법규칙이다. 따라서
관습법 형성에는 선례(先例, précedent)라고 부르는 일정한 행위가 반복되어 간
다는 실질적 요소와 법적 의식이라는 심리적 요소가 모두 필요하게 된다.

(2) 관습법 성립에 관한 학설

① 국가승인설

이러한 관습법이 어떻게 법규칙으로 성립하느냐에 관하여 전통적으로 여러
가지 견해가 주장되어 왔다. 먼저 법의사주의와 법실증주의의 입장을 보자. 이
견해에서는 좀 어려운 문제에 직면하게 된다. 이들은 국가의사만이 법의 제정
근거라고 생각하는 것인데, 관습법의 경우에는 국가가 아무런 의사도 표현하지
않았는데도 자발적으로 형성되었기 때문이다. 그러므로 이러한 관습법을 어떻
게 그럴듯하게 설명할 수 있을까 하고 고심하다가 궁색한 주장을 내놓는다. 이
른바 국가승인설이 그것이다. 비록 관습법이 자발적으로 성립되기는 하여도 그
것이 최종적으로 법의 효력을 발생하려면 국가기관의 승인을 받아야 한다는 것
이다. 예를 들면 구체적인 재판을 하면서 어느 것이 관습법이냐 아니냐가 문제
가 되면 결국 법관이 판단하게 된다는 것이다. 다시 말해서 법관이 관습법이라고
인정해야 관습법으로 효력을 발생하는 것이라는 주장이다.

그러나 이런 주장을 좀 더 확대하여 생각하면, 범죄의 성립과 형벌은 모두

법관이 만드는 것이라는 결론에 도달한다. 구체적으로 피의자가 살인했는지 여부의 사실인정과 이것이 인정된다면 형법의 어느 규정에 따라 어떤 형벌을 주어야 하는지는 모두 법관이 인정하기 때문이다. 다시 말해서 이 주장에 따르면 A가 살인을 했기 때문에 살인죄가 성립하는 것이 아니라, 법관이 그렇게 인정했기 때문에 살인을 한 것이라는 어색한 결론에 도달한다. 즉 피의자의 범죄행위로 범죄가 성립된 것이고, 법관의 형벌은 다만 그것을 확인해 주는 것임에도 그 반대의 결론에 도달하기 때문에 결국 순서가 완전히 바뀐 주장이라고 할 것이다.

법관이란 관습법이 정말로 성립되었는지를 그 전문지식에 비추어 확인하는 것뿐이지 이런 확인행위를 과대하게 해석하여 법관이 인정해야 관습법이 성립한다는 것은 타당하지 못한 주장이다.

② 관행설

이 견해는 관습법 형성의 실질적 요소에 중점을 두고 있다. 즉 일정한 행위가 계속 반복되어 가기 때문에 관습법이 성립된 것이라고 한다.

물론 선례가 반복되는 것에서 의무감이 생겨나므로 이러한 선례의 반복이 매우 중요한 것은 사실이지만, 그러나 선례가 아무리 반복되어도 의무감이 생기지 않으면 법규범이라 할 수 없을 것이다. 반면 선례가 한두 번 반복되어도 때에 따라서는 바로 의무감이 생기면 관습법이 형성될 수도 있는 것이다. 따라서 실질적 요소 이외에 심리적 요소도 고려해야 할 것이다.

③ 법적 확신설

이것은 관습법 형성 중에서 법적 의식이라는 주관적 또는 심리적 요소에 중점을 두고 있는 견해이다. 일정한 행위에 관하여 일반의 법적 의식이 있으면 관습법이 형성된다는 주장이다. 관습법 형성의 중심이 되는 심리적 요소를 잘 파악한 견해라고 생각한다. 그러나 법적 의식만을 가지고 관습법 전부를 설명하기에 부족하다고 생각한다. 이것은 심리적 요소라는 한 가지 측면만을 강조한 것이기 때문이다. 다시 말해서 무엇 때문에 법적 의식이 생기느냐를 설명하고 있지 않다.

④ 결 론

관습법 형성은 국가의사와는 관계없이 어느 사회구성원들의 법규칙 형성을 의도하지 않은 행위들이 일정하게 반복되어 감에 따라 의무감이 생겨남으로써 자발적으로 형성되는 법규칙이다. 다시 말해서 선례의 반복이라는 실질적 요소와 이에 따라 생겨나는 법적 의식이라는 심리적 요소가 결합하여 형성되는 것이다. 그리고 법규칙이 자발적으로 형성되는 궁극적 근거는 결국 법 일반의 근거와 일치하게 된다. 다시 말해서 법규칙은 자연질서에 근거하여 그 사회의 공동선을 목적으로 그 사회의 합리적 가치요소를 반영하는 것이다. 바로 이와 같은 법규칙의 합목적성과 합리성이 있기 때문에 법적 의식이 형성되는 것이다. 단순히 피상적으로 어떤 행위가 반복되기 때문에 법규칙이라든가, 또는 궁극적 근거과정을 설명함이 없이 단지 법적 의식이 존재하므로 법규칙이라는 것은 관습법에 관한 완전한 설명이 될 수 없다고 본다.

(3) 관습법의 형성

① 실질적 요소

관습법이 성립하려면 먼저 선례(précedent)라고 불리는 일정한 행위가 반복되어야 한다. 이처럼 선례가 반복되는 것을 관행(consuetudo)이라고 한다.

이러한 선례가 될 수 있는 행위는 매우 다양하다. 국가의 행위이건 개인의 행위이든 상관없으며, 자연인의 행위건 법인의 행위건 관계없다. 또한 적극적 행위뿐 아니라 소극적인 기권도 선례가 될 수 있다.

선례가 확고하게 되어 관행이 되려면 반복되어야 한다. 그리고 이와 같이 반복되는 행위들은 서로 모순되거나 충돌됨이 없이 한결같아야 한다. 그뿐 아니라 선례의 반복은 계속되어야 한다. 일시적으로 자주 반복되다가 얼마의 기간이 지난 다음에 완전히 사라져버리면 관행이라고 할 수 없다. 선례가 반복되는 시간이 반드시 장기간일 필요는 없으며, 형성되는 관습법의 내용이나 선례를 창설하는 법주체의 위치 등 모든 여건을 종합하여야 한다.

한편 관행의 공간적 적용범위를 고려하면 대체로 넓을수록 유리하다고 볼 수 있다. 그러나 반드시 그 법공동체의 모든 지역에서 통용될 필요는 없다. 그 법공동체 전체에서 통용되는 관습법을 일반관습법이라 하고, 특별한 지역에서 통용되는 것을 특별관습법 또는 지방관습법이라고 한다.

② 심리적 요소

일정한 선례가 단순히 시간적·공간적으로 반복된다는 사실만으로는 관습법이 형성되기에 충분하지 않다. 반복되는 행위가 일정한 의무감에서 나와야 한다. 다시 말해서 행위주체가 이러한 관행규칙에 의하여 구속받는다는 감정, 즉 강제된다는 느낌이 들어야 한다. 이것을 법적 의식(opinio juris) 또는 필연성의 의식(opinio necessitatis)이라고 한다. 예를 들면 의전(protocole) 분야의 많은 행위는 실제로 반복되고는 있지만, 그것은 예의·편의·전통 등을 고려한 것이지 법적 의식에서 나온 것이 아니므로 관습법이 아닌 경우가 흔히 있다. 관습법이 되려면 법적 의무에 합치하려는 감정이 있어야 한다.

그런데 문제는 관습법의 존재 여부를 어떻게 증명하느냐에 있다. 다시 말해서 심리적 요소가 확립되었는지를 어떻게 구체적으로 증명하느냐 하는 문제이다. 물론 여러 가지 객관적인 요인을 참고로 하여 판단하겠지만 객관적 요인까지 판단할 수 없는 경우에는 매우 어려운 문제가 된다. 이 문제와 관련하여 법원의 태도를 보면 대체로 그 태도를 완화하여 실질적 요소가 확고하게 성립되었으면 심리적 요소도 존재하는 것으로 추정하는 것이 보통이다(ICJ Reports, 1960, p. 40; 1959, p. 27).

(4) 관습법의 효력과 보충성

성문법주의를 채택하고 있는 법공동체에서는 원칙적으로 성문법을 적용하고 성문법 규정이 없거나 부족한 경우에만 보충적으로 관습법을 적용한다. 이것이 관습법의 보충성이다. 성문법주의는 원래 법률관계를 명확히 하고, 법적 안정성을 보장하려는 것이 제도적 취지이기 때문에 관습법을 보충적으로 적용하는 것은 당연한 일이라 하겠다. 그러므로 성문법 규정에 반하여 관습법 규정을 적용하는 것은 원칙적으로 인정되지 않는다.

그리고 이런 관습법의 활용은 법의 분야에 따라 차이가 있다. 대체로 공법(公法)보다는 사법(私法)에서 관습법의 기능이 중요시되고 있다. 이것은 사법에서 개인의 사적 자치가 비교적 넓게 인정되기 때문이다. 공법 중 특히 형법에서는 죄형법정주의를 철저히 실천하기 위하여 불명확한 관습법의 적용을 거의 배제하고 있다.

어쨌든 우리 민법 제1조는 "민사에 관하여 법률의 규정이 없으면 관습법에 의하고 관습법이 없으면 조리에 의한다."라고 하여 이 원칙을 확인하고 있다. 그뿐 아니라 사법분야에 있어서는 가능한 한 개인의사의 자치를 실현하려는 정신이 있으므로 관습법의 보충성이라는 원칙에 몇 가지 예외를 인정하고 있다.

첫째, 관습법을 특히 존중해 주는 것이 합리적인 분야에서는 성문의 제정법보다도 관습법을 우선 적용하도록 명문규정을 두고 있다. 예컨대 민법 제244조에 의하면 수로관계 공사비 부담에 관하여 관습법을 적용하도록 하였고, 민법 제229조 제3항은 수류이용과 관련하여 수류나 수로의 폭을 변경하는 문제는 "다른 관습이 있으면 그 관습에 의한다."라고 규정하여 관습법을 우선 적용하도록 규정하고 있다.

둘째, 상법 제1조에 의하면 상법의 법원인 상관습법이 성문 민법규정보다도 우선 적용된다. 이것은 특별법 우선의 원칙을 적용한 것이다. 물론 원칙적으로 본다면 특별법 우선의 원칙도 같은 성문법의 경우에 적용되는 것이며, 일반성문법과 특별관습법의 경우에는 당연히 일반성문법이 먼저 적용되어야 한다. 그러나 복잡한 상거래의 특성을 고려하여 원활한 상거래가 이루어지도록 특별규정을 둔 것이다.

셋째, 이른바 임의법규, 즉 선량한 풍속, 기타 사회질서와 관계없는 규정과 다른 관습이 있고 당사자의 의사가 분명하지 않을 때에는 이 임의법규와 다른 관습을 적용할 수 있다(민법 제106조). 이것이 이른바 '사실인 관습'이라는 것으로, 아직 관습법에 이르지 못한 관행이라고 볼 수 있다. 따라서 이런 경우 '사실의 관습'을 관습법에 준하여 임의법규에 우선하여 적용할 수 있음은 해석상 당연하다.

넷째, 국제법의 경우에는 성문법과 관습법이 동등한 효력을 갖는다. 이것은 국제사회가 아직 국내사회처럼 조직화하지 못하였고, 그 결과 국제법의 성문법체계가 충분히 확립되지 못하였다는 특수사정에 기인한다. 현재 국제법에 있어서도 성문법전화가 활발히 진행되고 있지만, 아직 국내사회에 비할 바가 못 된다. 따라서 국제법의 경우에는 성문법과 관습법 간의 우열문제가 아니라 구체적으로 적용되는 법규칙의 성격과 내용을 기준으로 판단하여야 한다. 그러므로 구체적인 몇 나라가 보편적 효력을 갖는 일반관습법에 위반되는 조약법을 제정할 수 없는 것이다.

2. 판 례

재판이 확정되고 나면 동일한 사건이 또 다시 소송상으로 문제가 되어도 당사자는 확정된 판결에 반대되는 주장을 할 수 없고, 법원도 먼저 내린 판결과 내용이 다른 판결을 내릴 수 없게 된다. 이것을 판결의 기판력(旣判力, res judicata)이라고 한다. 그런데 이러한 기판력은 코먼로(common law) 계통을 제외하면 원칙적으로 동일한 사건과 당사자들에게만 미치는데, 이를 '기판력의 상대성 원칙'이라 한다.

이처럼 기판력의 상대성 원칙이 적용되기 때문에 이미 재판한 것과 비슷한 사건이 다시 제기된 경우에도 다른 법원은 그 이전의 A 법원이 내린 판결을 반드시 좇아야 할 의무는 없다. 하지만 코먼로 계통의 법원에서는 비슷한 사건의 먼저 판결이 나중의 재판을 구속하게 된다. 이것을 '선례구속의 원칙(principle of stare decisis)'이라 한다. 그러나 성문법주의를 채택하고 있는 국가에서는 선례구속의 원칙이 적용되지 않는다. 따라서 엄격한 의미에서는 재판의 선례인 판례를 법원(法源)으로 인정할 수 없다. 그러나 실제로 법원조직을 보면 심급제도를 채택하고 있어서 상급심은 하급심을 구속하게 된다. 법원조직법 제8조는 이러한 점을 인정하여 "상급법원 재판에서의 판단은 해당 사건에 관하여 하급심을 기속(羈束)한다."라고 규정하고 있다. 그뿐 아니라 법원조직법 제7조 제1항 제3호에 의하면 "종전에 대법원에서 판시한 헌법·법률·명령 또는 규칙의 해석 적용에 관한 의견을 변경할 필요가 있다고 인정하는 경우"에는 반드시 대법관 전원의 2/3 이상의 합의체에서 재판하도록 규정하고 있다. 그러므로 대법원은 먼저 자신이 내린 판결을 존중할 것이 분명하고, 하급심은 대체로 상급심의 판례에 따르려고 할 것이다. 이런 의미에서 판례는 엄격한 의미에서 법원(法源)은 아니지만 실질적으로 법원(法源)의 기능을 한다고 말할 수 있을 것이다.

3. 조 리

조리(條理)란 간단히 말해서 그 사회의 합리성을 의미한다. 어떤 사회의 합리성이란 그 사회의 도덕·관습·전통·사회적 필요성 등 여러 가치요소를 종합하여 판단하게 된다. 그러므로 '사회의 합리성'이란 개념은 사회적 타당성·형평·정의·공서양속·사회통념 등 여러 가지 명칭으로 불린다.

원래 구체적인 사회생활은 매우 복잡하여 아무리 치밀하게 입법정책을 수행하여도 모든 법률관계를 성문법으로 제정할 수는 없다. 따라서 구체적인 경우에 적용할 법규가 없거나 부족할 때에는 관습법·판례 등에 따를 수밖에 없게 된다. 그러나 관습법과 판례에 의하여서도 적용할 법규범이 없다면 어떻게 할 것인가? 적용할 법규가 없다면 법규범의 진위불명(Non-liquet)을 이유로 재판할 수 없다고 선언할 것인가?

국제법의 경우에는 국제공동체가 불완전한 관계로 강제관할권이 보편화되지 않았기 때문에 법규범의 진위불명(Non-liquet)을 이유로 재판의 거부가 가능하다는 다수설이다. 그러나 국내법에서는 법규범의 진위불명(Non-liquet)을 이유로 재판의 거부는 절대로 인정되지 않는다. 그러면 어떻게 할 것인가?

스위스 민법 제1조 제2항에 의하면 적용할 법규가 도무지 없는 경우에 법관은 자신이 입법자였더라면 제정하였을 가정적 법규에 따라 재판하여야 한다고 규정한다. 이것이 이른바 조리다. 이 문제는 나중에 법의 흠결(lacune du droit)과 관련하여 다시 다루게 될 것이다.

이러한 조리가 인정되는 근거는 결국 법의 정의에 관한 것이다. 법이란 자연질서에 근거하여 그 사회의 공동선을 목적으로 도덕·관습·전통·사회의 필요성 등 그 사회의 합리적 가치요소를 반영하는 강제규칙이다. 그러므로 구체적으로 적용할 법규가 아무리 찾아도 없는 경우에는 그 사회법규의 궁극적 근원인 이와 같은 사회의 여러 가치요소, 다시 말해서 그 사회의 합리성에 따라 판단하는 것은 너무나 당연한 일이라 하겠다.

대한민국 민법 제1조도 "민사에 관하여 법률에 규정이 없으면 관습법에 의하고 관습법이 없으면 조리에 의한다."라고 하여 명문으로 조리를 인정하고 있다. 설사 이러한 규정이 없어도 당연히 인정되어야 할 것이다.

그러나 조리는 관습법도 없는 마지막 경우에 적용되는 보충적 법원(法源)임은 명심하여야 한다.

제 2 절   법의 체계

I. 법체계의 분석

1. 법의 논리적 통일성

위에서 본 바와 같이 법의 연원(淵源)은 매우 여러 가지이며 복잡하다. 그 발생 시기도 다르고 근거가치도 다르며, 경우에 따라서는 서로 대립하기까지 한다. 그러므로 이 모든 연원을 포괄하여 하나의 체계를 수립함으로써 법의 논리적 통일을 확립할 필요가 있다. 여러 법규칙 사이에 모순을 제거하는 것이 법률생활의 안정을 이룩하기 위한 선결문제일 뿐 아니라, 이처럼 복잡하고 다양하게 흩어져 있는 여러 법규칙을 일정한 기준에 따라 분류하고 정돈하여, 논리적으로 일관성 있게 체계를 정립함으로써 법률생활의 원활과 확실성을 도모할 수 있을 것이다. 좀 더 구체적으로 말해서 어느 구체적인 문제를 해결할 때 산만하게 흩어져 있는 법규칙을 찾아서 적용하려면 많은 시간과 노력이 소비될 뿐 아니라, 그 찾아낸 법규칙이 서로 모순되는 경우가 있다면 그 문제는 해결될 수가 없을 것이다. 그러므로 이 모든 법규칙을 크고 작은 여러 기준에 따라 정돈·분류하고, 다시 계통을 수립하여 논리적 통일성에 맞추어 정비함으로써 구체적인 법률생활의 안정·신속·확실과 원활을 도모할 수 있는 것이다.

2. 법률제도

법규칙을 정돈함에 있어서 핵심이 되는 요인은 법률제도(institution juridique)이다. 법률제도란 일정한 분야의 법규칙으로 조직되는 어떤 사회관계의 유형 전체를 말한다. 예를 들면 혼인제도·소유제도·선거제도·증거제도 등과 같이 특정한 사회관계의 법규칙을 일정한 유형에 맞추어 정돈하여 놓은 단위라고 할 수 있다. 이것을 달리 표현하면 구체적인 법규칙을 일반적인 원칙에 따라 배열하는 것이라고도 할 수 있다. 이러한 법률제도가 모두 수평관계만을 유지하고 있는 것은 아니다. 법률제도 사이에 다시 공통된 사회관계의 유형을 찾아낼 수 있으면 다시 상·하위의 법률제도로 정돈한다. 예를 들면 매매와 임대차는 모두 계약이라는 공통된 유형을 내포하고 있다. 이처럼 여러 제도가 다시 특정한 공동유형을 중심으로 그룹을 형성하게 된다. 이 법률제도의 그룹은 또다시 다른 그룹과 공통된 유형을 찾아 정돈된다. 예컨대 계약·물권·부당이득·사무관리 등을 한 데 묶어 재산법 관계라고 하고, 이 재산법 관계와 가족법 관계를 합해서 시민들의 사생활 관계를 규율하는 민법이라는 법체계를 형성하게 된다. 다시 말해서 법규칙은 일정한 법원칙에 따라 정돈되고 이것은 더 일반적인 법원칙에 따라 배열되어 궁극적으로 민사법·형사법 등의 일정한 법적 체계에 도달하게 된다.

3. 법적 체계

법률제도가 모여서 상위 법률제도를 형성하고 상위 법률제도가 모여 일정한 법적 체계를 구성하게 됨을 검토하였다. 이러한 법적 체계는 각 법적 공동체를 단위로 하여 하나의 통일된 법적 체계에 연결된다. 다시 말해서 민사법·형사법·공법·사회법이라는 법적 체계는 대한민국이라는 하나의 법적 공동체 내에서 헌법을 기본으로 하여 하나의 통일된 실정법 체계를 형성하는 것이다. 그러므로 법적 공동체마다 하나의 통일된 법적 체계만을 갖는 것이다. 이러한 법적 체계는 논리적 통일성에 의하여 질서 있게 정돈된 것이며, 크고 작은 기준에 따라 분류되는 일정한 법원칙을 중심으로 정돈되는 것이고, 이러한 분류·정돈 작업을 수없이 반복하여 형성한 작품이다. 이런 의미에서 법적 체계는 건물이나 나무에 비교될 수 있다. 법적 체계라는 하나의 건물이 있으며 이 건물은 일반원칙이라는 기둥에 의하여 뒷받침되고 있고 건물 전체라는 통일된 법적 체계는 다시 여러 층이라는 종속된 법적 체계로 구성된다. 한 층이라는 법적 체계는 다시 여러 방이라는 큰 범위의 법률제도로 되어 있고 이 방이라는 법률제도는 다시 장식이라는 작은 법률제도로 꾸며져 있는 것이다. 통일된 법적 체계를 나무에 비교하면, 사회질서 내지 자연질서라는 땅에 뿌리를 박은 커다란 나무 전체는 통일된 법적 체계다. 이것은 민사법·형사법·공법·사회법이라는 굵은 가지로 되어 있고, 이 굵은 가지는 다시 법률제도인 크고 작은 여러 가지로 얽혀 있다. 그리고 각 줄기에는 법규칙이라는 수많은 잎으로 장식된 것이다. 이 법이 법적 체계를 정돈하여 놓기 때문에 각 규칙 간의 모순이 해소되며, 구체적인 문제가 제기되는 경우 적용법규를 쉽게 발견하여 신속하고 원활한 해결을 내릴 수 있는 것이다.

Ⅱ. 법의 분류

1. 법의 분류개관

법이란 원래 복잡한 사회관계를 규율하는 것이며, 따라서 그 사회관계에 따라 법적 체계도 매우 복잡하다. 이렇게 복잡한 법적 체계를 간단하고 분명하게 설명하거나 도식화하는 것은 불가능하며 무리가 가기 마련이다. 그러나 여기서는 설명의 편의를 위하여 이러한 무리를 무릅쓰고 일반적인 관례에 따라 법의 분류를 개괄적으로 표시하여 보겠다. 일단 도식으로 표시는 하지만, 뒤에서 자세히 설명하는 바와 같이 이와 같은 획일적 분류는 실제로 무리가 있다. 예를 들면 실체법 속에도 절차규정이 있고, 절차법 속에도 실체적 규정이 들어 있다. 이 분류는 단지 이해의 편의를 돕는 개관적 도식에 불과함을 거듭 강조한다.

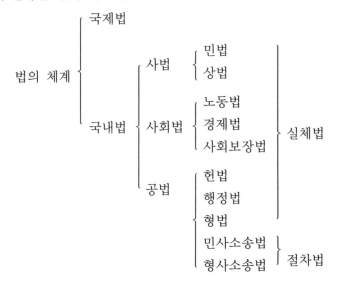

2. 국제법과 국내법

국제법이란 국제사회의 법이며, 국내법은 국내사회의 법이다. 과거에는 국제법이 주권국가 간에 적용되는 법이어서 국가가 자기 의사를 스스로 제한하는 데서 유지되는 법이라든가, 국내법이 지배·종속관계를 규율하는 데 비하여, 국제법은 동등관계를 규율하는 법이라고 하는 등 국제법을 국내법과는 실질적으로 다른 특수한 법으로 보는 그릇된 경향이 있었음은 앞에서 설명하였다. 그러나 법의 본질은 국제법이건 국내법이건 다 같은 것이며 적용되는 사회에 따라 그 본질이 다를 수는 없는 것이다. 국제사회가 불완전하기 때문에 국제법의 발달이 아직 충분치 못할 뿐이며, 결국 국제법도 점점 발달하여 국내법과 같은 성질의 세계법이 될 것이다. 즉 국제법은 세계법을 향하여 발전하여 가는 것이고, 결국 세계법으로 완성되는 것이다.

국제법이 국제사회의 법이고 국내법이 국내사회의 법이라고 하여 마치 적용영역이 완전히 다른 두 개의 법적 체계가 있는 것처럼 오해하기 쉽다. 그러나 국제사회란 무엇인가? 국제사회는 국내사회와 관계없는 별개의 사회가 아니라 바로 국내사회가 모여서 이루어진 사회이다. 그러므로 국내사회를 모두 제거해 버리면 국제사회도 없어지는 것이다. 따라서 국제사회에 적용되는 법과 국내사회에 적용되는 법은 밀접한 관계에 있으며 궁극적으로 법이라는 하나의 체계에 연결되는 것이다.

앞서 법의 연원을 설명하는 기회에 자세히 설명한 것처럼 국내사회에는 좁은 의미의 국내법뿐만 아니라 국제법도 당연히 적용된다. 국제사회는 국내사회가 모여서 이루어진 사회이기 때문이다. 그러므로 국내사회에 적용되는 법적 관계를 분명히 하기 위해서는 국제법과 국내법의 관계를 면밀히 검토하여 볼 필요가 있다. 이를 위해서는 먼저 국제법의 개념을 자세히 설명하여야 하겠지만 지면관계상 앞서 법의 연원에서 설명한 것으로 대신하고, 여기서는 주로 국제법과 국내법의 관계만을 고찰하겠다.

국제법과 국내법이 모두 국내사회에 적용되는 반면, 현재 국제법과 국내법은 그 제정의 형식적 절차가 다르므로 서로 충돌할 수가 있다. 그러므로 국제법과 국내법이 충돌하는 경우에는 어떻게 해야 하는지를 결정해야 한다. 이것이 이른바 국내법과 국제법의 관계로서 오래된 문제이기도 하다.

(1) 이원론

이것은 고전적 법의사주의(法意思主義)의 이론이다. 법의사주의란 법규칙이 인간의사에서 나온 것이며, 인간의사를 통하여 존재한다는 것이다. 그리고 어떤 의사가 강제규범을 제정하여 다른 의사를 강제하려면 상위의사이어야 한다. 이 상위의사는 곧 국가의사라는 것이다. 따라서 이것은 고전적 실증주의에 연결된다. 실증주의란 이러한 국가의사를 표시할 자격이 있는 국가기관이 명시적으로 표시하기만 하면 법이 되는 것이고, 의사가 민주적으로 성립하였느냐 독재적으로 성립하였느냐는 문제로 삼지 않는다. 법이 무엇인가와 법실증주의가 얼마나 잘못되었는지는 앞에서 상세히 설명한 바 있다.

그런데 이 법의사주의가 국제법에 적용되면 더욱 어려운 문제에 부딪히게 된다. 국가의사를 절대적으로 보는 견해이므로 무엇 때문에 이 절대적 의사가 국제법의 제한을 받아야 하느냐에 관하여 쉽게 설명할 수 없기 때문이다. 그러므로 옐리네크(Jellinek)는 이른바 자기제한설을 주장하여 국가가 스스로 제한하는 것이라 한다. 그러나 법이란 객관적이고 강제적인 것이며 스스로 지키고 싶으면 지키는 것이 아니다. 이것은 법이 무엇인지를 제대로 파악하지 못한 결과이다. 트리펠(Triepel)은 공동의사설을 주장하여 여러 국가가 공동의사를 형성한 것이 개별의사보다 상위이기 때문에 구속력을 갖는다는 것이다. 그러나 트리펠에 따르면 공동의사에 참여하고 탈퇴하는 것은 자유로운 일이므로 실제로 공동의사는 아무런 구속력도 될 수 없다. 그러므로 법의사주의로는 법이 갖는 강제력의 근거를 설명할 수 없기 때문에 결국 국가의사 이외의 요소, 다시 말해서 국가의사보다는 상위요소에서 찾아야 한다. 의사주의에 대립하는 이런 견해에도 여러 가지가 있는데 통틀어서 객관주의라 부른다.

의사주의에 의하면 국내법과 국제법이라는 두 가지 법질서는 서로 별개의 독립된 것이라 한다. 트리펠과 안질로티(Anzilotti), 오펜하이머(Oppenheimer)가 그 대표자이다. 이들에 의하면 우선 법주체 면에서 볼 때 국제법의 주체는 국가이고 국내법의 주체는 개인이며, 법연원 면에서 볼 때 국제법은 국가들의 공동의사이고 국내법은 국가의 일방의사이며, 조직 면에서 볼 때 국내법에는 개인보다 상위기관이 있는데 국제법에는 국가보다 상위기관이 없다는 것이다. 따라서 이들에 의하면 국내법과 국제법은 전혀 다른 두 개의 법체계이며 서로 직접 적용될 수 없고, 규범의 충돌도 있을 수 없다고 한다. 이들에 의하면 규범 충돌이란 동일한 체계에 속하는 규범 간에나 발생하는 것이라 한다.

이러한 이원론은 법의사주의와 법실증주의에 근거하고 있는데, 이 두 가지가 잘못된 견해라는 것은 앞에서 충분히 밝혔다. 또한 국제법과 국내법의 충돌이 있을 수 없다는 것도 비현실적이다. 국내법이 개인 간의 법이라고 하지만 실제로는 반드시 국가기관에 대한 일정한 명령을 포함하고 있다. 그러므로 국제법 규범도 똑같은 국가기관을 대상으로 하는 경우 두 규범이 상충된다면 실제로 어느 하나에만 복종할 수밖에 없는 것이다. 서로 모순되는 두 개의 규범이 동시에 효력을 갖는다는 것은 억지일 뿐이다.

또한 현실사회에서 국내법이 국제법에 직접 적용되는 경우도 있고, 국제법이 국내법에 직접 적용되는 때도 있다. 가령 조약체결권자를 결정하는 것은 국내 헌법규정을 따르기 때문에 국내법이 국제법에 직접 적용되는 것이다. 반대로 국제법이 국내사회에 적용되는 것은 국가가 국제법에 종속된다는 것을 헌법에 명문으로 규정함으로써(국제법의 실정성) 이를 인정하고 있다.

(2) 일원론

일원론은 객관주의의 입장으로 법질서란 결국 같은 것이며 하나의 체계를 구성하는 두 가지 요소일 뿐이라고 한다. 이러한 일원론도 엄격히 따지면 국제법 우위의 일원론과 국내법 우위의 일원론으로 구별해야 한다. 그러나 앞서 본 바와 같이 국제법의 실정성(實定性)이 엄연한 객관적 사실이기 때문에 국제법 부인론과 같은 국내법 우위의 일원론이란 인정될 수 없다. 그러므로 여기에서 일원론이란 국제법 우위의 일원론만을 의미한다.

객관주의에 의하면 법체계란 하나밖에 없기 때문에 국제법과 국내법은 같은 체계에 속하며, 그 관계도 서로 침투되어 있고 법률관계도 궁극적으로 개인을 대상으로 하고 있기 때문에 같고, 법적 연원도 모두 국가의사보다 상위의사인 객관적 요소에 근거하고 있다는 것이다. 이러한 객관주의도 구체적으로 무엇에 근거하느냐에 따라 다양한 견해가 있다.

① 켈젠(Kelsen)의 규범주의에 의하면 법은 동일한 피라미드 형식의 체계를 이루고 있으므로 이원론은 있을 수 없다고 한다. 켈젠에 의하면 국제법 우위에서 출발할 수도 있고 국내법 우위에서 출발할 수도 있으나, 국제법 우위에서 출발해야 국제법의 적극적 존재와 양립할 수 있다고 한다. 그러나 페어드로스(A. Verdross, 독일의 국제법 학자)나 쿤츠(J. Kunz)는 이러한 미온적 태도에 반발하고 법이론상 개별 국가공동체보다 국제공동체가 우위이기 때문에 당연히 국제법 우위에서 출발해야 한다고 한다.

② 스켈레(G. Scelle)의 법사회이론에 의하면 사회는 서로 접촉하고 상호침투되어 있으므로 이원론은 있을 수 없다고 한다. 그리고 사회 사이의 규범이 사회 내의 규범보다 당연히 우위이므로, 사회 내의 규범이 사회 사이의 규범에 위반하면 사회 내의 규범을 변경하거나 폐지해야 한다고 주장한다. 그러므로 국내규범이 국제규범에 위반할 수 없으며 충돌하면 국내규범을 폐기해야 한다고 한다.

③ 전통적인 자연법이론에 의하면 법이란 모두 그 사회의 공동선을 목적으로 자연질서에 근거하여 그 사회의 합리적 가치요소를 반영하는 여러 주체 사이의 강제규범이다. 그러므로 이원론이 인정될 수 없는 것은 당연하다. 그리고 이 이론에 의하면 개인의 이익만을 추구하는 것보다는 그 공동체 전체의 공동선을 추구하는 것이 법의 목적에 합치하며, 부분사회에 타당한 규칙보다는 전체사회에 타당한 규칙이 우선할 수밖에 없다. 이것은 법이라는 것이 정의 자체에서 나오기 때문이다.

그리고 국내법의 규범 서열과 관련하여 한 가지 검토해야 할 것이 있다. 국내법에는 헌법, 법률, 명령 및 규칙 등의 서열이 있다는 점에 착안하여 국제법과 국내법이 충돌하는 경우, 가령 국제법이 헌법보다는 하위이고 법률보다는 상위라는 식의 논리를 전개하는 견해가 있음에 주의해야 한다. 그러나 국내법상의 헌법·법률·명령 및 규칙이 있다는 것은 어디까지나 국내법 질서상의 문제이다. 국제법 질서에서 보면 헌법이건 법률이건 명령이건 모두 동일한 국내법이며, 헌법이 법률보다 상위라는 규범도 국내 헌법에 근거한 국내법상의 규범인 것이다. 따라서 국제법이 국내 헌법보다는 하위이고 국내 법률보다는 상위라는 식의 논리전개는 국제법 개념을 잘못 이해한 것이며 국내법과 국제법을 혼동한 것이다.

국가가 국제의무에서 벗어나기 위하여 국내 헌법을 원용할 수 없다는 것, 다시 말해서 국제법이 국내법보다 우월하다는 것은 국제 판례상 일관된 원칙이다. 1932년 2월 4일 단치히(Danzig, 현재 Gdansk)에 있는 폴란드 국민의 대우에 관한 권고적 의견에서 상설국제사법법원(Permanent Court of International Justice: PCIJ)은 이 점을 명백히 선언하고 있다(CPJI Série A/B No.44, p. 24). 1969년 비엔나(Vienna) 협약 제27조도 당사자가 조약의무의 불이행을 정당화하기 위하여 국내법 규정을 원용할 수 없다고 하여 국제법 우위의 일원론을 분명히 규정하고 있다.

3. 공법과 사법

(1) 공법·사법의 구분문제

법을 공법(公法)·사법(私法)으로 나누는 것은 로마법에서 시작된 전통적 개념이다. 로마인들이 공법과 사법을 구분한 것은 공법관계를 규율하기 위해서가 아니라, 공법관계를 법의 영역에서 제외하기 위해서이다. 다시 말해서 이들은 국가권력과 직접 관계되는 것은 정치적인 것으로 생각하고 개인관계만을 법률로 규정하려고 한 것이다. 로마인들은 공적인 내용의 조직에 관한 것은 공법이고 개인의 이해관계에 관한 것은 사법이라고 보았다.

코먼로 계통(영미법)에서는 비교적 일찍부터 공법관계를 중심으로 발달하여 왔으나 로마·게르만법(대륙법) 계통에서는 주로 사법관계를 중심으로 발달하여 왔다. 그 후 18세기에 오면서 근대 자연권론자의 주장에 따라 국가권력을 제한하고 개인의 기본적인 권리를 보장하려는 입장에서 로마·게르만법 계통에서도 공법관계가 발달하기 시작한다. 예를 들면 몽테스키외(Montesquieu)는 지배를 받는 사람들과 지배자와의 관계를 규율하는 법을 정치법(droit civil)이라 하였다. 몽테스키외가 말하는 정치법은 공법이고 시민법은 사법을 말한다.

그 후 이러한 공법·사법의 구분은 널리 통용되어 확고한 전통이 되었다. 이러한 일반적 견해에 따르면 대체로 국가의 조직과 그 기능 및 공공봉사에 관한 법규칙은 공법이고, 평등을 바탕으로 개인 간의 관계를 규율한 법규칙은 사법이라고 한다.

그러나 현대생활이 복잡해짐에 따라 국가가 개인의 관계에도 점차 개입하게 된다. 또한 순수한 자본주의체제의 자유경제가 축소되고, 사회복지국가를 지향하는 것이 선진국의 일반적인 추세가 되면서, 이른바 '사법의 공법화' 경향이 확대되어 일정한 분야에서는 공법도 아니고 사법도 아닌 중간 영역인 사회법이 등장하게 된다. 좀 더 구체적으로 말해서 순수 자유경제주의에 따라 모든 경제의 운영을 그 자율에 맡기던 시대는 지나가고 국가가 경제의 모든 부문에 개입하여 일정한 국가경제정책을 계획적으로 추진한다. 따라서 인플레이션을 막기 위하여 국가가 각종 경제조치 및 물가통제를 실시하는가 하면 중요부문을 국유화 내지 공영화하여 영리추구가 아니라 사회공익을 증진시키려 한다. 또한 부의 재분배 면에 중점을 두어 사회보장제를 시행하여, 지금까지 개인 간의 관계로 다루어 오던 의료행위, 연금 관계, 실업수당 등의 관계를 국가가 관장해 나간다. 또한 노동자와 사용자 간의 고용계약으로 처리하던 노동계약관계에 국가가 일정한 정도로 개입하여 근로조건 및 노동자 복지를 향상시키려 한다.

이와 같은 상황에 따라 전통적인 공법·사법 구분에 변화가 생기게 된다. 여기서는 먼저 공법·사법의 구분 근거를 설명하는 학설을 설명하고, 다른 한편 공법·사법의 구분을 반대하는 견해를 소개한 다음 결론을 내리고자 한다. 그리고 별도로 사회법에 관하여 간단히 검토하도록 하겠다.

(2) 공법·사법의 구분 근거
① 이익설

법이 보호하는 이익에 따라 공법과 사법을 구분하는 견해이다. 다시 말해서 공익을 보호하면 공법이고 개인적인 이익을 보호하면 사법이라는 것이다.

이러한 구분은 원래 3세기 초 로마의 법학자인 율피아누스(Domitius Ulpianus)

가 공적인 로마 자신의 지위에 관한 것(quod ad statum rei romanae spectat)은 공법이라 하고, 개인적 이익에 관한 것(quodad singulorum utilitatem spectat)은 사법이라고 한 것을 그 뒤에 여러 사람이 발전시킨 것이다. 이 견해가 상당히 의미는 있으나, 이에 의해서는 명확히 구분하는 것이 어려운 면이 있다. 실제로 공익과 사익은 매우 밀접히 얽혀 있다. 예를 들면 개인 소유의 산에서 허가 없이 나무를 자르지 못하게 하는 것은 소유자 개인의 이익에도 관계되지만 공공의 이익과 관련이 되기 때문에 공법이다. 반대로 국가가 도로건설을 위하여 개인 업체와 사법상의 계약을 체결하는 것은 도로건설이라는 공익에도 관계되지만 사법의 문제이다. 일반적으로 말해서 공법이라는 헌법·행정법에도 개인의 권리를 규정한 조항이 있고, 형법상에도 개인의 생명, 신체, 재산을 보호하는 규정이 많기 때문에 법이 보호하는 이익만을 가지고는 공법과 사법을 구분하기 어려운 점이 있다.

② 법률주체설

법률주체를 기준으로 하여 공법과 사법을 구분하는 견해이다. 다시 말해서 법률관계 주체의 한쪽 또는 양쪽이 국가나 공공기관 또는 공법인(公法人)이면 공법이고, 법률관계 주체가 모두 개인이면 사법이라고 한다. 옐리네크(Jellinek)도 이러한 입장에 따라 국가나 공법인 상호 간 또는 국가나 개인과의 관계를 규율하는 법이 공법이고 개인들만의 관계를 규율하는 것이 사법이라고 하였다.

이 견해도 공법과 사법의 중요한 측면을 바로 보았다고 할 수 있다. 그러나 국가나 공법인도 개인과 마찬가지로 매매, 임대차, 도급 등 사법상의 계약 당사자가 될 수 있으며, 이처럼 국가나 공법인이 사법상의 계약을 체결하는 경우에는 완전히 사법의 적용을 받는다. 그러므로 이 견해에도 어려운 점은 있다.

③ 법률관계성질설

이것은 법의 규율대상인 법률관계의 성질에 따라 공법과 사법을 구분하는 견해이다. 다시 말해서 관계법규가 규율하는 법률관계가 지배·복종관계 또는 권력관계이면 공법이고, 서로 평등한 관계이면 사법이라는 것이다. 또 다른 표현을 사용하여 공법은 수직관계를 규율하고 사법은 수평관계를 규율한다고 한다. 이에 반대하는 견해에 의하면 행정법 중에서도 이른바 관리행위는 권력관계가 아니며, 또한 가족법상의 부모·자녀관계도 단순한 평등관계로 생각하기는 어렵다고 한다.

그러나 법의 특징은 항상 지배·복종 또는 강제에 있다. 단순히 사인 간의 관계를 규율하는 경우에도 일정한 행위규범의 준수를 강제적으로 요구하는 측면이 있으며 특히 국가기관에 강제시행을 보장하도록 명령하고 있다. 그러므로 법을 평등관계의 법과 지배·복종관계의 법으로 나누는 것 자체가 그릇된 전제에서 출발하고 있는 것이다. 법은 항상 강제적 측면을 내포하고 있으며 반드시 보장적 개입이 예정되어 있는 것이다.

④ 생활관계설

법이 규율하는 인간의 생활관계를 국가 또는 공적 생활관계와 개인적인 생활관계로 구분하고, 국가 또는 공적 생활관계를 규율하는 법은 공법이고 개인적인 생활관계를 규율하는 법은 사법이라고 한다. 푸흐타(Georg Friedrich Puchta)는 이러한 입장에서 사람이 국가의 구성원이라는 자격에서 적용되는 법규칙은 공법이고, 개인의 자격에서 적용되는 법규칙은 사법이라고 한다. 이 견해는 공법과 사법의 한 가지 특징적 측면을 바로 파악하였다고 본다. 그러나 무엇이 공적인 생활관계이고 무엇이 개인적인 생활관계인지를 다시 분명히 해야 하는데, 이 구별이 그렇게 명확하지 않다. 예를 들면 노동자와 사용자의 관계는 공적인 생활관계인가 개인적인 생활관계인가? 자기 소유의 산에서 나무를 자르는 것은 분명히 개인적인 생활관계라고 해야 하는데 국가의 허가를 받도록 되어 있다. 목욕탕 주인이 손님에게 요금을 받는 것은 분명히 개별적인 거래행위인데 일단 정부에서 정해준 요금을 받아야 한다. 그러므로 이 견해도 충분한 설명은 될 수 없을 것이다.

(3) 공법과 사법의 구분을 부정하는 견해

① 레옹 디귀(Léon Duguit, 프랑스의 공법학자)는 국가의 인격성을 부정하기 때문에 법률관계에 있어서 국가의사와 국가대표성에 기초한 모든 구분을 부인하고 법률관계를 궁극적으로 사회연대성에 기초한 개인 간의 관계로 본다.

② 한스 켈젠(Hans Kelsen)은 국가와 법을 동일하게 생각하여 모든 정치적 관념을 내포한 공법을 완강히 거부함으로써 법의 통일성과 논리적 엄격성을 유지하려 한다. 그에 의하면 법에 의하여 규율되는 국가개념은 공법·사법의 근본적 구분과 양립할 수 없다.

③ 르나르(G. Renard)는 국가를 가정이나 단체 등의 다른 인간공동체와 같은

자격으로 본다. 그러므로 비록 국가가 완전한 사회이기는 하지만 국가의 공법과 다른 사회의 규약 간의 본질적 차이를 인정할 수 없다고 한다.

④ 독일의 나치(Nazis)나 과거 구소련의 독재체제는 과거의 공법·사법 구분을 거부하고 개인들 간의 법률관계를 포함하여 모든 현상이 국가에 속한 것으로 보았다. 그러므로 본질적으로 순수한 사법의 영역을 부정하고 모든 것을 공법화하는 것이다.

(4) 결 론

공법과 사법을 구분하는 것은 로마법부터 내려온 전통이지만 처음부터 공법과 사법이 분명하게 구분된 것도 아니고, 함께 발달하여 온 것도 아니다. 법의 발달과정을 통하여 앞서 본 바와 같이 공법과 사법은 따로 발전되어 왔다. 대륙법계라고 불리는 로마·게르만법 계통은 로마법의 전통에 따라 주로 사법 중심으로 발전하여 왔다. 반대로 영미법계인 코먼로 계통은 왕권과 국민 간의 관계와 소송절차를 규율하는 공법 중심으로 발달하여 왔다. 로마·게르만법 계통에서 공법이 활발히 발전하게 된 것은 18세기의 자연권론자가 국가권력을 제한하고 국민의 자연권 또는 기본권을 보장하려는 노력에 기인한다. 이처럼 공법과 사법이 발달하여 온 배경·분야·역사가 모두 다르기 때문에 법률관계를 지배하는 정신 내지 원칙도 다를 수밖에 없다. 사법관계가 가능한 개인들의 법률관계를 자유롭게 유지하여 사회생활의 원활한 발전을 도모하려는 뜻에서 개인의사의 자치를 강조한다면, 공법관계는 국가권력의 남용을 방지하고 개인의 기본권을 철저히 보장하기 위하여 가능한 한 법률관계 요건을 엄격히 규제하려 하는 것이다. 그러므로 공법과 사법의 구분은 엄연한 현실이다. 또한 법집행이나 법정책상으로도 필요하고 법률생활관계의 발전을 연구하는 법학에서도 필수적이다. 그뿐 아니라 실정법 체계로 보아도 법기술상 필요한 경우가 종종 있다. 예를 들면 행정소송법 제1조에 의하면 '공법상의 권리관계'에 관한 다툼을 해결하려는 목적이 있다고 하였으므로 행정소송의 대상을 결정하는 데도 필요하다.

그런데 현대사회는 매우 복잡하고 급변하기 때문에 국민생활의 안정을 도모하려는 국가의 개입은 모든 분야에서 두드러지고 있다. 그뿐 아니라 복지국가를 지향하는 정책상 국가는 부의 재분배를 위하여, 또한 경제의 안정적 발전을 위하여 국민의 경제생활에도 깊숙이 관여한다. 이러한 관계로 공법·사법의 구분은 상당한 변화를 겪게 되었다. 사법의 여러 분야에 공법이 깊숙이 개입하게 되었고, 또한 공법의 많은 분야에 사법의 원리가 상당히 적용되는 현상도 확대되어 가고 있다.

　이와 같은 복잡하고 다양한 현실을 놓고 본다면, 어느 한 가지 기준을 잣대로 하여 공법과 사법을 인위적으로 구분하려는 시도는 확실히 문제가 있다고 생각된다. 공법과 사법의 구분은 어떤 인위적 기준에 따라 만들어진 것이 아니라 오랜 세월을 두고 발전하여 온 것이고, 또한 향후 계속 변화하여 갈 것이다. 그러므로 공법과 사법이 구분되어 발전하여 온 그 발자취에 따라 이러한 구분을 좀 더 분명히 규정짓는 식으로 노력하는 것이 학문의 올바른 태도라고 생각한다. 이와 같은 입장을 전제로 하여 볼 때, 공법과 사법을 어느 단일기준에 따라 확정적으로 구분할 것이 아니라, 우선 법률주체에 따라 국가 혹은 공적인 기관과 개인 간의 관계를 규율하는 것을 공법으로 하고, 사인 간의 관계를 규율하는 것을 사법으로 한 다음, 다시 법률관계의 내용을 기준으로 국가의 권력을 제한하고 국민의 권리를 보장하려는 취지의 법규는 공법으로 분류하고, 개인생활의 원활한 발전을 도모하려는 취지의 법규는 사법으로 다시 배열할 수 있을 것이다. 그 밖에도 앞에서 열거한 몇 가지 기준을 함께 고려하여 구체적인 타당성이 있게 구분해야 하며, 특히 명확한 구분이 어려운 노동법·경제법·사회보장법에 포함될 수 있는 것은 사회법이라고 하면 될 것이다. 이러한 구분은 시대의 변천에 따라 항상 달라질 수 있음을 아울러 생각할 필요가 있을 것이다. 결국 공법과 사법의 구분은 어느 학설상의 기준에 따라 일도양단(一刀兩斷)적으로 나누어진 것이 아니라 이미 사실로 존재하는 법규를 체계적으로 설명하기 위한 노력일 뿐이라고 생각된다.

　이러한 관점에서 보면 헌법, 행정법, 형법, 소송법은 공법이고, 민법, 상법은 사법이며, 노동법, 경제법, 사회보장법 등은 구체적인 규정에 따라 상당한 차이가 있을 뿐만 아니라 일률적으로 어느 한편에 분류하기에는 무리가 있으므로 사회법이라고 분류하는 것이 타당하다고 본다.

4. 사 회 법

　사회법이란 일반적으로 근래에 와서 자본주의의 문제점을 합리적으로 해결하기 위하여 발전된 법분야로서 그 성격을 달리하는 여러 가지 법의 분야를 포괄적으로 부르는 명칭이다. 여기에는 노동법, 경제법, 사회보장법 등이 포함된다.

원래 개인생활의 원활한 발전을 도모하는 사법의 원리는 국가의 간섭을 줄이고 개인들의 자유로운 의사에 따라 그 생활관계를 영위토록 하는 데 있다. 그러나 자본주의가 올바르게 발전되지 못하고 거대한 독점자본체제가 형성되면서 빈부격차가 심화되어, 노동자와 고용주의 관계도 자유로운 계약이 아니라 종속관계로 어쩔 수 없이 전락하게 되었다. 이에 따라 국가의 경제적 안정도 개인들의 자유로운 경제활동에만 맡길 수 없을 만큼 복잡한 변수에 따라 불균형의 위험이 커졌으며, 특히 독점의 횡포와 거대한 기업의 고의적인 행동에 따라 경제가 심히 불안하게 되었다. 이러한 문제를 해결하기 위하여 각기 다른 요인에 착안하여 발전해 온 것이 노동법·경제법·사회보장법 등이다.

노동법은 노동자와 고용주간의 심각한 세력불균형에 따라 야기되는 노동자의 비참한 종속관계를 지양하고, 노동자의 경제적 지위를 향상시키기 위하여 국가가 개입하는 법의 분야이다. 좀 더 구체적으로 말해서 노동자의 근로조건을 보장하기 위하여 국가가 근로조건의 일정한 기준과 최소한의 한계를 강제적으로 규정해 놓은 「근로기준법」이 있고, 노동자의 현실적인 힘의 열세를 지양하여 고용주와 비교적 대등한 입장에서 근로조건의 향상을 교섭할 수 있도록 노동조합의 조직 및 단체교섭에 대한 법적 보장을 내용으로 하며, 교섭이 잘 되지 않는 경우 파업 등 단체행동을 보장하는 한편, 사회혼란을 피하고 원만한 해결을 위한 국가의 조정 등을 내용으로 하는 「노동조합 및 노동관계조정법」이 있다.

경제법은 자본주의의 성장과정에서 노출될 수 있는 대기업의 결합을 통한 시장독점체제를 제한하여 사회, 경제 전반의 불균형을 바로잡는 「독점규제 및 공정거래에 관한 법률」에서부터 경제의 안정적 발전을 목적으로 국가가 경제의 각 부문에 개입하여 규제·조정하는 각종 법규에 이르기까지 광범위한 영역을 포함하고 있다. 현대사회에서 경제는 더 이상 개인의 자유로운 운영에 맡겨지지 않고 국가가 일정한 기준과 정책적 목표에 따라 깊숙이 개입한다. 그뿐 아니라 국민생활의 기본이 되는 분야에는 국가가 가격 및 공급조건을 규제함으로써 그 생활의 안정을 보호하려 한다. 이처럼 국민 경제생활의 안정적 발전을 위하여 그 전반에 걸쳐 국가가 규제·조정·보호하는 내용의 법규를 총칭하여 경제법이라 한다.

「사회보장법」은 자본주의의 그릇된 발전에 따라 점점 심각해지는 소득의 격차를 근본적으로 해결하기 위하여 국가가 직접 소득을 재분배하는 내용의 법이다. 좀 더 구체적으로 말해서 모든 사람의 기본적인 생계·보건·안정을 국가가 완전히 보장하기 위하여 부유한 층에서 많은 세금을 징수하여 가난한 사람의 연금, 의료보험, 실업수당, 학비, 자녀양육비의 보조 등을 국가가 부담하는 제도이다.

이러한 사회법은 전통적인 공법과 사법의 어느 쪽에도 포함되기 어려운 특별한 영역이므로 공법·사법의 구분과는 별도로 사회법이라고 칭하는 것이다.

5. 기타 분류

(1) 일반법·특별법

적용되는 효력범위를 기준으로 구분하는 것이다. 적용되는 효력범위가 일반적이면 일반법이고, 특정한 사람·사항에 제한되어 있으면 특별법이다.

첫째, 적용되는 사람의 범위를 기준으로 생각하여 보면, 상대적으로 넓은 범위의 사람들에게 적용되는 법이 일반법이고 제한된 특정인에게만 적용되는 것이 특별법이다. 예를 들면 형법은 모든 사람에게 적용되므로 일반법이지만 군형법은 군인들에게 적용되므로 특별법이 된다.

둘째, 적용사항을 기준으로 구분하여 본다면 넓은 범위의 사항에 적용되면 일반법이고 제한된 사항에만 적용되면 특별법이 된다. 예를 들면 민법과 상법을 비교할 때 민법은 사법관계 전반에 걸쳐 적용되므로 일반법이라 할 수 있고, 상법은 상사관계에만 적용되므로 민법보다 특별법이 된다. 이러한 일반법·특별법의 구분은 구체적으로 법을 적용할 때 관계되는 법규가 여럿인 경우에 필요하다. 즉 "특별법은 일반법에 우선한다(lex specialis derogat generali)."는 원칙이 있기 때문이다.

여기서 한 가지 주의할 것은 이 원칙이 적용되는 경우는 일반법과 특별법의 제정기관이 모두 동일하고, 법의 등급이 같은 경우에 한해서다. 만일 제정기관이 다르면 상위기관이 제정한 법이 당연히 우선할 수밖에 없다. 또한 법의 등급이 다르면 상위의 법이 먼저 적용된다.

(2) 원칙법규와 예외법규

원칙법규란 문자 그대로 일정한 사항에 관하여 원칙적으로 적용되는 법규칙이고, 반대로 예외법규란 특별한 사정이 있는 경우에만 예외로서 적용되는 법규칙이다. 예를 들면 민법 제762조에 의하면 불법행위에 근거한 손해배상청구에 있어서 태아를 이미 출생한 것으로 보아 권리능력을 예외적으로 인정하였다. 원래 민법 제3조에 규정한 대로 사람이란 살아 있는 동안에만 권리·의무의 주체가 된다. 다시 말해서 출생하여 사망할 때까지만 권리·의무를 담당하는 것이다. 그러므로 태아는 아직 태어나지 않은 상태이므로 원칙적으로 권리·의무의 주체가 될 수 없는 것이다. 손해배상청구나 상속과 같이 특별한 경우에는 태아의 이익을 특별히 보호해 주는 것이 형평에 맞는 것으로 생각하여 예외적으로 출생하지도 않은 것을 출생한 것으로 의제하는 것이다.

이러한 원칙법규·예외법규의 구분도 법률해석과 관련하여 중요하다. 법률해석의 일반원칙에 따르면 원칙규정은 비교적 너그럽게 해석하고, 예외규정은 엄격하게 해석하게 되어 있다. 그뿐만 아니라 이러한 구분은 소송절차에서도 중요하다. 법정에서 증명책임을 누가 지느냐는 경우에 따라 소송의 승패를 판가름하는 중요한 문제이다. 그런데 원칙규정의 경우에는 그 전제되는 사실을 주장하는 사람 측에서 증명책임을 져야 하는 데 비하여, 예외규정에서는 그 전제되는 사실을 부인하는 측에서 증명책임을 져야 한다.

(3) 강행법규·임의법규

당사자가 원하건 원하지 않건 그 의사를 불문하고 적용되어 효력을 발생하는 법규는 강행법규이고, 당사자의 의사를 존중하여 그 의사에 따라 법을 적용하기도 하고 적용하지 않기도 하는 법규는 임의법규이다. 대체로 사법의 경우에는 개인의 의사자치가 비교적 널리 인정되어 임의법규가 많고 공법의 경우에는 아주 드물다. 민법 제105조에 의하면 선량한 풍속이나 사회질서에 관계 없는 규정에 대해서는 당사자의 의사에 따른다고 하여 강행법규·임의법규 구분의 기준을 선량한 풍속이나 사회질서와의 관계 유무에 두고 있다. 다른 말로 하면 그 사회의 공공질서에 직접 관계되느냐 않느냐에 있다고 볼 수 있다. 일반적으로 계약법 분야에 임의법규가 많고, 공법의 경우 대부분 강행법규이다. 그러나 물론 예외도 있다. 예를 들면 공법인 민사소송법 제29조(합의관할)에는 제1심의 재판관할을 정하는 데 있어서 당사자 합의에 따라 결정할 수 있도록 하고 있다.

법을 구체적으로 적용할 때 당사자의 의사를 존중해 주어야 하는지 여부를 결정하는 기준이 된다는 점에서 강행법규·임의법규 구분은 의의가 크다.

(4) 실체법과 절차법

권리·의무의 실체적인 사항에 관하여 규정하면 실체법이다. 권리·의무의 실체적인 사항을 실현하는 절차에 관하여 규정하면 절차법이다. 권리·의무를 실현하는 절차를 보다 구체적으로 말하면 권리·의무의 행사·보전·강제를 의미한다. 간단히 말하면 실체법이란 권리·의무의 내용을 규정하는 것이고, 절차법이란 이 내용을 구체적으로 실현하는 방법을 규정하는 것이다. 그러므로 절차법이란 일정한 형식을 통하여 실체법의 내용을 실현하기 위한 절차에 관한 법이다. 따라서 절차법과 실체법은 필연적으로 상호 밀접한 관련성을 가진다. 전반적으로 보면 민법, 상법, 형법 등은 실체법이고, 민사소송법이나 부동산등기법 등은 절차법이다. 그러나 실체법 내에도 절차법규가 종종 포함되어 있으며, 반대로 절차법 내에도 실체법규를 포함하는 경우가 있다. 예컨대 상법 중에서 주식회사의 설립절차에 관하여 규정한 것은 절차법규이고, 부동산등기법 중에도 가등기[1]의 효력을 정한 것은 실체법규이다.

(5) 고유법과 계수법

법의 내용이 그 적용되는 사회 자체에서 처음부터 형성된 것이냐, 아니면 다른 곳에서 형성되어 적용되는 것을 받아들인 것이냐에 따라서 고유법과 계수법으로 나눈다. 예를 들면 우리나라 법률은 기본적으로 로마·게르만법 계통(대륙법)을 계수하여 적용하고 있다. 이러한 계수법은 다시 다른 지역의 법을 받아들여 관습법으로 적용하느냐, 아니면 의회의 제정절차를 통하여 성문법으로 제정하느냐에 따라 관습법적 계수와 입법적 계수로 나누기도 한다. 우리나라는 1945년 건국 이후 대륙법을 입법적으로 계수하였다고 볼 수 있지만, 현재에는 영미법(코먼로)도 입법을 통하여 많이 반영되어 있다. 그리고 원래 모델이 되는 법을 모법(母法)이라 하는데, 모법을 연구하는 것은 계수법을 올바르게 이해하는 데 매우 중요한 역할을 한다.

---

1) 가등기란 본등기를 할 수 있는 실체적 요건이나 절차적 요건을 구비하지는 못했으나 나중에 요건이 구비되면 하게 될 본등기를 위하여 그 순위를 미리 보전하여 두는 것이다.

제 3 절   법의 효력

Ⅰ. 법효력의 개념

법규칙의 논리적 구조를 살펴보면 대체로 "만일 ~이면, ~이다"라는 형식으로 도식화할 수 있다. 다시 말해서 조건명제와 주된 명제로 분석할 수 있다. 예컨대 민법 제720조의 "부득이한 사유가 있는 때에는 각 조합원은 조합의 해산을 청구할 수 있다."라는 규정에서 '부득이한 사유가 있으면'이 바로 조건명제가 되고, 이 조건명제가 실현되면 이루어지는 '각 조합원은 조합의 해산을 청구할 수 있다'가 주된 명제이다. 위에서 조건명제를 법률요건(faits juridiques; Tatbestand)이라 하고, 주된 명제를 법률효과(dispositif; Rechtsfolge)라 한다. 법규칙이란 간단히 말해서 법률요건이 실현되면 예정된 법률효과가 발생하는 것이다.

법의 효력이란 이처럼 조건명제인 법률요건이 성취되어 그 법규칙이 예정하고 있는 법률효과가 발생하는 것을 말한다. 이와 같은 법의 효력도 엄밀히 관찰하여 보면 두 가지 측면으로 나눌 수 있다. 첫째는 실질적인 측면에서 법규정의 내용이 타당하면, 이 타당한 법규정의 내용을 현실적으로 실현하는 것이다. 이것이 바로 실질적 효력이다. 둘째는 형식적인 측면에서 법규정의 효과가 어떤 시기를 기준으로 하여 어떤 범위의 장소와 사람에 적용되느냐 하는 것으로 이것을 형식적 효력이라 한다. 그러므로 여기서는 법의 실질적 효력을 먼저 설명하고 나서 형식적 효력을 검토하여 보고자 한다.

Ⅱ. 법의 실질적 효력

법의 실질적 효력을 위해서는 법규정의 내용이 먼저 타당해야 한다. 법규정의 내용이 타당하지 않으면 이를 적용할 수 없다. 이 경우 예정된 법의 실질적 효력이 발생하는 것은 부당하다. 이것이 바로 법의 타당성 문제이다. 일단 법규정의 내용이 타당하다면 법규정이 구체적으로 적용될 수 있다. 그러나 내용이 타당하다고 해서 반드시 실제로 적용되는 것은 아니다. 법규정이 실제로 실현

되어 그 규정된 효력을 현실적으로 발휘하는 것이 법의 실효성(實效性)의 문제이
다. 법규정의 타당성은 법규적용의 전제가 되지만 타당성이 있다고 해서 반드
시 실효성이 있는 것은 아니다. 법의 실효성은 국가권력에 의하여 법규정의 강
제성이 보장된다는 데서 구체적으로 성립한다. 그러므로 타당하지 않은 법규도
일시적으로 적용될 수 있지만, 이것은 올바른 의미의 법규적용이라고는 할 수
없다. 이하에서는 법의 실질적 효력의 문제인 법의 타당성과 실효성에 관하여
살펴보도록 하겠다.

1. 법의 타당성

법규정의 타당성이란 법규정의 내용이 그 사회관계를 규율하기에 적합하다
는 것이다. 다시 말해서 법규정 내용의 정당성·합리성·합목적성을 말한다. 그
러므로 법의 타당성 문제는 결국 법의 정의 또는 근거의 문제와 연결된다.

법이 무엇인지, 법의 근거가 무엇인지에 관하여 이미 본서 제1장 제1절에서
많은 학자의 견해를 검토해 보았다. 또한 많은 철학자가 각각 특정한 가치기준
에 따라 자신의 이론을 펴고 있음도 살펴보았다.

마키아벨리(Machiavelli), 메르켈(Merkel), 라살레(Lassale), 홉스(Hobbes), 오스
틴(Austin) 등은 권력자의 힘, 명령, 실력에서 이러한 근거를 찾고 있으며, 로크
(Locke)나 루소(Rousseau) 등은 사회계약설에 근거하여 사회계약이나 추상적인
일반의사(volonté générale)에서 법의 근거를 설명하고 있다. 또한 칸트(Kant)처
럼 인간 이성이 선천적으로 인식하는 보편규칙에서 근거를 주장하기도 한다.
벤담(Bentham)을 필두로 하는 공리주의 계통에서는 사회 전체의 즐거움·이익
에서 법의 목적 내지 타당성을 찾고 있다. 뒤기(Duguit), 에어리히(Ehrlich) 등의
사회학파는 법이 사회에서 자발적으로 생성되는 것으로 보며 사회연대성이나
사회의 필요성에서 법의 근거를 설명하기도 한다. 칼 마르크스(Karl Marx)로 대
표되는 사회주의 내지 공산주의 법이론에서는 법은 사회의 기본구조인 경제구
조 또는 생산구조가 생성해 내는 상부구조에 불과하며, 법은 지배계급을 위한
경제구조를 계속 유지하기 위한 수단이며 착취방법이라고 하여, 법이 시들어
없어질 것이라고 외친다. 또 한스 켈젠(Hans Kelsen) 같은 학자는 근본규범이라
는 가정규범에서 법의 근거를 찾았다면서 자기이론이야말로 불순한 요소를 모
두 없앤 순수이론이라고 주장하였다.

이 모든 견해가 정도의 차이는 있으나 얼마만큼의 타당성은 갖추고 있다. 그러나 그 어느 것도 충분한 설명이 될 수 없음은 앞서 설명하였으므로 되풀이하지 않겠다.

본서 제1장의 '법이란 무엇인가'에서 상세히 설명한 것처럼 법이란 어느 사회의 정당한 정치권력이 그 사회의 공동선을 위하여 자연질서에 근거를 두고, 그 사회의 도덕·관습·필요성 등 합리적 가치요소를 반영하여, 정당한 방법으로 제정하거나 확인·적용하는 강제적 사회생활 규칙으로서, 여러 주체 간의 관계에서 최소한의 정의실현이나 질서유지를 내용으로 한다.

따라서 법의 타당성이란 법의 근거, 법의 합목적성, 법의 합리성을 포괄적으로 의미하는 것이다. 법의 근거를 객관적으로 설명하기 위해서는 그것을 입법자의 의사 밖에서 구해야 하며, 입법자가 그 힘을 믿고 마음대로 결정한 것은 정확한 의미에서 '근거'가 될 수 없다. 그 근거는 결국 자연과 인간 그리고 사회의 객관적 관찰을 통하여 검토해야 한다. 자연 및 인간본성이 상당한 질서를 포함하고 있다는 것은 아무도 부인할 수 없다. 자연 및 인간본성을 기초로 하는 것이 사회라면 결국 사회질서인 법규범의 궁극적 근거는 이러한 자연 및 인간본성의 질서, 다시 말해서 자연질서에서 찾을 수밖에 없는 것이다. 또한 법은 그 사회의 공동선을 목적으로 하고 있으며 어느 특정 그룹의 이익을 추구할 수 없다. 그리고 그 사회의 도덕·관습·필요성 등 합리적 가치요소를 반영해야 한다. 법규칙을 마음대로 만들어낸다고 하면 오해이다. 법규칙은 이러한 합리적 요소를 반영하는 것이며, 이런 의미에서 만든다는 것보다 발견해낸다는 표현이 더 적절할 것 같다. 이처럼 법의 근거·목적·합리성의 조건이 충족되는 경우 그 법은 타당하다고 할 수 있다.

2. 법의 실효성

법의 실효성(實效性)이란 법규정이 실제로 실현되어 그 규정된 효력을 현실적으로 발휘하는 것을 의미한다. 이러한 법의 실효성이 성립하는 현실은 두 가지 측면에서 분석하여 볼 수 있다. 첫째, 미시적 측면에서 법의 실효성을 검토해 보면, 국가권력이 보장하는 강제성에 있다. 법을 위반하면 객관적인 제재를 받도록 구체적으로 예정되어 있다. 그 제재내용은 구체적인 경우에 따라 다르겠지만 법규범의 준수를 강제하는 수단이라는 점에서는 같다. 예컨대 관련된 행위의 법적 효력이 부인되어 법적 보호를 받지 못하게 된다면 손해를 배상하게 하거나 일정한 형벌을 받게 하는 등 매우 다양한 제재가 가능하다. 이처럼 법은 그것의 준수가 강제적으로 실현된다는 데 특징이 있다.

둘째는, 거시적 측면에서 검토할 수 있다. 즉 법의 실효성을 단순히 피상적인 현상의 관찰을 넘어 궁극적인 차원에서 분석하는 것이다. 이 경우 법의 실효성의 문제는 단순히 강제되는 것만으로는 충분하지 않다. 다수의 사람이 한꺼번에 위반하려고 한다면 이를 강제할 방법이 없다. 그러므로 법의 실효성은 대부분 사람이 이를 타당한 것으로 수락하는 데 있는 것이다. 설사 일시적으로 부당한 법규가 적용되더라도 궁극적으로는 사람들의 저항에 부딪혀 폐기되고 말 것이다. 그러면 대부분 사람이 어느 법규정을 타당한 것으로 생각하여 수락한 나는 것은 무엇을 의미하는가? 이 문제는 결국 법의 타당성 문제이다. 이처럼 법의 타당성은 법의 실효성과 밀접한 관련을 맺고 있으며 그 바탕이 된다고 볼 수 있다. 그러므로 법의 실효성은 객관적 제재 때문에 구체적으로 강제가 보장된 법의 강제성과 대부분 사람이 타당한 것으로 받아들이는 법의 타당성에 의하여 실현되고 유지되는 것이라고 볼 수 있다. 따라서 법의 실효성은 법의 타당성과 불가분의 관련을 갖고 있다.

Ⅲ. 법의 형식적 효력

법의 형식적 효력이란 법규정이 구체적으로 적용되는 범위를 말한다. 다시 말해서 법의 실질적 효력이 실현되는 경우에 이 효과가 구체적으로 어떤 때를 기준으로, 어떤 범위의 장소와 사람에 미치느냐 하는 문제이다. 그러므로 여기서는 시기·장소·사람을 기준으로 하여 이러한 적용범위를 차례로 검토하여 보고자 한다.

1. 시기(時期)

(1) 법의 효력발생 시기

시기를 기준으로 법의 적용범위를 정하는 것은 결국 그 법규정의 효력기간을 의미하는 것이다. 어느 법규정의 효력기간이란 그 법규정이 효력을 발생한 때부터 효력을 잃는 때까지이다. 법규정의 효력발생 시기는 성문법의 경우에는 대체로 법에서 이를 명시한다. 통상 법을 제정, 공포한 후 사람들이 널리 알 수 있고 또한 그 구체적 시행에 필요한 일정 준비기간이 경과한 다음에 효력을 발생하게 하는 것이 일반적인 관례이다. 구체적으로 법률의 효력발생 시기가 명시되지 않은 경우를 대비하여 우리 헌법 제53조 제7항에는 법률에 특별한 규정이 없는 한 공포한 날로부터 20일이 경과하면 효력이 발생한다고 규정하고 있다. 법률의 전면적인 개정으로 구법과 신법이 교체하는 때에는 구법의 효력상실 시기와 신법의 효력발생 시기가 같다. 다만 일정한 경과규정을 두어 부분적으로 중복적용이 이루어지는 경우도 존재한다.

관습법의 경우에는 선례의 한결같은 반복으로 확고한 관습이 형성되고, 이것에 대해 일반적인 법적 의식이 형성되는 때부터 효력이 발생한다. 그러나 관습법의 경우는 제정법의 경우와 달라서 효력의 발생시기가 명확하지 아니할 수 있다. 통상 중요한 판례에 의해 확인되거나 관계 정부기관의 해석을 거쳐 확립되는 것이 일반적이다.

(2) 법의 효력상실 시기

① 명시적 폐지

법규정은 폐지로 효력을 잃는다. 그러므로 법의 폐지란 법의 효력을 상실시키는 명시적 또는 묵시적 행위를 말한다. 법의 명시적 폐지(abrogation)는 법률의 규정으로 분명히 일정한 시점부터 관계법의 효력상실을 규정하는 것이다. 이와 같은 명시적 폐지의 형식도 몇 가지 경우로 구분하여 생각할 수 있다. 첫째, 가장 일반적인 경우로는 법의 전면적 개정이다. 다시 말해서 일정한 법률이 동일한 목적·서열·기관의 새로운 법으로 대체하면서 그 새로운 법률에서 구법의 폐지를 명시하는 경우이다. 둘째, 어느 법률이 자신의 규정으로 스스로 그 종료기간을 명시하고 있는 경우이다. 이처럼 그 유효기간을 미리 명시해 놓은 법률을 한시법(Zeitgrenzerecht)이라고 한다. 한시법의 경우에는 예정된 유효기간이 경과함으로써 자연히 효력을 상실한다. 셋째, 법률이 일정기간 내에 완성되는 특정사업을 목적으로 하는 경우 그 사업이 완성되어 법률의 목적을 모두 완료한 때에는 자연히 소멸한다. 예컨대 원자력발전소를 건설하는 데 관한 법률, 일정한 운하건설을 하는 데 관한 법률에서 해당 발전소 또는 운하의 건설이 완료된 경우이다.

② 묵시적 폐지

법률의 묵시적 폐지(dérogation)란 법률의 효력을 상실시킨다는 명시적 규정은 없으나 실제로 그 효력을 상실시키는 일정한 행위를 함으로써 폐지시키는 것이다. 예를 들면 일정한 법률과 동일한 목적·기관·서열·범위의 새로운 법률을 제정하여 두 가지 법률이 양립할 수 없는 경우에는 비록 명시적 규정은 없어도 후법 우선의 원칙(lex posterior derogat priori)이 적용되어 나중의 법이 적용된다. 그러나 나중의 법이 먼저 법보다 효력범위가 훨씬 광범위한 일반법이고 명시적 규정이 없다면 특별법 우선의 원칙(lex specialis derogat generali)에 따라 특별법인 먼저 법이 우선 적용된다. 또한 일정한 법률과 동일한 목적의 내용이 나중에 다른 상위법률을 제정하면서 포함된 경우 상위법률에 먼저 법률의 폐지에 대한 명시적 규정이 없는 경우에도 상위법 우선의 원칙(lex superior derogat inferiori)에 따라 먼저의 하위법률은 묵시적으로 폐지된다. 관습법도 동일한 목적의 새로운 관습법이 형성되어 먼저 관습법과 양립할 수 있는 경우에는 당연히 새로운 관습법이 적용된다.

(3) 법률불소급원칙

법률불소급원칙(Principe de non-rétroactivité; Prinzip der Nichtrückwirkung)이란 법률은 그 효력이 발생한 때로부터 장래를 향하여 적용될 뿐이고, 과거로 거슬러 올라가면서 적용되지 않는다는 원칙이다. 이러한 불소급원칙이 적용되는 근거는 사람들이 현재의 법률을 기초로 하여 사회생활을 영위하여 왔는데 갑자기 과거로 소급하는 법률을 만들어 과거 법률관계의 변동을 조장하면 법률생활의 안정을 확립할 수 없으며 기득권보장의 원칙에도 어긋나기 때문이다. 특히 형법에서는 이른바 죄형법정주의가 적용되는 관계로 행위 시의 법률에 위반되지 않는 것을 소급입법으로 처벌할 수 없다. 이러한 죄형법정주의는 국민의 인권을 보장하기 위하여 극히 중요하기 때문에 헌법 제13조 규정으로 보장하여 모든 국민은 행위 시의 법률에 의하여 범죄가 되지 않는 행위로 소추되지 않는다고 명시하고 있다. 형법 제1조 제1항에도 이를 다시 확인하여 "범죄의 성립과 처벌은 행위 시의 법률에 의한다."라고 규정한다.

그러나 이러한 법률불소급의 원칙이 인정되는 이유는 법률생활의 안정, 기득권의 보장, 죄형법정주의의 실현을 통한 인권의 보장에 있으므로 이러한 정신에 어긋나지 않는 범위에서 예외가 인정되고 있다. 예를 들면 민법 부칙 제2

조나 상법 일부규정의 시행에 관한 규정 제2조에 의하면 특별히 안정을 해치는 경우에는 특별규정을 따로 규정하고, 그렇지 않다면 구법에 기초하여 이미 유효하게 발생한 효력에는 영향을 주지 않는다. 또한 죄형법정주의는 인권을 보장하는 데 목적이 있으므로 오히려 이익이 된다면 구태여 소급적용을 금지할 필요가 없다. 따라서 형법 제1조 제2항도 이런 점을 고려하여 "범죄 후 법률의 변경에 의하여 그 행위가 범죄를 구성하지 아니하거나 형이 구법보다 경한 때에는 신법에 의한다."라고 규정하고 있다.

(4) 경과규정

구법과 신법이 교체되는 경우 시기적으로 양쪽에 걸쳐서 발생한 문제를 해결하기 위해서는 특별한 경과규정을 따로 두어 해결하고 있다. 다시 말해서 어떤 사항에 구법이 적용될 때 시작되어 신법이 적용된 후에야 완성될 경우, 기타 양쪽 법령에 모두 관계되는 경우 어느 법을 적용할 것인가는 문제에 따라 구체적으로 타당성 있게 결정해야 한다. 여기서 구체적으로 타당성 있게 결정한다는 것은 법률생활의 안정, 관계자들의 이해관계, 형평 등 모든 점을 고려하여 문제별로 따로따로 결정하는 것을 말한다. 그러므로 이러한 필요성에 따라 특별규정인 경과규정을 부칙에 별도로 두게 된다.

2. 장소: 영토관할권

(1) 영토관할권의 배타성과 충만성

법은 일반적으로 그 나라의 영토 전체에 적용된다. 그러므로 그 나라의 영토 위에 있는 외국인을 포함하여 모든 사람과 물건에 적용된다. 이것은 이른바 영토관할권에서 나오는 당연한 결과이다. 영토관할권이란 국가가 자기 영토에 근거하여 그 영토상에서 행사하는 관할권 전체를 말한다. 이 영토관할권은 국가가 영토와 긴밀한 관계에 있으므로 다른 관할권에 비하여 가장 강력하다. 국가는 자기 영토상에서 다른 모든 나라를 배제하고 모든 국가기능을 포괄적으로 행사한다. 이것을 영토관할권의 배타성과 충만성이라 한다.

지방자치단체의 법규와 같이 처음부터 일정한 지역에만 적용될 것이 예정된 법규는 당연히 그 관계 지방자치단체의 범위 안에서만 적용된다. 또한 법률의 규정내용이 특별한 성격을 띤 지역에 관한 것일 때에도 비슷한 결과가 나타난다. 예를 들면 도시계획법은 처음부터 도시계획이라는 목적으로 도시에만 적용된다. 주차장법도 마찬가지로 도시에 있어서 자동차 주차장의 설치·정비·관리에 관하여 규정하므로 도시에만 적용된다.

법의 일반적 적용범위가 그 나라의 영토라고 할 때 영토의 의미는 그 나라의 관할권이 미치는 모든 공간을 뜻하는 것이다. 따라서 육지인 영토뿐 아니라 영공, 영해도 모두 포함된다. 그뿐 아니라 접속수역, 배타적 경제수역, 대륙붕, 군도수역 등은 그 수역에 적용되는 관할권의 한도 내에서 그 나라의 법규가 적용된다. 접속수역이란 영해기준선으로부터 24해리 범위 내에서 그 연안국가의 관세·조세·출입국·보건관계 규칙의 위반을 예방하거나 처벌하기 위하여 필요한 국가통제권을 행사하는 수역이다. 배타적 경제수역이란 영해기준선으로부터 200해리 이내에서 그 해저, 지하, 상부수역의 자원개발 및 보존, 공해방지를 위하여 연안국이 배타적 관할권을 행사하는 수역이다. 대륙붕이란 대륙에 인접한 완만한 경사의 수심이 낮은 해저지단으로 영해기준선으로부터 350해리를 넘지 않고 그 지질학적 현실을 반영하는 한계 내에서 해저 및 그 지하의 광물자원 및 정착성 생물자원의 개발을 목적으로 연안국가의 관할권을 행사하는 수역이다. 군도수역이란 대양상의 군도국가가 여기저기 흩어져 있는 특수성으로부터 부담하는 국방상의 불안정을 해결하기 위하여 일정한 범위 내에서 모든 섬을 포괄하는 수역을 설정하는 것이다. 그뿐 아니라 선박·항공기·우주물체의 경우에도 그 등록국가의 법령이 적용된다.

(2) 영토관할권의 제한

국가는 영토관할권의 배타성과 충만성에 따라 그 영토상에 있는 모든 사람과 물건에 대하여 자기 법규를 적용하고 그 관할권을 배타적·포괄적으로 행사한다. 그러나 이러한 법규적용 및 관할권 행사에는 일정한 제한이 따른다.

첫째, 그 영토의 관할권이 조차·점령 등의 이유로 다른 나라에 맡겨져 있는 특수한 경우에는 일정한 조건 아래서 관할권행사 국가의 법령이 적용된다.

둘째, 외교특권 및 면제(diplomatic privileges and immunities), 이와 비슷한 국제기구 관계의 특권과 면제 문제이다. 특히 이 '외교특권 및 면제'를 우리나라와 일본에서 치외법권(exterritoriality)이라고 부른다. 그러나 이러한 표현은 잘못된 것이다. 원래 치외법권이란 과거 유럽 제국주의자들의 식민지정책에서 나온 말이다. 유럽 제국주의자들이 중국·터키·아프리카 등을 침략할 때 무력의 위협 아래 불평등조약을 체결하여 문화·전통·종교 등이 다르다는 핑계로 이들 후진국에 거주하는 자기 국민에게 영토국의 법질서를 적용하지 못하게 하였는데 이 체제를 일반적으로 '굴복체제(capitulation)'라고 한다. 따라서 이들 제국주의국가 소속 외국인들은 영토국가의 법·사법권·강제조치 등으로부터 제외된다는 것이며, 학설은 이 억지현상을 치외법권(exterritoriality)이라고 하였는데, 이는 거주국가 영토 밖에 있는 것으로 간주한다는 뜻으로 일종의 허구다. 이제 국제사회가 발전함에 따라 이처럼 부당한 굴복체제(capitulation)는 사라졌고 치외법권도 사라졌다. 그러므로 이러한 외교특권 및 면제를 치외법권이라고 부르는 것은 타당하지 아니하다고 본다.

1961년 외교관계에 관한 비엔나 협약 제41조 제1항이 명시한 것같이 외교사절도 접수국가의 법질서를 반드시 준수해야 하며 이를 어기는 경우 비록 사법권이 집행되지는 않더라도 '페르소나 논 그라타(persona non grata)'로 추방당하게 된다. 'persona non grata'는 '달갑지 않은 사람'이라는 뜻으로 외교관계에 있어서 파견국의 외교관이 접수국의 법질서를 위반하거나 기타 이유로 제재를 하고자 할 때 그 파견국가에 대하여 관계 외교관을 소환하도록 요구하는 제도이다.

외교특권 및 면제란 외교관이나 외교사절단이 파견국 대표로서 그 맡은 기능을 독립적이고 효율적으로 수행할 수 있도록 접수국 내에서 누리는 특별한 국제법상의 지위를 말한다. 외교특권 및 면제는 상호성에 입각하여 외교사절의 대표성과 독립적 기능수행을 위하여 일정한 영토관할권의 적용이나 집행을 면제해 주는 예외적인 조치일 뿐이며 결코 접수국의 법질서를 무시해도 좋다는 의미는 아니다. 앞서 인용한 위 비엔나 협약 제41조 제1항도 이점을 분명히 하여 '접수국가의 법과 규칙을 준수하는 것이 특권과 면제를 누리는 모든 사람의 의무'라고 규정하고 있다.

3. 사람: 인적 관할권

법의 효력은 그 적용을 받는 사람의 범위를 기준으로 생각할 수 있다. 앞서 국가 영토관할권의 적용과 관련하여 영토상에 있는 모든 사람에게 적용됨을 보았다. 그러나 사람에 관련된 법의 적용범위는 영토상에 있는 사람들에게만 적용되는 것이 아니라, 다른 나라의 영토에 있는 해당 국가의 국적을 가지고 있는 사람에게도 적용된다. 이것은 국가의 인적 관할권에서 나오는 결과이다. 인적 관할권이란 일정한 자연인·법인 또는 물건에 대하여 국적에 근거하여 국제법상 인정되는 법적 관할권이다. 물론 다른 나라 영토상에 있는 자기 국적의 사람에 대하여 자기 나라의 관할권을 행사하는 데에는 상당한 제한이 따른다. 일반적으로 영토관할권은 배타성·충만성이 인정되는 관계로 영토관할권이 인적 관할권에 당연히 우선하는 것이 원칙이다. 그러므로 어느 나라 법률의 적용범위를 사람에 관하여 생각하는 경우에 자기 나라 영토 위에 있는 자기 국민이나 외국인은 영토관할권에 근거하여 적용하는 것이고, 다른 나라 영토상에 있는 자기 국민에 대해서는 인적 관할권에 근거하여 적용하는 것이다.

그런데 이처럼 국가의 영토관할권·인적 관할권에 기초하여 법의 적용범위를 설명하는 것과는 달리 이른바 속지주의와 속인주의의 구분으로 설명하는 견해도 있다. 속지주의란 영토를 기준으로 자기 영토 위에 있는 내국인·외국인을 가리지 않고 모든 사람에게 법의 효력이 미친다는 견해이다. 반면 속인주의란 그 국적을 기준으로 하여 자기 국민은 국내에 있건 외국에 있건 가리지 않고 자기 나라 법을 적용한다는 견해이다. 이 견해에 의하면 상대방 영토를 서로 존중하는 의미에서 속지주의가 우선적으로 적용되고 속인주의가 보충 적용된다고 본다.

영토관할권·인적 관할권에 기초하여 설명하더라도 그 결과와 내용은 동일하다. 그러나 속지주의·속인주의 개념 속에는 국제사회라는 법 공동체를 의식함이 없이 단지 개개의 국가 입장에서 개별적으로 설명하려고 하는 것이 문제이다. 마치 개개의 국가가 속지주의·속인주의 중 하나를 마음대로 선택할 수 있는데 상대방의 영토를 존중해서 속지주의를 원칙으로 하고 속인주의를 보조적으로 선택한 것처럼 설명한다. 하지만 이러한 견해는 국제법공동체를 의식하지 못하여, 사람에 대한 법의 적용범위에 관하여 체계적·합리적 설명을 하는 대신 우연히 모든 나라가 상대방의 영토를 존중해 주려는 자발적인 생각에서 그렇게 행동하는 것처럼 설명한다. 그러나 실제로 이른바 속지주의를 원칙으로 하고 속인주의를 보조로 하는 것은 국가의 자유로운 선택이라고 볼 수 없고, 국가가 어쩔 수 없이 구속받는 법적 의무인 것이다. 그러므로 이런 실제적 현상은 국제법공동체를 전제로 하는 영토관할권·인적 관할권의 구분에 따라서만 체계적·합리적으로 설명할 수 있다고 본다.

자기 영토 내에 있는 모든 사람에게 법률을 적용하는 경우에도 몇 가지 예외가 있다. 우선 대통령은 재직 중에 특별한 죄(내란 또는 외환의 죄)를 범하지 않고서는 형사소추를 당하지 않는다. 또한 국회의원도 현행범인인 경우를 제외하고는 그 회기 중에는 체포·구금되지 않는다. 그리고 외국인의 경우에는 참정권·청원권·병역의무 등과 관련하여 일정한 제한을 두고 있다.

제 4 절 법의 적용

I. 법적용의 개념

법의 적용이란 추상적인 법규 속에 포함된 규정 내용을 구체적이고 개별사안에 직접 연결하는 작업이다. 예컨대 구체적인 사기사건이 재판에 회부된 경우에 사기죄에 관한 형법을 적용하여 규정된 형량 범위 내에서 그 사건에 적당하다고 판단되는 형을 선고하게 된다. 또한 한국에 있는 영국대사관에 시위대가 몰려가서 돌을 던진 사건이 발생하였다면, 한국정부는 1961년 외교관계에 관한 비엔나 협약 제22조 제2항에 규정되어 있는 외교장소를 보호할 접수국의 의무규정에 따라 즉시 경찰관을 출동시켜 영국대사관을 보호하고 그 손해를 보상하여야 한다.

이처럼 법을 적용한다는 것은 추상적인 법규를 구체적 사실에, 일반적인 내용을 개별적 사안에 직접 연결하는 작업이므로 법적 연역(deductio juridica) 관계가 성립한다. 좀 더 구체적으로 말해서 법규를 대전제(propositio major)로 하고, 구체적 사건을 소전제(propositio minor)로 하여 결론(conclusio)을 내리는 삼단논법(syllogismus)이 이루어진다. 따라서 법의 적용을 이러한 삼단논법과 관련하여 설명한다면, 먼저 소전제인 구체적 사실을 확정한 다음, 대전제인 법규를 찾아내고 올바르게 해석하여 이 두 가지를 직접 연결하여 구체적 사실에 타당한 결론을 내리는 것이다. 그러므로 법의 적용문제를 넓게 보면 사실의 확정문제, 법규의 발견문제(법의 흠결문제 포함), 법의 해석문제이다. 여기서는 사실의 확정문제와 법규의 발견문제를 설명하고, 법의 해석문제는 다음 절에서 설명하도록 하겠다.

여기서 한 가지 분명히 할 것은 법의 적용이 법률관계의 삼단논법 형식으로 이루어진다고 하여도 문제의 중점이 대전제·소전제에서 결론을 내리는 법적 추리에 있는 것이 아니라, 오히려 소전제인 사실을 확정하는 것과 대전제인 관련 법규를 찾아내서 올바르게 해석하는 것에 있다는 점이다. 다시 말해서 대전제·소전제를 결정하는 것이 매우 중요한 일이다.

Ⅱ. 사실의 확정

앞에서 설명한 바와 같이 법을 적용하려면 법률관계 삼단논법의 소전제가 되는 구체적 사실 내용을 먼저 확정해야 한다. 이것을 사실문제(Tatfrage)라 한다. 이 사실문제에 대하여 사실을 규율하는 법규의 내용을 밝혀내는 것을 법률문제(Rechtsfrage)라고 한다. 그리고 구체적 사실이라고 해서 모두 문제시되는 것이 아니며 사실문제는 법적으로 중요한 사실 내용을 확정하는 것이다. 무엇이 법적으로 중요한 사실인가를 형식적으로 검토하면 실정법규정에 구체적으로 해당하는 사실을 말한다. 다시 말해서 법적으로 중요한 사실이란 법률요건 내지 구성요건(faits juridiques; Tatbestand)에 해당하는 사실이다. 법적으로 중요한 사실을 실질적으로 검토하면 결국 법의 정의에 귀결된다. 법이란 그 사회의 공동선을 위하여 자연질서에 근거를 두고 그 사회의 도덕·관습·필요성 등 합리적 가치요소를 반영하는 강제규칙이므로 이러한 법의 목적인 공동선과 합리성이 그 사회의 합리적 가치요소의 견지에서 중요한 사실이다. 즉 법적으로 중요한 사실의 형식적 측면과 실질적 측면이 궁극적으로 일치해야만 하는 것이다. 현실적으로는 형식적 측면인 법률요건의 해당 여부로 판단하는 것이지만, 법의 내용이 실질적 요소에 근거하고 있기 때문에 실질적 측면과 완전히 독립된 것이 아니라는 것이다.

그리고 이처럼 법적으로 중요한 사실에 관한 내용의 결정은 겉으로 나타나는 외형적·결과적인 사실만을 문제 삼는 것이 아니라 인간의 의사와 같이 주관적·내면적인 사실도 중요시된다. 예를 들자면, 담 너머로 돌을 던졌다고 하여도 그 사실만으로는 법적으로 문제가 되지 않는다. 그러나 지나가는 사람이 맞아서 다쳤다면 이것은 법적으로 중요한 사실이 된다. 그리고 이 경우 돌을 던진 사람이 미리 조금이라도 생각하였다면 지나가는 사람이 맞을 수도 있었음을 알았을 터인데 부주의로 전혀 의식하지 못하였다면 형사적으로 과실치상죄가 되고, 민사적으로 과실에 의한 불법행위 책임이 문제된다. 만일 돌을 던진 사람이 이웃 사람을 평소에 미워하여 다치게 하려고 던졌으면 형사적으로 상해죄에 해당하고, 죽이려는 의도로 던졌으면 살인미수가 되며, 민사적으로는 고의에 의한 불법행위 책임의 문제가 될 것이다. 즉 어떤 의도로 돌을 던졌느냐가 중요한 요소가 되는 것이다.

Ⅲ. 사실확정의 방법

1. 증　　명

법적으로 중요한 사실의 존재 및 내용 확정은 객관적인 증거에 의하여 이루어진다. 이와 같이 객관적인 증거에 의하여 사실의 존재 및 내용을 확정하는 것을 증명이라고 한다. 증거란 이러한 사실의 존재 및 내용에 관하여 경험적 원칙에 비추어 법관 등 제3자에게 일정한 방향으로 확신을 갖게 하는 여러 가지 자료를 말한다. 일정한 자료와 일정한 결과 사이에 경험적 원칙에 의한 필연성이 있을 때 이 자료들은 일정한 결과를 발생시키는 증거가 된다. 그리고 증거를 찾아내고, 해당 사실을 증명해야 하는 자는 소송법상 대체로 어떤 사실을 주장하는 측에서 해야 하는데, 이러한 부담을 증명책임이라고 한다. 다만 법률에서 일정한 방향으로 추정할 때는 그 추정에 반대되는 주장을 상대방 쪽에서 증거를 제출하여 그 주장사실을 증명하여야 한다.

2. 추　　정

주요사실의 존재나 그 내용을 확정하려면 원칙적으로 그러한 심증을 굳힐 수 있는 증거를 찾아내야 한다. 그러나 어떤 때에는 증거를 찾아내는 것이 매우 곤란한 경우에 그 주요사실의 전제사실을 증명함으로써 주요사실을 추인(追認)하도록 할 수 있다. 특히 주요사실이 현저히 곤란한 공해소송, 제조물책임소송, 의료소송 등의 현대형소송에서 중요한 의미가 있다. 전통적인 증명책임의 원칙에 의하면 현대형소송에서 주요사실의 증명이 매우 어렵기 때문에 피해자인 원고의 패소 가능성이 매우 높다. 이러한 결론은 재판을 통한 정의실현을 현저히 어렵게 만든다. 이러한 난점을 극복하기 위한 개념도구가 추정(推定)이다. 추정에는 사실상 추정과 법률상 추정이 있다. 사실상 추정은 A라는 전제사실로부터 일반 경험법칙을 통하여 B라는 추정사실(주요사실)을 추인하는 것이고, 법률상 추정이란 A라는 전제사실로부터 B라는 추정사실 또는 추정권리를 법규화된 경험법칙 즉 추정규정을 적용하여 추인하는 것이다. 사실상 추정은 추정사실의 진실 여부에 대한 의심을 품게 할 반증으로 추정이 깨어지지만, 법률상 추정은 상대방이 추정사실 또는 추정권리의 반대사실을 적극적으로 증명하여야 추정을 깰 수 있다. 그런 점에서 법률상 추정이 사실상 추정보다 강력한 추정력을 갖는다고 할 것이다.

3. 사실의 의제

법률질서의 안정이나 명확성을 달성하기 위하여 또는 특정 법률주체나 일반적인 공익의 보호를 위하여 사실의 진실성이나 당사자의 의사와 관계없이 법정책상으로 사실관계를 확정하는 수가 있다. 이를 사실의 의제(擬制) 또는 간주(看做)라고 한다. 법규정상으로는 보통 '본다' 또는 '간주한다'로 표현되어 있다. 예컨대 제한능력자가 한 행위는 취소할 수 있으므로 상대방이 불안하다. 그러므로 제한능력자가 능력자로 된 경우에 상대방은 1개월 이상의 기간을 정하여 취소할 수 있는 행위를 취소할 것인지 아니면 추인할 것인지를 최고할 수 있다. 그런데 민법 제15조 제1항에 의하면 제한능력자였다가 능력자로 된 사람이 이 기간 내에 확답을 발하지 않으면 취소할 수 있는 행위를 '추인한 것으로 본다.' 언제까지나 확답을 하지 않는다고 해서 취소할 수 있게 하면 법률생활의 안정을 기대할 수 없으므로 정해진 기간이 지나면 자동으로 추인한 것으로 간주하여 유효한 행위로 확정하는 것이다. 따라서 이 경우 당사자의 의사는 상관하지 않는다. 추인이란 불완전한 법률행위를 나중에 보완하여 확정적으로 유효하게 하는 일방적 의사표시이다. 민법 제28조의 실종선고의 효과에 관한 규정을 보면 실종선고를 받은 사람은 실종선고 기간이 만료된 때에 '사망한 것으로 본다.' 따라서 나중에 살아서 돌아와도 가사소송법에 따라 법원의 심판절차를 거쳐 실종선고 취소가 확정되어야 살아 돌아온 것이 된다. 또한 실종선고 취소의 심판이 확정되어도 그 전에 선의로 행한 행위의 효력은 영향을 받지 않는다.

또한 민법 제1064조에 의하면 "태아는 재산을 유증 받는 때에는 이미 출생한 것으로 본다."고 하여, 태아를 보호하려는 취지에서 출생하지도 않은 것을 법정책상 출생한 것으로 여기는 것이다.

이러한 사실의 의제는 사실의 추정(사실상의 추정＋법률상의 추정)과는 다르다. 사실의 추정은 추정내용과 다른 반증 또는 반대사실의 증명이 있는 경우에는 추정이 부정되지만, 사실의 의제에 있어서는 어떤 사실의 진실성과는 처음부터 관계없이 법률생활의 안정·공익, 어떤 법주체의 보호를 위하여 법 정책적으로 그렇게 인정한 것이기 때문에 반증으로는 이것이 부정될 수 없다. 예컨대 상속에 있어서 태아를 출생한 것으로 인정하지만 태아가 출생하지 않은 것은 처음부터 명백하기 때문에 반증의 여지가 없다. 그러나 후에 「태아가 사산되었다는 반대사실」을 본증으로 증명하면 번복될 수는 있다.

Ⅳ. 법규정의 발견문제

1. 법의 적용과 법규정의 발견

법을 구체적으로 적용하려면 구체적인 사실을 확정하고 이 사실에 관계되는 법규정을 찾아내야 한다. 물론 사실의 확정도 법적으로 중요한 사실을 확정하는 것이기 때문에 사실문제와 법률문제는 처음부터 상호 연결되는 것이지만 법률적용의 체계적 설명을 위하여 이론적으로 두 가지 문제를 따로 떼어서 생각하는 것이다.

법규정을 찾아내는 것은 우선 성문법규가 있는 경우에는 비교적 쉽게 달성된다. 관계되는 법규정을 적용하면 되기 때문이다. 그러나 구체적 사건에 관하여 직접 적용할 만한 성문법규가 없거나 모호한 경우에는 쉽지 않다. 모호한 경우에는 모든 관련사항, 법이론, 선례 등을 고려하여 합리적인 판단을 내려야 할 것이다. 관계되는 성문법규가 아예 없는 경우에는 불문법원(不文法源)에 의지하는 수밖에 없다. 따라서 우선 관습법에 의하고 관습법이 없는 경우에는 판례나 조리에 의해야 한다. 그러나 조리라는 것은 상당히 추상적일 뿐만 아니라 명확하지도 않기 때문에 그 적용이 간단하지 않다. 또한 형법과 같이 특수한 분야에서는 조리에 의하여 범죄를 확정한다는 것은 있을 수 없는 일이다. 그러므로 법의 일반이론을 연구함에 있어서 이러한 특수상황을 검토해 볼 필요가 있다.

위에서 설명한 것처럼 구체적인 사건에 관하여 적용할 법규정이 아무리 찾아도 없는 것을 법의 흠결(lacunes du droit)이라 한다. 법규정의 발견문제는 관계 법규정이 분명한 때에는 문제 되지 않고, 모호하거나 법의 흠결이 있는 때에 문제가 된다.

2. 법의 흠결문제

법의 흠결(lacunes du droit)이란 구체적 사건에 적용할 법규가 없는 경우이다. 이런 것이 특별히 문제가 되는 때는 재판을 하는 법관이 적용법규가 없다는 이유로 재판을 할 수 없다고 선언하는 이른바 '진위불명(non-liquet)'이 가능하느냐에 있다. 이에 관하여 프랑스 민법 제4조는 "법률의 침묵·불명확·불충분을 구실로 재판을 거부하는 법관은 재판거부죄로 소추될 수 있다."라고 하여 진위불명을 부인하고 있다. 그러므로 법의 흠결문제는 재판불능의 문제라기보다는 구체적으로 적용할 법규가 없을 때 어떻게 재판하느냐 하는 문제이다. 이에 대한 일반적인 견해는 유추(analogy)에 의하여 해결해야 한다는 것이다. 유추적용이란 어떤 구체적 사실을 직접 적용될 법규가 없을 때 그와 유사한 사실에 적용되는 법규칙을 적용하는 것이다. 두 가지 사실이 매우 비슷하고 공통된 요소를 내용으로 한다는 점에서 이러한 적용이 정당화되는 것이다. 다시 말하면 유추는 법적 사실의 동일성에 기초하는 것이 아니라 법적 근거 내지 이유(ratio legis)의 동일성에 기초하는 것이다. "같은 근거 내지 이유에 같은 법이 적용된다(ubi eadem ratio, idem jus)."라는 법언은 바로 이런 뜻을 내포하고 있다.

3. 법의 흠결과 스위스 민법

1907년에 제정된 스위스 민법 제1조는 적용할 법규가 없는 경우에 법관은 자기가 입법자였다면 이런 경우에 제정하였을 규칙에 따라 판결을 하도록 규정하고 있다. 그러므로 법관의 주관적 입장을 떠나서 객관적인 입법자였더라면 이런 경우에 어떤 법규칙을 제정하였을 것인가를 추구하여 그에 따라 판결을 내리는 것이다. 이것은 구체적으로 무엇을 의미하는가? 법관이 자기 마음대로 주관적인 결정을 하는 것이 아니라 결국은 유추적용을 하게 된다는 것이 일반적인 견해다. 이것을 조리에 의한다고 하든 유추적용을 한다고 하든 표현만 다를 뿐이지 실제 그 내용이나 결과는 같은 것이다.

4. 법의 흠결과 형법

형법에 있어서는 "법률이 없으면 범죄와 형벌이 성립하지 않는다(nullum crimen sine lege: nulla poena sine lege)."는 '죄형법정주의의 원칙'이 철저히 적용되기 때문에 법의 흠결이 있다고 해서 조리나 유추를 적용할 수는 없다. 다시 말해서 적용할 법규정이 없으면 범죄가 성립하지 않고 따라서 형벌을 줄 수 없는 것이다. 물론 독재주의 정권 아래서는 형법상 흠결의 경우에도 조리나 유추를 사용한 예가 있다. 예컨대 나치 정권의 1935년 형법 제2조에 의하면 "형법의 기본개념과 국민의 건전한 양식에 따라 처벌되어야 한다고 판단되는 범죄는 처벌할 수도 있다."고 규정하였고, 또한 구소련 형법 제16조는 "사회적으로 위험스런 행위의 처벌규정이 없는 경우, 그 성격이 가장 유사한 처벌규정을 적용할 수 있다."고 규정한 경우가 있었다. 이와 같이 형법의 흠결을 조리 내지 유추에 근거하여 처리하는 것은 독재정권에서나 있는 일이며 일반원칙상 용인될 수 없는 일이다.

제 5 절   법의 해석

I. 법해석의 개념

법해석은 넓게 보면 당연히 법적용에 포함되는 개념이다. 법적용을 위하여 일반적이고 추상적인 법규정의 의미를 밝혀내는 것이 법의 해석이기 때문이다. 그러나 본서에서는 설명의 편의를 위하여 따로 떼어서 검토하기로 한다.

법규정은 그 성격이 일반적이고 추상적이다. 구체적인 사회생활에 널리 적용되기 위해서는 그럴 수밖에 없는 것이다. 그뿐 아니라 법규정상의 용어는 그 사회의 일상생활에서 쓰이는 것과 다른 의미를 가질 수 있으며 다른 학문 분야에서 사용하는 것과도 다를 수 있다. 예컨대 민법에서 성년이라는 것과 생물학에서 성년이라는 것은 상당히 다르고, 일상생활에서 사용되는 행위능력이라는 말과 법의 세계에서 사용되는 행위능력은 근본적으로 다르다. 그 밖에 일반 언어에서 선의·악의라는 것과 법적 용어에서 선의·악의라는 것은 전혀 다르다. 이처럼 일반적이고 추상적으로 규정되어 있는 법규의 내용을 구체적 사실에 적용할 수 있도록 분명히 하고 구체화하며 또한 법적인 의미를 정확하게 밝혀내는 작업을 법해석이라고 한다.

법이란 자연질서에 근거하여 그 사회의 공동선을 목적으로 그 사회의 도덕·관습·필요성 등 합리적 가치요소를 반영하는 강제규칙이기 때문에 입법자가 당초에 이 모든 것을 완전히 파악하지 못할 수도 있고, 또한 법적 공동체가 계속 발전하여감에 따라 입법자가 법규를 제정할 당시의 사정과는 달라질 수도 있다. 따라서 법을 적용하는 단계에서 구체적 상황에 맞도록 법규정의 의미를 밝혀내는 것은 매우 중요하고 필요한 일이다.

Ⅱ. 법해석의 한계

법을 해석한다는 것은 일반적·추상적으로 제정되어 있는 법규정의 내용을 그 법공동체의 사실개념과 가치개념을 기준으로 구체적 타당성 있게 의미를 밝히고 확정하는 것이므로 법을 해석하는 데는 당연히 일정한 한계 내지 범위가 인정된다. 예컨대 "야간에 남의 주거에 침입하여 남의 물건을 훔친 사람은 10년 이하의 징역에 처한다."라고 할 때 '야간'을 어떻게 해석할 것인가? 이것과 관련하여 저녁 7시 이후라든가 해가 진 뒤라든가, 아니면 관공서의 퇴근시간 이후라고 그 사회의 사정에 따라 해석하는 것은 가능하지만, 정오라든가 오전 10시라고 해석하는 것은 있을 수 없다. 즉 이런 개념은 그 법공동체의 사실개념을 기준으로 그 용어가 가지는 일반적 의미의 한계 내에서 타당성 있게 결정되는 것이다. 또한 신의성실이나 공서양속 및 사회질서라는 가치개념도 그 용어가 갖는 일반적 의미와 한계를 벗어날 수는 없다. 이처럼 법해석의 한계는 어떤 용어가 그 법공동체 안에서 가지는 일반적 의미의 범위 내에서 구체적 타당성 있게 결정하는 데 있다.

Ⅲ. 법해석의 방법

지금까지 법을 구체적으로 적용하기 위하여 그 법규의 해석이 필요하다는 것을 설명하였다. 그러면 구체적으로 어떤 방법에 근거하여 해석할 것인가? 이러한 법의 해석방법은 오랫동안 논의되었고 그 방법도 다양하다. 우선 이 해석방법을 몇 가지 기준에 따라 분류하는 것이 유익하다. 해석방법은 크게 국가기관에 의한 해석과 학문적인 해석으로 나눌 수 있다. 국가기관에 의한 해석이란 법규를 제정하고 적용한 권한 있는 국가기관이 그 권한에 근거하여 해석하는 것으로 이를 유권해석이라고 한다. 학문적 해석이란 법률학적인 견지에서 법을 해석하는 방법으로 이를 학리해석 또는 무권해석이라고 한다. 학리해석은 또다시 고전적 방법과 현대적 방법으로 나누어 생각할 수 있다.

1. 유권해석

유권해석(interprétation authentique)은 다시 적용기관의 종류에 따라 입법해석·사법해석·행정해석으로 구분한다.

(1) 입법해석

입법해석(interprétation législative)이란 입법기관이 입법권에 근거하여 일정한 법규정이나 법개념의 해석을 다시 법규정으로 정해 놓은 것이다. 이러한 입법해석은 같은 법령 속에 규정할 수도 있고, 시행세칙과 같은 부속법규에서 규정할 수도 있다. 예컨대 1969년 비엔나 협약 제2조 제1항 f에 의하면 '조약체결국가'란 조약의 효력 발생 여부와 관계없이 조약의 구속을 받겠다는 동의를 표시한 국가라고 하고, 제2조 제1항 g에 의하면 '당사자'란 조약의 구속을 받겠다는 동의를 표시하였을 뿐만 아니라 조약이 그 국가에 대하여 효력을 발생한 경우라고 법규정으로 명시하고 있다. 그리고 민법 제98조에서는 "본법에서 물건이라 함은 유체물 및 전기 기타 관리할 수 있는 자연력을 말한다."라고 하여 법률상으로 물건이 무엇인지를 민법으로 규정하여 놓은 것이다. 이와 같은 입법해석은 그 자체가 법규정이기 때문에 또다시 해석의 대상이 된다. 예컨대 민법 제98조의 '관리할 수 있는 자연력'이 무엇인지는 즉시 분명하지 않을 뿐 아니라 과학기술의 발달에 따라 유동적이기 때문에 다시 정확한 해석이 필요하다.

(2) 사법해석

사법해석(interprétation judiciaire)은 사법기관이 재판을 하는 권한에 근거하여 내리는 해석이다. 원래 법원은 법해석이나 적용에 통하여 분쟁을 해결하고 법 위반 여부를 가리어 그에 맞는 벌을 결정하는 기관이기 때문에 법해석과 관계가 매우 깊다. 사법해석은 좀 더 구체적으로 말해서 구체적인 소송사건과 관련하여 필요한 법규정을 해석하는 것이다. 이러한 사법해석은 기판력을 가지는 관계로 그 해석의 권위가 한층 강력하다. 기판력이란 재판이 확정된 경우 그 판결의 효력이 해당 사건에 관하여 법원과 당사자들을 구속하여 같은 내용이 다시 소송상에 문제가 되어도 먼저 판결과 상반되는 주장을 할 수 없도록 하는 법적인 힘을 말한다. 물론 기판력이란 동일한 사건에 관하여서만 인정되고 있기 때문에 그 효력은 제한적인 면이 있다. 그렇지만 적어도 대법원의 해석 즉 대법원 판례는 동일한 사건에 관하여 최종 해석일 뿐 아니라, 동일한 종류의 다른 사건을 해석함에 있어서 상당한 권위를 가지고 있으므로 법원의 해석은 실제로 매우 중요한 의미를 가진다.

(3) 행정해석

행정해석(interprétation administrative)이란 행정기관이 법을 집행하기 위하여, 필요한 경우 법집행 권한에 근거하여 내리는 해석이다. 행성관청은 그 서열원칙에 따라 조직되어 있으므로 하급관청은 상급관청의 법규해석이나 지침을 준수해야 한다. 그러므로 행정해석의 질서 내지 계통이 확립되기 마련이다. 행정관청의 해석은 행정행위의 공정력(公定力)이 인정되는 관계로 일단 유효한 것으로 시행되며, 다만 행정행위가 불법·부당한 경우에는 나중에 행정심판 내지 행정소송 등에 의하여 취소될 뿐이다. 이것을 행정행위의 공정력(Selbstbezeugung)이라 한다. 행정행위의 공정력이란 행정행위가 부당하게 보여도 무효가 명백한 경우를 제외하고는 취소될 때까지 일단 유효한 것으로 인정되어 상대방과 행정기관을 구속하는 힘을 의미한다.

2. 학리해석

학리해석 또는 학문적 해석(interprétation doctrinale)이란 국가기관이 아닌 법학자들이 학문적인 견지에서 법규정을 해석하는 것이다. 이러한 학리해석은 국가기관에 의한 유권해석과 달라서 직접적인 구속력은 없지만, 학리해석은 유권해석의 기초가 된다는 점에서 매우 중요하다. 학리해석의 방법은 여러 가지가 있는데 편의상 고전적 방법과 현대적 방법으로 구분하여 검토하고자 한다.

(1) 고전적인 해석방법
① 입법자의 의사

법규정의 의미를 해석함에 있어서 그 법규정을 제정한 입법자의 의사를 충실히 반영하려는 것이다. 이 견해에 따르면 법규정은 입법자들이 심사숙고하여 제정한 것이기 때문에 이러한 입법자의 의사를 찾아내는 것이 가장 올바르고 정확하게 법규정의 의미를 파악하는 방법이라 한다. 물론 입법자의 의사는 법규정을 해석하는 데 있어서 중요한 요소가 된다. 그러나 법제정기관이 보통 단독의사가 아니라 합의체이기 때문에 서로 대립이 되어 있을 수도 있고 또 명백히 파악한다는 것도 어려운 일이다. 그뿐 아니라 법의 제정시기와 적용시기가 크게 다른 경우 시대의 변천에 따라 입법자가 예상하지 못하였던 상황이 전개될 가능성이 크기 때문에 입법자의 의사만을 추구한다는 것은 문제가 있다.

② 문언해석

문언해석 또는 문리해석, 자의적 해석(grammatical interpretation; interprétation littérale; 字意的 解釋)이란 법규정의 문언을 글자 그대로 충실하게 해석하려는 입장이다. 이 견해는 법규정을 제정함에 있어서 입법자들이 그 의사를 표현하는 데 가장 적당한 말과 형식을 골라서 사용하였기 때문에 법규정의 본문이 입법자들의 생각을 정확히 반영한 것이라는 데에 근거하고 있다. 법령의 자구(字句)인 문언의 의미가 법규정을 해석하는 데 가장 중요한 기초라는 점에서 수긍이 가지만, 그러나 문언의 일반 의미와 법적 의미는 상당히 다를 수 있으며, 같은 법률용어도 법분야에 따라 다르므로 문자대로만 해석한다면 충분하지 않을 수도 있다. 또한 그 문자 자체가 모호하거나 부족한 경우에는 그 해석을 위하여 다른 해석방법의 도움이 많이 필요하게 된다.

③ 논리해석

논리해석(logical interpretation; interprétation logique)은 법규정을 해석함에 있어서 문자의 뜻에 너무 구애받지 않고, 전체적인 문맥 속에서 문제의 법규정을 다른 법규정과 연결하여 해석하는 방법이다. 그리고 이러한 논리해석 방법에는 여러 가지가 있다. 우선 확대해석과 축소해석, 물론해석, 유추해석, 반대해석이 있고 그 밖에 보충해석, 연혁해석 등이 있다.

(a) 확대해석과 축소해석

확대해석(extensive interpretation)과 축소해석(restrictive interpretation)이란 법규정의 의미를 그 문언보다 넓게 해석하느냐, 보다 제한해서 해석하느냐에 따른 구분이다. 확대해석과 축소해석은 마음대로 하는 것이 아니라 일반적으로 법원칙상 인정되는 기준이 있다. 대체로 보편적이고 원칙적인 규정은 확대해서 생각하고 예외적이고 특수한 규정은 제한적으로 해석한다. 그 밖에도 당사자에게 이익이 되는 규정은 확대해석하고 의무를 부과하는 규정은 축소해석하는 것이 보통이다.

(b) 물론해석·유추해석·반대해석·보충해석

직접적으로 적용할 정확한 법규가 없는 경우에 어떻게 하느냐와 관련하여 물론해석(interpretation a fortiori), 유추해석(interpretation a pari), 반대해석(interpretation a contrario)이 있고, 기타 보충해석(보정해석)이 있다.

물론해석이란 어떤 법규정이 일정한 경우에 적용될 때 입법취지와 적용사실의 성질로 보아 다른 사실에는 더 당연히 적용된다고 해석하는 것이다. 예컨대 태만이나 과실을 처벌하는 경우라면 고의의 처벌은 더욱 당연하다고 볼 수 있다. 또 착오에 의한 법률행위를 취소할 수 있다는 규정으로부터 사기에 의한 법률행위의 피해자는 물론 취소할 수 있다고 해석할 수 있다. 이와 같은 것이 모두 물론해석이다.

유추해석이란 두 가지 매우 비슷한 사항이 있는데, 한 경우에는 적용할 법규가 있고 다른 경우에는 직접 적용할 법규가 없는 경우, 동일한 법의 근거 내지 이유(ratio legis)가 인정될 때 존재하는 법규를 다른 비슷한 사항에도 적용하는 것이다. 법률생활관계가 복잡할 뿐 아니라 입법자가 모든 경우를 예상할 수도 없기 때문에 이러한 유추해석은 실제로 많이 이용되고 있다.

반대해석이란 어떤 사실에 대하여 일정한 법률효과를 인정하는 경우, 입법취지로 보아 다른 사실에 대해서는 반대의 효과를 논리적으로 인정하는 해석방법이다. 예를 들면 민법 제1000조 등 몇 가지 조문에 의하면 상속 등 몇 가지 제한적인 경우에 한하여 태아는 이미 출생한 것으로 본다고 한다. 그러나 태아를 특히 보호하기 위한 목적이라는 입법취지로 볼 때 명문으로 인정하는 경우 이외에는 출생하지 않은 것으로 봄이 당연하다. 이것이 반대해석이다.

그 밖에 보충해석(보정해석)도 있다. 법규의 문언이 모호한 것을 보충하거나 명백히 잘못된 것을 바로잡아서 해석하는 것이다.

(c) 연혁해석

연혁해석이란 법규정 내용의 의미를 바로 파악하기 위하여 그 법규가 제정된 역사적 배경과 문헌을 통하여 입법의 취지 및 정신을 추구하는 것이다. 예를 들면 현행 민법규정을 이해하기 위하여 이에 상응하는 구(舊) 민법규정이나 민법초안, 전문가보고서, 의사진행기록 등을 참고로 입법동기·취지 등을 통하여 그 연혁을 찾아내는 것이다.

(2) 현대적 해석방법

위에서 설명한 고전적 방법은 모두 그 나름대로의 장점과 타당성이 있다. 따라서 현대사회의 법해석에도 당연히 적용되고 있음은 물론이다. 그러나 법의 적용을 받는 사회생활은 매우 복잡다양하고 끊임없이 발전하고 있다. 그러므로 법규정을 해석함에 있어서 너무 엄격한 논리적 해석에 얽매이면 이러한 사회생활에 관하여 올바르고 타당한 적용을 하지 못하고 매우 부당하거나 시대 발전에 따르지 못하는 판결을 내리게 된다. 다시 말해서 사회의 발전과 법규의 폐쇄 사이의 마찰이 문제된다. 특히 이러한 경향은 주석학파 및 개념법학 등 고전실증주의에서 심각했다. 이러한 문제점을 해결하기 위하여 법을 비교적 자유롭게 해석하려는 움직임이 19세기말 및 20세기 초부터 유럽 각국에서 전개된다. 이것이 이른바 자유법운동(Freirechtsbewegung)이니 법해석의 과학적 자유추구(libre recherche scientifique)니 하는 것이다. 이 두 가지는 서로 별개의 것이 아니라 같은 흐름이다. 그리고 이러한 자유법운동은 어느 특정한 학자들의 그룹이나 명확한 이론이 아니다. 고전실증주의의 개념적 형식주의에 반대하는 여러 가지 형태의 법이론 경향이다.

① 프랑스

1899년 제니(François Gény, 1861-1956, 프랑스의 법학자)는 「실정사법의 해석방법과 그 연원(Méthode d'interprétation et sources en droit privé positif)」이라는 책에서 '법규의 맹목적 숭배'를 배격하였다. 제니는 법의 의미를 충실하게 해석은 하되, 법규정이 법의 모든 분야를 포괄하고 있을 수도 없기 때문에 엄격한 법규정만으로 구체적인 해결을 할 수 없을 때 사물의 객관적 본성에 따라 과학적이고 자유로운 추구를 해야 한다고 주장하였다. 이러한 추구를 위해서 이성과 양심에서 나오는 객관적 정당성, 사회의 도덕·종교, 대중의 열망, 경제적 운영 등 온갖 사회적 현실을 반영해야 한다는 것이다. 이러한 주장은 그 후 여러 나라에 상당한 학문적 영향을 주었다. 1904년 프랑스 민법전 제정 100주년 기념식에서 알렉시발로-보프헤(Alexis Ballot-baupré) 대법원장은 주장하기를, 법관은 100년 전에 있었던 것을 고집하여 추구할 것이 아니라 그들이 오늘날에 이 규정을 제정하면 어떻게 규정할 것인가를 생각해야 한다고 선언하였다.

② 독 일

1906년 칸토르비츠(Hermann Kantorowicz)는 「법학을 위한 투쟁(Der Kampf

um die Rechtswissenschaft)」에서 실정법규의 형식적·폐쇄적 해석에 얽매이는 개념법학을 비판하고 중세의 법학자인 바르톨루스(Bartolus, 1313?~1357)의 예를 들어 정의와 형평에 따른 법의 자유로운 발견을 주장하였다. 이와 같은 주장은 모두 법의 자유로운 해석을 의미하는 것이지만 그 주장하는 근거나 내용이 학자들에 따라 상당히 다르다. 다만 이들의 공통점은 19세기 고전실증주의의 법적 도그마(dogma)에 반대하는 것이다. 법적 도그마란 법을 단지 실정법규칙으로만 구성된 법규체계로 보는 견해이다. 따라서 이들은 법규의 문언 안에서만 해석할 뿐 그것을 넘어서는 논증에 의한 해석은 일체 허용하지 않았던 것이다. 자유법운동이란 바로 이러한 법적 도그마를 거부하는 것이다. 그러므로 앞서 설명한 제니(François Gény)도 이러한 계통에 포함됨은 물론이다. 독일계통의 학자들을 검토하여 보면 이러한 자유해석이론은 다시 몇 가지 흐름으로 구분된다.

첫째 견해는 법관에게 커다란 재량권을 주어 법규의 엄격한 적용이 심히 부당한 결과가 나올 때에는 실정법규에 저촉하는 해석(interpretation contra legem)까지도 허용하라고 한다. 이자이(Hermann Isay)는 1930년 「법규범과 판결(Rechtsnorm und Entscheidung)」이라는 책에서 판결과 법규범을 분리하여 법규범은 법관이 조정의 도구로 인용하는 비인격적이고 정적인 요소이며, 판결은 법관이 정의와 유용성의 직관을 통하여 결정하는 것이라고 한다.

둘째 견해는 법사회학적 견해이다. 에어리히(Eugen Ehrlich, 1862~1922, 오스트리아의 법학자)는 입법자의 의사를 구체적 사실에 기계적으로 적용하는 것을 반대하여 법의 자유로운 발견 내지 해석을 주장한다. 다만 법관에게 법 창설기능을 주지 않기 위하여 법관의 활동을 구속하는 객관적 기준을 법규 밖에서 추구한다. 즉 법의 연원은 궁극적으로 사회에 있으며 사람들이 실제로 사회생활을 영위해 나가는 기능에 관한 규칙 즉 '살아 있는 법(leben des Recht)'이라 한다.

셋째 견해는 헤크(Philipp Heck, 1858~1943)를 중심으로 하는 이익법학으로, 현실적인 사회이익의 가치를 강조하여 개념법학이 부각시킨 논리의 우월성 대신에 실제생활의 연구를 내세워야 한다고 주장한다. 법규란 어느 사회의 여러 가지 이익이 서로 인정받으려고 대립·투쟁하는 데서 성립하는 것이며, 그 사회의 현존하는 생활의 필요성·욕망·경향을 충족시켜 주기 위한 것이므로 법규의 해석도 이러한 목적론적 입장에서 자유롭게 해석해야 한다는 것이다.

(3) 결 론

법이란 어느 사회의 정당한 정치권력이 그 사회의 공동선을 위하여 자연질서에 근거를 두고 그 사회의 도덕·관습·필요성 등 합리적 가치요소를 반영하여 정당한 방법으로 제정하는 강제적 사회생활 규칙으로서 여러 주체 간의 관계에서 최소한의 정의실현 내지 질서유지를 내용으로 한다.

법의 해석이란 이러한 법규정을 구체적인 사회생활 관계에 직접 적용하기 위하여 일반적이고 추상적인 의미와 내용을 분명하고 구체적 타당성이 있게 밝혀내는 것이다. 그러므로 법규정의 해석을 위하여는 먼저 고전적인 방법에서 설명한 여러 가지 논리적 해석방법을 구체적 상황에 맞추어 활용하여야 할 것이다. 다시 말해서 확대해석·축소해석·물론해석·유추해석·반대해석·보충해석·연혁해석 등을 구체적 상황에 따라 알맞게 적용하여 타당성 있는 해석을 추구할 수 있을 것이다.

그러나 법규정은 이러한 논리형식적인 측면 이외에 실질적·가치적 측면이 있다. 즉 법의 근거인 자연질서, 법의 목적인 그 사회의 공동선, 법의 내용인 그 사회의 합리적 가치요소들이 포함되어 있다. 그러므로 이러한 실질적 가치요소 또한 법의 해석을 위하여 중요한 기준과 한계가 된다. 즉 현대적 해석방법에서 설명한 바와 같이 법의 논리적 형식에 너무 얽매여서 실제 사회관계에 심히 부당한 해석을 하는 것은 잘못이며, 이러한 법의 실질적·가치적 요소들도 고려하여 구체적으로 타당한 해석을 하여야 할 것이다. 그러나 법의 해석기능은 법규정의 창설기능인 입법과 다르므로 분명한 실정법규를 완전히 무시하는 것은 해석의 범위를 넘어서는 것이라고 해야 한다. 그러므로 법의 해석이란 이러한 한계 내에서 법규정의 논리적 해석방법과 실질적·가치적 내용을 고려하는 현대적 방법을 모두 사용하여, 구체적 사회관계에 타당한 법의 적용을 목적으로 하는 것이다. 즉 일반적·추상적인 법규정의 의미내용을 구체적으로 밝히는 작업이다.

제 6 절 법률관계의 논리구조

Ⅰ. 법률관계의 개념

사람의 사회생활 관계 중에서 법규칙의 적용을 받는 것이 법률관계이다. 이러한 법률관계를 자세히 분석하여 보면 여러 가지 요소로 구성되어 있음을 알 수 있다. 우선 법률관계는 통상 사람 사이의 관계 및 사람과 물건의 관계이다. 이 관계를 내용적인 측면에서 보면 막연한 관계가 아니라 권리·의무관계라는 특별한 관계로 연결되어 있다. 그리고 이 권리·의무관계는 늘 고정된 것이 아니라 끊임없이 변화한다. 다시 말해서 법률생활의 관계인 권리·의무관계는 항상 발생·변경·소멸된다. 또한 법률관계를 형식적인 측면에서 검토하면 법규칙이라는 강제규칙에 의하여 연결되어 있는 생활관계이다. 이 생활관계는 법규칙이 의도하는 목적을 내용으로 한다. 이러한 법률관계를 학문적인 용어로 다시 표현하면 법률관계는 법규칙에 의하여 법률주체 사이의 권리·의무의 발생·변경·소멸을 규율하는 관계이며, 이 관계의 질서 있는 유지·발전을 위하여 국가권력은 조직된 제재를 사용하고 있다. 그러므로 여기서는 먼저 법률관계의 구조·법률주체·법규의 논리구조·제재에 관하여 간단히 살펴보고자 한다.

Ⅱ. 법률관계의 구조

1. '두 개의 주체' 이론

오르틀랑(Ortolan, 1802~1873)에 의하면 모든 법은 필연적으로 하나의 능동적 주체와 하나 또는 여럿의 수동적 주체를 가진다고 하였다. 그 후 로귄(Ernest Roguin, 1851~1939)은 1923년에 발행한 「순수법학(La Science juridique pure)」에서 오르틀랑의 개념을 발전시켜 이른바 '두 개의 주체' 이론을 확립한다.

로귄에 의하면 모든 법규칙은 두 인격 사이의 법률관계를 설정하는 것이다. 두 인격이란 능동적 주체와 수동적 주체를 말한다. 능동적 주체는 법률관계의 이익을 받는 주체로 넓은 의미의 채권자라고 할 수 있다. 수동적 주체는 법률관계의 의무를 부담하는 주체로 넓은 의미의 채무자라고 할 수 있다. 이러한 능동적 주체 또는 수동적 주체는 각각 여럿일 수 있다. 로권에 의하면 이러한 법률관계에는 또 다른 구성요소가 있는데, 이것이 급여(prestation; Leistung)이다(한국과 일본에서는 보통 prestation을 급부라고 부르고 있으나 어색한 표현이라고 생각한다). 이 급여(給與)는 능동적 주체가 주장하고 수동적 주체가 부담하는 작위 또는 부작위를 말한다. 예를 들면 채무자가 채권자에게 일정한 돈을 지불하는 것, 노동자가 고용계약에 따라 약속한 노동을 이행하는 것 등이다.

이 견해에 따라 물권을 설명하여 보자. 소유권의 예로 들겠다. 능동적 주체는 물건의 소유자이다. 수동적 주체는 소유자를 제외한 모든 사람이다. 급여(prestation)의 내용은 소유자가 누리는 배타적 권리에 저촉되지 않는 것이다.

또한 공권의 경우, 예컨대 언론의 자유를 분석한다면 능동적 주체는 기자나 편집인이다. 수동적 주체는 정부당국이나 다른 사람들이다. 급여의 내용은 기사의 편집·발행을 해치는 모든 행위를 삼가는 것이다.

두 개의 주체 이론은 능동적 주체의 권리와 수동적 주체의 의무에 동일한 내용을 부여한다. 따라서 의무는 상호 관련되어 있다(jus et obligatio sunt correlata).

2. 목적물에 대한 권리이론

법률관계를 법률주체와 그 목적물 간의 연관으로 보는 견해이다. 이 연관은 구체적인 사안에 따라 달라서 소유권·국적 등에 있어서는 지속적이고 강력하지만, 잠시 물건을 빌리는 경우에 있어서는 짧고 약하다. 이 견해는 물권에 관하여는 비교적 이해하기 쉬우나 법률주체와 그 목적물의 구분을 하기가 어려운 명예권 등의 인격권에 대하여는 설득력이 미약하다.

3. 결   론

법률관계의 구조에 관한 위의 견해들은 그 나름대로 올바른 측면을 파악하였다고 본다. 두 개의 주체 이론은 법률관계를 법률주체 사이의 관계로 분석하는 것이고, 목적물에 대한 권리이론은 법률관계를 법률주체와 그 목적물 사이의 관계로 파악하는 것이다. 그러나 목적물에 대한 권리이론은 위에서 설명한 것처럼 인격권을 쉽게 설명할 수 없다. 소유권, 기타 물권에 관하여는 주체와 그 목적물의 관계가 분명하다. 그러나 명예권 같은 인격권에 관하여는 주체와 그 목적물을 구분할 수 없으므로, 주체와 목적물 간의 관계를 설명한다는 것이 무리이다.

또한, 두 개의 주체 이론도 비교적 논리적이긴 하지만 일정한 법규칙에 관하여는 설명하기 어려운 점이 있다. 모든 법률관계를 능동적 주체와 수동적 주체 간의 급여관계로 생각할 수 없기 때문이다. 특히 조직규칙에 그런 규정이 많다. 예를 들면 "외교통상부는 9개의 국과 2개의 실로 구성한다."고 하는 경우, 무엇이 능동적 주체와 수동적 주체이며 무엇이 급여인가? 부인의 주소가 따로 없는 경우에는 남편의 주소로 한다고 할 때 무엇이 능동적 주체이고 수동적 주체이며, 또한 무엇이 급여인가? 이처럼 법률관계를 너무 형식논리적 구조에 치중하여 한 가지 기준에 따라 분석하는 것은 무리가 따르는 일이다. 우리의 생활관계는 매우 복잡하고 다양하다. 따라서 법규의 적용을 받는 생활관계도 복잡하고 다양할 수밖에 없다. 법률관계의 구조를 일률적으로 분석하려는 것이 특별한 의미가 없다면 오히려 부문별로 검토하는 것이 더 합리적이라고 본다. 가령 물권관계라든가 채권관계 또는 정부조직법 관계, 가족법 관계 등 구체적인 부문별로 관계되는 특성을 연구하는 것이 오히려 타당하다고 본다.

Ⅲ. 법률주체

1. 법률주체의 의의

법률주체란 법규칙이 부여하는 기능을 이용하고 그 명령에 복종하기에 적합한 것으로 법률상 인정된 인격체를 말한다. 다시 말해서 법적 생활관계에서 권리·의무의 담당자가 될 수 있는 능력을 갖춘 인격체를 말한다. 이러한 능력을 권리능력(權利能力)이라 한다. 인격체가 아닌 물건은 권리·의무의 주체가 될 수 없고, 다만 법률관계의 목적물이 될 수 있을 뿐이다. 여기서 물건이란 법적 개념으로 민법 제98조의 규정대로 유체물 및 전기 기타 관리할 수 있는 자연력을 말한다. 물건에는 무생물과 생물이 있으며, 부동산과 동산이 있다. 법률주체에는 다시 자연인과 법인이 있다.

2. 자 연 인

법률주체 중 가장 중요한 것은 역시 자연인이다. 사람의 법인격성은 출생으로 시작된다. 출생을 한다는 것은 태아가 모체로부터 완전히 노출된 상태를 말하는 것이 일반적인 견해이다. 이러한 원칙에는 예외가 있다. 상속, 유증 등에 있어서는 태아도 이미 출생한 것으로 의제된다. 이 경우 보통 자연인처럼 권리능력을 갖는다. 다만 죽지 않고 태어난다는 조건으로 주어진다.

자연인의 법인격성은 죽음으로 끝난다. 법이 죽은 사람의 명예를 보호하는 경우에도 실제로는 살아 있는 친지들의 품위와 죽은 사람에 대한 정의를 고려한 것이다.

권리를 향유할 수 있는 능력은 사람의 나이나 정신적 변별력과는 상관없다. 어린아이나 정신이 온전치 못한 사람도 소유자나 채권자가 될 수 있다. 의무에 있어서도 살아 있는 모든 사람에게 부과되는 것이 있다. 재산이나 소득에 대한 세금이 그렇다.

그러나 법적으로 성인이 된 사람이나 정신적 변별력이 건전한 사람만이 누리는 권리·의무도 많이 있다. 선거권·피선거권 같은 것이 그 대표적이다. 사법에 있어서는 일반적으로 말해서 권리를 향유하는 능력, 즉 권리능력(Rechts-fähigkeit)은 모든 사람에게 인정하지만, 권리의 행사능력, 즉 행위능력(Handlungs-fähigkeit)은 변별력이 있는 성인에게만 인정한다.

3. 법   인

자연인만이 권리·의무의 당사자가 되는 것은 아니다. 이러한 기능은 또한 법인(法人)이라고 부르는 조직체에도 적용된다. 법인이란 법률에 의하여 권리를 누리고 의무를 부담하는 자격이나 능력이 인정된 사람들의 집단조직이나, 독립된 목적재산조직을 말한다. 즉 법률에 의하여 권리·의무능력을 인정받은 사람의 집단조직을 사단(corporation; Verein)이라 하고, 법률에 의하여 권리의 능력을 인정받은 독립된 목적재산조직을 재단(foundation; Stiftung)이라고 한다.

이러한 법인은 권리·의무의 능력을 부여하는 근거법이 사법이냐 공법이냐에 따라 사법인과 공법인으로 구분된다. 사법인은 일반 사법상의 법인(예, 주식회사·유한회사 등)을 말하고, 공법인이란 특별한 공공목적을 위하여 별도의 특별한 법적 근거에 기초하여 설립된 법인이다. 넓은 의미의 공법인에는 국가와 공공단체를 모두 포함한다.

이와 같이 주식회사나 지방자치단체도 법에 의하여 권리·의무능력을 인정받기 때문에, 자연인과 마찬가지로 물건을 사고 팔 수 있으며 계약을 체결할 수 있다. 물론 법인이 참여할 수 있는 법률관계는 경제적 또는 정치적 영역에 한한다. 따라서 자연인의 인격과 밀접한 관계가 있는 법률관계에는 법인이 참여할 수 없다. 예를 들면 가족법 관계, 증언, 정치적 권리 등은 법인의 능력 밖에 있는 일이다. 법인이 결혼해서 아이를 낳을 수 없기 때문이다. 다만 법인도 민법과 형법의 명예권은 보호받을 수 있다. 법인 자체의 명예라기보다는 엄격한 의미에서 관계되는 사람들의 명예와 관련이 되기 때문이라고 본다. 법인은 일정한 경우 형사책임을 지기도 하는데, 그 유일한 형벌은 벌금이다.

Ⅳ. 법규의 논리구조

법규를 분석하여 보면 대체로 "만일 ～이면, ～이다"라는 형식으로 되어 있다. 다시 말해서 '만일 ～이면'이라는 조건명제와 그에 따라 법적 해결 또는 결과를 선언하는 주된 명제 또는 결론명제로 구성되어 있다. 조건명제는 사실상의 상황 또는 조건을 내용으로 하며, 이러한 조건명제가 실현될 때 법의 적용이 요구되는 것이다. 예컨대 민법 제626조 제1항에 의하면 "임차인이 임차물의 보존에 관한 필요경비를 지출한 때에는 임대인에 대하여 그 상환을 청구할 수 있다." 이 말을 어색하지 않게 고치면 "임대인이 임차물의 보존을 위하여 경비를 지출하면, 임대인에게 갚으라고 요구할 수 있다."가 된다. 여기서 "임차인이 임차물의 보존을 위하여 경비를 지출하면"이 조건명제이다. 그리고 이러한 조건이 성취된 경우에 "임대인에게 갚으라고 요구할 수 있다."가 주된 명제 또는 결론명제이다. 주된 명제 또는 결론명제는 법적 해결 내지 효과를 선언하는 명제이다. 그리고 이러한 법률효과의 전제가 되는 것 또는 그 원인이 되는 것이 바로 조건명제이다. 이처럼 법률효과 발생의 원인이나 전제가 되는 조건을 법률요건이라고 한다. 이 법률요건을 독일인들은 구성요건(Tatbestand)이라고 부른다. 그러므로 법규는 이러한 법률요건과 그 결과인 법률효과로 구성되어 있다.

법률요건에는 다시 여러 가지가 있다. 우선 인간의 의사표시를 기본요소로 하여 그 의사표시의 내용대로 법률효과를 발생하게 되는 법률행위(acte juridique; Rechtsgeschäft)가 있다. 또한 행위자의 의사표시 내용대로가 아니라 법률에서 정해 놓은 일정한 법률효과를 발생하도록 하는 준법률행위라는 것이 있다. 예를 들면 빚진 사람이 '돈을 갚는 것'을 원하였음에 틀림없다. 그러나 독촉해도 빚진 사람이 실제로 갚지 않으면 독촉한 사람의 의사는 실현되지 않는다. 그러나 아무런 법률효과가 없는 것이 아니라 독촉한 사람의 의사내용과 직접 관계가 없이 소멸시효의 진행이 중단된다. 원래 시효(prescription)란 일정한 사실상태가 오랫동안 계속되는 경우 법률생활의 안정을 위하여 그 사실상태가 실제의 권리관계와 어긋남에도 불구하고 법적으로 인정하여 확정시키는 제도를 말한다. 이에는 일정한 권리를 실질적 자격 없이 오랫동안 행사함으로써 그 권리를 취득하게 되는 취득시효(prescription acquisitive; Ersitzung)와 일정한 권리를 오랫동안 행사하지 않고 방치함으로써 권리를 잃어버리는 소멸시효(prescription extinctive; Verjährung)가 있다.

이러한 준법률행위에는 일정한 의식내용을 표시하는 의사통지·사실의 통지·감정의 표시와 다른 사람이 잃어버린 물건을 줍는 것과 같은 사실행위가 있다.

법률요건에는 위에서 말한 법률행위나 준법률행위 이외에 불법행위·부당이득·사무관리 등도 있으며, 일정한 사실이나 사건도 있다. 그러나 가장 중요한 것은 법률행위, 준법률행위, 불법행위라는 인간의 행위이다.

법률요건을 다시 그 구성요소로 분해한 것이 이른바 법률사실이다. 법률요건은 하나의 법률사실로 구성되기도 하고 여러 개의 법률사실로 구성되기도 한다. 예를 들면 유언을 하는 것은 하나의 의사표시라는 법률사실로 되어 있으나 계약을 체결하는 경우에도 청약과 승낙이라는 두 개의 의사표시, 즉 두 개의 법률사실로 되어 있다.

법률효과는 법률요건이 실현되는 경우에 이루어지는 법적 해결내용 또는 그 효과이다. 일정한 권리를 인정하기도 하고 일정한 의무를 부담시키기도 한다. 어떤 때에는 일정한 원칙만을 제시하기도 하고 법적 상황을 수정하기도 한다. 또한 공법의 경우에는 일정한 기관에 대하여 권한을 부여하거나 거부하는 것도 있다. 형법에 있어서는 국가기관에 대하여 범죄인에게 일정한 형벌을 주도록 명령한다.

그러나 모든 법규칙이 이와 같이 법률요건＋법률효과로 표시되는 것은 아니다. 법규칙 중에는 단순히 일정한 기준을 설정하거나 용어를 정의하는 것도 있다. 특히 조직법규에 있어서는 이러한 법률요건·법률효과의 형식으로 나타내기 어려운 것이 많다. 예를 들면 "대통령 직속기관으로 감사원을 설치한다."고 규정하는 경우 이것을 조건명제·결론명제로 분석하는 것은 오히려 문제를 어렵게 만들게 될 것이다.

V. 제   재

1. 제재의 개념

법이란 강제적인 사회생활 규칙이기 때문에 이에 대한 위반이 있는 경우는 객관적이고 조직적인 제재(制裁)가 따르게 마련이다. 이처럼 법적 제재란 법규칙을 위반한 경우 법규상 객관적으로 예정된 불리한 조치를 그 법적 공동체의 정치권력에 의하여 위반자에게 강제적으로 부과하는 것이다.

물론 넓은 의미의 제재라는 말은 그 밖의 다른 사회생활 규칙을 어긴 경우에도 자주 쓰인다. 이러한 제재는 객관적으로 예정된 것도 아니고, 또한 그 국가의 정치권력에 의하여 강제되는 제재도 아니다. 이러한 일반적 의미의 제재는 법적 제재와는 다른 것이며, 좁은 의미의 제재는 법적 제재만을 뜻한다.

법적 제재는 또한 '강제(强制)'라는 말로 나타내기도 한다. 그런데 엄밀히 고찰하면 그 의미가 약간 다르다. 보통 강제는 의무자가 법규정을 이행하지 않는 경우에 억지로 이행시킨다는 의미가 강하다. 이에 비하여 제재는 이미 이행할 수 없거나 기대할 수 없는 경우에 다른 형태로 법규정의 내용을 실현하거나 위반자에게 적절한 고통을 주는 것이다. 물론 보통의 경우 강제와 제재는 혼동되어 사용한다.

2. 제재의 종류

제재는 구체적인 경우에 따라 여러 가지 형태를 취한다. 예컨대 위반한 법규의 분야에 따라 민사상의 제재, 공법상의 제재, 형사상의 제재로 나누기도 한다. 또한 그 제재 자체의 성질에 따라 강제이행, 위반 전의 상태로 회복, 징벌적 제재로 분류하기도 한다. 그 밖에 국내법상 제재와 국제법상 제재로 구분하기도 하는데, 만일 이러한 구분이 국제법상 제재와 국내법상 제재가 근본적으로 성격을 달리하는 것처럼 생각하는 데서 나온 것이라면 잘못이다. 국제사회가 불완전하므로 국제법상의 제재가 국내법상의 제재에 비하여 조직적 발달정도가 상당히 뒤떨어지는 것뿐이지 그 본질적 성격의 차이가 있는 것은 아니다. 그러므로 여기서는 제재 그 자체의 성질에 따라 구분하여 검토하고자 한다.

(1) 강제이행

의무자가 법규정의 내용을 이행하지 않는 경우 공권력에 의하여 강제적으로 이를 실현하는 것이 강제이행이다. 물론 이것은 좁은 의미의 '강제'이나, 여기서는 제재를 좀 더 넓은 의미로 생각하여 함께 검토하겠다. Julien Bonnecase는 1931년의 「법학입문(Intoduction à l'étude du droit)」에서 이런 강제이행을 제재의 직접형태라고 하였다.

이러한 강제이행에는 원상회복을 명령하는 판결의 강제이행, 의무를 위반한 임차인을 임대아파트에서 강제로 쫓아내는 것, 매수인이 의무를 이행하지 않을 경우 판결에 의한 부동산소유권의 강제이전 등이 있다. 사법상의 강제집행이 이 범주에 속한다.

행정법상 제재 중에서도 강제집행은 여기에 속한다. 행정법상의 강제집행에는 대집행·집행벌·직접강제가 있다. 대집행이란 의무자가 일정한 행위를 해야 하는데 하지 않으면, 그 행위가 다른 사람이 대신하여도 상관없는 경우에 행정기관이 직접 또는 다른 사람을 시켜 문제의 행위를 대신하는 것이다. 예를 들면 고장 난 자동차를 도로상에 버려두어 그 소유자에게 빨리 치우도록 요구하여도 치우지 않는 경우, 경찰관이 다른 사람을 시켜 치워놓고도 그 비용을 소유자에게 물리는 것이다. 집행벌이란 의무자가 아닌 다른 사람은 대신할 수 없는 행위의무 또는 일정한 행위를 하지 말아야 할 부작위의무를 이행하지 않는 경우 강제로 이행시키기 위하여 이행하지 않으면 과태료를 물리겠다고 통고를 미리 하고 그대로 이행하지 않는 경우에 의무자에게 부과한 금전벌이다. 집행벌은 의무이행을 강제하기 위하여 미리 경고하고, 그래도 이행하지 않는 경우에 부과하므로 과거행위에 대하여 부과하는 행정벌과는 다르다. 직접강제는 의무위반의 경우, 의무자나 그가 가진 물건에 대하여 직접 물리적 힘을 사용하여 의무를 강제로 이행시키는 것이다. 급박한 경우 또는 다른 사람이 대신할 수 없는 행위의무의 경우에 볼 수 있는 방법이다.

(2) 위반 전의 상태로 회복시키는 제재

위반 전의 상태로 회복시키는 제재, 즉 원상회복(restitutio in integrum)이란 특히 법규위반자의 상대방을 고려하여 불법행위의 모든 결과를 말소하고, 이런 행위가 없었더라면 있었을 상태(statu quo ante)로 회복시키는 제재이다. 그러므로 불법행위로 손해발생행위가 없었더라면 있었을 상태로 회복시켜야 한다. 예컨대 건물을 파괴하였으면 다시 세워야 하고, 사람을 체포하였으면 그를 석방하고 다른 손해를 회복시켜 주어야 한다. 또한 명예를 손상하였으면 그 명예를 회복시켜야 한다. 만일 불법행위의 내용이 일정한 법률행위라면 그러한 법률행위는 무효화해야 한다. 만일 원상회복이 불가능하면 금전배상을 하는 것이 보통이다. 국제법이나 사법의 제재로서 대표적인 형태다.

(3) 징벌적 제재

징벌적 제재란 법규위반의 상대방을 직접 고려함이 없이 법규위반자 자신에 대하여 그 법규위반을 근거로 일정한 고통을 주는 제재이다. 이러한 징벌적 제재는 앞서 설명한 원상회복적인 제재로서 충분하지 않을 정도로 법규위반의 사회적 영향이 중대하거나, 법규위반의 상태를 달리 회복할 수 없는 경우 또는 불법을 줄이거나 예방하기 위하여 위협적 효과의 목적에서 시행하는 제재이다. 형법상의 형벌, 행정법상의 행정벌, 공무원에 대한 징계처분 등이 이에 속한다. 행정벌은 개인이 행정법규상의 의무를 위반하는 경우 행정기관이 일반행정기능에 따라 부과되는 처벌이다. 여기에는 다시 형벌과 행정법 고유의 과태료가 있는데, 과태료는 돈이라는 수단에 의하여 부과하는 질서벌이다. 징계처분은 공무원들에게 부과하는 그 신분상의 제재로서 파면·해임·정직·감봉·견책을 말한다.

국제법상에도 징벌적 제재가 있다. UN 헌장 7장에 예정되어 있는 무력적 강제조치가 대표적이다. 또한 국제범죄에 대해 국제형벌을 부과하는데, 현재 이 분야의 발전이 늦어 국내기관에 대하여 그 처벌을 위임하고 있다. 그러나 2차 대전 후 뉘른베르크(Nürnberg)와 도쿄(Tokyo)에 군사법원을 설치하여 전쟁범죄자를 직접 처벌한 것은 유명한 일이다. 현재 최초이자 유일한 상설국제형사재판소로서는 2002년 7월 1일 국제형사재판소에 관한 로마규정(Rome Statute of the International Criminal Court)에 근거하여 설립된 국제형사재판소(ICC-CPI, International Criminal Court)가 있다.

제 7 절   법과 권리·의무

Ⅰ. 권리·의무의 개념

1. 법률관계와 권리·의무

일반적인 사람들의 사회생활 관계 중에서 법규칙의 적용을 받는 부분을 법률관계라고 한다. 이 법률관계를 분석하여 보면 대체로 권리·의무라는 특별한 관계로 연결된 사람들 사이의 관계 또는 사람과 물건과의 관계라는 것을 앞에서 설명한 바 있다. 사회가 발전하고 복잡하여질수록 이처럼 법규칙의 적용을 받는 법률관계가 크게 확대되어 간다. 현대사회와 같이 복잡하게 얽힌 사회에서는 법규칙이 개입하지 않는 영역이 오히려 적을 정도로 일반적으로 침투되어 있다. 옛날에는 사회가 매우 단순하였기 때문에 법규칙의 침투가 적었고 주로 사회 전체와 개인 간의 질서유지를 목적으로 일정한 것을 금지하는 의무규칙이 대부분이었다. 그러나 사회가 복잡해짐에 따라 개인 간의 관계도 일일이 규정하게 되고 의무규칙이라기보다는 권리·의무규칙이 되었다. 즉 법규칙의 효과로 일정한 이익이나 혜택을 주장하는 것이 권리이고, 그 반대효과로서 일정한 부담과 책임을 강요당하는 것이 의무라고 할 수 있다. 그러므로 보통 한쪽의 권리는 상대방의 의무로 나타나기 때문에 법률관계란 대체로 권리·의무관계라고 할 수 있는 것이다. 예컨대 A가 B에게 손해를 주었으면 B는 A로부터 배상받을 권리가 있는 반면, A는 B에 대하여 손해를 배상할 의무가 있는 것이다. 물론 모든 법률관계가 권리·의무관계인 것은 아니다. 앞서 설명한 것처럼 조직규칙에 있어서는 이러한 권리·의무관계를 나타낼 수 없는 것이 오히려 일반적이다. 사회의 조직이나 제도에 관련되는 법규칙이 조직규칙이고 일반적인 사람의 행위를 규율하는 법규칙이 행위규칙이다. 그 밖에 법규칙 중에는 일정한 원칙이나 기준을 설정하거나 용어의 정의를 내리는 규칙도 흔히 있다. 다만 일반적으로 말해서 법규칙은 권리·의무관계를 규율하고, 그런 의미에서 법률관계는 권리·의무관계라고 할 수 있는 것이다.

2. 권리의 본질에 관한 학설

권리의 본질이 무엇이냐에 관하여 오래 전부터 몇 가지 학설이 주장되어 왔다. 이것은 궁극적으로 법이란 무엇이냐에 연결되는 문제이다. 법이 무엇이냐에 관하여 본서 제1장에서 상세히 설명하였으므로 여기서 반복하지는 않겠으나, 여기서 법이라고 할 때는 이와 같이 정의된 올바른 법의 개념을 전제로 하고 있다.

(1) 의사설

권리의 본질을 형식적인 면에서 추구하여 법규에 의하여 성립하는 의사의 힘 또는 지배라는 견해다. 빈트샤이트(B. Windscheid)가 그 대표적 주장자라고 할 수 있다. 이 견해는 권리주체가 권리를 행사하는 수단의 내용인 의사를 강조한 것이다. 권리는 물론 행사해야 실현되는 것이지만 행사하지 않는 경우에도 향유하고 있을 수 있다. 이 견해는 특히 의사능력이 없는 어린이나 심지어 태아도 권리의 주체가 될 수 있음을 설명하기 어렵다.

(2) 이익설

예링(Jhering)은 모든 인간의 행위가 목적을 가지고 있음을 강조하고 인간행위의 목적은 결국 일정한 이익을 추구하는 것으로 본다. 그러므로 권리의 본질도 바로 법규칙이 보호하는 일정한 이익이라고 한다. 그러나 추구하는 권리의 내용이 이익이라고 하는 것은 몰라도 이익과 권리를 동일한 것으로 보는 것은 지나친 일이다. 가족법상의 친권처럼 아무런 이익도 없는 권리도 있고, 또한 권리가 없으면서 반사적 작용으로 이익을 보는 경우도 있다. 예를 들면 어느 마을에 식당이 셋이 있는데, 그것 중 둘이 위생법규를 위반하여 며칠 동안 영업정지를 받으면 나머지 하나는 상당한 이익을 보게 되나 이런 것은 권리라고 할 수 없다.

(3) 권리법력설

메르켈(Merkel) 등이 주장한 견해로 권리의 본질이란 일정한 이익을 누릴 수 있도록 법이 부여하는 힘이나 가능성이라고 한다. 현재의 다수설로서 의사설과 이익설의 단점을 어느 정도 극복할 수 있는 견해이다.

3. 권리의 종류

권리는 여러 가지 기준에 의하여 분류할 수 있겠으나 여기서는 법의 분류에 따라서 권리의 종류를 검토하고자 한다. 앞에서 법을 공법·사법·사회법으로 나눈 것에 맞추어 공법상의 권리인 공권, 사법상의 권리인 사권, 사회법상의 권리인 사회권으로 분류할 수 있다.

(1) 공 권

공권(公權)이란 간단히 말해서 공법상의 권리이다. 다시 말해서 공법관계에서 당사자 한쪽이 갖는 권리이다. 그 당사자가 국가나 공공단체인 경우를 국가적 공권이라 하고, 국민 개개일 경우를 개인적 공권이라고 한다.

① 국가적 공권

국가적 공권은 다시 여러 가지 기준에 따라 나눌 수 있다. 예컨대 국가의 삼권을 기준으로 하면 입법권·행정권·사법권으로 나눌 수 있고, 권리의 목적을 기준으로 하면 과세권·형벌권·경찰권 등으로 나눌 수 있다. 또한 권리의 내용을 기준으로 그 내용이 명령이면 명령권, 신체나 재산에 강제력을 행사하는 것이면 강제권, 권리를 발생·변경·소멸하게 하는 것이면 형성권이라고 한다.

② 개인적 공권

개인적 공권은 국민 개인이 공법관계에서 국가에 대하여 가지는 권리로서, 자유권·수익권·생존권·참정권 등 개인의 기본적 인권이 그 내용이다. 자유권은 국가기관으로부터 개인의 자유를 침해당하지 않는 것을 내용으로 하는 소극적 권리이다. 수익권은 국가의 일정한 봉사를 적극적으로 요구하는 권리이다. 생존권은 인간다운 생활을 보장해 주도록 요구하는 권리로 사회보장제도가 그 대표적 내용이다. 참정권은 개인이 국가정치에 참여하는 권리이다.

(2) 사 권

사권(私權)이란 사법상의 권리로서 개인 간에 인정되는 권리이다. 이러한 사권도 여러 가지 기준에 따라 분류할 수 있다. 여기서는 권리의 내용과 효력을 기준으로 하는 사권의 종류 등을 중심으로 간단히 검토하겠다.

① 사권의 내용에 따른 분류

사권은 그 내용이 무엇이냐에 따라 인격권·신분권·재산권·사원권으로 나눌 수 있다.

인격권은 개인의 인격에서 따로 떼어낼 수 없는 권리로서, 생명·신체·자유·명예 등에 부착된 권리이다. 이러한 인격권의 내용은 대체로 다른 사람의 침해를 배제하거나 침해로 인한 손해의 배상을 주장하는 것이다. 신분권이란 가족법상의 일정한 신분적 지위에서 발생하는 권리로서 친족권·상속권 등이 그 예이다. 신분권은 대체로 의무적 성격이 강하며, 일정한 신분적 지위에 부착된 것이므로 양도할 수 없고 거래의 대상이 될 수 없다. 재산권은 경제적 이익을 내용으로 하는 권리로서 거래의 대상이 된다. 재산권은 다시 물권·채권·지식재산권으로 세분된다. 물권이란 일정한 물건을 직접 배타적으로 지배하여 이익을 누리는 권리이며, 물건의 소유를 내용으로 하는 소유권, 단순한 점유권, 물건의 제한된 사용을 내용으로 하는 용익물권, 채권의 담보로 삼는 담보물권이 있다. 채권은 주로 계약이라는 법률행위에 기초하여 채권자가 채무자라는 의무자에게 일정한 행위를 요구할 수 있는 재산권이다. 채권을 누리는 권리자를 채권자라고 한다. 지식재산권이란 정신적·지적 창작의 독점적 이용을 내용으로 하는 재산권으로 특허권·실용신안권·디자인권·상표권·저작권 등이 그 예이다.

그 밖에 사원권이 있다. 사원권은 단체의 구성원이라는 자격에 기초하여 그 단체에 대하여 가지는 여러 가지 권리를 말하는데, 주주의 각종 권리가 대표적이다.

② 사권의 효력에 따른 분류

사권을 권리의 효력에 따라 분류하면 지배권, 청구권, 형성권, 항변권이 있다. 지배권이란 다른 사람의 간섭이나 개입 없이 직접 권리의 목적물을 지배할 수 있는 권리이다. 소유권·점유권 등의 물권이 대표적이다. 이에 대하여 청구권은 다른 사람에 대하여 일정한 행위를 요구할 수 있는 권리이다. 다시 말해서 권리의 실현을 위하여 타인의 행위를 매개로 한다. 채권이나 물권적 청구권이 그 대표적 예이다. 형성권이란 다른 사람의 협력 없이 권리자 자신의 일방행위에 의하여 법률관계의 발생·변경·소멸을 일으키는 권리이다. 예를 들면 계약 해제권, 취소권 등이 그 예이다. 항변권이란 다른 사람이 주장하는 청구권의 효력을 일시적 또는 영구적으로 거부할 수 있는 권리이다. 즉 상대방의 청구권 자체는 인정하나 그 권리의 효력을 일시적 또는 항구적으로 저지하는 권리이다. 일시적으로 저지하는 항변권에는 민법 제536조의 동시이행의 항변권 등이 있고, 항구적으로 저지하는 항변권에는 민법 제1028조가 규정하는 상속인의 한정 승인의 항변권이 있다.

③ 기타 분류

그 밖에도 권리의 효력을 모든 사람에 대하여 주장할 수 있는 절대권과 특정인에 대해서만 주장할 수 있는 상대권의 구분이 있다. 물권이나 인격권은 절대권이고 채권은 상대권이다. 또한 권리를 권리자 자신으로부터 따로 분리할 수 없기 때문에 다른 사람에 양도할 수 없는 것을 일신전속권이라 하고, 권리자로부터 분리하여 양도할 수 있는 것을 비전속권이라고 한다. 예컨대 인격권은 일신전속권이고 재산권은 비전속권이다. 또한 다른 권리에 의존하지 않고 독립하여 존재할 수 있느냐를 기준으로 주된 권리와 종된 권리로 구분한다. 예를 들면 담보물권은 그것이 담보하고 있는 채권과의 관계에서 종된 권리이다. 주된 권리인 채권이 변제 등으로 소멸하면 담보물권도 따로 있을 필요가 없으므로 소멸한다.

(3) 사회권

법을 분류하면서 전통적인 공법·사법과는 별도로 그 중간 영역인 사회법이 등장하였음을 설명한 바 있다. 이와 같은 사회법상의 권리가 사회권(社會權)이라 할 수 있다.

이것은 사회법을 검토하면서 설명한 바와 같이 현대사회의 복잡한 발전에 따라 전통적으로 개인 사이의 관계라고 생각하던 분야에 국가가 적극 개입하게 됨에 따라 발생하게 된다. 이것은 특히 앞에서 설명한 생존권의 내용이다. 자본주의의 그릇된 발전에 따라 부의 격차가 심해지자 그 재분배에 국가가 크게 신경을 쓰게 되고, 여기서 한 걸음 더 나아가서 국민의 기본적인 생존을 완전히 보장하려 든다. 이것이 이른바 사회보장제도이다. 그 밖에 노동법 분야에서 노동자와 고용주 사이의 대등한 교섭을 실현하기 위하여 국가가 개입하여 노동자의 단결권, 단체교섭권, 단체행동권을 보장한다. 이러한 모든 권리가 이른바 사회권이라 할 수 있다.

Ⅱ. 권리의 행사와 의무의 이행

권리의 행사란 법규칙이 인정한 권리의 내용을 실현하는 것으로 의무의 이행과 상관관계에 있다. 권리와 의무가 전혀 독립적으로 존재하는 것이 아니라 권리·의무가 동일한 관계의 양면을 형성하고 있어서 권리의 실현은 상대방이 의무를 이행하는 것이기 때문이다.

19세기에서 20세기 초에 이르는 근대사회에서는 이른바 개인주의, 자연주의를 기본원리로 삼고 있었기 때문에 권리의 행사에 제한을 두지 않고 철저하게 권리자의 자유에 맡겨 두었다. "자기의 권리를 행사하는 사람은 아무도 해하는 것이 아니다(qui suo jure utitur, neminem laedit)."라는 로마법 이래의 원칙이 말해 주듯이 권리행사의 자유를 지나치게 강조했던 것이다.

그러나 앞에서 말한 바와 같이 권리의 실현과 의무의 이행은 상관관계에 있기 때문에 권리의 행사를 강조하다 보면 의무자의 지위를 지나치게 위협하는 것이 될 수 있다. 특히 자본주의의 그릇된 발전에 따라 나타난 폐단이 심각해지자 이러한 권리의 행사에 내포된 당연한 제한의식이 강력히 대두되었다. 1919년 바이마르(Weimar) 헌법 제153조 제3항도 이런 정신에 입각하여 "소유권은 의무를 진다. 그 행사는 동시에 공동선에 기여해야 한다(Eigentum Verpflichtet. Sein Gebrauch soll zugleich Dienst sein für das gemeine beste)."고 규정하기에 이른다. 이처럼 권리행사는 사회의 공공성을 고려하여 그 방법과 범위에 있어서 합리적인 제한이 인정되었다. 우리 민법 제2조 제1항도 "권리의 행사와 의무의 이행은 신의에 좇아 성실히 하여야 한다."라고 규정하고, 동조 제2항에서는 권리의 남용을 금지하고 있다.

Ⅲ. 권리·의무의 변동

1. 권리·의무의 변동의 의의

권리·의무의 변동이란 권리·의무의 발생·변경·소멸을 말한다. 권리·의무는 서로 상관관계에 있으므로 결국 권리의 발생·변경·소멸과 일치하게 된다. 이것은 또 다른 말로 표현하면 권리를 취득하고 변경하고 상실하는 것을 의미한다. 다른 한편 권리·의무관계란 결국 법률관계를 말하는 것이므로 권리·의무의 변동이란 법률관계의 발생·변경·소멸과도 같은 말이 된다.

이와 같이 법률관계의 발생·변경·소멸은 법규의 논리구조에서 설명한 것처럼 일정한 조건이 성취되는 데 따르는 법적 결과 내지 효과로서 나타난다. 법적 결과에 대한 조건 내지 원인을 법률요건이라 하고, 그에 따르는 법적 결과를 법적 효과라고 한다는 점은 이미 설명하였다. 법률관계의 변동을 논리적·형식적으로 말하면 법률요건의 충족에 따르는 법적 효과로서 나타나는 것이다.

여기서는 권리의 발생·변경·소멸로 구분하여 이 문제를 검토하고자 한다.

2. 권리의 발생·변경·소멸

(1) 권리의 발생

권리의 발생, 다시 말해서 권리의 취득은 원시취득과 승계취득으로 구분된다. 원시취득이란 다른 사람의 권리에 근거하지 않고 사회적으로 존재하지 않던 것을 새로 취득하는 것이다. 이것을 권리의 절대적 발생이라고도 한다. 예를 들면 시효취득, 선점, 습득 등이 있고, 인격권이나 가족법상 권리를 취득하는 경우는 대체로 원시취득에 속한다. 이에 대하여 승계취득이란 다른 사람의 권리에 근거하여 권리를 취득하는 것이다. 이것은 권리의 주체만이 달라지는 것이므로 권리의 상대적 발생이라고 한다. 예를 들면 A가 B의 자동차를 사는 경우, A는 매매라는 계약을 통하여 B의 자동차를 취득하는 것이지만 A의 소유권은 B의 소유권에 근거하여 취득하는 것이다. 이러한 승계취득은 다시 하나의 취득원인에 의하여 여러 권리를 포괄적으로 승계하는 포괄승계(包括承繼)와 권리마다 별개의 취득원인으로 따로따로 승계하는 특정승계(特定承繼)가 있다.

또한 승계취득은 이전적 승계(移轉的 承繼)와 설정적 승계(設定的 承繼)로 구분하기도 한다. 이전적 승계는 권리의 내용이 그대로 새로운 주체에게 이전하는 것으로 매매, 상속에 의한 권리취득이 그 예이다. 설정적 승계란 권리주체는 원래의 권리를 그대로 보유하고, 새로운 권리자는 원래 권리에 근거하여 제한된 내용의 권리를 취득하는 것이다. 지상권·전세권·담보권 등이 그 예이다. 즉 A의 아파트에 B가 전세권을 설정하여 살고 있는 경우, A의 소유권은 변함이 없고 B는 다만 A의 소유권에 기초하는 제한된 물권인 전세권을 계약과 등기에 의하여 취득하는 것이다.

(2) 권리의 변경

권리의 변경이란 권리 그 자체는 계속 유지되면서 그 주체·내용·효과에 있어서 변경이 생기는 것이다. 주체가 단순히 바뀌는 것은 권리의 승계취득과 같으므로 이미 설명한 바와 같다. 다만 하나의 주체에 속하던 권리를 여럿이서 공유하는 경우나 그 반대의 경우는 주체의 변경으로 인한 권리의 변경이라고 할 수 있는 것이다. 내용의 변경은 권리내용의 성질이나 수량이 변경되는 것이다. 예를 들면 매매에 의하여 자동차를 인도받을 수 있는 채권이 있는데 매도인이 자동차를 파괴하여 손해배상채권으로 변하는 경우이다. 효과의 변경은 동일한 물건에 대하여 여러 명의 저당권자가 있을 때, 그 우선순위를 매겨놓은 저당권순위가 있기 마련인데 이 순위가 빨라지는 경우가 대표적인 예가 된다.

(3) 권리의 소멸

권리의 소멸을 권리주체의 입장에서 보면 권리의 상실이다. 이에는 절대적 소멸(絶對的 消滅)과 상대적 소멸(相對的 消滅)이 있다. 절대적 소멸이란 권리 자체가 사회에서 사라져 버리는 것이고, 상대적 소멸이란 권리의 주체가 바뀐 것을 먼저 권리자의 입장에서 본 것이다. 절대적 소멸의 경우로는 자동차를 폐차하여 소유권이 없어지는 것과 같은 경우이다.

제 8 절 국 가

Ⅰ. 국가의 개념

국가(國家)는 여러 부문에 관련된 매우 복잡한 사회적 실체이다. 따라서 역사·정치·법 등 각 부문별로 그 고유의 입장에 따라 파악할 수 있다. 여기서는 법적인 관점에서 국가를 검토해 보고자 한다.

법적으로 국가를 고찰할 때 문제가 되는 것은 먼저 국가를 다른 사회조직체와 어떻게 구별하느냐 하는 것이고, 그 다음에 국가가 수행하는 모든 기능과 활동을 법적으로 체계 있게 설명하는 문제이며, 끝으로 국가사회가 모여서 이루어지는 국제사회의 발전과 국가의 개념을 어떻게 조화 있게 설명하느냐 하는 것이다.

그러므로 국가를 어떤 한 가지 요소나 기준만으로 설명할 수는 없고, 여러 기준과 요소를 종합적으로 고려하여 전체적인 합리성과 조화를 이루도록 분석해 나가야 할 것이다.

이러한 견지에서 국가를 정의하여 본다면, 국가란 인구·영토·정부를 갖춘 정치적 조직체로서 국제사회의 다른 구성원에 종속되지 않고 국제공동체의 법에 직접 종속되는 독립된 법인격적 실체를 말한다.

오늘날 국제사회는 대단히 밀접하게 조직되고 있으며, 따라서 상호의존적이다. 국가의 개념을 고찰함에 있어 이러한 새로운 국면을 고려하지 않을 수 없다. 옛날과 같이 국가가 비교적 고립되어 자급자족하던 시대와는 전혀 달라서 현대 사회생활에 있어서는 국내적 측면 못지않게 국제적 측면이 매우 중요하게 되었다. 그러므로 국내사회의 질서가 중요한 만큼 국제사회의 질서도 필수적이다. 옛날과 같이 국제사회의 법규칙 위반을 대수롭지 않게 생각하여서는 사회생활이 유지될 수 없는 실정이다. 이런 의미에서 국가의 주권개념은 상당한 정비될 필요가 있다고 할 것이다. 국제사회가 발전하고 국제공동체의 조직이 강화될수록 국가는 더욱 국제공동체에 종속되게 마련이다. 국가의 주권 내지 독립성이란 다른 국제공동체 구성원에 대한 독립성이지 국제공동체 그 자체에 대한 독립성을 의미하지는 않는다. 국제공동체가 발전하여감에 따라 절대주권의 개념에 기초하고 있던 과거의 국가개념은 이미 상당한 변질을 초래하였고 앞으로 더욱 심한 변화를 겪게 될 것이다.

Ⅱ. 국가의 구성요소

1. 국민(population; étatique)

국가란 인간의 사회적 조직체이다. 따라서 주민이 하나도 없는 국가란 상상할 수 없다. 주민이 다 떠나버리면 국가는 자연히 소멸하게 될 것이다. 역사적으로 유대민족이 사방으로 흩어진 예는 유명하다.

이처럼 국가가 성립하려면 인적 요소가 필요하다. 그러면 국가의 인적 요소는 어떤 것인가? 국가의 인적 요소는 보통 국민이라고 부르는데, 그 구성원들은 국가와 국적이라는 연결을 통하여 지속적으로 결합되어 있다. 국적은 국가의 인적 요소를 이루는 개인과 국가 간의 연결 또는 결과인 동시에 국가의 인적 관할권의 기초가 된다. 국가는 이런 기초에 근거하여 그 국민이 자기 영토 밖에 있는 경우에도 관할권을 행사하게 되는 것이다.

이러한 국민과 비슷한 용어로 주민(habitant)이 있다. 이것은 국가 안에 주된 주거지를 가지고 있는 모든 인간을 의미한다. 따라서 주민에는 그 국가 국민 이외에도 외국인까지 포함하게 된다. 또한 국민 중에서도 외국에 거주하는 사람들은 제외하게 된다.

그리고 국민과 비슷한 개념으로 민족(nation)이 있다. 민족이 무엇이냐에 관하여는 견해가 통일되어 있지 않다. 주관적 요소를 강조하는 입장에서는 민족을 구성하는 사람들의 함께 살려는 의사를 강조한다. 반대로 객관적 요소를 강조하는 견해는 역사·인종·언어·문화적 공동체라고 한다. 결국 이러한 주관적 요소와 객관적 요소를 함께 고려해야 할 것이다.

동일한 민족을 형성하는 모든 개인은 동일한 국가 안에서 자유롭게 살 수 있다는 것이 이른바 민족성의 원칙(principle of nationality; principedes nationalités)이다. 이 민족성의 원칙은 19~20세기 초에 국제관계의 기초가 된 정치기술적 원칙이었다. 그러나 국제법상 국민이 단일민족이어야 한다는 원칙은 없다. 여러 민족이 합쳐서 하나의 국민을 형성할 수도 있는 것이다. 이런 국가를 다민족국가 또는 복수민족국가라고 한다. 따라서 민족성의 원칙은 인민자결권의 원칙으로 변질되어, 일정 지역의 인민은 그 자유의사에 따라 정치적, 법적 체제를 형성할 수 있다는 원칙을 의미하기도 한다.

2. 영토(territory; territoire)

영토란 국가가 그 임무를 수행하기 위하여 배타적 권력을 유효하게 행사하는 공간이다. 따라서 영토는 국가권력의 기초가 되며, 동시에 국가와 국민 사이에 연결을 이루는 요소 중 가장 중요한 요소이다. 다시 말해서 국민이란 원래 국가영토에 '정착'한다는 데 기초하고 있다. 물론 국민 개개인의 관점에서 볼 때 정착이 국민이 되는 근거의 전부이거나 필수적 요소는 아니지만, 원래 국민이라는 일반적 개념이 형성되는 데 가장 근본이 되는 요소는 역시 일정한 영토상에 지속적으로 정착한다는 것이다. 유목민은 영토가 없기 때문에 법적으로는 국가가 아니다. 또한 어느 국가가 영토를 모두 잃어버리면 소멸하고 만다. 이러한 영토의 중요성 때문에 현대 국제법에서는 영토보전의 원칙(principle of territorial integrity; principede l' intégrité territoriale)을 기본원칙으로 삼고 있다. 영토보전의 원칙이란 어느 국가의 영토를 무력이나 비평화적 방법에 의하여 변경할 수 없다는 것이다. 이 원칙은 UN 헌장 제2조 제4항을 비롯하여 많은 협약에서 규정하고 있다.

영토에는 육지만이 포함되는 것이 아니라 일정한 범위의 바다와 하늘도 포함된다. 영토의 범위 확정에 관하여는 아직도 완전히 통일된 개념이 성립되어 있지 않고 많은 논란이 되고 있다. 그러나 영토에 육지적 영토, 국내수역, 영해 그리고 이를 덮고 있는 일정한 정도의 하늘을 포함하는 것만은 확실하다. 그 밖에 대륙붕, 접속수역, 배타적 경제수역 등에서도 국가가 관할권을 행사하지만 엄격한 의미의 영토에는 포함되지 않는다. 다만 관할권 행사의 정도에 따라 영토에 적용되는 일정한 법규칙이 제한적으로 적용된다.

3. 정   부

국가는 자연인이 아니라 법인이기 때문에 그 의사를 표시하고 법률행위를 하기 위해서는 그를 대표하는 기관을 필요로 하며, 또한 그 권력의 행사를 매개하고 국가기능을 수행하기 위해서도 기관은 절대로 필요하다. 이처럼 국가의 의사를 표시하고 그 권력행사를 매개하여 그 기능을 수행하는 국가의 기관조직을 정부라 한다.

여기서 정부란 행정부·입법부·사법부를 포함한 정치적·법적으로 구성된 공권력 조직 전체를 의미한다.

정부란 국가가 그 영토에 살고 있는 국민을 보호하고 그 필요를 충족시켜 주기 위한 기능을 수행하는 데 꼭 필요한 수단인 것이다. 그러므로 정부 없는 영토는 법적으로 국가가 아니다. 그렇다고 무주지(res nullius)도 아니다. 국제사법법원은 1975년 10월 16일 서사하라사건에 대한 권고적 의견에서 사회적·정치적 조직을 가진 종족에 관하여는 이미 19세기부터 무주지로 생각하지 않았다고 선언하였다(ICJ. Reports, 1975, p. 39).

정부라고 할 수 있으려면 실효적이어야 한다. 즉 정부라 함은 국가의 내부적인 질서유지, 외부적인 국제활동 등을 포함한 모든 국가기능을 수행할 실제적 능력이 있어야만 한다.

4. 주권 및 독립

국가가 성립하려면 국민·영토·정부만 가지고는 불충분하고, 주권 내지 독립이 있어야 한다. 자치집단도 일정한 영토상에서 그 주민에 대하여 유효하게 공권력을 행사하고 있다. 그러나 이러한 자치집단과 국가를 구별할 수 있는 요소로서 다름 아닌 주권 내지 독립이 요청된다.

(1) 주권 개념의 변화

주권이란 원래 근대국가의 성립 시에 국가의 존재를 확고히 하기 위해 제기되었으며, 18세기에 이르러 장 보댕(Jean Bodin), 바텔(Vattel) 등 많은 학자들에 의해 확립된 개념이다. 그 후에 주권개념은 군주들의 절대주의를 정당화하는 근거로 사용되었다. 주권 개념은 19세기 헤겔(Hegel)의 영향으로 전성기를 이루어 최상의 무제한적 권력이 되었다. 주권이란 국가 자신의 관할권을 결정하는 무제한·무조건의 근원적 권력이라고 하였다.

엘리네크(Jellinek)에 의하면 국가는 이처럼 자신의 관할권을 스스로 결정하기 때문에 스스로 제한하려는 이른바 자기제한의사 이외에는 아무것에 의해서도 제한되거나 구속을 받지 않는다고 하였다. 이러한 자기제한설은 결국 국제법을 부정하는 결론에 도달되기 때문에 이 이론은 심한 반발을 불러 일으켰다. 그렇지만 국가주권의 원칙은 실정법상 깊이 뿌리를 박고 있어 UN 헌장 제2조 제1항도 이를 인정하고 있다. 따라서 자기제한설에 대한 반발은 국가주권원칙을 부정하기 보다는 그 개념을 재정립하려는 쪽으로 움직이고 있다. 이에 따라 주권을 과거처럼 절대적인 권력으로 과장하여 생각하지 않고 단순한 독립성으로 규정짓고 있다.

1928년 4월 4일 팔마스 섬(The Island of Palmas)에 관한 상설중재법원(The Permanent Court of Arbitration, PCA) 판결에서 막스 후버(Max Huber) 중재관은 국가 사이의 관계에서 주권이란 그 독립을 의미한다고 분명히 선언하였다. 어떤 정치적 집단이 국가인가 아닌가를 판단해야 하는 경우 일반적으로 국제판례는 이 정치적 집단이 독립된 법인격을 가지고 있느냐의 기준에서 출발한다. 이와 같이 오늘날에는 주권이 절대시되지 않고 단순한 '독립'이라는 의미로 변화되었다.

(2) 국제법에의 직접종속

주권이 독립을 의미한다고 해서 국가가 모든 것으로부터 독립되었다는 뜻은 아니다. 다시 말해서 국가가 아무런 구속을 받지 않는다는 것이 결코 아니다. 국가는 국제법에 직접 종속된다. 국가가 관할권을 인정받는 것도 바로 이 국제법에 근거하고 있다. 쿤츠(Kunz)는 국가가 국제법에 종속된다는 조건 하에서만 주권이라는 용어가 용납된다고 강조하였다. 국제사법법원도 1949년 4월 11일 UN 봉사 중 입은 손해배상 문제에 관한 권고적 의견에서 국가와 국제기구가 직접 국제법에 연결되는 실체라고 선언하였다(ICJ Report, 1949, p. 178).

(3) 결   론

이와 같이 국가는 독립성이라는 의미의 주권과 국제법에의 직접종속이라는 두 가지 속성을 갖고 있다. 이러한 속성은 국가를 다른 비슷한 조직체들과 분명하게 구별하게 한다.

제 4 장

법학연구에 필요한 상식

제 4 장   법학연구에 필요한 상식

제 1 절   판례연구방법

I. Case Method의 배경

판례에 관한 연구는 코먼로(common law) 계통에서는 처음부터 중요한 법학연구의 내용이었으나 대학교육에서 판례연구를 본격적으로 발전시킨 것은 미국의 로스쿨(law school)이다. 구체적으로 미국 대학에서 이른바 Case Method를 도입한 것은 하버드(Harvard) 로스쿨의 크리스토퍼 랑델(Christopher Langdell) 교수가 1871년 계약법에 관한 Casebook[*Selection of Cases on the Law of Contracts*(1871)]을 발간하면서 시작되었다. 랑델 교수에 의하면 기본적인 법원칙을 습득하는 가장 빠르고 좋은 방법은 이러한 법원칙을 담고 있는 판례를 공부하는 것이고, 학생들은 전통적인 강의방법보다 직접 판례를 가지고 질문·답변하고 서로 토의하는 이른바 소크라테스식 문답법(Socratic Method)을 사용하는 것이 효과적이라고 하였다.[1] 이를 위하여 학생들은 수업 전에 판례를 미리 읽고 와 적극적으로 토의에 참여하게 된다. 또한 여러 법원의 판결을 다루기 때문에 자연히 서로 다른 내용을 비교·분석하고 평가하는 방법이 발전하였다. 이리하여 1910년경까지는 미국의 모든 로스쿨에 이러한 판례연구방법이 퍼져나갔다.

미국에서 이러한 Case Method가 발전한 데는 몇 가지 제도적 배경이 있다. 판결이 확정되면 어느 나라에서나 당사자와 법원을 구속하게 되는데 이를 기판력(res judicata)이라고 한다. 그러나 로마·게르만법 계통에서는 엄격히 말해서 이러한 기판력은 동일한 사건에만 적용된다. 그러나 코먼로 계통에서는 선례구속의 원칙(principle of stare decisis)이 있어서 법원의 이전 판결인 선례는 존중해야 한다. 다시 말해서 어느 법원의 판결은 당사자나 소송대상이 달라도 그 법원

---

1) E. Allan Farnsworth, *An Introduction to the Legal system of the United States*, Oceana Publication, 1983, p. 16.

및 동급 이하의 다른 법원도 구속한다는 것이다.[2] 동일한 여건 하에서는 사람들이 같은 법적 취급을 받아야 한다는 공정성, 판결이 한결같아야 한다는 법적 안정성, 행위자가 자신의 행위에 대하여 법적으로 어떻게 처리된다는 것을 예측할 수 있어야 한다는 법의 예측가능성 등이 이 제도의 배경이다.[3]

판결 중 구속력을 갖는 것은 판결의 결론 내지 그 이유(holding of judgment)인 판시사항(ratio decidendi)이다. 판시사항은 법원 결정의 근거 내지 이유로서 법적 구속력을 형성하는 판결의 기초원칙이다.[4] 이 판시사항과 구별되는 것으로 부수적 의견(obiter dictum 또는 dictum)이 있다. 부수적 의견이란 판결의 결론을 위하여 직접적으로는 필요하지 않은 법원의 의견이며, 사건결정에 직접 관련이 없는 법원의 진술이다. 판결이 구속력을 갖는다는 것은 판시사항이지 부수적 의견이 아니다. 그러므로 판례연구에서는 결론 내지 그 이유에 해당하는 이러한 판시사항(ratio decidendi)을 찾아야 하며, 동시에 이러한 결론에 중요한 영향을 주는 사실을 확정하는 것이 어렵지만 매우 중요한 일이다.

물론 오늘날에는 성문법규가 지배적이므로 법의 적용을 위해서는 성문법규를 찾는 것이 선행되어야 한다. 그러나 성문법규가 모든 것을 다 규율할 수 없을 뿐 아니라 구체적인 법적용과 관련하여 판례는 로마·게르만법 계통의 지역에서도 매우 중요하다. 따라서 미국에서 발전한 판례연구방법을 활용하는 것은 미국법을 연구하는 경우뿐만 아니라 로마·게르만법 계통을 연구하는 데도 매우 중요하다.

판례연구를 하는 구체적 이유는 법원이 과거에 내린 결론과 논증을 기초로 현재나 미래에 법원의 결론과 논증을 정확히 예측하는 능력을 기르는 데 유익하기 때문이다. 또한 과거문제를 분석함으로써 현재 및 미래의 문제를 인식하고 해결하는 능력을 발전시키려는 것이다. 동시에 이러한 연구를 통하여 현행법의 실질적 이해를 도우려는 것이다.

물론 판례연구로 모든 법을 다 배울 수 있는 것도 아니므로 미국 대학에서도 판례연구만을 가르치는 것은 아니다. 그러나 미국 대학에서 판례연구를 강조하는 것은 학생들이 판례를 분석하고 평가하는 훈련을 통하여 법적 분석·논

---

2) Black's Law Dictionary, 5th ed., p. 1261.

3) Morris L. Cohen and Robert C. Berring, *How to Find the Law*, West Publishing Co., 1984, p. 5.

4) John Farrar, *Introduction to Legal Method*, London, p. 66.

증·표현의 능력을 발전시키고, 동시에 법조인으로서의 기술과 지식을 키워간
다는 점에 근거를 두고 있다.

Ⅱ. Case Method의 내용

1. 판례의 요약(brief)

Case Method에서 다루는 판례는 대체로 상급법원의 판결이다. 상급법원의
판결이기 때문에 이미 하급법원의 판결이 내려져 있는 상태이다. 판례의 내용
은 먼저 사실에 대한 논쟁이 있고 그 다음에 하급법원에서 적절히 법을 적용하
였는지에 대한 논쟁이 전개된다. 배심재판의 경우에는 배심원들이 사실문제를
확정하고, 아닌 경우에는 법관이 사실문제와 법률문제를 모두 결정한다.

판례를 분석, 평가하기 위해서는 다음과 같은 몇 가지 문제에 대하여 체계
적으로 분석하여야 한다.

- 법원이 인정한 중요한 분쟁사실(fact of disputes)
- 쟁점(issues)을 제기하기 위한 관련 절차사항
- 판결을 위한 쟁점(issues)의 내용
- 법원 결정의 결론
- 결론의 이유 내지 근거5)

판결을 요약한다는 것은 많은 분량의 판결을 간단히 한다는 뜻이 결코 아니
다. 판결을 요약한다는 것은 판결을 주의 깊게 분석하여 위의 5가지 문제에 대
하여 분명한 답을 주는 데 필요한 정보를 간추려 내는 것이다. 다시 말해서 법
원이 결정을 내리는 데 본질적인 논증의 요소들이 바로 판시사항(ratio
decidendi)이고 그렇지 않은 것이 부수적 의견(obiter dictum)인데, 이 두 가지를
구분하여 판시사항 및 중요 정보를 간추려 내는 작업이다. 판시사항은 구속력
을 가지며 다음 재판의 선례가 된다. 다음 재판을 하는 법원은 매우 중요한 이
유가 없는 한 이를 존중해야 한다.

---

5) Michael A. Berch and Rebecca White Berch, *Introduction to Legal Method and
Process*, West Publishing Co., 1985, pp. 10−11.

2. 판례의 분석과 평가

판례분석방법을 구체적으로 이해하기 위하여 판례요약의 기준이 된 위의 5가지 사항을 좀 더 상세히 검토하여 볼 필요가 있다.

첫째, 중요한 분쟁사실을 인식한다는 것은 분쟁을 이해하고 법원의 결론을 이해하는 데 필요한 중요사실을 파악하는 것이다. 그러므로 판례의 논점, 결론, 논증을 이해하지 않으면 중요한 사실을 파악하기 어렵다. 이러한 사실을 찾으려면 법원이 판결에서 강조한 사실이 무엇인지, 법원이 결론을 내리는 데 중요한 영향을 준 사실이 무엇인지를 파악해야 한다.

둘째, 관련 절차사항이란 하급심에서 누가 이겼는지, 상소인의 상소이유는 무엇인지, 하급심이 어떤 오류를 범했다고 주장하는가, 상소의 청구내용과 법적 성격은 무엇인가 등을 파악하는 것이다. 이러한 추구를 통하여 일정한 사건의 공통적인 절차사항을 알게 되고 상급심에서의 쟁점(issues)과 논증을 분명히 파악하게 된다.

셋째, 판례는 보통 여러 개의 쟁점(issues)을 포함하고 있다. 판례를 분석하려면 이러한 쟁점들을 쟁점별로 주장, 쟁점, 논증, 적용법규 등을 정리해야 한다. 또한 이러한 쟁점들이 왜 제기되었는지, 쟁점들 사이의 관계 등을 자세히 분석하여 그 판례 전체의 실체적 쟁점을 체계적으로 파악해야 한다.

넷째, 판결의 결론이란 구체적으로 제기된 쟁점에 대하여 긍정이나 부정의 답을 주는 것이다. 이것은 소송의 절차적 · 실체적 결론에 해당한다.

다섯째, 법원은 실정법규를 적용하여 결론을 내린다. 보통 선례를 따르고 선례가 없다면 새로운 결론을 낼 수 있다. 이를 위하여 법원은 기존법규의 적용을 정당화하는 논증뿐 아니라 그러한 결과를 정당화하는 논증을 해야 한다. 판례를 분석함에는 이러한 논증의 분명한 파악이 중요하다. 또한 판례를 분석함에는 그러한 법규의 적용이 실제로 그러한 결과에 도달하는지를 추구해야 한다.[6)]

이와 같이 판결을 요약하고 나면 법원의 결정과 그 법적 논증을 비판하고 평가해야 한다. 구체적으로 법원의 결정은 논리적이고 적절한가, 문제해결을 위하여 합리적인가, 그 결과는 공정하고 정당한가, 법원은 제기된 쟁점(issues)

---

6) *Ibid.*, p. 25.

을 진정으로 파악하여 해결하였는가 등이 평가의 내용이다.

끝으로 판례분석을 통하여 도출한 법규칙과 그를 뒷받침하는 법적 논증 (reasoning)의 체계를 세워야 한다.[7] 이러한 것이 미국 로스쿨에서 가르치고 있는 Case Method의 통상적인 모습이다.

제 2 절 인터넷 법률정보 서비스와 법학연구

Ⅰ. 방대한 자료의 효율적 이용(컴퓨터 및 인터넷의 활용방안)

오늘날 사회생활의 모든 분야에서 컴퓨터 및 인터넷의 활용이 필수적이다. 당장 이 책을 집필 및 편집을 하는 데도 컴퓨터를 활용하고, 학문을 위한 자료의 수집 및 저장 등도 컴퓨터 및 인터넷의 이용이 필수적이라고 할 것이다. 특히 현대사회의 복잡화, 전문화로 법률문헌이나 자료도 컴퓨터 없이는 신속히 소화해 낼 수 없으며, 국제화시대의 발전으로 세계가 하나의 생활권으로 되면서 국경을 넘어 외국법이나 국제법의 수요가 끊임없이 확대되고 있다. 지금은 법학연구에 있어서 컴퓨터와 인터넷을 활용하지 못하면 많은 제약이 따르게 된다. 그뿐 아니라 법률실무를 처리하는데도 국내, 국제적인 경쟁여건 속에서 빠른 시간 내에 많은 법률정보자료를 처리하여야 하므로 컴퓨터 및 인터넷의 효율적 이용이 절실한 상황이다. 또한 최근 인공지능(AI)의 발전으로 법률정보의 검색, 처리에 새로운 지평이 열리고 있다는 사실 또한 주목할 만하다.

한국에서는 인터넷상의 법률정보서비스가 초창기에는 다른 국가에 비해 크게 뒤떨어져 있었으나, 최근 우리나라 정보기반의 성장에 따른 인터넷 및 스마트폰의 급속한 보급 등으로 인해 현재에는 다른 나라보다 앞섰다는 평가를 받고 있다. 이에 대해서는 아래 Ⅳ.항 및 제7절에서 살펴보겠지만 이 분야에 오랜 역사 및 전통을 가지고 있는 미국의 대표적 인터넷상의 법률정보서비스를 간단히 소개한 후에 국내의 대표적인 몇 가지를 소개하고자 한다.

미국의 컴퓨터 법률정보 서비스제도 중 가장 중요한 것은 LexisNexis(이하 'LEXIS')와 WESTLAW이다. LEXIS는 Read Elsevier plc의 서비스이고,[8] WESTLAW

---

7) *Ibid.*, pp. 17 – 18.

는 Thomson Reuters의 서비스이다.[9] 그밖에도 정부기관 등에서 여러 가지 법률정보 서비스제도를 운영하고 있다.

Ⅱ. LEXIS와 WESTLAW

1. 법률정보 수록내용

LEXIS는 1966년 미국에서 제일 먼저 상업적으로 보편화한 법률정보 서비스제도로 매우 광범위한 법률정보를 수록하고 있다. 구체적으로 미국의 모든 현행 연방과 주의 상소법원 판결의 문헌 전체를 수록하고 있으며 과거 법원의 판례도 점차 수록하고 있다. 또한 판례집에 발간되지 않은 연방 하급법원 판례도 상당수 수록하고 있다. 그뿐 아니라 미국법령집(U. S. Code; 통상 U.S.C.로 약칭) 전체, 주의 법령집, 행정부 법령집과 상당수의 비법률정보도 수록하고 있다.[10]

LEXIS의 자료정리체계는 주제나 관할법원 별로 자료를 모아 'library'로 분류하고 이를 다시 세분하여 'files'로 분류하고 있다. 예컨대 general library에서는 연방법원의 판례, 미국법령집, 1980년 이후 연방관보(the Federal Register: 매일 발행하며 연방 정부기관 및 기타 행정기관의 법률문헌을 공시하는 수단이다) 등을 수록하고 있다. 또한 별도 library에는 조세, 증권, 무역법, 파산, 특허, 상표, 저작권, 통신, 노동, 에너지, 정부계약, 직업윤리 등이 있다. 한편 주 법령의 library에는 50개 주별로 상소법원 판결의 전체를 수록하고 있다. 외국법령은 영국, 프랑스, 유럽공동체의 법을 수록하였다. 이러한 자료는 계속 범위를 확대하고 있다.[11]

반면 WESTLAW는 1970년대 초에 시작된 법률정보서비스로 처음에는 판례를 간추린 headnotes만을 수록하여 제공해 주었다. 그러나 그 후 곧 판례 전체를 수록하였으며 계속 자료의 범위를 확대하여 현재는 LEXIS와 비슷하다. WESTLAW도 조세, 증권, 독점규제, 노동, 정부계약, 특허, 상표 및 저작권, 통신, 해사법, 에너지 등의 별도 library를 두고 있다. 또한 'quick opinion'이라는

---

8) LexisNexis homepage, 〈http://www.lexisnexis.kr/en−kr/about−us/about−us.page〉 (최종방문일: 2023. 9. 25.).

9) Thomson Reuters homepage, 〈https://legal.thomsonreuters.com/en/products/westlaw〉 (최종방문일: 2023. 9. 25.).

10) Cohen and Berring, *supra* note 3, pp. 693−694.

11) *Ibid.*, p. 694.

서비스를 설치하여 정식 발간 전의 판례정보도 제공하고 있다.[12]

2. 자료 찾는 방법

LEXIS의 법률정보 서비스제도를 이용하는 상세한 방법은 LEXIS Handbook을 이용하면 된다. 또한 가입회원들을 위하여 강습을 실시하고 자세한 지침을 제공하여 준다. 그뿐 아니라 미국의 대부분 로스쿨에서는 LEXIS 및 WESTLAW 사용법을 학교에서 정규과목으로 가르친다.

LEXIS 자료를 찾으려면 컴퓨터에 그 데이터베이스(data base)에 수록된 정보자료를 찾아내도록 명령을 주어야 한다. 사용자는 명령어를 사용하여 자료를 검색하고 필요시 이를 인쇄하여 사용할 수 있다. LEXIS는 사용자가 매우 간단히 사용할 수 있도록 대부분의 명령어를 위한 지정 key를 설치하였다. 그러므로 이러한 지정 key를 사용하면 바로 자료를 찾아낸다. 이와 같은 방법은 사용함에 매우 간편하지만, 반면 일반 컴퓨터와 호환성이 없어서 지정 기계장치를 사용해야 하는 불편이 있었다. 그러나 현재는 이러한 불편을 보완하여 일반 컴퓨터를 이용할 수 있도록 개선하였다.[13]

사용자가 법률정보를 찾으려면 구체적으로 먼저 원하는 자료가 속한 라이브러리(library)와 파일(file)을 찾아서 지정된 명령어를 사용하여 컴퓨터에 지시하여야 한다. 예컨대 가구회사의 제품에 대한 책임문제에 관한 자료를 찾으려면 먼저 'products liability'와 'furniture'라는 키워드를 사용한다. 이러한 키워드를 사용하여 지정된 명령을 컴퓨터에 입력하면 이 두 가지에 관계되는 자료를 제공한다. 그러나 sofa, chair와 같이 구체적 가구에 관한 자료를 제공하지 않을 가능성이 있다. 다시 말해서 이 제도는 동의어나 동계어(同系語) 등을 읽지 못할 가능성이 있다. 그러므로 법률용어를 잘 알고 있어야 효과적으로 이용할 수 있다. 이러한 자료의 누락을 막기 위해서는 동의어를 활용하여야 한다. 예컨대 automobile이라는 키워드(key word)를 사용하면 vehicle이나 car에 관한 자료를 누락시킬 수 있다. 이런 문제를 해결하기 위해서는 'and'나 'or' 또는 'and not' 같은 연결어를 적절히 사용, 관계되는 동의어를 모두 연결하여 명령을 주어야 한다. 'products liability and furniture'라고 지시하면 products liability와

---

12) *Ibid.*, p. 698.
13) *Ibid.*, p. 694.

furniture를 다 같이 포함하는 자료만을 찾아내게 된다. 그러나 'products liability or furniture'라고 지시하면 products liability와 furniture 중의 하나를 포함하는 자료를 모두 찾아낸다. 또한 찾는 자료의 범위를 더 축소할 수도 있다. 구체적으로 w/n(word/number)라는 연결어를 사용하여 'products liability w/5 furniture'라고 지시하면 furniture라는 단어 5개 내에서 products liability가 나타나는 자료만을 찾아낸다. 또한 'segment search'(부분 찾기)라는 것이 있어서 특정 법원, 특정 법관, 특정 날짜, 특정 당사자 등을 지정하여 주면 해당 자료를 찾아 준다.

일단 자료를 찾아내면 사용자는 그 범위를 선택하여 조정할 수 있다. 구체적으로 원하는 자료의 범위를 5가지로 선택할 수 있다. 첫째, 자료 전체를 요구하려면 'FULL'이라고 지시하고, 둘째, 키워드에 25개 단어를 추가하여 보려면 KWIC(key word in context)라고 지시하면 된다. 셋째, 앞의 것에 단어를 증가하거나 축소하려면 VARKWIC라고 지시하면 된다. 넷째, 문헌의 인용표시(citation)만을 보려면 CITE라고 지시하면 되고, 다섯째, 판례의 요약인 headnote만을 보려면 SEGMTS(segments)라고 지시하면 된다.[14]

WESTLAW의 자료를 찾는 법도 비슷하다. 다만 WESTLAW는 처음부터 일반 컴퓨터를 활용할 수 있게 고안되어 있다. 이러한 사용의 융통성 때문에 WESTLAW의 keyboard가 LEXIS보다 복잡하다. 다시 말해서 컴퓨터에 지시하기 위하여 지정 key를 사용하는 대신 명령어를 직접 사용하여야 한다. 최근에는 WESTLAW도 function key 제도를 도입한 WALT(West's Automatic Law Terminal)을 마련하여 기존제도와 함께 사용하고 있다. 그러므로 사용자는 일반 컴퓨터를 사용할 수도 있고 WALT를 구입하여 간단한 장치를 활용할 수도 있다. 또한 LEXIS의 segment search를 WESTLAW에서는 'filed search'라고 부른다.[15]

또한 인터넷을 통해서도 이러한 서비스를 이용할 수 있다. 홈페이지를 통하면 소정의 회원 가입절차를 거친 후 LEXIS와 WESTLAW를 이용할 수 있으며 검색 방법은 거의 동일하다(http://www.lexisnexis.com; http://www.westlaw. com).

---

14) *Ibid.*, pp. 695－696.
15) *Ibid.*, pp. 698－699.

Ⅲ. 기타 법률정보 서비스

이 밖에도 미국에서는 컴퓨터를 이용한 법률정보 서비스제도가 많이 활용된다. 미국의 법무부는 1970년부터 JURIS라는 서비스제도를 개발하여 사용하고 있다. 이 제도는 법무부, 검찰청, 대법원, 국회도서관, 국방부, 기타 정부부서 내에 150개의 단말기(terminal)를 설치하여 활용하고 있다. 여기에는 연방법원 판결 15만 건 이상의 판결전문(full text)과 주법원 판결 40만 건의 판결요지(headnotes), 미국법령집(U.S.C.) 등을 수록하고 있다.

FLITE(Federal Legal Information Through Electronics)는 미국 공군이 주관하여 1960년대 초에 설치한 법률정보 서비스제도로 그 후 WESTLAW의 기초가 되었다. 현재에는 주로 미국 공군, 국회 등에서 활용하는데 연방법원 판결, 미국법령집, 기타 법률자료를 다수 수록하고 있다(http://supcourt.ntis.gov).

BNA(Bureau of National Affairs)에서도 여러 분야의 법률서비스를 제공하고 있다. 예를 들어 노사관계 판례 및 자료를 수록한 LABORLAW, 화학물질에 관한 판례와 법령을 수록한 CHEMLAW, 특허·상표·저작권·불공정거래에 관한 판례를 수록한 PATLAW, 조세 및 증권에 관한 매일의 정보를 수록한 ADVANCELINE이 있다. DIALOG에서도 앞의 3가지 정보를 찾을 수 있다 (http://www.bna.com/legal−business−t5009).[16] 그 외에 미국과 캐나다에서 발간되는 주요 법률잡지 등을 제공하는 HEINONLINE(http://heinonline.org), EBSCOhost Legal Collection(http://web.a.ebscohost.com) 등이 있다.

Ⅳ. 한국의 법률정보 서비스

1. 법고을 LX

법고을 LX는 대법원이나 법원도서관에서 운영되는 종합법률정보에 수록된 여러 법률정보를 DVD에 담아 이를 검색할 수 있게 하는 정보검색시스템이다. 1993년에 당시 서울고등법원 부장판사였던 강봉수 판사가 개발한 것으로 1998년과 2003년, 2007년에 대대적인 업데이트가 이루어졌고, 2022년까지 계속 업

---

16) *Ibid.*, pp. 702−703.

데이트 되고 있다.[17)

구성을 보면 판례와 법령, 법학 관련 문헌, 예규를 검색할 수 있도록 구성되어 있다. 판례와 법령의 경우 법원도서관 홈페이지(http://library.scourt.go.kr)를 통해 꾸준히 업데이트를 제공하고 있어 편리하다.

사용자는 자신이 찾고자 하는 자료를 선택한 다음 법고을에서 제공하는 다양한 검색방법을 통해 이를 검색한다. 그 다음 이를 저장하거나 프린터로 출력할 수 있다. 법고을에서 제공하는 정보는 대법원에서 제공하는 종합법률정보에 수록된 내용과 거의 유사하나 개인이 사용할 수 있는 정보검색시스템이라는 측면에서 보면 그 자료의 양이나 내용에 있어 약간의 차이가 존재한다.

2. 대법원 종합법률정보

대법원 종합법률정보(http://glaw.scourt.go.kr)는 대법원(법원도서관)에서 운영하는 사이트이다. 별다른 회원 가입절차가 없어도 이용할 수 있으며 대법원 판례, 일부 하급심 판례의 내용을 볼 수 있고, 그 외에 현행 법령을 비롯하여 법령의 연혁이나 개정과정 등을 검색할 수 있다. 또한 법학 관련문헌을 검색할 수 있을 뿐 아니라 규칙·예규·선례 등도 검색할 수 있는 사이트이다.

3. 헌법재판소 판례검색

헌법재판소의 판례검색은 헌법재판소의 홈페이지(https://www.ccourt.go.kr)에 들어가면 판례검색창을 통하여 1987년 개원 이후의 다양한 헌법재판소의 판례를 검색할 수 있다. 헌법재판소의 축적된 판례를 통하여 헌법규범의 법률과 사건 등에 구체적으로 적용되는 과정을 확인할 수 있다.

4. 법제처 국가법령정보센터

법제처 국가법령정보센터(http://www.law.go.kr)는 법제처에서 운영하는 사이트로 우리나라 모든 법령 및 자치법규를 제공하며, 그 외 생활법령정보나 알기

---

17) 법고을 LX는 대법원(법원도서관)에서 USB 형태의 작은 종합법률정보시스템으로 종합법률정보시스템의 보완적 프로그램으로 활용되고 있다. 향후 개편작업을 통하여 새로운 온라인 법고을 LX 시스템을 구축하려고 준비 중이다. 대법원 홈페이지 참조(https://www.scourt.go.kr/supreme/composition/admin/lib/index.html)(최종 방문일: 2023. 9. 25.)

쉬운 법령, 북한법제, 세계법제, 영문법령 등의 서비스를 제공하고 있다.

5. 로 앤 비

로앤비(http://lawnb.com)는 법무법인 태평양이 주축이 되어 2000년 11월에 설립한 주식회사 형태의 법률정보 포털사이트이다. 2012년 3월부터 세계 100여 개국의 300개 도시에 지사를 두고 있는 글로벌 기업인 톰슨 로이터 그룹 (Thomson Reuters)에서 인수하여 운영하고 있다. 서비스 내용은 국내 판례, 법령, 주석서, 학회논문, 각종서식 및 일본판례 등과 같은 법률정보를 제공한다. 통합검색이나 3단 비교 등의 다양한 검색 방법을 사용할 수 있으며, 이ㅡ메일 서비스도 제공하고 있다.

사용을 원하는 자는 회원 가입 이후 이용할 수 있다. 현재 단순한 법률정보를 제공하는 사이트에서 벗어나 종합적 법률상담 혹은 회사관계 법률상담 등 고객의 특성에 맞는 차별화된 법률서비스를 제공하는 종합적인 사이트로 업무 영역의 확대를 꾀하고 있다.

제 3 절 문헌 인용하는 방법

Ⅰ. 법학연구와 문헌 인용하는 방법

법학연구를 하려면 국내외의 문헌을 찾아서 읽게 되고 또한 논문을 쓰자면 그 문헌의 출처를 정확하게 인용하여야 한다. 그렇게 하려면 문헌을 올바르게 인용하는 법(citations)을 알아야 하고, 표시된 인용내용이 무엇인지를 정확히 이해해야 한다. 문헌을 인용하는 방법은 다양하게 사용되고 있다. 그것은 사용자의 편의와 기호에 따라 선택할 수 있다. 그러나 문제는 어느 방식에 의하건 정확하게 인용할 수 있어야 하고, 인용 방식에 따른 의미를 잘 알고 있어야 한다.

문헌이라고 하여도 그 사용하는 언어에 따라 인용하는 방식은 서로 다르다. 그러나 기본적인 방식은 매우 비슷하며 또한 기본 표시기호는 대체로 라틴어에서 나온 용어를 사용하기 때문에 사용언어가 바뀌어도 큰 문제없이 적응하게 된다. 그러므로 여기서는 가장 보편적인 영어를 중심으로 외국문헌 인용방법과 함께 국내문헌의 인용방법을 설명하고자 한다.

영어로 된 문헌 인용방법(citations)에도 여러 가지가 있으며 동일한 인용방법도 그 용도에 따라 다르다. 구체적으로 말해서 법학에서 사용하는 인용방법은 대체로 소송관계 서류(briefs and legal memoranda)에서 사용하는 것과 법학논문·잡지에서 사용하는 것이 다르다. 여기에서는 주로 법학논문·잡지에 나오는 것을 설명하고, 외국판례 읽는 방법을 제5절에서 별도로 설명하여 보충하고자 한다. 또한 여기서 인용이라고 한 것은 출처인용(citation of sources)을 말하는 것으로 내용인용(quotation)과 혼동하지 말아야 한다. 내용인용의 경우에는 반드시 내용인용(quotation)이라고 표현하여야 한다.

미국에서 사용하는 문헌출처 인용방법은 'A Uniform System of Citation (일명 'The Bluebook'이라 불림, Columbia, Harvard, Pennsylvania, Yale 대학)'과 'Praeger's Guide to Manuscript Preparation(Chicago 대학 등)'이 많이 사용되고 있다. 그 외에도 2000년도에 법률문헌작성 지도자협회(Association of Legal Writing Directors)에서 출판한 'ALWD 표준안'이 있다. 여기서는 앞의 두 가지를 간추려서 설명하겠고, 국내문헌의 인용방법은 우리나라에서의 일반적 논문작성법을 기초로 하여 설명하고자 한다.

II. Praeger's Guide

1. 일반적인 책(books)

(1) 처음 인용

일반적인 책(books)을 인용하는 경우에는 먼저 저자의 이름, 책 제목, 발행도시나 출판사, 발행연도, 해당 면(page) 순서로 한다. 저자의 이름은 처음에 인용하는 경우에는 완전한 이름(full name)을 사용하고 반복하는 경우에는 저자의 성(last name)을 사용한다. 또한 처음 인용하는 경우에는 책제목을 완전히 기재한다. 만일 책을 편집한 사람이 별도로 있는 경우에는 그 사실을 'ed. by x. x. x.'라고 표시한다. 또한 그 책이 학술논총의 시리즈 형식으로 되어 있으면 그러한 사실도 표시하여 주면 된다. 또한 면(page)이 복수일 경우에는 pp.라고 사용한다. 몇 가지 예를 들면 이해하기 쉬울 것이다.

- J.G. Starke, *Introduction to International Law*, 9th ed., London: Butterworths, 1984, pp. 172 − 185.
- Lyou Byung − Hwa, *Peace and Unification in Korea and International Law*, Occasional Papers, No. 2 − 1986, School of Law University of Maryland, p. 125.
- L. Oppenheim, *International Law*, Vol. 1, 8th ed., by H. Lauterpact, London, 1955, p. 25.

(2) 반복인용

반복인용 하는 경우도 두 가지로 나누어 생각할 수 있다. 하나는 인용한 것을 바로 즉시 다시 인용하는 경우이고, 다른 하나는 바로 다음이 아니라 한번 이상 걸러서 다시 인용하는 경우이다. 바로 다음에 다시 인용하는 경우에는 Ibid.를 사용하면 된다. Ibid.는 라틴어 ibidem의 약자로 '같은 곳에', '동일한 출처에'라는 뜻이다. 만일 page가 다르면 Ibid., p. 27과 같은 식으로 표시하면 된다. Ibid.를 더욱 줄여서 Id., 또는 id., 라고 표시하기도 한다.

- *Ibid.*, pp. 125 − 129.

다른 한편 처음에 인용한 것을 한번 이상 걸러서 인용하는 경우에는 supra를 사용한다. supra는 '위에서', '위의'라는 의미를 가진 라틴어 전치사로 어느 나라에서나 보편적으로 사용한다. 또한 supra를 사용하는 경우 대체로 먼저 나온 주(footnote) 번호를 표시하여 준다. 예컨대 앞의 주 15번에서 처음 인용하였으면, *supra* note 15, 라고 표시하고 나서 역시 해당 page를 표시한다. 참고로 *infra*라는 표시를 사용하는 경우가 있다. 이것은 '아래서', '아래의'라는 뜻의 라틴어 전치사로 나중에 인용되는 것을 참고하라는 뜻이다. 이 경우에도 *infra* note 17과 같은 식으로 표시할 수도 있다. 또는 *See infra*, *See infra* p. 125라고 표시할 수도 있다. 앞의 것은 단순히 아래를 참고하라는 뜻이고, 나중 것은 아래 125면(page)을 보라는 것이다. supra를 사용하는 경우에는 처음 인용과 달리 저자의 성(last name)만을 인용하면 된다. 그러나 한국인이나 중국인의 경우는 이름을 모두 표시해주는 것이 좋을 것이다.

- Starke, *supra* note 15, p. 29.

- Lyou Byung-Hwa, *supra* note 27, pp. 125-128.

반복인용의 경우 supra note 대신 op. cit.를 사용하는 때도 있다. op. cit. 는 라틴어 opere citato(opus citatum의 변화형)의 약자로 '(이미)인용한 저서에서' 또는 '(앞에서)인용한 저서 중에'라는 뜻을 가지고 있다. op. cit., 다음에는 면(page)을 기재한다. 주(footnotes)가 많지 않은 때는 op. cit.를 사용하여도 문제가 없으나, 매우 많은 경우에 op. cit.를 사용하면 앞에 어디쯤에서 인용하였는지 찾기가 어려운 단점이 있다.

- Lyou Byung-Hwa, *op. cit.*, pp. 125-128.

2. 학술잡지, 신문 기타

(1) 학술잡지

학술잡지에는 여러 사람의 논문을 게재하고 있기 때문에 보통 한명의 저자가 저술하는 단행본과는 표기방법이 다를 수밖에 없다. 학술잡지에는 잡지이름과 논문제목을 구별하는 것이 가장 중요한 문제이다. 먼저 학술잡지의 출처인용을 위한 일반적인 순서를 보면, 논문필자의 이름, 논문제목, 잡지이름, 발행권(volume)번호와 발행호수(issue number), 발행연도(연감의 경우) 또는 발행시기(계간) 또는 연월(월간), page 등으로 구성되어 있다. 논문필자의 이름은 처음 인용하는 경우에는 이름 전체를 표기하고 반복하는 경우에는 성(last name)만을 사용하면 된다. 그 다음 논문제목은 잡지이름과 구별하기 위하여 따옴표를 사용하고, 잡지 이름은 이탤릭체로 표기하는데 워드로 작성하는 때는 밑줄을 긋거나 아무 표시 없이 표기할 수도 있다.

- J.G. Castel, "The Settlement of Disputes under the 1988 Canada-United States Free Trade Agreement", *American Journal of International Law*, Vol. 83, No. 1(1989), p. 118.

위의 출처인용(citation)에서 연도를 괄호 속에 표시한 것은 혼동을 피하기 위한 것이다. 또한 반복하여 인용하는 경우에는 책의 인용과 마찬가지로 표시하면 된다. 다시 말해서 인용하고 나서 바로 다음에 반복 인용하는 경우에는 'Ibid., p. 120.'과 같이 하면 되고, 하나 이상 걸러서 반복 인용하는 경우에는 논문필자의 성(last name)만 쓰고 이어서 supra note 방식을 사용하면 된다. 또한, op. cit.를 사용하는 경우도 있으며 그 형식은 앞에서 설명한 바와 같다.

- *Ibid.*, p. 120.
- Castel, *supra* note 15, p. 120.
- Castel, *op. cit.*, p. 120.

(2) 신문 기타

신문을 이용하는 경우 필자가 있는 기사를 인용하는 경우에는 잡지를 인용하는 경우와 비슷하다. 다만 신문의 경우에는 날짜를 모두 정확히 표시하여야 한다. 필자가 없는 기사를 인용하는 경우에는 신문이름과 날짜, 면(page) 만을 표기하면 된다.

- E.J. Dionne, "Europe is becoming a bunker in the shadow of Terrorism", *International Herald Tribune*, April 29, 1986, p. 6.
- The Korea Times, December 11, 1989, p. 3.

판례, 법령, 국제문헌은 이하 절에서 외국판례 찾는 법, 외국법령 찾는 법, 국제문헌 찾는 법 등에서 별도로 상세히 설명하도록 하겠다.

3. 내용인용(quotations) 방법

다른 사람이 쓴 글의 내용을 그대로 인용하는 것은 다른 사람의 저작권을 침해하지 않기 위하여 신중하게 해야 한다. 1-2줄 인용하는 것은 출처인용만 정확히 하고 인용하면 되나, 상당한 분량의 내용을 인용(quotation)하는 경우에는 저자의 사전 동의를 받아야 한다. 특히 지도나 도표 등을 인용하는 경우에는 저자의 동의를 받아야 한다. 또한 다른 사람의 글 내용을 인용하는 경우에는 원문을 소중히 다루어야 하며 변형을 가할 수 없다. 중간에 일부를 생략하는 경우에는 (…)식으로 생략표시를 해야 한다. 또한 문장이 끝난 다음에 일부를 생략하는 경우에는 (……)식으로 4개의 점을 찍어야 한다. 다른 사람의 글 내용을 인용하는 경우에는 다른 것보다 좌우로 여백을 더 두어야 한다. 다시 말해서 다른 사람의 글 내용을 인용(quotation)한 것이라는 사실을 알 수 있도록 좌우로 몇 자씩 여백을 더 비워 놓고 작성해야 한다. 참고로 내용인용을 요청하는 편지 형식을 소개하고자 한다.

Dear Professor Joseph Kelly,

I shall be very grateful if you kindly permit me to use your precious material specified below for my book which I am writing now, entitled "Peace and Unification in Korea and International Law".

[Joseph Kelly, Introduction to American Law, New York, 1988; and cite exact beginning and ending sentences with their page numbers]

It is understood, of course, that full credit will be given your publication. Your kind and prompt consideration of this request will be greatly appreciated. Thanks and best wishes for you.

Sincerely yours,

Ⅲ. A Uniform System of Citation

1. 글자체(typeface)

글자모양은 보통 로마자체(ordinary roman type)와 이탤릭체(italics)가 있고 소문자와 대문자가 있다. 타자기를 사용하는 경우에는 이탤릭체를 표시할 수 없어서 밑줄을 긋는 것이 보통이다. 인용하는 문헌의 종류의 내용에 따라 이러한 글자체를 사용하여 구별하게 된다. 또한 모두 대문자를 사용하면서 단어 첫 자는 큰 활자를 사용하고 나머지는 작은 활자를 사용하기도 한다(여기서는 크고 작은 대문자라고 부른다). 이러한 글자체를 사용하는 때에는 반드시 일정한 형식을 따라야 하는 것은 아니고, 논문제목과 잡지명의 구별과 같이 혼동을 피할 수 있도록 적절히 사용하면 된다.

이 세 가지를 비교하여 보면 다음과 같다.

- *Law and Peace*, 125 HARV. L. REV. 321
- *Law and Peace*, 125 HARV. L. REV. 321
- *Law and Peace*, 125 Harv. L. Rev. 321

다만 판례의 경우 판례 명칭은 보통 로마자체를 사용하나 절차를 나타내는 구절(procedural phrases)은 이탤릭체로 사용하는 것이 보통이다. 절차구절이란 정부명의 소송에서 고발인을 나타내는 ex rel. (라틴어 ex relatione의 약자) In re (반대 당사자 없이 파산자의 토지처럼 어떤 물건에 대하여 소송이 제기된 경우) 등으로, 이탤릭체를 사용한다.

- State *ex rel.* Scott v. Zinn, 74 N. M. 224(1964)

저서의 경우에는 저자와 제목은 흔히 크고 작은 대문자로 표시한다. 또한 잡지의 경우에는 논문제목은 이탤릭체로, 잡지 이름은 크고 작은 대문자로, 저자 이름은 보통 글자로 나타내는 것이 일반적이다.

- Lyou Byung－Hwa, Peace and Unification in Korea and International Law(1986)
- J. G. Castel, *The Settlement of Disputes under the 1988 Canada－United States Free Trade Agreement*, 89 Colum. L. Rev. 1(1989)

See 또는 e. g. (exempli gratia) 등의 표시들은 이탤릭체로 표시한다.

2. 인용 앞에 나오는 표시(introductory signals)

(1) 긍정적 표시

① e. g.

라틴어 *exempli gratia*의 약자로 '예를 들면'의 뜻이다. 인용된 문헌이 관계 주장을 지지하고 다른 문헌들도 지지하나, 다 인용하는 것이 별로 도움이 안 될 경우에 사용한다.

② Accord

동일한 견해의 문헌이 둘 이상일 경우 하나만 인용하고 나머지는 accord로 소개한다.

③ See

인용된 문헌이 직접 그 주장을 지지하는 경우이다.

④ See also

인용된 문헌이 그 주장을 지지하는 추가적인 문헌일 경우이다.

⑤ cf.

라틴어 confer의 약자로 '비교하라'는 의미이다. 인용된 문헌이 그 주장하는 명제와 다른 명제를 지지하나 두 명제가 매우 비슷한 경우에 사용한다.

⑥ Compare-with-

인용된 문헌들의 비교가 그 주장을 지지하거나 설명하여 주는 경우에 사용한다.

⑦ See generally

인용된 문헌이 그 주장에 관련된 유익한 배경 자료를 나타내는 경우이다.

(2) 반대표시

① Contra

인용된 문헌이 그 주장의 반대를 표시하는 경우이다.

② But see

인용된 문헌이 그 주장과 직접 대립하는 경우에 사용한다.

③ But cf.

인용된 문헌이 그 주장과 반대되는 것에 가까운 명제를 지지하는 경우에 사용한다.

3. 관련문헌의 표시

① Reprinted in

1차 문헌을 그대로 다시 발간한 저서는 그 문헌의 원래 출처로 인용하지 않고 'reprinted in' 다음에 표시한다.

② 재인용

1차적 문헌을 논의하거나 인용한 저서 등을 인용에 추가할 경우 'noted in', 'contrued in', 'quoted in', 'reviewed by', 'cited with its approval in', 'questioned in' 등 다양하게 사용하나 재인용은 간단히 라틴어를 사용 'recitatio de'라고 표시하는 것이 편리하다고 본다.

4. 문헌의 구분표시

(1) 여러 구분을 표시하는 약자

문헌은 크게는 발행권수, 발행호수, 장으로부터는 작게는 면(page), 항목 등 여러 가지로 세분한다. 이러한 세분을 나타내는 말도 인용 시에는 보통 약자로 나타내므로 알아 둘 필요가 있다.

amendment[s]	amend. , amends
appendi[x, ces]	app. , apprs.
article[s]	art. , arts.
book[s]	bk. , bks.
chapter[s]	ch. , chs.
clause[s]	cl. , cls.
column[s]	col. , cols.
decision[s]	des. , decs.
folio[s]	fol. , fols.
footnote[s]	
in cross-references	note, notes
other references	n. , nn.
number[s]	No. , Nos.
page[s]	
in cross-references	p. , pp.
other references	[at]
paragraph[s]	
if so in source	¶ , ¶¶
otherwise	para. , paras.
part[s]	pt. , pts.
schedule[s]	sched. , scheds.
section[s]	
in amending act	sec. , sects.
all other contexts	§, §§

series, serial[s]	ser.
title[s]	tit. , tits.
volume[s]	vol. , vols.

(2) 구분표시의 사용

발행권수(volume)는 아라비아 숫자로 표시한다. 그리고 전체 volume의 저자가 한 사람이면 그 숫자는 저자 이름 앞에 표시한다. 그 volume 속에 여러 저자의 논문이 있으면 발행권수를 나타내는 숫자는 그 잡지 이름 앞에 표시한다.

- 2 Pollack & F. Maitland, The History of English Law 205－06 (1895).
- Zeigler, *Young Adults as a Cognizable Group in Jury Selection*, 76 Mich. L. Rev. 1045, 1047(1978).

발행권수(volume number)가 없으나 발행연도를 가지고 확인할 수 있는 경우에는 발행연도를 사용한다. 또한 발행권수를 표시하는데 글자가 들어가 있으면 혼동을 피하기 위하여 괄호를 사용한다. 발행권수가 매년 새로 매겨지면 혼동을 피하기 위하여 발행연도에 괄호를 사용한다.

- 1966 Sup. Ct. U.S. J. 106.
- [1977－1978. Transfer Binder] Bankr. L. Rep. (CCH)
- [1943] 2 K. B. 154.

면(page)은 숫자로 표시하는데 인용 끝에 표시한다. 다만, 인용 끝에 괄호가 있으면 그 앞에 한다. 앞에서 인용한 Praeger's Guide와 달리 A Uniform System에서는 동일한 자료 내에서 상호참조(cross－reference)를 하기 위하여 supra, infra, Ibid.와 함께 사용하는 경우에는 'p.'를 사용하고 보통의 경우에는 숫자만을 사용한다. 또한 숫자를 사용하면 혼동될 염려가 있을 때는 'at'을 사용한다.

- A. Sutherland, Constitutionalism in America 45 (1965).
- Biographical Directory of the Governors of the United States 1789－1978, at 629 (1978)

학술잡지에서 어느 논문의 특정 내용에 관한 출처인용을 하려고 하면 먼저 그 논문이 시작되는 잡지의 면(page)을 표시하고 그 다음에 그 특정 부분이 있는 곳의 면을 표시하며, 그 두 면 사이는 ' , '로 연결한다.

－*Muincipal Bankruptcy*, 84 Yale L.J. 918, 996(1974).

해당 문헌의 주(footnotes)를 인용하는 경우에는 먼저 주가 있는 면을 표시하고 이어서 n. 25라고 표시하며, 이는 note 25라는 뜻이다. 만일 주가 길어서 여러 면에 걸쳐 있는 때도 그 주(footnote)가 시작되는 면을 표시하면 된다. 다만 여러 면에 걸쳐 있는 주를 인용할 때 특정 면에 있는 내용을 중요시하면 그 면을 표시하면 된다. 또한 주(footnote)를 여러 개 인용하는 경우에는 nn. 180－187, 또는 nn. 17 & 19 등으로 표시하면 된다.

－ 20 B.C.L. Rev. 601, 613 n. 97 (1979)

위의 인용을 해설하면 1979년에 발행된 Boston College Law Review, volume 20의 601면으로부터 시작되는 자료 중 613면에 있는 주 97이라는 뜻이다. 여러 면에 걸쳐 있는 자료를 인용할 때 관계되는 여러 면을 특정하고 싶으면, 그 관계되는 내용이 시작되는 면과 끝나는 면을 '－'로 연결하면 된다. 만일 관련 내용의 면이 계속되지 않고 1065면, 1070면에만 해당하면 그 해당 면을 차례로 표시하면 된다.

－ Contract, 87 Yale L.J. 1057, 1065－1069(1978)

즉 1978년에 발행된 Yale Law Journal, volume 87의 1057면에서 시작되는 Contract라는 논문내용 중 1065－1069면에 나오는 내용이 관련되어 있다는 것이다.

만일 관련사항이 그 논문 전체에 걸쳐 여기저기서 나온다면 passim을 사용하면 된다. passim이란 '여기저기, 도처에'라는 뜻을 가진 라틴어이다.

－ Madel Corp., 47 B. T. A. 68 passim(1942)

즉 1942년에 발간된 조세법원 판례집(Board of Tax Appeals Reports: B. T. A.)

47권의 68면부터 시작되는 Mandel Corp. 판례에 관련사항이 여기저기 나온다는 것이다.

면(page) 대신 section이나 paragraph으로 표시되어 있으면 section이나 paragraph로 표시하면 된다. section은 §로, paragraph는 ¶로 표시한다.

복수로 나타내려면 §§, ¶¶로 표시하면 된다. 만일 분명히 표시하기 위하여 면도 표시하고 싶으면 at을 사용하여 면을 표시하면 된다.

─ L. Tribe, American Constitutional Law § 15 ─ 4, at 898 (1978)

즉 1978년에 발간한 L. Tribe가 지은 American Constitutional Law 898page, section 15 ─ 4에 있다는 뜻이다.

5. 간편한 인용기호(Short citation forms)

(1) 상호참조(cross-reference)

상호참조(cross─reference)에 사용되는 supra, infra는 앞에서 이미 설명하였다. 상호참조란 동일한 책이나 논문 안에서 다른 항목을 참조하라는 것이다. Praeger's Guide와 달라서 A Uniform System에서는 상호참조의 경우에만 pages를 나타내는 p., pp.를 사용한다.

─ See infra p. 151.
─ See supra pp. 155─157.
─ See infra note 25.

예컨대 G. Hagen, supra p. 10, at 150의 의미는 앞의 10면에 상세히 인용해 놓은 G. Hagen의 자료 150면에 있다는 것이다.

(2) id.

바로 다음에 반복 인용하는 경우에 사용하는 Ibid.를, A Uniform System에서는 id.라고 표시한다. 앞에 나온 문헌이 여럿인 경우에는 비록 바로 다음에 반복 인용하더라도 id.를 사용할 수 없다. 면은 p.라고 쓰는 대신에 at를 사용한다.

─ *Id*. at 257
─ See *id*. at 256

(3) supra 및 hereinafter

supra나 hereinafter는 입법자료, 행정자료, 서적, 비발간 자료, 잡지, 신문, 국제문헌 등에 사용한다. 그러나 법률, 판례, 헌법에는 특별한 경우 이외에는 사용하지 않는다. 다만 너무 긴 것을 인용하는 경우에는 사용한다.

supra는 반복 인용을 할 때 id.를 사용하는 경우 이외에 사용한다.

Praeger's Guide와는 상당히 다르다.

- 5R. Pound, *supra* note 25, at 75
- 5R. Pound, *supra* p. 23, at 76

위에서 첫째 경우는 위의 주 25에서 인용한 R. Pound의 자료 5권의 75면에 있다는 것이고, 둘째 경우는 위의 23면에서 인용한 R. Pound의 자료 5권의 76면에 있다는 뜻이다.

hereinafter는 '이제부터는', '이하에서는' 의미로 긴 내용을 줄여서 인용할 때 사용한다. 보통 hereinafter cited as…라고 사용한다. hereinafter는 또한 두 가지 경우가 복잡하고 혼란스러워 supra를 사용하면 혼동될 염려가 있을 경우에 명확히 구분하기 위하여 사용한다.

- United States Diplomatic and Consular Staff in Tehran Case [hereinafter cited as U.S. diplomats in Tehran case]

6. 내용인용(quotations)

(1) 50개 단어 이상의 내용인용

50개 단어 이상의 내용을 인용하는 경우에는 따옴표를 사용하지 않고 좌우로 축소하여 인용한다.

During the past two weeks we have had many frank and cordial exchanges of views which have emphasized the deep friendship existing between the Republic of Korea and United States and have gone far toward achieving mutual understanding of the troubled questions which have arisen in connection with arrangements for an armistice

U.S. Dept. of State, Bulletin, July 20, 1953, at 72

(2) 50개 단어 미만인 경우에는 따옴표를 사용하여 인용하면 된다.

(3) 내용변경 인용

다른 사람의 글을 인용하는 것은 매우 신중해야 하므로 원문을 충실히 인용해야 한다. 그러나 중간내용을 인용하는 경우에는 소문자가 대문자로 바뀌어야 한다든가 복수가 단수가 되어야 하는 불가피한 경우가 생긴다. 이러한 경우에는 [ ]를 사용하여 표시한다. 또한 원문에 중대한 오류가 있는 경우에는 [sic]을 표시한다. sic은 라틴어로 '이와 같이'라는 뜻이다. 즉 원문에 이와 같이 되어 있는데 이것은 잘못된 것이라는 의미다. 내용인용 중에 다시 내용인용을 하게 되는 경우에는 원래 출처를 표시해주어야 한다.

　－ [W]hich have emphasized the deep friendship…

단어나 문장의 일부를 생략(omission)하는 경우에는 '…'를 삽입하여야 한다. 이러한 생략으로 단수, 복수 변동이나 대문자 소문자 변동이 생기면 역시 [ ]로 표시해야 한다. 또한 문장 마지막 다음부터 생략하는 경우에는 원래 마침표 '．'가 있으므로 '…．'처럼 4개의 점을 찍어야 한다.

Ⅳ. 국내문헌 인용하는 방법

1. 단 행 본

일반적으로 단행본의 인용 순서는 저자, 책의 제목, 판 수, 출판사, 연도, 면수의 순서를 따른다. 인용방법과 관련하여 책의 제목을 『 』 또는 「 」로 표시하기도 하고, 출판사와 연도 또는 연도를 ( ) 속에 함께 표시하기도 한다. 또는 판수를 책의 제목 뒤에 ( )로 넣기도 한다.

(1) 저자가 1인인 경우

특별히 주의할 점은 없으며 위의 인용순서에 따라 인용하면 된다.

　－ 유병화, 『법철학』, 법문사, 2004, 96면.
　－ 정영환, 『신민사소송법(제2판)』, 법문사, 2019, 233면.

- 유병화, 법철학(법문사, 2004), 96면.
- 정영환, 신민사소송법(제2판), 법문사(2019), 233면.

(2) 저자가 3인 이하인 경우

저자가 3인 이하일 경우 저자명을 모두 적는 것을 원칙으로 한다. 마지막 저자 끝에 '공저'라고 쓸 수도 있다.

- 유병화·박노형·박기갑(혹은 유병화·박노형·박기갑 공저), 「국제법 Ⅱ」, 법문사, 2000, 312면.

(3) 저자가 4인 이상인 경우

이 경우는 맨 처음 저자의 이름만 쓴 후, '외 ○명' 혹은 '외'의 식으로 표현한다.

- 김상원 외 3명(혹은 김상원 외), 『주석 민사소송법(V)』, 한국사법행정학회, 1997, 255면.

2. 논   문

(1) 학위논문의 경우

학위논문의 경우 저자, 논문명, 학위수여 대학과 학위명, 발행연월일, 면수의 순으로 기재한다. 논문명은 " "로 표시함에 주의하여야 한다.

- 김정환, "미국의 복합소송제도와 그 도입가능성 ‒ Interpleader, Impleader, Cross‒Claim을 중심으로‒", 고려대학교 박사학위논문, 2012, 101면.
- 홍영호, "신탁재산과 그 집행에 관한 연구", 고려대학교 석사학위논문, 2012, 100면.

(2) 학술지에 개재된 논문일 경우

학술지에 게재된 논문의 경우 저자, "논문명", 「논문게재지명」권·호수, 발행연월일, 면수의 순으로 한다. 발행연월일의 경우 괄호를 쳐서 표현할 수 있다.

- 정영환, "미국민사소송법상의 판결의 효력(I) -좁은 의미의 Res Judicata를 중심으로-", 『안암법학』 통권 제33호, 2010. 9, 292면.

3. 전자자료

(1) 인터넷 웹사이트의 인용

단행본 혹은 논문의 인용과 동일한 형식을 취하나 뒤에 방문일자와 정확한 url을 기입한다.

- 정영환, "국제재판관할권의 행사기준과 그 범위", 『안암법학』 통권 제28 호, 2009, ⟨http://riss.kr/link?id＝A75546088⟩(방문일자: 2012. 2. 10.).

(2) 신문기사 혹은 잡지 등의 정기간행물

신문기사나 잡지 등의 정기간행물의 경우는 저자, "제목", 「간행물 이름」, 권·호수, 간행일자, 면수의 순으로 기입한다. 인터넷에서 본 자료의 경우 동일 하게 기입하되 방문일자와 정확한 url을 덧붙인다.

- 강병태, "석궁 테러와 빗나간 엑소시즘", 『한국일보』, 2012. 1. 17, p. 5.
- 한국일보, 2012. 2. 23., "남편 살해 70대 女 국민참여재판서 실형", ⟨http://news.hankooki.com/lpage/society/201202/h20120223061525220000.htm⟩(방문일자 2012. 2. 23.)

4. 반복인용

반복인용의 경우 전게서와 상게서로 표현하는 것이 일반적이다. 전게서와 상게서는 서로 표시하는 대상이 다르므로, 이의 사용에 있어 혼동이 없도록 주 의하여야 한다. 논문이 길어질 경우 이를 읽는 사람이 어느 문헌을 반복 인용하 였는가를 알기 어려울 수가 있으므로, 이런 경우 전게서나 혹은 상게서의 표시 옆에 원 각주 번호를 제시하여 어떤 문헌을 인용하였으며 또한 어떤 문헌을 반 복인용하고 있는지를 쉽게 파악하도록 할 수 있다.

(1) 전게서

동일 저자의 앞에 인용된 책을 다시 인용할 때 사용한다. 외국 문헌의 인용방법 중 supra 혹은 op. cit.와 같은 용도로 쓰인다. 한글로는 '앞의 책'으로 표시할 수도 있다.

- 11) 유병화,『법철학』, 법문사, 2004, 61면.
  12) ← 이 곳에서는 다른 책이 인용됨.
  13) ← 이 곳에서는 다른 책이 인용됨.
  14) 유병화, 전게서, 77면. 또는 유병화, 앞의 책, 77면.

(2) 상게서

전게서와는 달리 바로 앞에 인용했던 책을 다시 인용할 때 사용한다. 즉 상게서를 쓸 경우에는 바로 위의 각주에 자신이 반복 인용하고자 하는 책이 위치하여야 한다. 만약 그렇지 않다면 상게서로 표시하는 것이 아니라 전게서로 표시하여야 한다. 만약 바로 앞에 인용한 책과 동일한 책을 인용하였으나 다른 면을 참고하였을 경우에는 상게서로 표시한 다음 인용한 면수를 표시해주면 된다. 외국 문헌의 인용방법 중 Ibid. 혹은 Id.와 같은 용도로 쓰인다.

- 11) 유병화,『법철학』, 법문사, 2004, 61면.
  12) 상게서. ← 이 경우 각주 11)에서 인용한 책과 같은 책·같은 면수를 다시 인용한 것이 된다.
  12) 상게서, 77면. ← 이렇게 쓸 경우 각주 11)에서 인용한 책과 같은 책을 다시 인용한 것은 맞으나 같은 책의 다른 면을 인용한 것이 된다.

5. 재 인 용

원문헌을 인용한 다른 문헌을 다시 인용할 때에 재인용을 사용한다. 재인용의 경우 인용하려 한 원문헌을 먼저 인용한 후 ( ) 속에 재인용한 문헌을 적고 '재인용'이라는 표시를 밝혀준다.

- 11) Koendgen, Einbeziehung Dritter in den Vertrag(Karlsruher Forum 1998), 1999, S. 24(김상중, "채권관계의 상대성원칙과 제3자의 재산상 손해",『재산법연구』제20권 제1호, 2002, 18면에서 재인용).

제 4 절 법률관계 국제문헌 찾는 법

Ⅰ. 법률관계 국제문헌의 내용과 중요성

오늘날에는 사회생활의 어느 면에서나 국제부문을 소홀히 할 수 없다. 특히 경제생활의 국제화와 교통·통신의 발달, 해양이나 우주의 경제적 이용확대, 인터넷 및 스마트폰의 급속한 보급 등으로 국제사회는 인간생활에 있어서 국내 사회와 같은 비중으로 중요하게 되었다. 그러므로 사회생활을 규율하는 법의 기능도 국제부문이 급격히 신장하고 있으며 매우 전문화되고 있다. 이에 따라 조약체결이 급속도로 증가하고 있으며 수많은 국제기구의 활동은 인간생활의 모든 부분에 깊숙이 작용하고 있다. 이와 같은 상황에서 법학을 연구하거나 법률실무에 종사하는 경우에 조약이나 국제기구 문헌 등을 점점 더 다루어야 하는 것은 당연하다. 특히 국제화의 급속한 발전으로 이러한 법률관계 국제문헌은 양적으로 크게 확대되고 그 전문성도 고도화하여 성실하게 대응하지 않으면 여러 가지 의미에서 큰 손해를 보고 난처한 경우를 당하게 된다. 법조인이 그가 다루는 법의 상당부분을 잘 모르고, 행정관료가 해당 국제기구의 문헌을 다루지 못한다거나 법학자가 그러한 문헌이 있는지도 모르고 있다면, 자신의 본분을 다하지 못하는 것이 분명하다. 법률관계 국제문헌이라고 해서 국제법에만 해당한다고 생각한다면 큰 잘못이다. 유엔 국제무역법위원회(United Nations Commission on International Trade Law, UNCITRAL), 사법통일국제연구소(International Institute for the Unification of Private Law, UNIDROIT) 등에서 다루는 것은 주로 사법(私法)이며, 인권관계 문헌은 헌법에 직접 관련되며, 각종 국제기구의 문헌은 행정법을 비롯한 거의 모든 법과 관련성을 갖는다. 특히 경제생활의 국제화로 인하여 불가피하게 여러 국내법의 내용을 통일적으로 적용하지 않으면 안 되게 되었다. 또한 지역협력의 발전으로 이러한 법의 통일적 적용현상은 우선 비슷한 지역 국가 사이에서 가속화 되고 있다. 특히 유럽연합(EU)의 등장으로 국내법의 국제적 통일은 매우 중요한 현안으로 등장하고 있으며, 이러한 문제는 앞으로 다른 지역으로 확산될 것이 분명하다. 이러한 배경에서 법률관계 국제문헌의 중요성을 더 이상 강조할 필요는 없을 것이다.

　법률관계 국제문헌에는 우선 각종 조약이 있다. 이러한 조약에는 각 국가가 개별적으로 체결하는 양자조약도 있으나, 중요한 것은 국제사회의 법률에 해당하는 보편적 다자조약이다. 또한 이러한 국제문헌에는 각종 국제법원의 판례집, 중재법원의 중재판례 등이 있다. 그리고 점점 더 중요해지는 문헌으로 국제기구 문헌이 있다. 그밖에 국제법률관계 학술잡지들이 많이 있다.

　이러한 국제문헌을 이용하기 위해서는 우선 어디에 있는지를 알아야 하고 그 다음에 어떻게 찾는지를 알아야 한다. 구체적으로 말해서 어떤 조약 내용을 참고하려면 우선 그 조약이 어디에 있는지를 알아야 하며, 그러기 위해서는 조약집에 어떤 것이 있는지도 숙지하여야 하고, 조약의 출처를 인용하는 표기법이 무엇을 의미하는지도 분명히 이해해야 한다. 특히 국제기구문헌에 들어가면 이러한 표기법은 매우 전문화 되어 있어 어느 정도의 상식이 없으면 전혀 이해할 수 없다. 예컨대 100 L. N. T. S. 137.이라든가 32. U. N. ESCOR at 29, U. N. Doc. E/SR. 1156(1961)라고 표시된 것을 이해하지 못하면 찾을 방법이 없다. 영어사전에도 나오지 않기 때문에 누구한테 문의해야 할지조차 몰라 당황할 것이다. 그러므로 법학을 공부하거나 법 실무에 종사하거나 정부기관에 종사하거나 이러한 국제문헌을 찾는 법은 반드시 익혀두어야 한다.

Ⅱ. 조   약

1. 조 약 집

(1) 국제기구의 조약집

① U. N. T. S.

　국제기구에서 나오는 가장 중요한 조약집은 UN에서 나오는 조약집이다. 정식명칭은 United Nations Treaty Series이며 U. N. T. S.라고 표시한다. UN 조약집(U. N. T. S.)은 UN사무국에서 1946년부터 계속 발간하고 있다. UN 조약집에는 UN 사무국에 등록한 조약들만을 수록하고 있다. UN 헌장 102조에 의하면 모든 국가는 조약을 체결하면 UN 사무국에 등록하도록 요구하고 있으며, 등록하지 않은 조약은 UN 기관에서 주장할 수 없게 하는 제재를 가하고 있다. 그러나 실제로 등록하지 않는 조약도 상당히 많기 때문에 UN 조약집만 가지고는 모든 조약을 파악할 수는 없다.

UN 조약집에는 먼저 원래 언어로 수록하고, 이어서 영어 및 프랑스어로 번역하여 실린다. 또한 각 volume 끝에는 각국의 비준서 기탁목록을 기록한다. 그리고 UN 조약집은 처음에 100권 발행 시마다 index를 발행하였는데 최근에는 50권마다 index를 발행하고 있다. 이러한 index는 3가지 부분으로 되어 있는데, 첫째 연대순 색인으로 조약체결 날짜별로 목록을 만들고 있다. 둘째는 다자조약의 별도 연대순 색인을 만들고 있다. 다자조약이 매우 중요하기 때문이다. 셋째는 국가와 주제별로 알파벳(alphbet) 순서에 따른 색인이다. 또한 UN 사무국은 매년 그 전년도 12. 31.까지 사무국에 접수된 다자조약 목록을 계속적으로 갱신하여 발간하고 있다.

UN 조약집은 가장 중요한 조약집이지만 그러나 모든 조약이 다 있지 않고 특히 매우 느리게 발간하기 때문에 최근 조약을 참고하는 데는 처음부터 한계가 있다.

② L. N. T. S.

L. N. T. S.는 League of Nations Treaty Series의 약자로 국제연맹시대의 조약집이다. UN 조약집이나 마찬가지로 국제연맹 조약집도 국제연맹 사무국에 등록한 조약만을 수록하고 있다. 1920년부터 1946년까지 205권과 index 9권으로 되어 있다.

(2) 기타 조약집

① 조약집

(a) T. I. A. S.

T. I. A. S.는 Treaties and other International Acts Series의 약자로 미국이 당사자인 조약을 신속히 참고하는 중요한 문헌이다. 미국이 당사자인 조약이 정식조약집으로 나오기 전에 팸플릿 형식(slip form)으로 나오는데 이를 그대로 모아서 발간한 것이다. 이 발간물은 그 전에 나오던 The Treaty Series(1908~1945)와 the Executive Agreement Series(1929~1945)를 합친 것으로 1945년부터 발간하고 있다. T. I. A. S. 속의 팸플릿 형식으로 된 조약은 각각 page를 매기며 각 팸플릿에 계속적으로 번호를 매겨 나간다.

⒝ U. S. T.

U. S. Treaties and other International Agreement의 약자로 1950. 1. 1.부터 발간하고 있다. 그 전에는 미국이 체결한 조약을 the Statutes at Large에 공고하였다.

⒞ 미국 G. P. O.에서 발간한 조약집

미국의 G. P. O.(Government Printing Office)에서 몇 차례 과거의 조약을 모아 발간한 조약집이 있다.

Malloy: Treaties, Conventions, International Acts, Protocols, and Agreements between the U.S.A. and other Powers (1910–1931), 4 volumes

Miller: Treaties and other International Acts of the U.S.A.(1931–1948), 8 volumes

C. E. Bevans, Treaties and other International Agreements of the Unites States of America 1776–1949.

⒟ C. T. S.

Consolidated Treaty Series의 약자로 Clive Parry의 편집 주도하에 편찬한 방대한 조약집으로 Oceana Publication(1969~현재)에서 계속 발간하고 있다. 30년 전쟁이 끝나는 1648년에서부터 현재에 이르기까지 거의 모든 주요 조약을 연대순으로 수록하였으며 조약문은 원래 언어와 함께 영어나 프랑스어의 번역문이 있으면 이를 함께 수록하였다. 이 조약은 Martens 조약집(1761~1939)과 Dumont 조약집(800 A. D.까지 거슬러 올라감)에 나오는 매우 오래된 조약문을 복사하여 reprint 형식으로 수록하였다. 조약의 폐기나 종료도 편집자가 기재하였다.

⒠ Martens

G. F. de Martens가 편찬한 것으로 Recueil de Traités(1761~1808)의 8권, Nouveau recueil général de traités, 3 series: 첫째 series 1808~1839, 16권; 둘째 series 1840~1908, 35권; 셋째 series 1908~1939, 36권으로 구성되어 있다.

⒡ E. T. S.

European Treaty Series의 약자로 유럽평의회(Council of Europe)와 유럽공동체 회원국 간에 체결된 조약을 모아 발간하는 조약집이다.

⒢ European Conventions and Agreements

유럽평의회(Council of Europe)에서 발간한 것으로 3권으로 구성되어 있다.

volume 1은 1949~1961, volume 2는 1961~1970, volume 3은 1972~1973으로 되어 있다.

⒣ 기 타

International Legal Materials(I. L. M.)는 American Association of International Law에서 격월간으로 발행하고 있는 국제법률관계 문헌집인데 비교적 신속히 공급하는 장점이 있다. 국제적으로 주요한 조약을 상당한 분량 수록하고 있다.

② 조약목록

⒜ Multilateral Treaties Deposited with the Secretary-General

UN 사무국에서 매년 발간하는 것으로 그 전년도까지 기탁된 다자조약의 목록과 현황을 수록하고 있다. 그러므로 다자조약의 가입국 변동이나 조약의 효력 발생 여부 등의 현황을 매년 갱신하여 발행하고 있으므로 유익한 자료가 된다.

⒝ Treaties in Force

미국 국무부에서 매년 발행하는 것으로 매년 1월 1일 현재 미국에 대하여 효력이 발생한 조약의 현황을 수록하고 있다.

⒞ M.J. Brown and D.J. Harris, Multilateral Treaties, Index and current Status

1983. 6. 30.까지의 주요 다자조약의 현황을 간결하게 정리한 조약 목록집이다.

⒟ Index-Guide to Treaties

1979년 Parry와 D. Irwin이 Consolidated Treaty Series 및 다른 조약집에 기초하여 Oceana Publication에서 발간한 조약 목록집이다.

⒠ Harvard, Index to Multilateral Treaties

Harvard Law School Library에서 1965년에 발간한 것으로 1956~1963 사이의 다자조약의 목록을 연대순으로 작성한 것이며 1968년에 보충하였다.

⒡ Index of U. N. T. S.

처음에는 100권마다 index를 발간하다 최근에는 50권마다 index를 발간하고 있다.

⒢ Statement of Treaties and International Agreements

UN 사무국에 접수된 것의 목록과 현황을 월간으로 발행하고 있다.

(h) A Guide to the United States Treaties in Force

I. I. Kavass와 A. Sprudzs가 편집한 것으로 1982. 1. 1. 현재 미국에 대하여 효력을 발생한 조약의 목록과 현황을 수록하고 있다.

(i) World Treaty Index

Peter H. Rohn이 편집하여 1974년 ABC-Clio Press에서 5권으로 발간한 조약목록이다 L. N. T. S.와 U. N. T. S. 를 기초로 매우 조직적으로 편찬한 것으로 연대순, 당사자, 제목, 일련번호 등 여러 기준에 의하여 찾아볼 수 있다. 1976년에 Supplement로 Treaty Profiles을 발간하였다.

(3) 인터넷 검색

또한 위의 조약들은 인터넷으로도 검색이 가능하다. UN홈페이지의 United Nations Treaty Collection Web Site(http://untreaty.un.org)에서는 UN의 여러 조약들을 영어 혹은 프랑스어로 검색할 수 있으며, 외교통상부 홈페이지(http://www.mofat.go.kr)에서도 우리나라가 가입한 조약을 중심으로 하여 여러 조약들의 원문과 번역문을 검색할 수 있다.

2. 조약의 인용

조약의 출처를 인용(citation)하는 기본형식은 먼저 조약명칭, 체결일자, 당사자, 출처를 표시하고, 조약의 일부를 인용하는 경우에는 조문, 부속서 등 관계부분을 표시한다.

- Agreement on Weather Stations, May 13, 1964, United States-Columbia, art. Ⅲ, para 2, 15 U. S. T. 1355, T. I. A. S. No. 5604.

위의 조약인용은 1964. 5. 13.에 미국과 콜롬비아 간에 체결된 기상대에 관한 협정 3조 2항을 인용한 것으로 U. S. T. 15권 1355면에 있으며, 또한 T. I. A. S.의 No. 5604에서 찾을 수 있다는 뜻이다.

조약의 일반명칭이 있으면 그 일반명칭을 표시하고 일반명칭이 없으면 주제를 표시한다. 필요한 경우에는 주제를 간략히 줄여서 표시한다. 정확한 체결일자를 표시하고 효력발생일 등은 필요한 경우 괄호 속에 표시한다. 또한 당사자가 많은 경우에는 당사자를 표시하지 않고 셋 이하인 경우에만 표시한다.

Ⅲ. 국제판례

1. 국제판례집

(1) 국제사법법원 판례집

국제사법법원(International Court of Justice: I. C. J.)은 판결을 하나 내리면 바로 그 판결문을 임시로 발간한다. 그리고 이어서 1년분을 모아서 공식판례집을 발간한다. 이것의 정식명칭은 Report of Judgments, Advisory Opinion and Orders이다. 그리고 당사자의 변론 등 소송관계 서류를 모아서 소송문헌집을 매년 발행한다. 그 정식명칭은 Pleadings, Oral Arguments and Documents이다.

국제사법법원은 매년 연감(Yearbook)을 발행하는데 여기서는 법원의 조직, 관할, 운영 등에 관한 정보를 제공해 준다. 또한 법원규칙을 모아서 Series D라는 제목으로 발간하는데 이것은 상설국제사법법원의 판례 등 문헌집을 A. B. C. D. E. F.로 발행하던 전통에서 유래된 것이다. 그러나 국제사법법원에는 현재까지 A. B. C.라는 명칭의 문헌이 발행된 적이 없는 상태에서 바로 D.라는 이름으로 자료를 발행하였기 때문에 약간 혼란스러운 점은 있다.

(2) 상설국제사법법원 판례집

국제사법법원의 전신인 상설국제사법법원(Permanent Court of International Justice: PCIJ)은 국제연맹시대의 법원이다. 그 판례집으로 매년 6개의 series를 발행하였다. ① Series A는 판결(Judgment)을 모은 것이고, ② Series B는 권고적 의견(Advisory Opinion)을 모은 것이다. ③ Series C는 변론 등 소송관계서류 (Pleadings, Oral Statements and Documents)를 모은 것이다. ④ Series D는 법원의 규칙 기타 문서(Rules and Organization Document)를 모은 것이다. ⑤ Series E는 Annual Report이고, ⑥ Series F는 Index로 구성되어 있다. 1931년부터는 Series A, B를 합하여 Series A/B로 발간하였다.

(3) 기 타

유럽공동체 사법법원(the Court of Justice of European Communities)도 매년 판례집(Reports)을 발간하고 있다.

유럽인권법원(the European Court of Human Rights)은 2개의 series로 판례집을 발간하고 있는데 Series A는 판결과 결정(Judgments and Decisions)으로 좁은 의미의 판례집이고, Series B는 변론 등 소송관계서류(Pleadings, Oral Arguments, Document)를 모은 것이다.

국제관계 국내판결집으로 Grotius Publications에서 발간하는 것으로 International Law Reports가 있다. 이것은 1919년부터 발간되던 Annual Digest and Report of Public International Law Cases를 이어받은 것이다.

(4) 중재판례집

1907년 헤이그(Hague) 평화회의는 상설중재법원(Permanent Court of Arbitration: P. C. A.)을 창설하고 부수적으로 국제사실심사위원회(International Commission of Inquiry)를 설치하였다. 이 상설중재법원의 판결과 심사위원회의 보고서를 모아서 James B. Scott가 the Hague Reports를 2개의 series로 발간하였다. 첫째 series는 1916년에, 둘째 series는 1932년에 발간하였다.

UN에서는 1948년부터 국제중재판례집(Reports of International Arbitral Awards: R. I. A. A.)을 series로 발간하여 과거의 중재판례를 연대에 따라 모아 체계화하고 있다. 원어에 따라 영어나 프랑스어로 발간하지만 요약은 영어, 프랑스어 2가지로 실리고 있다.

J. B. Moore는 History and Digest of the International Arbitration to which the United States Have Been an Party를 6권으로 1898년에 발행하였다.

프랑스어로 된 것은 1902년 La Fontaine가 Historie des arbitrages internationaux(1793-1900)를 Berne에서 발간하였고, A. de La Pradelle과 N. Politis는 Recueil des arbitrages internationaux를 3권으로 Paris에서 발행하였는데, 1권(1798-1885)은 1905년, 2권(1856-1872)은 1932년, 3권(1872-1875)은 1954년에 각각 발행하였다.

그 밖에 A. M. Stuyt의 Survey of International Arbitrations은 1794-1970년 사이의 중재판례들의 간결한 내역을 모은 것으로 1972년에 발행하였다.

또한 Wetter는 The International Arbitral Process: Public and Private를 5권으로 1979년에 발행하였다.

국제투자분쟁해결센터(International Centre for Settlement of Investment Disputes Tribunal: ICSID)에서도 어느 국가와 다른 나라 국민 또는 회사 사이의 분쟁소송

에 관한 판결을 내고 있다.

(5) 인터넷 검색

이상의 판례들은 조약의 경우와 마찬가지로 인터넷에서도 검색이 가능하다. 국제사법법원 판례의 경우 국제사법법원의 홈페이지(http://www.icj.org)의 ICJ Legal Resource Center에서 검색이 가능하며, 유럽공동체 사법법원 등의 판례는 EU의 홈페이지(http://www.eu.int)에서 검색이 가능하다. 또한 UN의 홈페이지(http://www.un.org)에서도 위에 말한 판례들을 검색할 수 있다.

2. 국제판례의 인용방법

기본형식은 판례명, 당사자, volume 또는 연도를 표시한다. 국제사법법원(I. C. J.)은 연도를 사용하고 상설국제사법법원(P. C. I. J.)은 volume을 사용한다. 또한 국제사법법원은 좁은 의미의 판례집(Report of Judgments, Advisory Opinion and Orders)과 변론 등 소송서류를 모아 놓은 Pleadings(Pleadings, Oral Arguments and Documents)를 발행한다. 국제사법법원의 경우 판례집 인용에는 Report라고 쓰기도 하고 아무 표시를 하지 않기도 하지만, Pleadings를 인용에는 때에는 반드시 Pleadings라고 표시한다. 또한 국제사법법원의 판례인용에는 page를 사용하지만, 상설국제사법법원은 사건마다 별도 page를 매긴 관계로 일련번호를 사용하나 필요에 따라 at을 사용하여 page를 표시하기도 한다. Pleadings가 여러 개의 volume으로 되어 있는 경우에는 volume을 표시한다.

- Fisheries jurisdiction(U. K. v. Ice), 1972 I. C. J. 12

  Fisheries Jurisdiction, I. C. J. Report (1972) 12

  Fisheries Jurisdiction(U. K. v. Iceland), I. C. J. Report, 1972, p. 12
- Railway Traffic (Lithuania v. Poland), 1931 P. C. I. J. Ser. A/B, No. 42, at 108

  Railway Traffic (Lithuania v. Poland), P. C. I. J., Series A/B, No. 42 (1931), p. 108

위와 같이 국제판례를 인용하는 방식은 다양하다. 문제는 어느 것이나 정확히 사용하고 동시에 어느 방식으로 표시되어 있어도 분명히 이해할 수 있어야 한다.

그 밖의 판례도 인용하는 방식은 비슷하다. 다만 법원의 약자 표기를 잘 알고 있어야 한다. 위에서 본 바와 같이 국제사법법원의 약자는 I. C. J.이고, 상설국제사법법원은 P. C. I. J.이다.

Ⅳ. 국제기구 문헌

1. UN 문헌

(1) 문헌인용의 기본형식

UN에서 나오는 문헌은 수없이 많고 다양하다. 그러므로 그러한 문헌을 표기하는 방법도 매우 복잡하다. 여기서는 UN 문헌을 찾는 데 도움이 되는 기본적인 기호와 표시방법을 설명하겠다.

UN 문헌의 완전한 표시는 문헌의 인용 자체와 문서분류번호의 두 가지로 구성되어 있다. 예컨대 UNICEF의 1955년도 재정보고서를 표시하면:

- UNICEF Financial Report, 10 U. N. GAOR supp. (No.6A) at 5, U. N. Dec. A/2905 (1955)
- UNICEF Financial Report, U. N. GAOR Vol. 10, Supplement, p. 5, U. N. Dec. A/2905 (1955)

위의 문헌인용에서 보는 바와 같이 그 방식은 여러 가지이나 기본적으로 문헌의 인용 자체와 문서분류번호의 두 가지로 되어 있다. 이 둘 중의 어느 부분만 있어도 찾을 수 있으나 두 가지 모두 있으면 더 분명하고 쉽다.

UN문헌을 표시하는데 기본적으로 문헌제목, 해당기관, volume, page 기타 세부항목, 연도 또는 정확한 일자, 그리고 문서분류번호를 표시해야 한다. 각 항목의 위치나 표시방법은 사용방법에 따라 다양하므로 여기서는 어느 방식과 관계없이 UN 문헌을 읽을 수 있고 찾을 수 있도록 각종 기호 등을 설명하기로 한다.

(2) 공식기록(Official Records)

UN 문헌 중 가장 흔하게 만나는 것이 여러 기관에서 나오는 공식기록(Official

Records)이다. 이러한 Official Records는 4개의 주요 기관에서 나오며 그 기호는 다음과 같다.

- 총회: GAOR(General Assembly Official Records)
- 안보이사회: SCOR(Security Council Official Records)
- 경제사회이사회: ESCOR(Economic and Social Council Official Records)
- 신탁통치이사회: TCOR(Trusteeship Council Official Records)

이러한 공식기록은 전체회의 문서(plenary materials), 위원회 문서(committee materials), 부속서(annexes), 보충문서(supplements)로 구분한다.

- 8 U. N. GAOR; 5 U. N. GAOR C. 4; 3(1) U. N. GAOR Supp.

라고 표시되어 있으면 앞에 나온 숫자는 회기를 말한다. 그 다음에 나온 GAOR 은 UN총회 공식기록이고 C. 4는 제4위원회를 말한다. 첫째 문서처럼 위원회가 표시되지 않은 것은 전체회의의 문서를 뜻한다. 또한 셋째 문서의 3(1)은 회기 가 세분된 경우로 제3차 총회 중 첫 번째 세분회기를 의미한다.

그 밖에도 각종 국제회의 등에서 별도의 공식기록(Official Records)을 발행하 며 이러한 경우에는 별도의 제목을 사용한다. Third UNCLOS Official Records 라면 제3차 UN해양법회의 공식기록을 의미한다(Third UN Conference on the Law of the Sea).

(3) UN 문서분류기호

A/CONF. 62/SR. 89 또는 A/CONF. 62/WP. 10/Rev. 2와 같이 UN문헌은 몇 개 그룹의 기호로 구성되어 있다.

① 첫째 부분의 기호

첫째 부분은 그 문서의 해당 기관을 나타낸다. 대체로 머리글자를 따랐으나 반드시 그렇지는 않다.

A/−	General Assembly	S/−	Security Council
E/−	Economic and Social Council	T/−	Trusteeship Council
ST/−	Secretariat		
AEC/−	Atomic Energy Agency	AT/−UN	Administrative

Tribunal

CB/－　　　Inter－Agency Consultative Board

CERD/－ International Conference on the Elimination of All Forms of
　　　　　Racial Discrimination

DC/－　　Disarmament Commission　　DP/－UN　Development Program

ID/－　　 UN Industrial Development Organization

MSC/－ 　Military Staff Committee　　SF/－UN　Special Fund

TD/－　　UN Conference of Trade and Development(UNCTAD)

② 둘째 부분의 기호

위에 열거한 바와 같은 기관에서 바로 나온 문서는 그 다음에 일련번호만을
표시하면 된다. 그러나 다시 부속위원회나 회의에서 나온 경우에는 그 기관을
표시해야 한다.

－/C./－	permanent, main committee	－/AC./－	Ad hoc committee
－/DC./－	drafting committee	－/SC./	sub－committee
－WG./－	working group	－/WP./	working party
－PC./－	preparatory committee	－/CN./－	commission
－SP./－	State Parties	－Sub./－	sub－commission
－/CONF./－		conference	

몇 가지 예를 들면:

A/C. 1은 UN 총회 제1 위원회, A/C. 6은 UN 총회 제6위원회(법률위원회)이
다. UN 총회는 7개의 Main Committee를 두고 있는데 제1위원회(the First
Committee)는 정치위원회(the Political Committee)라고도 하는데 군비제한 및 안
전문제를, 제2위원회(the Second Committee)는 경제문제를, 제3위원회(the Third
Committee)는 사회문화문제를, 제4위원회(the Fourth Committee)는 식민지해방문
제를, 제5위원회(the Fifth Committee)는 행정예산문제를, 제6위원회(the Sixth
Committee or the Legal Committee)는 법률문제를, 나중에 생긴 제7위원회인 특별
정치위원회(the Special Political Committee)는 제1위원회에서 다루지 않는 정치문
제를 다룬다.

경제사회이사회(Economic and Social Council)는 여러 가지 위원회(Commission)

을 가지고 있는데 통계위원회, 인구위원회, 사회발전위원회, 인권위원회, 여성지위위원회, 마약위원회 등이 그것이다. 그 표기법을 보면 인권위원회는 E/CN. 4/−(Commission on Human Rights), 여성지위위원회는 E/CN. 6/−(Commission on the Status of Women), 마약위원회는 E/CN. 7/−(Commission on Narcotic Drugs), 범죄예방 및 통제위원회(Committes on Crime Prevention and Control)은 E/CN. 5/C. 1/−등으로 표시한다.

③ 세부기호

(a) L과 R

L은 limited distribution을, R은 restricted document를 나타낸다. R은 일반 배포를 하지 않는다.

(b) VR, SR

VR은 verbatim을 의미하는 것으로 회의 등에서 토의한 내용을 발언 그대로 수록하는 것이다. SR은 summary를 의미하는 것으로 토의내용을 요약한 것이다.

(c) PV

PV는 provisional records를 의미하는 것으로 공식기록이 발간되려면 상당한 기간이 걸리기 때문에 임시로 나온 것이다.

(d) Rev., Corr., Add.

Rev., Corr., Add.은 각각 revision, corrigendum, addendum의 약자로 수정, 정정, 추가를 의미한다.

④ 기타 기호

특별한 주제에 따라 고유의 기호를 사용하는 경우도 있다. 가령 UN의 주요기관에서 나오는 결의(Resolution), UN 행정법원(UN Administrative Tribunal)의 판결 등은 별도의 기호를 사용한다.

(a) 결의(Resolution)

A/Res. 2139(XXI), A/Res/ 43/165. S/Res. 82 등으로 표시한다. UN총회 결의는 1975년까지는 결의번호 다음에 총회 표시를 ( )로 표시하였는데 그 후는 간결하게 43/165라고 표시한다. A/Res. 2139(XXI)라면 제21차 UN총회 결의 2139라는 뜻이고, A/Res. 43/165라면 제43차 UN총회 결의 165라는 뜻이다. 1975년까지는 1차 총회부터 계속된 일련번호를 매겼으나 1976년부터는 그 해당 총회 기간 내의 몇 번째 결의인지 여부만을 나타낸다. S/Res. 82라면 UN 안보이사회

결의 82라는 뜻이다.

ⓑ U. N. A. T. 판결

UN 행정법원(UN Administrative Tribunal: U. N. A. T.)의 판결은 AT/DEC/ㅡ라고 표시한다.

UN 국제법위원회 연감(Yearbook of the International Law Commission)은 A/C.N. 4/SER. A/1986과 같이 표시한다. 1986은 회의 개최연도를 말한다.

UN Legislative Series는 국제법위원회에서 다루고 있는 주제에 관련된 조약 조항이나 국내 입법문헌을 모아 발간하는 것으로 ST/LEG/SER. B/ㅡ라고 표시한다.

⑤ UN 국제회의의 고유분류기호

UN에서 개최하는 각종 국제회의에는 많은 문헌이 발간되는데 이를 위하여 별도의 분류기호를 정하여 사용한다. 여기서는 참고로 1973ㅡ1982 사이 개최된 제3차 UN해양법회의의 문서분류기호를 소개한다.

ⓐ A/CONF. 62/*/**/ㅡ

이것이 제3차 UN해양법회의 문서의 일반형식이다. A는 총회를 의미하고 CONF.62는 UN총회가 개최한 62번째 국제회의라는 뜻이다. *는 문서의 해당 기관을 의미하고 **는 그 세부 분류번호이다.

ⓑ 기관기호

제3차 UN해양법회의는 몇 개의 위원회(Committee)로 구분되어 있고 그 위원회마다 고유기호가 정해져 있다.

General Committee	ㅡBUR/ㅡ	
First Committee	ㅡC.1/ㅡ	
Second Committee	ㅡC.2/ㅡ	
Third Committee	ㅡC.3/ㅡ	
Drafting Committee	ㅡDC/ㅡ	
Limited ㅡ/L.ㅡ	Restricted	ㅡ/R.ㅡ
Working Paper ㅡWP.ㅡ	Information	ㅡINF/ㅡ
Written statement ㅡWS.ㅡ	Weekly reports	ㅡ/WR.ㅡ
Reports of negotiating groups		ㅡ/RCNG.ㅡ
Summary records ㅡ/SR.ㅡ	Verbatim records	ㅡ/PV.ㅡ

A/CONF. 62/121처럼 기관기호가 없는 것은 전체회의 문서를 의미한다.

2. 기타 국제기구 문헌

UN 이외에도 16개 전문기구(Specialized Agency)를 비롯하여 수많은 국제기구가 있다. 그러므로 이러한 국제기구의 명칭과 약자를 잘 알고 있어야 한다.

국제기구들은 각각 고유의 문서분류기호를 사용하고 있으며 특히 방대한 활동을 하는 국제기구는 매우 세분된 분류기호를 사용하고 있다. 그러나 이러한 기호들은 대체로 UN에서 사용하는 것과 비슷한 것이 많아서 UN의 분류기호를 잘 알고 있으면 쉽게 익힐 수 있다.

제 5 절 외국판례 찾는 법

I. 외국판례집의 체제와 내용

법학을 연구하다 보면 여러 가지 이유에서 외국판례를 많이 다루게 된다. 그런데 외국판례는 매우 방대하고 복잡하므로 이를 활용할 수 있으려면 외국판례의 기본적인 체제나 내용을 알고 또한 그 인용법을 정확히 이해하고 있어야 한다. 그렇다고 여기서 모든 나라의 판례를 상세히 설명하는 것은 불가능하므로, 판례가 가장 발달한 미국과 영국제도를 상세히 설명하고 다른 나라들은 그 인용방법을 간단히 설명하는 데서 멈추도록 하겠다.

1. 미국의 판례집

(1) 주요판례집

미국이 판례집을 발간하기 시작한 것은 1789년에 Ephraim Kirby의 'Reports for Connecticut'과 Francis Hopkinson의 'Judgments in the Admiralty of Pennsylvania'에서 기원되며, 체계적인 판례집은 19세기 후반에 이르러서야 발간되기 시작하였다. 처음에는 정부가 민간인을 지정하여 발간하였으나, 산업사회의 발전에 따라 소송이 급증하므로 이를 제대로 신속히 소화하지 못하였다.

이러한 배경에서 판례발간을 혁신한 사람이 John B. West이다. 그는 1876년 미네소타(Minnesota)에서 그 지역 판결을 매주 8페이지짜리 The Syllabi라는 팸플릿에 선별하여 상업적으로 발행하기 시작하였다. 이 사업이 큰 성공을 거두자 그는 차차 인근 주의 판례를 다루다가 드디어 전국 조직을 형성, National Reporter System을 발족하였다. West의 상업적 판례집 발간이 번영하자 다른 경쟁자들이 생겼는데 그중 가장 중요한 것은 Lawyer's Cooperative Publishing Co.로 여기서는 판례를 선별하여 주석을 달아 발간하였다. 이것이 American Law Reports로 발전하였다.

오늘날 미국의 판례집으로 가장 중요한 것은 정부의 공식적 판례집으로 U.S. Reports와 주의 공식 판례집이 있고, 포괄적인 판례집으로 West Publishing Co.의 Supreme Court Reporter(연방대법원의 판례집), Federal Reporter(주로 연방항소법원 판례집), Federal Supplement(연방지방법원 판례집), West의 National Reporter System에 의한 지역 판례집(7개의 지역 판례집과 14개의 주요 주 판례집)이 있다. 또한 Lawyer's Cooperative Publishing Co.에서 주석을 달아 선별적으로 편찬한 American Law Reports(나중에는 주로 주 판례집), ALR—Federal, U.S. Supreme Court Reports—Lawyers' Edition이 있다.

(2) 판례의 발간형식

미국법원의 판례들은 3가지 형식으로 발간되어 일반인에게 배포된다.

① slip opinion

처음에 발간되는 형식은 이른바 slip opinion이다. 이것은 개개의 판결 전문을 팸플릿 형식으로 발간하는 것이다. 팸플릿마다 개별적으로 페이지를 매기고 더러는 판결문을 요약한 syllabus를 아울러 수록한다. slip opinion은 법원 자신이 발행하며 일정한 지역에서는 정기구독으로 배포하는데 너무 느리고 비싸서 일반인은 거의 정기구독하지 않는다.

② advance sheet

판례의 두 번째 발간형태는 이른바 advance sheet이다. 실제로 광범위하게 발간되는 것으로는 첫 번째 형태이지만, advance sheet는 그 법원의 여러 판례를 연대순으로 정돈한 다음 계속해서 페이지로 매겨 발간한 팸플릿이다. 이것은 나중에 거의 그대로 항구적인 장정본(bound volume)으로 제본되어 나온다.

그러나 법관은 장정본이 나올 때까지 문서를 수정할 수 있다.

③ 장정본(bound volume)

최종단계로 발간되는 것은 장정본의 판례집이다. 이 장정본은 여러 개의 advance sheet을 모아서 똑같은 연대순으로 발간한 것이다. 여기에는 주제별 색인, 판례의 알파벳 순서에 의한 목록, 적용법규 및 인용된 먼저 판례의 목록 등이 있다.

(3) 판례의 구성

판례는 판례집에 따라 그 구성이 약간 다르다. 먼저 공식 판례집의 경우를 보면 Caption, Docket Number, Syllabus(Headnotes), 변호인(Attorneys), 법관, Opinion(판결내용)으로 구성되어 있고, 반면 West의 판례집을 보면 Caption, Docket Number, Syllabus, Headnotes(Key Number 포함), 변호인, 법관, Opinion 으로 되어 있다.

① Caption

Caption(서두)은 판례 맨 처음에 나오며 당사자를 표시한다. A v. B라고 표시되는데 v.는 라틴어 'versus'의 약자로 '향하여', '대항하여'라는 뜻이다. 먼저 나오는 것이 원고(plaintiff)이고 다음에 나오는 것이 피고(defendant)이다. 항소심에서는 항소인(petitioner), 피항소인(respondent)이라고 부른다. 특정 토지의 처분을 다루는 소송 등에서는 소송의 대상을 표시하는 'In re'를 사용한다. 형사소송에서는 국가나 주가 소송을 제기하기 때문에 이들이 첫째 당사자가 된다. 또한 심급이 달라지면 당사자 순서가 바뀌기도 한다. 예컨대 피고가 항소하면 항소인이 되고 원고였던 당사자는 피항소인이 된다.

② Docket Number

Docket Number(사건번호)란 소송사건 접수 일람표상의 번호로 법원서기(clerk)가 처음 소송을 접수한 사건에 대하여 부여한 번호이다. Docket Number 는 법원의 일정을 확인하는 데 필요하고 또한 slip opinion, 사건의 항소기록 및 소송서류를 확인하는 데 유용하다.

③ Syllabus 및 Headnotes

법원이 결정한 법률논점의 요약으로, 판결요지로 보면 된다. 공식 판례집에서는 이 Syllabus를 가끔 Headnotes라고 부르기도 한다. 상업적 판례집에서는 Syllabus 이외에 별도로 판결에 포함된 여러 법적 논점을 하나하나 번호를 매겨 가며 간략하게 요약하고 있는데 이것을 Headnotes라고 한다. 만일 Syllabus나 Headnotes가 판결내용인 Opinion과 다르면 판결내용이 우선한다.

④ 변호사

소송에서 당사자들을 대표하는 변호사의 이름은 Syllabus 다음에, 그리고 판결내용 앞에 나온다. 변호사들의 이름은 그 소송관계 및 결과의 정보를 얻는데 유익하다.

⑤ Opinion

Opinion은 판결의 내용이고, 그 바로 앞에 판결을 작성한 법관의 이름이 나온다. 항소심에서는 보통 3명 또는 5명의 합의부가 담당하고 최종심에서는 5명, 7명, 9명의 합의부에서 담당한다. 그러므로 판결은 여러 법관 사이의 논의와 절충의 결과인 경우가 많다. 만장일치가 안되는 경우에는 다수를 대표하는 법원의 결정이 있고 이와는 다른 소수의견이 있다. 이러한 소수의견 중에는 두 가지가 있어서 하나는 결론이 다른 반대의견(dissenting opinion)이고, 다른 하나는 결론은 같으나 그 결론에 이르는 논증이 다른 것으로 별도의견(concurring opinion, separate opinion)이라 한다. 이외에 법원의견(per curiam)으로 판결을 하는 경우가 있는데, 이것은 전원합의에 의하는 것으로 그 판결은 일반적으로 간단하게 이루어진다.

[판결의 실례](155 F. Supp. 678): West's Federal Supplement의 例

Caption {
Mary Alma KNOWLES, Plaintiff,
v.
The UNITED STATES of America, Defendant.
}

Docket Number ⟶ No. 482.

United States District Court
N. D. Florida,
Tallahassee Division.
Sept. 19, 1957.

Syllabus

Action for refund of transportation taxes collected from owner of for—hire fishing boats. The District Court, De—Vane, Chief Judge, held that owner was not entitled to recovery of such taxes in view of fact she collected from her customers an amount of money to cover the tax in addition to regular transportation charges.

Judgment in accordance with opinion.

See also D.C., 144 F. Supp. 440.

KeyNumber

Headnotes

1. Internal Revenue 2076

Where payment of certain transportation taxes was made by owner of for—hire fishing boats beyond four year statute of limitations, taxpayer could not recover in action for refund, even though she would have been entitled to such recovery if her claim had been timely.

2. Internal Revenue 2092

Owner of for—hire fishing boats was not entitled to recovery of certain transportation taxes, where she collected from her customers an amount of money to cover the tax in addition to regular transportation charges.

Attorneys

David W. Palmer, Destin, Fla., for plaintiff
Harrold Carswell, U.S. Atty, Tallahassee, Fla., for defendant.

Judge → DE VANE, Chief Judge

Opinion

This case came on for trial before the Court on May 31, 1955, without a jury, and at the conclusion of the hearing at that time, the Court entered a judgment in favor of plaintiff in the sum of $4,981.67 principal, with lawful interest theron. The judgment of this Court was reversed by the Court of Appeals in United States v. Knowles, 5 Cir., 235F. 2d 177, and the case was remanded to this Court for retrial.

On the first trial the Court held that the statute of limitations was tolled, for reasons sataed below, following the decision of this Court in Smith v. United States, D.C.,110 F. Supp. 892. The Smith case was selected as the test case involving the question of the right of the Government to collect these taxes. Counsel for all claimants became greatly concerned with reference to the running of the statute of limitations while the

> Smith case was being processed through this Court, and to protect all other claimants, he filed a class action in their behalf in the name of Gibson v. United States, D.C., 137 F. Supp. 296. This class action was pending when the decision of this Court became final in the Smith case.
> Counsel for the defendant had filed a motion to dismiss the Gibson case and upon argument of said motion shortly after the decision of this Court in the Smith case, the Court announced that it would make no ruling on the motion to dismiss until the parties had processed the remaining claims through the Bureau of Internal Revenue, and announced at the same time that the pending of the Gibson class suit would toll the statute as to the claimants named in that suit until the motion to dismiss the Gibson class action was finally disposed of.

2. 영국의 판례집

(1) English Law Report

영국의 초기 판례집은 1272~1535년 사이에 발행한 연감(Yearbooks)에 수록되어 있는데 주로 프랑스어로 되어 있다. 그 후에는 개인들이 발행하여 그 발행인에 따라 판례집을 인용하기 때문에 Nominative Reports라고 부른다. 이것은 저자에 따라 정확도나 수준이 다양하다. 대부분의 Nominative Reports는 그 후 English Reports: Full Reprint(1900–1932)에 재수록 되었다. 176권에 2권의 색인을 포함한 이 방대한 판례집은 초기 영국판례의 대부분을 포함하고 있다. 또한 Revised Reports는 1891~1917년 사이에 149권을 발행하였는데, 1785~1866년 사이의 판례를 선별하여 수록하고 있으며 그중에는 English Reports에 없는 것도 있다.

1965년 이후에는 Incorporated Council of Law Reporting이 영국 상급법원의 판례집을 발간하기 시작하였다. Law Reports로 알려진 이 판례집은 처음에 11개 시리즈로 발간하다가 법원제도의 개편에 따라 4개로 줄었다. 4개는 Appeal Cases, Queen's Bench, Chancery, Family Divisions이다. 또한 이 회사에서는 the Weekly Journal Reports(1953–현재)라고 하여 매주 판례 서비스를 하고 있다. 매년 이것을 3권으로 정리해 발행하였는데, Law Reports에 수록되지 않은 것을 3권 중 첫째 권에 수록하고 있다.

그 밖에 민간인이 발행한 것으로 Law Journal Reports(1882~1949), Times Law Reports(1884~1952), Law Times Reports(1859~1947) 등이 대표적이다. 이들은 대체로 1년에 2권씩 발행하였는데 하나는 코먼로에 관한 판례집이고 다른 하나는 형평법(Equity)에 관한 판례집이다. 현재까지 발행되는 것으로는 Butterworth에서 발행하는 All England Law Reports(1936~현재)가 있다. 이 판례집에서는 주석을 단 긴 Headnotes(판결요지)가 있는데 매우 유익하다. 또한 같은 회사에서 과거 판례 5,000건을 수록한 All England Law Reports Reprint(1558~1935)를 발행하였다.

(2) 판례 Digest

영국에서 발간되는 보편적 판례 Digest로 The Digest가 있다. 이것은 the English and Empire Digest, 3rd edition(1971~현재)을 최근에 개명한 것인데 Butterworth사에서 발간하고 있다. 이것은 매우 풍부한 판례요약집으로 Nominative Reports에서 현재의 판례집까지 모두 포괄하고 있다. 또한 영국뿐만 아니라 스코틀랜드, 아일랜드, 캐나다, 오스트레일리아, 뉴질랜드 기타 영연방(Commonwealth) 국가들이 포함되어 있다.

1950~1970년 사이에 하늘색 줄무늬(Blue Band)로 제2판을 발간하였고 현재 계속되는 제3판은 녹색 줄무늬로 1971년부터 발간하기 시작하였다. 여기서 판례는 토픽별로 정돈하고 가능한 한 Halsbury's Law of England의 제목배열을 따르고 있다. 또한 Halsbury's Laws와 Halsbury Statutes에 상호참조(cross-reference)를 표시하고 있고, 토픽마다 비교적 상세한 요약을 수록하고 각 권 끝에는 색인을 두고 있다. The Digest는 매년 the Annual Cumulative Supplement로 보충하고 있다. 1951년부터 Consolidated Index를 발행하고 있는데 여기에는 주제별 색인 외에 판례목록 등을 수록하고 있다.

Incorporated Council of Law Reporting에서는 1865~1949년 사이에 the Law Reports Digest를 발행하였고, 1947년부터 Sweet & Maxwell에서 나오는 Current Law Service에서도 영국의 판례, 성문법규 등의 요약을 공급하고 있다. 또한 1947~1951년 사이에 발간한 Current Law Consolidation이 있는데 판례의 요약을 토픽 및 논점에 따라 구분하여 알파벳 순서로 정리하고 있다. 이것은 연감(Yearbooks)을 통하여 보충되어 나간다.

II. 외국판례의 Citations

판례의 표시는 코먼로 계통과 로마·게르만법 계통이 약간 다르다.

1. 코먼로 계통

코먼로(common law) 계통에서는 판결을 인용(citation)할 때 먼저 판결명칭, 판결의 출처, 그리고 관할 법원, 판결연도 내지 날짜 순서로 표시하는 것이 기본형식이다. 그 밖에 판결의 부속 역사나 기타 사항이 있으면 그것도 표시한다. 판결의 명칭은 원칙적으로 공식판결 기록에 나오는 Caption을 사용하면 된다. 만일 아무 명칭도 없는 경우에는 'Judgment of February 20, 1990'이라고 표시할 수 있다. 판결의 명칭이 너무 길면 불필요한 부분을 생략할 수 있고, 주(footnotes)의 경우에도 대체로 간략하게 표시한다.

- *Mary Alma Knowles v. United States*, 155 F. Supp. 670, 678 (N.D. Florida 1957)

위의 인용은 Mary Alma Knowles v. United States라는 판례이고, 출처는 West의 Federal Supplement 155권의 670면에서 시작되고 해당사항은 678면에 있다는 것이다. 관할법원은 U.S. District Court, N.D. Florida이고, 1957년에 나온 판결이라는 뜻이다. 또한 주(footnote) 등에 간략하게 인용하려면 *Knowles v. United States*라고 표시할 수 있으며, 날짜가 필요한 경우에는 Sept. 19, 1957이라고 표시할 수 있다.

2개 이상의 소송당사자를 합친 경우에도 첫 번째 소송의 명칭만을 표시한다. 또한 원고나 피고에 해당하는 당사자가 다수일 경우에는 그중 첫 번째 당사자만을 표시한다. 그러나 첫째 당사자의 고발인이나 partnership의 일부를 나타낼 경우에는 그대로 표시한다. 파산관재인이 당사자인 때는 파산절차의 명칭을 괄호 안에 표시한다.

- *Shelly v. Kraemer, McGhee v. Sipes*라고 표시하면 잘못이다. 앞의 것만 표시해야 한다.
- *Barron v. Mayor & City Council of Baltimore*라고 하면 피고가 둘이어서

잘못이므로 앞의 피고만 표시하면 된다. 즉 *Barron v. Mayor*라고만 표시
하면 된다.

- *NAACP v. Alabama ex rel. Patterson*의 경우는 Patterson이 고발인이고,
- *Eisen v. Carisle & Jacqelin*에서 피고의 둘은 동업자(Partner)이므로 같이
  표시하여도 된다.
- *Hart v. Roth(In re Campisano)*은 파산절차의 명칭을 괄호 안에 표시하여
  야 한다.

영국의 판례도 거의 같은 형식이다.

- *The King v. Lockwood*, 99 Eng. Rep. 379(K. B. 1782)라고 하면, 사건명은
  The King v. Lockwood이고 출처는 English Reports 99권의 379페이지에
  나오며, 관할법원은 King's Bench이고 판결연도는 1782년이다.

외국판례와 관련하여 몇 가지 절차를 표시하는 관련 용어를 알아두면 매우
유익하다.

- 'ex rel.'는 라틴어 *ex relatione*로 '의 관계에서', '를 위하여', '의 정보에
  의하여' 등을 나타내며 국가나 주의 이름으로 소송을 제기한 경우 그 소
  송이 실제로 이해관계를 가지는 개인의 고발에 의한 경우에 그 고발인을
  나타낸다.
- 'In re'는 영어로 'in the matter of', 'concerning'을 의미하며 파산자의 토
  지처럼 소송의 대상을 나타낸다. 당사자의 표시 대신 사용된다.
- '*ex parte*'는 '일방 당사자의', '일방 당사자를 위하여'라는 뜻으로 일방 당
  사자만을 위하여 허용되는 절차나 명령을 나타낼 때 사용된다.

2. 로마·게르만법 계통

로마·게르만법 계통에서는 판결명칭에서는 당사자 이름을 사용하지 않고
'1990. 2. 26. 판결'이라는 형식을 사용한다. 그 다음에 법원, 관할 구역, 출처의
순으로 표시한다. 그러나 이보다 간단히 관할법원, 날짜, 출처만을 표시하는 경
우도 많다.

- Judgment, 10. janv. 1935, Cour d'appel, Paris, 1935

Recueil Périodique et Critique [D.P.] II 758.

— Nancy, 26 juill. 1948, D. 48, 529.; Crim. 12 juill. 1972. D. 72, 753

위에서 D.는 달로즈(Dalloz)라는 프랑스 주요 법률출판사에서 발간한 법률
및 판례집을, 그 밖에 많이 인용되는 S.는 시레이(Sirey)라는 프랑스 출판사에서
발간한 법률 및 판례집을 각각 의미한다.

제 6 절   외국법령 찾는 법

국제화시대에는 여러 가지 이유에서 필수적으로 외국법령을 참조하거나 연
구하게 된다. 그런데 로마·게르만 법계통의 외국법령은 우리와 체제가 비슷하
기도 하고 또한 처음부터 체계적으로 법전을 편찬하였기 때문에 법령을 찾고
적용하기에는 편리하다. 반대로 코먼로(common law) 계통에서는 법령집의 체
계가 산만하며 특히 우리에게는 생소한 점이 많다. 그러나 실제로 사회생활 속
에서 우리가 해결해야 할 외국법령 문제 중에는 미국법령이 차지하는 비중이
가장 높다. 그러므로 여기서는 미국법령집에 중점을 두어 설명하고, 이어서 영
국, 프랑스, 독일에 관하여는 간단히 고찰하도록 하겠다.

I. 미국 법령집

1. 헌   법

미국의 헌법은 성문헌법 중에서 가장 오래된 것이다. 이러한 미국헌법은 미
국 법체계 중에서 가장 중요한 비중을 차지한다. 미국헌법의 내용은 대부분 교
과서나 팸플릿 등에서 쉽게 발견할 수 있다. U. S. Code에서도 물론 쉽게 찾아
볼 수 있다. 중요한 것은 미국헌법은 원칙적 조항을 많이 포함하기 때문에 구체
적 적용과 관련해서는 주석이나 해설이 필요하다. 이러한 목적에서 West에서
나온 United States Code Annotated(U.S.C.A.): Constitution volumes과 Lawyers'
Co-op/Bancroft-Whitney에서 나온 United States Code Service: Consittution
volumes을 참조하면 된다. 헌법내용 자체는 10면 정도이지만 이에 관한 주석서

인 U.S.C.A. Constitution이 15권이라는 사실만 보아도 헌법조항의 구체적 주석이나 해설이 얼마나 방대한지 알 수 있다.

2. 성문법규(Statutes)의 발간형식

성문법규(Statutes)의 발간형식도 미국판례의 경우와 비슷하여 몇 가지 단계를 거쳐 정식 법령집이 나온다. 구체적으로 Slip Law, Session Law, Code로 되어 있고 이에 추가하여 주석 내지 해설을 겸한 Annotated Code가 있다.

(1) Slip Law

개개의 성문법규(Statute)가 의회를 통과하면 정부에서 공식적으로 우선 팸플릿 형식을 발간한다. 여기에는 chapter나 법령번호가 지정되어 있으며 그 법령의 개별적 페이지를 매긴다. 보통 주 정부에서 나오는 slip law는 널리 배포하지 않고 큰 도서관 등에만 배포한다.

(2) Session Law

Session Law란 회기 중에 제정된 법률이라는 뜻으로 법률이 의회를 통과하고 대통령이나 주지사의 승인을 받아 공포된 다음 여러 개의 법률을 연대순으로 모아 발간한다. 회기가 끝나고 그 회기 중에 제정된 법률을 연대순으로 정리하여 장정본으로 발간한다. 그러나 정기적으로 팸플릿 형식의 발간을 한 다음에 회기 말에 더욱 항구적인 형태로 발간하기도 한다. 편찬된 법률(compiled law) 또는 수정된 법률(revised law)과 구별하기 위하여 Session Law라고 한다.

(3) Code

Code란 제정된 법령을 주제별로 분류하여 항구적 형태로 편찬한 공식적 법령집이다. 하지만 이것은 로마·게르만 법계통의 법전과는 상당히 다르다. 로마·게르만 법계통의 법전들은 처음부터 체계를 세워 민법이면 민법분야 전체의 법률을 일정한 형식과 체계에 따라 편찬한 것인데 비하여, 미국의 Code는 개별적으로 제정한 Session Law를 단순히 몇 개의 그룹으로 분류하여 재정리한 것이다. 그러므로 로마·게르만법 계통의 민법전은 편, 장, 절 등의 분류로 전체적으로 구성한 것이지만, 미국의 Code는 편제가 주제별로 다양하며 Session

Law를 그룹으로 재정리한 것이므로 약간 산만하다고 할 수 있다. 물론 Session Law를 재정리하면서 수정내용을 삽입하고 개정되어 없어진 것을 삭제하기 때문에 법령의 용어나 문서도 그 편찬에 맞추어 약간의 조정을 하게 된다. 또한 Code를 편찬하는 일반적인 주제도 주정부에 따라 다양하다. 연방정부는 54개 주제로 되어 있는 것에 비하여, 주정부인 캘리포니아(California)는 29개 주제로 되어 있다.

3. 미국의 현행 법령집

(1) U. S. Statutes at Large

Session Law를 모아서 다른 결의나 대통령의 공포(Proclamation) 등과 함께 발간한 것이 Statutes at Large이며 1936년부터 발간하기 시작하였다. Statutes at Large란 일반 법령집 또는 법령집 전체라는 뜻이다. 처음 8권까지는 1778~1789년 사이에 나온 과거 법령을 모아 발간한 것이며, 13권부터 49권까지는 congress마다 1권씩 발행하고 50권부터는 session마다 1권씩 발행하였다. 현재 Statutes at Large는 발간이 매우 느려서 회기가 끝난 후 2~3년이 되어야 발간이 된다. 하지만 이것은 미국의 공식법령집이며 미국 모든 법원에 적용되는 실정 성문법규이다.

(2) U.S. Code

새로운 법령집 편찬 노력의 결과로 1926. 6. 30. U. S. Code가 승인되었다. 처음에는 The Code of the Laws of the United States라는 제목으로 발간되었으나 곧 the United States Code(U. S. Code, U. S. C.)로 불렸다. 이 U. S. Code 그 자체는 실정법규가 아니며 Statutes at Large를 폐지할 수 없다. 이것은 이른바 prima facie evidence of the law(법률의 명백한 증거)이며 만일 Statutes at Large와 어긋나는 것이 있으면 Statutes at Large가 당연히 우선한다. 그러나 그 후 의회는 계속 U. S. Code의 여러 부분(title)을 개정하고 있으며 개정이 완료되는 대로 하나씩 재입법 형식으로 실정법으로 편입되고 있다. 현재 1/3 이상이 다시 제정되었다. 그 나머지 부분에 대하여는 재입법이 완료되기까지는 Statutes at Large가 정식 법의 효력을 가지고(legal evidence), U. S. Code는 prima facie evidence of law로서 역할을 하는 것이다.

　　U. S. Code의 54개 목차(title)은 모든 volume 첫 페이지에 수록되어 있다.
미국정부는 1934년부터 6년마다 법률안이 제정되면 U. S. Code의 새로운 판을
발간하며 그 중간에는 매년 증보판(Supplement)을 발행한다. 그러나 그 발행이
늦기 때문에 상업적으로 발간되는 법령집을 상당히 많이 이용하게 된다. 참고
로 U. S. Code의 54개 주제를 표시하면 다음의 표와 같다.

United States Code: Table of Contents[18]
TITLE 1   − GENERAL PROVISIONS
TITLE 2   − THE CONGRESS
TITLE 3   − THE PRESIDENT
TITLE 4   − FLAG AND SEAL, SEAT OF GOVERNMENT, AND THE STATES
TITLE 5   − GOVERNMENT ORGANIZATION AND EMPLOYEES
TITLE 6   − DOMESTIC SECURITY
TITLE 7   − AGRICULTURE
TITLE 8   − ALIENS AND NATIONALITY
TITLE 9   − ARBITRATION
TITLE 10 − ARMED FORCES
TITLE 11 − BANKRUPTCY
TITLE 12 − BANKS AND BANKING
TITLE 13 − CENSUS
TITLE 14 − COAST GUARD
TITLE 15 − COMMERCE AND TRADE
TITLE 16 − CONSERVATION
TITLE 17 − COPYRIGHTS
TITLE 18 − CRIMES AND CRIMINAL PROCEDURE
TITLE 19 − CUSTOMS DUTIES
TITLE 20 − EDUCATION
TITLE 21 − FOOD AND DRUGS
TITLE 22 − FOREIGN RELATIONS AND INTERCOURSE
TITLE 23 − HIGHWAYS
TITLE 24 − HOSPITALS AND ASYLUMS
TITLE 25 − INDIANS
TITLE 26 − INTERNAL REVENUE CODE
TITLE 27 − INTOXICATING LIQUORS
TITLE 28 − JUDICIARY AND JUDICIAL PROCEDURE

---

18) 〈http://www.law.cornell.edu/uscode/text〉; ＜http://uscode.house.gov〉; https://www.
govinfo.gov/app/collection/uscode(최종 방문일자: 2023. 9. 30.); 2018년 의회 회기 중에 U.S.C.
제53편(SMALL BUSINESS) 개정안과 제55편(ENVIRONMENT), 제56편(WILDLIFE)에 관한 법률
안이 제출되었는데 통과하지 못한 것으로 보인다. 2024년 회기에 어떻게 될지 살펴보아야 할
것이다.

TITLE 29 —LABOR
TITLE 30 —MINERAL LANDS AND MINING
TITLE 31 —MONEY AND FINANCE
TITLE 32 —NATIONAL GUARD
TITLE 33 —NAVIGATION AND NAVIGABLE WATERS
TITLE 35 —PATENTS
TITLE 36 —PATRIOTIC AND NATIONAL CEREMONIES, AND ORGANIZATIONS
TITLE 37 —PAY AND ALLOWANCES OF THE UNIFORMED SERVICES
TITLE 38 —VETERANS' BENEFITS
TITLE 39 —POSTAL SERVICE
TITLE 40 —PUBLIC BUILDINGS, PROPERTY, AND WORKS
TITLE 41 —PUBLIC CONTRACTS
TITLE 42 —THE PUBLIC HEALTH AND WELFARE
TITLE 43 —PUBLIC LANDS
TITLE 44 —PUBLIC PRINTING AND DOCUMENTS
TITLE 45 —RAILROADS
TITLE 46 —SHIPPING
TITLE 47 —TELECOMMUNICATIONS
TITLE 48 —TERRITORIES AND INSULAR POSSESSIONS
TITLE 49 —TRANSPORTATION
TITLE 50 —WAR AND NATIONAL DEFENSE
TITLE 51 —NATIONAL AND COMMERCIAL SPACE PROGRAMS
TITLE 52 —VOTING AND ELECTIONS
TITLE 53 —[Reserved]
TITLE 54 —NATIONAL PARK SERVICE AND RELATED PROGRAMS

(3) 비공식 법령집

① U. S. C. A.

West Publishing Co.가 U.S. Code에 주해를 붙여서 1927년부터 발행하기 시작한 것으로 널리 이용되고 있다. 이것은 United States Code Annotated의 약자로 분류나 배열 등에 있어서 U.S. Code를 그대로 따르고 있다.

② U. S. C. S.

U. S. Code Service의 약자로 Lawyers' Co—op/Bancroft— Whitney에서 발간한 것이다. 이것도 분류나 번호매기는 것을 U. S. Code에 따르고 있으며 역시 주해를 붙여서 발행하고 있다. 또한 신속한 서비스를 위하여 매달 팸플릿 형식으로 U. S. C. S. Advance Service를 발행하고 있다.

③ U. S. C. C. A. N.

United States Code Congressional and Admini— strative News의 약자로 역시 West에서 발행하는 것이다. 이것은 국회와 행정부에서 나오는 각종 법령을 수록하고 있는데, 매달 advance sheet를 발행하여 신속한 법률정보 서비스를 제공하고 있으며 매년 모아서 장정본(bound volume)으로 발행한다.

Ⅱ. 영국 법령집

1. 최근 법령

영국에서는 새로 제정되는 법령을 모아 매년 Public General Acts를 발행한다.[19] 1881년부터 발행하는 이 법령집은 연대순으로 정리되어 있는데 미국의 Session Law 성격을 갖는다. 제정되는 법령을 보다 신속히 구하려면 영국정부의 발간기관인 Her Majesty's Stationery Office(HMSO)에서 나오는 공식 사본을 이용하면 된다.

2. 법 령 집

영국에서는 법령집으로 Statutes in Force: Official Revised Edition을 1972년부터 발행하고 있다. 계속 새로운 법령으로 대체할 수 있게 가제식(loose—leaf)으로 되어 있다. 이것은 그전에 발간된 Statutes Revised를 대체한 것인데 Statutes Revised는 1870~1950년 사이에 세 번 발행하였는데, 이미 발행한 법령을 거의 그대로 모아서 다시 발행한 것이다.

Statutes in Force는 법령을 주제별로 배열한 다음에 연대순으로 정리하였다. 여기에는 알파벳 연대순 목록과 색인이 있다.

3. 주해 법령집

주해 법령집(Annotated Edition of Statutes)으로는 Halsbury's Statutes of England and Wales(Halsbury's Statutes)가 유명한데 Butterworth(현재는 LexisNexis

---

19) Legislation.gov.uk homepage, 〈https://www.legislation.gov.uk/ukpga〉 (마지막 방문일지: 2023. 9. 28).

Butterworth)에서 1968~1975년 사이에 제3판을 발행하였고, 1985~1992년 사이에 제4판을 발행하였다. 여기서는 법령을 넓은 주제로 배열하고 이어서 알파벳 순서로 정리하였으며 조문마다 주해(annotation)를 달았다. 이 법령집은 매년 계속된 장정본과 증보판을 발행하여 내용을 늘리고 새롭게 하고 있다. 또한 신속한 정보를 위하여 가제식(loose-leaf)으로 된 Current Statutes Book과 Noter-up을 발행하고 있다. 또한 European Continuation Volume을 발행하여 유럽공동체의 조약 및 입법행위를 수록하고 있다. 그 밖에도 주해를 단 Session Law 서비스가 있다{Current Law Statutes Annotated(1948~현재), Butterworth's Annotated Legislation Service(1939~현재)}.

Ⅲ. 로마·게르만법 계통 법령집

1. 법   전

로마·게르만법 계통의 국가에서는 체계적으로 법전을 편찬하여 법령을 참고하기가 매우 쉽다. 민법전, 형법전, 상법전…식으로 편찬된 해당 법전을 참고하면 된다. 특히 우리나라의 체계와 비슷하므로 우리나라의 법을 배운 사람이면 특별한 어려움은 없다.

2. 최근 법률정보

최근에 제정되거나 개정된 내용을 신속히 알기 위해서는 두 가지 형태가 있다. 라틴계통의 나라에서는 대체로 관보를 참고하면 된다. 프랑스에서는 Journal Officiel de la République Françiase가 나오는데 정부의 각종 소식과 함께 각종 법령 및 그 입법예고를 수록하고 있다.[20] 다른 라틴계통 국가도 비슷하다.

독일 등 다른 유럽 국가에서는 정식법령만을 모아서 중앙발간기관에서 발행한다. 독일의 Bundesgesetzblatt(BGBl.)이 대표적이며,[21] 오스트리아 등 다른 나라도 비슷하다.

---

20) Journal-officiel.gouv.fr homepage, ⟨https://www.journal-officiel.gouv.fr/jo/⟩ (마지막 방문일자: 2023. 9. 28.).

21) Bundesanzeiger Verlag homepage, ⟨https://www.bgbl.de/⟩ (마지막 방문일자: 2023. 9. 28.).

제 7 절 국내의 판례·법령 찾는 법

I. 국내의 판례 찾는 법

국내의 판례를 수록한 문헌 중 공식적인 것은 다음과 같다.

헌법재판소 결정의 경우 공식적인 자료는 헌법재판소공보와 헌법재판소판례집이 있다. 헌법재판소공보는 헌법재판소가 내린 결정을 수록하여 발간하는 자료이고 그중 특별히 가치가 있다고 평가되는 결정을 수록하고 그 외에 추가적인 자료를 덧붙여서 발간하는 자료이다.

대법원 판결의 경우 법원도서관에서 간행하는 판례공보와 대법원판례집이 있다. 판례공보는 한 달에 두 번 발행되며 여러 전자자료의 기본이 된다. 대법원판례집은 판례공보에 실린 모든 판결을 다루지는 않으며 그중 가치가 있다고 생각되는 판결을 선별하여 그에 대한 해설을 덧붙여서 간행된다.

하급심판결의 경우 모두가 간행되지는 않으며 공식적인 자료로는 고등법원판결집과 하급심판결집이 있다. 그 외에 대법원 홈페이지 등에서 추가적으로 자료를 제공하는 경우도 있다.

판례를 찾기 위해서는 우선 앞에서 언급한 헌법재판소공보나 판례공보 등과 같은 자료를 이용하는 방법이 있으나 요즘은 그렇게 많이 이용되지 않는 방법이다. 대부분은 전자자료를 이용하여 검색하는 방법을 택하고 있다. 앞에서 언급하였던 대법원 종합법률정보(http://glaw.scourt.go.kr)와 법원도서관에서 업데이트 하는 DVD 형태로 되어 있는 법고을 LX 또는 톰슨 로이터 그룹(Thomson Reuters)이 운영하는 로앤비(http://lawnb.com) 등을 이용할 수 있다. 헌법재판소 결정의 경우에는 위에 언급한 여러 전자자료를 통하여 검색할 수 있으나, 헌법재판소 홈페이지(http:// www.ccourt.go.kr)의 헌법재판 정보란(판례검색창)을 이용하면 된다.

Ⅱ. 국내의 법령 찾는 법

국내의 법령을 수록하고 있는 것 중 가장 대표적인 것은 관보이다. 법령은 원칙적으로 관보에 수록됨으로써 공포되고 효력을 가지게 된다. 결국 관보는 법령을 가장 먼저 수록하는 공식적 자료라고 할 수 있다. 책자의 형태로도 이용할 수 있으나 인터넷으로도 이를 볼 수 있다(http://gwanbo.moi.go.kr; 행정자치부 소관). 그리고 현재 효력을 가지고 있는 법령을 모아 놓은 자료인 현행법령집이 있으며, 그 외에도 여러 법전 등이 법령을 수록하고 있는 자료이다.

법령을 찾기 위해서는 우선 위에 언급한 자료들에서 찾을 수 있다. 그 외에 새로 제안된 법령의 경우 인터넷 국회 홈페이지(http://www.assembly.go.kr)에서 그 법령에 관련된 자료를 찾아볼 수 있으며, 법제처 홈페이지의 국가법령정보 센터(http://www.law.go.kr)나, 법무부 홈페이지(http://www.moj.go.kr)에서는 새로 입법 예고되는 법률이나 새로 제정된 법률에 대한 검색을 할 수 있다. 그 외에도 대법원 종합법률정보(http://glaw.scourt.go.kr)나 법고을 LX, 로앤비(http://lawnb.com) 등에서도 법령을 검색할 수 있다.

하지만 법령을 가장 체계적으로 정리해 놓은 곳은 법제처 홈페이지인 국가법령정보센터(http://www.law.go.kr)라고 할 수 있다. 여기에서는 현행법령, 연혁법령, 근대법령, 영문법령, 중문법령, 조약, 자치법규 등 다양한 형태로 검색할 수 있다.

제 **5** 장

법학의 여러 분야에서는 무엇을 배우는가

제5장 법학의 여러 분야에서는 무엇을 배우는가

제1절 헌 법

Ⅰ. 헌법의 의의와 우리 헌법의 기본원리

1. 헌법의 의의

(1) 헌법은 국가의 근본규범으로서 국가의 통치조직과 작용, 국가기관 상호 간의 관계 및 국민의 기본권을 보장하는 최고법이다. 이러한 헌법은 국가 통치질서의 구체적 상태인 사회학적 측면과 한 나라의 정치생활, 국민생활에 있어야 할 모습을 실현하기 위한 법규범으로서의 법학적 측면을 가진다.

(2) 하나의 규범체계로 헌법을 파악하는 경우에 헌법은 고유의 의미의 헌법, 근대적 의미의 헌법, 현대적 의미의 헌법으로 분류될 수 있다. 이는 헌법을 그 역사적 발전과정에 의하여 나눈 것이다. 고유의 의미의 헌법이라 함은 국가 최고기관의 조직과 권한, 국가최고기관 상호 간의 관계, 국가와 국민의 관계에 관한 기본원칙을 정한 국가의 기본법을 의미하며, 이런 의미의 헌법은 어떤 국가에도 존재한다. 근대적 의미의 헌법은 근대 입헌주의적 헌법을 말하는데 그 구성원리로서 국민주권·기본권보장·권력분립·성문헌법·경성헌법의 원칙을 내용으로 하고 있다. 이것은 절대왕정 국가를 타파하기 위한 시민혁명으로 성립되었다. 현대적 의미의 헌법이라 함은 현대 복지국가적 헌법을 말한다. 현대 복지국가적 헌법은 국민의 인간다운 생활을 보장하기 위한 생존권적 기본권과 재산권 행사에 있어서 사회적 제약, 그리고 경제생활에 관한 규제와 조정을 내용으로 하는 사회국가적 법치주의의 이념을 그 기초로 하고 있다.

(3) 또한 헌법은 특별한 형식으로 성문화되었느냐의 여부에 따라 실질적 의미의 헌법과 형식적 의미의 헌법으로 분류할 수 있다. 실질적 의미의 헌법이란 그 법의 형식과 관계없이 그 내용이 국가의 구성·조직 및 상호작용을 정하는 법규범 전체를 말한다. 이에 반하여 형식적 의미의 헌법이란 헌법전이라는 특

별한 형식으로 성문화된 법규범을 말하는 것으로서, "영국에는 헌법이 존재하지 않는다."라고 할 때는 이러한 형식적 의미의 헌법이 없음을 일컫는 것이다.

(4) 헌법의 위와 같은 의의에 비추어 보면 헌법은 타 법률과는 다른 특질을 가진다. 크게 사실적 특질과 규범적 특질로 나누어 볼 수 있다. 헌법의 사실적 특질로서는 헌법이 특정한 이념적 성격을 가지고 있다는 점, 정치성을 띠고 있다는 점 등이 거론된다. 또한 규범적 특질로서는 헌법은 국가권력을 조직하는 '수권적 조직규범(受權的 組織規範)'이며, 국민의 인권을 보장하는 '인권보장규범(人權保障規範)'이고, 국가기관을 분립시키고 상호 견제하게 하는 '권력제한규범(權力制限規範)'이라는 점 등을 들 수 있다.

2. 우리 헌법의 기본원리

우리 헌법의 기본원리는 헌법전문에 개괄적으로 선언되어 있고, 그 밖에 헌법 제1장 총강과 경제조항 등에서 나타나고 있는바, 다음과 같은 것들을 기본원리로 들 수 있다.

첫째, 국민주권의 원리이다. 우리나라 헌법 제1조 제2항에서 "대한민국의 주권은 국민에게 있고, 모든 권력은 국민으로부터 나온다."라고 하여 국민주권의 원리가 우리 헌법의 가장 중요한 기본원리임을 선언하고 있다. 또한 헌법전문에서도 주권자로서의 국민이 헌법을 제정하였고, 주권자인 국민이 헌법을 최종적으로 개정하였음을 명백히 밝히고 있다.

둘째, 자유민주주의의 원리이다. 이는 우리 헌법전문(자유민주적 기본질서)과 제8조 제4항(민주적 기본질서)에서 이를 명시하고 있으며, 그 구체적 구현을 위한 제도로 기본권의 보장, 권력분립의 원칙, 법치행정의 원칙, 사법권의 독립, 복수정당제의 보장 등을 규정하고 있다.

셋째, 법치주의의 원리이다. 이는 국가가 국민의 자유와 권리를 제한하거나 새로운 의무를 부과하려는 때에는 반드시 의회가 제정한 법률에 의하거나 이에 근거해야 한다는 원리이다. 그 목적은 국민의 자유와 권리를 보장함에 있고, 그 내용은 법률의 우위, 법률의 유보, 법률에 의한 재판 등이다.

넷째, 사회국가의 원리이다. 우리 헌법은 전문에서 "모든 사회적 폐습과 불의를 타파하며 모든 영역에 있어서 각인의 기회를 균등히 하고 …안으로는 국민생활의 균등한 향상을 기하고…"라고 하여 사회정의의 실현, 기회균등, 국민생활의 균등한 향상을 선언하고, 제10조에서 모든 국민이 인격의 주체로서 존 엄과 가치를 가지며 행복을 추구할 권리를 가진다는 것을 선언하고 있다. 또한 제31조부터 제36조까지의 생존권적 기본권규정, 제9장의 사회적 시장경제질서 규정도 같은 원리를 선언하고 있다.

다섯째, 국제평화주의의 원리이다. 이것은 헌법 전문의 "밖으로는 항구적인 세계평화와 인류공영에 이바지함으로써..."의 규정과 제5조에서의 침략전쟁의 부인, 제6조 제1항의 국제법 존중, 그리고 제6조 제2항에서의 외국인의 법적 지 위보장 등의 규정에서 잘 나타나 있다.

Ⅱ. 기 본 권

1. 기본권 일반론

(1) 의의 및 종류

기본권(Grundrecht)이라 함은 헌법이 보장하는 국민의 기본적 권리를 의미한 다. 인권이 인간으로서 당연히 갖는다고 생각되는 천부적 권리 또는 자연권을 뜻함에 비하여, 기본권 중에는 생래적인 권리 이외에 국가에 의하여 보장되는 생존권적 기본권, 청구권적 기본권, 참정권 등이 있는 까닭에 인권과 기본권의 내용이 반드시 일치하는 것은 아니다. 하지만, 각국 헌법에서 보장하고 있는 기 본권은 인권사상에 바탕을 두고 인간의 권리를 실현하려고 하는 것이므로 대체 로 기본권은 인권을 의미한다고 할 수 있다.

기본권은 그 내용에 따라 인간으로서의 존엄과 가치·평등권·자유권적 기 본권·생존권적 기본권·청구권적 기본권 및 참정권으로 나눌 수 있다. 또한 그 성질에 따라 국가내적 기본권과 초국가적 기본권으로, 효력의 정도에 따라 추상적 기본권과 구체적 기본권으로 나누어 볼 수 있다.

(2) 기본권의 주체

기본권의 주체는 기본적으로 국민이다. 하지만 외국인과 법인도 그 성질상 허용되지 않는 기본권을 제외하고는 기본권보장의 주체가 될 수 있다. 또한 특 별권력관계에 있는 국민도 기본권의 주체이지만 공법상 특별한 목적을 달성하 는 데 필요한 범위 내에서 기본권이 일부 제한될 수 있다.

(3) 기본권의 효력

그렇다면 이러한 기본권은 어떠한 효력을 가지는가? 이는 대국가적(對國家的) 효력과 대사인적(對私人的) 효력으로 나누어 볼 수 있다. 기본권의 대국가적 효력이란 모든 국가권력이 기본권을 존중하고 보장하여야 한다는 것을 의미한다. 근대국가에서 자유란 곧 '국가권력으로부터의 자유'를 의미하였기 때문에 기본권의 효력이라 함은 먼저 대국가적 효력을 뜻하였다. 그러나 오늘날 자본주의의 고도화에 따라 대기업의 영향력이 증대되는 등 사인(기업 등 포함)에 의해서도 자유권, 평등권이나 근로자의 단결권 등 기본권이 침해될 수 있기 때문에 기본권 규정의 효력은 항상 국가에 대해서만 발생하는 것이 아니라 사인 간의 관계에서도 효력이 발생하게 되었다. 이를 '기본권의 대사인적 효력' 혹은 '기본권의 제3자적 효력'이라 한다.

(4) 기본권의 제한

① 이와 같이 기본권이 대국가적·대사인적 효력을 가진다고 하여도 모든 기본권이 무제한 보장되는 것은 아니며 일정한 한계를 가진다. 이를 기본권의 제한이라 한다. 기본권 제한의 유형에는 헌법이 명문으로 기본권 제약을 규정하고 있는 명시적 제한과 기본권 그 자체에 내재하는 한계성에 기인하는 내재적 제한이 있다. 후자의 제한과 관련하여 어떠한 기본권도 타인의 권리를 침해하거나, 도덕률에 반하거나, 헌법질서를 파괴하기 위하여 행사될 수 없다고 하는 것 등이 그것이다.

② 그런데 기본권의 제한에 관한 논의는 다른 주체와의 기본권이 충돌되는 상황에서 상호 기본권을 조화롭게 보장하기 위한 불가피성에서 유래한다. 따라서 기본권의 제한과 보장은 동전의 양면과 같은 관계에 있다고 할 수 있다.

③ 기본권 제한의 대상이 되는 기본권은 주로 자유권적 기본권 중 상대적 기본권이며, 양심의 자유, 신앙의 자유, 학문연구의 자유와 같은 절대적 기본권은 기본권 제한의 대상이 되지 아니한다. 우리 헌법 제37조 제2항에서는 "국민의 자유와 권리는 국가안전보장·질서유지 또는 공공복리를 위하여 필요한 경우에 한하여 법률로서 제한할 수 있다."고 규정하고 있다. 따라서 기본권의 제한은 원칙적으로 국회에서 제정하는 법률로써만 가능하며, 이때의 제한사유는 '국가안전보장·질서유지 또는 공공복리'라는 일반적 제한사유에 기초하여야 하고 그 외의 개별적 사유로 제한할 수 없을 것이고, 또한 제한 법률은 명확성

을 가져야 한다.

그렇다면 국가안전보장이나, 질서유지 혹은 공공복리를 위하여서는 기본권 제한이 무제한 인정되는가? 이에 대하여 우리 헌법 제37조 제2항 후단에서는 기본권 제한의 한계를 규정하고 있는바, "…제한하는 경우에도 자유와 권리의 본질적인 내용을 침해할 수 없다."가 바로 그것이다. 즉 기본권 제한은 기본권 보장을 위하여 그 제한이 불가피한 경우에 행하여져야 하며, 제한하는 경우에도 최소한에 그쳐 자유와 권리의 본질적인 내용을 침해하여서는 안 된다는 것이다.

2. 총체적 기본권

(1) 인간의 존엄과 가치

헌법 제10조 제1문 전단은 "모든 국민은 인간으로서의 존엄과 가치를 가지며, 행복을 추구할 권리를 가진다."라고 하여 인격적 존재로서의 인간의 존엄과 가치를 확인하고 있다. 전(前)국가적·초(超)국가적 자연법 원리로서의 인간의 존엄과 가치조항은 직접 실현될 수 있는 구체적인 권리가 아니라 모든 기본권의 이념적 전제가 되고, 모든 기본권 보장의 목적이 되는 기본원리에 관한 규정으로 보는 것이 통설의 입장이다. 그리고 헌법 제37조 제1항 "국민의 자유와 권리는 헌법에 열거되지 아니한 이유로 경시되지 아니한다."에서의 '자유와 권리'는 인간으로서의 존엄과 가치를 누리게 하는데 필요한 모든 것이라 할 수 있다. 이러한 의미에서 제37조 제1항과 제10조 제1문 전단의 인간의 존엄과 가치조항은 통합적 혹은 상호보완적 관계에 있다. 따라서 인간의 존엄과 가치에 관한 헌법 제10조 제1문 전단은 동조 후문의 행복추구권과 같이 모든 기본권의 근본규범이라고 보아야 할 것이다.

(2) 행복추구권

행복추구권이란 고통이 없고 만족감을 느낄 수 있는 상태를 실현할 수 있는 권리를 말한다. 이것은 1776년 버지니아 권리장전(Virginia Declaration of Rights) 제1조에 처음으로 규정[1]되었고, 1776년 미국 독립선언에서도 하늘로부터 주어

---

1) 원문은 다음과 같다. That all men are by nature equally free and independent, and have certain inherent rights, of which, when they enter into a state of society, they cannot, by any compact, deprive or divest their posterity; namely, the enjoyment of life and liberty,

진 권리의 하나로서 이 권리를 선언하고 있다. 우리 헌법 제10조 제1문 후단은 "모든 국민은 행복을 추구할 권리를 가진다."고 하여 이를 규정하고 있다. 이와 같은 행복추구권은 주관적 권리이며, 헌법에 규정된 모든 개별적·구체적 기본권과 헌법에 규정되지는 않았으나 인간의 존엄과 가치를 유지하는 데 필요한 모든 자유와 권리를 포함한 포괄적이고 총체적인 기본권이다. 헌법 제10조 제1문 전단의 인간의 존엄과 가치에 관한 권리와 함께 모든 기본권의 근본규범이라고 할 것이다.

(3) 평등권

헌법 제11조 제1항 전문은 "모든 국민은 법 앞에 평등하다."라고 하여 일반적인 평등의 원칙을 천명하고,[2] 후문에서 "누구든지 성별·종교 또는 사회적 신분에 의하여 정치적·경제적·사회적·문화적 생활의 모든 영역에 있어서 차별을 받지 아니한다."고 하여 개별적인 평등권을 규정하고 있다. 이러한 평등권은 어떠한 경우에도 차별대우할 수 없다는 것이 아니라 특별한 이유가 있는 합리적 차별은 가능하다.[3] 제11조 제1항 전문의 평등권은 일반적인 평등의 원칙을 천명하였다는 점에서는 총체적 기본권으로의 성질도 겸하고 있다고 보아야 한다.

3. 개별기본권

(1) 자유권적 기본권

자유권적 기본권이란 국민이 그 자유영역에 대하여 국가권력으로부터 침해를 받지 않을 소극적 권리이다. 우리 헌법의 내용으로 보아 자유권적 기본권은 신체의 자유, 사회적·경제적 자유, 정신적 자유로 나눌 수 있다. 신체의 자유는 신체와 생명의 불가침에 대한 권리이므로 이는 곧 사법작용에서의 자유를

---

with the means of acquiring and possessing property, and pursuing and obtaining happiness and safety.

2) 평등의 원칙은 국민의 기본권 보장에 관한 우리 헌법의 최고원리로서 국가가 입법을 하거나 법을 해석 및 집행함에 있어 따라야 할 기준인 동시에, 국가에 대해 합리적 이유 없이 불평등한 대우를 하지 말 것과, 평등한 대우를 요구할 수 있는 모든 국민의 권리로서, 국민의 기본권 중의 기본권이다(헌법재판소 1989. 1. 25. 88헌가7).

3) 헌법은 모든 국민에게 평등권을 보장하고 있으며, 이는 국가권력이 본질적으로 같은 것은 같게, 본질적으로 다른 것은 다르게 취급해야 한다는 것을 의미하지만, 합리적 근거에 따른 차별까지 금지하는 것은 아니다(헌법재판소 2000. 6. 1. 98헌마216).

의미하고, 사회적·경제적 자유에는 주거의 자유, 거주이전의 자유, 직업 선택
의 자유, 통신의 자유, 재산권 행사의 자유 등이 포함되며, 정신적 자유는 종교
의 자유, 양심의 자유, 학문과 예술의 자유, 표현의 자유로 나눌 수 있다. 이러
한 자유권적 기본권의 내용을 간략히 살펴보도록 하자.

① 생명권

생명권이라 함은 인간의 육신적 존재형태에 대해 국가로부터 침해받지 않
을 권리를 의미하며, 우리 헌법에는 명문의 규정은 없으나 통설·판례는 생명
권을 헌법상의 권리로 인정하고 있다.[4]

② 신체의 자유

신체의 자유는 인간의 생존을 위한 기본적 요구인 까닭에 헌법 제12조, 제
13조에서는 죄형법정주의와 적법절차의 보장, 고문의 금지와 불이익한 진술거
부권, 영장주의, 변호인의 조력을 받을 권리, 구속적부심사제, 일사부재리의 원
칙, 연좌제 금지 등을 규정하고 있다.

③ 사생활의 비밀과 자유

사생활의 비밀과 자유는 사생활의 내용을 공개 당하지 아니하고 사생활의
자유로운 형성과 전개를 방해받지 아니할 권리뿐만 아니라, 본인 또는 그 책임
하에 있는 자에 관한 정보에의 접근과 그릇된 정보의 정정을 청구할 수 있는
복합적 성질의 권리이다. 헌법 제17조에 규정하고 있다.

④ 주거의 자유

주거의 자유란 사생활의 중심인 주거에 대한 국가권력의 부당한 침입을 배
제하는 권리를 말한다. 그리하여 주거에 대한 압수나 수색에는 검사의 신청에
따라 법관이 발부한 영장을 제시하여야 한다. 헌법 제16조에 규정하고 있다.

⑤ 거주·이전의 자유

거주·이전의 자유란 자기가 원하는 곳에 주거를 정하고 그곳으로부터 자
유로이 이전할 수 있는 자유를 뜻하며, 이에는 국내 거주·이전의 자유뿐만 아

---

4) 생명권의 헌법적 근거에 대해서는 ⅰ) 헌법 제10조의 인간의 존엄과 가치·행복추구권
에서 구하는 견해, ⅱ) 헌법 제10조의 행복추구권에서 구하는 견해, ⅲ) 헌법 제12조의 신체
의 자유에서 구하는 견해, ⅳ) 헌법 제10조(인간의 존엄과 가치·행복추구권)와 제12조(신체
의 자유)에서 구하는 견해 등으로 나누어진다(김병록, "헌법과 여성 — 여성의 지위를 중심으
로 —", 헌법학연구 제11권 제1호, 2005. 3., 327면).

니라 국외 이주와 해외여행의 자유 및 국적이탈의 자유도 포함된다. 헌법 제14
조에 규정하고 있다.

⑥ 통신의 자유

통신의 자유란 편지·소포·전신·전화·SNS·인터넷상의 통신 등 모든 우
편물 및 통신의 비밀을 침해받지 아니할 권리를 뜻한다. 헌법 제18조에 규정하
고 있다.

⑦ 양심의 자유

양심의 자유란 자신의 양심에 따라 무엇을 결정하거나, 결정한 내용에 관하
여 침묵할 자유 및 양심상의 결정을 외부에 표현할 수 있는 자유를 뜻한다. 헌
법 제19조에 규정하고 있다.

⑧ 종교의 자유

종교의 자유에는 신앙의 자유, 종교적 행사의 자유, 종교적 집회 및 결사의
자유, 그리고 포교 및 종교교육의 자유 등이 있으며 이 중 신앙의 자유는 절대
적 자유이나 나머지는 상대적 자유이다. 헌법 제20조 제1항에 규정하고 있다.

⑨ 언론·출판의 자유

언론·출판의 자유란 사상 또는 의견을 언어·문자·도형 등으로 불특정한
여러 사람에게 발표하는 자유를 말하며, 이는 정신적 자유와 정치적 자유의 핵
심으로서 헌법 제21조에서 이를 규정하고 있다.

⑩ 집회·결사의 자유

집회·결사의 자유란 여러 사람이 공동의 목적을 가지고 일정한 장소에서
일시 회합하거나 다수의 자연인 또는 법인이 공동의 목적을 달성하기 위해 단
체를 형성할 수 있는 자유를 뜻한다. 헌법 제21조 제1항 후문에 규정하고 있다.

⑪ 학문 및 예술의 자유

학문 및 예술의 자유란 곧 학문 및 예술활동에 대한 자유를 의미하며 학문
의 자유의 일환으로서 대학자치가 제도적으로 보장된다. 헌법 제22조 제1항에
규정하고 있다.

⑫ 직업선택의 자유

직업선택의 자유에는 개인 또는 법인이 직업을 자유롭게 결정하거나 직업

을 수행할 수 있는 자유 및 영업의 자유가 포함되며, 이는 개인적 자유권으로서의 성격뿐만 아니라 자유주의적 시장경제질서의 내용을 이루는 객관적 헌법질서의 성격을 가지는 기본권이다. 헌법 제16조에 규정하고 있다.

⑬ 재산권 보장

재산권 보장은 구체적 재산권과 사유재산제도의 보장·소급입법에 따른 재산권의 박탈 금지 및 무체재산권의 보장을 그 내용으로 하며, 재산권 행사에는 공공복리에 적합하게 하여야 한다는 사회적 제약이 따른다. 헌법 제23조에 규정하고 있다.

(2) 생존권적 기본권(사회적 기본권)

근대의 자유방임적 자본주의의 진전과 더불어 부의 일방적 편재와 빈곤의 확대, 실업자의 증가와 같은 많은 사회적 문제들이 야기되면서 헌법상의 자유권적 기본권의 보장은 점차 형식적·장식적 규정이 되고 말았다. 이에 국민이 생존을 유지하고 생활을 향상하기 위해 국가에 대해 적극적인 배려를 요구할 수 있는 생존권적 기본권이 시민적 자유권의 수정 내지 보완책으로서 점차 등장하게 되었다. 이러한 생존권적 기본권은 1919년의 바이마르(Weimar) 헌법에서 최초로 규정되었으며, 이것은 1945년 2차 세계대전 이후에 제정된 각국의 헌법 등에 계승되어 인간다운 생활을 요구하는 국민의 요망과 그 실천적 운동의 뒷받침으로 중요한 역할을 다하고 있다.

생존권적 기본권의 법적 성격에 관하여는 프로그램적 규정설, 추상적 권리설, 구체적 권리설 등이 있다. 하지만 생존권적 기본권은 비록 추상적이라 할지라도 법적 권리이며, 국가의 생존권적 기본권 보장의무가 재판에 의하여 직접 강제될 수는 없다 하더라도 국가의 생존권적 기본권 보장의무는 헌법에 따른 법적 의무이다. 따라서 추상적 권리설이 타당하다고 본다.

우리 헌법에서는 생존권적 기본권으로서 다음과 같은 내용을 규정하고 있다.

① 인간다운 생활을 할 권리(헌법 제34조 제1항)

이는 생존권적 기본권 중에서도 근본이 되는 권리로서 생존권적 기본권의 원리적 규정인 동시에 헌법 제10조의 인간의 존엄과 가치 조항과 함께 헌법의 최고 가치규정이다.

② 교육을 받을 권리

교육을 받을 권리란 교육을 받는 것을 국가로부터 방해받지 않을 뿐만 아니라(교육의 자유권적 측면), 교육을 받을 수 있도록 국가가 적극적으로 배려해 줄 것을 요구할 수 있는 권리(사회적 기본권으로서의 측면)를 말한다. 헌법 제31조에 규정하고 있다.

③ 근로의 권리

근로의 권리란 근로자가 자신의 의사에 따라 직업이나 근로의 종류 등을 자유로이 선택하고, 가장 유리한 조건으로 노동력을 제공함으로써 얻은 대가를 가지고 생존을 유지하며, 다른 사람의 방해를 받음이 없이 그것을 계속할 수 있는 권리를 말한다. 헌법 제32조에 규정하고 있다.

④ 근로자의 노동3권

근로자의 노동3권이란 근로자가 근로조건을 향상시키기 위하여 자주적인 단체를 결성하고(단결권), 사용자와 자주적으로 교섭하며(단체교섭권), 노동쟁의가 발생한 경우에 쟁의행위를 할 수 있는 권리(단체행동권)을 말한다. 노동자는 헌법 제33조에 따라 이러한 노동3권을 가진다.

⑤ 환경권

환경권이란 나쁜 환경의 배제를 국가에 요구할 수 있는 권리뿐만 아니라, 적극적으로 깨끗한 환경을 보전하고 조성하여 줄 것을 요구할 수 있는 권리를 말한다. 여기에서의 환경이란 자연적 환경, 사회적 환경, 문화적 환경을 모두 포함하며, 환경구성 및 환경보존청구권과 공해배제청구권 및 손해배상청구권을 그 구체적 내용으로 한다. 헌법 제35조에 규정하고 있다.

⑥ 보건에 관한 국가의 보호

헌법은 제36조 제1항에서 혼인과 가족생활에 관한 제도보장을, 제36조 제2항에서 모성의 보호를 위한 국가적 노력을 규정하고, 제36조 제3항에서 보건에 관한 국가의 의무를 규정하고 있다.

(3) 청구권적 기본권

청구권적 기본권이란 국가에 대하여 일정한 행위를 적극적으로 청구할 수 있는 국민의 주관적 공권으로서 기본권 보장을 위한 기본권이다. 따라서 절차적 기본권이라고도 한다. 이러한 청구권적 기본권에는 청원권(헌법 26조), 재판청구권(헌법 27조), 형사보상청구권(헌법 28조), 국가배상청구권(헌법 29조), 범죄피해자구조청구권(헌법 30조)이 있다.

청구권적 기본권은 다른 권리나 이익을 확보하기 위하여 일정한 국가적 행위를 요구하는 적극적 성질을 가지고 있다는 점에서 자유권적 기본권과 구분되며, 헌법규정에 따라 직접 효력이 발생하는 현실적 권리라는 점에서 추상적 권리로서의 생존권적 기본권과도 차이가 난다.

(4) 참정권

참정권은 국민이 국가기관으로서 공무에 참여할 수 있는 권리를 말한다. 여기에는 선거권(헌법 24조), 공무담임권(헌법 25조), 국민투표권(헌법 72조〈국가안위〉, 제130조〈헌법개정〉), 정당의 설립과 활동의 자유(헌법 8조) 등의 정치적 기본권을 의미한다. 또한 참정권은 국민이 국가의 의사형성에 직접 참여할 수 있는 권리인 헌법개정안에 대한 국민투표와 국가안위에 관한 중요정책에 대한 국민투표를 내용으로 하는 직접참정권과 국민이 그 밖의 국가기관 구성에 참여할 수 있는 선거권 및 국가기관의 구성원으로 선임될 수 있는 권리인 공무담임권, 정당설립과 활동의 자유를 내용으로 하는 간접참정권으로 나누어 볼 수 있다.

4. 국민의 의무

국민의 의무에는 민주국가의 시민이면 누구나 당연히 이행해야 할 민주적 시민의 일반적 의무와 헌법에 규정된 헌법상의 의무가 있다. 민주적 시민의 일반적 의무란 민주적 시민으로서 당연히 준수해야 할 헌법옹호의 의무, 법률준수의 의무 등이다. 한편 헌법상의 의무로는 납세의 의무(헌법 38조), 국방의 의무(헌법 39조), 교육의 의무(헌법 31조 2항), 근로의 의무(헌법 32조 2항), 재산권행사의 공공복리 적합의무(헌법 제23조 2항), 환경보전의무(35조 1항),[5] 등이 있다.

---

5) 헌법 제35조 제1항 후문에서 "국가와 국민은 환경보전을 위하여 노력하여야 한다."라고 하여, 국민의 환경보전에 대한 의무를 직접적으로 표현하고 있지는 않지만 현재 시점에서 환경의 중대성에 비추어 보면 국가와 국민의 의무로 해석하여도 무리가 없을 것으로 보인다.

Ⅲ. 통치구조

1. 통치원리와 통치형태

오늘날의 민주주의는 흔히 대표민주제라 일컬어지는 의회제 민주주의의 형태를 띠는 것이 일반적이다. 이러한 의회제 민주주의에서의 통치원리로서는 국민주권의 원리, 권력분립의 원리, 의회주의의 원리, 법치주의의 원리 등을 들 수 있다.

통치형태로서의 정부형태란 국가권력구조에 있어서 권력분립이 어떻게 이루어지고 있느냐 하는 것을 말한다. 전통적인 분류방법에 따르면 정부형태는 입법부와 행정부와의 관계를 기준으로 의원내각제와 대통령제 그리고 의회정부제로 나누어진다. 의원내각제란 행정부가 의회에 의해 구성되고 의회의 신임을 그 존립요건으로 하는 정부형태로서 영국의 경우가 그 대표적인 예이다. 대통령제란 엄격한 권력분립주의에 입각하여 행정부의 수반이 국민에 의해 선출되고, 임기 동안 의회에 대하여 아무런 책임도 지지 아니하며, 의회로부터 완전히 독립된 지위를 가지는 정부형태로서 미국이 대표적인 경우이다. 의회정부제란 행정부에 대한 의회의 절대적 우위를 특징으로 하는 정부형태로서, 행정부는 의회에 의존하나 행정부는 의회를 해산시킬 수 없으므로 행정부가 전적으로 의회에 종속하는 정부형태를 말하며 스위스·구소련 등이 그 예이다. 현재 우리나라의 정부형태는 대통령제를 기본으로 하면서 의원내각제적 요소를 가미하고 있다.

2. 국   민

국가기관으로서의 국민이라 함은 선거권자·투표권자의 전체로서 구성되는 조직체로서 곧 유권자의 집단을 뜻한다. 그러므로 대한민국 국적을 가진 모든 사람으로 구성되는 이념적 통일체인 주권의 주체로서의 국민과는 구별된다.

이와 같은 국가기관으로서의 국민은 다른 국가기관에 비하여 원시기관으로서의 지위를 가지며, 헌법개정안의 확정, 국가안위에 관한 중요정책에 대한 국민투표와 국회의원선거·대통령선거 등을 담당한다.

3. 국   회

국회란 국민에 의하여 선출된 의원들로서 구성된 합의체 국가기관이다. 국회의 헌법상 지위는 각 국가의 정치형태에 따라 차이가 난다. 국회는 어느 국가를 막론하고 국민의 대표기관이며 입법기관인 동시에 국정의 통제기관이라는 점에서 공통된 성격을 가진다. 우리 헌법에서도 국회의 지위를 국민의 대표기관으로서의 지위, 입법기관으로서의 지위, 국정통제기관으로서의 지위, 국가최고기관으로서의 지위로 나누어 볼 수 있다. 국민의 대표기관으로서의 국회는 정치적·이념적 통일체인 전체 국민의 의사를 대표하며, 입법기관으로서의 국회는 원칙적으로 입법에 관한 모든 권한을 가지며, 국정통제기관으로서의 국회는 국무총리·국무위원 해임건의권, 대통령 기타 고급공무원의 탄핵소추권, 국정감사 및 조사권 등을 행사한다. 또한 국회는 행정부와 사법부 등과 같이 최고기관으로의 지위를 갖는다.

현행 헌법상 국회는 다음과 같은 권한을 가진다. 여기에는 입법에 관한 권한, 재정에 관한 권한, 헌법기관의 구성에 관한 권한, 국정통제에 관한 권한, 국회 내부사항에 관한 자율권 등으로 나누어 설명하면 다음과 같다.

(1) 입법에 관한 권한

헌법 제40조에 의하여 국회가 가지는 입법에 관한 권한의 구체적 범위는 실질적 의미의 입법에 관한 권한 중에서 헌법 자체가 그 밖의 국가기관의 권한으로 하고 있는 것을 제외한 나머지 모든 사항을 의미한다. 즉 헌법 개정의 발의·의결권, 법률의 제정권, 조약의 체결·비준에 대한 동의권, 국회규칙 제정권 등이 그것이다.

(2) 재정에 관한 권한

재정은 본래 행정작용에 속하지만, 그것이 국민의 재산과 권리에 미치는 영향 때문에 현행 헌법은 재정에 관한 중요사항은 반드시 국회의 의결을 거치도록 하는 '재정에 관한 국회의결주의'를 채택하고 있다. 즉 조세법률주의, 국회의 예산 및 추가경정예산의 심의 및 확정권, 계속비에 대한 국회의 의결권, 국회의 결산심사권, 예비비설치에 관한 의결권과 그 지출승인권, 국채의 모집과 예산

외 국가의 부담이 될 계약체결에 대한 의결권 등이 그것이다.

(3) 헌법기관의 구성에 관한 권한

국회는 대통령의 대법원장 임명에 대한 동의권, 국무총리 임명에 대한 동의권, 감사원장 임명에 대한 동의권 등을 가지며, 헌법재판소 재판관 및 중앙선거관리위원회 위원의 일부 선출권 등을 가진다.

(4) 국정통제에 관한 권한

국민의 대표기관인 국회가 가지는 권한 중 가장 중요한 것이 국회의 국정통제권이다. 즉 국회는 행정부와 사법부에 대하여 탄핵소추권 및 국정감사권을 가지며, 대통령의 긴급명령, 긴급재정경제처분 및 명령에 대한 승인권을 가지며, 계엄해제요구권, 일반사면에 대한 동의권, 국무총리 및 국무위원의 해임건의권 등을 가진다.

(5) 국회 내부사항에 관한 자율권

국회는 다른 국가기관의 간섭을 받지 아니하고, 헌법·법률·국회규칙에 따라 의사와 내부사항에 관하여 독자적인 결정을 할 수 있는 자율권을 가진다.

4. 대 통 령

대통령의 헌법상 지위는 나라마다 다르지만, 현행 헌법상 대통령은 국가원수의 지위와 행정부 수반의 지위를 갖는다. 대통령은 국가원수로서 대외적으로는 국가를 대표하고 대내적으로는 국민의 통일성·전체성을 대표하며, 행정부의 수반으로서 행정부를 조직하고 통할한다.

대통령의 헌법상 권한 및 그 행사방법은 다음과 같다.

(1) 대통령의 권한행사방법

대통령의 국법상 행위는 문서로서 하여야 하며 그 문서에는 국무총리와 관계 국무위원의 부서(副署)가 있어야 한다. 또한 일정한 사항에 관하여는 사전에 국무회의의 심의와 국가안전보장회의의 자문을 거쳐야 한다.

(2) 대통령의 권한행사에 대한 통제

국민은 대통령을 직접 선출함으로써, 국회는 대통령의 권한행사에 대한 동의권·승인권 및 계엄선포에 대한 해제요구권 등을 통하여 대통령의 권한행사를 통제하며, 법원은 명령·처분의 헌법·법률 위배 여부에 대한 심사권을 통하여 통제한다.

(3) 대통령의 대권적 권한

대통령은 국가의 독립, 영토의 보전, 국가의 계속성과 조국을 수호할 책무와 조국의 평화적 통일에 관한 사명을 지기 때문에 긴급명령권, 긴급재정경제처분·명령권, 계엄선포권, 국민투표부의권, 헌법기구 구성권 등의 대권적(大權的) 권한을 가진다.

(4) 행정에 관한 권한

행정부의 수반으로서 대통령은 행정에 관한 최고결정권과 최고지휘권을 가지며, 법률집행권, 국가의 대표 및 외교에 관한 권한, 정부의 구성권과 공무원임명권, 국군통수권, 재정에 관한 권한, 영전수여권 등을 가진다.

(5) 국회와 입법에 관한 권한

대통령은 임시국회 소집요구권, 국회 출석발언권, 헌법개정에 관한 권한, 법률안 제출권 및 거부권, 법률안 공포권 및 행정입법에 관한 권한을 가진다.

(6) 사법에 관한 권한

대통령은 위헌정당 해산제소권, 사면·감형·복권에 관한 권한 등을 가진다.

이러한 여러 권한을 가지는 대통령은 국민의 보통·평등·직접·비밀선거에 의하여 선출되며, 그 임기는 5년으로서 중임할 수 없다.

5. 정   부

정부라는 용어는 여러 가지 의미로 사용하고 있다. 즉 국가 그 자체 또는 국가권력을 행사하는 전체 통치기구(government)의 의미로서, 혹은 입법부·사법부에 대응하는 행정부(the Executive)의 개념으로써 사용되기도 하고, 의원내각제에서는 대통령을 제외한 내각(cabinet)의 의미로도 사용된다.

우리 헌법 제4장에서 규정하는 정부는 입법부와 사법부에 대립하는 개념으로서의 정부를 의미한다. 따라서 정부는 대통령을 정점으로 하여 국무총리, 국무위원, 행정각부 및 기타의 기관들로 구성된다.

국무회의는 대통령의 단순한 자문기구가 아니라, 정부의 권한에 속하는 중요정책을 심의하는 기관으로서 헌법상의 필수기관이며 최고의 정책심의기관으로서의 성격을 가진다. 즉 의원내각제에서의 의결기관과 대통령의 자문기관의 중간적 성격인 심의기관으로서의 성격을 가진다. 국무회의는 대통령·국무총리와 15인 이상 30인 이하의 국무위원으로 구성되며, 대통령은 국무회의의 의장이 되고 국무총리는 부의장이 된다.

국무총리는 대통령을 보좌하고 정부의 제2인자로서 행정에 관하여 대통령의 명을 받아 행정각부를 통할하는 중앙행정기관의 장의 지위에 있다.

행정각부는 대통령을 수반으로 하는 정부의 구성단위로서, 대통령과 국무총리의 지휘·통할 하에 법률이 정하는 소속 행정사무를 담당하는 중앙행정기관이다. 행정각부의 장은 법률에 정하는 바에 따라서 소관사무를 결정할 수 있으며, 또한 부령을 제정·공포하는 권한을 가진다.

대통령의 자문기관으로서 국가안전보장회의와 국가원로자문회의 및 민주평화통일정책자문회의가 있다. 또한 대통령의 직속기관으로서 감사원이 있다. 감사원은 국가의 세입과 세출의 결산, 국가 및 법률에 정한 단체의 회계감사, 행정기관 및 공무원의 직무에 관한 감찰업무를 담당한다. 조직의 구성은 원장을 포함하여 5인 이상 11인 이하의 감사위원으로 구성되는 합의제 행정기관이다.

6. 법   원

법원은 구체적인 법률상의 분쟁이 있는 경우에 당사자로부터 쟁송의 제기를 기다려 법을 판단하고 선언함으로써 법질서를 유지하는 사법기관이다. 이처럼 법질서의 유지를 주된 사명으로 하는 법원은 필연적으로 입법부 및 행정부와 분리 독립된 중립적 기관이 되지 않으면 안된다.

사법권 독립의 원칙이란 이처럼 사법권을 입법권·행정권 기타 국가권력으로부터 독립시킴으로써 재판의 공정을 기하려는 것을 말한다. 이러한 사법권의 독립은 공정한 재판을 통한 인간의 존엄과 행복추구, 인권보장을 그 기본이념으로 하고 있으며, 법원의 독립 및 법관의 독립이 그 핵심적 내용이다.

법원의 독립이란 공정한 재판을 통한 국민의 자유와 재산보호를 위하여 법원은 입법부와 행정부로부터 독립되어야 함을 뜻한다. 따라서 법원은 내부규율과 사무처리를 자율적으로 할 수 있다.

법관의 독립이란 사법권의 독립에 있어서 매우 중요한 의미를 갖는다. 법관의 직무상 독립(물적 독립)과 신분상 독립(인적 독립)을 그 내용으로 한다. 법관의 직무상 독립은 법관이 재판을 행함에 있어서 일체의 외부작용으로부터 독립하여 헌법과 법률 및 양심에 따라서만 재판함을 의미하며, 법관의 신분상 독립이란 재판의 독립을 확보하기 위하여 법관의 인사를 독립시키고 법관의 자격과 임기를 법률로 규정함으로써 법관의 신분을 보장하는 것이다.

법원은 고유한 권한으로 민사·형사사건을 비롯한 행정사건, 가사사건, 특허사건, 선거사건 등 법률적 쟁송에 관한 재판권을 가지며, 그 이외에도 비송사건의 관장, 명령 및 규칙심사권, 위헌법률심사제청권, 대법원의 규칙제정권, 사법행정권, 법정질서유지권 등을 갖는다. 또한 대법원장은 헌법재판소 재판관지명권 및 선거관리위원회 위원지명권 등을 가진다. 한편 재판은 원칙적으로 3심제에 의하도록 하여 재판의 신중을 기하고 있다. 그러나 전문성과 사건의 성질로 인하여 특허소송은 2심제(특허법원 - 대법원)로, 선거소송은 단심제(대법원)로 운영하고 있다. 한편 행정법원의 설치로 종래 2심제로 하던 행정소송은 3심제로 전환되었다.

재판의 공정한 운영을 위하여 재판의 심리와 판결은 공개된다(헌법 109조 본문).

7. 헌법재판소

넓은 의미에서 헌법재판이란 헌법에 대한 쟁송을 사법적(司法的) 절차에 따라 해결하는 작용으로서, 위헌법률심사·탄핵심판·위헌정당 해산심판·권한쟁의심판·헌법소원 등에 관한 재판을 총칭하는 개념이다. 헌법재판은 헌법수호와 개인의 자유보장 그리고 민주주의적 정치이념을 실천하기 위한 헌법보장의 중요한 수단이다. 이러한 헌법재판은 헌법재판소가 담당하는바, 헌법재판소는 정치적 기구로서의 성격과 사법적 기구로서의 성격을 아울러 가지는 정치적 사법기관이며, 헌법보장을 위한 헌법재판기관이라는 헌법상의 지위를 가진다.

현행 헌법상 헌법재판소는 다음과 같은 권한을 가진다.

(1) 위헌법률심사권

헌법재판소는 법원의 제청에 의하여 법률의 위헌 여부를 심사한다. 위헌법률심사제는 심사기관의 성격에 따라 사법법원형, 헌법법원형 및 정치기관형으로 나누어진다. 우리나라의 헌법재판소는 헌법법원형으로 분류할 수 있고, 구체적 규범통제만이 가능한 사후심사제에 속한다. 위헌으로 결정된 법률 또는 법률조항은 그 결정이 있은 날로부터 효력을 상실한다.

(2) 탄핵심판권

헌법재판소의 탄핵심판권은 국회의 탄핵소추에 의하여 헌법재판소는 헌법재판관 6인 이상의 찬성으로 탄핵의 결정을 한다. 탄핵결정을 받은 자는 공직으로부터 파면되며, 탄핵선고를 받은 날로부터 5년이 경과하지 아니하면 헌법 제65조 제1항에 규정된 공무원이 될 수 없고, 탄핵결정을 받았다 하더라도 민사상·형사상 책임은 면제되지 아니한다.

(3) 위헌정당 해산심판권

정부는 정당의 목적이나 활동이 민주적 기본질서에 위배될 때에는 헌법재판소에 그 해산을 제소할 수 있으며, 헌법재판관 6인 이상의 찬성으로 정당해산의 결정을 한다. 그 결정이 있는 날부터 정당해산의 효과가 발생한다.

(4) 권한쟁의심판권

헌법재판소는 국가기관 사이에 헌법상의 관할에 관한 분쟁이 발생한 경우에 해당 국가기관의 신청에 따라 국가기관 사이의 권한과 의무의 범위·내용·한계를 명백히 하여 그 분쟁을 해결한다. 권한쟁의심판은 국가기관의 기능수행을 돕고, 국가기관 상호간의 견제와 균형의 실현을 그 목적으로 한다.

(5) 헌법소원

국가 공권력의 행사 또는 불행사로 인하여 국민의 기본권이 침해당한 경우에 국민이 헌법재판소에 이것의 구제를 직접 청구할 수 있는 제도를 헌법소원이라고 한다.

Ⅳ. 헌법의 보장

헌법의 보장이라 함은 한 나라의 실정법질서에 있어서 최고규범인 헌법의 규범력과 기능이, 헌법의 침해나 파괴로 말미암아 변질 또는 상실되지 않도록, 사전에 방지하거나 사후에 교정함으로써 헌법의 최고법규성과 실효성(實效性)을 확보하는 제도를 말한다.

헌법보장제도는 그 기준에 따라서 헌법의 정치적 보장과 사법적 보장, 제도화된 헌법보장과 제도화되지 않은 헌법보장, 국가권력에 의한 보장과 국민에 의한 보장, 헌법의 실체적 보장과 절차적 보장, 평상시의 보통헌법보장과 비상시의 특별헌법보장 등으로 나눌 수 있다. 특히 국민은 최후의 헌법수호자로 가장 중요한 헌법보장기관에 해당한다. 우리나라의 헌법보장제도는 크게 사전적·예방적 보장과 사후적·교정적 보장 그리고 국가긴급권과 저항권으로 나누어 볼 수 있다.

(1) 사전적·예방적 보장

사전적·예방적 보장이라 함은 합리적 정당정치의 실현, 선거민에 의한 통제, 국제정치적인 영향, 국민의 헌법의식 등에 의한 정치적 보장수단과 헌법의 최고규범성선언, 국가권력의 분립, 헌법개정의 억제, 공무원의 정치적 중립보장, 정당해산조항 등의 법적 보장수단이 있다.

(2) 사후적·교정적 보장

사후적·교정적 보장이라 함은 헌법이 현실적으로 침해된 경우에 헌법침해행위를 배제하거나 그 효력을 부정함으로써 헌법의 지위를 회복시키는 것을 의미한다. 이에는 위헌법률심사제·탄핵제도·위헌정당의 해산, 공무원의 책임제도 등이 있다.

(3) 국가긴급권

국가긴급권이라 함은 전쟁·내란·경제공황 등과 같은 국가의 존립이나 헌법질서를 위태롭게 하는 비상사태가 발생한 경우에, 정부가 국가의 안전과 헌법질서를 유지하기 위하여 비상적 조치를 강구할 수 있는 권한을 말한다. 이것은 헌법보장을 위한 비상수단의 하나이다. 현행 헌법상 국가긴급권으로는 대통령의 긴급명령권, 긴급재정경제처분 및 명령권, 계엄선포권이 있다.

(4) 저항권

헌법보장의 최후수단으로서 저항권(抵抗權)이 있다. 헌법상 저항권이란 입헌주의적 헌법질서를 침해하거나 배제하려는 개인이나 기관에 대하여 실정법상의 구제수단이 없을 때에 최후에 인정된다. 초실정법적 권리를 근거로 하여 주권자로서의 국민이 헌법적 질서 특히 법치국가적 질서를 유지하기 위한 최후의 비상적(非常的) 수단으로서 그 개인이나 기관에 저항할 수 있는 권리를 말한다. 우리 헌법에는 저항권에 관한 명문의 규정은 없지만 천부인권적 자연법상의 권리로 보는 것이 지배적인 견해이다.

제 2 절   행 정 법

Ⅰ. 행정과 행정법

1. 행정의 의의

국가통치권의 작용에서 입법(立法)과 사법(司法)을 제외하고 법규에 기초하여 사법(私法) 이외의 국가목적, 즉 주로 일반 공익의 실현을 지향하는 계속적인 국가작용을 실질적 의미의 행정(行政)이라고 한다. 제도상 입법부 및 사법부와 구별되는 행정부가 행하는 작용을 그 실질과는 관계없이 형식적 의미의 행정이라고 부른다.

18·19세기 자유방임주의(laissez-faire)가 지배적이었던 자유국가·야경국가에서의 행정은 필요·최소한도의 것이어야 한다고 생각되었다. 그러나 20세기의 복지국가(福祉國家)에서는 행정의 적극적 기능이 보다 많이 기대됨에 따라 행정의 범위가 계속 확대되어 가고 있다. 한편 행정부가 행하는 작용 중에는 국가의 최고기관의 행위로서 고도의 정치성을 가지는 것이 있는바, 이를 통치행위라고 한다. 이는 행정법의 규제대상인 행정과 구분하여 행정법의 연구대상에서 제외하는 것이 다수 학자들의 견해이다.

2. 행정법의 의의·특질, 법원(法源)과 기본원리

(1) 행정법은 행정권의 조직과 작용, 행정구제에 관한 국내공법이다. 행정에 관한 고유·특수의 법체계로서의 행정법은 프랑스 행정재판소의 판례에 의하여 확립되었다. 그 이후 일반사법(一般私法)과 다른 법원리로서의 행정법의 체계가 독일 기타 대륙법계 제국에 전파되었다. 영미법계의 국가에서는 코먼로(common law)의 영향 하에 행정법관계에 있어서도 일반사법의 원리가 그대로 적용된다 하여 행정법의 관념을 부정하였지만, 점차 각종 행정위원회의 출현으로 새로운 의미의 행정법을 발전시키고 있다.

(2) 행정법의 특질은 크게 형식상의 특질과 내용상의 특질로 나누어 설명할 수 있다. 전자로는 행정법의 성문법성, 대량성, 법원(法源)의 다양성을 들 수 있다. 행정법의 내용상 특질로서는 첫째, 행정주체의 우월성을 들 수 있다. 이 우월성은 행정주체의 국민에 대한 지배권과 행정주체의 지배권의 발동인 행정행위에 대하여 공정력을 인정하고, 행정권의 자력집행권을 승인하는 것을 그 내용으로 한다. 둘째, 획일·평등성을 들 수 있으며 또한 합목적성과 기술성도 그 내용상 특질로서 설명된다.

(3) 한편 행정법의 법원(法源)이란 행정법의 조직·작용 및 행정구제에 관한 법의 존재형식 또는 인식근거를 뜻한다. 행정법의 분야에서는 '법률에 의한 행정'의 원리가 지배하므로 성문법원이 중요한 법원이며, 불문법원은 성문법의 불비를 보충하는 제2차적 법원이다. 그러나 복잡다기한 행정을 규율대상으로 함에 있어서 성문법의 불비가 많아 불문법의 중요성은 적지 않다고 하겠다.

성문법원으로서는 헌법·법률·조약 및 국제법규·명령·자치법규 등이 있고, 불문법원으로서는 행정선례법과 민중적 관습법으로 구성되는 관습법과 판례법 및 조리가 있다. 조리 또는 조리법으로서는 신의성실의 원칙, 평등의 원칙, 비례의 원칙 및 신뢰보호의 원칙 등이 거론되고 있다. 최근 헌법의 집행법으로서 행정법을 이해하는 학자들은 종래 조리로서 설명된 것들을 행정법의 일반 법원칙으로 설명하고 있다. 지금까지 우리는 행정법의 의의·특질 및 법원을 간단히 살펴보았다.

(4) 다음으로 우리나라 행정법의 기본원리를 간단히 살펴보도록 하겠다. 각국의 행정법은 서로 다른 역사적·정치적·사회적 여건 하에서 형성·발전해

왔으므로 행정법을 지배하는 원리도 서로 다른 것이 사실이다. 우리나라 행정
법의 기본원리로는 다음과 같은 것이 있다.

첫째, 민주행정주의를 들 수 있다. 주권이 국민에게 있음을 규정한 헌법 제1
조의 규정에 따른 당연한 결과라 하겠다.

둘째, 복지국가주의이다. 요람에서 무덤(from cradle to grave)까지 국민의 자
유와 권리를 실질적으로 보장할 수 있도록 국가는 보다 적극적인 행정활동을
해야 한다는 것이다.

셋째, 지방분권주의로서 지방자치행정을 통하여 행정의 민주화와 효율화를
달성해야 한다는 것이다.

Ⅱ. 행정상의 법률관계

행정법규에 의거해서 국가 또는 공공단체 등의 행정주체와 국민 또는 주민
사이에 여러 가지 법률상의 관계가 형성되는데 이를 행정상의 법률관계라고 한
다. 행정상에 있어서 이러한 법률관계는 일반적으로 행정조직법적 관계와 행정
작용법적 관계로 나누어진다. 행정조직법적 관계란 상급관청과 하급관청 사이
의 관계나 대등한 관청과의 관계 또는 기관위임사무에 관한 관계 등 행정기관
상호간의 관계 혹은 행정기관의 내부관계를 말한다. 행정작용법적 관계는 국가
또는 공공단체 등과 국민 사이의 관계로서 행정작용의 외부관계를 말한다.

행정상의 법률관계에는 ⅰ) 대등한 당사자 간의 관계를 규율하는 사법이 배
제되고 행정주체에 대해 사인에게는 원칙적으로 인정되지 않는 특수한 지위가
인정되는 공법관계(公法關係)와 ⅱ) 행정주체의 국·공유재산 매각이나 물품구
입과 같이 사인 상호간의 법률관계와 동일한 사법관계(私法關係)가 있다. 이러
한 행정상의 사법관계는 행정주체에게 예산회계법이나 지방재정법에 의한 제
약이 있으나, 이는 계약의 일방당사자의 내부 사정이며 계약의 성질은 일반 사
인 사이의 계약과 같으므로 사법규정에 의해 규율된다. 그러나 오늘날 행정기
능의 확대 및 행정의 행위형식의 다양화에 따라 행정상의 사법관계에 있어서도
특수한 규율을 가하여야 한다는 주장이 제기되고 있다. 이른바 행정사법
(Verwaltungsprivatrecht)의 이론이 그것이다.

한편 공법관계는 그 성질에 따라 권력관계와 관리관계로 나누어진다. 권력
관계란 법률관계의 형성·실현의 과정에 있어서 행정권 의사의 우월성을 인정

하는 공법에 의해서 규율되는 관계를 말하며, 이때 국민은 법률상 복종자의 지위에 서게 된다. 관리관계는 행정주체가 공공의 이익을 위하여 사업을 경영하거나 재산을 관리하는 경우의 법률관계이다. 관리관계의 본래 성질은 대등한 사인 상호간의 관계와 다를 바 없으나, 순수한 사경제적인 경영관리와 구별되는 공공성의 문제가 있고 이러한 공공성이 있는 경우에는 특수한 공법적 규율이 필요하다.

그런데 앞서 설명한 일반권력관계에 대응하는 개념으로서 특별권력관계(特別權力關係)가 있다. 특별권력관계 혹은 특별신분관계라 함은 공법상의 특별한 원인에 따라 공법상의 특정한 목적을 달성하기 위한 필요한 범위 내에서 일방이 포괄적으로 타방을 지배하고 타방은 이에 복종하는 것을 내용으로 하는 공법상의 관계를 말한다. 특별권력관계는 법치주의의 원리가 배제 또는 완화되는 영역이기 때문에 법률의 유보, 기본권보장, 사법심사의 보장에 대한 법원리가 제한된다고 하는 것이 전통적인 입장이다. 하지만 최근에는 실질적 법치국가의 대두와 함께 특별권력관계는 일반권력관계인 권력관계 및 관리관계로 분리·환원시키는 경향이 뚜렷할 뿐 아니라 그에 따라 종래의 특별권력관계를 부정하는 견해가 지배적이다. 그러나 공무원관계나 학교교육관계에서와 같이 헌법상의 일반적 권리의 제한을 전제로 하는 특별신분의 관계가 실정법상 여전히 인정되고 있기 때문에 이러한 특별신분관계의 존재 그 자체를 부정하기는 어렵다. 반면 특별신분관계의 경우에 법치주의의 전면적 적용을 고집하기는 어려운 면이 있기 때문에 행정법적 범주에서의 특별행정법관계라는 개념을 인정할 필요가 있다는 유력한 견해가 제기되고 있다.

특별권력관계는 법률규정이나 상대방의 동의에 의해 성립되며, 그 종류로서 공법상의 근무관계(예, 공무원관계), 공법상의 영조물 이용관계(예, 국립학교 학생의 재학관계), 공법상의 특별감독관계(예, 한국은행에 대한 국가의 감독관계), 공법상의 사단관계(예, 산림조합과 조합원 사이의 관계) 등이 있다.

Ⅲ. 행정조직법

1. 국가행정조직법과 자치행정조직법

행정주체가 행정을 행하기 위해 행정기관을 설치하고 일정한 범위의 행정사무를 분장케 하고 있다. 행정기관을 상호간에 질서 있는 관련 하에 둠으로써 행정주체의 의사의 통일이 이루어진다. 이러한 행정기관의 체계적인 구성을 행정조직이라 한다. 이러한 행정조직에 관한 법을 행정조직법이라 하며, 여기에는 국가행정조직법과 자치행정조직법이 있으며, 자치행정조직법에는 지방자치법과 공공조합법이 있다.

국가행정조직법이란 국가행정기관의 설치·구성 및 권한에 관한 법을 말하며, 국가행정조직은 중앙행정조직과 지방행정조직으로 되어 있다. 중앙행정조직은 헌법을 비롯하여, 개개의 특별법 및 행정조직법에 의하여 규정되고 있는 국가행정조직의 하나로서, 이것은 대통령을 수반으로 하여 국무회의, 국무총리, 행정각부, 감사원, 국가정보원, 국민경제자문회의 및 국가안전보장회의 등으로 구성된다. 지방행정조직이란 중앙행정기관의 소관사무를 일정한 지역 내에서 관장하는 국가행정조직을 말한다. 이에는 특정한 중앙행정조직에 소속되지 않고 그 관할구역 내의 행정사무를 일반적으로 관장하는 보통지방행정기관과 특정한 중앙행정기관에 소속되어 그 소관사무만을 관장하는 특별지방행정기관이 있다. 전자는 특별시장, 광역시장, 도지사 및 자치구의 구청장, 시장, 군수 등 지방자치단체의 집행기관을 말하며, 후자는 지방검찰청·지청, 지방국세청·세무서, 지방경찰청·경찰서, 지방해양경찰청·경찰서, 출입국관리사무소·출장소 등을 말한다.

자치행정이란 국가 내의 일정한 법인이 그 구성원의 공공복리를 증진하기 위하여 국가의사로부터 독립하여 자신의 사무로서 하는 행정을 말하며, 주민자치와 단체자치로 나누어진다. 주민자치란 주민이 스스로의 의사에 의해 스스로의 책임 하에서 정치를 하는 것이며, 단체자치라고 하면 국가로부터 독립한 별개의 단체를 설립하고 그 단체의 사무를 자신의 기관에 의해 자신의 책임 하에서 처리케 하는 것이다. 자치행정은 전형적으로는 지방자치행정으로 나타나는데, 이는 일정한 지역과 주민을 기초로 하는 지방자치단체에 의한 자치행정을 말한다. 우리나라의 지방자치단체는 서울특별시 및 광역시, 도와 시·군·자치구가 있다. 지방자치단체는 공공사무(고유사무)와 법령에 의하여 그 단체에 소속된 위임사무를 처리한다. 지방자치단체는 자치조직권, 자치입법권 그리고 자치재정권을 가진다. 국가의 민주적이고 전체적인 발전을 위하여 지방자치단체에 대한 국가의 감독이 인정된다. 구체적으로는 입법·사법·행정기관에 의한 감독 등을 들 수 있다.

2. 공무원법

공무원이란 국가 또는 자치단체의 기관으로서 공무를 담당하고 공법상의 근무의무를 지는 사람을 말한다. 공무원은 행정기관과 달리 행정주체에 대하여 독립된 인격을 가지며 행정주체에 대하여 일정한 권리의무를 가진다. 공무원관계의 발생원인으로는 쌍방적 행정행위인 임명과 선거 및 법률의 규정에 의한 경우 등이 있다.

공무원은 신분상의 권리로서 신분 및 직위보유권·직무집행권·직명사용권 등을 가지며, 재산상의 권리로서 봉급청구권·연금권·실비변상청구권 등을 가진다. 한편 공무원은 국민 전체의 봉사자로서 특별한 의무를 가지게 된다. 여기에는 성실의무·법령준수의무·복종의 의무·직무전념의 의무·친절·공정의 의무·비밀엄수의 의무 등이 그것이다. 이러한 공무원으로서의 의무에 위반되는 행위를 하였을 경우에 공무원은 일정한 제재를 받게 되는데 이를 공무원의 책임이라 한다. 이는 헌법상·행정상·민사상·형사상의 책임 등으로 분류할 수 있으나, 공무원법상으로는 행정조직 내부질서의 위반에 대한 협의의 책임을 말하며 이에는 징계책임과 변상책임이 있다.

Ⅳ. 행정작용법

행정주체가 행정목적의 달성을 위하여 행하는 법률적·사실적 작용을 행정작용이라 한다. 행정작용은 그 형식에 의하여 행정입법, 행정행위, 행정법상의 확약, 공법상의 계약과 합동행위, 행정지도, 행정계획 및 행정벌과 행정강제 등으로 나누어지며, 그 목적에 따라 질서행정작용, 급부행정작용, 규제행정작용, 공용부담행정작용, 재정작용 및 군사행정작용으로 나누어진다. 오늘날 복리국가 이념이 강화되면서 행정의 행위형식이 다양해져 가고 있으며, 행정작용의 중점도 질서행정에서 급부행정 및 규제행정으로 옮겨가고 있다.

1. 행정상 입법

(1) 행정상 입법이라 함은 행정권이 법조문의 형식으로 일반적·추상적 규범을 정립하는 작용을 말한다. 좁은 의미의 행정상 입법은 국가행정권에 의한

입법을 말한다. 하지만 넓은 의미의 행정상 입법은 좁은 의미에서의 행정상 입법 외에 지방자치단체의 자치입법(조례와 규칙)을 포함하게 된다. 근대법치국가의 국회입법의 원칙에도 불구하고, 오늘날 행정활동의 내용이 고도로 전문화·기술화되어 가고 있고, 사회·경제·과학기술 등 행정환경의 급격한 변천에 대응하기 위한 탄력성 있는 입법 필요성의 증가 및 국제적 긴장의 장기화에 따라 행정상 입법의 필요성은 날로 커지고 있다.

(2) 행정상 입법은 법규의 성질을 가지는 법규명령과 법규의 성질을 가지지 아니한 행정규칙으로 구분된다. 법규명령이라 함은 행정권에 의해 정립되는 법규로서의 성질을 갖는 일반적 명령을 말한다. 법규명령은 법규로서의 성질을 가지기 때문에 국가와 국민을 구속할 수 있는 일반적 구속력을 가진다. 법규명령이 유효하게 성립하기 위해서는 헌법·법률 또는 상급의 명령에 의한 수권의 범위 내에서 그 상급의 법령의 내용에 저촉되지 아니하고 또 일정한 공포의 형식을 거쳐야 한다. 법규명령은 수권 및 내용에 따라 독립명령과 위임명령 및 집행명령으로, 그리고 제정권의 소재에 따라 대통령령, 총리령, 부령으로 분류할 수 있다.

행정규칙이란 행정조직 내부 또는 공법상의 특별권력관계 내부와 같은 행정 내부관계에 있어서의 조직과 활동을 규율하기 위하여 행정권이 정립하는 비법규적인 일반적·추상적 규정을 말한다. 오늘날 '법률에 의한 행정의 원리'가 '행정규칙에 의한 행정'으로 대체되어 가고 있으며, 행정규칙이 국민에 대하여 실질적 구속력을 가진다는 점과 행정규칙에 의하여 침해된 국민의 권익보호라는 측면에서 전통적 행정규칙론에 대한 재평가와 함께 행정규칙에 어떤 법적 의미를 부여하여야 한다는 견해가 활발하게 제기되고 있다. 행정규칙은 그 형식에 따라 훈령, 지시, 일일명령, 예규, 고시 등으로 구분되고, 그 내용에 따라 특별명령과 조직규칙·행위통제적 행정규칙·행정주체간 행정규칙으로 구성되는 협의의 행정규칙으로 구분된다.

(3) 복리적 현대국가에 있어서는 행정상 입법의 필요성과 그 남용억제라는 이율배반 속에서 고민하고 있다. 하지만 '법률에 의한 행정의 원리'가 '행정상 입법에 의한 행정'으로 대폭적으로 대체되어서는 아니 될 것이다. 또한 행정상 입법에 대한 통제가 필요한 데, 여기에는 행정기관 내에서의 자체적 통제, 국회에 의한 통제(행정규칙에 대한 동의권의 유보 및 국정감사), 법원에 의한 통제(구체

적 규범통제) 등이 있다.

2. 행정행위

(1) 행정행위란 행정주체가 구체적 사실에 대한 법집행행위로서 하는 공권력의 발동으로서의 단독적 공법행위를 말한다. 행정행위는 학문상의 용어이며, 실정법상으로는 행정처분 또는 처분이라는 용어로 표현된다. 행정행위의 특질로서는 법적합성, 공정성 또는 예선적(豫先的) 효력성, 불가쟁성 및 불가변성 그리고 권리구제의 특수성 등을 들 수 있다.

(2) 행정행위는 여러 가지 표준으로 분류할 수 있다. 첫째, 효과를 기준으로 수익행위와 침해행위로 나눌 수 있으며, 둘째 행정행위의 내용이 의사표시를 요소로 하느냐의 여부에 따라 법률행위적 행정행위와 준법률행위적 행정행위로 나누어진다. 셋째, 행정행위의 성립에 상대방의 협력을 필요로 하느냐의 여부에 따라 상대방의 협력을 요하는 행정행위와 협력을 요하지 않는 행정행위로 나누어지고, 넷째 법의 구속의 정도에 따라 기속행위와 재량행위로 나누어진다.

또한 법률행위적 행정행위는 그 내용에 따라 명령적 행위와 형성적 행위로 나누어진다. 명령적 행위는 국민에 대하여 일정한 의무를 부과하거나 그 의무를 해제하는 것을 내용으로 하는 행정행위로서 하명・허가・면제 등이 있다. 형성적 행위란 행정행위의 상대방에 대하여 일정한 권리나 능력, 기타 법률상의 힘을 설정・변경 혹은 소멸시키는 행정행위이다. 여기에는 특허・인가・대리 등이 있다. 한편 준법률행위적 행정행위는 그 법률효과의 내용에 따라 확인행위・공증행위・통지행위・수리행위로 나누어진다.

(3) 행정행위의 효과를 제한하거나 보충하기 위하여 주된 행위에 종된 규율을 부가시키기도 하는데 이를 행정행위의 부관(附款)이라 한다. 부관은 본체의 행정행위에 부과된 추가적 하명이며, 그의 핵심적 요소는 본체인 행정행위에 부종성(附從性)을 가진다. 행정행위의 부관으로서는 조건(날씨가 맑을 것을 조건으로 한 옥외집회허가), 기한(○월 ○일부터 도로사용허가), 부담(도로사용을 허가하면서 사용료의 납부를 명하는 것), 철회권의 유보(도로사용을 허가하면서 교통상 필요시 허가의 철회권을 유보하는 경우), 법률효과의 일부배제(도로사용을 허가하면서 야간에 국한하는 것) 등이 있다.

(4) 행정행위가 성립요건과 효력요건을 갖추게 되면 일정한 효력을 갖게 되

는데 구속력·공정력·확정력·자력집행력이 그것이다. 행정행위의 구속력(拘束力)이란 행정행위의 내용에 따라 상대방과 행정청 및 이해관계인을 구속하는 효력을 말한다. 행정행위의 공정력(公定力)이란 행정행위에 하자가 있어 위법한 경우에도 그것이 중대하고 명백하여 당연무효인 경우를 제외하고는 권한 있는 기관에 의하여 취소되기 전까지는 일응 적법한 것으로 추정되는 효력을 말한다. 최근에는 선결문제와 관련하여 구성요건적 효력이라는 개념으로 기존의 공정력 개념을 비판하는 유력한 견해가 제기되고 있다. 확정력(確定力)이란 행정행위의 불가쟁력 및 불가변력을 뜻하는바, 불가쟁력(不可爭力)은 쟁송기간의 경과로 그 행위의 상대방 기타 이해관계인이 법률상의 쟁송수단에 의해 그 효력을 다툴 수 없는 힘을 말하며, 불가변력(不可變力)이란 행정행위를 한 행정청 또는 그 감독청이 직권으로 당해 행정행위를 취소·변경할 수 없는 힘을 말한다. 또한 행정행위는 사법상의 법률행위와는 달리 그 내용이 처분행정청의 강제력에 의해 실현되는바, 이를 자력집행력(自力執行力)이라 한다.

(5) 한편 행정행위가 유효하게 성립하기 위한 성립요건 및 효력요건에 흠(요건결여)이 있는 경우 이를 행정행위에 하자(瑕疵)가 있다고 한다. 하자있는 행정행위에는 처음부터 그 효력이 부인되는 무효(無效)인 행정행위와 법원이나 행정청에 의해 취소(取消)할 수 있는 행정행위가 있다. 행정행위의 하자는 행정행위의 성립이나 존재를 전제로 하며 행정행위가 성립되지 아니하거나 행정행위로 볼 수 있는 실체가 존재하지 않는 경우에는 행정행위의 부존재(不存在)라고 한다. 행정행위가 하자 없이 완전히 성립된 뒤에 일정한 원인으로 인하여 그 효력이 상실되는 것을 행정행위의 소멸(消滅)이라고 하며, 이에는 행정행위의 실효(失效)와 행정행위의 철회(撤回)가 있다.

(6) 행정청이 시민에 대한 관계에 있어서 자기구속을 할 의도로써 장래에 향하여 일정한 작위 또는 부작위를 약속하는 의사표시를 행정법상의 확약(Zusicherung)이라고 한다. 이에 관한 이론이 독일의 학설과 판례를 통해 대두되었고, 현재 독일행정절차법 제38조에 명문화되었다. 우리나라 행정절차법에는 아직 명문규정이 없어 이론과 판례에 맡겨져 있다.

3. 비권력적 행정작용

(1) 현대국가에 있어서 행정기능의 확대와 행정작용의 다양화 및 급부행정

의 필요성 등으로 말미암아 전통적인 권력작용과 관리작용만으로는 행정주체의 목적을 달성할 수 없게 되었다. 이에 따른 새로운 영역으로서 비권력적 행정작용의 중요성이 커지게 되었다. 여기에서 공법상의 계약과 합동행위, 행정지도 및 행정계획 등이 있다.

(2) 공법상의 계약이란 공법적 효과 발생을 목적으로 하는 복수당사자 사이의 서로 반대방향의 의사표시의 합치에 의하여 성립되는 공법행위를 말한다. 공법상 계약의 관념은 원래 공법과 사법의 이원적 구분과 절차법상의 행정재판제도를 가진 유럽의 행정국가, 특히 독일에서 형성된 것이다. 이는 프랑스의 행정계약과 사법적 바탕 위에서 형성된 영·미의 정부계약과는 구별된다. 공법상 계약은 공법적 효과의 발생을 목적으로 하는 점에서 사법상 계약과 다르며, 공법상 계약은 복수당사자 사이의 의사합치로써 이루어진다는 점에서 행정주체가 우월한 의사력을 가지고 행하는 권력적 단독행위인 행정행위와 구별되며, 또한 공법상 계약은 복수당사자 사이의 서로 반대방향의 의사의 합치로써 성립된다는 점에서 같은 방향의 의사의 합치로 이루어지는 공법상의 합동행위와 구별된다. 한편 프랑스에서의 행정계약은 행정주체가 당사자로 되어 있는 공법상 계약과 사법상 계약을 모두 포함하는 개념이므로 독일에서의 공법상 계약과는 개념이 서로 다르다 할 것이다.

(3) 공법상의 합동행위란 공법적 효과의 발생을 목적으로 하는 복수당사자의 동일방향의 의사의 합치에 의하여 성립되는 공법행위를 말한다. 예컨대 둘 이상의 시·군이 그 사무의 공동처리를 위하여 하는 시·군 조합의 설립협의, 또는 둘 이상의 공공조합이 협의에 의하여 연합단체를 설치하는 것 등을 들 수 있다.

(4) 행정지도란 행정주체가 스스로 의도하는 바를 실현하기 위하여 상대방의 임의적 협력을 기대하여 행하는 비권력적 사실행위이다. 행정절차법은 행정지도를 "행정기관이 그 소관사무의 범위 안에서 일정한 행정목적을 실현하기 위해 특정인에게 일정한 행위를 하거나 하지 아니하도록 지도·권고·조언 등을 하는 행정작용"으로 정의하고 있다(행정절차법 제2조 제3호). 학문상으로 비교적 생소한 것이며 행정실무에서 주로 사용되고 있는 개념이다. 이러한 행정지도는 행정기능의 확대에 따른 행정책무의 증대, 임의적·비권력적 수단의 편의성, 행정주체에 의한 지식·기술·정보의 공여 등의 필요성으로 인하여 많이

행하여지고 있지만, 여러 문제점을 가지고 있는 것 또한 사실이다. 즉 행정지도가 임의적 협력 하에서 이루어진다고 하지만, 사실상 간접적 강제력을 가지고 있다는 점, 행정기관의 불필요한 간섭이나 개입으로 인한 국민의 권익침해의 가능성이 높다는 점, 책임소재가 불분명하여 행정구제수단이 불완전하다는 점 등이 그 문제점으로 지적되고 있다.

사실 행정지도는 그 성질상 침해적·권력적 행정작용이 아니기 때문에 반드시 법적 근거를 요하는 것은 아니지만, 그에 대한 조직법적 근거는 필요하다고 본다. 즉 행정주체는 조직법상 그의 권한에 속하는 사항에 대하여서 개별적인 법적 근거 없이도 자유로이 행정지도를 할 수 있다. 하지만 법규에 위배되어서는 안된다는 법규상의 한계와 비례원칙, 평등원칙 및 신뢰보호의 원칙에 위배되어서는 안 된다는 조리상의 한계를 가진다. 행정지도에 대한 법적 구제수단으로서는 행정쟁송과 손해전보를 생각해 볼 수 있다. 행정지도는 처분이 아니므로 원칙적으로 행정쟁송사항이 될 수 없지만, 행정지도에 따르지 않은 것을 이유로 다른 처분이 행해진 경우에는 그 후행처분의 효력을 다툴 수 있다고 보아야 한다. 또한 적법한 행정지도로 손실을 보았을 경우에는 손실보상청구가 가능하고, 위법한 행정지도로 손해를 보았을 경우에는 국가배상청구도 할 수 있다고 본다.

(5) 행정계획이란 행정주체가 상호 관련된 총합적 수단을 통하여 일정한 목표를 구현하려는 것을 내용으로 하는 행정의 행위형식을 말한다. 행정계획은 현대복리국가에 있어서 장기적·종합적 행정을 요하는 복리기능의 증대와 그에 따른 행정수요에 대응할 새로운 행정의 활동형식이다. 행정계획은 계획행정의 필요성, 그리고 계획행정을 가능케 하는 기술조건의 진보 등을 역사적·사회적 배경 때문에 만들어졌고 오늘날 그 중요성은 더욱 커지고 있다. 행정계획의 법적 성질에 대하여서는 입법행위설, 행정행위설 및 독자성설이 대립하고 있다. 생각건대 행정계획 가운데에는 법규명령적인 것도 있고 행정행위적인 것도 있을 수 있어서, 모든 행정계획을 처분(행정행위)으로 단정할 수 없다고 보는 독자성설이 타당하다 할 것이다.

행정계획의 수립에 있어서 행정기관은 광범위한 계획재량을 가지며, 또한 계획의 확정은 보통 '완성된 사실'을 의미하므로 행정계획의 처분성이 인정된다고 하여도 사후적 사법심사는 그 한계가 있다 할 것이다. 그러므로 행정계획의 처분성 여부에 대한 논란보다는, 행정계획 수립과정에 있어서 청문이나 공청회를 통한 이해관계인의 절차적 참여권을 보장하거나 계획형량의 이론 등을 통한 계획책정절차의 민주화가, 국민의 권익구제에 보다 더 유용하다고 사료된다. 한편 국민의 신뢰보호라는 측면에서 행정계획의 변경 및 폐지에 대하여 당해 계획의 존속을 요구할 수 있는 계획집행청구권 또는 계획보장청구권이 사인에 게 인정되느냐가 논란이 되고 있다.

V. 행정법상의 의무이행 확보수단

(1) 행정목적은 법령 또는 이에 의거한 행정처분에 의하여 의무를 명함으로 써 실현되는 것이나, 의무자가 의무를 이행하지 아니하거나 위반하면 행정목적 의 실현을 확보하기 어렵게 된다. 따라서 행정목적의 실현을 확보하고 행정법 규 그 자체의 실효성(實效性)을 담보하기 위하여 강제적 수단이 필요하게 된다. 행정법상 이러한 강제수단으로는 행정강제와 행정벌이 있다.

(2) 행정강제(行政强制)란 행정목적의 실현을 확보하기 위하여 개인의 신체 또는 재산에 실력을 가함으로써 행정상 필요한 상태를 실현시키는 행정청의 작 용을 말한다. 행정강제에는 행정상의 강제집행(强制執行)과 즉시강제(卽時强制) 가 있는바, 전자는 행정법상의 의무불이행에 대하여 행정청의 실력으로 그 의 무를 이행시키거나 이행이 있는 것과 같은 상태를 실현시키는 작용을 말하며, 후자는 의무의 불이행을 전제로 하지 않고 목전에 급박한 행정상의 장해를 제 거해야 할 필요가 있는 경우 또는 그 성질상 의무를 명하는 것으로는 행정목적 을 달성할 수 없을 때 행정청이 직접 국민의 신체 또는 재산에 실력을 가하여 행정상으로 필요한 상태를 실현시키는 작용을 뜻한다.

행정상의 강제집행의 수단으로서는 대집행, 집행벌, 직접강제 및 행정상의 강제징수를 들 수 있다. 행정상의 즉시강제는 국민의 신체·재산에 대한 직접 적이고도 중대한 규제나 침해가 되므로 법률의 명확한 근거를 필요로 하며, 그 목적과 관련하여 필요 최소한도의 것이어야 한다. 한편 헌법상의 영장주의가 행정상의 즉시강제에도 그대로 적용되느냐에 관하여 영장필요설, 영장불요설, 절충설이 대립하고 있다. 통설인 절충설에 따르면 행정상의 즉시강제에 있어서 원칙적으로는 영장이 필요하지만 즉시강제의 특수성으로 보아 행정목적의 달 성을 위해 불가피한 경우에는 예외가 인정되는 것으로 본다.

(3) 한편 행정벌(行政罰)이란 행정강제와 달리 행정법상의 의무위반에 대한 제재로써 일반통치권에 의거하여 과하는 처벌을 말한다. 이 처벌은 직접적으로는 과거의 의무위반에 대하여 과하여짐으로써 행정법규의 실효성을 확보함을 목적으로 하며, 동시에 이를 통하여 의무자에게 심리적 압박을 가하여 간접적으로 의무자의 행정법상의 의무이행을 확보하는 기능을 아울러 가지고 있다. 행정벌의 종류로서는 행정형벌, 행정질서벌, 조례에 의한 과태료를 들 수 있다. 행정형벌은 행정법상의 의무위반에 대한 제재로서 사형·징역·금고·자격상실·자격정지·벌금·구류·과료 및 몰수와 같이 형법상의 형을 과하는 행정벌을 말하며, 행정질서벌은 행정법상 경미한 의무위반행위에 대하여 제재로서 과태료를 과하는 행정벌을 말한다. 조례에 의한 과태료란 지방자치법의 규정에 의거하여 조례로써 정하는 과태료이며, 이에는 그 성질로 보아 행정형벌적인 것과 행정질서벌적인 것이 있다.

(4) 나아가 최근에는 사회구조의 변화에 따라 행정작용이 복잡화·다양화되면서, 전통적인 행정강제수단(행정상의 강제집행, 즉시강제 및 행정벌)만으로는 현실적으로 행정법상의 여러 의무들을 강제적으로 이행시키기 어렵기 때문에 새로운 유형의 의무이행 확보수단이 등장하고 있다. 예컨대 수도나 전기 등의 공급거부, 행정법상의 의무 위반사항에 대한 다중에의 공표, 관허사업 제한 및 과징금·가산금 등의 부과 등이 그것이다.

VI. 행정구제법

행정구제(行政救濟)라 함은 행정기관의 작용으로 인하여 권익을 침해당한 자가 행정기관이나 법원에 대하여 원상회복·손해전보 또는 당해 행정작용의 시정을 요구하는 절차를 말한다. 이는 개인의 기본적 인권과 사유재산제를 보장하는 근대입헌국가에서 채택한 실질적 법치주의의 당연한 요청이라 하겠다.

행정구제제도에 있어서 행정쟁송과 손해전보와 같은 사후적 구제제도가 중요한 것은 물론이지만, 오늘날 사전적 구제제도로서 행정절차, 청원, 옴부즈만 등이 새로 대두되고 있다.

1. 사전구제제도

(1) 행정절차

행정절차란 행정과정에 있어서 행정청이 밟아야 할 절차를 말한다. 행정절차가 사전구제제도로서 기능할 수 있는 것은 행정작용을 행하기 전에 청문 등의 방법에 의하여 이해관계인에게 의견 등을 제시할 수 있는 기회를 절차적으로 보장해주기 때문이다. 다시 말하면, 행정절차는 행정작용으로 인한 구체적인 권익침해가 발생하기 이전단계에서 이해관계인의 절차적 참여를 통하여 예방적으로 행정작용의 적법성과 타당성을 확보하는 데 기여할 수 있는 것이다.

(2) 청   원

모든 국민은 헌법 제26조 제1항의 규정에 따라 국가작용의 위법·적법·부당 또는 이미 행하여진 것인지의 여부에 관계없이 또한 권익침해의 발생여부에 관계없이 언제라도 그 시정을 구하는 청원을 할 수 있다. 이런 의미에서 청원은 사전구제제도로서의 기능을 가진다. 다만 청원이 이미 행하여진 행정작용을 대상으로 하는 경우에는 다른 사후구제제도와 기능적인 면에서 차이는 없다고 할 것이다.

(3) 옴부즈만제도

옴부즈만(Ombudsman)제도란 스웨덴·핀란드·덴마크 등 북유럽에서 민원처리를 위한 비정규적 구제수단으로 성립·발전되어, 영국·독일·일본 등 여러 나라에 보급되면서 새로운 구제수단으로 각광을 받고 있다. 옴부즈만은 의회에 의하여 임명되어 재판관 및 행정관의 법령준수 여부를 감시하며, 부당한 행정작용에 대하여 민원이 제기되거나 또는 직권에 의하여 공무원의 직무집행을 조사하고 그 결과 필요하다고 인정되는 경우에는 관계기관에 시정하도록 권고하는 것을 주된 임무로 하는 기관을 말한다. 우리나라의 경우 실정법에서 규정한 민원처리기관(정부 민원상담실, 지방자치단체의 시민상담실)의 임무는 그 기능면에서 옴부즈만제도와 가까운 것이라 할 수 있다. 1994년 5월 20일 국무총리 산하에 국민고충처리위원회를 설립하여 행정부에 대한 종합적인 옴부즈만제도를 도입하였다. 국민고충처리위원회는 2008년 2월 29일 부패방지와 국민의 권리보호 및 구제를 위하여 국민권익위원회가 설립되면서, 국가청렴위원회, 국무총리 행정심판위원회와 같이 국민권익위원회에 통합되어 그 기능을 수행하고 있다.

2. 행정상 손해전보

(1) 행정상 손해전보란 행정작용으로 인하여 국민에게 발생한 재산상의 손해를 국가 또는 공공단체가 보상해 주는 실체적 구제수단을 뜻한다. 손해전보제도에는 근세의 개인주의적 사상에 바탕을 둔 행정상의 손해배상제도와 단체주의적 사상을 기초로 한 행정상의 손실보상제도가 있다.

(2) 행정상의 손해배상제도

우리 헌법 제29조 제1항은 "공무원의 직무상 불법행위로 손해를 받은 국민은 법률이 정하는 바에 의하여 국가 또는 공공단체에 정당한 배상을 청구할 수 있다."고 규정하여 국가와 공공단체의 손해배상책임의 성립을 일반적으로 인정하고 있다. 이 헌법의 규정에 따라 행정상의 불법행위책임에 관한 일반법으로서 국가배상법이 있다.

동법은 행정상의 손해배상(損害賠償)에 관하여, ① 공무원의 위법한 직무행위로 인한 배상, ② 공공영조물의 설치·관리의 하자로 인한 배상의 두 가지 유형으로 나누어 그 구체적 내용을 명백히 하고 있다. 즉 동법 제2조에 "국가 또는 지방자치단체는 공무원이 그 직무를 집행함에 당하여 고의 또는 과실로 법령에 위반하여 타인에게 손해를 가하거나, 자동차손해배상보장법의 규정에 의하여 손해배상의 책임이 있는 자는 그 손해를 배상하여야 한다."라고 하여 공무원의 위법한 직무행위로 인한 국가배상을 인정하고, 동법 제5조에 "도로, 하천 기타 공공의 영조물의 설치 또는 관리에 하자가 있기 때문에 타인에게 손해를 발생하게 하였을 때에는 국가 또는 지방자치단체는 그 손해를 배상하여야 한다."라고 하여 영조물의 설치·관리의 하자로 인한 국가배상을 규정하고 있다.

(3) 행정상의 손실보상제도

행정상 손실보상(損失補償)이란 공공필요에 의한 적법한 공권력행사로 인하여 개인에게 가하여진 특별한 희생에 대하여, 사유재산권의 보장과 전체적인 공평부담의 견지에서 행정주체가 행하는 조절적인 재산적 전보를 말한다. 행정상 손실보상은 그 보상원인이 적법한 공권력행사에 의한 것이며, 그 손실은 적법하게 과하여진 특별한 희생이라는 점 등에서 행정상 손해배상과는 구분된다.

그러나 양 제도 모두 행정작용에 의하여 개인이 입은 특별한 손실의 전보를 목적으로 하는 사회적 공평부담의 제도라는 점에서 양자는 융화의 경향을 보이고 있다. 우리 헌법 제23조 제3항에서는 "공공필요에 의한 수용·사용 또는 제한 및 그에 대한 보상은 법률로서 하되, 정당한 보상을 지급하여야 한다."라고 하여 손실보상에 있어서의 보상기준으로써 정당한 보상 즉 완전보상의 입장을 취하면서 구체적인 보상액의 산정기준을 법률에 유보하였다.

한편 기존의 손실보상이론과 관련하여 수용유사(收用類似)의 침해와 수용적(收用的) 침해가 독일의 학설과 판례를 통하여 인정되고 있다. 수용유사의 침해란 타인의 재산권에 대한 위법한 공용침해의 경우를 말하는 것으로 공용침해의 모든 허용요건을 갖추고 있으면서도 보상에 관한 요건을 결하고 있는 경우에 헌법상의 재산권보장규정(제23조 제1항)과 공용침해조항(제23조 제3항)을 근거로 손실보상을 청구할 수 있다는 것이다. 한편 수용적 침해란 적법한 행정작용의 이형적(異型的)·비의욕적(非意慾的)인 부수적 결과로써 타인의 재산권에 수용적 영향을 가하게 되는 침해를 말한다. 이 경우도 앞서 설명한 수용유사의 침해법리에 준하여 손실보상의 청구가 가능하다고 본다.

3. 행정상 쟁송

(1) 행정상 쟁송(行政上 爭訟)이란 행정상 법률관계 분쟁의 심판을 총칭하는 것으로서, 행정심판과 행정소송으로 나누어진다. 행정쟁송제도는 한편으로는 하자있는 행정작용으로부터 개인의 권익을 보호하려는 행정구제적 기능과 다른 한편으로는 행정작용의 합법성과 합목적성을 보장하려는 행정통제적 기능을 가진다.

(2) 행정심판

① 의 의

행정심판(行政審判)이란 위법·부당한 행정행위로 인하여 권익을 침해당한 자가 행정기관에 대하여 그 시정을 구하는 행정쟁송의 절차를 말한다. 이러한 행정심판의 존재이유로 자율적 행정통제, 행정능률의 보장, 행정청의 전문지식의 활용 및 소송경제의 확보 등을 들 수 있다. 우리 헌법 제107조 제3항은 "재판의 전심절차로 행정심판을 할 수 있다. 행정심판의 절차는 법률로 정하되, 사법절차가 준용되어야 한다."라고 하여, 행정소송의 전심절차로서 행정심판이 이루어질 수 있음을 규정하고 있다.

② 행정심판의 종류

행정심판에는 취소심판, 무효 등 확인심판 및 의무이행심판의 세 가지가 있다. 취소심판은 행정청의 위법 또는 부당한 공권력의 행사 또는 그 거부나 그 밖에 이에 준하는 행정작용으로 인하여 권익을 침해당한 자가 그 취소 또는 변경을 구하는 행정심판이고, 무효 등 확인심판은 처분의 효력유무 또는 존재여부에 대한 확인을 구하는 행정심판이다. 그리고 의무이행심판이란 행정청의 위법·부당한 거부처분 또는 부작위가 있는 경우에 그 법률상 의무지어 진 처분의 이행을 구하는 행정심판을 말한다.

한편 우리 행정소송법 제18조 제1항은 "취소소송은 법령의 규정에 의하여 당해 처분에 대한 행정심판을 제기할 수 있는 경우에도 이를 거치지 아니하고 제기할 수 있다. 다만, 다른 법률에 당해 처분에 대한 행정심판의 재결을 거치지 아니하면 취소소송을 제기할 수 없다는 규정이 있는 때에는 그러하지 아니하다."라고 규정하고 있다. 따라서 종전의 행정심판전치주의(필수적 전치주의)를 원칙적으로 폐지하고 임의적 전치주의를 채택하고 있고(제18조 제1항 본문), 예외적으로 행정심판의 필수적 전치주의를 규정하고 있다(제18조 제1항 단서). 따라서 현행 행정소송법의 전심절차에 대한 입장은 '원칙적으로' 임의적 전치주의를 취하고 있고, 다만 '예외적으로' 필요적 전치주의를 채택하고 있다고 할 것이다. 행정심판전치주의에 있어서의 행정심판이란 그 명칭과 관계 없이 실질적인 행정심판 모두를 의미한다.

(3) 행정소송

① 의 의

행정소송(行政訴訟)이란 행정상 법률관계에 관한 분쟁을 법원의 재판절차로 해결하려는 행정쟁송을 말한다. 행정소송제도의 유형으로는 행정소송을 행정법원의 전속관할에 속하도록 하는 형태(행정재판제도)와 행정소송도 일반법원에서

심판하도록 하는 형태(사법심사제도)가 있는데, 우리나라의 경우 행정재판제도
를 택하고 있다.

이와 같은 행정소송에 있어서 행정의 합리성 내지는 합목적성의 보장이라
는 측면에서 민사소송에서 볼 수 없는 절차상의 특수성이 인정된다. 이러한 특
수성은 행정처분의 위법성 여부를 다루는 항고소송에서 현저하게 나타나는바,
ⅰ) 임의적 행정심판전치주의, ⅱ) 처분행정청을 피고로 하는 것, ⅲ) 출소기간
의 제한, ⅳ) 직권심리주의 가미, ⅴ) 사정판결의 인정 등이다.

② 행정소송의 종류

행정소송의 종류로는 항고소송(抗告訴訟), 당사자소송(當事者訴訟), 민중소송
(民衆訴訟), 기관소송(機關訴訟)을 들 수 있다. 항고소송이라 함은 행정권의 유권
적인 발동에 대한 불복의 소송을 말한다. 한편 당사자소송이란 행정청의 처분
등을 원인으로 하는 법률관계에 관한 소송, 그 밖에 공법상의 법률관계에 관한
소송으로서 그 법률관계의 한 쪽 당사자를 피고로 하는 소송을 뜻한다. 이 두
소송은 다 같이 원고의 권익보호를 직접 목적으로 하는 공통성을 갖고 있어 이
둘을 합하여 주관적 소송(主觀的 訴訟)이라 한다. 민중소송이란 직접 자기의 법
률상 이익과 관계없이 국가 또는 공공단체의 기관이 한 위법한 행위에 대하여
시정을 구하는 소송이며, 기관소송이란 국가 또는 공공단체의 기관 상호간에
있어서의 권한의 존부 또는 그 행사에 관한 다툼이 있을 때 이에 대하여 제기
하는 소송이다. 민중소송과 기관소송은 당사자의 권익보호를 직접 목적으로 하
지 않고 객관적인 행정법규의 정당한 적용의 확보를 목적으로 하는 소송이라는
점에서 이를 객관적 소송(客觀的 訴訟)이라고 한다.

제 3 절 민   법

Ⅰ. 서   설

1. 민법의 의의

우리 일상생활 중에서 법에 의한 규율을 받는 생활관계를 법률관계라 하고,

그 가운데 개인 상호간의 관계를 규율하는 법을 사법(私法)이라고 한다. 민법은 사법 중에서도 보통의 개인 상호간의 생활관계를 규율하는 법으로서 사법의 근간을 이루고 있다.

이러한 민법의 규율대상은 통상 자기보존을 위한 관계인 재산관계와 종족보존을 위한 관계인 신분관계로 나눌 수 있다. 전자는 다시 물권관계와 채권관계로, 후자는 친족관계와 상속관계로 나누어진다.

현행 민법은 위 법률관계를 규율하는 일반법으로서 총칙·물권·채권·친족·상속의 5편으로 구성되어 있다.

2. 민법의 기본원칙

(1) 지도원리: 자유와 평등

봉건사회의 재산 및 신분상의 특권과 불평등을 타파하고 성립한 근대사회는 사회 생활관계에서 모든 사람을 평등하게 다루고 자유로운 활동을 보장하는 자유와 평등을 지도원리로 하여 출발하였다.

(2) 근대민법의 3대 기본원칙

그 결과 근대사회 시민생활의 기초법으로서의 근대민법은 개인의 자유와 평등을 강조하여 외계의 물질을 지배하는 소유관계에 있어서는 종래의 봉건적 지배 내지 간섭을 불허하는 소유권절대의 원칙을 그 토대로 하였고(소유권절대의 원칙), 타인과의 거래방법으로서 계약관계에 있어서는 계약자유의 원칙을 기초로 하였으며(계약자유의 원칙), 이에 기한 자유로운 소유권 행사로 인하여 필연적으로 타인에게 발생하게 될 손해에 대하여는 과실이 없으면 책임을 지지 않는다는 과실책임의 원칙을 확립하여 개인의 자유로운 활동을 최대한 보장하였다(과실책임의 원칙).

(3) 수정원리: 공공복리

이러한 근대민법의 3대 기본원칙(소유권절대의 원칙·계약자유의 원칙·과실책임의 원칙)은 자본주의의 법적 기초가 되어 근대 자본주의의 급속한 발전에 크게 기여하여 인류의 물질생활을 풍요하게 하였으나, 동시에 그 분배관계의 모순으로 인한 갈등을 초래하여 커다란 사회문제를 발생시켰다.

따라서 개인의 자유와 더불어 모든 사람의 인간다운 생존을 실질적으로 보장하기 위하여 공공복리라는 이념과 그 실천원리로서의 신의성실·권리남용금지·사회질서라는 원칙에 따라 소유권행사와 계약의 자유가 제한을 받게 되었고, 과실책임의 원칙도 특정한 부분에 있어서는 무과실책임을 인정하기에 이르렀다.

현행 민법도 이러한 변화된 근대민법의 3대원칙을 그 기본원리로 하고 있다.

Ⅱ. 총 칙

1. 권리의 주체

(1) 권리능력

일반적으로 권리의 주체가 될 수 있는 법률상의 지위 또는 자격을 권리능력(權利能力)이라 한다. 한편 의무의 주체가 될 수 있는 자격을 의무능력(義務能力)이라고 하나, 권리능력자는 동시에 의무능력도 가지므로 일반적으로 권리능력이라고 할 때는 의무능력을 포함한다.

민법상 권리능력자는 자연인과 법인이다. 자연인은 출생할 때에 권리능력을 취득하고 사망한 때에 이를 상실한다. 법인은 주된 사무소 소재지에 설립등기를 할 때에 권리능력을 취득하고 청산종결등기를 한 때에 이를 상실한다.

모든 자연인은 성·연령 등에 의해 차별 없이 평등하게 권리능력자로 인정된다. 다만 외국인은 일정한 경우에 권리능력이 제한된다(토지소유권·광업권 등). 출생전의 태아는 엄격하게 말하면 자연인은 아니지만 그 이익을 보호하기 위하여 일정한 경우에는 이미 출생한 것으로 간주하여 권리능력을 인정하고 있다(불법행위로 인한 손해배상청구·상속·유증 등). 또한 종래의 주소나 거소를 떠나서 당분간 돌아올 가능성이 없는 자를 부재자라고 하는데 부재자는 권리능력을 상실하지는 않지만 직접 자신의 권리를 행사·관리하지 못하기 때문에 법원이 이해관계인의 이익을 위하여 그 재산관리를 감독하다가 부재자의 생사가 일정기간 분명하지 아니한 때에는 이해관계인이나 검사의 청구에 따라 실종선고를 하게 되는 데, 실종선고를 받은 자는 사망한 것으로 보아 권리능력을 상실한다. 실종선고를 받아 권리능력을 상실한 자는 일정한 요건이 갖추어져 그 선고가 취소되는 경우에만 다시 권리능력을 회복하게 된다.

법인의 권리능력은 법률의 규정·목적·성질에 의해 제한받는다. 즉 법인은 법률에 의하여 권리능력이 부여되었으므로 그 법률의 규정에 의한 제한을 받는 것이고, 법인은 자연인과 달리 제한된 목적을 수행하기 위하여 설립되는 것이기 때문에 그 목적에 의한 제한을 받고, 자연인과 같이 본연의 성질을 전제로 하는 권리(친족·상속권 등)를 가지지 못하는 것이다. 그러나 점차 법인의 활동이 사회 생활관계에서 큰 비중을 차지하게 되면서 이러한 제한도 해석을 통하여 축소되고 있다.

(2) 행위능력

① 모든 사람에게 권리능력이 인정되고 있는 것은 전술한 바와 같다. 행위능력(行爲能力)이란 권리능력자가 확정으로 유효한 법률행위를 단독으로 할 수 있는 법적 지위 내지 자격을 의미한다. 자연인 권리능력자 중 행위능력을 가진 자는 자유롭게 유효한 법률행위를 할 수 있고, 법인은 권리능력이 존재하면 원칙적으로 대표자를 통하여 행위능력을 가지게 된다. 행위능력 여부의 판단은 만 19세 또는 후견개시의 심판과 같은 획일적이고 객관적 기준에 따른다. 민법은 만(滿) 19세로 성년에 이르게 된다(민법 4조). 나이의 계산과 표시와 관련하여 민법 제158조를 개정하여(2022. 12. 27. 법률 제19098호로 개정, 시행: 2023. 6. 28.) 나이는 출생일을 산입하여 만 나이로 계산하고, 연수(年數)로 표시한다. 다만, 1세에 이르지 아니한 경우에는 월수(月數)로 표시할 수 있게 하고 있다.

② 제한능력자제도

그런데 권리를 취득하고 의무를 부담하는 법률행위의 효과를 이해하고 효과의사를 결정하는 능력(의사능력)에 있어서는 사람마다 차이가 있다. 그리고 유아나 광인(狂人)과 같이 의사능력을 전혀 가지지 않는 자가 한 법률행위가 무효인 것은 법률행위의 본질에 비추어(즉 의사무능력자를 보호한다는 측면) 당연하다고 해석되지만 구체적인 경우에 당사자가 상대방의 의사능력의 유무를 판단하는 것은 반드시 쉬운 일이 아니며 또한 본인으로서도 행위 당시에 의사능력(意思能力)을 가지지 않았음을 증명하는 것이 곤란한 경우가 많다. 뿐만 아니라 이것이 증명되면 의사능력이 있다고 생각하여 거래한 상대방이 뜻하지 않은 손해를 입게 된다.

이러한 사정은 거래의 신속과 안전을 해하게 되므로 의사무능력자의 입증의 곤란을 구제하고 상대방을 보호하기 위하여 일정한 기준(예, 연령이나 법원의 선고)에 의한 제한능력자제도를 두게 된 것이다.

민법은 2011. 3. 7. 법률 제10429호로 종전의 행위무능력자제도를 미성년자에 대하여는 나이를 종전의 20세에서 19세로 낮추었고, 금치산자, 한정치산자 제도는 성년후견인 제도로 확대 · 개편하여 2013. 7. 1.부터 시행되고 있다. 동 개정법률 부칙 제2조에 따라 종전의 금치산자(禁治産者), 한정치산자(限定治産者)는 시행일로부터 5년(2018. 6. 30.)이 경과하면 효력을 잃는다. 명칭도 '행위무능력자(行爲無能力者)'에서 '제한능력자(制限能力者)'로 바뀌었다.

민법상 제한능력자는 결국 미성년자, 피성년후견인, 피한정후견인이 있다. 미성년자는 위와 같은 개정에 따라 2013. 7. 1.부터는 만 19세로 낮아졌다. 피성년후견인은 질병, 장애, 노령, 그 밖의 사유로 인한 정신적 제약으로 사무를 처리할 능력이 지속적으로 결여된 사람에 대하여 일정한 자의 청구에 의하여 법원에서 피성년후견의 선고를 받은 자를 말하며, 피한정후견인은 질병, 장애, 노령, 그 밖의 사유로 인한 정신적 제약으로 사무를 처리할 능력이 부족한 사람에 대하여 일정한 자의 청구에 의하여 법원에서 피한정후견의 선고를 받은 자를 말한다. 피특정후견인은 행위능력의 제한은 받지 아니하지만 질병, 장애, 노령, 그 밖의 사유로 인한 정신적 제약으로 일시적 후원 또는 특정한 사무에 관한 후원이 필요한 사람에 대하여 일정한 자의 청구에 의하여 법원에서 피특정후견의 선고를 받은 자를 말한다.

이런 제한능력자의 행위는 취소할 수 있다. 즉 제한능력자는 자신이 한 법률행위가 자신에게 불리하다고 판단되면 그 행위를 취소하여 처음부터 아무런 행위도 있지 않았던 상태로 만들 수도 있고, 자신에게 유리할 때에는 그 행위를 취소하지 않고 그대로 유효하게 둠으로써 그 법률행위의 효과를 향유할 수도 있는 것이다.

한편 위와 같은 취소의 권한은 제한능력자 측만 가지고 있고 취소권의 행사도 자유이므로 제한능력자의 행위의 효과는 전적으로 제한능력자 측에 의하여 좌우되는 결과, 제한능력자와 거래하는 상대방을 해하게 되고 거래의 안전을 위협하게 된다. 그러므로 민법은 이러한 상황을 구제하기 위하여 제한능력자의 상대방에게 제한능력자 측에 대하여 취소할 수 있는 행위의 추인여부를 최고할 수 있는 권한을 주었고, 제한능력자 측의 추인이 있을 때까지 계약을 철회하거나 단독행위를 거절할 수 있는 권한을 준다. 또한 제한능력자가 속임수를 써서 법률행위를 한 경우 취소권을 배제하고 일정한 법정사유가 있는 경우에는 추인한 것으로 간주하고 또한 제한능력자의 취소권을 단기의 제척기간에 걸리게 함으로써 제한능력자의 상대방을 보호하고 있다.

위의 설명은 자연인에 대한 것으로 재산상의 행위의 경우에만 적용되고 신분상의 행위에는 적용되지 아니한다. 이것은 신분상의 행위에 있어서는 거래안전의 문제는 별로 중요하지 않고 본인의 의사를 가장 중시하여야 하기 때문이다. 그러나 법인의 경우는 권리능력과 행위능력의 범위가 일치한다.

2. 권리의 객체

(1) 의 의

권리는 일정한 이익의 향유를 위하여 법률이 권리주체에게 인정한 법적 힘을 말하며, 그러한 법적 힘이 작용하는 대상을 권리의 객체(客體)라고 한다. 이러한 권리의 객체는 권리의 내용에 따라 다른데, 물권의 객체는 물건, 채권의 객체는 채무자의 행위, 친족법상 권리의 객체는 친족법상의 행위, 상속권의 객체는 상속재산이다.

민법은 권리의 객체에 관한 일반적 규정을 두지 않고 물건에 관해서만 규정하고 있다.

(2) 물건의 규정

민법 제98조에 의하면 물건이라 함은 유체물 및 전기 기타 관리할 수 있는 자연력을 말한다. 따라서 해·달·별·공기·해양 등은 관리가능성이 없으므로 물건이 아니다.

민법규정상에 표현되어 있지는 않지만 권리의 주체인 사람에 대하여 물건으로서의 배타적 지배를 인정하는 것은 근대법의 정신에 반하므로 인체 및 그 일부는 물건이 아니다. 그러나 생체에서 분리된 인체의 일부(머리카락·혈액·치아)는 위 정신에 반하지 않는 경우에 물건으로서 취급되기도 한다.

또한 물권의 객체인 물건은 배타적 지배에 복종하기 위하여 원칙적으로 독립성이 있는 것이 아니면 안 된다는 것이 민법상 일물일권주의(一物一權主義)이다. 따라서 물건의 일부나 그 구성부분은 원칙적으로 물권의 객체가 되지 못한다.

(3) 물건의 분류

① 민법총칙 편에는 물건을 부동산과 동산(민법 99조), 주물과 종물(민법 100조), 원물과 과실(민법 101조)의 세 가지의 구별을 규정하여 놓고 있다.

② 그중에서 동산(動産)과 부동산(不動産)의 분류방법은 그 성질·가치·이용방법 등이 달라 법률상(특히 물권법상) 다른 취급을 하게 되는 경우가 많은 점(예컨대 물권변동의 공시방법에서는 동산은 인도, 부동산은 등기를 각각 요하고, 동산의 점유에는 공신력을 인정하여 선의취득이 가능한데 반해, 부동산의 등기에는 그렇지 않으며 시효취득에 있어서 그 요건의 차이가 남)에서 구별의 실익이 있다. 민법상 부동산은 토지와 그 정착물이고, 부동산 이외의 것은 모두 동산이다(민법 99조). 여기서 토지는 인위적으로 구분된 일정범위의 지면과 정당한 이익이 있는 지상·지하를 포함하는 개념이고, 토지의 정착물은 토지에 부착되어 쉽게 분리·이동할 수 없는 것으로서 거래관념상 계속적으로 토지에 부착되어 사용되는 것을 말한다.

③ 다음으로 주물(主物)과 종물(從物)의 구별은 두 개의 물건 사이에 객관적·경제적인 주종적 결합관계가 있을 때, 물건의 경제적 효용을 극대화시키기 위하여 종물은 주물의 처분에 따라서 그 법적 운명을 같이 하게 하려는 데 구별의 실익이 있다. 물건의 소유자가 그 물건의 일상적 이용에 제공하기 위하여 자기 소유인 다른 물건을 부속하게 한 때 그 부속물은 종물이고 이 종물의 경제적 효용을 받는 물건을 주물이라고 한다. 예를 들면 자물쇠와 그 열쇠, 배와 노 등이 이에 해당된다.

④ 물건에서 생기는 경제적 수익물을 과실(果實)이라 하고, 과실을 낳게 하는 물건을 원물(元物)이라고 한다. 원물과 과실의 구별의 실익은 과실에 대한 권리귀속 관계를 원물을 기준으로 하여 해결할 수 있다는 점에 있다. 즉 물건의 경제적 용도에 쫓아서 자연적·인공적으로 수취되는 천연과실(달걀·과일·가축새끼·양모 등)은 원물로부터 분리하는 때에 이를 수취할 권리자에게 속하고, 물건의 사용대가로 받는 금전 기타의 물건인 법정과실(지료·임대·이자 등)은 수취할 권리의 존속기간 일수의 비율로 취득하게 된다. 여기서 '수취할 권리(자)'라 함은 원물의 소유권(자), 지상권(자), 전세권(자), 임차권(자)을 말한다.

⑤ 위의 분류 외에도 강학상 사법상 거래의 객체가 될 수 있는 물건이냐에 따라 융통물(融通物)·불융통물(不融通物), 물건의 성질에 또는 가격을 현저하게 손상하지 않고서 분할할 수 있는 물건이냐에 따라 가분물(可分物)·불가분물(不

可分物), 대체성 여부에 따라 대체물(代替物)·부대체물(不代替物), 구체적인 거래에 있어서 당사자가 물건의 개성에 착안하여 동종의 다른 물건으로 바꾸지 못하게 한 물건이냐에 따라 특정물(特定物)·불특정물(不特定物)로 나누기도 한다.

3. 권리의 변동

(1) 총　설

우리의 생활관계에 있어서의 변동은 이를 법적 관점에서 보면 법률관계의 변동(變動)으로 파악된다. 그런데 법률관계는 결국 권리·의무관계를 말하므로 법률관계의 변동은 권리 면에서는 권리의 발생·변경·소멸을 의미하고, 권리의 주체를 중심으로 하면 권리의 득실변경이 된다.

이러한 권리변동의 원인이 되는 것은 법률요건(法律要件)이라고 하고 법률요건을 구성하는 하나하나의 사실을 법률사실(法律事實)이라고 한다. 법률요건에는 유언과 같이 한 개의 법률사실(의사표시)로 되어 있는 것이 있는가 하면, 계약과 같이 청약과 승낙이라는 두 개의 법률사실(의사표시)로 구성되어 있는 것도 있다.

법률사실에는 사람의 정신작용에 기인하는 것인 '용태(容態)'와 그렇지 않은 '사실(事實)'이 있다. 전자에는 의사표시, 준법률행위, 적법행위인 사실행위와 위법행위인 채무불이행 및 불법행위가 있고, 후자에는 시간의 경과(기간), 사람의 생사 등이 포함된다. 민법의 총칙 편은 그 가운데 의사표시, 기간, 소멸시효에 관한 규정을 두고 있다. 이하에서는 의사표시를 불가결의 요소로 하는 법률행위와 기간 및 소멸시효에 관하여 살펴보겠다.

(2) 법률행위

① 의　의

법률행위(法律行爲)는 일정한 법률효과의 발생을 목적으로 하는 의사표시를 불가결의 요소로 하는 법률요건을 말한다. 법률행위는 의사표시의 내용에 따라 법이 그 사법상의 효과를 인정하는 것이 원칙이지만, 선량한 풍속 기타 사회질서에 반하는 사항을 목적으로 하는 법률행위는 무효이다.

② 의사표시

의사표시(意思表示)란 법률행위의 불가결의 요소가 되는 법률사실이다. 의사표시의 성립과정을 분석하면, ⅰ) 일정한 법률효과의 발생을 의욕하는 의사를 결정하고(효과의사), ⅱ) 이 효과의사를 외부에 알리기 위하여 표시하려는 의사가 개입되어서(표시의사), ⅲ) 일정한 행위가 외부에 나타나게 된다(표시행위).

효과의사(效果意思)는 내심의 의사이고 표시행위(表示行爲)는 외부에 나타난 것이므로 양자 사이에 틈이 생겨 일치되지 않는 경우가 있다. 이 경우에 효과의사를 중시하는 의사주의와 표시행위에 중점을 두는 표시주의가 대립된다. 전자는 표의자의 이익을 보호하기 위한 것으로서 사적자치의 원칙에 충실한 이론이고, 후자는 선의의 상대방의 이익이나 거래의 안전을 보다 더 중시하는 이론이다.

그러나 어느 한쪽만을 철저히 관철하는 것은 비현실적이기 때문에 민법은 절충하여 표시주의의 강한 제한을 받는 의사주의를 취하고 있다. 따라서 표의자 자신이 의사와 표시의 불일치를 스스로 알고 의사표시를 한 경우에는 거래의 안전 내지 상대방의 이익을 위해 표시한 대로 유효하나, 상대방이 그 사정을 알았거나 알 수 있었을 경우에는 그럴 필요가 없기 때문에 무효가 된다. 처음부터 표의자가 진의가 아니라는 것을 알면서 의사표시를 하는 데 관하여 상대방의 합의가 있는 경우에도 같은 이유로 무효인 것이다. 그리고 의사와 표시의 불일치를 표의자가 알지 못하고 의사표시를 한 경우에는 원칙적으로 유효하나, 그 내용의 중요부분에 착오가 있고 표의자에게 중대한 과실이 없는 경우에 한하여 표의자의 의사를 존중하여 취소할 수 있다. 그러나 어떤 경우에도 선의의 제3자에 대하여는 무효나 취소로써 대항하지 못한다고 하여 거래의 안전을 확보하려 한다.

한편 사기나 강박에 의하여 의사표시를 한 경우에는 효과의사와 표시행위 사이에 불일치하지는 않으나 효과의사를 형성하는데 타인의 위법한 간섭이 개재하여 자유롭지 못한 상태에서 의사표시가 행하여진 것이므로 표의자가 이를 취소할 수 있게 하였다. 이때에도 선의의 제3자에 대하여는 거래의 안전을 위하여 그 취소로써 대항하지 못한다.

이러한 의사표시의 효력발생 시기에 관하여 민법은 도달주의를 원칙으로 하고 예외적으로 발신주의를 취하고 있다. 상법은 거래의 원활·신속을 보장하기 위하여 보다 넓게 발신주의를 취하고 있다.

③ 대 리

대리(代理)는 대리인이 본인에 갈음하여 의사표시를 하거나 또는 의사표시를 수령함으로써 본인에게 직접 그 법률효과를 귀속시키는 제도를 말한다. 이를 분석하면, ⅰ) 대리인이 법률행위의 효과를 본인에게 귀속시킬 수 있는 본인에 대한 법률상의 지위 내지 자격인 대리권을 가지고, ⅱ) 타인과 사이에 본인을 위한 것임을 표시하고 법률행위를 하면, ⅲ) 그 대리행위의 효과가 본인에게 직접 귀속되는 관계이다.

이러한 대리제도의 존재의의는 본인의 경제적 활동범위를 확대할 뿐만 아니라 의사무능력자나 제한능력자가 대리로서 거래행위를 할 수 있게 된다.

문제는 대리권이 없는 자가 대리행위를 한 경우에 그 법률행위를 본인에게 귀속시킬 것인가 하는 점이다. 이를 완전히 부정하는 경우에는 위와 같은 중요한 존재의의를 가진 대리제도의 신용을 보장할 수 없게 되므로, 민법은 대리제도의 신뢰와 본인의 이익을 조절하고 보호하는 견지에서 특수한 경우에 '표현대리'를 인정하여 본인에게 그 효과를 귀속시키기도 한다. 즉 ⅰ) 대리권을 수여하였다는 뜻을 본인이 상대방에게 표시하였으나 사실은 대리권을 수여하지 않은 때(민법 125조), ⅱ) 대리인이 권한을 넘는 행위를 한 때(민법 126조), ⅲ) 대리권이 소멸한 때(민법 129조)와 같이, 대리인에게 대리권이 없음에도 불구하고 마치 대리권이 있는 것과 같은 외관이 있고 그러한 외관의 발생에 관하여 본인이 어느 정도 원인을 주고 있는 경우에, 그 무효인 대리행위의 효과를 본인에게 귀속시켜 그러한 외관을 신뢰한 선의·무과실의 제3자를 보호하고 있는데 이를 표현대리(表見代理)라 한다. 한편 위와 같은 특별한 외관이 없는 경우인 협의의 무권대리(無權代理)는 본인에게 효과가 발생하지 않는 것을 원칙으로 하며(민법 130조), 예외적으로 본인이 그 행위를 추인하는 경우에 그 효과가 귀속되고, 거래의 안전을 위하여 무권대리의 상대방에게 본인에 대하여 추인여부의 확답을 요구할 수 있는 최고권과 철회권을 인정하고 있다. 본인에게 효과가 귀속되지 않는 때에는 무권대리인에게 상대방의 선택에 따라 계약의 이행이나 손해배상 의무를 부담하게 하고 있다.

④ 무효와 취소

ⓐ 법률행위의 무효(無效)는 법률행위가 성립한 때부터 법률상 당연히 그 효력이 발생하지 않는 것을 말한다(예컨대 의사무능력자의 법률행위, 반사회질서행위). 즉 무효는 원칙적으로 누구에 대하여나 또는 누구에 의하여도 이를 주장할 수 있고(절대적 무효), 또 그 무효를 주장하는 데 특별한 행위나 절차가 필요하

지 않다(당연무효).

법률행위의 일부분만이 무효인 경우 민법은 원칙적으로 그 전부를 무효로 하고, 다만 무효부분이 없더라도 그 법률행위를 하였으리라고 인정될 때에는 나머지 부분은 유효한 것으로 규정하고 있다.

무효인 법률행위는 처음부터 당연 무효이므로 이를 추인(追認)하여 유효하게 할 수 없는 것이 원칙이나, 당사자가 그 무효임을 알면서 추인한 때에는 새로운 법률행위를 한 것으로 보거나(무효행위의 추인), 어떤 법률행위가 무효이더라도 그것이 다른 법률행위의 요건을 갖추고 있는 때에는 다른 법률행위로 보아(무효행위의 전환) 효력이 인정되는 경우도 있다.

(b) 법률행위의 취소(取消)는 원칙적으로 일단 유효하게 성립한 법률행위의 효력을 제한능력 또는 의사표시의 착오·사기·강박을 이유로, 취소권자의 의사표시에 의하여 법률행위 시에 소급하여 법률행위의 효과를 소멸시키는 것을 말한다. 따라서 취소할 수 있는 법률행위는 취소될 때까지는 유효한 점에서 처음부터 무효이고 그 주장이 필요 없는 무효인 법률행위와 다르다. 취소할 수 있는 법률행위는 취소권자의 추인 또는 법정추인(法定追認)이 인정되거나, 취소권의 단기제척기간이 완성되면 확정적으로 유효하게 된다. 취소권자는 제한능력·착오·사기·강박에 의한 의사표시를 한 자와 이들의 대리인과 승계인이다.

⑤ 조건과 기한

법률행위의 효과의 발생·소멸에 관하여 이를 제한하기 위하여 부가하는 것을 법률행위의 부관(附款)이라 하는데, 법률행위의 효과의 발생 또는 소멸을 장래의 불확실한 사실의 완성에 의존하는 법률행위의 부관을 조건(條件)이라 하고, 장래에 발생하는 것이 확실한 사실에 의존하게 되는 부관을 기한(期限)이라 한다.

조건에는 장래의 불확실한 사실이 발생하면 법률행위의 효과가 발생하는 정지조건(停止條件)과 그 사실의 발생에 의하여 법률효과가 소멸하는 해제조건(解除條件)이 있고, 기한에는 기한이 도래한 때부터 그 효력이 생기는 시기(始期)와 기한이 도래한 때부터 그 효력을 잃는 종기(終期)가 있다.

(3) 기 간

기간은 어느 시점에서 어느 시점까지의 계속된 시간을 가리킨다. 기간은 권리의 창설·변동·소멸 등 법률관계에 중대한 영향을 미친다. 여기서 중요한 것은 기간의 계산방법인데, 민법은 ① 시·분·초를 단위로 하는 단기간의 계산은 정확을 기하기 위하여 자연의 시간의 흐름을 순간에서 순간까지 계산하는 방법에 따르고, ② 일·주·월·년을 단위로 하는 장기간의 계산은 정확성보다 편리를 위하여 역(曆)에 따라 계산하는 방법을 채택하고 있다.

이러한 민법의 기간계산방법은 사법관계뿐만 아니라 공법관계에도 적용되는 일반적 규정이다.

(4) 소멸시효

시효는 일정한 사실상태가 오랫동안 계속된 경우에 그 상태가 진정한 권리관계에 합치되느냐의 여부를 묻지 않고 그 사실상태를 그대로 존중하여 이를 권리관계를 인정하려는 것을 말한다. 시효에는 일정한 사실상태가 일정기간 계속함으로써 법률상 권리를 취득하는 취득시효(取得時效)와 권리가 소멸하는 효과를 발생시키는 소멸시효(消滅時效)가 있다. 소멸시효는 민법총칙 편에 원칙적 규정을 두고 있고, 취득시효는 물권 편에서 규정하고 있다.

이러한 시효제도의 존재이유는 ⅰ) 일정한 사실상태가 일정기간 계속되면 사회는 이것을 진정한 권리관계에 부합하는 것으로 보고 그것을 기초로 하여 다수의 새로운 법률관계가 맺어지게 되고 이에 따라 사회질서가 형성되게 된다. 그런데 이러한 사실관계가 단지 정확하지 못하다고 하여 이러한 사실상태를 부정하게 되면 거래의 안전과 사회질서가 무너지게 되고, ⅱ) 사실상태가 오랫동안 계속되면 그 동안에 진정한 권리관계에 관한 증거가 없어질 가능성이 매우 높으며, ⅲ) 오랜 기간 동안 자기의 권리를 주장하지 않는 자는 이른바 권리 위에 잠자고 있는 자로서 법률의 보호를 받을 가치가 없다는 것 등이 그것이다.

Ⅲ. 물   권

1. 총   설

(1) 물권법정주의
① 물권은 특정의 물건을 직접 지배하여 이익을 얻는 배타적인 권리를 말한

다. 이러한 물권의 종류와 내용을 법률로 정하여 법에 규정된 물권만 인정되고 당사자가 합의에 의하여 그 이외의 물권을 창설하는 것을 금하는 원칙을 물권법정주의(物權法定主義)라 한다.

② 근대법은 토지에 대한 봉건시대의 복잡한 지배관계를 단순하게 정리하여 자유로운 소유권을 확보하기 위하여, 소유권 이외의 제한물권(制限物權)을 제한할 필요가 있었고, 또한 물권은 배타적 지배권으로서의 성질을 가지므로 외부의 제3자에 대한 공시방법을 갖출 필요가 있지만 현재의 불완전한 공시방법(등기·점유)을 가지고 공시원칙을 관철할 필요가 있다는 것 등 때문에 물권의 종류·내용을 한정적으로 규정한 물권법정주의를 취하고 있는 것이다.

(2) 의사주의와 형식주의

물권의 변동은 여러 가지 원인에 의하여 생기는데, 가장 중요한 경우는 의사표시를 요소로 하는 법률행위이다. 이러한 물권변동에 관하여 당사자의 의사표시만으로 효력이 발생하고 다만 제3자에 대한 관계에서는 등기나 인도를 하여야 대항할 수 있게 하는 입법례를 의사주의(意思主義)라고 한다. 반면 당사자 사이의 의사표시만으로는 제3자에 대한 관계에서는 물론 당사자 사이에서도 물권변동이 생기지 않고 등기나 인도를 물권변동의 성립요건으로 하는 입법례를 형식주의(形式主義)라고 부른다. 의사주의에서는 대내관계(당사자 사이)와 대외관계(제3자)가 불일치하지만, 형식주의에서는 양자가 일치하므로 법률관계가 명확하여 거래의 안전을 도모할 수 있는 장점이 있다. 우리 민법은 형식주의를 취하고 있다(민법 186조).

(3) 공시의 원칙과 공신의 원칙

물권은 배타적 효력을 가지는 권리이나 권리 그 자체는 눈에 보이지 않는 관념적 존재에 지나지 않으므로, 무엇인가 눈에 보이는 표상을 통해서 널리 제3자에게 알리지 않으면 제3자에게 예측하지 않았던 손해를 끼치고 거래의 안전을 해할 염려가 있다. 이러한 염려는 물권변동의 경우에 가장 크게 문제되는데 민법은 앞에서 본 바와 같은 형식주의에 맞추어 부동산 경우는 등기로, 동산의 경우는 인도, 즉 점유의 이전을 그 물권의 공시방법으로 하고 이를 강제하고 있다. 이것을 공시의 원칙(公示의 原則)이라 한다.

그러나 위와 같은 공시방법이 언제나 진실한 물권관계를 바르게 반영하지는 못한다. 이렇게 공시가 잘못된 경우 그 공시에 의하여 상대방을 권리자로 믿고 거래하더라도 권리를 취득하지 못하게 되는 결과가 된다면 거래의 안전을 해하게 되고 공시방법을 강제하는 것이 별 의미가 없게 된다. 우리 민법은 유동성이 많은 동산의 경우에는 거래의 안전을 우선하여 그 점유에 공신력을 부여하여 선의취득제도를 규정하고 있지만, 부동산의 경우에는 진정한 권리자의 이익이 우선하여 그 등기에 관하여 공신력을 부여하고 있지 않다. 다만 판례는 등기에 추정력을 인정하여 어느 정도 거래의 안전을 확보하고 있다.

(4) 물권의 종류

민법에서 인정하는 물권은 점유권(占有權), 소유권(所有權), 제한물권(制限物權)이 있다. 제한물권에는 물건의 사용·수익을 목적으로 하는 용익물권(用益物權)과 물건의 교환가치의 확보를 목적으로 하는 담보물권(擔保物權)이 있다. 용익물권은 부동산에 한하여 인정하고 지상권, 지역권, 전세권이 있으며, 담보물권에는 유치권, 질권, 저당권이 있다.

2. 점 유 권

(1) 점유권의 의의

점유권(占有權)은 물건에 대한 사실상의 지배만으로써 성립하는 물권을 말한다. 물건에 대한 사실상의 지배란 사회통념상 그 물건이 특정인의 지배 아래 있는 것으로 볼 수 있는 객관적 관계를 의미한다. 이러한 점유권은 다음에서 볼 점유할 수 있는 권리, 즉 본권(本權, 소유권과 제한물권)과 구별된다. 예컨대 절취한 물건을 점유하는 절도자는 본권은 없지만 점유권은 있다.

이러한 점유권을 인정하는 이유는 물건에 대한 사실상의 지배상태를 보호함으로써 사회질서와 평화를 유지하는 데에 있다. 진정한 권리자라 하여 마음대로 타인의 점유를 침탈하여 그 권리를 실현한다면 사회질서와 평화는 파괴될 수 있기 때문이다.

(2) 점유권의 효력

위와 같은 이유로 점유자가 점유물에 대하여 점유를 침탈당한 때에는 점유보호청구권(占有保護請求權)에 의하여 보호를 받는다. 점유보호청구권은 점유침해의 모습에 따라 점유물반환청구권(占有物返還請求權), 점유물방해제거청구권 (占有物妨害排除請求權), 점유물방해예방청구권(占有物妨害豫防請求權)이 있다.

이런 점유권의 효력은 특히 점유자가 본권을 가지지 않은 경우에 의미가 있다. 점유자가 본권을 가지고 있는 경우에는 본권에 기한 물권적 보호로서 충분하기 때문이다.

그런데 점유자가 본권을 가지지 않는 경우에는 본권자는 적법한 청구에 따라 그 점유를 회복하게 되는데, 이때의 법률관계를 민법은 다음과 같이 규정하여 그 점유자와 본권자의 이익을 조정하고 있다. i) 점유자가 점유물에 대하여 행사하는 권리는 적법하게 보유하는 것으로 추정하여 진정한 권리자는 점유자에게 본권이 없음을 입증함으로써 그 추정을 깨뜨릴 수 있고, ii) 선의의 점유자는 점유물에서 생기는 과실을 취득하고, iii) 타인의 물건을 본권 없이 점유하는 자가 그의 책임 있는 사유로 인하여 점유물을 멸실 또는 훼손한 때에는 본권자에게 손해배상책임을 진다. 다만 선의의 점유자는 이익이 현존하는 범위 내에서만 책임을 부담하지만, 악의의 점유자는 손해 전부를 배상하여야 하는 차이가 있다. 여기서 선의의 점유자란 본권이 없음에도 존재하는 것으로 오신하여 점유하는 자를 말한다(다만, 오신할 만한 정당한 근거가 있어야 한다).

3. 소 유 권

(1) 소유권의 의의

소유권(所有權)이라 함은 법률의 범위 내에서 그 소유물을 사용·수익·처분할 수 있는 권리를 의미한다(민법 211조). 하지만 소유권은 물건을 지배할 수 있는 관념적 권리이기 때문에 물건에 대한 현실적 지배를 의미하는 것은 아니다. 소유권은 물건의 사용가치와 교환가치를 전면적으로 지배하고(전면성), 사용·수익·처분권능의 집합이 아니고 그러한 기능의 원천인 단일한 지배권능이며(단일성), 제한물권이 설정되면 권능의 행사가 제한을 받지만 그 제한물권이 소멸하면 원래의 상태로 회복되며(탄력성), 소멸시효에도 걸리지 않는 성질(항구성)을 가지고 있다.

이러한 소유권의 실현이 방해되는 경우에 이를 배제하기 위하여 완전한 물권적 청구권을 인정하고 있다. 즉 그 방해의 모습에 따라 소유물반환청구권, 소유물방해제거청구권, 소유물방해예방청구권이 인정된다.

(2) 소유권의 취득

소유권은 일반적으로 법률행위에 의하여 취득한다. 하지만 민법은 물권 편에서 그 이외의 취득원인을 설명하고 있다. 첫째, 취득시효로서 20년간 소유의 의사로 평온·공연하게 부동산을 점유한 자가 등기를 한 때 또는 부동산의 소유자로 등기한 자가 10년간 소유의 의사로 평온·공연하게 선의이며 과실 없이 그 부동산을 점유한 때 부동산을 취득하고, 동산의 경우는 10년간 소유의 의사로 평온·공연하게 점유하거나 5년간 소유의 의사로 선의이며 과실 없이 점유한 때 그 동산을 취득한다. 둘째, 선의취득으로서 동산을 평온·공연하게 양수한 자가 선의이며 과실 없이 동산을 점유한 경우 그 동산의 양도인이 무권리자인 때에도 즉시 그 소유권을 취득한다. 취득시효와 선의취득의 존재이유는 일정한 사실관계 계속의 존중 및 거래의 안전 등을 고려한 제도이다.

그 밖에도 민법은 무주물선점(無主物先占), 유실물습득(遺失物拾得), 매장물발견(埋藏物發見), 부합(附合), 혼동(混同), 가공(加功) 등의 특수한 소유권 취득원인을 규정하고 있다.

(3) 공동소유

여러 사람이 한 개의 물건을 공동으로 소유하는 관계를 공동소유(共同所有)라고 한다. 여기에는 여러 사람 사이의 법률관계 여하에 따라 공유(共有)·총유(總有)·합유(合有)의 세 형태가 있다.

공동소유자 사이에 아무런 인적 결합관계 내지 단체적 통제가 없고 다만 목적물이 같으므로 부득이 소유의 관계만을 공동으로 하고 있는데 지나지 않는 것이 '공유'이며, 각 공유자는 목적물에 대하여 각자 지분을 가지고 그 지분을 자유로이 처분할 수 있으며, 원칙적으로 언제든지 분할하여 단독소유로 전환할 수 있어 매우 개인주의적인 소유형태이다.

이에 반하여 '총유'는 단체(비법인사단)가 목적물의 관리·처분권능을 가지고 단체의 구성원들은 일정한 범위 내에서 각자 사용·수익권능이 인정될 뿐이며 공유지분에 해당하는 것이 없다. 단체의 구성원이 가지는 수익권은 단체의 구성원이라는 자격에 따라 인정된 것으로서 이를 타인에게 양도하거나 이를 상속의 목적으로 하지 못하므로, 총유는 단체주의적 소유형태이다.

반면 '합유'는 공유와 총유의 중간적 공동소유 형태이다. 구성원은 공동목적에 의하여 단체적 통제를 받지만 재산에 관하여는 각자가 지분을 가진다. 그러

나 그들 구성원은 서로 인적인 결합관계를 가지고 있기 때문에 약하지만 민법
상 조합(組合)이라는 단체를 이루고 있다. 따라서 조합재산에 대한 지분의 양도
는 제한되고, 조합관계가 종료할 때까지는 분할을 청구하지도 못한다.

4. 제한물권

(1) 제한물권의 의의

소유권은 물건에 대한 사용가치와 교환가치의 향유를 그 내용으로 한다. 이
러한 소유권의 권능을 제한하여 그 제한된 권능을 향유하는 것을 목적으로 하
는 물권을 제한물권(制限物權)이라 한다. 그중 소유권의 사용가치를 제한하여
타인의 소유물을 일정한 목적을 위하여 사용·수익하는 것을 내용으로 하는 물
권을 용익물권(用益物權)이라 하고, 타인의 소유물의 교환가치를 일정한 목적을
위하여 지배하는 물권을 담보물권(擔保物權)이라 한다.

(2) 용익물권

민법은 동산에 관하여는 용익물권을 인정하지 않고, 부동산에 한하여 지상
권(地上權), 지역권(地役權), 전세권(傳貰權)의 용익물권을 인정하고 있다.

'지상권'은 타인의 토지에 건물, 기타 공작물이나 수목을 소유하기 위하여
그 토지를 사용할 수 있는 물권을 말한다. 채권인 임차권과 유사한 점이 많은데
현재의 거래실정을 보면 지상권이 임차권에 비하여 그 효력이 강하기 때문에
경제적 강자인 토지소유자가 지상권의 설정을 꺼려 별로 이용되지 않고 있는
실정이다. 다만 판례상 같은 사람의 소유에 속하는 대지와 그 지상건물이 매매
또는 그 밖의 원인으로 각각 소유를 달리하게 된 경우 특히 그 건물을 철거한
다는 특약이 없는 한, 건물의 소유자는 그 대지 위에 관습상의 법정지상권을 취
득하는데(경매를 원인으로 하는 경우에는 민법 제366조에 규정이 있음), 이에 대하여
민법의 지상권에 관한 규정이 준용되고 있다.

'지역권'은 일정한 목적을 위하여 타인의 토지를 자기의 토지의 편익에 이용
하는 것을 내용으로 하는 물권이다. 두 개의 토지 사이의 이용을 조절하기 위한
제도인 점에서 민법이 인정하는 상린관계(相隣關係)와 비슷하지만, 지역권은 그
설정계약에 의하여 성립하고, 또한 소유권과는 별개의 권리인 점에서 차이가
있다. 지역권제도로 달성하려는 목적은 상린관계 등의 제도를 통하여 만족되는

경우가 많으므로 현실적인 의미는 비교적 적다고 할 것이다.

'전세권'은 전세금을 지급하고 타인의 부동산을 점유하여 그 용도에 따라 사용·수익하며 그 부동산 전부에 대하여 후순위권리자 기타 채권자보다 전세금의 우선 변제를 받을 수 있는 물권이다. 전세권제도는 민법 제정 전에 서울을 중심으로 한 대도시에서 널리 행해지고 있던 채권적 임대차를 물권화한 것으로 우리나라 고유의 제도이다.

(3) 담보물권

민법의 물권 편에 규정된 담보물권으로는 유치권(留置權), 질권(質權), 저당권(抵當權)이 있다. 이러한 담보물권은 그 자체로 의미를 가지기보다는 어떤 채권과 관련되어서 그 채권이 임의로 변제되지 않을 때 담보물권이 지배하고 있는 교환가치를 실현시켜 강제적으로 채권의 변제를 받는 기능을 하는데 의미가 크다.

'유치권'은 타인의 물건 또는 유가증권을 점유한 자가 그 물건이나 유가증권에 관하여 채권이 변제기에 있는 경우에, 변제를 받을 때까지 그 물건 또는 유가증권을 유치하여 채무의 변제를 간접적으로 강제하는 법정담보물권(法定擔保物權)을 말한다. 예컨대 시계를 수선한 자는 수선료를 지급받을 때까지 시계를 유치할 수 있다. 이 경우에 수선료를 받지 않고 시계를 내주면 불공평하기 때문이다.

'질권'은 질권자가 채무자 또는 제3자의 채권의 담보로서 제공한 동산 또는 재산권을 점유하고, 채무를 변제할 때까지 유치함으로써 채무의 변제를 간접적으로 강제하는 동시에, 채무의 변제가 없을 때에는 그 목적물로부터 우선적 변제를 받는 담보물권을 말한다. 질권은 주로 시민의 일상적인 소비신용을 위하여 이용되기 때문에 민법은 경제적 약자인 질권설정자를 보호하기 위하여 유질계약(流質契約)을 금지한다.

'저당권'은 채무자 또는 제3자가 점유를 이전하지 않고 채무의 담보로 제공한 부동산에 대하여 채권의 우선 변제를 받을 수 있는 담보물권을 말한다. 저당권은 그 설정 시에 부동산의 점유를 이전하지 않으므로 그 부동산의 사용가치는 저당권설정자가 계속 이용할 수 있고, 저당권자는 그 부동산의 교환가치만을 파악하므로 가장 완전한 담보물권이라고 할 수 있다. 따라서 대지와 공장 등의 담보제공을 통한 생산신용에 있어서 많이 이용된다.

위와 같은 민법상의 담보물권의 종류만으로는 담보의 수요를 충족하지 못하여 거래계에서 비전형(非典刑)담보제도가 형성되었다. 여기에는 가등기담보(假登記擔保)와 재산권이전 형태의 양도담보(讓渡擔保)가 있다. 가등기담보는 부동산과 관련되며 그 형태는 대물변제예약형·매매예약형·매매형이 있고, 「가등기담보 등에 관한 법률」에서 규율하고 있다. 양도담보란 소유권을 채권자에게 이전하되 그것을 담보하는 목적에 의하여 제한된다는 법률구성을 취하고 있는데, 채무자가 채무를 변제하면 소유권은 복귀하게 되지만 담보된 채권이 변제되지 못하면 채권자의 소유권취득이 확정적인 것으로 되거나 목적물을 환가하여 정산하는 것이다. 부동산 양도담보 중 해당 부동산 가액이 차용액과 이자의 합산액을 초과하는 경우에는 「가등기담보 등에 관한 법률」의 규율을 받고, 그 외의 부동산과 동산의 양도담보는 판례에 의하여 규율된다.

또한 민법 외에 동산·채권·지식재산권을 목적으로 하는 담보권과 그 등기 또는 등록에 관한 사항을 규정하여 자금조달을 원활하게 하고 거래의 안전을 도모하며 국민경제의 건전한 발전에 이바지함을 목적으로 「동산·채권 등의 담보에 관한 법률」이 2010. 6. 10. 법률 제10366호로 제정되어 2012. 6. 11.부터 시행되고 있다.

Ⅳ. 채   권

1. 총   설

채권(債權)은 특정인(채권자)이 다른 특정인(채무자)에 대하여 일정한 행위(급부행위)를 청구할 수 있는 권리를 말한다. 채권은 특정채무자에 대한 상대적인 권리이고 배타성이 없으므로, 동일인에 대하여 동일내용의 채권이 여러 개 성립할 수 있는 점에서 절대성과 배타성을 가진 물권과는 구별된다.

2. 채권의 발생사유

(1) 계   약

광의로 계약(契約)은 서로 대립하는 복수의 의사표시의 합치에 의하여 일정한 법률효과를 발생시키는 법률행위를 말하며, 그중에서 채권의 발생을 목적으로 하는 계약을 협의의 계약이라고 한다. 계약은 채권발생사유로서 가장 중요할 뿐 아니라 사적자치의 핵심이다.

민법에는 증여·매매·교환·소비대차·사용대차·임대차·고용·도급·여행계약6)·현상광고·위임·임치·조합·종신정기금·화해과 같이 총 15개의 계약 종류를 유형화하여 각각의 요건과 효과를 규정하고 있다. 계약자유의 원칙상 당사자는 채권의 내용을 자유로이 정할 수 있으므로 민법이 규정하는 전형계약은 예시적인 것에 지나지 않는다. 따라서 당사자 사이의 합의에 의하여 민법에 규정된 계약의 요건과 효과를 변경할 수도 있고, 이와 다른 내용의 계약을 체결할 수도 있다. 다만 당사자 사이의 합의에 의하여 정한 채권의 목적(채권자가 채무자에게 청구할 수 있는 일정한 급부)은 강행법규에 위반되지 않아야 하며, 선량한 풍속 기타 사회질서에 반하지 않는 사회적 타당성을 가진 것이어야 하고, 실현가능하여야 하며, 그 내용이 채권 성립 시에 확정되어 있거나 적어도 이행 시까지는 확정할 수 있는 것이어야 한다.

(2) 사무관리

사무관리(事務管理)는 법률상 의무 없이 타인을 위하여 그의 사무를 관리하는 행위를 말한다(민법 734-740조). 예컨대 길 잃은 아이를 데려다가 음식을 주고 보호하여서 집을 찾아주는 것과 같다. 민법은 사무관리를 적법행위로 하여 관리자와 제3자 사이에서 일정한 채권·채무관계를 발생시키고 있다.

즉 관리자가 본인을 위하여 필요비나 유익비를 지출한 때에는 본인에 대하여 그 보상을 청구할 수 있고, 관리자가 사무관리를 함에 있어서 과실 없이 손해를 받은 때에는 본인의 현실이익의 한도 내에서 그 손해의 보상을 청구할 수 있다. 한편 관리자는 사무관리를 개시한 때에는 지체 없이 이를 본인에게 통지할 의무가 있고, 본인 또는 그 상속인 등이 그 사무를 관리할 때까지는 관리를 계속하여야 한다. 또한 관리자는 그 사무의 성질에 따라 본인에게 가장 이익되는 방법으로 관리하고 본인의 의사를 알거나 알 수 있는 때에는 그 의사에 적합하도록 관리하여야 한다. 이에 위반하여 관리한 때에는 관리자에게 과실이 없는 경우에도 손해배상의 책임이 있다. 그러나 그 관리행위가 공공의 이익에

---

6) 생활 속에 대중화·보편화되어 계속적으로 증가하는 추세인 여행과 관련하여 여러 가지 법적 문제가 발생하고 있지만 이를 직접 규율하는 법령이 없어 여행자 보호에 취약한 부분이 있다. 이를 보완하기 위하여 여행계약의 의의, 해제·해지, 담보책임에 관한 사항을 정하는 등 여행계약에 관한 기본적인 사항을 규정하는 민법 일부개정안(법률 제13125호, 2015. 2. 3.)이 통과되어 2016. 2. 4. 시행되고 있다(민법 제674조의2 내지 7).

적합한 때(긴급사무관리 등)에는 고의나 중대한 과실이 있는 경우에만 배상책임을 진다.

(3) 부당이득

부당이득(不當利得)은 법률상 원인 없이 타인의 재산이나 노무로 인하여 이익을 얻고, 그로 인하여 타인에게 손해를 주는 것을 말한다(민법 741-749조). 정당한 이유 없이 타인의 손실로 인해 이득을 얻는 것은 공평의 이념에 반하므로 부당이득자가 손실자에 대하여 그 이익을 반환하여야 할 채무를 부담하게 한다. 다만 부당이득의 반환범위는 이득자가 선의인 때에는 그 받은 이익이 현존하는 한도에서, 악의인 때에는 받은 이익에 이자를 붙여 반환하고 손해가 있으면 이를 배상하도록 하여 차이를 두고 있다.

한편 부당이득이나 공평의 이념보다 우선적으로 보호되어야 할 다른 가치로 인하여 이득자가 이득반환의무를 부담하지 않는 경우가 있어, 민법에서는 이에 관한 특칙을 두고 있다. 첫째, 채무자가 채무 없음을 알고 변제할 때, 변제기 전에 변제할 때, 채무 없는 자가 착오로 인하여 변제하였는데 그 변제가 도의관념에 적합한 경우, 착오로 인하여 타인의 채무를 변제하였는데 채권자가 선의로 증서를 훼손하거나 담보를 포기하거나 시효로 인하여 그 채권을 잃은 때에는 이득자에게 그 이익을 보유케 할 필요가 더 크다는 점에서 위 변제자가 그 반환을 청구하지 못하게 하고 있다. 둘째, 불법한 원인에 기하여 재산을 급여하거나 노무를 제공한 때에는, 스스로 반사회적 법률행위를 한 자가 다시 그 복구를 청구할 때에 법이 이에 협력하지 않는다는 취지에서 그 이익의 반환을 청구하지 못하게 한다. 그러나 그 불법원인이 수익자에게만 있는 때에는 그러하지 아니한다.

(4) 불법행위

고의 또는 과실에 의하여 타인에게 손해를 가하는 위법행위를 한 가해자는 피해자에게 그 손해를 배상할 채무를 부담하는데 이와 같은 위법행위를 불법행위(不法行爲)라고 한다(민법 750-766조). 가해자가 배상할 손해에는 재산적·정신적 손해가 포함되며, 그 범위는 불법행위와 상당인과관계가 있는 모든 손해이다.

이러한 불법행위는 불법행위자의 고의 또는 과실을 요건으로 하는 것이 근

대민법의 원칙이다. 하지만 자본주의경제가 고도로 발전함에 따라 고속교통수
단과 위험한 시설이 출현하여 과실책임의 이론만으로는 인과관계나 귀책사유
의 입증이 곤란하여 피해자가 손해배상을 받기가 어렵게 되는 특별한 사정이
발생하게 되었다. 여기에서 실질적 공평과 피해자의 보호를 위하여, 공해·의
료 등 특별한 사건에 있어서 위험책임이론과 보상책임이론에 근거한 '무과실책
임론'이 대두하게 되었다. 이 경우 민법은 고의와 과실의 입증책임을 피해자로
부터 가해자에게 전환시켜 피해자의 입증곤란을 완화시켜 줌으로써 손해배상
을 받기에 용이하게 하고 있다.

전체적 불법행위의 책임은 기본적으로 과실책임의 틀에 기초하면서, 공해·
의료 등 특별한 사건에 대하여 간접사실의 증명을 통하여 과실과 손해 사이의
인과관계를 추정하는 등으로 과실책임의 원칙을 완화하고 있다. 한편 특별법인
광업법과 근로기준법 등에서는 명문으로 무과실책임을 채택하고 있고, 자동차
손해배상보장법에서도 사실상 무과실책임이 인정된다.

3. 채권의 효력

채권의 기본적 효력은 채권의 내용대로 급부를 요구하며 적법하게 그 급부
를 수령하는 것이다. 그러나 실제에 있어서는 채무자의 귀책사유로 인하여 또
는 제3자의 불법한 침해로 인하여 그렇지 못하게 되는 경우가 생길 수 있다. 전
자로 인한 경우를 대비하기 위하여 채권에 주어진 효력은 채권의 대내적 효력
이고, 후자로 인한 경우를 대비하기 위하여 주어진 효력은 채권의 대외적 효력
이다. 그리고 채권내용의 실현은 궁극적으로 채무자의 재산(책임재산)에 의하게
되는 것이어서 그 책임재산을 보전할 수 있는 방법이 강구되어 있다.

(1) 채권의 대내적 효력

채무자의 귀책사유(歸責事由, 고의 또는 과실)로 인하여 채무의 내용에 따른
이행을 하지 않는 것을 채무불이행(債務不履行)이라 한다. 여기에는 이행기가 도
래한 채무에 있어서 그 이행이 가능함에도 불구하고 채무자의 귀책사유로 인하
여 위법하게 채무의 이행을 하지 않는 것을 '이행지체(履行遲滯)'라 하고, 채권의
성립 후 그 이행 전에 채무자의 귀책사유로 인하여 채무의 이행이 불능으로 되
는 것을 '이행불능(履行不能)'이라 하며, 채무의 이행으로서 이행을 하였으나 그

것이 채무의 내용에 따른 것이 아닌 경우를 '불완전이행(不完全履行)'이라 한다.

이와 같은 채무불이행이 있으면, ⅰ) 이행이 가능한 경우에는 채권자가 국가의 공권력에 의하여 강제적으로 채무의 내용을 실현할 수 있다. 그 방법에는 주는 채무(물건의 인도채무)에 대하여는 직접강제, 대체할 수 있는 작위채무(건물철거채무)에 대하여는 대체집행, 대체할 수 없는 작위채무에 대하여는 간접강제가 인정된다. ⅱ) 채권자는 채무자에 대하여 손해배상을 청구할 수 있다. 손해배상의 범위는 채무불이행과 상당인과관계에 있는 통상손해를 기준으로 하고, 특별손해는 채무자가 그 사정을 알았거나 알 수 있었을 경우에 한하여 인정된다. ⅲ) 채권자는 계약을 해제할 수 있다. 채권자가 계약을 해제한 때에는 법률관계는 소급적으로 소멸하게 되어 당사자는 원상회복의무를 부담하고, 채무불이행으로 인하여 손해가 있는 때에는 손해배상을 청구할 수 있다.

(2) 채권의 대외적 효력

채무자가 아닌 제3자가 채권을 침해한 때에는 불법행위에 의한 손해배상이나 방해배제를 청구할 수 있는지에 대한 민법규정은 없다. 다만 제3자가 채권을 침해한 경우에 채권자는 침해가 불법행위의 일반적 요건을 갖추면 손해배상을 청구할 수 있음은 권리의 불가침성에 비추어 긍정되고 있다. 반면 채권의 효력에 의하여 제3자의 방해배제를 청구할 수 있느냐의 문제는 채권에는 물권과 달리 배타성이 없다는 점에서 부정되고 있다. 이런 경우에도 점유 또는 등기를 갖춘 부동산임대차의 경우에는 어느 정도 배타성이 갖추어졌다고 보아 방해배제청구를 긍정한다.

(3) 책임재산의 보전

채무자의 일반재산은 모든 채권자를 위한 종국적인 공동담보가 되므로 민법은 이 재산의 부당한 감소를 방지하기 위하여 채권자대위권(債權者代位權)과 채권자취소권(債權者取消權)을 인정하고 있다.

채권자대위권은 채무자 甲이 무자력임에도[7] 불구하고 자신의 채무자 乙에 대한 채권의 행사를 하지 않은 경우에 甲의 채권자 丙이 甲을 대위하여 乙에 대하여 甲의 채권을 행사함으로써 모든 채권자의 공동담보에 제공하는 것이다.

---

7) 판례는 소유권이전등기청구 등 특정채권의 보전을 위한 채권자대위권 행사에서는 무자력을 요건으로 하지 아니한다(대판(전) 2022. 8. 25, 2019다229202).

채권자취소권은 채무자 甲이 채권자 乙을 해함을 알고 재산권을 목적으로 하는 법률행위를 한 때에는 채권자는 그 행위로 인하여 이득을 받은 자(丙)나 전득한 자(丁)를 상대로 그 법률행위의 취소 및 원상회복(가액배상)을 청구할 수 있는 권리이다.

4. 다수당사자 사이의 채권관계

한 개의 동일한 급부를 목적으로 하는 채권관계에 있어서, 채권자 또는 채무자가 수인 있는 경우를 다수당사자 사이의 채권관계라고 말한다. A, B, C가 D로부터 한 대의 자동차를 산 경우에 그것의 급부(給付)를 받는 채권이 그 예이다.

민법이 규정하고 있는 다수당사자 사이의 채권관계는 분할채권관계(分割債權關係), 불가분채권관계(不可分債權關係), 연대채무(連帶債務), 보증채무(保證債務)의 네 가지가 있다. 이 경우 ⅰ) 수인의 채권자 또는 채무자와 상대방인 채무자 또는 채권자와 사이에 이행의 청구나 변제는 어떻게 하는가, ⅱ) 수인의 채권자 또는 채무자 중의 한 사람에 대하여 청구, 면제 기타 채권의 효력에 영향을 미칠 사유가 생겼을 때에 다른 채무자 또는 채권자에게는 어떤 영향을 주는가, ⅲ) 수인의 채권자 중에서 한 사람이 변제를 받았을 때에 이를 어떻게 다수 채권자 사이에 나누고, 수인의 채무자 중에서 한 사람이 변제하였을 때에 다른 채무자로부터 어떻게 구상할 수 있는가의 세 가지 기본문제에 대한 결과가 각각 차이가 있게 된다.

(1) 분할채권관계

다수당사자의 채권관계는 원칙적으로 분할채권관계라고 규정하고 있다. 즉 동일한 채권관계에 있어서 수인의 채권자가 있으면 균등한 비율로 분할된 독립된 채권을 갖게 되고, 수인의 채무자가 있는 경우에는 균등한 비율로 독립된 채무를 부담하게 되는 것이다. 이러한 분할채권관계에서는 수인의 채권자, 채무자 사이에서 생긴 사유는 상호간에 영향을 미치지 않는다.

(2) 불가분채권관계

채권의 목적인 급부가 그 성질상 또는 당사자의 의사표시가 있어서 불가분의 채권관계인 경우에 불가분채권관계라 한다. A, B, C 3인이 D에 대하여 소한 마리를 급부시키는 채권을 갖고 있다는 것은 성질상 불가분한 것이고, 금 3,000만 원을 급부시키는 채권은 성질상 불가분은 아니나 당사자의 의사표시에 의하여 불가분으로 할 수 있는데, 채권이 아니라 채무도 위와 같은 이유로 불가분인 경우가 있다. 채권을 불가분으로 하는 경우는 각각 별개의 독립된 채권이 급부의 불가분성 때문에 각 채권자의 채권이 연결된 취급을 받는 데 지나지 않지만, 불가분채무로 만드는 경우에는 채무자 각자가 전체의 채무를 이행할 의무를 지게 되어 모든 채무자의 총자력이 책임재산이 되기 때문에 채권의 담보력을 강화하는 결과를 낳는다.

(3) 연대채무

동일내용의 급부에 관하여 수인의 채무자가 각자 독립하여 전채무(全債務)를 변제하여야 할 의무를 지고, 채무자 중의 한 사람이 전부의 변제를 하면 다른 채무자의 채무도 모두 소멸하는 관계를 연대채무라고 한다.

연대채무에 있어서 채권자는 어느 연대채무자에 대하여나, 또는 동시나 순차로 모든 연대채무자에 대하여 채무의 전부나 일부의 이행을 청구할 수 있다. 따라서 다음에서 볼 채권에 주종의 구별이 있는 보증채무보다 담보의 효력이 강하지만, 채무자 1인에게 영향을 미치는 사유가 넓게 인정되고 있기 때문에 결과적으로 불가분채무나 부진정연대채무보다 담보적 효력이 약하게 된다.

(4) 보증채무

주채무자가 그의 채무를 이행하지 않는 경우에 대신하여 이행하여야 할 채무를 보증채무라 한다. 보증채무는 전적으로 주채무의 이행을 담보하는 전형적인 인적 담보제도로서, 주채무가 성립하지 않거나 소멸하면 보증채무도 성립하지 않거나 소멸한다. 또한 보증채무는 주채무의 내용을 초과할 수 없으며(부종성), 주채무에 대한 채권이 이전하면 보증인에 대한 채권도 이전하고(수반성), 주채무가 이행되지 않을 때에 한하여 부담하는 2차적인 채무이다(보충성). 보증에 관한 현행 규정만으로는 보증인의 보호에 불충분하여, 2008년 3월 21일 법률 제8918호(시행: 2008. 9. 22.)로 「보증인 보호를 위한 특별법」을 제정하여 아무런 대가 없이 호의(好意)로 이루어지는 보증에 대한 제한을 강화하였고, 일반 보증인을 보호하기 위하여 민법 제428조의2, 3으로 보증의 방식 및 근보증(根保證)에 관한 규정을 2015년 2월 3일 신설하여 2016. 2. 4.부터 시행하고 있다.

5. 채권의 소멸

채권의 소멸은 채권이 절대적·객관적으로 그 존재가 소멸되는 것을 말한다. 채권소멸원인이 발생하였을 때에는 그때로부터 채권은 법률상 당연히 소멸한다. 채권의 일반적인 소멸원인에는 다른 권리와 같이 목적의 소멸, 소멸시효의 완성, 법률행위의 취소와 해제, 해제조건의 성취, 종기의 도래 등이 있다. 한편 채권 편에서는 다음과 같은 채권의 특수한 소멸원인을 규정하고 있다.

(1) 변 제

변제(辨濟)란 채무자 또는 제3자가 채무의 내용인 급부를 실현함으로써 채권의 목적이 달성되어 채권이 소멸하는 것을 말한다.

(2) 대물변제

대물변제(代物辨濟)이라 함은 채권자의 승낙을 얻어 채무자의 본래의 급부에 갈음하는 다른 급부를 현실적으로 이행함으로써 채권을 소멸시키는 것을 말한다.

(3) 공 탁

공탁(供託)이란 채권자가 변제를 받지 않거나 받을 수 없는 때, 또는 변제자의 과실 없이 채권자를 알 수 없는 경우에 변제의 목적물을 은행 등 지정된 공탁소에 임치하여 그 채무를 면하는 것을 말한다.

(4) 상 계

상계(相計)라고 함은 쌍방이 동종의 채권·채무를 서로에 대하여 가지는 경우에 쌍방의 채권·채무가 이행기 도래 등의 상계적상이 존재하면 그 채권과 채무를 대등액에 있어서 소멸시키는 채무자의 단독행위를 말한다.

(5) 경 개

경개(更改)란 기본채무의 중요부분을 변경함으로써 신채무를 성립시키는 동시에 기존 채무를 소멸케 하는 계약을 말한다.

(6) 면   제

면제(免除)라고 함은 채권자의 채무자에 대한 일방적 의사표시에 의하여 채권을 무상으로 소멸시키는 채권자의 단독행위를 말한다.

(7) 혼   동

혼동(混同)이란 채무자가 채권자를 상속하거나 채무자가 채권을 양수하는 경우 등과 같이 채권과 채무가 동일인에게 귀속하는 결과 채권이 소멸하는 것을 말한다.

V. 친   족

1. 총   설

실질적 의의에 있어서의 친족법은 기본적 신분관계를 규율하는 법의 총체를 말한다. 즉 남녀의 결합(혼인)과 이를 기초로 하여 생기는 친자관계를 중핵으로 한 가족적 생활관계를 규율하는 법의 총체를 말한다. 따라서 친족법은 그 법률대상에 따라 혼인법, 친자법, 협의의 친족법(혼인법과 친자법을 제외한 분야)으로 구분할 수 있다.

2005년 3월 31일 제4편의 친족법을 개정하여 종전 호주를 중심으로 가(家)를 구성하는 호주제도는 양성평등이라는 헌법이념과 시대변화에 부합하지 아니하므로 이를 폐지하고, 동성동본금혼제도와 친생부인의 소의 제척기간을 헌법불합치결정의 취지에 따라 합리적으로 조정하였고, 입양제도의 현실을 반영하고 양자의 복리를 증진시키기 위하여 양친과 양자에게 친족관계를 인정하면서 양친의 성과 본을 따르게 하는 친양자제도를 도입하였다.

2. 혼   인

남녀의 결합에 따른 법률문제는 약혼, 혼인(결혼), 이혼이 있고, 특수한 경우로 사실혼의 문제가 있다.

(1) 약   혼

장래 혼인할 것을 내용으로 하는 남녀 사이의 신분계약을 약혼(約婚)이라 한다. 남자와 여자는 만 18세에 달하는 경우(2007년 민법개정으로 남녀 사이의 혼인 적령의 차별은 사라짐; 그 이전에는 남자는 만 18세, 여자는 만 16세)에 약혼을 할 수 있는데, 미성년자인 19세 미만 동안에는 법정대리인(친권자 또는 미성년후견인)의 동의를 얻어야 한다. 그렇더라도 약혼은 장래 혼인할 당사자 사이의 계약이 므로 집안 어른들의 합의인 정혼(定婚)과는 구별된다.

약혼이 성립되면 혼인할 의무가 생기지만 그 의무의 이행을 강제하지 못하고, 혼인할 때까지는 약혼으로 인하여 어떠한 친족관계도 생기지 않는다.

이러한 약혼은 당사자 일방이 암 등 불치의 질병이 있거나, 약혼 후 타인과 약혼 또는 혼인하거나, 약혼 후 타인과 간음하거나 정당한 이유 없이 혼인을 거절하거나 그 시기를 지연한 때 등의 경우에 그 상대방이 해제할 수 있다. 이러한 상황이 발생한 경우에는 혼인으로 이어질 신뢰관계가 더 이상 유지될 수 없기 때문이다. 약혼을 해제한 경우 당사자 한쪽은 과실 있는 상대방에 대하여 이로 인한 손해배상을 청구할 수 있다.

(2) 혼 인

① 민법은 법률혼주의를 취하여「가족관계의 등록 등에 관한 법률」이 정하는 바에 따라서 혼인신고를 함으로써 혼인(婚姻)의 효력이 발생한다. 혼인의 실질적 요건으로서는 혼인적령(만 18세, 2007년 민법개정으로 남녀사이 혼인적령의 차별은 사라짐)에 달하였을 것, 미성년자의 경우에는 부모의(19세 미만의 경우), 피성년후견인의 경우에는 성년후견인의 동의를 얻을 것, 동성동본인 혈족 혹은 일정한 근친자가 아닐 것, 중혼이 아닐 것을 필요로 한다. 이상의 요건 외에 당사자 사이의 혼인의 합의가 있어야 함은 당연하다.

② 혼인이 성립되면 부부는 서로 배우자의 신분을 가지고 친족이 된다. 상대방의 혈족과의 사이에 서로 인척관계가 생기며,「가족관계의 등록 등에 관한 법률」에 의해 등록부에 혼인을 신고함으로써 그 효력이 생긴다(민법 812조 1항). 부부는 동거하며 서로 부양하고 협조하여야 할 의무가 있고, 부부 사이의 계약은 결혼 중에는 언제든지 부부의 한쪽이 이를 취소할 수 있다. 또한 우리 민법은 미성년자가 혼인한 때에는 성년에 달한 것으로 하는 성년의제 조항(민법 826조의2)을 두고 있는데, 이는 결혼생활의 독립성과 부부평등의 원칙의 관점에서 부부 상호간의 협력에 의한 가정생활을 하도록 혼인한 미성년자는 친권과 후견을 벗어나서 독자적으로 행위능력을 가지게 한 것이다.

③ 부부 사이의 재산에 관한 문제는 부부가 결혼성립 전에 합의하여 정할 수 있고(부부재산계약), 혼인 성립 시까지 등기하면 제3자에 대하여도 합의 내용으로써 대항할 수 있게 된다. 이러한 계약이 체결되지 않은 때에는 법률의 규정이 적용되는바, 부부의 한쪽이 혼인 전부터 가지고 있던 고유재산과 혼인 중 자기명의로 취득한 재산은 그 특유재산으로 하여 이를 각자 관리·수익하고(특유재산), 부부의 누구에게 속하는 것이 불명한 재산은 부부의 공유로 추정하며(귀속불명재산), 부부는 일상의 가사에 관하여 서로 대리권이 있으며 부부의 한쪽이 일상의 가사에 관하여 제3자와 법률행위를 한 때에는 다른 배우자가 이로 인한 채무에 대하여 연대책임이 있다.

(3) 이 혼

① 혼인의 해소사유는 배우자의 사망·실종선고·이혼 등이 있다. 그중 이혼(離婚)에 관하여 살펴보겠다. 우리나라의 이혼제도는 오랫동안 유책주의(有責主義)에 입각하여 제한적으로 열거된 사유가 생기면, 그 사유를 발생시키는데 과실이 있는 배우자의 상대방만 이혼을 청구할 수 있는 것으로 하고 있다. 그러나 파탄주의(破綻主義)의 세계적 추세에 맞추어 혼인을 계속하기 어려운 중대한 사유가 있으면 과실 있는 배우자도 특별한 사정이 있는 경우 극히 제한적으로 이혼을 청구할 수 있게 하는 것이 타당하다고 본다. 한편 민법은 협의이혼제도도 인정하고 있는데, 과거 협의이혼이 불평등하게 이용되었던 것을 시정하기 위하여 '협의이혼신고에 대한 가정법원의 확인제도'를 마련하였다.

② 이혼이 되면 혼인을 전제로 한 모든 법률관계는 해소된다. 다만 친자관계는 그대로 유지되는 결과 자녀의 양육에 관한 사항은 부모가 협의하여 정하고, 이혼 후 자녀를 직접 양육하지 않는 부모 중 일방은 면접교섭권을 가진다. 또한 2016년 민법 개정(시행: 2016. 6. 3.)을 통해 자녀를 직접 양육하지 아니하는 부모 일방이 사망하거나, 중환자실 입원, 군복무, 교도소 수감 등 피치 못할 사정으로 면접교섭권을 행사할 수 없을 때에는 그 부모의 직계존속이 가정법원의 허가를 받아 손자녀와 면접교섭이 가능하도록 하려는 내용이 신설되었다.

한편 이혼의 경우 배우자의 일방이 다른 일방에 대하여 기여도에 따라 재산분할을 청구할 수 있다. 특히 경제력이 없는 당사자(여성일 경우가 많다) 쪽에 대하여 이혼 후의 경제적 문제를 어느 정도 보장하려는 취지이다. 2005년 개정으로 종전 민법 제811조를 삭제하여 여성에 대한 재혼금지기간 제도를 폐지하였다.

(4) 사실혼

사실상 결혼생활을 하고 있으나 혼인신고를 하지 아니 한 부부관계를 사실혼(事實婚)이라 한다. 민법이 법률혼주의를 취하는 결과 법률상 혼인으로 인정되지 않는 부부관계를 사실혼이라 하는 것이다. 현실적으로 사실혼의 보호 필요성은 매우 높다. 따라서 사실혼은 해석상 혼인신고를 전제로 하여 발생하는 효력(가족관계등록부의 변동 등)을 제외한 혼인의 효력은 모두 인정하고 있다. 특히 근로기준법, 공무원연금법 등 특별법에서는 법률혼과 동일한 효력을 인정하고 있다.

3. 친   자

친자관계는 혼인관계와 더불어 사회의 기초를 이루고 있는 문제이다. 친족편에서는 친자관계의 발생사유로서 친생자와 양자를 규정하고 있고, 그 결과 발생하는 법률효과 중에서 친권에 관하여 규정하고 있다.

(1) 친생자

친생자(親生子)는 혼인관계가 있는 부모로부터 낳은 경우(혼인중의 출생자)와 혼인관계가 없는 부모로부터 낳은 경우(혼인 외의 출생자)에 따라 취급이 다르다. 전자의 경우에는 일정한 요건이 갖추어지면 친자관계의 확인이 쉽기 때문에 별문제는 없으나, 그렇지 않은 후자의 경우에는 생부나 생모가 인지하여야 친자관계가 생기게 된다.

다만 혼인 외의 출생자도 후에 그 생부와 생모가 법률상 혼인을 하면 그 혼인을 한 때부터 혼인중의 출생자로 되는데 이를 '준정(準正)'이라고 한다. 제846조와 제847조의 친생부인의 소제기와 관련하여서는 2005년 개정으로 처에게도 친생부인의 소제기를 인정하였으며, 제소기간도 안 날로부터 1년 내에서 2년 내로 그 기간을 연장하였다. 또한 2017년 민법 개정(시행: 2018. 2. 1.)으로 민법 제844조 제2항 중 혼인관계 종료의 날부터 300일 이내에 출생한 자는 혼인 중에 포태한 것으로 추정하는 부분에 대한 헌법재판소의 헌법불합치 결정(2013헌마623, 2015. 4. 30. 결정)의 취지를 반영하여 혼인관계가 종료된 날부터 300일 이내에 출생한 자녀에 대하여 모 또는 모의 전 남편은 법원에 친생부인의 허가 청구를 할 수 있고, 생부는 인지의 허가 청구를 할 수 있도록 하여 친생부인의 소보다 간단한 방법으로 친생추정을 배제할 수 있도록 하였다(제854조의2 제3항).

(2) 양 자

양자제도(養子制度)는 자연적 혈연관계에 있지 않은 사람들 사이에 법률상 친자관계를 의제하는 것으로서, 우리나라의 전통적인 양자제도는 '가를 위한 양자제도'였으나 현행민법은 이를 폐지하고 양친 및 양자제도를 채택하고 있다.

양자는 「가족관계의 등록 등에 관한 법률」에 정한대로 입양신고를 함으로써 양친의 혼인중의 출생자로서의 신분을 취득하며, 양친의 혈족과 인척 사이에도 친족관계가 생긴다. 양자와 친생부모 기타 혈족과의 친족관계는 소멸하지 아니한다. 하지만 친권은 양친이 행사한다. 2005년 개정으로 제908조의2 내지 제908조의8의 친양자제도를 신설하였다.

(3) 친 권

친권(親權)은 미성년자인 자녀에 대하여 부모가 가지는 신분상·재산상의 권리의무를 말한다. 그 내용은 자녀에 대한 보호, 교육의 권리·의무, 거소지정권, 징계권, 재산관리권, 영업허락권, 재산·신분행위의 대리권 등이 있다.

친권은 부모가 공동으로 행사하고 부모의 한쪽이 친권을 행사할 수 없을 때 다른 한쪽이 행사한다. 다만 부모의 의견이 일치하지 않는 경우에는 당사자의 청구에 의하여 가정법원이 정한다. 친권행사의 기준과 관련하여서는 2005년 개정으로 제912조를 신설하여 부모 등 친권자가 친권을 행사함에 자의 복리를 우선적으로 고려하도록 하였다.

(4) 친 족

친족관계(親族關係)는 혼인과 혈연을 기초로 하여 생기며 무한정 확대되어 나갈 수 있다. 그러나 시대에 따라 사회적·법률적으로 일정한 한계를 그어 왔는데, 그 근거는 대체로 당해 사회의 경제구조에 따르는 공동생활관계의 여부와 그 사회제도에 의한 사상적인 기초에 두고 있다. 법률상 인정되는 친족관계에 대하여서는 친족이란 신분에 의하여 부양관계, 상속관계 등 여러 가지 가족법상의 권리의무를 가지게 된다. 현행 민법상의 친족의 범위는 다른 특별한 규정이 없는 한 배우자, 8촌 이내의 혈족, 4촌 이내의 인척(배우자의 혈족임)이다.

Ⅵ. 상 속

1. 총 설

사유재산제도를 인정하는 까닭에 사람이 사망한 경우에 그의 재산을 다른 일정한 사람에게 이전하는 제도가 자연스럽게 발달하게 되었는데 이를 상속(相續)이라 한다.

재산소유의 형태가 가족소유에서 개인소유로 옮아가고 자유로운 사적소유권이 발달하자 상속도 사망자의 자유로운 유언에 따르는 형태가 발전되어 왔다. 그러나 상속되는 재산의 축적은 사망자의 노력에 오로지 의존한 것이 아니라 다른 가족구성원들의 협력에도 의존한 것이고 또한 그 재산은 가족구성원의 생활보장의 담보이기도 하다는 관점에서, 우리 민법을 비롯한 현대의 상속법제도는 사망자의 유언을 존중하되 어느 정도의 비율의 재산은 가족구성원들에게 보장하고 있다(유류분제도).

종전의 상속제도 중에는 재산상속 이외에 우리의 전통에 기초한 호주상속이 있었으나, 개정되어 호주승계의 형태로 바뀌었다가 2005년 민법 개정으로 호주승계 제도도 폐지되었다. 민법 제5편의 상속 편에서는 후견인 해임제도를 후견인 변경제도로 바꾸었고, 한정승인의 제척기간을 2002년 개정법에서 상속인이 피상속인의 채무 초과사실을 중대한 과실 없이 단순승인하거나 단순승인으로 의제된 경우에는 그 사실을 안 날부터 3월 이내에 한정승인을 할 수 있도록 손질하였다.

2. 상 속

민법의 상속의 순위와 지분에 관한 규정은 사망자의 유언에 의한 재산처분이 없는 경우에 적용하게 된다.

재산상속의 순위는 피상속인의 직계비속이 제1순위이고 그 다음이 직계존속, 형제자매, 4촌 이내의 방계혈족의 순이고, 피상속인의 배우자는 직계비속이나 직계존속이 상속할 때 같이 상속한다.

상속분은 이전의 호주상속인에게 주던 특혜나 출가녀에 대한 차별을 없애고 균등하게 상속하는 것으로 한다. 다만 배우자의 상속분은 다른 공동상속인의 상속분에 5할을 가산하고, 공동상속 중에 피상속인의 재산의 유지 또는 증가에 특별한 기여를 한 자가 있을 때에는 공동상속인의 협의로 그 자의 기여분을 상속재산에서 뺄 수 있도록 하고 있다.

위의 상속의 순위와 상속분에 따라 재산상속을 받지 못한 재산상속인은 재산상속회복청구권에 의하여 보호된다.

한편 상속재산 중에 적극적 재산보다 소극적 재산이 더 많은 경우도 있으므로 이러한 상속을 강제한다는 것은 자기책임의 원칙에 반하기 때문에, 상속인이 상속받은 한도 내에서만 피상속인의 채무를 변제할 것을 조건으로 상속을 승인할 수도 있다(한정승인). 또한 상속인이 완전히 자유롭게 상속을 포기할 수도 있다.

3. 유   언

유언(遺言)이란 유언자가 자신의 사망과 동시에 일정한 법률효과를 발생시킬 목적으로 일정한 방식에 따라서 하는 상대방 없는 단독행위이다. 사유재산제도의 관철 내지 죽은 사람의 의사존중이라는 관점에서 자유롭게 자기의 사후의 법률관계 특히 재산관계를 정하는 것을 인정하고 있다(유언자유의 원칙).

만17세 이상이면 법정대리인의 동의 없이 유언할 수 있고, 피성년후견인이라도 그 의사능력이 회복된 때에는 유언할 수 있다.

민법은 유언의 방식에 관하여 엄격한 형식을 요구하고 이에 따르지 않는 유언은 무효로 하고 있다. 그 이유는 유언이 유언자가 사망한 후에 그 효력이 발생하는 까닭에 그 내용이 유언자의 진의인가 아닌가 또는 유언이 있었는가의 여부를 확인하는 것이 곤란하기 때문에 이로 인하여 발생한 법률분쟁을 막고자함에 있다. 이에 따라 민법이 인정하는 유언의 방식에는 다섯 가지가 있다. 통상의 경우에는 자필증서(自筆證書), 녹음(錄音), 공정증서(公正證書), 비밀증서(祕密證書) 중에서 하나의 형식으로 유언을 하며, 질병 기타 급박한 사유로 인하여 위 방식에 의할 수 없는 경우에는 구수증서(口授證書)에 의하는 것이 허용되고 있다.

4. 유 류 분

피상속인의 자의(恣意)로부터 추정법정상속인을 보호하기 위하여, 피상속인의 재산처분의 자유에 일정한 비율액의 제한을 두어서 그 비율액 만큼은 상속인을 보호하는 제도를 유류분제도(遺留分制度)라고 한다(민법 1112조-1118조). 이것을 인정하는 이유는 개인재산 처분의 자유와 가족생활의 안정이라는 서로 대립되는 이념의 타협으로 성립된 것이다.

이에 따라 피상속인이 증여(贈與) 또는 유증(遺贈)에 의하여 유류분을 침해한 때에는 유류분권자는 수유자 또는 수증자에 대하여 그 부족액의 반환을 청구할 수 있다. 여기서 유류분권자는 피상속인의 직계비속, 직계존속, 형제자매, 배우자이고, 유류분권을 행사할 수 있는 자는 재산상속의 순위상 상속권이 있는 자이어야 한다. 유류분은 직계비속, 배우자는 각각 그 법정상속분의 2분의 1이고, 직계존속과 형제자매는 각각 그 법정상속분의 3분의 1이다.

제 4 절 민사소송법

Ⅰ. 민사소송이란 무엇인가

1. 민사분쟁의 해결방법

(1) 여러분들은 이제까지 살아오는 동안 돈을 빌려주고 받지 못해 고민하거나 교통사고로 인한 손해배상을 둘러싼 다툼 등등의 여러 문제에 부딪혀 해결을 구하고자 하는 사람들을 본 적이 있을 것이다. 위와 같이 사법상의 권리 또는 법률관계를 둘러싸고 발생하는 분쟁을 민사분쟁이라고 한다.

(2) 민사분쟁의 해결방법은 역사적 변천을 거쳐 발전되어 왔다. 원시사회에서는 자력구제(自力救濟)의 방법에 의하였다. 그 결과 힘이 강한 자만이 자기의 권리를 지킬 수 있어 권리가 실현되지 못하는 경우가 많았고, 이러한 자력구제는 그 반복으로 말미암아 공동체의 법적 평화를 심히 해치게 되었다. 이에 국가는 법원이라는 재판기관을 설치하고 국가의 공권력에 의하여 민사분쟁을 강제적으로 해결하는 방법을 마련하게 되었고, 모든 국민이 이것을 이용할 수 있도록 하였다. 이것을 국가구제(國家救濟)라고 한다.

(3) 이러한 국가구제의 분쟁해결절차가 민사소송절차인 것이다. 그러나 모든 사법상(私法上)의 분쟁을 민사소송으로 모두 해결하는 것은 불가능할 뿐만 아

니라 또한 바람직하다고 볼 수도 없다. 따라서 화해 등의 자주적·자율적 분쟁해결방법을 허용하고 있다. 민사소송을 이러한 자율적 분쟁해결방법과 비교해 볼 때 특성은 상대방이 소송에 의한 해결을 반대하더라도 이용할 수 있고, 당사자가 그 판단에 만족하지 않더라도 이를 강제할 수 있다는 것이다. 궁극적으로 국가의 재판권에 기초를 둔 강제적 분쟁해결방법이라는 점에서 차이가 있다.

(4) 법률의 기초를 이해하려고 하거나, 훌륭한 법조인이 되려면 민사소송법을 잘 알아야 한다. 그러나 실체법과 달리 민사소송법은 기술법적인 성격이 강하여 관심과 흥미를 가지는 사람이 적을 수도 있다. 하지만 민사소송의 이상과 목적 그리고 살아 움직이는 소송절차의 여러 특성들을 알고 나면 매우 흥미 있는 과목이 될 수 있다. 아래에서는 본격적으로 민사소송법을 공부하기 전에 반드시 알아야만 하는 기본적인 것들을 소개하여 민사소송법에 대한 이해를 돕도록 서술해 나가고자 한다.

2. 민사소송의 개념

(1) 민사소송은 대등한 위치의 당사자들 사이에서 일어나는 여러 분쟁(예: A가 B에게 돈을 빌려주었다가 반환받지 못하여 발생한 분쟁 등), 즉 '민사사건'을 그 대상으로 한다. 따라서 국가가 우월한 위치에 서서 각종 세금을 부과하는 것과 관련된 분쟁과는 다르다. 또한 민사분쟁이라 하여도 화해·조정 등의 자율적 분쟁해결방법을 통한 해결 등이 이루어지지 아니하면 법원의 재판에 의해 분쟁이 최종적으로 해결되어야 한다. 따라서 민사소송은 국가 즉 법원이 주관하는 공적 절차(公的 節次)라고 할 수 있다. 즉 국가기관이 분쟁해결을 위해 대립하는 분쟁 당사자의 신청 등으로 시작되어 재판으로 마무리 하는 법적 절차를 의미한다.

(2) 이러한 민사소송은 공권력을 행사하는 다른 형태의 소송(예: 형사소송, 행정소송 등) 또는 공권력을 행사하지 않는 다른 분쟁해결방법과는 어떻게 다른가?

① 범죄가 발생한 경우 국가가 형벌권을 행사하게 되는데, 이러한 형사사건을 대상으로 하는 소송을 형사소송이라 한다. 형사소송은 공익에 관한 절차이므로 공소제기와 증거수집 등이 검사에 의해 이루어지는 점에서 소송의 승패가 개인에 달려있는 민사소송과 다르다. 그러나 최근에는 범죄로 인한 민사상 손

해배상책임을 형사소송절차에서 함께 물을 수 있는 배상명령제도가 활용되고 있다는 점을 유의해야 할 것이다.

② 국가가 행정권을 행사하거나 공법상의 권리관계에 관하여 분쟁이 있을 때 이를 행정사건이라 하는데(예: 위법한 납세처분 등), 이것을 대상으로 하는 소송이 행정소송이다.

행정소송은 행정권행사의 신속성과 공익성이라는 특성을 감안해 소 제기하기 전에 임의적으로 행정심판을 받을 수 있는 등 절차상의 특칙을 두고 있다.

③ 가사소송법 제2조의 규정에 따라 신분관계에 관한 분쟁을 해결하는 절차를 두고 있는데 이것을 가사소송이라 한다. 신분에 관한 소송이므로 당사자의 의사를 중시하면서도 공익적 특성이 있다.

④ 민사소송은 일도양단적인 해결을 도모할 수 있는 장점이 있지만, 비용이 많이 들고 장기간을 요하므로, 강제력은 없지만 신속하고 경제적인 자율적인 분쟁해결방법을 선택하는 것이 더 바람직한 경우가 많다. 이것을 총칭하여 대체적 분쟁해결방법(Alternative Dispute Resolution; ADR)이라고 한다. ADR의 필요성은 소액 다수의 사건, 국제상사사건, 의료사건 등 효율성과 전문성이 필요한 경우에 전문성을 살리고 비용을 줄일 수 있다는 점에서 매우 유용하다. 여기에는 당사자의 상호양보로 분쟁을 종결하는 약정인 화해계약, 법원이 관여하는 재판상의 화해, 제3자가 분쟁당사자를 중개하여 화해에 이르도록 알선하는 조정, 양당사자가 분쟁을 사인인 제3자의 판정에 따라 해결하기로 합의하고 그에 기한 심판절차에 따르는 중재, 기타 상담, 협상 등이 있다. 특히 중재는 국제거래상의 분쟁해결에 많이 이용되고 있다.

3. 민사소송의 목적, 이상과 신의칙

(1) 민사소송의 목적

민사소송제도를 둔 목적에 관하여 사권의 보호, 사법질서의 유지, 분쟁의 해결 등 다양한 학설이 있다. 그러나 민사소송이 사법상의 법률관계에 관한 분쟁을 대상으로 한다는 점에 비추어 보면 민사소송의 목적은 본질적으로 사권보호에 있다고 보는 것이 타당하다(사권보호설).

(2) 민사소송의 이상

민사소송제도는 사권의 보호라는 목적을 효율적으로 수행하기 위하여 민사사건의 분쟁해결수단인 민사소송제도가 적정·공평하고, 신속·경제적으로 작동하여야 한다. 민사소송은 적정, 공평, 신속, 경제를 이상(理想)으로 하고 있다. 민사소송법 제1조 제1항에서도 이것을 분명히 하고 있다. 적정(適正)이란 판단의 전제되는 사실인정이 진실에 부합하고 법의 해석적용이 정당한 것을 말하며, 공평(公平)이라 함은 양당사자를 평등하게 취급하고 이익이 되는 사항을 주장할 수 있는 기회를 균등하게 부여하는 것을 말한다. 신속(迅速)한 재판을 받을 권리는 헌법상 기본권의 하나이며, 아무리 적정·공평한 재판이라 하더라도 신속하지 못하면 아무런 실효성이 없으며 소송에 대한 불신을 가중시킬 뿐이다. 신속한 재판을 위해 우리 민사소송법은 변론준비제도, 직권진행주의 등의 규정을 두고 있으며, 특별법인「소송촉진 등에 관한 특례법」등도 신속한 재판의 이상에 이바지하고 있다. 또 소송에 필요한 법원과 당사자의 비용을 적게 하고 자력이 없는 자도 소송제도를 쉽게 이용할 수 있게 배려하는 것이 경제(經濟)의 이상이다. 이것을 위하여 소액심판제도, 전자소송제도, 소송구조제도 등의 활성화가 더욱 요망되고 있다.

(4) 신의성실의 원칙

민사소송은 법원과 당사자 기타 관계인의 협력을 통하여 진행되므로 당사자 기타 관계인의 신의성실에 기한 소송행위가 절실히 필요하다. 이것을 민사소송법상의 신의성실(信義誠實)의 원칙 즉 신의칙(信義則)이라고 한다. 이상과 달리 신의칙은 민사소송법상 규범성이 강하다.

따라서 민사소송의 이상은 민사소송법의 운영과 관련된 지침인「시스템의 운영원리」이고, 신의칙은「민사소송법의 근본규범」으로서 규정의 해석·보충·수정 등의 역할을 하여야 한다.

4. 민사소송절차의 종류와 진행경과 등

(1) 민사소송절차의 종류

우리들이 살아가는 현재 사회와 그에 따라 일어나는 여러 분쟁은 복잡하고 다양하기 때문에 민사소송의 목적을 효과적으로 달성하기 위하여 여러 가지 소송의 유형을 설정하고 여기에 상이한 역할을 담당시키고 있다. 넓게 통상의 민사사건에 적용되는 소송절차인 통상소송절차, 특수한 성질의 사건에 적용되는 특수소송절차, 그리고 이 양자의 부수절차로 나눌 수 있다. 통상소송절차는 원고가 소를 제기하여 보호를 구하는 권리관계의 존부를 심리하여 판단하는 절차인 판결절차와 판결의 내용을 강제적으로 실현하는 절차인 강제집행절차로 나눌 수 있다.

(2) 민사소송의 진행과정

① 민사소송에서는 판결절차가 가장 중요하므로 이 절차의 진행과정을 알아야 한다. 제1단계는 원고가 피고를 상대로 다툼이 되고 있는 법률문제의 판단을 요구하는 소장을 관할권 있는 법원에 제출함으로써 시작된다. 소장이 제출되면 재판장은 소송을 심사하고 그것이 적식(適式) 하면 제1회 변론기일을 지정하며 법원은 원·피고를 정해진 기일과 장소에 소환하게 된다. 그러나 변론의 준비가 필요한 경우에는 바로 변론기일에 들어가지 아니하고 변론준비절차에서 증거 및 쟁점을 정리한 후에 변론기일을 잡게 된다.

② 변론기일이 잡히면 원·피고가 스스로 또는 소송대리인을 선임하여 기일에 출석하면 제2단계로 소송의 심리에 들어간다. 이때 원고와 피고는 자기에게 유리한 사실상 및 법률상의 주장을 하고 이를 밑받침하기 위하여 증거를 제출하게 되고(주장과 증거의 제출), 법원은 당사자가 제출한 증거를 조사하여 법관은 자유로운 심증에 따라 당사자 주장의 진위를 확정하게 된다(증거조사와 사실의 확정).

③ 마지막으로 법원은 심리를 통하여 확정된 사실에 기초하여 법률을 적용하여 판결하게 된다. 즉 법원은 판결로서 원고의 청구에 대한 인정 여부를 판단하게 된다. 이것이 제3단계이다. 이렇게 세 단계를 거쳐 제1심의 절차가 종료되는데 이에 대해 원·피고 일방이 불복을 하지 않으면 소송절차는 끝나지만 어느 일방이 불복하면 상소절차로 넘어가 항소·상고절차를 거치게 된다.

(3) 복합소송

민사소송의 전형적인 유형은 1인의 원고가 1인의 피고를 상대로 1개의 소송상 청구를 둘러싸고 전개된다. 원고 또는 피고가 다수이거나 원·피고 모두 다수이거나(공동소송 또는 소의 주관적 병합), 소송상 청구가 다수인 경우(청구의 병합 또는 소의 객관적 병합)도 있다. 또한 제조물책임, 약해소송, 환경소송 등에 있어서 분쟁의 당사자가 매우 많은 경우에는 집단적 분쟁해결수단으로 대표당사자소송(class action), 단체소송(Verbandsklage) 등의 집단소송제도가 있다. 당사자와 청구가 복수이거나, 당사자가 매우 많은 집단소송 등을 복합소송의 형태로 분류할 수 있다.

5. 민사소송법의 의의와 해석

(1) 민사소송법의 의의

민사소송법을 형식적 의의로만 파악하면 민사소송법이라는 법전을 가리키지만, 실질적 의의로 보면 민사소송절차를 규율하는 법규의 총체를 말하므로 민사소송법전 외에 법원조직법, 변호사법 등 다수의 절차관련 법규가 포함된다. 특히 실질적 민사소송법의 법원(法源)으로는 대법원규칙, 관습법 등이 중요한 역할을 하고 있다. 민사소송법은 공법, 민사법, 절차법이라는 특성을 가지고 있다.

(2) 민사소송법의 해석

민사소송법규의 해석은 기본적으로 법해석의 일반원칙에 따른다. 그러나 민사소송은 법원과 당사자의 각 행위가 재판이라는 공통의 목표를 향하여 순차적으로 행하여지는 절차이고, 선행행위를 전제로 후행행위가 행하여지므로 될 수 있으면 이미 진행한 절차를 존중하려고 하는 '절차의 안정'이라는 요청에 따라 법규를 해석하여야 한다. 또 법원은 다수의 사건을 가능한 한 신속히 처리하여야 하므로 개개의 사건을 집단적·획일적으로 처리하여야 할 필요성이 있다. 즉 소송법규의 해석에 있어서는 실체법보다 '형식주의적 경향'이 강하다고 볼 수 있다.

II. 소송은 어떻게 시작되는가

1. 소의 제기에 의한 개시

(1) 소는 원고가 법원에 대하여 특정한 청구(이를 소송물이라 한다)의 당부에 관한 심판을 통하여 권리보호를 하여 줄 것을 요구하는 신청을 말한다. 즉 소를 제기함으로써 제1심의 소송절차가 개시된다. "소가 없으면 소송이 없다(처분권

주의).”는 법언이 이를 잘 표현해 주고 있다. 이러한 신청에는 ① 누가 누구를 상대로 하여, ② 어느 법원에 대하여, ③ 무엇에 관하여 어떠한 내용의 심판을 구하는가 하는 것이 명백하게 나타나야 한다.

(2) 한편 법원은 원고가 소의 내용으로서 주장한 소송상 청구의 당부에 관하여 심리하기 전에 소가 갖추어야 할 적법요건을 구비하였는가를 심사해야 한다. 이러한 요건을 소송요건이라 하는데 이것이 갖추어져 있지 않은 때에는 소 각하 판결을 한다.

(3) 그리고 소송요건이 갖추어져 있으면 청구의 당부에 관하여 심리한 다음 판결을 내리게 되는 것이다.

① 소는 청구의 내용에 따라 첫째 피고에 대한 특정한 이행청구권의 존재를 주장하여 그 확인과 이에 기한 이행을 명하는 판결을 구하는 이행의 소(예: 피고는 원고에게 빌려간 돈 100만 원을 반환하라), 둘째 특정한 권리 또는 법률관계의 존부를 주장하여 이를 확인하는 판결을 구하는 확인의 소(예: A토지의 소유권은 甲에게 있음을 확인하라), 셋째 법률관계의 변동을 일으키는 일정한 법률요건의 존재를 주장하여 그 변동을 선언하는 판결을 구하는 형성의 소(예: A회사의 설립은 무효이다 또는 원고와 피고는 이혼한다)로 나눌 수 있다.

② 소의 제기는 소장이라는 서면을 작성하여 법원에 제출하는 것이 원칙이나 소액사건 등에는 구두에 의한 제소가 인정된다. 소장에 반드시 기재해야 할 사항(필수적 기재사항)으로는 당사자 및 법정대리인, 원고가 구하고자 하는 소의 결론부분인 청구취지(예: 피고는 원고에게 A토지를 인도하라), 청구를 특정하기 위해 필요한 사실관계인 청구원인(예: A토지는 원고가 甲으로부터 매수하여 현행 등기부상 소유자라는 사실 등) 등이고 그 외에 기재가 필수적이지 않은 임의적 기재사항이 있다.

③ 소가 제기되면 법원은 이 사건을 담당할 재판부를 결정하고 그 재판부는 소장을 심사하여 그것이 적식(適式)하지 아니하면 소를 각하하거나 보정시키고, 적식하면 피고에게 소장을 송달함으로써 피고에게 제소된 사실을 알려 소송에 대비하도록 한다. 아울러 사건 심리를 위한 기일과 장소를 지정하고 원·피고를 소환하게 된다. 피고가 소장 부본을 받고 이를 다투지 아니하고 자백하면 무변론판결을 하게 되고, 원고의 청구를 다투거나 나아가 원고에 대하여 스스로 별도의 청구를 하는 반소를 제기하는 경우에 법원은 소송의 대상인 청구에 관

하여 본격적인 심리에 들어가게 된다.

2. 법원과 당사자

(1) 법   원

① 원고가 일정한 소송상의 청구를 특정한 법원에 함에 있어 그 소를 제기받은 법원을 수소법원이라 하며, 구체적으로는 민사재판권을 행사하는 재판기관을 말한다. 민사법원으로는 대법원, 고등법원, 지방법원 및 지원, 시·군법원 그리고 민사사건을 병합하여 처리하는 가정법원과 행정법원이 있고, 특허권 등의 지식재산권의 침해로 인한 손해배상소송 등의 항소심을 담당하는 특허법원(고등법원급)이 있다. 이들 법원은 계층을 나누어 심급제도로 운영되고 있다.

② 재판기관을 구성하는 방법에는 합의제와 단독제의 두 가지가 있다. 대법원, 고등법원은 모두 합의제로 운영하고 지방법원은 항소심의 경우를 제외하고는 단독제를 원칙으로 한다. 합의제의 경우는 충실한 심리를 하여 공정한 재판을 할 수 있으나, 원활하고 신속한 활동하기가 어려울 수도 있다. 따라서 이를 보완하기 위해 구성법관 중의 하나로 하여금 합의체를 대표하거나 단독으로 권한을 행사할 수 있게 하였으니 이것이 재판장제도이다. 재판장은 소송지휘를 하고 법에서 특별히 정한 경우 독자적으로 명령을 할 수 있다.

한편 구체적 사건을 취급하는 법관이나 법원사무관 등이 우연히 그 사건과 관련된 당사자나 청구와 특수한 관계가 있어 불공정한 재판이 이루어질 염려가 있는 경우 그 법관이나 법원사무관 등을 당해 사건으로부터 배제하는 제척, 기피, 회피 등의 제도를 두고 있다.

③ 민사소송에 의하여 처리하여야 할 사건은 무수히 많고 법원은 전국에 걸쳐 많은 수가 존재하고 있는데, 이들 법원은 토지구역, 소가의 액수, 심급 등 여러 관점에 의하여 사건을 분담하여 처리하고 있다. 이를 관할(管轄)이라고 한다. 관할이란 이러한 법원들 사이의 재판권행사의 분담을 정하는 것을 말하며, 원고는 관할법원에 소를 제기하여야 한다. 왜냐하면 수소법원이 관할권 있는 법원이어야 함은 소송요건이기 때문이다. 따라서 수소법원은 관할권의 유무를 조사하여 관할권이 없는 경우는 청구에 관해 재판할 수 없고 사건을 결정으로 관할법원에 이송하여야 한다. 관할에는 여러 기준에 의하여 직무관할, 사물관할, 토지관할 등으로 나눌 수 있다.

(2) 당사자

① 당사자는 법원과 더불어 소송절차를 이끌어가는 소송주체의 하나로서 구체적으로는 자기의 이름으로 소를 제기하거나 제소당하여 판결의 명의인이 되는 자를 가리킨다. 대부분 실체법상의 권리의무자가 당사자가 되지만 실체법상으로는 권리·의무의 주체가 아닌 자가 당사자가 되는 경우(예: 선정당사자, 파산관재인 등)도 있다. 그렇기 때문에 민사소송에서의 당사자 개념은 실체법상의 권리의무자 외에 제3자가 소송담당을 하는 경우도 있기 때문에 형식적 당사자(形式的 當事者) 개념에 기초하고 있다. 변호사 등의 소송대리인이 선임되어 있더라도 대리인은 당사자가 아니라 대리되는 본인이 당사자이다.

② 민사분쟁은 보통 두 사람 사이에 이해대립의 형태를 취하고 있다. 이에 따라 민사소송절차도 그 쌍방을 소를 제기하는 원고와 소를 제기당한 피고로서 소송에 관여시키고, 그들에게 유리한 주장·증명을 하게 한 다음 판결을 한다는 구조를 취하고 있다. 이 원칙을 2당사자대립구조라고 하고, 따라서 원고와 피고의 인격이 동일하여서는 안 된다(자기소송의 금지원칙). 원고이든 피고이든 당사자의 수가 반드시 1인이어야 하는 것은 아니고 당사자의 일방 또는 쌍방이 여러 사람일 수가 있다. 이러한 소송을 공동소송(共同訴訟)이라 한다. 그러나 2당사자대립주의의 예외로서 3인 이상의 당사자가 서로 대립하여 그들 사이의 분쟁을 하나의 소송에서 일시에 해결하는 경우가 있다. 독립당사자참가와 소의 주관적·예비적 병합 등에서 그 예를 찾아볼 수 있다. 헌법상의 평등의 원칙은 민사소송에도 적용되어 대립하는 당사자는 평등한 입장에 서게 되는데 이를 당사자평등의 원칙이라 한다.

③ 당사자와 관련하여 알아야 할 개념으로는 당사자의 확정, 당사자능력, 소송능력, 변론능력, 당사자적격 등이 있는데 특히 특정한 소송상 청구에 관해 당사자로서 소송수행을 하고 본안판결을 구할 수 있는 자격인 '당사자적격'의 개념을 명확히 알 필요가 있을 것이다. 한편, 공해소송, 환경소송 등의 경우에는 개인에게는 소액인 손해가 수많은 사람에게 걸쳐 대량으로 발생하므로 평균적인 피해자 또는 대표기관에게 당사자의 자격을 인정하는 제도가 있다. 영미법의 대표당사자소송(class action)과 독일의 단체소송제도(Verbandsklage)과 표본확인소송(Musterfeststellungsklage) 등이 있다. 우리나라에서는 증권관련 대표당사자소송과 소비자 관련 분쟁의 단체소송, 개인정보 단체소송(손해배상소송이 아닌 금지·중지를 청구하는 소송임)을 도입하고 있다.

④ 한편 소송행위는 대리에 친한 행위이므로 널리 대리가 인정되는데, 당사자를 대신하여 당사자의 이름으로 소송행위를 하거나 소송행위를 맡는 자를 소송대리인이라 한다. 변호사는 소송수행을 위한 포괄적 대리권이 부여된 소송대리인에 해당한다. 우리나라는 아직 모든 심급에 걸쳐 변호사를 대리인으로 선임해야 하는 것은 아니지만, 일단 대리인을 선임하는 때에는 원칙적으로 변호사이어야 한다. 다만 소액 및 단독사건 중 소가가 1억 원 이하인 경우에는 그 예외가 인정된다. 그러나 장기적인 관점에서 보면 변호사 수의 계속적 증가와 분쟁의 전문화·복잡화에 비추어 보다면, 독일과 같이 소액사건을 제외하고 항소심 이상에서는 변호사강제주의의 채택도 고려해 볼 필요가 있다고 본다.

3. 소송상의 청구

(1) 소송상의 청구 또는 소송물이라 함은 민사소송에 있어 심판의 대상이 되는 구체적 사항, 즉 소송의 객체를 말한다. 예를 들어 甲이 乙을 상대로 'A토지를 인도하라'라는 판결을 구하는 소송에 있어 甲에게 인도청구를 할 수 있는 법적 지위가 있느냐 없느냐가 심판의 대상 또는 소송물이며, 문제가 되고 있는 'A토지'는 계쟁물이라는 용어로 표시한다.

(2) 소송물논쟁

① 소송물의 개념은 소송개시로부터 종료에 이르기까지 핵심이 되는 중요한 개념이고, 그에 대한 논의는 상당히 어렵고 논란이 많은 부분이다. 소송물을 실체법적 관점에서 실체법상의 권리 또는 법률관계에 대한 주장이라는 구실체법설(구소송물이론), 소송물을 소송법적 관점에서 파악하려는 소송법설(신소송물이론)이 있다. 소송법설은 다시 소송물의 구성요소를 신청과 사실관계로 파악하는 이지설(二肢說)과 신청만으로 구성된다는 일지설(一肢說)이 있고, 실체법의 청구권 개념을 소송상의 청구권 개념과 일체시키는 수정된 청구권에 기초하여 이러한 청구권에 대한 소송상의 주장을 소송물이라고 하는 신실체법설 등이 있다. 국내 다수설은 소송법설 중 이지설이고, 판례는 구실체법설에 기초하고 있다.

② 예를 들어 甲이 기차를 타고 가다가 사고로 손해를 입은 경우, 우선 불법행위로 손해배상을 구했으나 판결에 만족하지 못한 경우 다시 동일한 기차사고에 기하여 여객운송계약에 있어서의 채무불이행으로 손해배상을 구할 수 있는

가? 이러한 문제들은 모두 소송물을 어떻게 개념지울 것인가라는 문제와 밀접하게 관련되어 있다. 위 소송법설과 신실체법설에 의하면 하나의 소송물이지만, 구실체법설을 취하는 대법원 판례의 입장에서는 사실관계가 동일한 청구권경합의 문제로서 별개의 소송물로 보아 별도로 소송이 가능하게 된다.

③ 법조실무에서는 각종의 소의 종류에 따라 소송물이 무엇인가를 결정하는 것이 매우 중요한 문제이다.

4. 소제기의 효과

(1) 소가 제기되면 소송법상·실체법상 여러 가지 효과가 발생한다. 우선 소송법적으로는 소송의 주체인 법원과 당사자 및 소송물이 일응 특정되고 이 특정된 사건이 특정한 법원에서 판결절차로 심판되고 있는 상태가 되는데 이것을 소송계속(訴訟繫屬)이라고 한다. 이 소송계속이 발생하면 소송의 주체와 객체의 특정 외에 그 소송에 관하여 소송참가, 독립당사자참가 등이 가능하며 중복소송이 금지된다. 즉 법원에 이미 소송계속이 생긴 사건에 대하여 당사자는 다시 소를 제기하지 못한다.

(2) 다음 실체법상으로는 시효가 중단되거나 법률상의 기간을 준수한 효과가 발생하며, 권리를 강화하는 효과로서는 선의의 점유자가 패소하면 악의로 의제되는 것 등을 들 수 있다.

Ⅲ. 소송의 심리

1. 심리(변론과 증거조사)

소의 제기 후 피고가 원고의 청구를 그대로 인정하거나, 화해를 하여 분쟁을 종식시키지 않는 한 법원은 소에 대하여 심리를 하여야 한다. 소송의 심리(審理)란 법원이 소에 대한 응답(판결)하기 위하여 그 기초가 되는 소송자료를 수집하는 것을 말하며 주로 두 부분으로 구성된다.

그 하나는 당사자가 사건에 관한 사실을 주장하고 이를 밑받침하는 증거를 제출하는 과정으로서 이를 변론(辯論)이라고 한다. 다른 하나는 법원이 당사자에 의하여 제출된 증거를 조사하여 주장된 사실이 진실한가를 판정하는 과정으로서 이를 증거조사(證據調査)라고 한다. 소송심리도 소송절차의 일환이므로 그

절차에 있어서 배려할 문제로 심리기일, 변론과 증거조사의 방법, 심리의 종결 등이 함께 고찰되어야 한다.

근대국가는 민사소송이 지향하고 있는 이상을 실현하기 위하여 여러 가지 심리의 기본원칙을 발전시켜 왔는데, 이러한 원칙들은 우리가 민사소송법이 대답하지 않고 있는 문제들에 부딪혔을 때 이를 해결하는 지침을 제공하여 준다. 그것 중 중요한 것으로는 공개심리주의, 쌍방심리주의, 처분권주의, 변론주의, 구술심리주의, 직접심리주의, 적시제출주의, 집중심리주의, 직권진행주의 등을 들 수 있다.

2. 심리의 대상

법원의 심리대상은 소송요건의 심리와 본안의 심리로 나누어진다.

(1) 소송요건의 심리

첫째, 소송요건에 대한 심리 즉 본안 전 심리가 그것이다. 법원은 원고의 소가 적법한 경우에만 이를 받아들여 청구의 당부에 대한 심리를 하게 된다. 다양한 소송요건이 존재한다. 소송요건 중 당사자가 민사소송제도를 이용하기 위해서는 이것을 이용할 만한 정당한 이익 내지 필요가 있어야 하는데 이것을 소의 이익(利益)이라 한다. 예를 들어 확인의 소에 있어서 소의 이익은 현재의 권리관계를 다투는 사람이 있어 이를 확인할 필요성이 있어야 하는 것이다. 소의 이익은 구체적인 청구와 밀접한 관련을 가진 소송요건이다.

(2) 본안의 심리

둘째 단계인 본안심리도 다시 두 가지로 나눌 수 있다. ⅰ) 첫 단계는 원고의 청구가 이치에 맞느냐는 점에 대한 판단이다. 즉 원고주장 자체의 정당성의 문제이다. 예를 들어 도박자금을 빌려주었다고 청구하는 것은 우리 민법이 보호하지 않는 대상이므로 주장을 기각하게 된다. ⅱ) 원고의 청구 자체가 정당하다면 둘째 단계로 원고의 청구가 사실과 증거에 의하여 밑받침되어 있느냐를 따져 청구가 이유 있으면 원고승소판결을, 이유 없으면 이를 기각하는 패소판결을, 일부만 이유 있으면 일부패소의 판결을 하게 된다.

3. 심리의 내용

심리는 판결을 위해 필요한 자료를 수집하는 단계로서 당사자의 변론과 법원에 의한 증거조사의 단계가 있음은 앞서 본 바와 같다.

(1) 변 론

① 민사소송법은 오랜 역사적 경험의 결과로서 변론에 의한 재판을 원칙으로 하고 있다. 앞서 말한 심리의 여러 원칙들이 가장 잘 시행될 수 있고 당사자들에게 가장 설득력 있는 판결이 나오기 때문이다. 보통 판결로 재판할 사건에는 반드시 변론에 의하도록 하고 결정으로 재판할 사건은 신속한 처리가 요청되므로 법원의 재량에 의해 변론을 열도록 한다.

② 한편 변론기일의 변론을 신속하고 완전하게 실시하기 위하여 우리 민사소송법은 준비서면제도와 준비절차제도를 두고 있다. 변론의 준비절차가 종결되거나 또는 바로 변론에 들어가는 경우에 재판장이 지정한 변론기일에 재판장의 지휘 하에 변론이 행하여진다. 서로 다투는 경우 변론은 먼저 원고가 소장에 기재된 청구취지와 청구원인을 진술하고 이에 대하여 피고가 청구취지의 기각과 청구원인에 대한 진술을 함으로써 시작된다. 이처럼 당사자가 종국판결을 구하는 진술을 하는 것을 본안(本案)의 신청(申請)이라 한다.

③ 자기의 본안신청을 상대방이 다투는 경우 이를 밑받침할 소송자료를 제출하며 이러한 일체의 자료를 공격방어방법(攻擊防禦方法)이라 한다. 그중에 가장 중요한 것은 주장과 증거신청(증명)이다. 주장은 법률상의 주장과 사실상의 주장으로 나누어진다. 전자는 구체적인 권리관계의 존부에 관한 자기의 인식판단의 보고인 진술을 말하는데, 예를 들면 가옥명도청구소송에서 가옥의 소유권이 원고에게 있다는 주장 등과 같은 것이다. 후자는 구체적인 사실의 존부에 관한 자기의 인식·판단의 보고인 진술을 말하는데, 가옥명도소송에서 원고의 소유권이 다투어질 때 그 토지를 매수한 사실을 주장하는 것을 예로 들 수 있다.

④ 사실상의 주장이 다투어지는 경우에는 증거에 의하여 이를 증명하여야 한다. 이처럼 특정한 증거방법의 조사를 요구하여 증거를 신청하는 것을 증거신청(證據申請) 또는 증명(證明)이라고 한다. 또 하나 반드시 알아야 할 개념으로는 부인(否認)과 항변(抗辯)이 있는데, 양자는 모두 상대방(원고)의 사실상의 주

장을 배척하는 피고의 사실상의 주장이라는 점에서는 같다. 그러나 부인은 상대방이 증명할 책임을 지는 주장사실을 부정하는 진술이고, 항변은 청구가 이유 없다고 기각을 구하기 위하여 제출하는 피고의 진술(돈을 빌리기는 했으나 이미 갚았다는 진술)을 말한다. 부인에는 단순부인(원고가 돈을 빌려주었다고 주장함에 대해 피고가 그런 사실이 없다고 진술하는 경우)과 이유부부인(돈을 빌리기는 했으나 증여로 받은 것이므로 돈을 반환할 의무가 없다는 진술)이 있다. 특히 이유부부인과 항변의 구별은 실무상 매우 어렵다. 항변의 경우는 부인의 경우와 달리 판결문에 이것을 판단하여야 하고, 그 증명 여부가 승패와 직결되는 경우가 많다.

(2) 증거조사
① 증 거
법원은 그가 인식한 구체적 사실에 법규를 해석·적용함으로써 재판을 한다. 그런데 실제의 소송에서는 법규의 해석·적용보다는, 사실관계의 존부가 다투어지고 이것이 소송에 미치는 영향이 압도적으로 크므로 사실관계의 확정이 매우 중요하다. 이때 객관적·합리적으로 사실을 확정하여야 하는데 이를 위해 증거를 토대로 한 사실확정이 요구된다. 이와 같이 증거는 법관이 판결의 기초를 확정하기 위하여 쓰이는 자료를 말하며, 증거를 수집·제출할 책임은 변론주의 원칙상 당사자에게 있다. 또 증거는 증거능력이 있고 증명력이 있어야 한다. 증거능력(證據能力)은 증거조사의 대상이 될 수 있는 자격을 말하고, 증명력(證明力)은 증거조사를 거친 후 당해 사실확정에 있어 법관에 확신을 주는 힘을 말한다.

② 증명의 대상과 불요증사실
법관이 재판을 함에 있어서는 다툼이 있는 구체적 사실의 존부를 증거로 확정을 하여야 하고, 일정한 경우에 그 적용할 법규의 존부 및 내용, 경험법칙도 증거에 의하여 확정할 필요가 있다. 가장 중요한 증명의 대상이 다툼이 있는 사실임은 물론이다. 한편 재판에 관련이 있는 사실 중 증명을 필요로 하지 않는 경우도 있는데, 첫째 객관성이 보장되어 있는 공지(公知)의 사실인 경우(예: 8·15 해방), 둘째 당사자가 자기에게 불리한 사실을 인정하는 진술(이것을 재판상의 자백이라 한다)을 그 예로 들 수 있다.

③ 자유심증주의

법원은 당사자 사이에 다툼이 있는 사실은 증거에 의하여 확정하여야 한다. 법원은 각종 증거와 심리에 나타난 모든 자료 즉 변론 전체의 취지에 기초하여 자유로운 판단에 따라 당사자의 사실주장의 진위여부를 확정하게 된다. 이 원칙을 자유심증주의(自由心證主義)라고 하고, 다툼 있는 사실의 확정과 관련된 기본원칙이다.

④ 증명책임

증거조사를 다 마쳐도 주요사실의 존부에 관하여 법원이 결론을 내릴 수 없는 경우가 있을 수 있다. 이것을 진위불명(眞僞不明) 상태라고 한다. 그러나 법원은 이러한 진위불명상태를 이유로 재판을 거절할 수 없다. 이러한 경우 당사자 일방에 이것을 증명할 책임을 지위 증명에 성공하지 못하면 그에 따른 불이익을 주게 하는 방법을 택하고 있다. 이것을 증명책임(證明責任)이라 한다. 예를 들어 대여금청구소송에서 원고가 피고에게 돈을 대여했다는 사실을 주장하여 대여금의 반환을 청구하는 경우 그 증명책임은 보통 원고에게 지워진다. 만약 원고가 금전의 대여사실을 입증하지 못하면 그가 구하는 소비대차상의 법률효과는 인정되지 않고 결국 패소하게 된다. 증명이 존재하지 않는 경우의 대비책인 증명책임론은 실무에서 중요한 역할을 하고 있으므로 그 개념은 철저히 파악하여야 한다.

⑤ 증거조사의 절차

변론주의 하에서의 증거조사는 당사자의 증거신청에 의하여 개시되고 법원은 그것을 채택할 것인가를 결정한다. 증거조사를 실시할 때 그 방법은 증인신문, 서증, 감정, 검증, 당사자신문, 「그 밖의 증거」의 여섯 가지가 있다. 증거조사가 끝나면 법관은 증거에 대하여 자유심증에 따라 평가 하여 사실을 확정하고 법률을 적용하게 되며, 판결문의 이유부분에서 주문이 정당하다는 것을 인정할 수 있는 정도로 그 논리과정과 결과를 적시하여야 한다.

Ⅳ. 소송의 종료

소의 제기에 의하여 개시된 제1심의 소송절차는 소의 목적이 달성되거나 소의 목적을 달성하는 것이 불가능하게 된 때 종료한다. 크게 당사자의 의사에 의한 종료와 종국판결에 의한 종료로 나눌 수 있다.

1. 당사자의 의사에 의한 종료

우리 민사소송법은 소송의 개시와 종료를 당사자에게 맡기는 처분권주의를 채택하고 있으므로 당사자의 의사에 의해 소송이 종료되는 것은 당연하다. 여기에 해당하는 것으로는 우선 원고가 소에 의한 심판의 요구를 법원에 대하여 철회하는 소의 취하를 들 수 있다. 또 원고가 스스로 자기의 청구가 이유 없음을 인정하는 청구의 포기, 피고가 자기에 대한 원고의 청구가 이유 있음을 인정하는 청구의 인낙, 그리고 다툼이 있는 당사자가 종국판결이 나기 전에 법관의 면전에서 서로 양보하여 다툼을 해결하는 소송상 화해 등이 이에 해당한다. 청구의 포기, 인낙, 화해는 조서에 기재되면 확정판결과 동일한 효력이 인정된다.

2. 종국판결에 의한 종료

(1) 민사소송법이 예정하고 있는 통상의 소송종료형태는 종국판결에 의한 종료이다. 판결은 변론을 거쳐서 하는 재판을 말하는데, 종국판결은 소나 상소에 의하여 계속된 사건에 대하여 그 심급에서 최종적으로 내리는 판결을 말한다. 제1심에서 종국판결이 났더라도 패소한 당사자의 상소로 판결이 확정되지 아니한 경우에는 상소심에서 다시 소송이 개시된다.

(2) 판결은 원칙적으로 필요적으로 변론을 거쳐 변론에 나타난 소송자료만으로 이에 관여한 법관이 하여야 한다. 판결 시에는 판결원본을 작성하고 그것에 의거하여 판결을 선고하여야 한다. 판결은 확정되어야 효력이 발생하므로 판결의 확정시점이 중요하다. 우선 상소가 허용되지 않는 상고심판결의 경우는 선고와 동시에 확정되며, 상소가 허용되는 경우는 상소를 할 수 없게 된 때 확정된다. 즉 당사자쌍방이 상소기간을 경과한 때에는 상소기간 만료 시에, 당사자쌍방이 상소권을 포기한 때에는 포기 시에 판결이 확정된다.

(3) 판결이 확정되면 기본적으로 기판력(旣判力), 집행력(執行力), 형성력(形成力) 등의 효력을 갖게 된다. 그중 가장 중요한 것은 기판력이다. 이것은 확정된 종국판결과 동일한 사항이 문제되면 당사자는 그 판결에 반하는 주장을 할 수 없고(불가쟁), 법원도 그와 모순되는 판단을 할 수 없다는 효력을 말한다(불가반). 이 밖에도 당사자가 불복항소 할 수 없는 상태를 의미하는 형식적 확정

력(形式的 確定力)이 있고, 그 외 판결의 부수적 효력으로 법률요건적 효력, 반사적 효력, 사실적 효력 등이 있다.

V. 재판에 대한 불복신청

잘못된 재판을 방지하기 위한 대책의 필요성은 민사소송법이 추구하는 적정의 이념으로부터 나온다. 그것은 당사자가 재판에 대하여 다시 심리할 것을 신청하는 제도인데 상소와 재심의 두 가지가 있다.

1. 상 소

(1) 상소(上訴)란 재판으로 불이익을 받을 당사자가 재판확정 전에 상급법원에 그 재판의 취소·변경을 구하는 불복신청을 말한다. 우리나라는 법원 사이에 심급제도를 두어 법원을 3개의 심급으로 나누고 있다. 따라서 제1심 재판에 대하여 두 번까지 불복신청을 할 수 있도록 하였다.

(2) 항 소

제1심 종국판결에 대한 상소를 항소(抗訴)라 한다. 판결이 송달된 날로부터 2주일 내에 제1심법원에 항소장을 제출함으로써 항소절차가 시작된다. 적법하게 항소가 제기되면 판결의 확정이 차단되고 소송사건이 제1심을 이탈하는 이심의 효력이 생긴다(확정차단과 이심의 효력). 판결의 일부에 대한 항소의 제기가 있어도 판결전체에 대하여 위 효력이 발생한다. 특히 제1심과 항소심의 심리범위는 상당히 중요한 문제인데 우리 민사소송법은 속심제도(續審制度)를 채택하고 있다. 즉 항소심은 제1심에서의 자료를 기초로 하지만 필요한 경우 항소심에서 별도로 심리하여 수집한 자료를 추가하여 심판할 수 있다는 것이다.

(3) 상 고

상고(上告)는 항소심의 종국판결에 대한 상소를 의미한다. 상고가 되면 상고심은 원칙적으로 원심법원(항소심법원)의 사실인정에 관한 당부를 판단하지 않고 법률적 판단의 당부만을 심사하게 된다. 이러한 구조를 사후심적 구조(事後審的 構造)라고 하며, 대법원이 하는 상고절차는 법률심인 것이다. 「상고심절차

에 관한 특례법」은 상고의 남용을 제한하기 위하여 심리불속행제도를 시행하고
있다. 상고심절차는 특별한 규정이 없으면 항소심절차에 관한 규정을 준용하지
만 새로운 공격방어방법을 제출할 수 없다.

(4) 항고·재항고 등

이 밖에 판결 이외의 재판인 결정·명령에 대한 상소인 항고(抗告)가 있다.
그 성질에 따라 일정한 기간 내에 항고를 제기할 필요가 없는 통상항고와 일정
기간 내에 항고를 제기해야 하는 즉시항고가 있다. 최초의 항고에 대하여 항소
심에서 내린 결정과 고등법원 또는 항소법원의 처음의 결정·명령에 대하여 법
률심인 대법원에 하는 항고를 재항고(再抗告)라 한다.

2. 재   심

판결이 이미 확정된 후에도 그 판결의 소송절차에 중대한 하자가 있거나,
판결의 기초인 증거가 위조된 것임이 밝혀진 경우 등에는 재판의 적정과 구체
적 정의를 위해 다시 변론을 재개하여 심판할 수 있다. 이를 재심(再審)이라 하
고, 이러한 절차를 재심절차라고 한다. 확정된 종국판결을 대상으로 한다는 점
에서 미확정 종국판결을 대상으로 하는 항소·상고와 구별된다. 우리 민사소송
법은 제451조에서 재심사유에 관한 규정을 두고 있다. 재심원고는 판결이 확정
된 후 재심사유를 안 날부터 30일 내에 재심의 소를 제기하여야 한다. 단 판결확
정 후 또는 재심사유의 발생 후 5년이 경과하면 재심의 소를 제기하지 못한다.

VI. 민사집행절차

1. 민사집행절차

① 원고가 소송을 통하여 승소판결을 얻었다 하더라도 패소자인 피고가 그
판결의 내용대로 채무를 이행하지 않는다면 그 판결만으로는 아무 소용이 없게
된다. 이행판결이 확정되거나 가집행선고부 판결의 경우에 집행력을 갖기 때문
에 집행법원 등은 확정된 이행판결 등의 집행권원에 기초하고 이것에 집행문을
부여받아 국가는 강제력을 동원하여 판결의 내용을 실현시키게 된다. 강제경매
및 강제관리 등이 대표적이고, 이러한 절차를 민사집행절차(民事執行節次)라 하

며, 민사집행법에서 이를 규정하고 있다. 즉 판결절차를 통하여 사법상의 권리관계가 추상적으로 확정되면 이 확정된 사법상의 급부청구권이 강제집행절차에 의하여 현실적으로 실현되는 것이다. 이러한 민사집행절차는 판결절차와는 별도의 절차이지만, 넓은 의미의 민사소송절차에 포섭될 수 있다.

② 신속한 집행

민사집행절차는 수소법원이 아닌 집행법원에서 진행되지만, 민사집행법의 이상이라는 측면에서 보면 민사집행법 제23조에 따라 민사소송법 제1조 제1항의 민사소송법의 이상이 준용되므로, 민사집행법의 이상은 민사소송의 경우와 같이 적정·공평·신속·경제라고 할 것이다. 그러나 판결절차와 달리 이상 중 신속이 강조되어 신속한 집행이 매우 중요할 것이고, 적정이라는 면에서 채무자의 보호, 위법집행 및 부당집행의 방지 등이 필요할 것이다.

2. 보전처분절차

또한 장래에 강제집행이 곤란해지거나 불가능하게 되는 경우가 있는데 이때를 대비하여 현재의 상태를 유지·보전하기 위한 대비를 할 필요가 있다. 이를 위한 부수적 절차를 보전처분절차(保全處分節次)라 한다. 여기에는 가압류절차와 가처분절차가 있다. 실무에서 많이 이용되는 제도이며 상당히 어려운 부분 중 하나이다. 민사집행법 제4편(제276조-312조)에 규정되어 있다.

제 5 절 형   법

I. 서   설

1. 형 법 학

(1) 형법이란 어떠한 행위가 범죄이고 이에 대한 법적 효과로서 어떠한 형벌을 과할 것인가를 규정하는 법규범이다. 즉 일정한 행위를 범죄로 정하고 그 유형에 해당하는 행위를 한 행위자에게 일정한 형벌을 과하는 법규범의 총체이다. 그런데 위와 같은 정의는 과거의 범죄에 대하여 가하는 형벌만을 그 기본게

념 속에 포함시킨 것이고, 최근에는 이와 달리 장래의 범죄적 위험행위를 예방하기 위한 특별처분인 보안처분도 아울러 형법의 기본개념 속에 포함시키는 경향이 있다.

(2) 우리나라에는 형식적 의미의 형법인 형법전(1953. 9. 18. 법률 제293호)과 실질적 의미의 형법으로서 위 형법전 외에 많은 단행법들이 있다(국가보안법, 폭력행위 등 처벌에 관한 법률 등).

(3) 이러한 형법은 국가사회의 질서를 유지하기 위해 다음과 같은 기능을 갖는다. 첫째, 일정한 범죄행위에 대해 국가의 규범적 평가를 밝힘으로써 일반국민에 대하여서는 행위규범의 준수를 요구하고, 사법관계자에 대하여는 재판규범으로서 범죄인정과 형벌적용의 지표가 되는데 이를 규범적(規範的) 기능이라 한다. 둘째, 형법에 의하여 침해가 금지되는 개인 및 공동체의 이익이나 가치를 법익이라 하는데 이러한 법익을 보호하는 데 이를 보호적(保護的) 기능이라 한다. 셋째, 형법은 국가의 형벌권 행사의 한계를 명확히 하여 자의적인 형벌로부터 국민의 인권을 보장하는데 이를 보장적(保障的) 기능이라 한다.

2. 형법이론

(1) 형법을 해석·적용하고, 그 입법방향을 설정하는데 있어서 그 지도원리로서 형법에 관한 기초관념을 전제로 하여야 하는데, 이러한 형법의 기초관념에 관한 법철학적 이론을 형법이론이라고 한다. 형법이론은 각자의 세계관·인생관에 따라 차이를 나타내는데, 이는 형법학파 사이의 논쟁을 불러일으키며 형법의 논리를 발전시켜 왔다.

(2) 형법학파의 논쟁

그중 18세기말 독일에서 일어난 구파(고전학파)와 신파(근대학파)의 논쟁은 매우 중요하다. 구파(舊派)는 18세기 계몽철학의 기조인 개인주의와 자유주의를 사상적 배경으로 하는데 인간을 이성적 존재로 파악하고, 그러한 인간이 자신의 판단으로 죄를 범한 이상 그에 대한 도의적 책임을 질 것을 각오해야 하며, 그에 대하여 과하여지는 형벌은 범죄와 균형이 맞아야 한다고 주장한다. 이에 대해 신파(新派)는 자연과학적·사회학적 방법론에 입각하여, 19세기 후반에 산업혁명의 심화로 인해 격증하는 범죄의 원인과 대책을 실증적으로 연구하고자 하였다. 이들은 인간의 의의는 천성과 환경 등에 의해 이미 결정되어 있으므로 범죄행위는 행위자의 반사회적 성격의 징표에 지나지 않는다고 하고, 형벌의 참된 대상은 행위가 아니라 행위자이고, 형벌의 목적 또한 응보(應報)가 아니라 교육이라고 주장한다.

위와 같은 차이로 형벌의 본질에 관한 형벌이론에서 구파는 형벌의 본질이 응보와 일반예방 — 즉 범죄인에 대하여는 상응하는 고통을 가하고 일반인에 대하여는 범죄에 대한 형벌을 예고하여 장래의 가벌적 행위를 방지함 — 에 있다고 하는데 반해, 신파는 범인의 개선교화와 범인에 대한 대책으로서의 형벌의 특별예방기능을 강조한다. 또한 범죄에 대한 가벌적 평가의 중점을 어디에 둘 것인가에 관한 범죄이론에서 구파는 객관주의, 즉 외부적으로 나타난 행위와 그 결과에 중점을 두어 형법을 행위법으로 파악하는데 반해, 신파는 주관주의, 즉 행위 자체가 아니라 행위에 의해 외부로 표출된 행위자의 반사회적 성격에 중점을 두어 형법을 행위자법으로 파악한다.

3. 죄형법정주의

(1) "법률이 없으면 범죄도 없고 형벌도 없다."라는 말로 표현되는 죄형법정주의는 전제정치 하에서 행해겼던 죄형전단주의에 반대하여 자의적인 형벌로부터 인권을 보호하기 위해 주장되고 발전된 형법의 지도원리이다. 어떠한 행위를 범죄로 할 것이며, 어떠한 형벌을 과할 것인가를 미리 성문의 법률로 명확히 규정하여야 한다는 원칙을 말한다.

(2) 죄형법정주의는 당연한 결론으로서 다음과 같은 파생원칙이 도출된다. 첫째, 형법의 법원(法源)은 성문의 법률에 한하고 관습법은 배제된다는 관습형법 금지의 원칙, 둘째 가벌적인 행위와 그에 대한 형벌은 사전에 누구나 알 수 있도록 형법전에 명확히 기술해야 한다는 명확성의 원칙, 셋째 형법의 해석은 엄격해야 하며 법문에 명시되지 아니한 다른 사실에 유추해서 적용할 수 없다는 유추해석금지의 원칙, 넷째 형법의 효력을 그 형법이 제정되기 이전의 행위에 소급하여 적용시켜서는 안된다는 소급효금지의 원칙 등이 있다.

(3) 현대에 있어서 죄형법정주의의 의미는 단순히 법률이 있으면 범죄와 형벌을 창출할 수 있다는 형식논리가 아니라, 그 법률도 헌법의 기본정신에 부합하는 정법(正法)이어야 한다는 실질적 죄형법정주의에 있음을 주목하여야 할 것

이다.

Ⅱ. 범 죄 론

1. 서 설

　범죄는 실질적 의의와 형식적 의의의 두 가지 관점에서 볼 수 있다. 전자는 범죄를 사회의 질서를 침해하는 반사회·반문화·반규범적 행위로서 형벌을 과할 가치·필요·가능성이 있는 행위라고 보는 관점이고, 후자는 범죄를 구성요건에 해당하는 위법·유책한 행위로 보는 관점이다. 범죄론은 형식적 의의의 범죄를 그 성립요건에 따라 논하는 것이 핵심이 된다.

2. 행 위 론

　(1) "범죄는 행위이다."라는 말이 있듯이 형법상 범죄는 구성요건에 해당하는 위법·유책한 행위이므로 구성요건의 전단계로서 행위를 고찰할 필요가 있다. 인간의 행위는 내부적 의사활동과 외부적 신체의 작용이 일체로 결합되어 나타나는데, 이를 어떻게 합리적으로 규정하여 형법상의 행위와 부작위, 고의와 과실을 포함하는 행위개념을 도출해 낼 것인가 하는 문제가 행위론의 기본 과제이다.

　(2) 형법의 행위론으로는 인과적 행위론, 목적적 행위론, 사회적 행위론 등이 있다. 인과적 행위론은 행위를 유의적 신체의 행태라고 하여 행위를 오직 외적, 자연적으로만 파악하고 내적 의사의 내용, 즉 고의·과실은 책임의 단계에서 다룬다. 이에 반해 목적적 행위론은 행위를 목적활동성의 수행으로 보아 의사의 내용을 중요시하고, 고의·과실을 구성요건 단계에 포함시킨다. 사회적 행위론은 앞서 본 행위개념들이 작위·부작위·고의·과실 등 형법상의 모든 행태에 타당한 것이 아니라는 점을 비판하고, 행위를 사회적으로 중요한 인간의 행태라고 정의한다. 위와 같은 형법상의 행위 개념은 구성요건의 해당성, 위법성, 유책성의 관점에서 검토하는 것이 일반적이다.

3. 구성요건해당성

(1) 구성요건의 개념

범죄는 구성요건(構成要件)에 해당하는 위법·유책한 행위이다. 그러므로 하나의 범죄가 성립하려면 법에 명백하게 규정된 구성요건에 해당하는 동시에 위법하게 사회질서를 침해하고, 그러한 위법행위를 가지고 행위자를 비난할 수 있어야 한다. 이때 책임은 위법성을 전제로 하고, 위법성은 구성요건해당성을 전제로 한다. 그런데 구성요건은 형법학에서 가장 기본적인 개념이면서 동시에 가장 불명확한 개념 중에 하나이다. 오늘날 널리 인정되는 견해는 구성요건을 형벌법규에 과형의 근거로서 추상적으로 규정된 행위유형 — 예컨대 '사람을 살해한 자…', '타인의 재물을 절취한 자…'이라고 하고, 그 실제는 위법행위의 유형이라고 한다. 말하자면 구성요건은 위법한 행위 중에서 특히 국가가 이를 금지해서 범죄로서 처벌할 가치가 있다고 인정되는 것을 추출하고, 유형화하여 관념적으로 규정한 것이라고 할 수 있다. 이처럼 구성요건은 법률상의 추상적 개념이고 여기에 구체적으로 들어맞는 사실이 구성요건에 해당하는 행위인 것이며, 이는 구성요건의 객관적 요소와 주관적 요소를 갖춘 것을 말한다.

구성요건의 실현단계는 범죄의 결심, 예비, 미수, 기수 등으로 나눌 수 있다. 범죄의 결심은 법률외적 문제이고, 예비와 미수는 법률에 특별한 규정이 있는 경우에만 처벌되며, 기수의 단계에서야 비로소 완전한 구성요건의 충족이 이루어진다.

(2) 구성요건의 객관적 요소

구성요건의 객관적 요소에는 행위주체, 행위객체, 행위, 결과, 인과관계 등이 있다. 행위의 주체는 보통 자연인이지만 법인도 범죄의 주체가 될 수 있는가에 대하여 논의가 있다. 학설상으로는 법인의 범죄능력을 부인하는 것이 일반적이다. 행위의 객체는 구성요건에 기술된 공격의 객체를 말하고 법익의 주체인 피해자와는 구별하여야 하는데, 예를 들면 절도의 경우 타인의 재물은 행위의 객체가 되고 보호법익은 재산권이며 그 타인이 피해자가 된다.

행위와 결과 사이에 존재하는 불가분의 관계를 인과관계라고 하는데, 일정한 결과가 일정한 행위를 통하여 발생했다고 주장하기 위해서는 인과관계가 있어야 한다. 인과관계의 유무 및 범위를 어떻게 판단할 것인가에 대하여 조건설, 원인설, 상당인과관계설, 합법칙적 조건설 등 많은 학설상 논의가 있다. 우리나라의 판례는 일반적인 생활경험에 비추어 어떠한 행위로부터 그러한 결과가 발생하는 것이 상당하다고 인정될 때 그 행위와 결과 사이에 인과관계가 있다고 보는 상당인과관계설을 따르고 있다.

(3) 구성요건의 주관적 요소

구성요건의 주관적 요소에는 일반적 요소로서 고의·과실과 특수한 요소로서 목적범의 목적 등이 있다. 고의란 죄의 성립요소인 사실은 인식하고 인용하는 심리적 태도를 말하고, 과실은 정상의 주의를 태만히 하여 죄의 성립요소인 사실을 인식하지 못한 심리적 태도를 말한다. 고의와 과실의 구별은 그 경계선에 있는 미필적 고의와 인식 있는 과실의 구별과 직결된다. 양자는 결과의 발생을 인식하고 있다는 점에서는 동일하나 전자는 결과의 발생을 인용한다는 점에서 결과 발생의 인용이 없는 후자와 차이가 있다.

그런데 고의·과실이 범죄론 체계상으로 구성요건·위법성·책임요소 중 어디에 속하는가에 관하여는 책임요소라는 설, 구성요건요소라는 설 및 구성요건요소인 동시에 책임요소라는 설 등 다툼이 있어 왔다. 최근에는 고의·과실이 구성요건요소이면서 책임요소이기도 하다는 이중적 지위설이 유력하다.

(4) 구성요건적 착오

행위자가 주관적으로 인식한 사실과 현실적으로 발생한 객관적 범죄사실이 일치하지 아니하는 경우를 구성요건적 착오라고 하는데, 여기에는 객체의 착오, 방법의 착오, 인과관계의 착오 등이 있다. 구성요건적 착오에서 문제가 되는 것은 인식사실과 발생사실이 일치하지 않는 경우에 양자가 어느 정도 부합하면 고의의 기수책임을 지울 수 있는가 하는 점이다. 예를 들어 甲을 살해하려고 총을 쏘았는데 옆에 있던 乙이 맞아 사망한 경우 살인죄의 기수범으로 처벌할 수 있는가 여부이다(객체의 착오). 학설로는 구체적 부합설, 법정적 부합설, 추상적 부합설 등이 있는데, 다수의 학설과 판례는 인식사실과 발생사실이 동일한 구성요건에 속하기만 하면 고의의 성립을 인정한다는 법정적 부합설을 택하고 있다.

4. 위 법 성

(1) 위법성의 개념

① 위법성(違法性)이란 행위가 법전체의 질서에 비추어 허용되지 아니한다는 법적 무가치판단을 말한다. 구성요건에 해당하는 행위라도 이것이 법질서에 비추어 위법하지 않으면 책임 여부를 따질 필요 없이 범죄가 성립하지 않는다. 예컨대 사람의 배를 가르는 행위는 구성요건상 상해에 해당하지만 구체적 상황이 의사의 수술행위 중이었다면 이는 법질서에 반하지 않기 때문에 범죄가 성립하지 아니한다.

② 위법성의 본질에 대하여는 두 가지 측면에서 논의된다. 첫째, 위법성의 평가기준을 어디에 둘 것인가에 관해 형식적 위법성설과 실질적 위법성설이 있다. 전자는 위법성을 형식적 법규상의 명령 또는 금지규범에 반하는 것이라고 하는 반면, 후자는 위법성을 법익침해, 문화규범위반 등으로 보아 그 실질적 내용을 제시한다. 그러나 양자는 서로 대립하는 개념이라기보다는 위법성의 판단기준으로서 상호 보완적 관계에 있다고 볼 것이다. 둘째, 위법성의 평가대상이 무엇인가에 관해 주관적 위법성설과 객관적 위법성설로 나누어진다. 전자는 법규범의 기능을 의사결정규범으로 보아, 행위자가 법규범을 이해하고 의사결정능력이 있는 경우에만 위법성 판단이 가능하고 책임무능력자의 행위는 위법일 수 없다고 하는데 반해, 후자는 법규범의 기능을 객관적 평가규범으로 보아 책임무능력자의 행위도 평가규범에의 적합성 여부를 객관적으로 평가할 수 있다고 한다.

(2) 위법성조각사유

일정한 행위가 구성요건에는 해당하지만 특별한 사정이 있는 때에는 위법성을 배제하는 경우가 있다. 이와 같이 구성요건에 해당하는 행위에 대해서 위법성을 배제하는 특별한 사정을 위법성조각사유(違法性阻却事由)라고 한다. 우리 형법상 위법성의 요건은 이를 적극적으로 규정하지 않고 예외적으로 위법성이 조각되는 경우만을 규정하고 있는데, 그 이유는 구성요건이 위법성의 유형적 분류이므로 구성요건에 해당하면 위법성이 추정된다고 보기 때문이다.

형법은 정당방위, 긴급피난, 자구행위, 피해자의 승낙을 위법성조각사유로 들고 있으며, 특히 형법 제20조는 기타 사회상규에 위배되지 아니한 행위를 조각사유로 들고 있어 실정법적으로 포괄적인 위법성조각사유를 인정하고 있다.

① 정당방위(제21조 제1항)

정당방위란 자기 또는 타인의 법익에 대한 현재의 부당한 침해를 방위하기 위한 상당한 이유가 있는 행위를 말한다. 정당방위(正當防衛)는 정(正)은 부정(不正)에게 양보할 필요가 없다는 사상을 기초로 하는데, 개인의 침해되는 법익과 손상되는 법질서를 보호한다는 견지에서 위법성을 조각하는 것이다.

② 긴급피난(제22조 제1항)

자기 또는 타인의 법익에 대한 현재의 위난을 피하기 위한 상당한 이유가 있는 행위를 말한다. 긴급피난(緊急避難)의 요건은 정당방위와 비슷하나, 현재의 위난이면 족하고 부당한 침해가 있을 것을 요하지 않는 점과 위난의 원인이 사람의 행위뿐만 아니라 자연현상도 포함한다는 점에서 차이가 있다. 또한 긴급피난은 원인과 관계없는 제3자에게 위난을 전가시킨다는 점에서 상당성의 요건을 엄격하게 요구하는데, 그 내용은 피난행위 외에는 다른 방법이 없을 것(보충성의 원칙) 및 그 피난행위로 인하여 발생한 손해가 피하고자 하는 손해의 정도를 초과하지 않아야 한다는 것(법익균형의 원칙)이다.

③ 자구행위(제23조 제1항)

자구행위(自救行爲)란 법정절차에 의하여 청구권을 보존하기 불가능한 경우에 그 청구권의 실행불능 또는 현저한 실행곤란을 피하기 위한 상당한 이유가 있는 행위를 말한다.

이는 자기 또는 타인의 권리를 보존하기 위해서 법률상의 절차에 의하여 구제받을 여유가 없을 때 자기 스스로 실력에 의하여 권리보전에 필요한 행위를 하는 긴급행위의 일종이지만, 정당방위와는 달리 원칙적으로 과거의 침해에 대하여 인정된다. 법정절차에 의하여 권리구제방법이 확립되어 있는 국가에서는 원칙적으로 자력구제는 허용되지 않기 때문에 자구행위는 다른 위법성조각 사유와 동일시할 수 없으며, 엄격한 제한적 해석이 요구된다.

④ 피해자의 승낙에 의한 행위(제24조)

처분할 수 있는 자의 승낙에 의하여 그의 법익을 침해한 행위는 법률에 규정이 없는 한 벌하지 아니한다. 즉 위법성이 조각된다. 여기에서의 법익이라 함은 법익의 주체 자신이 처분할 수 있는 개인적 법익을 말하므로 국가적 법익, 사회적 법익은 해당되지 아니한다.

승낙(承諾)은 그 내용 및 의미를 이해할 수 있는 자의 자유로운 판단에 기하여 사전에 해야 하며, 피해자의 승낙에 의한 행위는 그로 인한 법익침해의 분량·정도 및 방법이 사회상규에 위반되지 않아야 한다. 피해자의 승낙에 관한 문제로서 추정적 승낙과 안락사가 있다. 전자는 피해자의 명시적 승낙은 없으나 행위 당시의 사정으로 보아 피해자의 승낙이 있었다고 추정할 수 있는 경우로서 위법성이 조각된다고 할 것이다. 후자에 관하여 많은 논의가 있지만 현대 의술로는 생존의 가망성이 전혀 없고 자격 있는 의사의 상당한 치료행위에 해당한다면 위법성이 조각된다고 할 것이다.

⑤ 정당행위(제20조)

형법은 법령에 의한 행위, 업무로 인한 행위, 기타 사회상규에 위배되지 아니하는 행위는 벌하지 아니한다고 규정하여 실질적 위법성이 없는 행위, 즉 정당행위(正當行爲)인 사회상규에 위배되지 않는 행위의 위법성을 조각하고 있다. 여기서 법령에 의한 행위, 업무로 인한 행위는 그것들이 실질적으로 사회상규에 위배되지 않기 때문에 위법성이 조각되는 것이며, 법령·업무라는 점에 의미가 있기 때문에 위법성이 조각되는 것은 아니다. 그러한 행위는 다만 사회상규에 위배되지 않는 행위의 예시적인 것에 불과하고, 이러한 의미에서 제20조는 포괄적인 위법성조각사유를 규정한 것이라고 볼 수 있다.

5. 유 책 성

(1) 책임의 개념

① 범죄는 구성요건에 해당하고 위법한 유책행위를 의미한다. 그런데 구성요건에 해당하고 위법한 행위일지라도 행위자에게 책임을 귀속시킬 수 없다면 범죄는 성립하지 않는다. 범죄는 그 법적 효과로서 형벌이 과해지고, 형벌은 규범적으로 비난받아야 할 행위에 대한 법적 제재라 할 것이므로, 범죄성립요건으로서 규범적 비난가능성을 필요로 한다고 할 것이다. 이와 같이 구성요건에 해당하는 위법행위를 한 자에 대하여 가해지는 비난 가능성을 책임(責任)이라고 한다.

② 책임의 본질에 관하여 과거에는 결과에 대한 고의(故意)·과실(過失)이라

는 심리적 관계 자체가 책임이라는 심리적 책임론(心理的 責任論)이 지배적이었
다. 하지만 오늘날 책임은 행위자가 적법행위를 할 수 있었음에도 위법행위로 나
아간 것에 대한 비난가능성이라는 규범적 책임론(規範的 責任論)이 지배적이다.

　③ 또한 책임의 근거에 관하여 인간의 자유의사의 인정 여부를 둘러싸고 도
의적 책임론, 사회적 책임론, 인격적 책임론 등으로 견해가 나뉜다. 현재 지배
적 견해인 도의적 책임론에 의하면 인간은 자유의사를 가지고 있으므로 이에
기하여 위법행위를 저지른 경우에는 도의적·윤리적 비난을 가할 수 있으니,
책임의 근거는 자유의사(自由意思)에 있다고 한다. 따라서 책임무능력자의 행위
는 범죄가 될 수 없고, 형벌과 성질이 다른 보안처분(保安處分)만을 과할 수 있
다고 한다.

(2) 책임능력

　① 책임능력(責任能力)이란 책임을 부담할 수 있는 능력, 다시 말하면 행위자
에게 책임을 부담시키기 위해 필요한 주관적 적격을 말한다. 형법은 책임능력
을 적극적으로 규정하지 않고 그 조각·경감에 대하여만 규정하고 있다. 즉 만
14세 미만자를 절대적 책임무능력자로, 농아자를 한정책임능력자로, 심신상실
자 및 심신박약자에 대하여는 책임무능력과 책임감경을 각각 규정하고 있다.
책임능력은 가치판단에 속하는 것이므로 심신상실·심신미약의 판단은 심리
적·의학적 판단에 의해 일의적으로 결정되는 것이 아니라 종국적으로 법관의
판단에 의한다.

　② 책임능력의 존재시기와 관련해 '원인에 있어서 자유로운 행위'의 문제가
있다. 형법은 위험의 발생을 예견하고 자의로 심신장애를 야기한 자의 행위에
는 심신상실·심신미약의 규정을 적용하지 아니한다고 규정하고 있다. 이것은
책임능력자가 사전에 고의·과실로 스스로 일시적인 책임무능력상태를 야기하
고 그 상태를 이용하여 범죄를 실행하는 경우이다. 행위와 책임의 동시존재의
원칙상 문제가 있을 수 있으나, 책임능력 존재시의 원인설정행위와 책임능력이
없을 때의 위법행위가 하나의 의사결정에 의한 일련의 행위과정으로 볼 수 있
으므로 책임을 인정하는 것이다.

(3) 위법성의 인식가능성

　위법성의 인식이란 구성요건에 해당하는 행위가 위법하고 규범적으로 허용

되지 않는다는 것을 인식하는 것을 말한다. 위법성을 인식할 가능성이 있음에도 불구하고 위법행위로 나아간 경우에만 규범적 비난을 가할 수 있으며, 따라서 책임도 물을 수 있을 것이다. 위법성의 인식가능성의 체계상 지위에 관하여는 고의의 내용에 포함된다는 고의설과 고의와 독립된 것으로서 책임요소에 속한다는 책임설이 있다. 양설은 행위자가 착오로 인하여 자신의 행위가 위법하다고 인식하지 못한 위법성의 착오의 경우에 고의를 조각할 것인지 여부에 차이가 있다. 위법성의 착오는 고의를 조각하지 못하며 다만 착오가 피할 수 없었을 경우 책임을 조각한다는 책임설이 타당하다고 본다.

(4) 기대가능성

기대가능성(期待可能性)이란 행위자가 행위에 대한 의사결정 내지 규범위반행위를 함에 있어서 외부적 사정이 정상적인 경우에 규범에 따른 적법행위를 기대하는 것이 가능하다는 것을 말한다. 그러나 규범에 따른 적법행위를 행위자에게 기대할 수 없는 특수한 사정이 있는 경우에는 행위자를 비난할 수 없고 책임도 물을 수 없다는 이론이 기대가능성 이론이다.

기대가능성의 체계상 지위에 관해서는 기대불가능성이 책임조각사유라는 것이 통설이다. 또한 기대가능성 여부의 판단은 사회일반의 평균인을 기준으로 하여야 할 것이다. 형법은 기대불가능성으로 인하여 책임이 조각되는 경우로서 강요된 행위(제12조), 과잉방위의 특수한 경우(제21조 3항) 등을 규정하고 있다. 학설은 그 외의 경우에도 기대불가능성을 초법규적 책임조각사유로서 인정하고 있다.

6. 미 수 범

(1) 미수범의 개념

① 범죄의 실행에 착수하여 행위를 종료하지 못하였거나 결과가 발생하지 아니한 경우를 미수라고 한다. 그러한 행위를 처벌할 수 있는 때에는 행위자를 미수범(未遂犯)이라 한다.

② 고의범의 경우 범죄의 실현과정은 대개 범죄의사의 형성, 범행실행을 위한 준비, 실행의 착수, 결과의 발생의 단계를 거치는데, 실행의 착수 후 결과발생 전의 단계가 미수이다. 범죄의 실행을 위한 준비단계인 예비·음모는 실행

의 착수가 없는 점에서 미수와 구별된다. 예비·음모는 내란, 살인, 강도 등 예외적으로 처벌되는 경우를 제외하고는 보통 처벌되지 아니한다. 가벌적인 미수와 불가벌적인 예비·음모와의 구별을 위해 실행의 착수시기는 중요한 의의를 갖는다.

③ 실행의 착수시기에 관하여는 객관적·외부적 행위를 표준으로 하여 구성요건과 필연적 관계가 있는 행위가 있을 때 실행의 착수를 인정하는 객관설과 행위자의 범의를 표준으로 하여 범의를 명백하게 인정할 수 있는 외부적 행위가 있을 때 실행의 착수를 인정하는 주관설, 양자를 절충하는 절충설 등이 있다. 행위자의 범죄계획을 고려하여 직접 구성요건의 실현으로 이동케 하는 활동이 있을 때 실행의 착수가 있다고 하는 절충설이 타당하다고 생각한다.

(2) 미수의 종류

미수의 종류에는 장애미수, 중지미수, 불능미수가 있다.

① 장애미수(障礙未遂)란 범죄의 실행에 착수하여 미수에 그친 경우지만 결과의 발생이 가능하였고, 또한 그 행위를 종료하지 못하거나 결과가 발생하지 않은 이유가 행위자의 의사에 반하는 의외의 사고에 의한 경우를 말한다. 미수범의 원칙적인 형태이다. 미수범의 형은 기수범보다 감경할 수 있다. 즉 임의적 감경사유에 해당한다.

② 중지미수(中止未遂)란 범죄의 실행에 착수한 후 행위자의 자의에 의하여 행위를 중지하거나 결과의 발생을 방지하는 것을 말한다. 중지미수에 있어 '자의(自意)'가 무엇인지에 대해 논의가 있으나, 사회일반의 경험상 보통 장애로 되지 않을 사정임에도 범죄를 완성하지 않은 경우에 자의가 있다고 보는 것이 다수의 견해이다. 범죄를 완성시킬 수 있으나 원하지 않기 때문에 완성하지 아니한 경우에는 중지미수이고, 범죄를 완성시키려 했으나 완성시킬 수 없었기 때문에 완성시키지 못한 경우에는 장애미수라고 구별하는 것을 프랑크 공식이라 한다. 중지범의 처벌은 형을 면제 또는 감경한다. 즉 필요적 감면사유이다.

③ 형법 제27조는 "실행의 수단 또는 대상의 착오로 인하여 결과의 발생이 불가능하더라도 위험성이 있는 때에는 처벌한다."고 규정하면서 그 제목을 불능범이라고 하고 있다. 그러나 이는 위험성이 있다는 점에서 불능범이라기보다는 불능미수(不能未遂)를 규정한 것이라고 보는 것이 타당하다고 본다. 여기서는 어떤 경우에 위험성이 있다고 볼 것인지가 문제로 되는데, 행위자가 행위 시

에 인식한 범죄계획을 기초로 하여, 일반적인 경험법칙에 비추어 그러한 계획이 현실적으로 결과발생의 가능성이 있으면 위험성이 있다고 볼 것이다.

7. 공   범

(1) 공범의 의의

공범(共犯)이라 함은 2인 이상이 협력·가공하여 범죄의 구성요건을 실현시키는 것을 말한다. 형법각칙의 구성요건은 원칙적으로 1인이 실현시킬 수 있는데 이를 수인이 협력·가공하여 실현시키는 것을 통상의 공범이라 한다. 반면 구성요건 자체가 필요적으로 수인의 협력·가공을 예정하고 있는 경우인 필요적 공범(소요죄, 간통죄 등)은 여기서 말하는 공범이 아니다.

범죄는 그 주체가 1인인가 수인인가에 따라 단독범과 광의의 공범으로 나눌 수 있는데, 광의의 공범은 다시 공동정범과 협의의 공범(교사범, 종범)으로 구별된다. 광의의 공범은 단순히 다수인이 범죄실현에 가담했다는 의미에 불과하고, 공동정범은 공범(협의의 공범) 개념이 아니며 정범에 속한다. 협의의 공범이 정범에 종속하여 성립하는가(공범종속성설), 아니면 정범과 독립하여 성립하는가(공범독립성설)에 대하여 논의가 있으나 교사범, 종범이 성립하기 위해서는 적어도 정범이 구성요건에 해당하는 실행행위로 나아가야 한다는 공범종속성설이 타당하다.

(2) 공동정범

① 형법은 공동정범(共同正犯)에 관하여 "2인 이상이 공동하여 죄를 범한 때에는 각자를 그 죄의 정범으로 처벌한다."고 규정하고 있다. 공동정범의 성립을 위해서는 주관적 요건으로 의사의 연결과 객관적 요건으로서 기능적으로 역할을 분담하여 전체계획에서 필수불가결한 기여를 할 것(기능적 행위지배설)을 필요로 한다.

② 공동정범의 본질에 관하여 무엇을 공동으로 하여야 하는가의 논의가 있다. 범죄공동설은 범죄의 고의를 고려하여 동일 또는 유사한 범죄를 공동으로 할 것을 필요로 한다고 하는 것이고, 행위공동설은 공동의 실행행위를 통해 각자의 범죄를 실행하면 되고 동일한 고의를 가질 필요는 없고 과실범 사이에도 공동정범이 성립한다고 한다. 판례는 과실범의 공동정범을 인정하여 행위공동

설을 따르고 있다.

③ 공동정범 외에 정범의 특수한 형태로 간접정범(間接正犯)이 있는데, 이는 타인을 생명있는 도구로 이용하여 간접적으로 범행을 실행하는 자를 말한다. 즉 책임능력이 없거나 고의가 없어 처벌되지 아니하는 자 또는 과실범으로 처벌되는 자의 행위를 이용하여 자기의 범죄를 실행하는 자를 말한다.

(3) 교사범과 종범

① 교사범(敎唆犯)이란 타인을 교사하여 범죄실행의 결의를 생기게 하고, 이 결의에 의하여 범죄를 실행시키는 자를 말한다. 교사범의 성립요건으로서는 피교사자에게 범죄실행의 결의를 생기게 하는 교사행위와 피교사자의 실행결의 및 결의에 의한 실행행위 등이 필요하다. 또한 교사자의 고의는 범죄행위를 타인에게 결의시킨다는 인식과 구성요건적 결과 발생의 인식·인용, 즉 이중의 고의를 필요로 한다.

② 종범(從犯)이란 타인의 실행행위를 방조하는 자를 말한다. 종범의 성립요건으로서는 실행행위 이외의 행위로서 정범을 원조하고 그 실행행위를 용이하게 하는 방조행위와 정범의 실행행위, 그리고 종범의 고의로서 방조의 고의 및 구성요건적 결과의 고의, 즉 이중의 고의를 필요로 한다. 처벌에 있어서 종범은 필요적 감경사유이다.

(4) 공범과 신분

신분이란 일정한 범죄행위에 관한 범인의 인적 관계인 특수한 지위 또는 상태를 말한다. 범죄주체의 특수한 신분이 범죄의 성부를 결정하는 구성요건적 요소(진정신분범)로 되거나, 법정형을 가중·감경(부진정신분범)하는 사유가 되는 범죄를 신분범이라 한다.

형법 제33조는 "신분관계로 인하여 성립될 범죄에 가공한 행위는 신분관계가 없는 자에게도 전 3조의 규정을 적용한다. 단, 신분관계로 인하여 형의 경중이 있는 경우에는 중한 형으로 벌하지 아니한다."라고 공범과 신분에 관하여 규정하고 있다. 이 조문의 해석에 관해서 논의가 있으나 통설에 의하면, 본문은 진정신분범에 가담한 비신분자에게 비록 그 신분이 없어도 신분범의 공동정범, 교사범, 종범이 될 수 있게 한 것이고, 한편 단서는 부진정신분범에 있어서 신분자의 범죄에 비신분자가 가담한 경우 신분자는 신분범의 형으로 처벌되고 비신분자는 통상의 비신분범의 형으로 처벌된다는 것을 규정한 것이라고 본다.

8. 죄 수 론

① 죄수론(罪數論)은 범죄의 수가 1개인가 수개인가를 결정하는 문제이다. 동일인이 수개의 범죄를 범하였을 경우에는 경합범으로서 한 죄만을 범한 경우와 달리 가중하여 처벌되기 때문에 범죄의 수를 미리 결정할 필요가 있다.

범죄의 수를 결정함에 있어서 무엇을 표준으로 할 것인가에 관해 행위표준설, 법익표준설, 구성요건표준설, 의사표준설 등의 견해가 있다.

② 일죄에는 단순일죄와 처분상일죄가 있다. 단순일죄란 1개의 의사와 행위로 1개의 법익을 침해할 때 성립한다. 그러나 외관상 수개의 범죄에 해당하는 것처럼 보이나 법규의 성질상 일방이 타방을 배척하여 결국 일개의 법규에만 해당하는 법조경합, 수개의 행위가 결합하여 일개의 구성요건에 해당하는 결합범, 많은 동종의 행위가 동일한 의사에 의하여 반복되지만 일괄하여 일죄를 구성하는 포괄적 일죄 등도 여기에 포함된다. 처분상일죄(處分上一罪)란 이론상 수죄에 속하지만 과형상 일죄로 처벌하는 것으로서 현행법상 일개의 행위가 수개의 죄명에 해당하는 상상적 경합범(想像的 競合)이 여기에 해당한다.

③ 수죄(數罪)란 수개의 의사와 행위로 수개의 법익을 침해하는 것을 말한다. 수죄는 경합범의 규정이 적용되어 형이 가중, 흡수 또는 병합된다.

Ⅲ. 형 벌 론

(1) 형벌이란 국가가 범죄에 대한 법률상의 효과로서 범죄자에게 과하는 법익의 박탈이다. 형법이 정하고 있는 형벌의 종류에는 사형·징역·금고·자격상실·자격정지·벌금·구류·과료·몰수의 9종이 있다.

(2) 이 중 징역·금고·구류를 자유형(自由刑)이라 하고 형벌체계의 중심을 이루고 있다. 이들 모두 수형자를 교도소에 구금하는 점에서는 같으나, 징역(懲役)은 정역에 복무하고 금고(禁錮)는 정역에 복무하지 않는다는 점이 다르고, 구류(拘留)는 기간이 1일 이상 30일 미만이라는 점에서 차이가 있다. 유기징역의 상한은 원래 15년으로 제한되어 있었으나 2010. 4. 15. 형법 개정을 통해 유기징역·유기금고의 상한을 현행 15년 이하에서 30년 이하로 높이고, 가중할 때

의 상한도 현행 25년까지에서 50년까지로 조정되었다.

(3) 범죄가 경미하고 우발적인 초범자에 대하여는 형사정책의 목적상 형을 집행하지 않는 것이 필요한 때가 있다. 이러한 목적을 위해 도입된 제도가 선고유예·집행유예 제도이다. 집행유예(執行猶豫)라 함은 3년 이하의 징역 또는 금고의 형을 선고할 경우 범인의 연령, 성행 등 형법 제51조에 정한 사항을 참작하여 1년 이상 5년 이하의 유예기간을 두고, 그 기간 동안 집행유예의 실효나 취소가 없이 경과하였을 경우에는 형의 선고의 효력을 잃게 하는 제도이다. 선고유예(宣告猶豫)라 함은 1년 이하의 징역이나 금고, 자격정지 또는 벌금의 형을 선고할 경우에 범인의 연령, 성행 등 형법 제51조의 사항을 참작하여 그 선고를 유예하는 제도이다. 형의 선고유예를 받은 날로부터 2년을 경과한 때에는 면소된 것으로 간주된다. 외국에서 집행된 형의 전부 또는 일부를 우리나라에서 선고하는 형에 반드시 산입하여야 하는가에 대해 과거에는 이를 임의로 할 수 있었으나, 2016년 형법 개정을 통해 외국에서 집행된 형의 전부 또는 일부를 우리나라에서 선고하는 형에 반드시 산입하는 것으로 되었다.

Ⅳ. 각종의 범죄

1. 개인적 법익에 대한 죄

(1) 생명·신체에 대한 죄

이것은 사람의 생명 또는 신체의 안정성을 보호하기 위한 것으로, 이에는 살인죄, 상해·폭행죄, 낙태죄, 유기죄 등이 있다.

살인죄란 고의로 사람의 생명을 박탈하여 살해하는 범죄이다. 본죄의 보호법익은 인간의 생명이고 여기의 사람은 자연인에 한한다. 상해와 폭행의 죄는 사람의 신체에 대한 침해를 내용으로 하는 범죄로서, 상해죄는 신체의 완전성을 해할 때 성립하며, 폭행죄는 사람의 신체에 대한 직접·간접의 유형력을 행사함으로써 성립하는데, 후자는 반의사불벌죄로서 피해자의 명시적 의사에 반하여 처벌할 수 없다. 과실치사상죄는 과실로 인하여 사람의 신체를 상해하거나 사망에 이르게 하는 범죄이다.

낙태죄는 태아를 자연분만 시에 앞서 인위적으로 모체 외에 배출시키거나 태아를 모체 내에서 살해하는 것을 내용으로 하는 범죄로, 태아 및 임부의 생명·신체의 안전을 그 보호법익으로 한다.

유기죄는 노유, 질병, 기타 사정으로 인하여 부조를 요하는 자를 보호할 법률상 또는 계약상 의무 있는 자가 유기한 경우에 성립하는 것으로 피유기자의 생명·신체에 대한 안전이 보호법익이다.

(2) 자유에 대한 죄

이것은 사람의 의사 및 행동의 자유를 보호하기 위한 죄로서, 체포·감금죄, 협박죄, 약취·유인죄, 강간과 추행의 죄가 있다.

체포·감금죄는 사람을 체포 또는 감금하는 죄로, 체포란 사람의 신체에 대하여 직접적인 구속을 가하여 활동의 자유를 박탈하는 것이고, 감금이란 사람을 일정한 장소 밖으로 나가지 못하게 하여 행동의 자유를 구속하는 것이다.

협박죄는 사람에게 해악을 고지하여 외포심을 일으키는 것으로서, 사람의 의사결정의 자유를 해하는 범죄이며, 반의사불벌죄이다.

약취·유인죄는 사람을 약취 또는 유인하여 자기 또는 제3자의 실력적 지배하에 둠으로써 개인의 자유를 침해하는 범죄이며, 그 보호법익은 개인의 자유이고, 부차적으로 보호감독자의 이익도 포함된다.

강간과 추행의 죄는 성적 자기결정권을 침해하는 범죄이며, 그 보호법익은 개인의 성적 자유이다. 다만 2012. 12. 18. 형법의 개정으로 성폭력 범죄의 객체를 '부녀'에서 '사람'으로 변경하였다. 추행·간음 목적의 약취·유인·수수·은닉죄 및 강간죄 등 성범죄에 관하여 고소가 있어야 공소를 제기할 수 있도록 한 규정을 삭제하였으며, 폭행 또는 협박으로 사람에 대하여 구강, 항문 등 신체의 내부에 성기를 넣거나 성기, 항문에 신체의 일부 또는 도구를 넣는 유사강간행위를 한 자는 2년 이상의 유기징역에 처하도록 하였다. 한편 실효성이 미약하고, 여성의 성적 주체성을 훼손하는 혼인빙자간음죄는 폐지하였다.

(3) 명예·신용 및 업무에 대한 죄

이것은 명예·신용·업무를 보호하려는 것으로, 명예에 관한 죄는 공연히 사실을 적시하여 사람의 명예를 훼손하거나(명예훼손죄), 공연히 사람을 모욕하는 것을 내용으로 하는(모욕죄) 범죄이고, 신용 및 업무에 관한 죄는 사람의 신용을 훼손하거나 사람의 업무를 방해하는 것을 내용으로 하는 범죄이다.

(4) 사생활의 평온에 대한 죄 및 권리행사에 대한 죄

사생활에 있어 비밀, 주거의 평온·안전, 또는 타인의 권리행사를 보호하려는 것으로 비밀침해죄, 주거침입죄, 권리행사방해죄가 있다.

(5) 재산에 대한 죄

개인의 재산권을 보호하려는 것으로서, 이에는 절도죄, 강도죄, 사기죄, 공갈죄, 횡령죄, 배임죄, 장물죄, 손괴죄가 있다. 재산죄의 객체에는 재물과 재산상의 이익이 있는데, 절도죄, 횡령죄, 장물죄, 손괴죄는 재물만을 객체로 함에 대하여, 배임죄는 재산상의 이익만을 객체로 하고, 강도죄, 공갈죄, 사기죄는 재물과 재산상의 이익 모두를 객체로 한다. 또한 손괴죄를 제외한 다른 재산죄는 주관적 구성요건요소로서 고의 외에 불법영득의 의사를 필요로 하고, 강도죄와 손괴죄를 제외한 재산죄에는 일정한 범위의 친족에게 형을 면제하거나 친고죄로 하는 친족상도례의 규정이 있다.

절도죄는 타인이 점유하는 타인의 재산을 폭행·협박에 의하지 아니하고 그 의사에 반하여 자기 또는 제3자의 점유로 옮기는 것을 말하고, 강도죄는 폭행 또는 협박으로 타인의 재물을 강취하거나 기타 재산상의 이익을 취득하거나 제3자로 하여금 취득하게 하는 것을 내용으로 하는 범죄이다.

사기죄는 타인을 기망하여 착오를 일으키게 하고, 상대방의 하자있는 의사에 기하여 재물의 교부를 받거나 재산상의 이익을 취득하거나 제3자로 하여금 이를 취득하게 하는 경우에 성립한다. 공갈죄는 사람을 폭행 또는 협박하여 외포심을 일으키게 한 후, 상대방의 하자있는 의사에 기하여 재물의 교부를 받거나 재산상의 이익을 얻는 것을 내용으로 하는 범죄이다.

횡령죄는 타인의 재물을 보관하는 자가 신임관계에 위배하여 그 재물을 임의처분하거나 그 반환을 거부할 때에 성립하며, 배임죄는 타인의 사무를 처리하는 자가 그 임무에 위배하는 행위로써 재산상의 이익을 취득하거나 제3자로 하여금 이를 취득케 하여 본인에게 손해를 가한 경우에 성립한다.

장물죄는 재산죄로 인하여 취득한 장물을 취득·양도·운반·보관 또는 알선한 경우에 성립하고, 손괴죄는 타인의 재물 또는 문서를 손괴 또는 은닉, 기타 방법으로 그 효용을 해하는 경우에 성립한다.

2. 국가적 법익에 대한 죄

(1) 국가의 구성과 존립에 대한 죄

이것은 국토 및 국헌을 보호하여 국가의 존립을 꾀하고 국가의 권위를 유지하기 위한 것으로서 내란죄, 외환죄, 국기모독죄 등이 있다. 내란죄는 국토를 참절하거나 국헌을 문란할 목적으로 폭동을 하는 것을 내용으로 하는 범죄이며, 그 보호법익은 국가의 존립이다. 폭동이란 다중이 결합하여 폭행 또는 협박하는 것으로서 적어도 한 지방의 평온을 해할 정도임을 요한다. 그리고 본죄는 국토참절 또는 국헌문란의 목적이 있어야 성립하는 목적범이다. 외환죄는 외국과 통모하여 대한민국에 대하여 전쟁을 열게 하거나 외국인과 통모하여 대한민국에 항적한 경우 등의 범죄이고, 국기모독죄는 대한민국을 모독할 목적으로 국기 또는 국장을 손상, 제거 또는 오욕하는 범죄이다.

(2) 국제관계에 관한 죄

이 죄는 외국과의 평화로운 국제관계를 해하는 죄이다. 본죄의 보호법익은 국제법질서에서 보호될 외국의 이익이며, 그 유형으로는 외국원수에 대한 폭행 등의 죄(제107조), 외국사절에 대한 폭행 등의 죄(제108조), 외국의 국기·국장모독죄(제109조), 외국에 대한 사전죄(私戰罪, 제111조), 중립명령위반죄(제112조), 외교상의 기밀누설죄(제113조) 등이 있다.

(3) 국가의 기능에 관한 죄

이것은 국가의 권위 및 국가활동의 정상적 기능을 보호하려는 것으로 다음과 같은 것이 있다.

공무원의 직무에 관한 죄는 공무원이 정당한 이유 없이 그 직무수행을 거부하거나(직무유기죄), 공무원이 직권을 남용하여 국민의 기본적 인권을 침해하거나(직권남용죄), 또는 직무에 관한 위법한 보수인 뇌물을 수수·요구·약속하는(뇌물죄) 등 그 청렴의무에 위배하여 직무의 공정을 해함으로써 국가의 정상적 기능을 해치는 범죄이며, 공무방해죄는 국가의 기관이 그 공권력을 정당하게 행사하는 것을 폭행·협박 기타의 방법으로 방해하는 것을 내용으로 하는 범죄이다.

도주죄는 피체포자 또는 피구금자가 도주하여 형사사법에 관한 국가기능을 해하는 범죄이고, 범인은닉죄는 벌금 이상의 형에 해당하는 죄를 범한 범인을 은닉·도주하게 함으로써 형사사건의 수사·재판 또는 형의 집행을 저해하여 국가의 형사사법 작용을 방해하는 범죄이다. 위증죄는 법률에 의하여 선서한 증인이 자신의 기억에 반하는 허위의 공술을 함으로써 성립하고, 증거인멸죄는 타인의 형사사건·징계사건에 관한 증거를 인멸·은닉·위조 또는 변조하거나, 위조 또는 변조한 증거를 사용하거나, 혹은 타인의 형사사건 또는 징계사건에 관한 증인을 은닉 또는 도피(제155조 1, 2항)하게 하여 국가의 재판작용을 방해하는 범죄이다. 무고죄는 타인으로 하여금 형사처분 또는 징계처분을 받게 할 목적으로 공무소 또는 공무원에 대하여 객관적으로 허위인 사실을 신고함으로써 성립된다.

3. 사회적 법익에 대한 죄

(1) 공공의 안전과 평온에 관한 죄

사회 일반의 안전·평온을 보호하려는 것으로, 공안을 해하는 죄는 사회 공공의 안전·평온을 침해 내지 위태롭게 하는 범죄로서, 범죄단체조직죄, 소요죄 등이 있다. 폭발물에 관한 죄는 폭발물을 사용하여 공중의 생명·신체 또는 재산 등을 침해 또는 위태롭게 하여 사회공공생활의 질서를 해하는 범죄이며, 폭발물사용죄, 전시폭발물제조 등의 죄가 있다. 방화와 실화의 죄는 고의 또는 과실로 화재를 일으켜 공중의 생명, 신체 또는 재산 등에 대하여 불측의 위험을 주는 공공위험범죄이며, 현주건조물 등 방화죄, 공공건조물·일반건조물 등 방화죄 등이 있다.

일수와 수리에 관한 죄에는 일수죄(溢水罪)와 수리방해죄 등이 있다. 일수죄는 수해를 일으켜 공공의 안전을 해하는 범죄이며, 수리방해죄는 타인의 수리권을 방해하는 범죄이다. 교통방해죄는 공공의 교통설비에 대한 방해를 내용으로 하는 범죄이고, 여기에는 일반교통방해죄, 기차·선박 등의 교통방해죄, 기차 등의 전복죄 등이 있다.

(2) 공공의 신용에 대한 죄

이것은 통화·유가증권·문서·인장 등에 대한 사회 일반의 신용 및 유통질서를 보호하려는 것으로서 다음의 각 죄가 있다.

통화에 관한 죄는 행사할 목적으로 통화를 위조·변조하거나 위조·변조한 통화를 행사·수입·수출 또는 취득하여 공공의 신용을 해하는 범죄이다. 유가증권 등에 관한 죄는 행사할 목적으로 유가증권·우표·인지 등을 위조·변조 또는 허위작성하거나, 위조·변조·허위작성한 유가증권 등을 수입·수출하는 경우에 성립하는 범죄이다.

문서에 관한 죄는 행사할 목적으로 문서를 위조(유형위조)·변조하거나, 허위문서를 작성(무형위조)하거나, 위조·변조·허위작성한 문서를 행사하는 것을 내용으로 하는 범죄이다. 본죄에 의해 형법이 현실적으로 보호하려고 하는 이익은 문서의 작성명의의 진정(형식주의)이며, 문서내용의 진정(실질주의)은 예외적으로 보호한다.

인장에 관한 죄는 행사할 목적으로 인장·서명 등을 위조 또는 부정행사하는 것을 내용으로 하는 범죄이다.

(3) 공중위생에 관한 죄

공중위생에 관한 죄는 공중의 위생 및 건강을 보호하려는 것이다. 이 중 먹는 물(음용수)에 관한 죄는 공중의 일상음용에 사용되는 정수 또는 그 수원에 오물·독물 기타 건강상의 유해물을 넣거나(먹는 물의 사용방해죄), 먹는 물을 공급하는 수도 기타 시설을 손괴 또는 기타의 방법으로 불통하게 하여 공중의 먹는 물의 이용과 그 위생에 대한 안전을 위태롭게 하는 행위(수돗물의 사용방해죄)를 내용으로 하는 범죄이다. 아편에 관한 죄는 아편을 흡식하거나, 아편 또는 아편흡식기구의 제조·수입 또는 판매 등의 행위를 내용으로 하는 범죄이다.

(4) 도덕적 질서에 대한 죄

이것은 사회의 건전한 풍속을 보호하려는 것이다. 풍속을 해하는 죄는 성생활에 관한 선량한 풍속을 해하는 것을 내용으로 하는 범죄로서 공연음란죄 등이 있다. 도박·복표에 관한 죄는 우연한 사정에 의하여 재물의 득실을 다투는 것을 내용으로 하는 범죄이다. 신앙에 관한 죄는 공중의 종교생활의 안전을 해하는 범죄로서, 사회의 종교생활상의 선량한 풍속을 유지하여 신앙에 관한 감정, 풍습 및 종교적 평온을 보호하려는 것이다.

제 6 절   형사소송법

I. 형사소송법의 의의

국가는 형벌권을 구체적으로 실현하기 위하여 일정한 절차를 필요로 한다. 즉 범죄행위에 대해 형벌권을 행사하려면, 범인에 대하여 수사기관의 수사를 거쳐서 공소의 제기, 공판 및 형벌의 집행이라는 일련의 형사절차(刑事節次)를 필요로 한다. 이를 광의의 형사소송이라고 한다. 한편 공소의 제기로부터 재판의 확정까지의 절차를 협의의 형사소송이라고 한다. 통상 형사소송(刑事訴訟)이라 하면 후자 즉 협의의 형사소송을 의미한다.

결국 형사소송법(刑事訴訟法)은 실체법인 형법의 적용과 실현을 목적으로 하는 절차에 관한 법이다. 실체법이 아닌 절차법이라는 점에서 민사소송법과 유사하다. 그러나 민사상의 분쟁은 반드시 민사소송절차에 의하여야 하는 것은 아니고 당사자 사이의 합의로 해결할 수도 있지만, 형법의 적용·실현인 형사소송은 반드시 형사소송법이 규정하는 절차에 따라야 한다. 이런 점에 비추어 보면 형법과 형사소송법의 관계는 민법과 민사소송법과의 관계보다 밀접한 관련이 있다고 할 수 있다.

II. 수사절차

① 수사란 범죄의 혐의유무를 명백히 하여 공소의 제기와 유지 여부를 결정하기 위하여 범인을 발견·확보하고, 증거를 수집·보전하는 수사기관의 활동을 말한다. 수사기관으로는 사법경찰관 및 검사가 있다. 종전에는 사법경찰관은 검사의 지휘를 받아 수사를 하고, 검사는 범죄수사에 있어서 주재자로서 사법경찰관에 대한 지휘·감독권을 가지고 있었지만 현재에는 검사의 사법경찰관에 대한 지휘감독권은 형식상 폐지되었다.

② 수사기관은 범죄의 혐의가 있다고 사료되는 때에는 범인·범죄사실과 증거를 수사하여야 한다(제195조, 제196조). 수사는 수사기관의 주관적인 혐의에

의하여 개시되는데, 그 혐의를 가지게 된 원인의 여하는 불문하며 현행법에서는 특히 현행범, 고소, 고발, 자수 및 변사자의 검시 등을 그 원인으로 규정하고 있다.

③ 수사의 방법에는 임의수사와 강제수사가 있다. 임의수사란 수사의 방법이 임의적인, 즉 상대방의 동의·승낙을 전제로 한 수사를 말한다. 여기에는 피의자신문, 참고인의 진술청취, 임의동행 등이 있다. 형사소송법은 임의수사를 원칙으로 하고 있다. 강제수사는 상대방의 의사에 반하거나 실질적으로 그의 법익을 침해하는 강제처분에 의한 수사이므로, 상대방의 인권침해를 가져오기 쉬운 까닭에 특별한 규정이 있는 경우에 한하여 예외적으로 인정하고 있다(강제처분 법정주의). 영장제도를 통한 강제수사는 법관의 영장발부라는 사법적 통제를 받고 있고, 구속·압수·수색 등이 여기에 해당된다.

④ 수사는 공소제기의 준비절차이므로 사법경찰관이 범죄를 수사하였을 때는 그 관계서류와 증거물을 공소제기자인 검사에게 송치하여야 하며, 검사는 범죄수사의 결과에 대하여 다음과 같은 처분을 하여 수사를 종결한다. 즉 피의사건에 관하여 범죄의 객관적 혐의가 충분하고, 소송조건 및 처벌조건을 구비하여 유죄의 판결을 얻을 수 있다고 판단된 경우에는 공소제기, 약식명령의 처분을 할 수 있다. 이는 수사종결의 가장 전형적인 것이다.

그러나 피의사건에 관해 소송조건이 구비되고 처벌조건이 구비되었다 하더라도 형법 제51조(양형의 조건)의 사유를 참작하여 공소를 제기하지 않고 기소유예처분을 할 수 있다. 또한 피의사건이 확정판결이 있거나 공소시효가 완성되는 등의 공소권이 없는 경우에는 '공소권 없음'의 처분을 하며, 피의사건이 구성요건에 해당하지만 위법성조각사유·책임조각사유 등 범죄의 성립을 조각하는 사유가 존재하는 경우에는 '죄가 안됨'의 처분을, 피의사건이 혐의가 없는 경우로서 구성요건해당성이 없어 혐의가 없는 때에는 '범죄인정 안됨'의 처분을, 공소의 제기 및 유지에 필요한 증거가 불충분한 경우에는 '증거불충분'의 처분을 하여야 하고, 피의자의 소재 등을 모를 때에는 기소중지처분을 하여야 한다.

Ⅲ. 공소의 제기

(1) 형사소송법은 "공소는 검사가 세기하여 수행한다(제246조)."라고 규정하

고 있다. 공소란 국가기관인 검사가 특정의 형사사건에 관하여 법원의 심판을 구하는 의사표시이다. 공소는 원칙적으로 국가기관인 검사가 제기하는데, 이것을 국가소추주의(國家訴追主義) 또는 기소독점주의(起訴獨占主義)라고 한다.

(2) 수사 결과 범죄혐의가 있고 소송조건을 구비하고 있는 경우에 검사가 반드시 소송을 제기하여야 하는 것을 기소법정주의(起訴法定主義)라 하고, 이에 대하여 검사의 재량에 의하여 불기소처분을 할 수 있는 것을 기소편의주의(起訴便宜主義)라 한다. 우리나라는 후자를 따르고 있다.

(3) 공소가 제기되면 소송계속, 공소시효의 진행정지, 사건범위의 한정이라는 효과가 발생한다. 소송계속의 효과란 공소가 제기되면 법원은 당해사건을 심리하여야 하고, 검사·피고인은 심리에 관여하여 심판을 받을 권리·의무가 발생한다. 또한 사건이 일정한 법원에 계속하게 되면 다시 그 사건에 대하여 공소를 제기할 수 없다는 것을 의미한다. 사건범위의 한정이란 공소장에 기재된 피고인과 공소사실에 대하여 단일성, 동일성 있는 사건에만 공소의 효력이 불가분적으로 미치고 그 이외의 부분에는 미치지 않는다는 것을 말한다. 공소사실과 단일성, 동일성이 있는 사건 전부에 공소제기의 효력이 미치는 것을 공소불가분(公訴不可分)의 원칙이라고 하고, 공소의 효력이 미치지 아니한 사건에 대하여는 법원이 심판할 수 없다는 것을 불고불리(不告不理)의 원칙이라고 한다.

Ⅳ. 형사소송절차 총칙

1. 기본원칙

공소가 법원에 제기되면 법원 및 당사자인 검사와 피고인의 삼주체가 등장하며, 이 삼주체가 각자의 목적을 위해 각종의 소송행위를 하게 된다.

이때 그 심리의 성격에 관하여 당사자주의와 직권주의가 있다. 당사자주의(當事者主義)란 소송당사자인 검사와 피고인에게 주도적 지위를 인정하여 상호간의 공격·방어에 의하여 소송을 진행시키고 법원은 제3자적 지위에서 양 당사자의 주장과 증명을 판단하는 것을 말한다. 한편 직권주의(職權主義)란 법원에 소송의 주도권을 인정하여 법원의 직권으로 소송을 진행시키는 것을 의미한다. 우리 형사소송법은 당사자주의를 기본원리로 하고, 보충적으로 직권주의를 인정하고 있다.

2. 형사소송의 주체

① 형사소송에 있어서 주체는 법원, 검사, 피고인이다. 검사와 피고인는 형사소송의 당사자이다. 검사는 적극적 당사자인 원고로서의 지위를, 피고인은 소극적·방어적 지위를 갖고 있다.

② 법원, 검사와 피고인

법원(法院)이라 할 때는 일반 법률상의 법원과 소송법상의 법원이 있는데, 소송주체로서의 법원이란 당연히 소송법상의 법원을 말한다. 즉 개개의 소송사건에 관하여 실제로 재판권을 행사하는 재판기관인 법관의 합의체 또는 1인의 단독판사를 의미한다.

검사(檢事)란 형사소송에 있어서 원고로서 검찰권을 행사하는 국가기관이며, 각자 단독관청으로서 모두 각자의 이름으로 검찰직무를 행할 권한을 가진다. 그러나 검사는 법관과는 달리 검찰권을 행사하는 데 있어서 상사의 명령과 지휘·감독에 복종한다. 즉 검사는 전국적으로 검찰총장을 정점으로 계층적 통일체를 이룩하여 검찰직무를 행사하는 데 있어 일체불가분의 전체로서 활동하는데, 이를 '검사동일체(檢事同一體)의 원칙'이라고 한다. 이것은 범죄의 수사가 광범위하고 기동성 있게 움직일 수 있는 전국적 수사망을 필요로 하는 까닭에 설정된 원칙이다.

피고인(被告人)이란 검사에 의하여 공소가 제기된 자 또는 공소가 제기된 자로 취급되는 자를 말한다. 그렇기 때문에 공소가 제기되기 전의 피의자(被疑者)와 구별된다. 피고인은 검사와 대립하는 소송주체로서 검사의 공격에 대하여 스스로 방어하는 당사자로서의 지위를 가지며, 이러한 지위로부터 변호인선임권, 공판기일출석권, 진술거부권 등 방어권(防禦權)이 주어진다.

변호인(辯護人)이란 피고인의 방어력을 보충하기 위하여 피의자, 피고인 등으로부터 선임된 보조인이며(사선변호인), 일정한 경우에는 국가가 피고인을 위해서 변호인을 선임한다(국선변호인). 피고인이 검사와 대등한 무기(무기평등의 원칙)를 가지고 방어권을 행사하는 실질적 당사자주의를 실현하기 위해서는 변호인은 원칙적으로 변호사 중에서 선임되어야 한다. 다만, 예외적으로 대법원 이외의 법원은 특별한 사정이 있는 경우에 변호사 아닌 변호인의 선임을 허락할 수 있다.

3. 강제처분과 인권보호

형사소송절차에 있어서 피고인에 대한 형의 집행 및 공판정 출석을 확보하거나 증거의 수집보전을 위하여 각종의 강제력을 행사할 필요가 있는데, 이처럼 강제적 요소를 포함하는 일체의 처분을 광의의 강제처분이라 한다. 이러한 처분 중에서 증거조사의 성질을 가진 검증·증인신문·감정·통역·번역 등을 제외한 소환·구속(대인적 강제처분)·압수·수색(대물적 강제처분) 등을 협의의 강제처분이라 한다.

강제처분(强制處分)은 소송 진행과정에 있어서 어느 정도 필요하다고 할 수 있지만, 이는 필연적으로 사람의 신체의 자유 및 기타 법익을 침해하게 되므로 피고인의 인권보장을 위하여 필요한 최소한도의 범위 내에서만 인정되어야 할 것이다. 따라서 형사소송법은 강제처분의 종류와 요건을 엄격하게 규정하고, 법관의 영장을 받도록 하여 남용을 방지하고 있다. 또한 일단 구속된 피고인에 대하여도 가능한 한 불필요한 인권침해를 방지하기 위하여 접견·교통권, 구속 적부심사제도, 보석제도 등을 인정하고 있다.

4. 증   거

(1) 범죄의 성립을 인정하고 그에 따른 형을 결정하기 위해서는 먼저 형벌 법규 적용의 전제인 사실관계를 확정하여야 하는데, 이를 위하여 사용되는 자료를 증거(證據)라 한다. 증거의 종류로는 요증사실을 직접 증명하느냐의 여부에 따라 직접증거·간접증거로 나눌 수 있으며, 증거방법의 물리적 성질에 의하여 인증·물증·증거서류로 나눌 수 있다.

(2) 증거재판주의

형사소송법 제307조 제1항에서는 "사실의 인정은 증거에 의하여야 한다."라고 규정하여 증거재판주의를 천명하고 있다. 증거재판주의(證據裁判主義)란 공소사실 등 주요사실은 증거능력이 있고 적법한 증거조사를 거친 증거에 의하여야 한다는 것을 말한다. 여기서 주요사실이란 엄격한 증명의 대상이 되는 사실로서, 재판에 있어서 가장 중요한 사항인 형벌권의 존부 및 그 범위를 정하는 기초가 되는 중요한 사실, 예컨대 공소사실의 성립 여부, 위법성조각사유, 책임조각사유, 처벌조건인 사실 등을 의미한다. 이를 증명하기 위해서는 증거능력이 있는 증거에 의하여만 한다.

(3) 증거능력

증거능력(證據能力)이란 증거가 엄격한 증명의 대상을 입증하기 위해 사용될 수 있는 법률상의 자격을 말한다. 형사소송법상 증거능력은 증거 그 자체의 성질 때문에 법관이 증명력의 평가를 그르칠 염려가 있는 경우 또는 인권보장을 침해할 염려가 있는 경우에 증명력의 대소를 불구하고 제한을 받고 있다. 법관의 증명력 평가를 그르칠 염려가 있을 때에 증거능력을 제한하는 경우로는 전문증거에 대한 증거능력의 제한(제310조의2)이 있고, 인권보장을 위해서 증거능력을 제한하는 경우로는 임의성 없는 자백의 증거능력제한(제309조), 위법수집증거 배제법칙(제308조의2)을 들 수 있다. 여기서 전문증거(傳聞證據)란 사실인정의 기초가 되는 경험사실을 경험자 자신이 직접 법원에 보고하지 않고, 간접적으로 보고하는 증거를 말한다. 예컨대 甲이 목격한 것을 乙에게 말하고 乙이 증인으로서 법정에 출석하여 "나는 甲으로부터 A가 B를 살해하는 것을 보았다는 말을 들었다."라고 증언하면, 그의 증언은 전문증거가 된다. 전문증거는 원진술자의 진실성을 당사자의 반대신문에 의하여 음미할 수 없기 때문에 증거능력이 부정된다. 그러나 이처럼 전문증거를 모두 배척하게 되면 사실상 범죄인을 처벌할 수 없는 경우가 많게 되므로, 예외적으로 신용성의 정황적 보장과 필요성이 있을 때는 전문증거라도 증거능력을 인정하고 있다(제311조~제316조). 또한 검사와 피고인이 증거로 할 수 있다고 동의한 서류 또는 물건에 대하여 법원이 진정한 것으로 인정하면 비록 전문증거라도 증거로 할 수 있다(제318조 1항).

임의성 없는 자백(自白)이란 고문·폭행·협박·신체구속의 부당한 장기화 또는 기망 기타의 방법으로 인하여 임의로 진술한 것이 아니라고 의심할 만한 이유가 있는 자백을 말한다. 이는 유죄의 증거로 하지 못한다. 만일 이러한 것들에 증거능력을 인정하면, 자백을 얻기 위해서 피고인의 인격을 부당하게 침해하게 될 염려가 있기 때문에 설사 증명력이 있다 하더라도 증거능력 자체를 부인하고 있는 것이다.

위법수집증거(違法收集證據)란 위법한 절차에 의하여 수집된 증거를 말하며, 이는 원칙적으로 유죄인정의 증거로 삼을 수 없다.

(4) 증 명 력

증거의 증명력(證明力)이란 어떤 사실을 입증할 수 있는 증거의 실질적 가치를 말하며 이는 법관의 자유판단에 따른다. 이를 자유심증주의(自由心證主義)라고 한다. 그러므로 증거능력이 있는 경우에도 증명력은 없을 수 있으며, 증거능력이 없는 증거라도 증명력이 있는 경우가 있다. 하지만 형사소송에서는 증거능력 없는 증거는 원칙적으로 증거로 사용할 수 없다. 증명력은 자유심증주의원칙에 따라 법관의 자유로운 판단에 맡긴다. 다만, 예외적으로 오판의 위험을 방지하기 위해서 피고인의 자백이 피고인에게 불리한 유일한 증거일 때는 이를 유죄의 증거로 사용할 수 없다(제310조). 피고인의 자백이 유일한 증거인 경우에는 피고인의 인권보장을 위하여 보강증거를 필요로 하게 함으로써 법관의 자유심증에 일정한 제한을 가하고 있다.

(5) 증거방법

증거를 조사할 수 있는 방법을 증거방법(證據方法)이라고 한다. 형사소송법은 증거방법으로 검증·증인신문·감정·통역 및 번역을 두고 있다. 검증이란 법관이 직접 자기의 오관의 작용에 의하여 사물의 성질·상태를 실험함으로써 증거자료를 얻는 증거조사를 말하며, 증인신문은 증인이 실험한 사실에 대한 진술을 얻는 증거조사이며, 감정이란 특별한 학식·경험을 가진 자로 하여금 그의 전문적 지식이나 또는 그의 지식을 이용한 판단을 소송상 보고하게 하여 법관의 판단능력을 보조하기 위한 증거조사를 말한다.

5. 재   판

(1) 재판이란 재판기관의 법적 판단 또는 의사표시로서 그 내용에 따른 효과를 수반하는 소송행위이다. 재판기관인 법원 또는 법관의 소송행위라는 점에서 재판기관 이외의 기관의 소송행위와 구별되고, 또한 의사표시적 소송행위라는 점에서 사실행위적 소송행위(증거조사 등)와 구별된다.

(2) 재판의 종류에는 형식재판과 실체재판이 있다. 전자는 절차적 법률관계를 판단하는 재판으로서 공소기각·관할위반, 면소판결 및 중간재판 등이 있고, 후자는 사건의 실체에 대하여 구체적 형벌권의 존부를 판단하는 것으로서 유죄·무죄의 판결이 이에 속한다.

(3) 재판은 합의체에 의할 때는 합의 성립 시에, 단독판사가 할 때에는 재판서의 작성 시에 내부적으로 성립하고, 선고 또는 고지에 의하여 외부적으로 성립한다. 그리고 이렇게 성립한 재판은 보통의 불복신청방법에 의하여는 취소할 수 없는 상태에 이르렀을 때, 즉 상소권의 포기나 상소기간이 도과하는 등의 사유가 있는 때에 확정된다. 재판이 확정되면 이를 취소할 수 없는 상태가 되는데, 이를 형식적 확정력(形式的 確定力)이라 한다. 또한 유죄·무죄의 실체판결 및 면소의 판결이 형식적으로 확정된 경우에는 그 내부적 효과로서 법원의 판단내용이 확정되고 집행력(執行力)이 생긴다. 외부적 효과로서 그 공소사실과 동일성 있는 사건에 대하여는 다시 공소를 제기할 수 없는 일사부재리(一事不再理)의 효과가 발생한다. 이를 내용적 확정력(內容的 確定力) 또는 기판력(旣判力)이라고 한다.

V. 1심 공판절차

1. 공판심리의 기본원칙

(1) 공판절차(公判節次)란 광의로는 공소가 제기된 때로부터 공판법원에서 소송절차가 끝날 때까지의 모든 절차를 말하며, 협의로는 광의의 절차 중 공판기일에서의 절차만을 말한다.

(2) 공판심리의 기본원칙으로는 구두변론주의, 직접심리주의, 공개재판주의 등이 있다. 구두변론주의란 구술에 의한 당사자 쌍방의 공격·방어를 기초로 하여 심리와 재판을 행하는 것을 말한다. 직접심리주의는 공판정에서 직접 조사한 증거에 한하여 재판의 기초로 하여야 함을 의미한다. 이것의 당연한 요청으로 공판개정 후 판사가 바뀐 때에는 공판절차를 갱신하고 다시 시작하여야 한다. 공개재판주의는 일반 국민에게 심판의 방청을 허용하는 것을 말하는데, 재판의 공정과 재판에 대한 국민의 신뢰를 보장하기 위한 것이다. 우리 헌법은 "재판의 심리와 판결은 공개한다(제109조). 형사피고인은 상당한 이유가 없는 한 지체 없이 공개재판을 받을 권리를 가진다(제27조 제3항 후문)."라고 규정하여 공개재판을 받을 권리를 국민의 기본권으로 보장하고 있다. 그러나 예외적으로 심리만은 국가의 안전보장 또는 안녕질서를 방해하거나 풍속을 해할 염려가 있을 때에는 법원의 결정으로 공개하지 않을 수 있다(제109조 후문).

2. 공판심리의 범위 및 대상

(1) 법원은 불고불리의 원칙에 의하여 검사가 공소를 제기한 사실에 대하여만 심판할 수 있고 그 외의 사실에 대하여는 심판할 수 없다. 비록 공소사실과 동일성이 인정되는 사실이라도 구체적으로 공소장에 기재되어 있지 않으면 심판의 대상으로 할 수 없다. 그러나 공소장에 기재된 공소사실 자체는 아니라도 그 사실과 동일성이 있는 범위 내에서는 검사가 공소사실 및 적용법조를 추가, 철회, 변경한 경우 그 범위에까지 심판의 대상으로 할 수 있다. 이와 같이 검사가 공소사실 및 적용법조를 추가·철회·변경하는 제도를 공소장변경제도(제298조 1항)라고 한다.

(2) 사건의 동일성을 인정하는 기준이 무엇인가에 관하여는 논의가 있으나 판례는 일관하여 공소장에 기재된 공소사실의 기초가 되는 사실관계가 기본적인 점에서 동일하면 공소사실의 동일성이 인정된다는 기본적 사실동일설을 취하고 있다.

3. 공판절차

(1) 공판기일에 있어서 공판절차의 일반적 순서는, 먼저 재판장의 피고인에 대한 인정신문(제284조), 검사의 공소장에 의한 기소요지의 진술(제285조 1항), 피고인의 진술, 재판장의 쟁점정리 및 검사·피고인의 증거관계 등에 대한 진술을 한다. 다음으로 전술한 일련의 절차가 끝나면 증거조사의 단계에 들어간다.

(2) 증거조사

증거조사는 당사자의 증거조사 신청에 의하여 또는 직권에 의해서 할 수 있다. 증거조사 종료 후 피고인신문에 있어서는 검사와 변호인이 순차로 피고인에 대하여 공소사실과 정황에 관한 필요사항을 직접 신문할 수 있으며, 재판장은 검사와 변호인의 신문이 끝난 뒤에 신문할 수 있다. 그 다음은 검사의 논고, 변호인의 의견진술, 피고인의 최후진술을 거쳐 판결의 선고를 하게 된다. 복잡한 사건의 경우에는 공판절차가 오랜 기간에 걸쳐 진행되기도 한다.

(3) 변론의 분리 · 병합

법원은 필요하다고 인정할 때에는 직권 또는 검사, 피고인이나 변호인의 신청에 의하여 결정으로 변론을 분리하거나 병합할 수 있고 또 결정으로 종결한 변론을 재개할 수 있다. 변론의 분리란 변론이 병합된 수개의 사건을 나누어 심리하는 것을 말하며, 변론의 병합은 수개 사건의 변론을 동일한 공판절차에서 진행하는 것을 말한다.

(4) 공판절차의 정지

피고인이 사물의 판별, 의사결정을 할 능력이 없는 상태에 있을 때 또는 피고인이 질병으로 인하여 출정할 수 없을 때에는 일정한 절차를 거쳐 공판절차를 일시 정지(停止)하여야 한다. 또 법원은 검사의 공소장 변경에 의한 공소사실 또는 적용법조의 추가, 철회 또는 변경이 피고인의 불이익을 증가시킬 염려가 있다고 인정할 때에는 직권 또는 피고인이나 변호인의 청구에 의하여 피고인으로 하여금 필요한 방어의 준비를 하게 하기 위하여 결정으로 필요한 기간 동안 공판절차를 정지할 수 있다(제298조 4항).

(5) 공판절차의 갱신

공판절차의 갱신(更新)이란 공판심리에 있어서 구두변론주의, 직접주의의 요청에 따라 이미 행하여진 공판절차를 일단 무시하고 절차를 다시 진행하는 것으로서, 공판개정 후 판사가 바뀐 때에는 공판절차를 갱신하여야 한다.

(6) 간이공판절차

제1심의 관할사건으로서 피고인이 공판정에서 공소사실에 대하여 자백한 경우, 법원의 결정에 의하여 행하는 간이 한 심리판결절차를 간이공판절차(簡易公判節次)라 한다. 번잡한 증거조사 절차를 간이화하고 서증에 대한 증거능력의 제한을 완화하여 신속한 심리를 하게 함으로써 재판의 지연에서 오는 여러 가지 폐해를 제거하는 데 그 목적이 있다.

Ⅵ. 기타 절차

(1) 1심판결이 선고된 후에 이에 불복하는 제도로서 상소제도와 비상구제절차가 있으며, 형사특별절차로서 약식명령제도가 있다.

(2) 상소(上訴)란 소송법상 미확정된 재판에 대하여 상급법원에 그 취소 또는 변경을 구하는 불복신청을 말한다. 미확정인 재판에 대하여 불복하는 점에서 재심청구나 비상상고와 구별된다. 상소가 제기되면 재판의 확정력이 차단되는 효력(확정차단의 효력)과 사건이 상급법원으로 옮겨지는 이심의 효력이 생긴다(이심의 효력). 상소에는 1심의 판결에 불복하여 제2심에 불복신청 하는 항소와 항소심 판결에 불복하여 대법원에 불복신청 하는 상고가 있다. 판결 이외의 결정·명령에 대하여 불복하는 항고·재항고가 있다. 피고인이 상소한 사건과 피고인을 위하여 상소한 사건에 대하여는 원심판결의 형보다 중한 형을 선고하지 못하는데, 이를 '불이익변경금지(不利益變更禁止)의 원칙'이라고 한다.

(3) 비상구제절차(非常救濟節次)란 특별한 사유가 있는 경우 확정된 판결에 대하여 예외적으로 불복할 수 있는 제도를 말한다. 여기에는 재심과 비상상고가 있다. 재심(再審)이란 유죄의 확정판결에 원판결의 증거가 위조된 것이라는 등 형사소송법 제420조 소정의 사유가 있을 때, 원심법원에 그 형의 선고를 받은 자의 이익을 위해서만 청구하는 비상구제절차이다. 재심청구가 이유 있어 재심개시결정을 할 때에는 결정으로 형의 집행을 정지할 수 있다. 비상상고(非常上告)는 확정판결 후 그 사건의 심판이 법규에 위반되었음이 발견된 때 검찰총장이 대법원에 상고하는 것으로서, 법령해석의 통일이 주된 목적이고 피고인의 구제는 부수적으로 고려할 뿐이다.

(4) 약식명령(略式命令)이란 경미한 사건으로서 벌금 이하의 형을 과하는 것이 상당하다고 인정될 경우 정식재판에 의하지 않고 서면심리만으로 형을 선고하는 형사특별절차를 말한다. 피고인과 검사는 법원으로부터 약식명령의 고지를 받은 날로부터 7일 이내에 정식재판을 청구할 수 있다.

제 7 절 상 법

Ⅰ. 상법의 의의

(1) 상법(商法)이라고 하면 형식적으로 '상법'이라는 명칭을 가진 제정법전을 의미하지만, 실질적으로는 '기업적 생활관계에 특유한 법규의 전체'라고 할 수 있다. 상법은 민법과 같이 사법체계(私法體系)에 속하지만 기업적 생활관계의 특성상 민법의 규정만으로는 불충분 또는 부적당한 면만을 규율하는 것이므로 일반법인 민법과는 특별법의 관계에 있다.

(2) 상법의 이념은 그 규율대상인 기업생활의 건전한 발전을 확보하는 데 있으므로, 상법의 내용에 있어서도 노력의 보충·자본집중의 촉진·기업자유의 보장·유한책임제도를 전면에 내세우고 있다. 또한 기업의 독립성을 확보하고 자본의 충실을 도모하며 금융의 원활화 등을 통해 기업의 유지·강화와 기업활동의 원활화를 돕고 있다.

(3) 현행 상법전은 총칙(1편)·상행위(2편)·회사(3편)·보험(4편)·해상(5편)·항공운송(6편)의 총 6편으로 구성되어 있다. 상법은 1962년 1월 20일 법률 제1000호로 제정되었다. 1984년 4월 10일 법률 제3724호로 제1편 총칙·제2편 상행위·제3편 회사 부분이 개정되었다. 1991년 12월 31일 법률 제4470호로 제4편 보험·제5편 해상 부분을 개정하였다. 이 개정은 보험산업의 대중화에 따라 보험가입자를 보호하고, 보험업을 합리적으로 육성하기 위하여 보험거래현실에 부적합한 규정을 정비하며, 해상거래당사자의 이익을 조정하고, 해운업의 국제화 추세에 부응하기 위하여 해운실무에 맞지 않는 규정을 개정하며 주요해운국가들이 수용·채택한 국제조약의 주요내용을 입법화함으로써 상사거래의 기본법으로서의 체제를 갖추려는 것이었다. 또한 1995년에는 총칙·상행위 및 회사편의 개정이 있었으며, 그 이후 1998년과 1999년에 부분적인 개정이 있었다. 2001년에는 기업경영의 투명성 제고와 국제경쟁력의 강화를 주된 골자로 하는 개정이 이루어졌고, 2008년에는 해상운송계약과 관련하여 일부개정이 이루어졌다. 그 후 2010, 2011, 2014년에 일부개정이 있었고, 특히 2011년 5월 23

일 개정에서는 우리나라의 항공운송의 비약적인 발전에 따라 항공운송에 따른 법률관계를 명확히 하기 위하여 항공운송을 상법전 제6편으로 신설하게 되었다. 또한 2015년 12월 1일 개정에서는 기업 인수·합병 시장의 확대 및 경제 활성화를 도모하기 위하여 기업의 원활한 구조 조정 및 투자 활동이 가능하도록 다양한 형태의 기업 인수·합병 방식을 도입하는 한편, 반대주주의 주식매수청구권 제도를 정비하는 등 현행 제도의 운영상 나타난 일부 미비점을 개선·보완하려는 개정이 이루어졌다. 그 후 2017, 2018, 2020년 일부개정이 있었다.

(4) 이하에서는 상법전의 내용에 따라 총칙, 상행위법, 회사법, 보험법, 해상법, 항공운송법을 설명하겠다. 그 외에 상행위에 매우 중요한 어음·수표에 관하여는 상법전 외에 어음법·수표법에 별도로 규율하고 있지만, 상행위에 매우 중요하기 때문에 간단히 설명하도록 하겠다.

Ⅱ. 총   칙

(1) 기업은 인적 및 물적 설비로써 성립하는 조직을 통하여 영리활동을 실현하는 생활체이다. 이와 같은 기업의 활동에서 권리의무의 귀속주체인 개인 또는 법인을 '상인'이라고 하고 있다.

(2) 자기 명의로 상행위를 하는 상인을 당연상인(當然商人)이라고 한다. 당연상인은 영업행위의 결과 발생하는 권리·의무의 법률상 주체가 되어 상법 및 특별법에서 규정하는 기본적 상행위를 영업의사와 영리목적을 가지고 하는 자를 말한다. 상법은 당연상인을 정하면서 그 기초가 되는 기본적 상행위(基本的 商行爲)를 제한하여 열거하고 있다. 그런데 그것만으로는 경제생활관계의 끊임없는 진전을 모두 열거할 수 없다. 따라서 경영설비 또는 기업형태에 착안하여, 점포 기타 유사한 설비에 의하여 상인적 방법으로 반복·계속하여 영업을 하는 자 및 회사를 의제상인(擬制商人)으로 규율함으로써, 상인 개념이 실정법규의 규제로 인한 제한과 경제관계의 진전과 변화로 인한 둘 사이의 충돌에서 발생하는 불합리를 제거하고 있다.

(3) 기업은 이렇게 인적 및 물적 설비의 유기적 결합체이다. 기업의 인적설비는 기업의 기초로서 그 경영자와 보조자를 일컫는다. 기업의 보조자는 두 종류가 있다. 기업의 주체인 상인에 종속하여 그 기업에 속하여 내부에서 기업을

보조하는 자와 외부에서 보조하는 자가 그것이다. 전자는 상업사용인으로서 지배인 등이 있고, 후자는 대리상(代理商)·위탁매매인(委託賣買人)·중개인(仲介人)·운송주선인(運送周旋人) 등이 있다.

기업의 물적 설비는 일정한 기업목적을 위한 조직적 재산의 전체를 의미한다. 그중에 영업소는 기업활동을 지휘·통제하는 본거지인 장소적 중심이 되고, 상호는 외부에 대하여 기업의 동일성을 표상하며, 그 신용의 대상이 되는 명칭이 있으며, 상업장부는 기업의 재산상태의 기록이다. 이러한 것은 모든 기업에 보편적이고 가장 중요한 물적 설비에 해당한다.

(4) 상법은 일반 제3자의 이해관계가 있는 일정한 사항을 공시하게 하여 이를 믿은 제3자를 보호함으로써 거래안전을 도모하고, 상인의 신용을 유지하는 데 도움을 주고 있다. 특히 공시한 사항은 선의의 제3자에게 대항할 수 있게 하여 상인의 거래에 도움을 주고 있다. 이러한 공시제도가 바로 상업등기제도이다.

(5) 또한 상법은 인적·물적 설비를 통하여 영리활동을 실현하는 경제적 조직체로서의 기업 또는 영업을 일체로 양도할 수 있게 하고 있다. 이것은 기업의 유지를 돕고 있는 것이다. 이것을 위하여 양도인은 기업 자체를 양도할 수도 있고, 영업의 양도인이 양수인에게 자기와 자리를 바꾸어 영업의 경영자 지위에 있게 할 목적으로써 영업재산을 일괄하여 양수인에게 양도하는 영업양도를 할 수도 있다.

Ⅲ. 상행위법

(1) 상행위란 영업으로 하는 영리획득행위를 말한다. 그러나 상법에서는 영업으로 하는 영리획득행위 외에도 영업을 위하여 하는 행위도 상행위로 보고 있다. 이를 규율하는 상행위법은 기업거래 자체에 관한 법률관계를 규정하는 까닭에 원칙적으로 계약자유의 원칙이 인정되지만, 한편으로는 기업거래는 다수인을 상대로 반복적·집단적으로 행하여지므로 강행법규화 되는 추세에 있다.

(2) 상행위에는 자기 명의로 계속 반복하여 하는 상행위인 기본적 상행위와 상인의 영업을 보조하는 상행위로서 기업본래의 목적활동과 관련되는 행위인 보조적 상행위가 있다. 상행위 중에서 소매상과 일반 소비자의 거래와 같이 당사자의 일방에게만 상행위로 되는 경우를 일방적 상행위라 하고, 당사자 모두

에게 상행위가 되는 경우를 쌍방적 상행위라고 한다.

(3) 특히 상행위는 기업의 영업상의 행위라는 점에서 특수성을 가지고 있는 것이기 때문에 그 성립·효과·소멸 등에 관하여 민법의 규정과는 다른 법칙이 적용되는 경우가 많다. 예컨대 대리·유질계약·유치권·계약의 성립·행위의 유상성·채무의 이행·다수당사자의 채무·무상수치인의 주의의무·상사매매 등에서 구체적으로 나타나고 있다.

(4) 또한 상거래의 특수성을 감안하여 다음과 같은 규정들을 두고 있다.

① 우선 상법상으로 상호계산이라는 결제법이 인정되는데, 이는 기업끼리의 채권채무관계에서 거래를 할 때마다 현금결제를 한다면 번잡하고 송금의 수고·비용·위험 등 불리한 점이 많으므로 이것을 일정한 시기에 일괄하여 계산함으로써 자금의 비생산적 저장을 방지하려는 제도이다.

② 상법상 익명조합은 당사자 일방이 출자를 하고 상대방은 그 영업으로 인한 이익을 분배할 것을 약정하는 계약이다. 이는 경영자는 자금관계를 숨기고, 출자자는 자신이 영업에 관계하고 있는 것을 알리려고 하지 않을 때 실익이 있다.

③ 대리상은 특정 상인을 위하여 기업 내부의 상업사용인이 아니면서 항상 그 영업부류에 속하는 거래의 대리 또는 중개를 영업으로 하는 자를 말한다. 그러나 대리상은 영업주와 주종관계에 있는 것은 아니며, 그 자체 독립한 영업주체로서 특정한 상인을 보조한다는 점에서 불특정다수인의 상인을 위하여 그 영업을 보조하는 중개인·위탁매매인과 다르다.

④ 중개인이란 타인간의 상행위의 중개를 영업으로 하는 자를 말한다. 중개인은 양 당사자 사이에서 중개행위를 하고 그 결과 당사자 사이에 법률행위가 성립하면 그 수수료를 지급받는다.

⑤ 위탁매매인은 자신이 매매계약의 당사자가 되어 물건 또는 유가증권을 판매·매수하고 그 경제적 효과를 타인에게 귀속시키는 행위를 영업으로 하는 자를 말한다.

⑥ 운송인은 육상 또는 하천·항만에서 물건 또는 여객의 운송을 영업으로 하는 자를 말한다. 운송은 재화의 전환을 통하여 이윤을 취득하는 상거래로 재화의 공간적 이동을 담당한다. 운송의 객체에 따라 물건운송업·여객운송업·통신운송업으로 나눌 수 있고, 운송의 지역에 따라 육상운송업·해상운송업·공중운송업으로 나누어진다.

물건운송의 경우 운송 중의 물건을 처분하여 금융상의 편리를 도모하고자 운송중의 화물을 대표하는 유가증권이 생겨났다. 이것을 화물상환증(貨物相換 證)이라 한다. 이것은 운송인이 운송물을 수령하였음을 확인하고 목적지에서 증권기재의 운송물을 정당한 증권소지인에게 인도할 것을 약정하는 유가증권이다. 또한 소지인과 운송인 간의 운송계약의 증명서로서의 기능을 하고, 증권의 인도가 운송물의 인도와 동일한 효력을 갖는다.

⑦ 운송주선인이란 일반인과 운송인의 중간에서 가장 확실하고 저렴·신속한 경로와 시기를 선택해서 운송을 주선하는 업종이다. 그러나 실거래 계에서는 운송주선인이 운송의 주선 외에 그 대리와 중개도 하고, 스스로 운송업도 겸하는 경우가 많다.

⑧ 창고업은 타인을 위하여 물건을 창고에 보관하는 영업을 말한다. 이것은 상인이 각자의 물건을 자기의 창고에 보관하기 보다는 비용·위험을 경감할 수 있고, 창고증권(倉庫證券)을 이용하여 창고에 보관중인 물건을 적절한 시기에 처분하고, 이것을 담보로 하여 금융의 편리를 도모할 수 있는 장점이 있다.

Ⅳ. 회 사 법

1. 총   론

(1) 기업의 규모가 커지면 커질수록, 많은 사람들이 모여서 필요한 인력을 보충하고 자본을 늘리고 손실·위험을 다수인에게 분산시켜서 공동으로 사업을 경영하는 조직이 필요하게 되었다. 이러한 근대기업의 전형적 형태인 회사의 설립·조직과 운영 및 해산·청산에 관한 법규의 전체를 실질적 의미의 회사법이라고 한다.

(2) 이렇게 다수인이 경영과 자본에 참여하는 회사의 성격상 이를 규율하는 회사법은 주식양도에 관한 규정과 같이 개인법적 성질을 갖는 규정도 있지만, 회사라는 단체의 내부적 조직을 정하는 규정이 많기 때문에 단체와 그 기관 사이의 관계, 다수결의 원칙, 법률관계의 획일적 확정, 사원평등의 원칙 등 단체법적 특성이 강하게 나타난다. 또한 회사는 영리단체이고 회사법은 회사 구성원의 경제적 이익을 촉진하는 영리성을 그 특성으로 한다. 그러나 회사에는 여기에 참여하는 사원 및 이와 거래하는 제3자가 현저하게 많고, 회사는 국민재

산의 관리자로서 많은 국민생활의 원천이 되고 있으므로 그 보호의 필요성이 절실하여 엄격한 강행법규를 많이 두어 간섭하고 있다. 이 점에서 사적자치의 원칙이 널리 인정되는 상행위법과 현저히 다른 특성을 갖고 있다.

(3) 회사법의 법원(法源)은 상법전 제3편 및 많은 특별법령·상관습법·정관 등이 있다. 그중 가장 중요한 것은 정관으로서, 그 내용이 사회질서와 강행법규에 반하지 않는 한 회사 내부의 문제에 대하여 일종의 법규정적 효력을 가진다.

(4) 상법상 회사라고 하면 상행위 기타 영리를 목적으로 설립된 사단법인을 말한다. 회사는 영리성, 사단성, 법인성을 가지고 있다. 먼저 영리성이라 함은 회사 자체의 경제적 이익을 꾀할 뿐만 아니라 나아가 사원의 이익을 도모함을 목적으로 하며, 결국 사원에게 그 이익이 분배된다는 성격을 갖는다는 것을 의미한다. 둘째, 사단성이라 함은 회사는 반드시 두 사람 이상의 구성원이 있어야 한다는 것으로서, 이 복수사원의 존재는 주식회사를 제외한 다른 회사의 경우에는 성립요건뿐만 아니라 존립요건이 된다는 것을 말한다. 셋째, 법인성이라 함은 회사 자체가 권리·의무의 주체가 되고 소송당사자가 된다는 성격을 갖고 있다는 것이다.

(5) 상법상 회사는 합명회사·합자회사·주식회사·유한회사가 있다. 또한 강학상 인적회사·물적회사로 나누어진다. 인적회사는 사원의 개성이 짙고 사원의 인적요소에 중점이 두어지는 회사를 의미하며(합명회사·합자회사), 물적회사는 사원의 개성보다는 회사재산이라는 물적요소를 중시하는 회사를 말한다(주식회사·유한회사).

2. 합명회사

(1) 합명회사(合名會社)는 2인 이상의 무한책임사원으로 구성되는 회사이다. 각 사원이 업무를 집행하며 각자 회사를 대표하는 기업형태로서 노동력을 결합·보충하는 데에 그 중점이 있다. 사원은 회사의 채무에 대하여 직접 무한·연대의 책임을 지므로 사원의 책임이 무겁고, 사원의 신용이 회사 신용의 기초가 되므로 사원의 인적 상호신뢰를 기초로 회사가 존속·유지된다. 결국 합명회사는 외부적으로는 법인격이 존재하나 내부적으로는 조합과 같아서 정관이나 상법에 다른 규정이 없는 한 민법의 조합 규정이 준용된다. 합명회사에 관한

규정은 상법 제178조 내지 제267조에 규정되어 있다.

(2) 합명회사의 법률관계는 회사와 사원과의 관계, 사원 상호간의 관계, 사원과 제3자와의 관계, 회사와 제3자와의 관계로 나뉜다. 앞의 두 관계를 회사의 내부관계라고 하고, 뒤의 두 관계를 회사의 외부관계라고 한다.

회사가 그 목적을 달성하기 위해서는 유형·무형의 수단이 필요하므로 회사의 구성원은 출자를 하게 된다. 합명회사에서 출자의 대상은 재산 외에 신용·노무도 무방하고, 출자할 수 있는 재산에는 법률상 제한이 없고 회사 사업에 사용할 수 있는 것은 무엇이든 출자할 수 있다.

(3) 합명회사는 자본의 결합보다는 인적 신뢰관계, 노동력의 결합에 중점을 두므로 각 사원은 기관자격과 사원자격을 동시에 갖게 되어 원칙적으로 업무집행을 할 권리가 있다. 그러나 정관으로 사원 중의 1인 또는 수인에게만 업무집행권을 인정할 수 있다.

(4) 사원은 회사에 대하여 일정한 권리와 의무, 즉 지분을 가진다. 이는 사원이 그 자격에서 회사에 대하여 가지는 법률상의 지위를 의미한다. 이를 사원권(社員權)이라고 한다. 이것은 결국 회사의 순 재산액에 대하여 사원이 갖는 할당분을 의미한다.

(5) 합명회사는 인적 관련으로 조직되었기 때문에 사원은 다른 사원의 동의가 없으면 그 지분의 전부 또는 일부를 타인에게 양도하지 못한다. 이것은 사원간의 인적 유대감과 지분의 경제적 양도성을 동시에 보호하려는 것이다.

3. 합자회사

(1) 합자회사(合資會社)는 무한책임사원과 유한책임사원으로 구성되는 회사이다. 합자회사는 익명조합과 같이 기업가와 자본가의 조합인 Commenda계약에서 유래되었으나, 익명조합원은 대외적으로는 책임이 없는 반면, 합자회사의 유한책임사원은 외부에 대해서도 일정한 책임을 진다는 점에서 다르다. 합자회사에 관한 규정은 상법 제268조 내지 제287조에 규정되어 있다.

(2) 합자회사의 무한책임사원은 합명회사의 사원과 같은 책임을 지지만, 유한책임사원은 회사 채무에 대하여 회사에 출자한 한도 내에서만 연대책임을 진다. 유한책임사원은 출자한도에서 책임을 진다는 점에서 주식회사의 주주와 같지만, 회사채권자에 대하여 직접 연대책임을 지는 점에서 서로 다르다. 유한책

임사원에게는 업무집행권과 회사대표권은 없고 감시권만이 인정된다.

(3) 합자회사도 합명회사처럼 내부적으로 조합성을 가지고 있다. 그러나 유한책임사원의 참여는 자본적 결합의 색채를 띠므로 그 범위에서 합명회사과 같은 순수 조합성을 갖고 있지는 않다. 따라서 합자회사는 합명회사의 하나의 변형으로서, 무한책임사원이 경영하는 사업에 유한책임사원이 자본을 제공하고 이익의 분배에 참여하는 형태의 회사라고 할 수 있다.

(4) 합자회사의 법률관계는 합명회사의 그것과 대체로 비슷하다. 무한책임사원의 법률관계는 합명회사의 사원과 같다. 반면 유한책임사원은 출자한 범위 내에서 회사와 연대책임을 지게 된다. 유한책임사원의 회사에 대한 출자는 금전 기타의 재산에 한하고 무한책임사원처럼 신용·노동의 출자는 허용되지 않는다. 다만 지분의 이전은 무한책임사원에 비하여 자유롭다.

4. 주식회사

(1) 총 설

① 인적 신뢰관계를 바탕으로 하는 인적회사가 그 자체의 성격으로 인하여 회사의 수요에 부응하지 못하게 되자, 대신에 자본의 집중·노력의 보충·책임의 분산을 극대화하여 산업사회에 등장하게 된 것이 주식회사(株式會社)이다. 주식회사에 관한 규정은 상법 제288조 내지 제542조의13에 규정되어 있다.

② 주식회사는 사원의 출자에 의한 자본을 가지고(자본성), 사원의 지위가 균등하게 세분된 비율적 단위인 주식의 형식을 취하며(주식성), 사원(주주)은 그 주식의 인수가액을 한도로 하는 출자의무를 질 뿐 회사채권자에 대하여 직접책임을 지지 않는(유한책임성) 회사형태이다.

③ 주식회사에서 주주는 유한책임만을 부담하므로 회사재산 외에는 회사채권자를 위하여 담보로 될 만한 것이 없기 때문에 회사의 재산적 기초를 확보하기 위하여 일정액의 자본을 가질 필요가 있다. 자본이라 하면 사원의 출자에 의하여 이루어지는 일정한 기금으로서 그 최대한에는 제한이 없고, 최소한도로 거의 제한이 없다(상법 제329조 제3항에서 액면주식 1주의 금액을 100원 이상으로 하여야 한다고 규정하고 있어 100원의 최소 자본금도 가능하다). 상법은 수권자본제도를 인정하는데, 이는 주식회사에 자본조달의 기동성을 주기 위하여 정관에 기재된 발행예정주식총수 범위 내의 미발행주식을 이사회가 주주총회의 승인

없이 필요할 때 수시로 발행할 수 있는 제도로서, 이사회에 그 발행권이 있는 미발행주식 부분을 수권자본이라고 한다.

④ 회사채권자를 보호하고 사업의 충실한 운영을 위해서 자본과 관련하여 네 가지의 원칙이 생겨나게 되었다. 먼저 자본확정의 원칙으로서 주식회사의 자본은 원칙으로 발행주식의 액면총액이며, 회사의 설립 시에 발행하는 주식의 총수는 원시정관에서 확정되어야 하고, 이 주식은 설립 당시에 모두 인수되어야 한다는 원칙이다. 상법은 발행예정주식의 2분의 1 이상이 설립 시에 인수되어 확정될 것을 요구하고 있다. 둘째, 자본유지의 원칙으로서 회사가 자본액에 해당하는 재산을 현실적으로 보유·유지하여야 한다는 원칙이다. 셋째, 자본불변의 원칙으로서 확정된 자본을 임의로 변경시키지 못한다고 하는 원칙이다. 넷째, 자본충실의 원칙으로서 회사의 자본 그 자체가 회사의 사업규모와 성질에 비추어 충분한 금액이어야 한다는 원칙이다.

⑤ 주식회사의 자본은 전부 주식으로 나누어야 한다. 따라서 주식은 자본의 구성분자이고, 주주가 회사에 대하여 가지는 권리·의무 즉 주주의 지위를 의미한다. 주주의 지위는 주식을 단위로 하고 있으므로 다수가 용이하게 자본집중에 참여할 수 있게 되었고, 주주권의 증권화가 가능하게 되었으므로 주식회사의 법률관계를 주주 개개인의 법률관계와 분리할 수 있게 되었다.

⑥ 주식회사의 유한책임의 원리는 다수의 일반인으로 하여금 안심하고 회사에 출자할 수 있도록 만들었다. 이것은 주식회사의 본질적 특징이므로 정관의 규정이나 주주총회의 결의에 의하여도 주주의 책임을 가중시키지 못한다. 주식회사의 주주는 회사채무에 대하여 간접적으로 부담한다는 점에서 직접 연대책임을 부담하는 합자회사의 유한책임사원의 책임과도 다른 것이다.

(2) 회사의 설립

① 회사는 정관의 작성, 설립등기, 그 밖의 법정요건을 구비함으로써 성립하는 것이고 별도로 행정관청의 허가 또는 면허를 필요로 하지 않는다(준칙주의).

② 합명회사 등의 인적회사의 설립은 정관 자체에서 각 사원과 그 출자의무를 확정하는 정관의 작성과 설립등기에 의하여 완성되지만, 주식회사의 설립은 인적회사와 달리 정관에는 설립 시에 발행하는 주식의 총수와 1주의 금액이 기재되고 그 주식인수인의 확보·이사와 감사의 선임 등 회사의 실체를 구성하는 절차가 별도로 필요하다. 이는 주식회사에서 자본이 유일한 담보가 되기 때문

이다. 상법은 설립과정에서 주식회사에 대한 자본의 확정·충실을 강행법규로 규제함으로써 회사채권자와 제3자를 보호를 도모하고 있고, 또한 설립에 관여한 발기인 등의 책임을 엄격하게 묻고 있다.

③ 설립 시에 주식을 인수하는 방법에 따라 발기설립과 모집설립이 있다. 발기설립은 설립하는 때에 발행하는 주식의 총수를 발기인이 모두 인수함으로써 설립하는 방법이다. 반면 모집설립은 발기인이 설립 시에 발행하는 주식총수의 일부만을 인수하고 나머지는 그 이외의 자가 인수하는 경우이다.

④ 회사의 실체 구성은 발기설립의 경우엔 주식을 인수한 후 그에 해당하는 출자를 이행하고 이사와 감사를 선임하고, 그 설립과정을 조사하기 위하여 법원에 검사인의 선임을 청구하여 그의 검사를 받은 후 설립등기를 함으로써 이루어진다. 그러나 모집설립의 경우엔 발기인 이외의 제3자인 주주를 모집하여 그들로부터 주식인수의 청약을 받은 후 주식을 배정하고 주식을 인수하게 하여 출자의 이행을 하게 하는 주식인수절차가 더 있다. 설립등기를 하게 되면 주식인수인은 주주로 되고 발기인이 회사설립을 위하여 취득한 권리·의무는 정관에 따라 회사에 귀속하게 되며, 주권의 발행이 허용된다.

(3) 주식과 주주

① 자본의 구성분자로서의 주식은 주주의 회사에 대한 권리·의무, 즉 법률상 지위를 나타낸다. 각 주식은 평등한 취급을 받으므로 주주는 그가 소유하고 있는 주식의 종류·수에 따라 평등하게 취급되어야 한다(주주평등의 원칙). 이는 결국 자본의 단위인 주식의 균등성과 종류성을 근거로 하는 자본의 평등을 뜻한다. 그 내용은 권리의 행사·의무의 이행에 있어 기회가 균등하게 주어져야 한다는 것을 의미하고, 다수자의 횡포에 대하여 일반주주의 이익을 보호하기 위한 장치가 된다.

② 주주라는 자격에서 갖는 회사에 대한 권리, 즉 주주권에는 크게 공익권과 자익권이 있다. 공익권은 의결권과 같이 회사 자체의 이익 또는 주주공동의 이익을 위하여 행사하는 권리이고, 자익권은 이익배당청구권과 같이 투자자인 주주 개인의 재산적 이익을 위하여 행사하는 권리이다. 소수주주권은 개별주주의 권한행사의 남용을 막으면서 대주주의 독주를 방지하기 위하여 일정 주식을 가진 주주만이 행사할 수 있도록 한 권리이다.

③ 주식에는 이익이나 이자배당, 잔여재산분배 등에 대하여 우선권이 있는

지의 여부에 의하여 보통주·우선주·후배주·혼합주가 있다. 그 외에 특수한 것으로서 회사가 일정한 요건 하에 이익으로 소각할 수 있는 상환주식과 다른 주식으로 전환할 수 있는 전환주식, 의결권을 인정하지 않는 의결권 없는 주식이 있다.

④ 주권은 주주가 회사에 대하여 갖는 법률상의 지위인 주주권을 표창하는 유가증권이다. 이 주권을 통하여 사원인 주주는 그 지분을 양도하고 투자한 자금을 회수할 수 있다.

⑤ 주주자격은 회사의 소멸·주식소각을 통하여 절대적으로 소멸하고, 주식양도를 통하여 상대적으로 소멸한다. 주식의 양도는 자유이며 이에 대한 제한은 어떤 형태로도 허용되지 않는다. 다만 예외적으로 회사가 성립하기 전 또는 신주발행의 효력발생 전의 주식인수인의 지위인 권리의 양도, 주권발행 전의 주식양도, 자기주식의 취득은 제한된다.

(4) 회사의 기관

① 회사는 사단법인이므로 회사라는 단체로서의 조직 구성에 있어서 일정한 지위에 있는 사람의 의사나 행위가 곧 회사의 의사 또는 행위로서 인정되는 것인데, 이러한 조직 구성상의 존재를 회사의 기관이라 한다.

② 주식회사의 기관에는 의사기관인 주주총회, 집행과 대표기관인 이사회와 대표이사, 감독기관인 감사 또는 이에 갈음하는 감사위원회가 있다. 주주총회는 주주의 총의에 의하여 회사 내부에서 회사의 의사를 결정하는 필수적 기관으로서 기업의 소유자인 주주로 구성되며, 주식회사의 최고 의사결정기관이다. 하지만 소유와 경영의 분리, 복잡한 기업환경의 변화에 따른 기민성의 필요 때문에 그 권한이 대폭 축소되어 상법 또는 정관에 정하여진 사항에 한하여 결의할 수 있게 되었고 대신 이사회에 위임하게 되었다. 이사회는 주주총회에서 선임된 이사로 구성되는 기관으로서 필수·상설기관인데, 상법은 주주총회의 권한을 축소하고 대신 업무집행기관의 권한을 확대하면서 동시에 그 확대된 권한의 행사를 신중하게 하기 위하여 이사회를 법정기관으로 두고 그 결의를 거치게 하고 있다. 대표이사는 업무집행에 관한 이사회의 결의에 따라 업무를 집행하며 회사를 대표하는 기관으로서 그의 대표권은 회사의 업무에 관한 재판상·재판외의 모든 행위에 미친다. 감사는 회사의 업무 및 회계감사를 하는 필요·상설기관인데, 이사의 직무는 업무와 회계에 관한 전반적인 감사권을 갖는다.

회사는 정관이 정하는 바에 따라 위원회로서 감사에 갈음하여 감사위원회를 설치할 수 있고, 3명 이상의 이사로 구성한다. 다만, 사외이사가 위원의 3분의2 이상이어야 한다.

(5) 신주의 발행, 정관의 변경

① 수권자본제도에 의하여 설립 시에 발행된 주식 외의 미발행주식은 이사회의 결의에 의하여 수시로 발행할 수 있는데, 주주는 신주를 우선적으로 인수하는 권리 즉 신주인수권을 갖는다.

② 주식회사에서 정관을 변경할 필요가 있을 때에는 발행주식 총수의 과반수에 해당하는 주식을 가진 주주의 출석으로, 그 의결권의 3분의 2 이상의 찬성을 얻어 변경할 수 있다. 다만 정관변경으로도 법규 중 강행규정 또는 주식회사의 본질에 반하거나 주주평등의 원칙을 침해할 수 없다.

(6) 자본의 감소

① 회사 사업이 예상보다 자금을 덜 필요로 하거나, 후에 사업을 축소하였기 때문에 과잉재산이 생긴 결과 이를 주주에게 반환할 필요가 생긴 경우 또는 손실을 크게 입어 자본에 커다란 결손이 생겨 회사가 이익배당을 할 수 없게 된 경우에는 회사의 자본액을 감소할 필요가 있다.

② 이 경우에 주주의 권리소멸·감소와 회사채권자의 담보액의 감소를 가져오게 되므로 상법은 주주총회의 특별결의와 채권자 보호절차를 거친 후에 자본의 감소를 인정하고 있다.

(7) 이익배당

주식회사는 영리성을 가지는 까닭에 기업이익을 회사의 구성원인 주주에게 분배하는 것을 그 본질로 하며 이는 주주의 고유권으로서 박탈할 수 없다. 이익배당에는 이론적으로 현금배당·재산배당·주식배당의 세 가지가 있는데, 우리 상법은 현금배당과 주식배당을 인정하고 있다.

(8) 사   채

① 회사가 새로운 자금을 필요로 하는 경우에는 신주발행에 의하는 것이 원칙이다. 그러나 이 방법은 회사 조직의 확대를 초래하여 주주의 이익배당에 영

향을 주며 일정기간 내에 상환하려 할 때는 부적합하다. 따라서 회사가 비교적 장기·다액의 자금이 필요할 때 사용하는 자금조달방법이 사채제도이다.

② 이 제도는 회사가 일반 공중으로부터 비교적 장기·다액의 자금을 집단적·대량적으로 조달하기 위하여 채권이라는 유가증권을 발행하는 것을 말한다. 사채에는 일반사채 외에 일정한 시점에서 사채채권의 일방적 청구로 주식으로 전환시킬 수 있는 전환사채, 회사재산을 담보로 하여 발행하는 담보부사채 및 신주인수권부사채 등이 있다.

(9) 회사의 해산, 청산

① 회사는 존립기간의 만료, 기타 정관에 정한 사유의 발생, 합병, 파산, 법원의 명령 또는 판결, 주주총회의 결의에 의하여 해산된다. 주주가 1인이 되었다고 하여도 회사는 해산되지 않는다.

② 청산은 해산된 회사의 모든 법률관계를 종료하고 그 잔여재산의 분배를 목적으로 하는 절차를 의미한다. 이 업무는 청산인이 담당하고 청산회사는 청산의 범위 내에서만 권리능력이 인정된다.

5. 유한회사

① 유한회사(有限會社)라 함은 다수의 균등액의 출자로 구성되는 자본을 갖고 있고, 사원 전원은 자본에 대한 출자의무만을 부담할 뿐 회사채권자에 대하여는 아무런 책임도 부담하지 않는 회사이다. 유한회사는 주식회사와 같이 자본의 4원칙(자본확정·자본유지·자본충실·자본불변의 원칙)이 그대로 적용된다. 다만 설립절차가 쉽고 공시제도와 법의 간섭이 주식회사보다 완화된 까닭에 상법은 자본유지의 원칙을 강화하고 있다. 유한회사에 관한 규정은 상법 제543조 내지 제613조에 규정되어 있다.

② 유한회사에서는 그 비공개성으로 인하여 발기설립에 해당하는 방법만 인정되며, 주식회사와 달리 특별히 발기인이 필요하지 않다. 사원이 되고자 하는 자 전원이 설립절차를 취하며, 그 설립과정의 조사절차가 없다. 자본과 그 구성원의 관련성을 중시하는 폐쇄성으로 인하여 사원의 수가 50인 이내로 한정되고, 사원의 지위는 지분의 형식을 취하고 유가증권화하지 못하며, 지분의 양도에는 사원총회의 특별결의를 요한다. 사원은 출자의무 외에 자본유지 원칙의

강화로 인한 전보책임도 지는 수가 있으며, 이사의 수나 임기에 제한이 없고, 각 이사가 회사를 대표하며 감사는 임의적 기관에 불과하다. 주주총회에 해당되는 사원총회가 있고, 자금을 대중으로부터 공모하는 방법이 금지되며 사채는 발행하지 못한다.

6. 회사의 조직변경과 합병

① 회사의 조직변경 및 합병은 기업유지의 정신에 입각하여 기업의 종래의 존재를 계속 유지시키며, 가능한 다른 회사로서 그 활동을 계속하게 하여 법적 형태의 변동에 따른 기업해체의 불이익을 피하는 제도이다.

② 조직변경(組織變更)이란 회사 인격의 동일성은 변하지 않고 그 법률상의 조직을 변경하여 다른 종류의 회사로 바꾸는 것이다. 우리 상법에서는 합명회사와 합자회사 상호간, 주식회사와 유한회사 상호간의 조직변경만을 인정하고 있다.

③ 합병(合倂)은 두 개 이상의 회사가 계약에 의하여 한 회사로 합쳐지는 경우이다. 합병을 하게 되면 당사자인 회사의 일부 또는 전부가 해산되고, 그 재산은 청산절차를 거치지 않고 포괄적으로 존속회사 또는 신설회사로 이전된다. 동시에 소멸회사의 사원은 존속회사 또는 신설회사의 사원이 된다. 합병의 방법은 신설합병과 흡수합병이 있다.

V. 보 험 법

1. 총   설

(1) 보험(保險)이라 함은 자본주의 사회에서의 경제생활의 불안정을 제거하기 위하여 같은 종류의 사고를 당할 위험이 있는 다수의 사람이 미리 금전을 갹출하여 공동준비재산을 형성하고, 사고가 발생하면 이것으로부터 재산적 급여 즉 보험금을 받는 경제제도이다.

(2) 이 제도는 우연한 사고로 인한 경제적인 불안을 제거하여 줌으로써 개인이 안심하고 생활할 수 있도록 하고, 현실적으로 생긴 가계의 결손을 보상하고 노동력을 유지하게 한다. 또한 적극적으로 생산력을 증진시키는 것은 아니지만 소극적으로 그 감소에 대비하기 위한 방책이다. 사람들은 보험을 통하여

자본을 유지하고 신용을 증진하며 또한 수익을 확보하여 자본순환의 혼란을 방지하게 된다.

(3) 보험은 그 계약의 내용적 관점에서 손해보험과 인보험(人保險)으로 나뉜다. 보험법규는 보험의 도박성을 막기 위하여 윤리성·선의성을 띄고, 통계와 수리적 기초위에 세워진 매우 기술적 구조를 가지며, 보험사업이 공통된 위험을 가진 다수를 대상으로 하게 되어 단체성·사회성·공공성을 갖게 된다.

(4) 보험에 관한 규정은 상법 제638조 내지 제739조의3에 규정되어 있다.

2. 보험계약

(1) 보험계약은 사회경제제도인 보험을 이용하는 당사자 사이의 관계를 권리·의무관계로 형성하기 위한 법률적 수단이다. 이 계약의 성질은 보험자가 대가를 받고 계약에서 정한 사고의 발생을 조건으로 일정한 금액을 지급할 것을 약속하다는 계약이다. 계약의 방식은 불요식의 낙성계약이며, 유상·쌍무계약이다.

(2) 보험계약의 관계자는 보험계약의 당사자로서 보험자와 보험계약자가 있고, 보험계약에서 이해관계를 가지는 제3자인 피보험자와 보험수익자가 있다. 보험자란 보험사고가 발생하면 일정한 보험금의 지급, 기타의 급여를 하는 자이고, 보험계약자는 자기 명의로 보험자와 보험계약을 체결하는 상대방으로서 보험료를 지급할 의무를 진다. 피보험자는 재산보험에 있어서는 보험사고 당시 손해의 보상을 받는 사람이고, 인보험에 있어서는 보험의 목적인 사람을 의미한다. 보험수익자는 인보험에 있어서 계약상 이익을 받는 사람이다.

(3) 보험계약은 타인을 위하여도 체결할 수 있는데, 보험계약에 의한 수익자가 보험계약자가 아닌 경우를 말한다. 이를 타인을 위한 보험계약이라 한다.

3. 손해보험

(1) 손해보험계약이라 함은 보험자가 우연히 발생하는 보험사고로 인하여 생길 피보험자의 재산상의 손해를 보상할 것을 약속하고, 보험계약자는 이에 대하여 보험료를 지급할 것을 약정하는 유상·쌍무·불요식의 낙성계약이다. 이 보험계약에 의하면 피보험자에게 약정된 손해가 발생하면 그 재산상의 손해

에 대하여 약정한 보험금액 범위 내에서 실제의 손해액을 보험금으로 지급하게 된다.

(2) 손해보험계약의 중심요소는 보험사고·보험료·보험금 및 피보험이익이다. 특히 피보험이익이란 피보험자가 보험의 목적에 대하여 가지는 경제적 이해관계를 의미한다. 즉 피보험자가 보험사고의 발생으로 인하여 장래 손해를 받을 우려가 있으나 아직 손해를 받지 않음으로 인하여 가지는 경제적 이익으로서 금전으로 산출할 수 있는 이익이어야 하며, 계약이 체결될 때 확정되었거나 확정될 수 있어야 한다.

(3) 보험계약이 체결되면 보험자는 보험사고로 인한 손해를 보상할 의무를 부담하고, 보험계약자 또는 피보험자는 손해의 방지에 노력하여야 할 의무를 진다. 보험자가 피보험자에게 보험금을 지급한 때에는 일정한 요건 아래 피보험자가 가지는 권리가 보험자에게 이전하게 된다. 이것을 보험자의 대위라고 한다. 대위방법은 잔존물대위와 청구권대위의 두 가지가 있다.

(4) 손해보험(損害保險)에는 화재보험·운송보험·해상보험·책임보험·자동차보험·보증보험이 있다.

4. 인 보 험

(1) 인보험계약은 보험자가 피보험자의 생명이나 신체에 관하여 불확정한 사고가 생길 경우에 일정한 보험금액의 지급, 기타의 급여를 할 것을 약속하고, 보험계약자가 이에 대하여 보험료를 지급할 것을 약속하는 유상·쌍무·불요식의 낙성계약이다. 인보험의 목적은 사람의 신체·생명이다. 또한 주로 정액보험으로서 실제 손해와는 관계없이 보험계약의 정한 바에 따라 일정한 보험금을 지급한다는 특징이 있다.

(2) 인보험(人保險)에는 생명보험, 상해보험과 질병보험이 있다. 생명보험계약은 보험자가 피보험자의 생사에 관하여 일정한 보험금액을 지급할 것을 약속하고, 보험계약자는 이에 대하여 보험료를 지급할 것을 약속하는 보험계약이다. 인보험의 보험사고는 사람의 생명이며, 보험사고 발생 시에 보험자가 지급하는 금액은 보험계약상의 금액 그 자체이고, 보험사고로 인한 손해의 유무와 다소에 전혀 관계없는 정액보험이다. 상해보험계약은 보험계약자가 보험료를 지급하고, 보험자는 피보험자의 신체에 관하여 보험사고가 생길 경우에 보험금액의

지급 또는 기타의 급여를 할 것을 약정하는 계약이다. 오늘날 기계문명의 발달로 인한 불의의 상해를 받는 사람이 그 상해로 인한 경제적 손실을 극복하기 위하여 마련된 보험제도이다. 질병보험계약은 보험자가 피보험자의 질병에 관한 보험사고가 발생할 경우 보험금이나 그 밖에 급여를 지급하는 보험이다. 인보험에 해당하기 때문에 그 성질에 반하지 아니하는 범위에서 생명보험 및 상해보험에 관한 규정을 준용한다.

Ⅵ. 해 상 법

1. 총   설

(1) 해상법(海商法)은 기업법인 상법의 일부로서 해상기업의 조직·활동 등에 관한 법규의 전체를 말한다. 해상법은 해상기업이라는 특수한 기업형태를 규율하는 점에서 해상기업과 관련된 부분에서는 상법의 다른 규정에 대하여 특별규정으로서의 지위에 갖고 있다고 보아야 한다.

(2) 해상에 관한 규정은 상법 제740조 내지 제895조에 규정되어 있다. 그러나 상법의 해상 편에 별도의 규정이 없는 경우에는 상법의 일반규정인 총칙과 상행위법의 규정이 적용되고, 규정의 뜻이 명확하지 아니한 경우에 상법의 일반규정들이 보충적으로 적용될 수 있다.

2. 해상기업의 조직

(1) 해상기업은 물적인 조직으로서의 기업용구인 선박과 인적조직인 기업주체, 그리고 기업보조자로 구성되어 있다.

(2) 선박이란 상행위 기타 영리를 목적으로 항해에 사용되는 것으로, 사회통념상 선박이라고 인정될 수 있는 것이어야 한다. 선박은 동산이지만 그 가액이 매우 높고, 선박등록부가 있어 그 동일성의 인식이 쉽다는 점에서 부동산에 준하여 취급받는다.

(3) 해상기업의 인적조직에는 해상기업의 주체로서 선박소유자, 선박공유자, 선박임차인이 있고, 그 보조자로서 선장, 선원이 있다.

(4) 선박소유자는 대개 소유하는 선박을 영리 목적으로 항해에 사용하는 자

로서, 기업의 채무에 대하여 일정한 법정요건 하에서 선박의 가액 및 일정 금액을 한도로 하는 제한된 책임을 부담한다(선주유한책임제도). 선박공유자는 선박을 공유하여, 그것을 공동으로 해상기업에 이용하는 자를 말한다. 선박임차인은 타인의 선박을 임차하여 상행위 기타 영리를 목적으로 항해에 사용하는 자를 칭한다. 해상기업의 보조자인 선장(船長)은 선박소유자 등의 피용자로서 특정한 선박의 항해를 지휘·감독하고 또한 그 대리인으로서 항해에 관한 포괄적인 공법상·사법상의 법정권한을 갖는다. 선원은 선박소유자 등의 피용자로서 항해 중 선장의 지휘·감독을 받게 된다.

3. 해상기업의 활동

(1) 해상기업의 법률적 활동의 면에서 가장 중심적인 것은 해상운송이다. 이는 해상에서 항해용으로 제공된 선박을 이용하여 물건 또는 여객을 운송하는 것을 말한다. 해상운송에는 해상물건운송계약과 해상여객운송계약이 있다.

(2) 해상물건운송계약은 해상에서 선박에 의한 물건의 운송을 인수하는 계약이다. 이에는 해상운송인이 선박의 전부 또는 일부를 운송에 제공하여 이것에 적재된 물건을 운송할 것을 약속하는 선복운송계약과 운송인인 선박소유자가 개개의 물건의 운송을 인수하고 그 상대방인 송하인이 이에 대하여 운임을 지급할 것을 약속하는 개품운송계약이 있다.

(3) 해상물건운송계약에서 해상운송인이 송화인에게 운송물의 수령을 증명하고 그 인도청구권을 표시하는 유가증권이 존재한다. 이를 선하증권(船荷證券)이라 한다. 육상운송에서의 화물상환증(貨物相換證)에 해당하는 것이다.

선하증권은 해상운송의 기술적 성격 때문에 발전되어 왔다. 즉 해상운송은 장기간에 걸친 대량운송과 해상운송을 이용하는 상품거래가 특히 자금의 빠른 회수를 요구하게 된다는 점에서 그 이용도가 매우 높다. 선하증권은 법률상 당연한 지시증권성을 가지며, 요식증권성·상환증권성·문언증권성·요인증권성·물권적 유가증권성·처분증권성·인도증권성을 갖는다.

선하증권은 당연히 운송인 또는 그 대리인이 화물을 운송의 목적으로 수령하였음을 나타내는 영수증인 동시에 운송계약의 증거가 되는 증권이다. 하지만 무엇보다 중요한 것은 권리증권으로서 유통의 목적이 되어 무역금융상 중추적 기능을 발휘한다는 점이다.

(4) 해상여객운송계약은 당사자의 일방이 상대방에 대하여 선박에 의한 여객의 해상운송을 인수하고 상대방이 이에 대하여 보수를 지급하기로 약정함으로써 성립하는 계약이다. 여객운송인은 자기 또는 사용인이 운송에 관한 주의를 해태하지 않았다는 것을 증명하지 않으면 여객의 운송으로 인하여 받은 손해를 배상할 책임이 있다.

4. 해상기업의 위험

(1) 선장이 선박 및 화물의 공동위험을 제거하기 위하여 이것들에 대하여 한 처분으로 말미암은 손해나 비용을 선박 또는 화물에 분담시키는 제도가 공동해손제도(共同海損制度)이다. 이 제도는 선박이 운행 중 공동위험을 당한 경우에 그 위험은 선박과 화물에 모두 존재하는 것이고, 선장이 이러한 공동의 위험을 면하기 위하여 선박 또는 화물에 대하여 처분을 함으로써 생긴 손해를, 선박 및 화물의 운항과 판매로 이익을 얻는 선주 및 화물 소유자에게 공평하게 분담시키기 위한 것이다.

(2) 2척 이상의 선박이 직·간접으로 수면에서 접촉하여 손해가 발생하는 것을 선박의 충돌이라고 한다. 이 경우 해상법에서는 과실의 정도에 따라서 충돌로 생긴 손해를 분담하여 배상하도록 하고 있다.

(3) 해난에 처한 선박 또는 화물을 구조하는 것을 해난구조(海難救助)라고 한다. 해상법에서는 아무런 계약 없이 구조하는 경우를 규정하고 있다. 이 규정에 의하면 구조자는 구조 후 당연히 구조료청구권을 취득한다.

5. 해상기업과 금융

(1) 해상기업은 선박의 건조·의장·수선을 위하여, 또는 항해를 계속하기 위하여 제3자로부터 자금의 공급을 받을 필요가 있다. 이를 위하여 선박을 대상으로 한 금융문제는 매우 중요하다.

(2) 해상법상 인정하는 법정채권에 대하여 그 채권자가 선박, 그 속구와 부속물을 목적으로 하여 우선변제를 받을 수 있는 특수한 담보권이 인정된다. 이를 선박우선특권(船舶優先特權)이라 하고, 민법상의 저당권에 관한 규정을 준용한다. 또 등기선박을 목적으로 하여 계약에 의하여 설정되는 해상법상의 특수

한 선박저당권(船舶抵當權)이 있어 선박의 점유를 이전하지 아니하고 금융을 이용할 수 있다. 또한 채권자에게는 선박에 대하여 일정한 경우 압류, 가압류를 금하게 하여 선박 및 선박의 운항을 보호하고 있다.

Ⅶ. 항공운송법

1. 총   설

(1) 우리나라 항공운송산업이 비약적으로 발전하여 항공운송을 둘러싼 분쟁이 빠르게 증가하고 있음에도 항공운송에 관한 사법적 분쟁을 규율할 수 있는 법이 존재하지 아니하여, 항공기를 이용한 여객운송 및 화물운송은 당사자 사이의 거래약관에 의하여 규율되는 실정이었다. 이러한 상황을 타개하기 위하여 정부는 상법 제6편에 항공운송 편을 신설하여 2011년 5월 23일 법률 제10696호(시행: 2011. 11. 24.)로 공포하여 시행하고 있다.

(2) 항공운송법은 기업법인 상법의 일부로서 항공기업의 항공기를 이용한 여객 및 화물운송 중에 발생하는 다양한 법률관계를 규율하고 있다. 항공운송에 따른 특수한 법률관계를 규율하고 있다는 점에서 상법의 다른 부분에 대하여 특별법적 지위를 가지고 있다.

(3) 항공운송에 관한 규정은 상법 제896조 내지 제935조에 규정되어 있다. 항공운송편에 특별한 규정이 있으면 해당 규정이 일반 상법에 우선하여 적용되고, 그러한 규정이 없는 부분은 상법총칙, 상행위법 및 기업법의 규정이 보충적으로 적용됨은 당연하다.

2. 항공운송기업의 조직

(1) 항공운송기업은 물적인 조직으로 항공기와 인적조직인 기업주체와 기업보조자로 구성되어 있다.

(2) 항공운송기업은 자신의 물적 조직인 항공기를 이용하여 여객운송 및 화물운송을 하면서 영업을 하게 된다. 이것의 운항과 관련하여 사고가 발생하게 되면 고객과 화물, 제3자와 일정한 법률상의 관계가 형성된다.

(3) 상법 제6편 항공운송법상의 항공기(航空機)라 함은 영리목적의 항공기뿐

만 아니라, 비영리목적의 항공기 및 국유 또는 공유의 항공기도 포함된다. 다만 국유 또는 공유의 항공기 중 운항의 목적·성질을 고려하여 대통령령으로 제외한 경우는 그렇지 않다. 항공기는 동산이지만 가액이 매우 고가이고, 등록을 통하여 공시된다는 점에서 법률상 부동산에 준하여 취급하고 있다.

(4) 항공운송기업의 인적조직은 항공운송기업의 주체로서 항공기소유자, 항공기공유자 등이 있고, 항공운송인의 피용자로 기장 및 승무원 등이 있다. 기타 항공운송인의 대리인 등이 위임계약 등으로 존재한다.

3. 항공운송기업의 활동

(1) 항공운송기업의 법률적 활동의 면에서 가장 중요한 것은 항공운송이다. 이는 공중에서 항공용으로 제공된 항공기에 의한 물건과 여객의 운송을 의미한다. 항공운송에는 항공물건운송계약과 항공여객운송계약이 있다.

(2) 항공물건운송계약은 항공물건운송인이 공중에서 항공기로 물건의 운송을 인수하고, 송하인에게 도착지에서 물건을 인도하는 것을 내용으로 하는 낙성계약(諾成契約)이다. 이 계약에 따라 항공물건운송인은 화물수령증의 교부의무, 운송물의 관리 및 처분의무, 운송물의 인도의무 등을 부담하게 되고, 송하인은 운임지급의무, 항공화물운송장의 작성·교부의무, 운송물의 성질을 명시한 서류의 교부의무 등을 지게 된다. 항공물건운송인이 송하인에게 작성하여 교부하는 화물수령증인 항공운송증서(航空運送證書)가 있다. 이 증서는 육상운송의 화물상환증 및 해상운송의 선하증권과 달리 문언증권성을 갖고 있지 아니한다. 즉 증거증권(證據證券)에 불과하다는 것이다. 이것은 항공물건운송계약이 가지고 있는 신속성 때문이다.

(3) 항공여객운송계약은 항공여객운송인이 공중에서 항공기로 여객 및 그의 휴대물을 인수하여 목적지에 여객 및 그 휴대물을 반환하는 것을 내용으로 하는 낙성계약이다. 이 계약에 따라 항공여객운송인은 여객과 그의 휴대물을 예측된 시간 내에 안전하게 목적지에 도착하게 하여야 하고, 여객은 이에 따른 운임 등을 지급할 의무가 발생한다. 항공여객운송인은 계약에 따라 여객에게 비행시간, 항공명, 좌석번호, 도착예정시간 등을 기재한 여객항공권(旅客航空券)과 여객의 개개의 위탁수하물마다 수하물표(手荷物票)를 작성하여 교부하여야 한다. 항공여객운송인이 작성·교부한 기명식 여객항공권은 유가증권이 아닌

증거증권일 뿐이다.

4. 항공운송기업의 책임

항공운송기업은 항공물건운송계약 또는 항공여객운송계약 중에 고의나 과실로 운송물건 또는 여객의 손해가 발생한 경우에 손해배상책임을 부담하게 된다. 항공운송인의 여객·송하인 또는 수하인에 대한 책임은 그 청구원인에 관계없이 여객 또는 운송물이 도착지에 도착한 날, 항공기가 도착한 날 또는 운송이 중지된 날 가운데 가장 늦게 도래한 날부터 2년 이내에 재판상 청구가 없으면 소멸된다.

Ⅷ. 어음·수표법

1. 총   설

(1) 어음·수표는 일정한 금액의 지급을 목적으로 하여 발행되는 유가증권이다. 신용거래제도 아래에서 출현된 유통수단으로서 송금·추심의 지급수단이며 현금과 같은 중요성을 갖고 있다. 어음과 수표에 관한 규정은 상법전 외에 별도로 규정하고 있다. 어음에 관한 것은 어음법에, 수표에 관한 것은 수표법에 각각 정하고 있다.

(2) 어음에는 환어음과 약속어음이 있다. 환어음은 어음의 작성자인 발행인이 제3자인 지급인에 대하여 증권상에 기재된 금액을 일정한 날에 증권 상의 권리자에게 지급할 것을 무조건으로 위탁하는 증권이다. 반면 약속어음은 발행인 자신이 일정한 날에 일정금액을 수령인 또는 그 지시인에게 지급할 것을 무조건으로 약속하는 증권이라는 점에서 차이가 있다.

(3) 수표는 발행인이 제3자(은행)에게 일정한 금액의 지급을 위탁하는 형식의 유가증권이다. 환어음과 성질 및 형식이 비슷하지만 만기가 일람출급이고 지급인을 은행으로 한정하고 있는 점이 다르다.

2. 어음 · 수표행위

(1) 어음·수표행위란 기명날인하는 것을 불가결의 요건으로 하는 요식의

증권적 법률행위이다. 이것은 경제적으로 그 기초가 되는 사실관계와 밀접한
연관이 있음에도 불구하고, 법률적으로는 완전히 분리되어 있어 무색적 성질을
띠고(무색성), 일정액의 금전의 지급과 그 지급을 받을 지위에 대한 융통성을
확보하려는 공동목적을 가지므로 협동적 성질을 갖게 된다(협동성). 또한 그 행
위의 전제가 되는 다른 어음·수표행위가 형식의 흠결 이외의 사유로써 무효가
되더라도 그 효력에 아무 영향을 받지 않는다는 독립성이 인정된다(독립성). 어
음·수표행위의 이러한 특성은 거래안전과 어음·수표의 유통성을 확보하기
위한 것이다.

(2) 어음·수표행위는 법률행위이므로 대리에 의해서도 할 수 있고, 무권대
리에 의한 경우에는 그 무권대리인이 책임을 부담한다. 또한 권한 없는 자가 어
음·수표상에 기명날인을 하거나 기재사항을 변경한 경우에는 어음법 제8조(어
음행위의 무권대리) 등을 준용하여 위조자·변조자는 그 위조·변조된 내용에
따라 어음·수표상의 책임을 부담하게 된다.

3. 어음·수표의 실질관계

어음·수표관계 이외의 법률관계로서 어음·수표관계와 밀접한 관련성이
있는 것을 어음·수표의 실질관계(實質關係)라고 한다. 여기에는 어음·수표수
수의 당사자 사이에 그 원인이 되는 법률관계인 원인관계, 발행인과 지급인 사
이에 지급인이 지급이나 인수를 하는 기초가 되는 법률관계인 자금관계, 어음
관계의 준비단계를 이루는 어음예약의 세 가지가 있다.

4. 어음·수표상의 권리

어음·수표상의 권리라 하면 직접 어음·수표의 목적을 달성하기 위하여 부
여된 권리 또는 이것에 갈음하는 권리를 말한다. 이러한 권리는 어음·수표증
권에 의해서만 행사할 수 있고, 여기에는 어음금지급청구권, 어음·수표 보증
인에 대한 권리 등이 있다.

5. 어음·수표의 일생

(1) 환어음은 채무의 결제를 간편하게 하고, 만기 전에 어음을 할인하여 자
금융통을 받으려는 자가 발행하게 되는데, 발행인은 어음면에 일정한 사항을

기재하여야 한다.

(2) 모든 어음관계는 발행에 의하여 작성되는 어음을 기초로 하여 발전하는 것이기 때문에 발행 시에 작성되는 어음을 기본어음이라고 한다. 발행인이 작성한 어음을 수령인에게 교부하였을 때 어음상의 권리가 발생하고(교부설), 발행인은 환어음의 발행에 의하여 어음의 인수와 지급을 담보한다.

(3) 어음을 교부받은 수령인은 그 어음을 배서에 의하여 융통시킬 수 있는데, 배서란 어음의 융통성을 조장하기 위하여 법이 인정한 어음의 특별한 양도방법이다. 어음의 배서는 어음상의 권리의 양도를 목적으로 배서인이 어음의 표면에 양도·추심위임·입질 등의 표시를 기재하고 기명날인하여 피배서인에게 교부하는 행위이다. 일정한 경우에 배서가 금지되는 경우도 있다. 배서에는 배서인의 기명날인 외에 피배서인의 명칭을 기재하는 기명식배서, 피배서인의 명칭을 생략하는 백지식배서, 어음의 소지인에게 양도한다는 취지의 기재가 있는 소지인출급식배서 등이 인정된다.

(4) 환어음의 지급은 지급인으로서 어음에 기재하여야 하고, 인수를 함으로써 비로소 어음상의 지급의무자가 된다. 인수인은 정당한 어음 소지인에 대하여 주채무자로서 만기일에 그 인수한 어음금액을 지급할 의무를 부담하게 된다. 이는 절대적 의무로서 만기일에 지급의 제시가 없는 지급거절증서의 작성이 면제된 경우에도 소멸하지 않는다. 인수된 어음을 소지한 자는 정해진 지급제시 기간 내에 인수인에게 지급지시를 하여 지급을 받게 되고, 어음은 인수인에게 돌아감으로써 그 일생을 다하게 된다. 이때 소지인이 지급제시 기간 내에 지급제시를 하였으나 지급거절이 될 때는 거절증서를 작성하여 자기 앞의 배서인들에게 어음금을 소구할 수 있다.

(5) 약속어음은 환어음과 대개 비슷한 일생을 가진다. 그러나 약속어음은 지급계속증권으로서 발행인 자신이 어음금액의 지급을 약속하는 것이기 때문에, 발행인 외의 지급인은 존재하지 않고 발행인이 주채무자가 되는 것이다. 반면 약속어음에는 발행인과 수령인이라는 두 당사자만 있고 인수하는 제도가 없다.

(6) 수표도 요식증권으로서 환어음의 경우와 같이 일정한 기재사항의 기재가 요구되고, 지급인은 은행이 된다. 수표의 발행은 기본수표를 작성하여 이것을 수령인에게 교부하는 것이고, 이로써 발행인은 지급을 담보하게 된다. 수표를 교부받은 수령인은 일정한 방식에 따라 이를 양도할 수 있다. 양도방식은 기

명식·지시식·배서금지식·소지인출급식·지명소지인출급식이 인정된다. 환어음의 인수와 비교할 만한 것이 수표상의 지급보증제도이다. 지급인(은행)은 제시기간 내에 수표의 제시가 있으면 수표의 문언에 따라서 지급할 것을 약속하는 수표행위자이다. 따라서 지급보증을 한 지급인은 제시기간 경과 전에 수표를 제시한 경우에만 수표의 지급의무를 부담한다. 수표의 소지인이 지급제시기간일 내에 지급제시를 하여 지급을 받음으로써 수표는 그 기능을 다하게 된다. 한편 지급인으로부터 지급거절 된 경우에는 소지인은 지급인으로부터 지급거절증서를 받아 앞서 배서한 사람들에 대하여 소구권을 행사하여 구제를 받을 수 있다.

6. 이득상환청구권

이득상환청구권은 어음·수표상의 권리가 절차의 흠결 또는 시효로 인하여 소멸한 경우에 어음·수표금액을 지급할 필요가 없게 되어, 어음·수표 수수의 원인이 된 실질관계에 의하여 재산상의 이익을 얻게 된 어음·수표 채무자(발행인·인수인·배서인)에 대하여 그가 받은 이득의 반환을 청구할 수 있는 권리를 말한다. 이는 형평의 관념상 법률의 규정에 의하여 인정된 부당이득에 대한 특별한 청구권이다.

제 8 절 사회법 일반

Ⅰ. 개 관

(1) 근대 시민법은 모든 개인을 자유로운 인격자로 보고, 계약의 자유를 보장하고 계약의 결과 취득되는 재산법의 절대성을 확인함으로써 근대사회의 이상인 자유와 평등의 조화는 이루어진다고 상정하였다. 그러한 근대사회의 이상이 개인을 봉건적인 여러 구속으로부터 해방하고, 개인의 사회적 경제적 지위를 격상시켜, 일찍이 볼 수 없었던 근대 물질문명과 전체 복지의 증대를 가져왔음을 부정할 수 없는 사실일 것이다.

(2) 그러나 한편으로 자본주의의 고도화에 따른 폐해도 심각하여 빈부격차

및 계급대립이 격화되어 갔으며, 구체적인 인간은 결코 자유롭고 평등한 인격이 아니란 것이 명백해져 갔다. 현실적으로 나타난 것은 단순히 법률적·형식적 자유와 경제적·실질적 불평등이었던 것이다. 이에 국가가 현실적인 불평등을 직시하고 사인 사이의 법영역에 관여하게 되었고, 그 결과 사회법이란 독자의 법영역을 형성하게 되었다.

(3) 그런데 사회법은 그 출발이유와 달리 단순히 시민법의 수정에 그치는 것이 아니고 독자적인 규제의 대상과 법개념 내지 법구조를 갖게 되었다. 이하에서는 그 실제적인 배경을 살펴보기로 한다.

(4) 현대로 넘어오면서 근대 시민법을 수정하고 보완하여 구체적으로 개인에게 실질적인 자유와 평등을 보장하며, '인간다운 생존'을 실현한다는 것이 새로운 지도원리로 요청되었다. 공공의 복리가 사회적 강자의 위치에 있는 이기적 개인을 통제하는 사회적 민주주의 내지 단체주의적 법사상의 새로운 지도이념으로 부각되었다. 즉 시민법원리를 수정하면서도 한편으로 시민법이 설정했던 목적을 실질적으로 실현시키는 사회법 원리가 구상된 것이다.

이러한 관점에서 사회법을 정의해 보면,

"사회법은 추상적·평균적 인격개념의 배후에 존재하는 구체적 개인의 사정을 고려하고, 실질적 평등사상에 입각하여 법률관계의 당사자인 사인(私人)의 배후에 제3자 및 주된 당사자로서의 국가를 개입시켜 법형태와 법현실 사이의 조화를 꾀함을 목적으로 한다."

고 할 수 있다.

(5) 광의의 사회법에 포함되는 노동법, 경제법, 사회보장법(협의의 사회법)의 구체적 내용은 아래 Ⅱ. 내지 Ⅳ.에서 살펴보기로 하고, 여기서는 간단히 상호관계를 살펴보기로 한다.

통상 자본주의 경제의 내재적 모순을 해결하고자 할 때에 그 방법으로, 노동법은 국가가 노동보호입법을 통하여 근로자의 생존을 보장하려 하며, 경제법은 경제질서의 실질적 민주화를 꾀함으로써 근로자의 사회적 종속을 배제하려하고, 사회보장법은 국민의 생활관의 확인을 기초로 국민에게 문화적인 수준의 생활조건을 보장하려 하고 있어 노동법·경제법·사회보장법은 그 방향성이 공통된다. 한편 위 3법은 모두 국가의 개입을 예정하는 점, 공·사법이 교차하는 점에서도 같다.

그러나 이 세 개의 법은 그 법적 규율대상과 이념을 달리한다.

노동법은 노동자의 생활관계를 규율대상의 중심으로 삼고, 근로자의 생존확보·인격완성이 목적인 반면, 경제법은 사인의 개인적 창의성에 한계를 지우는 데서 출발하여 실질적 경제질서의 관점에서 바람직한 상태를 유도하고자 하며, 사회보장법은 근로능력 없는 국민의 생존확보를 목적으로 하고 있다.

Ⅱ. 노 동 법

1. 총   설

(1) 노동법의 원리

노동법의 원리는 시민법 원리로 인한 자본주의 사회의 폐해와 모순을 극복하기 위한 수정원리로서 성립하였으며, 노동법은 연혁적으로 시민법체계 하에서 경제적 약자인 근로자들이 자신들의 생존권을 확보하기 위해 투쟁하는 가운데 성립되었다.

(2) 노동법의 연혁

노동법의 역사적 발전과정은 살펴보면 먼저 개개 근로자를 보호하려는 개별적 노동자보호법에서 시작되지만, 단결권의 성립을 보면서 노사관계는 집단적 성격을 띠게 되고, 집단적 노사관계가 노동법의 중심 분야를 차지하게 된다. 보다 구체적으로 보면 초기에는 개별적 근로관계에 대한 강행적 노동보호법이 국가에 의하여 위로부터 제정되어, 사회적 약자인 근로자들을 보호하였다.

그 후에 근로자들에게 단결권, 단체교섭권, 단체행동권(헌법 제33조 제1항)이 보장되어 근로자들은 스스로 수의 우세에 의한 투쟁력을 담보로 근로조건을 집단적으로 개선시킬 수 있게 되었다.

오늘날에는 근로자들의 집단적 대항수단이 그대로 보장된 가운데 근로자들의 참가를 인정하는 협동적 노사관계법 내지 노사협의제도까지 보장되고 있다.

(3) 노동법의 개념

① 이제 노동법의 개념을 정리해보면, 노동법의 규율대상은 근로자가 근로계약에 의해 형성되는 근로관계가 그 중심이라는 점에서는 이론이 없다. 다만,

혹자는 노동법의 역사적 의의를 중시하여 노동법의 대상이 근대시민사회에 특유한 역사적 특질을 가진 비자주적·종속적 노동이라고 하면서 노동법을 '종속적 노동에 관한 법'이라고 정의하기도 한다.

그러나 노동법은 근로자의 생존을 확보하는 것을 주된 목적으로 하는 것이요, 경제적 종속성의 배제를 목적으로 하는 것이지 용인하는 것은 아니므로, 노동법을 '인간의 존엄성을 바탕으로(헌법 제32조 제3항) 근로자의 인격완성의 실현을 목적으로 하는, 경제적·사회적 고려 하에 있어야 할 근로관계를 규정하는 법'으로 정의하는 것이 옳을 것이다.

② 노동이 자본주의 체제 하에서는 상품으로서 거래의 대상이 되지만, 노동력은 근로자의 인격과 불가분의 관계에 있다거나, 저장할 수 없어 서둘러 팔지 않으면 안 된다거나, 노동의 상품성이 숙명적이라는 등의 특수성이 있어 노동법은 독자적인 법영역을 형성하게 되는 것이고, 그 한도 내에서 시민법 질서를 수정하는 것이다. 그렇지만, 자본주의 질서를 부정하는 것은 결코 아니며, 오히려 노동법은 시민법질서를 수정하면서도 전체로서 자본주의 질서의 조화 있는 조직 속에 존재할 것을 예정하는 것으로, 이는 노동법이 자유민주적 자본주의 사회에서만 존재함을 봐도 알 수 있는 것이다.

(4) 노동법의 구성

노동법의 구성을 보면, 헌법 제32조 제3항을 기초로 개별적 근로관계법이 나오고, 헌법 제33조를 기초로 집단적 노사관계법이 만들어진다.

노동법을 구성하는 대표적인 법률로는 근로기준법·노동조합 및 노동관계조정법·근로자 참여 및 협력증진에 관한 법률·노동위원회법·노사관계 발전 지원에 관한 법률·파견근로자보호 등에 관한 법률 등이 있다. 그중 근로기준법을 비롯한 개별적 근로관계법은 민법에 대해 특별법의 지위에 있고, 원칙적으로 강행적 효력을 가진다.

먼저 우리 현행 헌법이 보장하는 노동기본권을 살펴보고, 대표적인 노동법률을 간단히 소개하기로 한다.

2. 노동기본권

헌법 제32조 제1항은 모든 국민에게 근로의 권리를 보장하면서, 국가에게는 고용증진과 적정임금의 보장노력의무를 규정하고 있고, 헌법 제33조 제1항은 근로자는 근로조건의 향상을 위하여 자주적인 단결권, 단체교섭권, 단체행동권을 가진다고 한다. 이를 노동기본권 또는 노동3권이라 한다.

첫째, 단결권을 보장함으로써 노동조합을 통한 노사의 실질적 평등을 기하고, 단체교섭에 의해 노사관계가 자주적으로 형성되어 나갈 것을 기대하고 있다. 단결권은 자유주의 사회에서 조직화된 이해의 대립을 전제로 하여 민주적이고 자주적인 단결을 그 보장내용으로 하는바, 단결강제 등 적극적 성격 때문에 자유권과는 준별된다.

둘째, 단체교섭권은 근로자들을 위해서 보장된 것으로, 궁극적으로는 근로조건의 유지·개선을 내용으로 하는 단체협약의 체결을 목적으로 하며, 원칙적으로 단체교섭권의 주체는 노동조합이다.

셋째, 단체행동권은 근로조건 및 근로자의 지위향상을 위한 노동조합의 목적활동을 실력으로 관철하는 투쟁수단이다. 이것은 헌법이 근로자가 그들의 경제적 지위를 사실적인 힘을 사용하여 향상시킬 것을 제도적으로 인정한다는 것을 의미한다. 단체행동 내지 쟁의행위가 법이 보장하는 범위 내에서 행해지는한, 사용자는 이로 인한 손해를 감수해야 하고, 근로자와 노동조합은 민사상·형사상 면책이 허용된다는 것을 의미한다. 이것은 재산권을 보장한 시민법에 대한 중대한 수정이자, 국민전체의 경제생활에까지도 심대한 영향을 주게 되는 것이므로, 그 범위 내에서 일정한 한계가 있어야 한다.

3. 개별적 근로관계법

(1) 개별적 근로관계법 또는 노동자보호법의 대표적 법률로 근로기준법이 있다. 노동보호법으로서의 근로기준법은 타인(사용자)에 의해 결정되는, 즉 사용자의 지시·명령을 받아야 하는 근로자의 경제적 종속으로부터 헌법의 인간존엄성 확보차원에서 일정 근로조건 및 생활조건을 유지·향상시킬 목적을 갖고 있다. 특히 우리나라와 같은 근로자와 사용자의 관계가 아직도 전근대적인 주종의식에 의해 지배되는 상황 하에서는 여전히 근로기준법이 위력이 있으며, 실제 근로기준법 제7조부터 제9조까지는 전근대적 관행을 금지하는 조항(강제근로의 금지, 폭행의 금지, 중간착취의 배제 등)을 규정하고 있다.

(2) 근로기준법은 실제 근로계약을 체결하여 형성된 사용자와 근로자 사이

의 근로관계에 적용될 것을 예정하고 있다. 이 근로관계는 본질적으로 법률관계, 즉 권리·의무의 관계이나, 사실상의 문제로 종속노동이 성립하는 관계상 사용자를 규제하고 근로자를 보호할 필요성이 대두되는 것이다. 근로관계의 당사자로서의 사용자의 행위를 규제함으로써 개개 근로자를 개별적인 방법으로 보호하는 보호법규의 총체를 개별적 근로관계법이라 할 때, 근로기준법은 개별적 근로관계법에 속하며, 이외에도 선원법, 산업재해보상보호법, 직업안정법, 근로자퇴직급여보장법, 남녀고용평등과 일·가정 양립 지원에 관한 법률 등이 이에 포함된다.

(2) 근로자와 사용자

① 근로기준법이 보호법이라는 의미는 사용자에 대해 의무를 설정하는 것으로 그치는 것이 아니라, 동시에 근로자에게 사용자에 대한 권리를 설정하고 있다는 것을 말한다. 이 법이 보호하는 '근로자'의 정의는 근로관계를 전제하고 있는 것이므로, 직업의 종류와 관계없이 임금을 목적으로 사용자의 지휘·명령 하에서 근로를 제공하는 자라고 할 수 있다.

② 근로기준법의 규제대상으로써 '사용자'의 개념도 근로자의 보호라는 견지에서 상대적으로 규정된다. 사업장에서의 구체적인 법률관계에 따라 구체적인 지위가 결정되는 것이다. 즉 계약상의 노무지휘권이 누구에게 있느냐에 따라 사용자가 결정되어야 한다는 의미이다.

(3) 근로조건의 기준: 최저기준

① 근로기준법은 헌법에 의거한 근로조건의 기준을 정함으로써 근로자의 기본적 생활, 즉 인간다운 생활을 보장한다(근로기준법 제1조). 이때 이 법의 기준은 최저기준이므로, 이 기준을 이유로 근로조건을 저하시킬 수 없다(동법 제3조). 근로계약은 채권적 계약이지만, 민법상의 고용계약과는 달리 근로기준법에 의해 많은 제약을 받으며, 또 그것을 내재적 본질로 하고 있다.

② 근로관계 성립에 있어서 근로자보호를 보면, 기간제 근로자의 사용을 2년으로 제한하여(기간제 및 단시간근로자 보호 등에 관한 법률 제4조) 사용자의 근로계약기간 설정의 남용을 방지하고, 근로조건을 명시케 하는(근로기준법 제17조) 등을 규정하여 계약자유의 원칙에 충실함으로써 불리한 취업을 방지하고 있다.

③ 근로관계 내용에 있어서 근로자보호를 보면, 위약예정을 금지시키고(근

로기준법 제20조), 전차금 상계를 금지시키며(동법 제21조), 강제저금을 금지시켜, 근로자의 종속과 퇴직의 부자유를 배제하여 인권침해를 방지하고자 한다. 또한 임금채권 우선변제조항(동법 제38조)을 2010년에 개정·강화하고 있고, 기타 노동시간을 법정하고 있으며, 임금지급원칙을 명시하여 임금수령에서 근로자를 보호하고 있다.

④ 근로관계 종료와 관련한 근로자 보호조항으로는, 정당한 이유 없는 해고 등의 제한조항(근로기준법 제23조)을 명백히 하여 근로자에게 부당하게 불이익이 귀속되지 않도록 보장하고 있다. 이 규정은 근로기준법에서도 매우 중요한 조항으로 평가된다. 이것은 해고 등이 사회적 강자인 사용자에 의해 남용되기 쉽다는 것과 근로자에게 해고라는 결과가 가혹하다는 것을 동시에 뜻하고 있다.

4. 집단적 노사관계법

(1) 개 념

노동조합이라는 단체를 통하여 스스로 자조(自助)할 수 있는 수단을 보장함으로써 근로자들을 집단적으로 보호할 수 있는 보호법규의 총체를 집단적 노사관계법이라 할 수 있다. 「노동조합 및 노동관계조정법」이 여기에 속한다.

오늘날의 근로관계는 집단적 노사관계를 중심으로 이루어진다고 할 수 있다. 그것은 노동조합주의에 의해 근로자와 사용자가 실질적 평등을 실현하고 근로자의 지위향상을 도모하여, 자주적인 노동법 형성의 기반이 여기에서 이루어지기 때문이다.

(2) 규율대상

집단적 노사관계법의 규율대상은 다수의 근로자가 참여한 노동조합과 그 활동, 이와 관련된 집단적 현상이 그것이다. 그렇지만 집단적 노사관계법의 궁극적 목표는 여전히 개별적 근로자의 경제적·사회적 지위향상에 있음은 의문의 여지가 없다(노동조합 및 노동관계조정법 제1조).

(3) 노동조합

① 집단적 노사관계법의 주체는 노동조합이다. 따라서 현행 「노동조합 및 노동관계조정법」에서는 노동조합의 설립과 운영, 노동조합의 단체교섭·단체협

약·노동쟁의·쟁의행위·부당노동행위 등에 관하여 규정하고 있다.

② 노동조합의 형태를 보면, 유럽에서 산업혁명 직후 가장 일찍이 등장한 '직종별 조합'이 있고, 그 다음으로 등장하여 현재까지도 유럽에서 일반적인 '산업별 조합'이 있으며, 또한 우리나라와 일본 등에서 지배적인 형태인 '기업별 조합'이 있다.

③ 우리나라에서는 근로자들의 공동의식이 성숙되어 있지 못한 상황 하에서 법으로 기업별 노조가 강제되어 왔으나, 1987년 개정 시에 해당 조항이 폐지되어 현재는 자유로운 조직형태를 취할 수 있게 되었다.

그러나 현재 우리나라의 노동법구조와 관련하여 볼 때 아직도 기업별 노조를 전제하는 규정이 많고, 노동운동이 이성적·체계적으로 활성화되지 못한 토양의 영향으로 현재에도 지배적인 형태는 '기업별 조합'이다. 현재에도 노조에 대한 어용시비가 잦고, 노-노(勞-勞) 사이의 조직분규가 사회화할 정도로 자주성에 문제가 많다.

(4)「노동조합 및 노동관계조정법」

① 현행「노동조합 및 노동관계조정법」은 자본주의 질서 하에서 노사대등의 관계를 도모할 수 있는 노사관계의 형성을 노동조합에 기대하고 있다. 그럼에도 불구하고 노사현실에 있어서는 기업주가 노동조합의 결성과 활동에 부정적인 시각을 갖고 있는 경우도 많다. 이 점에 관해서 기업주는 "노동조합이란 노사의 본질적 갈등관계를 합리적으로 조정, 궁극적으로 산업평화 유지를 위한 안전판 구실을 한다."는 점을 충분히 음미해야 할 것이다. 동법은 먼저 노동조합의 정의규정(노동조합 및 노동관계조정법 제2조)을 둠으로써 활동의 정당성, 즉 집단적 노사관계가 승인될 수 있는 합리적 내지 합법적 범위를 밝히고 있다.

② 현행법은 노조의 대외적 자주성과 대내적 민주성에 관해 상세한 규정을 두고 있다. 이것은 어용조합의 출현을 방지하고, 과거 경험한 바 있는 조직 내의 비민주적 요소를 방지하기 위한 것이다. 노동조합의 설립은 헌법이 보장하는 바에 따라 자유설립주의에 기초하여 신고주의를 취하고 있다.

③ 단체교섭

단체교섭권은 위의 노동기본권 부분에서 설명하였으므로, 여기에서는 단체교섭에 관하여 보겠다. 단체교섭의 주체는 노동조합이며, 교섭의 대상은 인사·경영에 관한 사항 외의 근로조건에 관한 사항 전부이다. 복수노조 설립이 허용되면서 하나의 사업장에 복수의 노조가 존재하는 경우에는 법에서 정한 단일화 절차를 거쳐 사용자와 교섭하게 된다. 사용자는 이유 없이 노조의 정당한 단체교섭을 거부할 수 없으며(동법 제30조), 이를 위반하면 부당노동행위가 되어 처벌된다.

한편 근로자도 어떠한 경우에나 폭력이나 파괴행위로써 단체교섭을 할 수 없으며(동법 제4조), 단체교섭에 권한 없는 제3자가 개입할 수 없다는 규정이 존재하였으나(동법 제40조 제1항), 2006년 개정 시에 삭제되었다.

④ 단체협약

단체협약은 노조가 평화적인 단체교섭에 의하거나, 이것이 결렬될 경우 쟁의행위란 실력행사를 거쳐 쟁취한 유리한 근로조건을 협약이란 형태로 서면화한 것이다. 단체협약에서 근로조건을 규정한 규범적 부분은 동 협약의 본질적 요소로서 규범적 효력을 갖는다. 법이 아니면서 법적 효력을 부여하는 특수성이 있고, 이를 '노동조합 및 노동관계조정법'이 확인하고 있다(동법 제33조).

단체협약이 노조와 사용자 사이에는 채권계약에 불과하나, 구성원과의 관계에서는 강행력을 가진 집단적 규범계약으로 이해될 수 있다.

⑤ 단체행동

(a) 이제 단체행동을 구체화시킨 「노동조합 및 노동관계조정법」을 살펴보면, 동법은 관련규정을 적용하기 위해 노동쟁의와 쟁의행위를 구분하고 있다.

노동쟁의는 주장의 불일치로 인한 분쟁상태를 의미하며, 쟁의행위는 당사자가 주장을 관철할 목적으로 행하는 행위로 업무의 정상한 운영을 저해하는 것을 의미한다.

(b) 쟁의행위의 종류로는 파업(strike), 태업(slowdown), 직장폐쇄(lockout) 등을 들 수 있다. 그중에 대표적인 것은 파업이다. 이것은 다수의 근로자가 근로조건 개선이라는 목적을 쟁취하기 위해 조직적으로 노무제공을 거부하는 행위이다. 그러나 현재 우리나라의 노사현실은 실정법이 허용하는 테두리를 크게 벗어나 불법적인 시설파괴와 농성, 법에서 인정하는 쟁의조정절차의 무시, 근로조건의 향상 외의 목적을 쟁취하려는 쟁의행위, 사용자의 위장폐업 등이 빈번하게 발생하고 있다. 보다 성숙된 쟁의행위가 필요한 시점에 온 것으로 평가할 수 있다.

ⓒ 쟁의행위가 정당성을 갖추어 형사상 면책(동법 제4조), 민사상 면책(동법 제3조)을 받으려면 「노동조합 및 노동관계조정법」의 목적과 현행 법질서 전체에 부합해야 하고, 쟁의행위의 한계를 규정하는 실정 노동법규에 위반함이 없어야 한다.

ⓓ 노동쟁의는 국민경제에 미치는 영향이 지대하므로 노사관계의 공정한 조정과 쟁의를 예방하고, 해결하여 산업평화를 유지하기 위해서 사적 조정·중재 및 노동위원회의 조정·중재제도가 마련되어 있다.

ⓔ 동법 제47조 이하에서는 노동쟁의의 조정에 관하여 조정의 개시와 그 기간, 조정위원회의 구성, 단독조정, 조정안의 작성과 그 효력 등에 관한 구체적 규정을 두고 있어, 노사자치주의에 기초한 자주적 해결의 원칙은 여전히 존중된다.

(5) 노사협의제도

① 「근로자참여 및 협력증진에 관한 법률(구 노사협의회법)」

마지막으로 집단적 노사관계와 관련하여 노사협의제도를 간단히 살펴보겠다. 이 제도는 노사관계를 대립적 관계에서 협조적 관계를 지향하여, 노사 사이의 협력적 측면을 강화·증진시켜, 노사가 사회적 반려자라는 이념을 실현하는 것을 목적으로 하고 있다. 이 제도와 관련되어 「근로자참여 및 협력증진에 관한 법률(구 노사협의회법)」이 있다.

② 기본이념

노사협의제도의 기본이념은 기업경영에 대한 근로자의 광범위한 참가를 내용으로 하는 산업민주주의의 실현에 있다. 그 방식으로는 자본참가제도, 이윤참가제도, 경영참가제도가 있으나, 우리나라의 경우는 경영관리 및 경영참가적 성질을 띤다.

③ 노사협의의 내용

ⓐ 노사협의와 관련하여 「근로자참여 및 협력증진에 관한 법률(구 노사협의회법)」을 보면, 참여에 의한 노사공동의 이익을 증진하고, 법령에 의해 사업 또는 사업장 단위로 그 설치와 운영이 강제되어 있다.

ⓑ 우리나라 노사협의제도를 연혁적으로 보면 근로3권 특히 투쟁적 노사관계의 철저한 제약에 대한 반대급부로서의 성격이 강하다는 점이 문제이지만,

향후 이 제도가 지향하고 있는 노사 간의 실질적 협치를 지속적으로 추구하여
나간다면 좋은 열매를 맺어 근로자의 복지향상 및 경제발전에 크게 기여할 것
으로 본다.

Ⅲ. 경 제 법

1. 총   설

(1) 상업자본주의와 산업자본주의의 시대에는 국민경제를 자유방임해 두면
'보이지 않는 손(invisible hand)'의 원리에 의해 경제 질서는 조화를 이루고, 국
가는 발전할 수 있는 것으로 생각되었다. 따라서 이러한 시기에는 국가가 경제
에 간섭·규제하는 경제법이란 존재할 여지가 없었다.

(2) 그러나 19세기말 이래 자본주의가 고도화되고, 자본이 소수에게 집중하
고 대기업이 중소기업을 합병하여 독점기업화 하고, 빈부의 격차가 점점 더 벌
어지면서 자유방임이 오히려 자유경쟁을 제한하는 바가 되었다. 그리하여 이기
적인 개인의 이윤추구가 더 이상 공공의 이익에 합치되지 않았을 뿐만 아니라,
사상 유례가 없는 경제공황까지 발생하여 바야흐로 자본주의 질서 자체까지 위
협하게 되었다. 이러한 현실적 배경 하에서 국가가 경제질서에 간섭과 규제를
하지 않을 수 없었고 이것이 경제법으로 구체화되었다.

(3) 각국의 입법례

그러나 경제법의 배경이 그러하더라도, 그 구체적 내용에 있어서는 국가에
따라 성립연혁과 중점이 다르다. 미국은 19세기 후반부터 자본주의가 발달하여
기업합동의 경향이 나타났고, 중요산업에 대한 대기업의 독점으로 인해 중소기
업자·노동자·농민·일반소비자가 피해를 입게 되었다. 이에 미국정부는 최초
의 경제법이며 반 트러스트법(Anti-Trust)인 셔먼법(Sherman Act)을 제정하였다.
즉 미국은 독점규제법이 경제법의 중핵을 이루게 된 것이다. 이에 반해 독일은
제1차 대전을 계기로 경제법이 탄생하였는데, 그 중점이 경제혼란의 수습과 경
제부흥에 있었다.

우리나라는 1960년 이후 경제특별법이 본격적으로 제정되었고, 1980년대
이후 경제가 비약적으로 발전하는데 경제특별법이 큰 기여를 하였다. 그런데

1997년에 발생한 외환위기를 극복하면서 삼성, 현대 등의 세계적 기업이 등장하면서 경제법의 기본법이 독과점의 방지를 규제하는 것을 주된 내용으로 하는 독점규제법이 경제법의 기본법이 되었다.

2. 경제법 일반

(1) 의의와 법적 성질

경제법은 기업 상호간, 기업과 국가, 기업과 소비자 사이의 관계를 실질적인 경제질서의 관점에서 파악하려는 법이다. 즉 국가가 영리활동을 제한하고 규제하기 위한 법체계이며, 국가가 경제정책을 수행하기 위한 경제 간섭의 법이라고 할 수 있다. 경제법은 법체계상 공법도 사법도 아닌 중간 분야인 사회법에 속하고, 헌법상 수정자본주의를 용인하는 많은 헌법상의 규정이 근거가 된다.

(2) 내 용

① 경제법에 있어서는 국가의 간섭이 그 중요한 내용이 되기 때문에 국가의 간섭인 규제에 대해서 간단히 살펴보겠다. 통제 대신 규제라는 말을 쓰는 이유는 국가의 간섭이 권력적·비권력적인 것을 포함하고, 또한 적극(보호·조성)과 소극(권리의 제한)인 것 양면을 모두 포함하는 광범위한 것이기 때문이다.

② 규제의 주체는 국가이나, 예외적으로 자치적 규제일 경우에는 일정한 단체가 될 수도 있다. 규제의 객체는 기업과 개인이다. 규제의 대상은 경제생활에 관한 법률관계 및 사실관계이며, 규제방법에는 권력적·강제적 규제와 비권력적 규제가 있다.

③ 먼저 권력적 규제를 보면, 이 방법은 가장 직접적이고 효과적이나 국민에게 미치는 불이익의 정도가 크므로 반드시 법률의 유보를 요한다. 여기에는 세 가지 종류가 있다.

첫째, 법률에 의한 직접적 규제가 있다. 여기에는 요건에 해당하는 자에게 의무를 부과하거나 혹은 사인간의 거래에 형성적으로 개입하는 두 가지 방법이 있다.

둘째, 행정권에 의한 규제가 있다. 이것은 법령에 기한 행정청의 탄력성 있는 행정처분에 맡기는 것으로 국민에게 의무를 명하거나, 의무를 면제하는 명령적 행위와 특허, 인가 등의 형성적 행위가 있다.

셋째, 입법에 의한 사법관계(私法關係)에 대한 간접적 강제이다.

④ 다음으로 비권력적 규제를 살펴보면, 국가가 경제활동의 주체가 되어(특수기업 형태) 사경제에 경제적 지원을 하는 경우와 권고·지시·요망 등에 의한 행정지도가 있다.

(3) 경제법의 분류

경제법을 크게 분류하면 경제조직법, 경제활동법, 대외경제법으로 3분 되어질 수 있다. 그러나 협의로 경제법이라 하면 통상 경제조직법과 경제활동법만을 말한다. 이하에서는 경제조직법과 경제활동법에 관하여 간단히 살펴보겠다.

3. 경제조직법

경제조직에 관한 법은 두 가지를 목적을 가지고 있다. 하나는 국민경제 전체의 이익을 위해 기업의 성립을 규제하고, 기업의 조직을 강화하여 기업의 부실화를 방지하고, 기업의 존립을 보장하여 주는 것이다. 다른 하나는 기업의 대외적인 면에서 기업의 독점을 방지, 금지하여 독점의 폐해를 줄이는 것이다. 전자를 위한 것이 기업의 존립·구성의 규제에 관한 것이며, 후자를 위한 것이 독점규제법이다.

(1) 기업의 존립·구성의 규제에 관한 법

① 기업의 존립·구성의 규제에 관한 법을 보면, 기업의 존립에 관한 규제와 기업의 구성에 관한 규제가 있다.

ⓐ 기업의 존립에 관한 규제란 기업의 성립과 폐지에 관한 규제를 말한다.

ⅰ) 성립 시의 규제방법에는 영업허가, 인가, 면허의 세 가지가 있다. 사업의 성질에 따른 규제의 목적은 다음과 같다.

첫째, 국민경제 규모의 계획적 규제를 위하여 국민경제상 필요한 기업을 육성하는 반면, 불요불급한 산업을 억제한다. 둘째, 신용성의 확보로 사회적·경제적으로 공신력을 갖춘 기업만을 존속케 하려는 취지이다. 셋째, 지식과 능력의 필요로 일정한 영업을 하는 데는 전문적 지식과 능력을 갖추도록 한 것이다. 넷째, 공안의 유지로 경찰법상의 목적으로서 풍속상, 위생상 또는 사회적으로 위해가 있는지의 여부에 따라 허가 여부를 결정하는 것이다.

ⅱ) 다음으로 기업의 폐지의 제한에는 국민경제상 일정한 사업의 존속을 확보하거나, 노동정책상 실업방지를 목적으로 한다.

ⓑ 기업의 구성에 관한 규제는 크게 나누어 자본에 관한 규제와 설비에 관한 규제가 있다.

ⅰ) 먼저 자본에 관한 규제를 살펴보면 다음과 같다. 첫째, 자본충실의 장려방법이 있다. 이것은 오늘날 기업이 국민경제에 미치는 영향이 크기 때문인데, 그 방법으로는 자산재평가에 의한 것과 세제상의 특전을 주는 것이 있다. 둘째, 이익배당의 규제가 있다. 이것은 회사의 자본유지를 위하여 이윤배당의 자유를 제한하는 것이다.

ⅱ) 다음으로 설비에 관한 규제를 보면 여기에도 2가지가 있다. 먼저 우리나라와 같이 생산을 증가시키기 위한 설비를 증가시키는 규제가 있는가 하면, 다른 한편으로는 발달한 자본주의 경제에서 고정재산과잉, 생산과잉, 공황, 불황의 원인이 되는 설비를 규제하는 것이 있다.

(2) 독점규제법

① 독점규제법이 대두된 배경을 보면 자본주의가 고도화됨에 따라 경쟁은 대자본이 소자본을 굴복시키게 만들었고, 국민경제에는 독과점 현상이 나타나게 되면서 이를 규제할 필요가 생겼기 때문이다. 이러한 독과점 현상이 국민경제에 미치는 영향을 보면 긍정적인 면과 부정적인 면이 공존한다. 이와 같은 독과점 현상은 경제학적으로 보았을 때 규모의 경제의 실현과 기술혁신의 촉진이라는 장점을 가진다. 이러한 장점은 국가의 개발 초기단계에서 상당한 정당성을 가진다. 특히 개발도상국에서는 영세한 기업으로 산업자본을 육성하기 위하여 단기간에 대기업을 발굴·육성하고, 기업의 국제경쟁력을 강화하기 위하여 독점을 오히려 조장하는 경우도 있다. 독점형성법이 그 예라고 할 수 있다.

② 그러나 독과점은 독과점기업이 자신의 시장지배의 지위를 남용함으로써 시장질서를 교란시키고 가격기능을 저해함으로써 결국 소비자의 이익을 침해하게 된다. 또한 중소기업 등이 감소되어 실업이 증가하고, 소수 독과점기업에 과도한 경제력 집중은 기업 경쟁력을 실질적으로 약화시켜 결과적으로 분배상의 형평을 저해하게 되는 폐해를 가져온다. 이에 독점을 금지할 필요가 있게 된다. 현대의 자유주의적 자본주의 경제에 있어서는 독과점을 금지하는 것을 원칙으로 하고, 예외적으로 부득이한 경우에만 이를 허용한다.

독점규제법은 자본주의의 고도화에 따라서 나타나는 독과점의 피해를 방지·배제하여 자유경제체제를 촉진하기 위한 것이라고 할 수 있다.

③ 우리나라의 '독점규제 및 공정거래에 관한 법률(이하 '독점규제법'이라 한다)'을 보면 제1조에 이러한 목적을 명시하고 있다.

> 사업자의 시장지배적 지위의 남용과 과도한 경제력의 집중을 방지하고, 부당한 공동행위 및 불공정거래행위를 규제하여 공정하고 자유로운 경쟁을 촉진함으로써 창의적인 기업활동을 조성하고 소비자를 보호함과 아울러 국민경제의 균형 있는 발전을 도모함을 목적으로 한다.

우리 독점규제법의 성격은 전환기에 선 우리 경제를 민간주도로 운용하기 위한 기본법이다. 이 법은 경쟁을 저해하거나 왜곡시키는 행동을 규제하고, 모든 사업자의 경제활동에 관한 항구적이고 기본적인 행동규범을 정하는 법률이다. 또한 시민법 원리에 의한 형식적 자유와 평등이 초래하는 실질적인 부자유나 불평등의 배제를 목적으로 하는 점에서 사회법적 성격도 가지고 있다. 우리나라 독점규제법의 특성으로서는 피해규제주의, 행정규제주의, 직권규제주의의 3가지를 들 수 있다.

④ 미국과 독일 등의 독점규제에 관한 입법정신과 목적을 간단히 살펴보겠다. 미국의 독점규제법은 자본주의 발전에 따른 기업집중과 그 독과점적 폐단을 제거하고 공정거래질서의 확립을 통하여 자유주의 실체를 함양하는 것을 목적으로 하고 있다. 반면 독일 등 서구에서는 기업집중현상 자체보다도 그 경제적 불이익만을 소극적으로 배제하는 데 치중하고 있다. 이러한 외국의 입법정신과 목적을 비추어 보면, 우리 독점규제법은 독일 등과 달리 미국의 독점규제법적인 접근을 하고 있다고 볼 수 있다.

4. 경제활동법

(1) 다음으로 경제활동법을 살펴보면, 여기에는 금융규제법, 증권거래법, 물가규제법, 소비자보호법, 자원규제법 등으로 구성되어 있다. 자본주의 경제에 있어서 금융은 자유로운 금융시장의 자동적인 조절작용을 통하여 행하여짐이 원칙이지만, 대공황 이후 자동조절작용의 한계가 생김에 따라 국가의 간섭을 필요로 하게 되었다.

(2) 금융 면에서 보면 금융규제법을 통하여 국가규제를 하고 있다. 국가의 간섭방법은 3가지가 있다. 첫째, 광의의 금융규제로서 국가가 재정정책을 통하여 경제에 개입·간섭하는 경우이다. 둘째, 협의의 금융규제로 국가가 민간의 자본이동과 금융에 대한 규제를 가하는 것이다. 셋째, 금융기관 등을 통한 규제이다.

① 광의의 금융규제에는 '국가자금'이란 방법이 있다. 이것은 국가는 그 재정자금을 경제에 투입하여 일정한 경제정책의 목적을 달성하는 것을 말한다. 또 하나는 중앙은행에 의한 규제로 관리통화제도(Managed Currency system)와 중앙은행의 금융시장 조작과 이에 대한 규제가 있다.

② 협의의 금융규제에는 자본흡수, 자금이동의 규제, 금리의 규제가 있다.

③ 마지막으로 금융기관 규제법이 있다. 한국은행, 여러 특수은행, 비은행금융기관 등이 설립되어 제도적 뒷받침 하에 운영되고 있다.

(3) 물가규제법을 보면, 수급의 불균형이 발생하여 가격의 폭락 혹은 폭등이 생겼을 때, 특정한 가격에 관하여 공적 간섭 없이는 자유경쟁이 지배하는 경제체제에서 경제적 자원의 합리적 배분과 이용의 극대화를 달성할 수 없을 때 가격규제를 할 수 있도록 하고 있다.

(4) 그 외에도 국가는 증권거래법, 소비자보호법, 자원규제법을 통하여 증권거래, 자원규제, 소비자보호 등의 분야에서 기업의 경제활동을 규제하고 있다.

5. 경제법의 체계와 내용

(1) 경제법에 관하여 교과서에서 서술하는 체계와 내용을 간단히 살펴봄으로써 경제법에 관한 이해를 돕도록 하겠다. 경제법은 통상 총론 부분에서 경제법의 의의, 경제법의 지위, 경제체제와 경제질서, 우리나라의 경제질서, 시장경제에 있어서 국가의 역할, 경제상의 규제 등을 다룬다.

(2) 제2편 부분에서는 경제법의 기본법이라고 할 수 있는 독점규제법의 내용을 자세히 설명하게 된다. 그 내용은 ⅰ) 기본개념과 적용제외, ⅱ) 독과점에 관한 규제, ⅲ) 기업결합의 제한, ⅳ) 기업집중의 억제, ⅴ) 부당한 공동행위의 제한, ⅵ) 불공정거래행위 등의 규제, ⅶ) 사업자단체의 규제, ⅷ) 공정거래위원회와 한국공정거래조정원, ⅸ) 사건처리절차 등이 그것이다. 주로 대기업의 독과점 및 대기업의 규제 등에 중점을 두고 있다.

(3) 제3편 부분에서는 중소기업에 관련된 법을 설명한다. 이것은 독점규제법이 대기업에 의한 독과점과 기업집중 등을 규제하여 정상적인 시장질서가 작동하려고 하는 것이라면, 중소기업에 관련된 법은 중소기업의 육성과 보호에 초점을 맞추고 있다는 것이 중요한 특징이다. 중소기업에 관련된 법은 일반 중소기업법과 특별 중소기업법으로 나뉜다.

① 일반 중소기업법에는 ⅰ) 중소기업기본법, ⅱ) 중소기업협동조합법, ⅲ) 중소기업진흥에 관한 법률, ⅳ) 중소기업창업 지원법, ⅴ) 중소기업 기술혁신 촉진법, ⅵ) 중소기업제품 구매촉진 및 판로지원에 관한 법률, ⅶ) 중소기업 사업전환 촉진에 관한 특별법, ⅷ) 중소기업 인력지원 특별법, ⅸ) 대·중소기업 상생협력 촉진에 관한 법률 등이 있다.

② 그 외에 특별 중소기업법으로 ⅰ) 벤처기업육성에 관한 특별조치법, ⅱ) 1인 창조기업 육성에 관한 법률, ⅲ) 소상공인 보호 및 지원에 관한 법률, ⅳ) 전통시장 및 상점가 육성을 위한 특별법, ⅴ) 규제자유특구 및 지역특화발전특구에 대한 규제특별법, ⅵ) 지역신용보증재단법, ⅶ) 여성기업지원에 관한 법률, ⅷ) 장애인기업활동 촉진법 등이 있다.

(4) 제4편 부분에서는 소비자와 관련된 법률을 설명하고 있다. 여기에서는 ⅰ) 소비자기본법, ⅱ) 약관의 규제에 관한 법률, ⅲ) 할부거래에 관한 법률, ⅳ) 방문판매 등에 관한 법률, ⅴ) 전자상거래 등에서의 소비자보호에 관한 법률 등을 다룬다.

Ⅳ. 사회보장법

1. 총 설

(1) 의 의

우리가 살피고자 하는 사회보장법은 광의의 사회법 가운데 노동법 분야를 제외한 협의의 사회보장에 관한 법만을 의미한다. 협의의 사회법이라고도 한다. 사회보장법은 다시 사회보험법, 사회보상법, 사회원호법으로 분류된다.

협의의 사회법으로서의 사회보장법이라 함은 질병, 분만, 노령, 수입의 감소 및 상실, 실업 등 모든 사회적 위험 기타 요보호상태로부터 개인을 보호하여 줌으로써 인간다운 생활을 영위하고, 인격의 자유로운 계발을 달성할 수 있게 하기 위한 목적에서 지급되는 급여에 관한 법의 체계라 할 수 있다.

(2) 기 능

사회보장법 내지 사회보장제도가 가지는 기능은 복합적이며 그 자체는 복지국가이념의 실현을 위한 가장 확고한 수단 중의 하나이다.

그 기능을 살펴보면,

첫째, 인간다운 생활의 보장기능이다. 이는 개인에게 의료와 최소한의 소득을 보장하여 그로 하여금 인간의 존엄성을 유지할 수 있는 기본조건을 마련하여 준다.

둘째, 사회복지증진의 기능이다. 이것은 거의 모든 국민을 새 사회적 위험으로부터 보호하며, 사회적 약자 등 요보호자들을 국민복지의 관점에서 보호하여 사회의 구성원으로서의 역할을 담당할 수 있도록 한다.

셋째, 경제적 기능이다. 이는 사회보험의 기여금 총액이 가지는 경제적 기능과 경제생활로 다시 투입되는 사회급여비의 경제적 기능이 있는데, 중요한 것은 소득재분배의 기능으로 그 과정은 규모가 크며 지속적이다.

넷째, 정치적 기능이다. 이것은 국민계층 간의 위화감을 제거하고, 정치적 안정을 가져오게 한다. 사회보장제도는 확고한 중산층을 형성시키는 것이다.

(3) 법적 성질

① 사회보장법의 성질이 공법인가 사법인가 아니면 독자적인 법체계인가에 관해 논란이 있다. 학자에 따라 다양한 견해가 있지만 독일·오스트리아에서는 공법설이 통설적 지위를 차지하고 있다.

② 사회보장법이 공법이라는 이유로 행정법의 일부라는 견해가 있지만, 사회보장법이 행정법의 법원리와 공유하는 바가 많은 것이 사실이지만, 사회보장법에 내재하는 특수성으로 인하여 사회보장법을 완전히 행정법에 포함시키기는 어려울 것이다.

③ 오늘날 사회보장법이 행정법의 일부분인가 아닌가의 문제와는 상관없이 사회급여에 관한 법의 총체는 그 특수성이 고려되어, 사회보장법 또는 사회법이라는 통일된 명칭으로 집약되어 가고 있는 추세이다. 이때의 사회보장법은 물론 사회급여에 관한 법의 총체, 즉 협의의 사회보장법을 의미한다. 사회보장법은 물론 사회법이란 명칭으로 주로 사용되지만 영국, 미국 등 사회보장제도

를 수립하고 있는 국가 및 국제기구 등에서는 사회보장법(Social Security Law)이란 명칭을 사용한다. 그러나 그 내용은 실질에 있어 본질적인 차이가 없다.

④ 사회보장법이 공법이라 하여도 사회보장법 중 사회보험법은 그 보장주의적 성격으로 인하여 발생초기부터 사법적(私法的) 요소에 의해 강하게 영향을 받았다. 오늘날에도 사회보험법은 강한 공법적 성격에도 불구하고, 기본구조와 그에 이용되는 제도적 수단에 있어서는 아직도 사법적 색채를 많이 띠고 있다. 하지만 사회보상원리에 기초를 둔 사회원호법은 사회보험법보다 공법적 특성이 더욱 강한 것이 특징이다.

2. 사회보장법의 기본원리

(1) 사회보장법은 급여를 중심으로 이루어지고 있다. 사회보장급여의 지급은 일정한 원리에 의하여 행하여진다. 그와 같은 사회보장급여의 지급근거가 되는 기본적 실천원리를 사회보장법의 기본원리라 한다.

(2) 기본원리
① 보험의 원리

첫째, 보험의 원리이다. 이 원리의 기본을 요약하면 "장래 발생할 생활상의 특정위험으로부터 자기를 보호하고자 하는 사람들이 상호부조의 정신으로 각각 일정한 기여금을 지불하고, 자기에게 생활상의 그 위험이 발생하게 되면 소정의 급여를 받게 되는 것"을 의미한다.

사회보험이 방어하고자 하는 위험은 질병, 상해, 분만, 사망, 소득능력의 감소 및 상실, 일시적 근로능력의 상실, 실업 등이며, 보험원리의 핵심은 기여금의 지불과 급여가 서로 관계 지워져 있다는 것이다. 이것은 사회정책으로 중요한 의미를 가진다. 하나는 보험료를 지불하게 함으로써 사회급여에 대한 청구권을 확보할 수 있게 하는 데 큰 역할을 하였다는 것이고, 다른 하나는 사회보험 관리 운영주체의 자치를 더욱 강조할 수 있게 하는 근거로 주장되는 점이다.

② 보상의 원리

둘째, 보상의 원리이다. 군경 기타 국가유공자가 민족과 사회공동체 정신에 입각하여, 국가와 민족의 방위 또는 독립을 쟁취하기 위하여 사망하거나 상해를 입거나 근로능력을 상실하고 본인이나 유족의 생활이 빈곤하게 될 때, 국가는 단순한 원호의 원리에 의한 보장 이상으로 그를 보상해 줄 의무가 있는 한편, 그들은 국가에 대하여 그러한 손실에 대한 보상을 청구할 권리가 있다. 그와 같은 공익을 위한 헌신에 대한 보상은 사회보장에 있어서는 그들 본인과 가족 또는 유족의 의료와 생활의 보장이란 형태로 나타난다.

③ 원호의 원리

셋째, 원호의 원리이다. 보험의 원리와 보상의 원리에 의하여 의료와 생활이 보장되어 있지 않거나, 자력으로 그와 같은 보장을 하기 어려운 사람들의 의료와 생활을 보장하기 위하여 국가가 그의 재정으로 사회급여를 지급하는 것이다. 간단히 정의하면, "개인의 일정한 가중된 경제적 부담을 경감시켜 주거나 기타 사회적 보호를 필요로 하는 개인의 복지를 증진시켜 줌으로써, 그에게 인간다운 생활을 보장시켜 줄 것을 목적으로 국가가 일방적으로 지급하는 사회급여의 기초가 되는 기본원리"이다. 이것의 옛 형태는 구탐(救貪)제도이다. 원호에는 법정요건이 충족되면 급여를 당연히 지급하는 일반원호가 있고, 개별적인 각 경우에 급여의 필요성 여부를 개별적으로 검사하여 그 사회급여를 지급하여야 할 것인가의 여부를 결정하는 특별원호적 부조가 있다.

원호의 원리는 역사적으로 보면 그 성격이 크게 변화되었다. 원래 옛 형태인 구탐제도 하에서는 경찰행정의 관점에서 행하여졌지만, 현대 복지국가에 있어서의 사회보장은 개인의 사회적 보호라는 인간존중과 인도주의적 관점에서 시행되고 있다. 원호제도의 본질에 있어 큰 변화가 있는 것이다.

이러한 경향은 몇 가지 사실을 통하여 살펴보면 명확하여 진다. 우선 ⅰ) 사회급여를 청구하는 자는 자신의 자산상태가 생존을 위한 최저한의 수준까지 악화되어야 한다는 관념이 사라지고, 인간다운 생활을 위한 기본조건이 어렵게 되면 청구권을 가질 수 있다 하여 보조성의 원칙이 점차 완화되고 있고, ⅱ) 사회급여의 남용을 방지하고, 사회급여의 의존성을 탈피케 하기 위한 필요성 조사, 자산초과에 대한 조사 등에 정치적 반발이 심하여졌다. 자산조사는 수급권자로 하여금 수치감, 불쾌감을 갖게 하고 개인의 사적 영역을 심히 침해할 수 있기 때문이며, ⅲ) 사회급여의 수준이 전반적으로 많이 향상되었다는 것이다.

3. 사회보장법의 적용

(1) 사회적 보호의 필요성

사회보장법이 적용되기 위해서는 먼저 사회적 보호의 필요성이 존재하여야 한다. 예기치 않은 사회적 위험이 현실화되어도 인간의 존엄성을 계속 유지할 수 있게 할 필요성이 있어야 한다. 그것은 개인이 갖는 사회적 위험이 너무 보편적이고 집단적이며 정도가 심하기 때문이고, 또한 심신장애자, 생활무능력자 등 사회적 약자가 존재하기 때문이다. 이러한 개인의 사회적 보호는 인과성의 원칙과 합목적성의 원칙을 기초로 하여 이루어지고 있다.

사회보호의 필요성이 존재하면 이러한 사람들을 국가에서 보호하여야 한다. 다만 그 수준은 인간다운 생활을 보장하는 것으로 적정해야 한다. 그 핵심 내용은 의료보장과 소득보장이며, 사회적 약자로 하여금 사회에 복귀할 수 있게 함을 의미한다.

(2) 보조성의 원칙

그러나 사회보장을 하는 데에는 재정적·윤리적 등 여러 측면에서 제약을 받을 수밖에 없다. 즉 적정한 사회보장에는 사회·윤리적 한계가 있는 것이다. 이러한 한계로 인하여 보조성의 원칙이 하나의 기준으로 제시되고 있다. 이 원칙은 국가행정의 관여 한계를 의미하며, "국가의 행정권은 사회의 모든 세력이 그의 과업을 수행하지 못할 때에만 관여한다."라는 말로 표현된다.

(3) 사회보장법의 적용은 ⅰ) 원칙적으로 사회적 보호의 필요성이 존재하는 경우에 적용되지만, ⅱ) 보조성의 원칙에 따라 적정한 사회보장은 일정한 한계를 갖게 된다.

제 9 절 국 제 법

Ⅰ. 국제법의 정의와 연원

1. 국제법의 정의

(1) 국제법이란 국제사회의 법이다. 사회가 있는 곳에는 어디에나 법규칙이 있다(ubi societas, ibi jus). 따라서 국제사회에도 그 나름대로의 존재와 발전을 위하여 법질서가 필요하다.

(2) 과거 불안전한 국가 간의 국제질서 체제 하에서는 국가의 주권을 강조한 나머지 국제법을 아무 제한을 받을 필요가 없는 절대주권국가들이 자기 의사에 따라 스스로 제한하는 좀 특이한 법이라고 생각하였다. 그러나 법의 본질은 모두 강제규칙이며 지배·종속관계를 설정하는 것을 본질로 하고 있다. 국제법이라고 해서 평등관계의 법이라는 하는 것은 있을 수 없는 일이다. 다만 국제사회가 아직 불완전하기 때문에 법질서의 체계가 잘 만들어져 있지 못하고 그 시행도 효율적이지 못하다는 특성이 있을 뿐이다.

(3) 이제 국제사회도 두 번에 걸친 세계대전을 겪으며 크게 변화하였을 뿐 아니라 산업·과학·기술의 발달로 인하여 세계가 급격히 조직화되고 있다. 또한 국가 이외에도 수많은 국제기구가 등장하여 중요한 역할을 수행하게 되었다. 특히 인터넷 등으로 국제화가 급격히 이루어지고 있고 있어 세계가 하나의 생활권으로 긴밀해져 국제사회가 국내사회 못지않게 개인에게 직접적인 영향을 주게 되었다. 그뿐 아니라 유럽연합 등의 지역공동체가 다수 형성되어 그 지역 주민들이 거의 국경을 의식하지 못하고 살고 있을 정도이다. 또한 법규범에도 이른바 강행법규(jus cogens)가 강력히 확립되어 가고 있는 실정이다.

(4) 그러므로 국제법이 주권국가간의 법이라는 것은 국제법의 본질을 잘못 파악한 것이다. 국제사회가 현재 불완전하기 때문에 그 사회의 법도 불완전할 뿐이다. 국제법은 점점 발전하여 나갈 것이며 그 목표는 국내법과 같은 수준이 될 것이다. 최근 UN과 EU(European Union) 등 전체적 국제사회의 실행을 보면

수평적이고 분권적인 국제법질서와 수직적인 국내사회의 법질서의 경계가 점
차 모호해지는 것을 확인할 수 있다.

2. 국제법과 국내법의 관계

(1) 국제법의 국내 적용과 관련하여 보면, 국내 입법에 의해 변형(transfor-
mation)해야만 적용할 수 있는 이원론 국가와 별도의 절차 없이 그대로 받아들
이는 일원론 국가로 나눌 수 있다. 그러나 완벽한 이원론 혹은 완벽한 일원론을
채택하는 국가는 거의 없다.

(2) 대한민국

① 우리 헌법 제6조 제1항은 "헌법에 의하여 체결·공포된 조약과 일반적으
로 승인된 국제법규는 국내법과 같은 효력을 갖는다."고 규정하고 있다. 따라서
우리나라의 경우 위 조약과 일반적으로 승인된 국제관습법 등의 국제법규는 특
별한 국내 입법절차 없이도 국내적인 효력을 당연히 갖는다는 점에 비추어 보
면, 변화하는 국제법규를 국내법과 함께 연구하는 것은 반드시 필요하다고 할
것이다.[8]

② 위 헌법 제6조 제1항의 해석과 관련하여 일률적으로 국제법상의 조약이
헌법보다 항상 하위의 효력을 가지고, 법률과는 동등한 효력이 있다고 해석하

---

8) 헌법재판소도 1998. 11. 26. 97헌바65에서 다음과 같이 판시하였다.
"청구인은 관세법위반죄를 범한 자에 대한 처벌을 가중하려면 관세법이나 특가법을 개정하여
야 함에도 불구하고 단지 조약에 의하여 관세법위반자의 처벌을 가중하는 것은 중대한 기본
권의 침해이며 죄형법정주의에 어긋나는 것이라고 주장한다. 그러나 헌법 제12조 후문 후단
은 "누구든지 … 법률과 적법한 절차에 의하지 아니하고는 처벌·보안처분 또는 강제노역을
받지 아니한다."고 규정하여 법률과 적법절차에 의한 형사처벌을 규정하고 있고, 헌법 제13조
제1항 전단은 "모든 국민은 행위 시의 법률에 의하여 범죄를 구성하지 아니하는 행위로 소추
되지 아니하며"라고 규정하여 행위 시의 법률에 의하지 아니한 형사처벌의 금지를 규정하고
있으며, 헌법 제6조 제1항은 "헌법에 의하여 체결·공포된 조약과 일반적으로 승인된 국제법
규는 국내법과 같은 효력을 가진다."고 규정하여 적법하게 체결되어 공포된 조약은 국내법과
같은 효력을 가진다고 규정하고 있다. 마라케쉬협정도 적법하게 체결되어 공포된 조약이므로
국내법과 같은 효력을 갖는 것이어서 그로 인하여 새로운 범죄를 구성하거나 범죄자에 대한
처벌이 가중된다고 하더라도 이것은 국내법에 의하여 형사처벌을 가중한 것과 같은 효력을
갖게 되는 것이다. 따라서 마라케쉬협정에 의하여 관세법위반자의 처벌이 가중된다고 하더라
도 이를 들어 법률에 의하지 아니한 형사처벌이라거나 행위 시의 법률에 의하지 아니한 형사
처벌이라고 할 수 없으므로, 마라케쉬협정에 의하여 가중된 처벌을 하게 된 구 특가법 제6조
제2항 제1호나 농안법 제10조의3이 죄형법정주의에 어긋나거나 청구인의 기본적 인권과 신체
의 자유를 침해하는 것이라고 할 수 없다."

는 것은 문제이다. 조약의 실질적인 내용에 따라 그 효력을 정하는 것이 타당하다고 본다. 통상 헌법 제60조 제1항에 열거된 종류의 조약들은 국회의 비준 동의를 거치므로 법률과 동등한 효력을 갖는다고 보아야 하고, 비준 동의를 거치지 않는 행정부협정에 대해서는 법률보다 하위의 효력을 갖는 것으로 볼 수 있고, 그러나 일정한 경우 조약의 내용에 따라 헌법과 같은 효력을 갖는 경우도 있다고 보아야 한다.

(3) 미 국

미국헌법 제6조 제2항은 '조약은 헌법 및 법률과 함께 미국의 최고법'이라고 규정하여 원칙적으로 편입이론(doctrine of incorporation)을[9] 채용하고 있다. 그러나 조약의 국내법적 효력은 미국법원의 판례가 인정하고 있는 '자기집행적 조약'(self-executing treaties)과 '비자기집행적 조약'(non-self-executing treaties)과의 구별(1829년 Foster v. Neilsen 사건 이후)에 따라 정해진다. 전자는 국내 입법조치 없이 바로 법으로서 효력을 가지는 반면, 후자는 국내 입법조치에 의해서만 법으로 효력을 가지게 된다.[10]

(4) 네덜란드

한편 네덜란드의 헌법규정은 조약이 국내법은 물론 헌법에 대해서까지 우위에 있다고 규정하고 있어 특별히 관심대상이 되어 왔다. 현행 네덜란드 헌법 제93조 및 제94조에 의하면 조약의 규정은 그 내용이 모든 사람에게 구속력이 있을 수 있는 한 공표된 후 구속력을 가지며, 그 조약의 규정은 네덜란드에서 현재 시행중인 법령(헌법 포함)에 우선한다고 정하고 있다.

3. 국제법의 연원

(1) 의 의

① 법규칙을 법률관계에 적용하기 위해서는 그 법규칙이 어디에 어떻게 있

---

9) 편입이론이란 조약이 체결되면 국내법상 특별한 조치 없이 바로 국내법의 일부가 된다는 견해이다. 반면 변환이론(doctrine of transformation)이란 조약의 체결 이후에 국내법에서 일정을 거쳐야 국내법의 일부가 된다는 이론이다.

10) 1957년 Sei Fujii v. State of California 사건에서 캘리포니아 대법원은 인권에 관한 유엔 헌장의 규정은 비자기집행조약이라고 밝혔다.

는지를 우선 알아야 한다. 법규칙이 있는지, 있다면 어디에 있는지를 알아야 하고, 만약 이것을 모른다면 법규칙이 아무리 훌륭하여도 적용할 수 없을 것이다. 이와 같이 법의 소재를 찾아내는 문제가 법의 연원(淵源) 또는 법원(法源) 문제다.

② ICJ 규약 제38조

국제법의 연원을 처음으로 체계화하여 현실에 적용한 것은 1920년 12월 16일 상설국제사법법원(Permanent Court of International Justice; PCIJ) 규약 제38조였다. 이 조항은 1945년 국제사법법원(International Court of Justice; ICJ) 규약에 그대로 규정되었다. 동 규정은 ICJ의 재판준칙을 규정하고 있는 것에 불과하지만 실제로는 국제법의 법원(法源)을 열거하고 있는 것으로 보고 있기 때문에 본 규정은 중요한 의미를 갖는다. 규약 제38조의 내용을 보면 다음과 같다.

> 제38조 1항: 법원의 임무는 제기된 분쟁을 국제법에 따라 해결하는 것이고, 다음을 적용한다.
> a) 분쟁국에 의하여 명백히 인정된 규칙을 확립하고 있는 일반 또는 특별 국제협약(international conventions, whether general of particular, establishing rules expressly recognized by the contesting States)
> b) 법으로 인정된 일반관행임을 증명하는 국제관습(international custom, as evidence of a general practice accepted as law)
> c) 문명국이 승인한 법의 일반원칙(the general principle of law, recognized by civilized nations)
> d) 법규칙을 결정하는 보조수단으로 59조의 조건(기판력의 상대성) 하에서 여러 나라의 사법판결 및 가장 우수한 공법학자들의 학설
> 제38조 2항: 이 규정은 당사자들이 합의하는 경우에 법원이 형평과 선에 따라(ex aequo et bono) 판결하는 권한을 해하지 아니한다.

③ 오늘날 193개의 국가들이 ICJ 규약의 당사자로 되어 있어 그 적용 영역이 매우 보편성을 띠고 있다. 따라서 이 규약 제38조 1항은 일반 국제법 규칙의 성격을 띠고 있다고 보아야 한다. 다만 아쉬운 점은 이 규약 제정 당시부터 상당한 기간이 흘러 그 동안 국제법이 상당히 변모되었음에도 불구하고 그 발전 내용이 아직 국제법의 법원(法源)으로 반영되어 있지 않다는 점이다. 예컨대 국제기구의 결정은 국제사회생활 전반에 걸쳐 상당히 중요한 역할을 하고 있고, 유럽연합도 회원국들 및 그 국민을 직접 구속하는 법규칙을 제정할 수 있다는 점이 그것이다.

④ 조약과 국제관습은 원칙적으로 효력의 우열이 없으므로[11] 이들 상호간의 우월은 특별법우선의 원칙, 신법우선의 원칙에 따라 결정된다. 다만, 조약이든 국제관습이든 그것이 강행법규(jus cogens)인 경우에는 절대적 우위가 인정된다.

⑤ 이하에서는 ICJ 제38조 제1항의 규정순서에 따라 주요 법원(法源)인 조약과 관습법을 검토한 후, 국제기구 및 유럽공동체의 입법행위 등을 살펴보기로 한다.

(2) 조 약[12]

① 조약(條約)이란 그 명칭이 어떠하든지, 또는 한 개의 문서로 되어 있든 여러 부속서가 있는 간에 국제법 주체들이 일정한 법적 구속을 받도록 체결한 국제법의 규율을 받는 국제협정을 의미한다. 조약은 국제사회의 법규칙을 형성하는 가장 중요한 법원(法源)이라고 할 수 있다. 특히 1969년 「조약법에 관한 Vienna협약」은 조약법 중에서 가장 중요한 법원에 해당한다.

② 통상 조약의 체결은 조약문서의 체결에서 효력발생에 이르기까지 길고 복잡한 절차를 거친다. 조약체결절차는 근세에 들어오면서부터 국제사회가 조직화되고 국제연대성이 강화됨에 따라 상당한 변천을 겪는다. 특히 국제기구의 급증과 발달은 다자조약체결과 관련하여 조약체결절차를 국내입법절차에 접근시키는 데 큰 공헌을 하고 있다. 조약체결절차 문제가 복잡한 것은 이와 같이 새로운 다자조약 체결방식과 병행하여 고전적 절차가 아직도 남아 있을 뿐만 아니라, 시대적 요청에 따라 약식조약까지 등장하여 전통적인 정식조약과 병존하고 있기 때문이다.

③ 이와 같은 복잡한 상황 속에서 1969년 「조약법에 관한 Vienna협약」(이하 1969년 Vienna협약이라 함), 1986년 국제기구가 참여한 「조약법에 관한 Vienna협약」이 제정되어 조약절차에 관한 법적 체계를 확립하였다.

1969년 Vienna협약에 의하면 조약체결절차는 다음과 같이 4단계로 구분할 수 있다.

ⅰ) 조약문의 채택과 인증(authentication)

---

11) 이 점 우리나라 대법원이 법률과 관습법의 관계와 관련하여 관습법의 보충적 지위만을 인정하는 점과 구별된다.

12) 우리나라가 체결한 조약 현황은 외교부 홈페이지http://www.mofa.go.kr/www/wpge/m_3832/contents.do

ⅱ) 조약의 구속을 받겠다는 동의결정(consent to be bound by a treaty) 및 이
결정의 국제적 통보(notification)

ⅲ) 조약의 효력발생(entry into force)

ⅳ) 조약의 등록 및 공고

이 중에서 조약문의 채택 및 확정, 동의결정의 국제적 통보, 조약의 효력발
생은 국제법의 규율만을 받는데 비하여, 동의결정절차는 상당부분이 각국의 국
내헌법의 적용을 받는다. 따라서 조약체결권자의 결정은 각국 헌법의 규정절차
에 따라 결정할 문제이기 때문이다. 이와 같이 동의결정절차는 국제법과 국내
법이 동시에 적용되는 관계로 논란의 가능성이 크다. 또한 조약은 국가의 권한
을 제한하게 되므로 신중히 체결되어야 하며, 동시에 권한 있는 국가기관(영미
법상의 treaty making power)이 직접 참여하지 않고 대표를 통해서 그 권한을 행
사하는 것이 보통이기 때문에 그 확인절차도 있어 더욱 복잡하게 된다.

(3) 관습법

① 국제사법법원(ICJ) 규약 제38조 1항 b)에 의하면 관습법이란 법으로 인정
됨이 증명된 일반관행이라고 정의하고 있다. 결국 관습법이라 함은 일정한 법
공동체 안에서 규범형성을 의도하지 않은 법률주체들의 반복된 행위를 통하여
점차 의무감이 굳어진 자발적 형성규칙이다.

② 성립요건

(a) 국제관습법의 성립요건으로는 일반관행(general practice)이라는 객관적 요
건과 법적 확신(opinio juris)이라는 주관적 요건이 필요하다. 일반관행이란 동일
한 형태의 실행이 반복·계속되어 일반성을 갖게 된 것을 말한다(constant and
uniform usage). ICJ규약 제38조 1항 b)에서 특별관습법을 언급하고 있지 않지
만, 특별관습법을 배제하는 취지는 아니다.

(b) 인도통행권사건(1960년)에서는 원고인 포르투갈은 인도영토통행권을 주
장하기 위하여 지역적 관습을 주장하였고, 피고 인도는 두 나라만의 관행으로
는 특별관습법이 성립될 수 없다고 반박하였다. 이에 대하여 ICJ는 국가의 수가
반드시 둘 이상일 필요는 없다고 하면서 특별관습법을 인정하였다.

(c) 아래의 망명권사건(1950)(I.C.J. Reports 1950, p. 266)에서도 ICJ는 지역관습
이 실제로 가능함을 인정하였다. 법적 확신(opinio juris)이란 어떤 실행이 국제

법상 필요하다는 신념을 가지고 행동하는 것으로서 국제관습법 성립의 주관적 요건이다. 법적 확신과 관련하여 집요한 불복이론(persistent objection theory)이라는 것이 있는바, 이는 비록 관습법이라도 그 형성기부터 그것에 명시적으로 일관되게 반대해 온 국가에 대해서는 그 관습법이 적용되지 않는다는 내용이다.[13] 그러나 법이라는 것이 일반적 강제성을 갖고 있다는 점에 비추어 보면 아무리 국제관습법이라고 하여도 적용대상자의 개별적인 불복을 이유로 그 적용을 배제한다는 '집요한 불복이론'은 타당성에 많은 의문을 갖게 한다.

ASYLUM CASE (망명권 사건) (Columbia vs. Peru) (I.C.J. Reports 1950, p. 266)

(사실관계) 1948년 페루에서 있었던 군사쿠데타가 실패한 후, 혁명주동자인 페루의 정치지도자 Victor Raul haya de la Torre는 몇 개월의 은둔과 도피생활 끝에, 1949년 flak 주재 콜롬비아 대사관에 망명을 요청하였다. 이에 콜롬비아 대사관은, 페루정부에 대해 Torre에게 외교적 망명을 부여하겠다고 통고하고, 정치적 난민으로서 페루정부에 대해 그의 안전한 출국을 위한 통행증 발급을 요청하였으나 거부되었다. 이에 양국이 제소협정을 체결하고 ICJ에 해결을 부탁한 사건이다.

(법적쟁점) 문제가 된 것은 이러한 콜롬비아의 망명조치가 라틴 아메리카 국가 간의 협약과 관습의 일환으로 페루에 구속력을 가질 것인가 여부였다.

(ICJ 판결) 콜롬비아 정부는 주장의 근거로서 일반적 아메리카 국제법(American International Law in general)과 라틴아메리카 국가들에게 적용되는 지역적인 관습(regional or local custom)을 원용하였다. 하지만 이러한 경우에 관습이라는 용어는 ICJ 규정 제39조상의 "법으로 수락된 일반적인 관행의 증거(as evidence of a general practice accepted as law)"라는 요건이 충족되는 경우에 인정된다.
　이러한 관습의 존재에 대해 콜롬비아 정부는 다수의 범죄인 인도조약을 언급하였으나, ICJ는 그 조약들은 관련이 없다고 판단하였다. 그리고 ICJ는 국가관행으로서 인정되려면 계속적이고 일정한 관행이 존재하고 그러한 관행에서 망명부여국의 권리와 영토국의 의무를 명백히 알 수 있어야 하는데, 본 사건에서의 사실들은 매우 불확실하거나 모순되는 경우가 많으며[14] 게다가 당사국인 페루의 외교공관의 망명권에 대한 지속적인

---

13) 일본이 독도 영해에 지속적으로 등장하는 것도 이러한 맥락에서 이해할 수 있을 것이다.
14) "The facts brought to the knowledge of the Court disclose so much uncertainty and contradiction, so much fluctuation and discrepancy in the exercise of diplomatic asylum and in the official views expressed on various occasions, there has been so much inconsistency in the rapid succession of conventions on asylum, ratified by some States and rejected by others, and the practice has been so much influenced by considerations of political expediency in the various cases, that it is not possible to discern in all this any constant

432 법학입문

반대(persistent objection)에 비추어, 이는 일반적으로 승인된 국제관습은 물론 지역적 관습으로도 볼 수 없다고 하였다.

(4) 유럽공동체의 입법행위와 국제기구의 일방행위

① 유럽공동체의 입법행위

ⓐ 유럽공동체(European Communities; EC)의 법원(法源)은 보통 일차적 법원(primary source)과 이차적 법원(secondary sources)으로 나뉜다. 전자는 EC설립조약[15]과 부수조약들[16]이고, 후자는 일차적 법원에 근거하여 EC기관에서 제정하는 법규를 말한다.

ⓑ 1957년 Roma 조약[17] 제189조에는 법적 의무가 있는 규칙(regulations), 지

---

and uniform usage, accepted as law, with regard to the alleged rule of unilateral and definitive qualification of the offence."

15) 유럽의 통합은 4가지 주요 조약에 의하여 이루어졌다(http://europa.eu.int/abc/treaties_en.htm의 공식 사이트 참조). ① ECSC(European Coal and Steel Community−유럽석탄철강공동체) 설립 조약(1951년 4월 18일 서명, 1952년 7월 23일 발효, 2002년 7월 23일 만료. 서명국은 독일, 프랑스, 이탈리아, 그리고 베네룩스 삼국인 벨기에, 네덜란드, 룩셈부르크였다.) ② EEC(European Economic Community−유럽경제공동체) 설립조약 ③ Euratom(European Atomic Energy Community−유럽원자력공동체) 설립조약(②와 함께 1957년 25일 로마에서 서명, 1958년 발효. 그래서 이 양 조약은 로마조약(Treaty of Rome)이라고 불리기도 한다.) ④ Treaty on European Union(EU 조약−네덜란드의 마스트리히트에서 1992년 2월 7일 서명, 1993년 11월 1일 발효.)이 그것이다. 그런데 EU조약 즉 Maastricht 조약이 European Economic Community를 "the European Community"로 바꾸게 하였고, 안보정책(제2기둥), 사법 내무(제3기둥) 분야에서의 협력을 이룩하였다. 이로써 기존의 공동체(European Communities−즉 EEC, Euratom, ECSC의 총칭)(제1기둥)와 함께 경제적 정치적 공동체를 이룬 3기둥체제(three−pillar system)를 이루었다. 이것이 EU(European Union)이다.

16) 위 설립조약들은 수차례에 걸쳐 개정되었는데, 특히 새로운 회원국이 가입할 때, 즉 1973년(덴마크, 아일랜드, 영국), 1981년(그리스), 1986년(스페인, 포르투갈), 1995년(오스트리아, 핀란드, 스웨덴)에 이루어졌다. ① Merger Treaty(통합조약−벨기에 브뤼셀에서 1965년 4월 8일 서명, 1967년 7월 1일 발효.−세 공동체 자체를 통합한 것이 아니라, 하나의 위원회(Single Commission)와 하나의 이사회(Single Council)로 기관을 통합시킴.) ② SEA(Single European Act(단일유럽협정)−룩셈부르크와 헤이그에서 서명, 1987년 7월 1일 발효, Internal Market(역내시장)의 도입을 위한 준비 규정) ③ Treaty of Amsterdam(암스테르담 조약−1997년 10월 2일 서명, 1999년 5월 1일 발효. 회원국 확대에 대비하여 기존의 EU와 EC조약 개정하고, 번호를 다시 매김으로써 공동체조약을 단순화.) ④ Treaty of Nice(니스 조약−2001년 2월 26일 서명, 2003년 2월 1일 발효.−기존의 Treaty of EU와 Treaty of EC를 하나로 통합함) 등이 그것이다. 앞으로도 Convention on the Future of Europe(유럽미래에 관한 협약), Treaty on the Accession of 10 new Member States(10개국(싸이프러스, 몰타, 헝가리, 폴란드, 체코공화국, 슬로바키아 공화국, 슬로베니아, 라트비아, 에스토니아, 리투아니아)의 EU가입 조약(2003년 4월 16일 서명, 2004년 5월 1일 발효) 등의 영향으로 앞으로도 지속적인 변화는 있을 것으로 예상된다.

침(directive), 결정(decision)과 법적 의무가 없는 보조적 권고(recommendation)와 의견(opinion)을 규정하고 있다. 규칙(regulations)은 일반적으로 적용되며 모든 점에서 구속적이고 모든 회원국내에서 직접 적용된다. 지침(directive)은 도달해야 할 결과에 있어서 당사자인 회원국에 구속적이며 형식과 방법의 선택은 국내기관에 맡긴다. 결정(decision)은 모든 점에 있어서 대상자에게 구속적이다. 권고(recommendation)와 의견(opinion)은 구속력이 없다.[18]

   ⓒ Roma 조약에서는 회원국 의회의 저항을 피하기 위하여 입법(legislation)이라는 용어를 조심스럽게 피하고 있다. 이것은 회원국 의회가 국외기관이 자신의 입법권을 빼앗는다고 생각할 때 상당히 반발할 가능성이 높기 때문이다. 그러나 Roma 조약 제189조 이하를 상세히 검토해 보면, 규칙 등은 공동체회원국 국민을 직접 구속하고, 입법기관인 EC위원회와 의사회가 설립헌장 등에 근거, 미리 규정된 절차에 따라 제정하며 강제력을 가지고 있다. 따라서 유럽공동체에서 입법이라는 용어를 사용하고 있지 않는다고 하여도, 이는 입법행위임에 분명하다.

   ⓓ 유럽공동체의 입법행위를 다룸에 있어서 주의해야 할 것은 유럽석탄철강공동체(ECSC)의 용어사용이 유럽경제공동체(EEC)나 유럽원자력공동체(Euratom)와는 다르다는 것이다. ECSC의 결정(decision)은 EEC나 Euratom의 규칙(regulation)과 결정(decision)을 모두 포함한다. 또한 ECSC의 권고(recommendation)는 EEC나 EAEC의 지침(directive)에 해당하기도 한다.

   ⓔ 이상을 요약하면 유럽공동체의 규칙(regulations), 지침(directive), 결정(decision)은 분명히 입법행위에 해당한다. 특히 규칙(regulations)은 법규칙으로서의 성격이 확실하다. 다만 권고(recommendation)와 의견(opinion)은 법적 구속

---

   17) 로마조약이라 함은 일반적으로 EEC 설립조약과 Euratom 설립조약을 의미하지만 여기에서는 EEC 설립조약을 의미한다.

   18) 2004년 12월에 제시된 유럽헌법제정조약(Treaty establishing a Constitution for Europe) Article I-33에 따르면(프랑스와 네덜란드에서 조약 비준이 부결되면서 다른 나라들의 비준 연기와 취소가 촉발되어 결국 유럽헌법을 대체할 리스본 조약이 2007년 12월 13일 체결됨), EU는 ① European laws(전반적인 효력을 가질 뿐만 아니라 회원국에게 직접 적용 가능한 입법행위) ② European framework law(지정된 회원국에게 효력을 가지나 그 형식이나 방법에 있어 국내적인 선택권을 가지는 입법행위) ③ European regulation(입법행위는 아니나 전반적이고 직접적인 효력을 가질지 지정된 회원국에게만 효력을 가질지 국내적인 선택권을 가짐) ④ European decision(입법행위는 아니나 전반적인 효력을 지님. 특정한 자만을 지정한 경우 그자에게만 효력을 지님) ⑤ regulations와 opinions(구속력이 없음)으로 구성된 법률체계를 갖는다.

력을 갖고 있지 않기 때문에 엄격히 법원(法源)은 아니지만, 법적지침 내지 원칙을 제시해준다는 점, 법원(法院)이나 행정기관의 판단에 큰 영향을 준다는 점에서 보조적 법원(法源)이라고 할 수 있다.

② 국제기구의 일방행위

ⓐ 국제기구의 합의체적 기관에서 나오는 일방적 법률행위는 대체로 결의(resolution)[19]라는 용어로 표시된다. 그러나 의견(opinion)은 좀 미묘한 데가 있다. 원래 엄격한 의미의 의견은 법률행위와 달라서 그 대상자(addressee)가 특정되어 있지 않고, 단지 일정한 문제에 관한 국제기구의 의사를 표시하는 것 일 뿐이다. 그러나 실제로 권고적 법률행위에 해당하는 것을 의견의 표시라고 부르는 경우도 있기 때문에 용어 사용이 일정치 않다. 그뿐 아니라 일정한 문제에 관하여 의견을 표시하면 실제로 그 문제의 당사자들이 대상자나 마찬가지이기 때문에 결과적으로 권고(recommendation)와 크게 다르지 않는 경우가 많다.

ⓑ 일방행위 중 그 내용이 모든 요소에 있어서 대상자에게 법적 구속력을 주는 일방적 행위인 규칙(regulation)과 도달할 결과에 있어서만 의무적인 지침(directive) 등은 실제로 국제사회의 입법행위에 해당하지만 국제사회에서는 유럽공동체를 제외하면 별로 발달되지 못하고 있다.

ⓒ 그러므로 국제기구의 일방행위인 결의에는 권고와 결정이 가장 일반적이다. 권고(recommendation)는 그 대상자들에게 일정한 행위나 결과를 권장 내지 요청하는 비강제적 행위다. 결정은 개별적 대상자에게 모든 요소에서 의무적인 국제기구의 일방행위다.

Ⅱ. 국제공동체

1. 국제공동체의 의미

국제공동체란 국제법이 적용되는 법공동체이다. 국제공동체는 각국의 국내사회를 모두 포괄하는 것이므로 개별 국내공동체 보다 넓은 사회이다. 국제공

---

19) 가령 http://www.un.org/terrorism/sc.htm#reso에서는 UN의 테러리즘과 관련된 각종 resolution들을 볼 수 있다. 예를 들면 2001년의 9·11 사건 직후 UN 안전보장이사회는 resolution 1373을 채택하여 테러의 응징을 선언했을 뿐 아니라, 이에 근거하여 CTC(Counter Terrorism Committee) 또한 신설하였다.

동체는 국가의 경우와 달리 법공동체로서는 매우 불완전하다. 현재 국제공동체 자체는 독립적인 법인격체가 아니지만 그것을 지향하고 있다고 할 수 있다. 따라서 현재 국제공동체의 구성원은 국제법의 주체들이다. 여기에는 국가와 국제기구, 그 외에 제한된 범위에서 개인, 비정부간 기구, 국제기업 등이 있다.

2. 국   가

(1) 국제법상 국가란 국민·영토·정부·주권을 갖춘 정치조직체[20]로서 다른 국제공동체 구성원에 종속되지 않고 국제법에 직접 종속되는 독립된 법인격체이다.

(2) 국   민(population)

국가는 국민(國民)이라는 인적 요소로 구성된 사회적 조직체이다. 주민이 하나도 없는 국가란 있을 수 없다. 국가와 개인은 국적이라는 법적 인연으로 연결되어 있으며, 이 국적은 국가의 인적관할권의 기초가 된다.

(3) 영   토(territory)

한편 국가가 성립하려면 영토가 있어야 한다. 영토(領土)란 국가가 그 기능을 수행하기 위하여 배타적 권력을 유효하게 행사하는 공간이다. 영토는 국가권력의 기초가 되는 중요한 요소이기 때문에 현대 국제법에 있어서 영토보전의 원칙(principle of territorial integrity)이 기본원칙이 되고 있다. 영토보전의 원칙이라 함은 어느 국가의 영토를 비평화적인 방법으로 변경시킬 수 없다는 것이다. 이것은 UN헌장 제2조 제4항을 비롯한 많은 기본협약에서 규정되어 있다.

(4) 정   부(government)

국가는 자연인이 아니고 법인이기 때문에 그 의사를 표시하고 법률행위를 하기 위해서는 그 대표기관이 필요하다. 또한 그 권력의 행사를 통하여 국가기

---

20) '국가의 권리의무에 관한 몬테비디오 협약(Montevideo Convention on Rights and Duties of States 1933)' 제1조에 따르면, 국제법 주체로서의 국가는 ① 영구적인 인구(a permanent population) ② 확립된 국토(a defined territory) ③ 정부(government) ④ 다른 국가와 외교관계를 맺을 수 있는 능력(capacity to enter into relations with other States)이라는 요건을 구비하여야 한다.

능을 수행하기 위해서도 기관이 절대적으로 필요하다. 이와 같이 국가의 의사를 표시하고 그 권력행사를 통하여 그 기능을 수행하는 국가의 기관조직을 정부(政府)라고 한다. 여기서 정부라고 함은 입법부・행정부・사법부를 포함한 정치적・법적으로 구성된 공권력조직 전체를 의미한다.

(5) 주 권(sovereignty)

① 나아가 국가가 성립하려면 인구・영토・정부만으로는 부족하고 자치집단과 구분하려면 반드시 주권 내지 독립이라는 네 번째 요소가 있어야 한다. 주권(主權)이란 중앙집권적 근대국가를 건설하는 과정에서 생겨난 개념으로 처음에는 무제한의 절대적 권력으로 보았다. 이와 같이 해서 절대주권국가가 등장하며 이런 흐름 속에서 국가가 어떤 객관적 질서에 당연히 종속된다는 것은 있을 수 없으며, 국제사회란 절대주권국가들이 단지 독립적・병렬적으로 공존할 뿐이라고 한다. 이와 같이 절대주권국가들이 단지 병렬적으로 공존하는 체제는 국가간체제(interétatisme)[21]라 한다.

② 현재 국가간체제를 탈피하였다고는 하여도 국제공동체는 아직 불완전하며 여전히 국가가 가장 주된 법률주체로 활동하고 있다. 물론 국제기구가 급격히 확대・강화되어 국제기구의 역할의 현저해진 것은 사실이지만, 개인은 아직도 국제법상 적극적 활동주체로 부각되지 못하고 있는 실정이다. 따라서 현실 국제공동체에서 국가는 가장 중요한 구성원이라 할 것이다.

3. 국제기구

(1) 국제기구는 국제공동체가 조직・발달되어 그 연대성이 긴밀해지면서 나타났다. 비교적 근대의 일이다. 국제공동체가 단순히 주권국가가 병렬되어 있다고 생각되던 국가간체제를 탈피하여, 산업과 기술이 혁신되면서 이것은 국제교통 및 통신의 발달로 이어졌다. 또한 두 차례에 걸친 1・2차 세계대전의 비극

---

21) 국가간체제 하에서는 국가가 어떤 상위질서에 종속되지 않으므로 엄격히 말해서 법규칙에 의하여 질서를 유지하기 보다는 이른바 균형원칙에 의존하여 불안한 평화를 유지하였던 것이다. 균형원칙이란 어느 국가가 너무 강대하여져서 승리를 확신하면 전쟁을 일으킬 가능성이 크므로 이를 방지하여 주요 국가 사이에 힘의 평형을 유지해 나간다는 것이다. 그러나 이러한 균형원칙으로 평화를 유지할 수 없음은 명백하다. 현실적으로 기울어진 균형을 회복하겠다는 방어전쟁, 불균형을 미리 예방하겠다는 예방전쟁 등 각종의 구실로 전쟁을 일으키기 때문이다.

을 경험하는 등의 여러 가지 요인이 복합하면서 국제공동체는 상호 연대하고 결속을 통하여 그 고유의 기구의 창설을 지향하게 되었다.

(2) 국제기구의 연혁

① 국제기구의 시초는 유럽지역에서 설립된 하천위원회(Commissions fluviales)에서 찾아볼 수 있다. 1815년 Vienna회의에서 예정되고, 1831년 Mayence 협약에서 창설된 라인강 위원회가 그것이다.

② 국제하천위원회가 만들어 진 뒤에 바로 행정연합이 등장한다. 행정연합은 일정한 기술적 행정분야에서 각국 사이의 확실한 협력을 달성할 수 있게 하기 위하여 결성된 국제조직체이다. 1865년 5월 17일 20개국이 Paris에 모여 국제전보연합(International Telegraph Union)의 설립협약을 체결한 것이 그 시초다.

③ 국제연맹의 태동

두 번의 세계대전을 치르고 난 이후 정치적인 면에서 보편국제기구가 설치되었다. 이것의 시작은 국제연맹(League of Nations)이다. 국제연맹은 미국 윌슨(Wilson) 대통령의 이상주의적 정치이념에 기초하여 설립된 것이다. 비록 제2차 세계대전으로 와해되기는 하였어도 국제공동체의 발전에 기여라는 점에서는 매우 중요하다. 또한 그 산하에 상설국제사법법원(Permanent Court of International Justice: PCIJ)이 있다. 이 법원은 후에 국제연합 하에서 국제사법법원(International Court of Justice: ICJ)[22]으로 변경되어 국제법 발전을 주도하였고, 국제노동기구(International Labour Organization: ILO)는 1919년 베르사유 조약 제13편(노동편)을 근거로 창설되었고 후에는 국제연합의 전문기구로서 국제노동조건 개선 및 유대강화를 위하여 현재까지 크게 활약하고 있다. 한편 이러한 보편기구의 발전에 병행하여 미주지역을 중심으로 지역적 국제기구가 발달되기 시작하였다.

④ 국제연합의 설립

(a) 국제사회는 제1차 세계대전 이후 제2차 세계대전이라는 또 한 번의 참상을 겪으면서 국제사회의 파멸을 막기 위하여서는 국제조직과 협력의 길밖에 없음을 절실히 자각하게 되었다. 따라서 국제공동체는 국제연맹보다 조직화된 국제연합(United Nations: UN)[23]이라는 보편기구를 창설하여 이것을 중심으로 보

---

22) 국제사법재판소 홈페이지 http://www.icj-cij.org
23) UN 홈페이지 http://www.un.org

다 체계적으로 조직해 나갔다.

(b) UN은 우선 정치적인 면에서 국제연맹의 결점을 보완하여 군사행동을 포함한 무력제재수단까지 예정한 초국가적 성격을 띠게 되었다. 비록 강대국 사이의 이해관계로 인한 분열 등으로 원래의 취지를 충분히 실현하지 못하는 점은 있지만 적어도 무력제재수단을 성문화하였다는 것은 국제공동체의 획기적인 변혁이라고 할 수 있다.

(c) 또한 UN은 UNCTAD 등 수많은 보조기관을 설치하여 그 활동영역을 넓힐 뿐 아니라, 16개의 독립된 전문기관(Specialized Agencies)을 창설하여 UN과 협정을 통하여 연결되게 되었다. 이제 국제공동체는 UN을 중심으로 대부분의 분야가 연결되게 되었다.

⑤ 지역 국제기구의 설립

UN과 같은 보편기구의 등장과 병행하여 긴밀한 이웃국가 사이 또는 이념·경제적 이해관계를 같이하는 국가들 사이의 지역기구들이 급속히 팽창하였다. EU,[24] WTO,[25] NATO,[26] OECD,[27] Warsaw조약기구, OAU,[28] OPEC[29] 등이 그 예다. 이와 같은 현상은 보편기구를 통한 국제공동체의 조직화가 여러 가지 이질적 요소 때문에 보편적 차원에서 쉽게 형성되지 못하게 되자, 보다 긴밀한 관계에 있는 지역적 차원에서 긴밀한 협력을 우선적으로 실현하려는 것이다. 따라서 지역적 통합기구는 보편적 기구의 시범케이스로 생각할 수 있다. 향후 이러한 지역적 통합의 성과를 바탕으로 보편기구를 통한 국제공동체의 조직화가 확대될 것으로 보인다.

4. 개인, 국제기업 및 비정부간기구

(1) 원래 국제법의 발달 역사를 보면 국제법은 국가 간의 관계에만 주로 적용되어 왔다. 그것은 국제법이 국가 간의 법이기 때문이다. 그러나 국제사회가 발달됨에 따라 국제공동체의 구성도 체질변화를 일으켜 국제기구가 중요한 위

---

24) EU 홈페이지 http://europa.eu.int
25) WTO 홈페이지 http://www.wto.org
26) NATO 홈페이지 http://www.nato.int
27) OECD 홈페이지 http://www.oecd.org
28) OAU 홈페이지 http://www.africa-union.org
29) OPEC 홈페이지 http://www.opec.org

치를 차지하게 되었다. 또한 개인이나 국제기업 또는 비정부간기구도 국제사회에서 점차 중요한 구실을 하게 되어 제한적으로나마 국제법의 권리·의무의 주체가 된다. 이러한 한도에서 이들에게도 국제법이 직접 적용된다.

(2) 앞으로 국제공동체가 더욱 발달되게 되면 개인, 국제기업 및 비정부간기구의 지위도 점차 강화될 것이고, 국제법이 개인 등에게 직접 적용되는 범위가 확대되어 갈 것이다. 그러나 현실의 국제사회는 어떠한가? 개인 등에게 직접 적용되는 국제규범도 제한되어 있고, 이 규범을 적용시키는 국제절차의 참여 기회도 제한되어 있다. 그러나 국제공동체가 발달되어감에 따라 개인 등의 지위도 급격히 신장될 것이 분명하다.

Ⅲ. 국제법의 객체

1. 바　　다

(1) 국제법 중 바다를 규율하는 법은 해양법이라 한다. 따라서 해양법은 바다와 관련된 국제법이다. 해양법은 바다가 국제사회생활에 제공하는 유용성을 국제공동체의 구성원들이 질서 있게 이용하도록 하는 데 그 목적이 있다.

(2) 바다의 유용성

바다가 제공하는 유용성은 크게 보아 두 가지가 있다. 첫째, 교통의 주요 수단으로 국제공동체의 통상과 운송을 위하여 대단히 중요한 구실을 한다. 이와 같은 이유에서 역사적으로 강대국들은 해양의 지배자가 되려고 치열한 경쟁을 벌였던 것이다. 둘째, 바다의 자원이다. 바다는 동물성·식물성·광물성 등 각종 자원을 풍부하게 가지고 있다. 이것은 국제공동체의 생존과 경제발전에 불가결한 재원이 된다.

(3) 해양법

① 해양법(海洋法)이란 바로 이와 같은 바다의 두 가지 유용성을 국제공동체의 구성원들이 질서 있게 합리적으로 이용하도록 하며, 그 분쟁을 예방·해결하도록 규율하는 법규칙을 말한다. 특히 과학기술의 발전에 따라 바다에서 주요한 자원의 개발이 가능해짐에 따라 이러한 자원개발과 전통적인 항해의 자유

를 조화시킬 필요가 생겼으며, 또한 자원개발과 항해와 관련하여 바다에 대한
국제공동체의 이용이 급격히 증가함에 따라 공해문제가 심각히 대두되었다.

② 자원개발과 항해의 자유의 조화

이와 같은 두 가지 문제의 부각으로 해양법의 정비와 발전은 필수적으로 요
청되었다. 우선 자원개발과 항해의 자유를 조화시키기 위하여 바다를 여러 종
류의 구역으로 나누어서 그 법적 지위를 확정시키고 이 수역에 대한 연안국가
의 관할권을 결정함으로써 분쟁을 피하고 질서를 유지하려고 한다. 또한 공해
문제를 해결하기 위하여 국제법은 전통적으로 국가관할권에 속하던 각종 영역
에까지 침투해 가고 있다. 이것이 오늘날 해양법이 당면한 문제이며, 동시에 그
목적이며 기능·내용이기도 하다.

③ 해양법의 정비

(a) 다른 국제법 분야와 마찬가지로 해양법 분야에서도 관습법으로부터 성문
법으로 발전하여 왔다. 오랫동안 관습법 규칙이 지배하여 오다가 19세기 중엽
부터 국제사회의 변화와 기술의 발전에 따라 이에 관한 조약활동이 점차 강화
되었다. 이어서 다자조약 기술의 발달과 국제기구의 발전에 따라 해양법은 점
점 성문화 되어 갔다.

(b) 국제연맹의 노력

국제연맹도 해양법의 정비를 위하여 많은 노력을 하였지만, 1930년 국제연
맹의 후원 하에 개최된 성문법전화 회의에서는 해양법전의 채택이 실패하였다.

(c) UN과 국제법위원회의 노력

그 후 UN과 국제법위원회의 노력에 의하여 1958년 Genéve회의에서 4개의
협약[30]이 체결되었다. 그러나 이 협약에서도 영해의 넓이문제를 해결하지 못하
였기 때문에 1960년 제2차 해양법회의가 개최되었지만 그 성문화에 또다시 실
패하였다. 그 후 해양법 분야의 국제사회체계가 급격히 변화되면서 1958년
Genéve 협약의 상당부분은 의미가 없게 되었다. 특히 어업 및 공해상의 생물자
원 관계 규정은 비현실적이어서 새로운 입법이 불가피하게 요청되었다. 우선
지역적 차원에서 이 문제를 해결하려는 노력이 전개되어 1964년 3월 9일 어업
에 관한 London 협약이 체결되어 1966년부터1970년 사이에 어업자원의 공동자

---

30) (ⅰ) 영해 및 접속수역에 관한 협약, (ⅱ) 공해의 어업 및 생물자원 보존에 관한 협약,
(ⅲ) 공해에 관한 협약, (ⅳ) 대륙붕에 관한 협약

산화를 추구하였다.

(d) 1973년 제3차 해양법회의

ⅰ) 경과

한편 UN총회는 1973년부터 제3차 해양법회의를 개최하였다. 이 해양법회의는 각국의 이해관계가 얽혀 10년 가까이 오랜 논란을 거쳤지만 결국 1982년 12월 10일 UN해양법협약을 체결하게 되었다. 이 협약은 60개국 이상의 비준을 받으면 그 1년 후부터 효력이 발생하게 규정되어 있는데, 1993년 11월 16일 60개국 이상이 비준함으로써 1994년 11월 16일 그 효력이 발생하였다.

ⅱ) 주요내용

제3차 해양법회의의 주요내용은 영해의 넓이를 영해기준선으로부터 12해리까지 확대하고, 200해리 배타적 경제수역을 설치하여 각종 자원개발권을 연안국에 인정하며, 대륙붕의 폭을 크게 늘리고 국제심해저를 설치하는 것이다.

ⅲ) 바다의 각종 수역

바다는 국가관할권을 기준으로 성격이 다른 여러 수역으로 구분된다. 일반적 관할권에 속하는 국내수역·영해·접속수역[31]·군도수역 등이 있고, 경제적 관할권에 속하는 것으로 배타적 경제수역·대륙붕이 있다. 그리고 어느 국가의 개별적 관할권에 속하지 않는 공해가 있고, 국제공동체의 공동관할권 아래 있는 국제심해저가 있다.

ⅳ) 국내수역 등

국내수역(Internal Waters) 또는 내수란 국가영토에 의해 폐쇄되거나 그 영토 위를 흐르는 수역을 말한다. 강·호수 등이 그 예다. 군도수역(Archipelagic Waters)이란 대양상의 군도국가에 인정되는 특수수역이다. 군도수역은 그 영토가 산만하게 흩어져 있어서 국가안전이 불안하므로 그 전체 덩어리를 한데 묶어 국가안전상의 불안을 막고 협소한 표면적을 보충하려고 인정되는 수역이다. 영해(Territorial Sea)란 국내수역을 넘어서 영해기준선으로부터 12해리 이내에서 연안국이 정하는 일정한 범위까지의 수역으로 국제법에 정해진 조건에 따라 연

---

31) I'm Alone호 사건은 접속수역의 인정여부와 추적권에 관한 문제로써, 미국은 금주법을 효과적으로 실행하기 위하여 1922년 관세법 적용을 영해 밖 12해리까지 확장하였고, 1929년 3월 캐나다선박 I'm Alone호는 미국의 연안에서 10.5해리 지점에서 미국연안경비선의 정선명령을 받았으나 도주하여 결국 200해리지점에서 격침되어 1명의 사망자와 적하에 손해를 본 사안에서 1935년 미-캐나다 합동위원회는 미국의 추적권행사의 정당성을 인정하였으나 선박의 침몰행위는 과잉행위로 판정을 내린 사건이다.

안국이 영토관할권에 준하는 배타적 관할권을 행사하는 수역이다.

ⅴ) 배타적 경제수역과 대륙붕

배타적 경제수역(Exclusive Economic Zone; EEZ)이란 영해를 넘어서 그에 인접한 200해리 이내에서 그 해저·지하·상부수역의 자원개발 및 보존에 관한 연안국의 배타적 관할권을 인정하는 수역이다. 대륙붕(Continental Shelf)은 대륙에 인접한 완만한 경사의 해저지단으로 지질학적 기준에 따라 일정한 범위까지 인정되는 수역이다. 대륙붕은 해저 및 그 지하에서 광물자원 및 정착성생물자원에 관한 연안국의 배타적 개발을 내용으로 한다.

ⅵ) 공 해

공해(High Sea)란 어느 특정국가의 관할권에 속하지 않은 바다의 상부수역을 말한다. 공해는 어느 특정국가의 배타적 이용이나 독점적 권한행사를 배제하고 국제법 규정에 따라 모든 국가의 국민이 자유롭게 이용할 수 있는 수역이다.

ⅶ) 국제심해저

국제심해저(Deep Sea-Bed)란 국가들의 관할 밖에 있는 수역, 즉 공해의 해저 및 그 지하로서 국제공동체의 공동광물개발을 내용으로 하는 수역이다. 즉 어느 국가의 독점적 이용을 배제하고 국제심해저기구(The Authority)를 두어 광물의 공동개발 및 이용을 추구하는 수역이다.

2. 하   늘

(1) 인간의 활동무대의 확대

과학기술의 급격한 발전으로 인간의 활동무대는 계속 확대되어 왔다. 그중에서도 하늘로의 진출은 특히 현저한 것이다. 이와 같이 인간의 활동무대가 넓어지면 자연히 법의 적용도 그에 따라 확대된다. 다시 말해서 인간이 하늘에서 활동을 하기 전에는 그 법적 적용은 문제되지 않았으나 급격한 기술발전으로 인간의 활동 영역이 계속 위로 올라가므로 법의 적용영역도 이에 일치하여 나가는 것이다.

(2) 대기권상공과 외기권우주

하늘은 좀 더 구체적으로 검토하여 보면 근본적으로 성격이 다른 두 개의 공간으로 구성되어 있다. 하나는 대기권상공(Air Space)이고, 다른 하나는 외기권우주(Outer Space)이다. 일반적으로 말한다면 대기권상공은 그 하부국가의 관할권에 속하고, 외기권우주는 이러한 배타적 관할권 밖에 있는 공간이라고 할 수 있다. 따라서 이 두 가지 공간은 근본적으로 다르다고 볼 수 있다. 대기권상공을 상공, 외기권우주를 우주라고 칭하기도 한다.

(3) 항공기의 등장과 우주비행기술의 급격한 발전

인간의 활동무대는 먼저 대기권상공으로 진출하였다. 항공기가 등장하면서부터 상공은 인간들에게 매우 귀중한 활동무대이며 교통의 수단이 된 것이다. 인간의 기술은 여기에 그치지 않고 곧 우주로 뻗어나갔다. 1957년 소련의 Sputnik 1호 발사 이후 우주비행기술은 짧은 시간 내에 급격히 발전하여 이제는 우주 및 항성 사이의 비행이 현실화되기에 이르렀다. 이에 따라 우주관계는 국제법의 새로운 영역으로 들어왔고 이에 관련된 인간의 활동을 규율할 새로운 법인 우주법의 제정을 서두르게 되었다.

(4) 하늘의 법적 규율

대기권상공에 관한 국제법규는 항공법이 규율하고 있다. 이에 관한 주요 법원(法源)은 국제민간항공에 관한 1944년 12월 7일의 Chicago협약이다.

한편 외기권우주 관계를 규율하는 국제법규는 우주법이다. 우주법은 1967년 우주활동의 원칙조약을 체결한 이래 분야별로 구체적인 성문법을 제정해 나가고 있다. 우주법 중에서도 특히 경제적 이용관계가 매우 급속히 발달하고 있다.

(5) 우주법의 무한한 발전가능성

① 우주의 공간적 범위와 그 자원은 거의 무한정하다. 다만 우주는 지구상과는 환경여건이 다르기 때문에 경제적으로 이용하는 데 많은 제한과 장애가 있을 뿐이다. 우주과학기술의 발달은 바로 이러한 제한과 장애를 극복해 나가는 과정이다. 그러므로 과학기술의 발달에 따라 무한에 가까운 우주공간이 인간 경제생활의 중요한 터전으로 급속히 발전되어 갈 것이 확실하다.

② 현재 단계에서도 우주의 경제적 이용은 인간생활과 단절시킬 수 없을 만큼 깊숙이 관련되어 있다. 구체적으로 위성을 이용한 통신제도의 개선, 위성에서의 TV방영, 먼거리 탐사(remote sensing)를 통한 기상관측과 지구자원의 탐사, 우주기지의 건설과 우주운송제도의 개발 등 매우 다양하고 광범위하다. 특히

우주의 경제적 이용관계는 각국의 이해관계가 얽혀서 분쟁의 소지가 매우 높기 때문에 법적 규율이 잘 정비되어야 한다.

③ 현재 경제적 이용의 분야별로 성문법전화 작업이 진행되고 있으나 각국의 이해관계가 심하게 대립되어 조약체결을 위한 교섭이 쉽게 이루어지고 있지 않는 상태이다.

Ⅳ. 국제관계

1. 외교 · 영사관계

(1) 외교관계

① 의 의

넓은 의미의 외교관계(diplomatic relation)란 국가 사이의 관계에서 공식적으로 유지하는 계속적 대외관계를 말하며, 좁게는 국가 사이에 외교사절을 통하여 공식적으로 유지되는 계속적 대외국가들 사이의 관계의 수단과 방식을 말한다. 이러한 외교관계(外交關係)는 매우 오래 전부터 독립국가 사이의 평등한 바탕 위에 유지되어 왔으며, 이런 의미에서 독립국가의 상징이기도 하다.

② 법적 특징

외교관계의 법적 특징은 다른 나라의 영토상에서 국가적 공공봉사(public service)를 수행한다는 데 있다. 다시 말해서 동일한 영토상에 해당국가와 다른 나라의 두 가지 관할권이 경합을 이루고 있다는 것이다. 그리고 외교관 및 외교사절단은 그 임무를 수행함에 있어서 영토관할권에 우월한 특권과 면제를 누리기도 한다. 이러한 문제는 상호성의 원칙에 따라 보장된다.

③ 어쨌든 외교관계는 각국의 이익과 발전에 기여함은 물론 국가 사이의 협력과 우호를 증대시켜 인류평화 유지에 크게 기여한다. 외교관계의 주요 법원(法源)으로는 「1961년 Vienna 협약」과 「1969년 특별사절에 관한 Vienna 협약」이 있다.

④ 외교사절이란 접수국 내에서 파견국 및 그 국민의 이익을 위하여 공공봉사[32]를 수행하는 기관을 의미한다.

---

32) 그 공공봉사의 내용을 구체적으로 예시하면 다음과 같다. ① 외교사절은 접수국 내에서 파견국 및 그 국민의 이익을 보호한다. ② 외교사절은 파견국가와 접수국가간에 생긴 모든

(2) 영사관계

① 의 의

영사관계(領事關係)란 한편으로는 다른 나라의 영토상에서 파견국가의 상업적 이익을 보호하고, 파견국가 출신의 거주자·여행자·선박 및 선원·상인들을 보호하고 도와주며, 이와 관련된 일정한 행정·사법·호적사무를 수행하고, 다른 한편으로는 파견국을 방문하는 접수국 또는 제3국 국민들에게 사증(Visa)을 발급하고, 여행을 안내하는 등 편의를 제공하는 파견국의 공공봉사제도이다.

② 설치장소 및 기능

(a) 영사관은 대체로 파견국의 국민이 많이 모여 살거나 출입이 잦은 도시 또는 파견국의 선박이 출입하거나 통상관계가 깊은 항구도시에 설치하는 것이 보통이다. 그러나 경우에 따라서 외교관계를 수립하지 않은 국가들 사이의 관계에서는 형식상은 총영사관·영사관이라고 하지만, 영사업무 이외의 실제로 준외교업무를 수행하기도 한다.

(b) 영사제도는 외교관계와 마찬가지로 외국에 설치된 파견국가의 공공봉사이다. 그러므로 영사제도의 설정 및 영사관의 설치는 외교관계에서와 마찬가지로 상호 합의에 의한다. 그러나 영사제도는 정치적 대표성을 띠지 않고 순전히 행정적·기능적 성격을 띤다는 점에서 외교관계와는 근본적으로 다르다.

2. 국제경제관계

(1) 국제경제법의 연혁

① Bretton Woods System

1944년 미국 New Hampshire의 Bretton Woods에서 열린 국제회의에서, 참가국들은 전후의 국제통화질서와 국제투자를 관장하는 IMF와 IBRD[33]를 설립하기로 하는 협정에 합의하였다.

1946년부터는 국제무역기구인 ITO(International Trade Organization)를 설립하

문제를 해결하기 위하여 접수국 정부와 교섭을 수행한다. ③ 외교사절은 합법적인 방법을 통하여 접수국 내의 정세상황 및 그 진전 상황을 파악하고 파견국 정부에 보고한다. ④ 외교사절은 파견국가와 접수국가간의 우호관계를 증진시키고 경제·사회·문화 등 각 분야의 협력관계를 강화시킨다.

33) 이 양자는 UN의 전문기구이다. 반면, GATT는 유엔의 전문기관이 아니었으며, WTO도 유엔의 전문기관이 아니다.

기 위한 노력이 있었으나, 미국의회가 1948년 Havana Conference에서 채택된 ITO헌장의 비준을 거부함으로써 그 창설이 좌절되었다.

다만 1947년에 완성된 GATT(General Agreements on Tariffs and Trade) 협정[34]이 동년 말에 체결된 잠정적용의정서에 의하여 1948년부터 적용되면서 불완전하나마 Bretton Woods System의 삼주체제(IMF, IBRD, GATT)가 가동하게 되었다.

② Bretton Woods 체제의 붕괴 및 변화

Bretton Woods 국제통화체제는 금태환본위제(gold−exchange standard)이었으나, 1971년 닉슨 대통령이 달러의 금태환을 정지시키는 경제정책을 발표하면서, 각국이 변동환율제를 채택함으로써 Bretton Woods 통화질서는 붕괴하게 되었다. 이러한 변화를 반영하여 변동환율제와 SDR(Special Drawing Rights, IMF 가맹국이 국제수지가 악화될 때 담보 없이 필요한 만큼의 외화를 인출할 수 있는 권리를 말함)을 근간으로 하는 새로운 국제통화질서인 킹스턴체제가 1978년 1월 8일 자메이카(Jamaica)의 킹스턴(Kingston)에서 체결된 협정으로 발족하게 되었다.

③ GATT의 다자간협상과 WTO의 출범

(a) 처음의 다섯 번의 라운드는 관세인하협상이었으며, 케네디라운드(제6차: 1964년~1967년)에서는 이 외에도 반덤핑협정을 체결하고, 도쿄라운드(제7차: 1973년~1979년)에서는 9개의 다자간부수협정[35]이 체결되었다.

(b) 우루과이라운드(제8차: 1986년~1993년)의 협상결과인 UR협정(우루과이라운드 최종협약)은 1994년 모로코의 마라케쉬(Marrakesh) 각료회의에서 정식으로 서명되었다. 그리하여 종래의 불완전한 GATT를 대체하여 완전한 국제기구의 성격을 구비한 WTO(World Trade Organization)가 1995년 1월 1일부터 출범하였다.

---

34) 〈GATT와 WTO의 비교〉 ① 법적지위: GATT는 엄밀한 의미에서의 국제기구에 해당되지 아니하는 단순한 국제협정에 불과하나, WTO는 국제기구로서의 법인격을 갖고 있다. ② 규율범위의 확대: 기존의 GATT가 상품의 교역에 한정된 반면, WTO는 상품뿐만 아니라, 서비스, 지적재산권 및 무역관련투자도 그 규율대상으로 포함하고 있다. ③ 국제무역규범의 강화: 반덤핑협정, 보조금 및 상계관세협정, 긴급수입제한협정을 각각 체결하여 그 발동요건을 강화시켰다. ④ 분쟁해결절차의 정비: 종래의 분쟁해결절차는 많은 시일이 소요되고 GATT규정 전체에 걸쳐 각 분야별로 산재되어 있으며 회원국에 대한 구속력이 약하다는 비판이 있었으나, 이를 획기적으로 정비하여 각 절차마다 일정한 소요기간을 한정하고 상설적인 상소기관이 활동함으로써 WTO 분쟁해결제도의 사법적인 성격이 강화되었다.

35) 9개의 부수협정은 대부분 UR협상에서 부분적인 개정을 거쳐 WTO부속협정으로 수용되었다.

(c) 제4차 WTO 각료회의가 2001년 뉴라운드협상의 출범을 내용으로 하는 각료선언문을 채택하고 폐막됨으로써 뉴라운드협상이 공식적으로 출범하였다. 이 각료회의에서는 2002년부터 3년간 뉴라운드협상을 진행, 2005년 1월 1일까지 종료하기로 합의하였다(이를 Doha Development Agenda라고 하며 DDA협상으로 줄여서 쓰임).

(2) WTO의 기본구조와 원리

① 기본구조

WTO의 기본구조는 WTO설립협정[36] 제4조에 규정되어 있다. WTO는 각료회의(Ministerial Conference), 일반이사회(General Council), 분야별 이사회(상품무역이사회, 서비스무역이사회, 무역관련 지적재산권이사회)가 설치되어 있다.

② 기본원리

최혜국대우(MFN: Most−Favored Nation Treatment) 원칙과 내국민대우(NT: National Treatment) 원칙은 WTO체제 하의 GATT 1994에도 그대로 도입되어 있고, GATS(General Agreement on Trade in Services: 서비스협정)와 TRIPs (Trade−Related aspects of Intellectual property rights: 지적재산권협정) 협정에서도 동 원칙들이 규정되어 있으므로, 이러한 것들은 WTO 체제의 기본적인 원리라고 할 수 있다.

③ 수입물품이 관세양허 한 물품과 '동종상품'이 아닌 경우에는 수입국가로서는 당해 물품의 수출국에 대하여 최혜국대우를 부여할 의무가 없다. 또한 내국민대우원칙 위반인지를 판단하기 위하여는 선결사항으로 비교대상이 되는 수입품과 국산품이 동종물품인지를 판단하여야 한다. 어떤 사건이 내국민대우원칙 위반 여부가 문제되어 WTO 분쟁해결절차에 회부될 때 동종물품(가령 외제대형차와 국내소형차, 위스키와 소주)으로 볼 것인가가 매우 중요한 판단문제가 된다.

---

36) WTO 설립협정의 공식명칭은 '세계무역기구설립을 위한 마라케쉬협정(Marrakesh Agreement Establishing the World Trade Organization)'이다.

≪주세사건≫ (우리나라 최초의 WTO 상소심 사건)

1997년 4월 2일 EU는 우리나라의 주세법 등에 따른 조세부과가 외국산주류에 대해 차별적으로 적용된다는 이유로 WTO 분쟁해결기구(DSB: Dispute Settlement Body)에 양자협의요청서를 제출하였다(미국도 1997년 5월 23일 제소하였으며, 패널은 EU와 미국이 제소한 분쟁을 병합하여 동시에 심리함). 1998년 9월 17일 패널의 최종보고서가 회원국에 회람되었고, 이에 대하여 우리나라는 1998년 10월 20일 상소하였으며, 상소심의 패널보고서는 1999년 2월 17일에 채택되었다. 동 보고서에 의하면 우리나라의 주세법 등이 소주와 위스키 간에 주세율을 차등적용(소주는 저율, 위스키는 누진적 고율)하는 것은 WTO협정상의 GATT 제3조 2항의 내국민대우에 위반된다고 하였다. 동보고서가 상소기구에 의하여 채택된 이후에는 패소국인 우리나라는 패널 및 상소심의 패널보고서를 이행해야 할 법정의무가 발생한다. 그 이행을 위하여서는 우리나라의 소주에 대한 낮은 주세율을 급격하게 상향토록 세법을 개정하는 문제가 있고 이는 정치적으로도 민감한 사안이었기에 제소국들과 이행기간에 대한 합의를 보지 못하였다. 결국 1999년 4월 9일 제소국들은 '합리적 이행기간'의 결정을 위하여 WTO에 중재패널 설치를 요청하였고, 중재패널은 1999년 6월 4일 패널 및 상소기구 보고서의 권고사항을 2000년 1월 31일까지 이행하라고 판정하였다. 결국 우리나라는 1999년 12월 7일 국회본회의에서 주세법 등의 개정안을 통과시킴으로써 패널보고서의 이행을 완료하였고, 2000년 2월 패널판정의 이행보고서를 DSB에 제출하였다.

(3) WTO 협정[37]의 체계 및 주요내용

① WTO 설립협정은 16개 조항으로 구성되어 있는 WTO 설립협정 본문과 4개의 부속서(Annexes)로 되어 있다.

② 설립협정 본문

설립협정 본문에서는 상술한 WTO의 기본구조 및 기능, 그 운영방법 및 회원국의 가입 및 탈퇴 등에 대하여 규정하고 있다.

③ 부속서 1 내지 4

부속서 1 내지 3은 모든 WTO 회원국에게 의무적으로 적용되는 17개의 다자간무역협정(Multilateral Trade Agreement: MTA)으로 구성되어 있으며, 부속서 4는

---

37) WTO 협정은 상품교역에 관한 GATT 1947협정의 기본골격을 계승하되 GATT협정에 열거된 제도들의 남용을 방지하기 위하여 좀더 상세한 기준을 담고 있는 여러 협정들을 WTO 설립협정의 부속서 1A에서 담는 한편, 서비스무역과 지적재산권에 대한 규율을 추가하는 부속서 1B와 1C의 협정을 새로이 마련했다는 점에서 실체법분야에 있어시 커다란 진전이 있다고 할 수 있다.

협정을 수락하기로 약속한 회원국들에게만 적용되는 복수간무역협정(Plurilateral Trade Agreement: PTA)이다.

보다 구체적으로 살펴보면 부속서 1A는 상품교역협정(GATT 1994를 포함)이고, 부속서 1B는 서비스협정(GATS), 부속서 1C는 지적재산권협정(TRIPs)이다. 부속서 2는 분쟁해결양해(the Understanding on Rules and Procedures Govern- ing the Settlement of Disputes: DSU),[38] 부속서 3은 무역정책검토제도(Trade Policy Review Mechanism: TPRM)을 규정하고 있다.

(4) 국제개발법

① 의 의

국제개발법이란 국제경제법의 한 지류로서 국제경제관계 중에서 특히 선진국과 개발도상국과의 관계, 다시 말해서 남북문제를 규율하는 국제법을 말한다. 그러므로 지금까지 설명한 국제경제법의 일반 특색이 국제개발법에 대해서도 대체로 적용되지만, 남북문제가 가지고 있는 특수성 때문에 국제개발법의 기본원칙은 상당한 독자성을 갖고 있다. 이러한 독자성을 인정하는 것은 선진국과 개발도상국을 동일한 평면에 놓고 일반원칙에 따라 규율한다면 그 경제발전의 격차는 점점 더 심각해지고 결국은 국제평화를 위협하는 심각한 사태를 초래하게 될 것이기 때문이다.

② 기본원리

ⓐ 보상적 불평등

그러므로 국제개발법의 기본원리는 첫째, 이러한 경제발전의 격차를 점점 감소시켜 실질적 평등을 실현해 보려는 의도에 기초하고 있다. 따라서 국가경제발전의 정도에 따라 국가를 몇 가지 종류로 구분하고 각 국가 실정에 맞는 현실적 규칙을 적용할 뿐 아니라 개발도상국에 대하여는 이른바 보상적 불평등(inégalité compensatrice)에 근거하여 규칙적용의 비상호성에 기초한 특혜대우를 부여한다.

---

38) 우리나라는 미국이 우리나라의 컬러TV, DRAM 반도체, 철강에 대하여 유지하고 있던 반덤핑조치에 대하여 각각 WTO에 제소하여, 컬러TV사건은 패널설치 전 단계에서 미국의 일방적인 반덤핑조치의 철회로 종결되었고, DRAM사건에서는 GATT/WTO 역사상 패널판정에서 최초로 승소하였으며, 철강사건도 2000년 12월 승소하였다. 또한 신공항건설공단사건에서는 미국에 의하여 피소되었으나 최초로 방어에 성공하였다. −대외경제정책연구원 홈페이지 http:// www.kiep.go.kr 참조.

보상적 불평등이란 경제발전의 격차를 보완하기 위하여 국제경제법상 권리·의무를 규정함에 있어서 선진국은 불리하게 하고 개발도상국은 유리하게 하는 것이다. 즉 발전의 차이를 보상하는 불평등한 대우를 하는 것이다. 그 구체적인 내용은 비상호성과 특혜대우이다. 예를 들면 통상의 자유를 실현하기 위하여 관세율을 감소시킬 것을 규정하는 법규가 있는 경우 선진국에 대하여는 이를 엄격히 준수하도록 요구하는 반면, 개발도상국에 대하여는 국내산업보호를 위하여 그 적용을 면제해 주는 것이다.

(b) 국제사회의 민주화

둘째, 개발도상국들은 구체적인 평등이 실현되기 전이라도 국제공동체의 모든 규칙제정·정책결정에 있어서 선진국의 독점적 지배를 배제하고 개발도상국들도 평등하게 참여하도록 요구한다. 즉 국제사회의 민주화를 요구하는 것이다.

(c) 상생의 원리

셋째, 개발도상국의 개발을 국제공동체 전체의 발전과 이익에 연결시키는 것이다. 즉 개발도상국의 개발과 선진국의 번영의 상생관계를 추구하는 것이다. 다시 말해서 개발도상국의 저개발이 더욱 악화되면 그 개발도상국의 불이익은 물론이지만 나아가서는 국제평화를 위태롭게 한다는 것이다. 반대로 개발도상국의 개발이 성공하면 선진국의 시장이 확대되며, 새로운 국제경제질서가 만들어 진다는 것이다. 이것은 1974년 제6차 UN 특별총회에서 채택한 선언이 강조한 것과 같이 선진국의 이익과 개발도상국의 이익이 상호 분리될 수 없고, 선진국의 번영과 개발도상국의 개발이 상생관계에 있다는 것이다.

(d) 종합개발계획의 수립

넷째, 개발도상국의 경제개발은 좁은 의미의 경제적 측면만을 발전시키는 것이 아니라, 사회 모든 부문을 포함하는 종합개발계획을 수립하여 추진해 나가야 한다는 점이다. 이것을 위하여 유엔개발계획(United Nations Development Programme; UNDP) 등의 활동이 활발하다.

3. 국제책임

(1) 의   의

어떤 국제법 주체가 국제법규에 위반하는 작위 또는 부작위의 행동으로 인하여 다른 국제법 주체에게 손해를 가한 경우 국제법규를 위반한 국제법 주체는 해당 손해를 다른 국제법 주체에게 배상할 책임을 지게 된다. 국제법상 이와 같은 손해배상책임 제도를 국제책임(International Responsibility)이라고 한다.

여기서 손해배상이라고 함은 넓은 의미로서 손해를 회복하는 일체의 행위를 의미한다. 따라서 원상회복·금전배상뿐만 아니라 손상된 명예를 회복시켜 주는 각종 행위와 같이 피해자에게 만족을 주는 일체의 행위를 포함한다.

(2) 국제책임의 연혁

원래 국가는 대외적으로 독립을 유지하고 대내적으로 최고의 권력을 행사한다. 즉 국가는 자기 책임 하에 광범위한 관할권을 행사한다. 이와 같은 이유로 국가가 타인에게 국제법에 위반하여 손해를 입혔으면 이를 배상하는 것은 자신의 행위에 대하여 책임을 지는 것이므로 당연한 일이라 하겠다. 이러한 국가의 손해배상책임 제도는 국내사회보다 오히려 국제사회에서 먼저 발달하였다. 국내사회는 오랫동안 절대군주제도 하에서 지배되어 왔기 때문에 '군주는 잘못을 할 수 없다.'는 절대주의 개념으로 인하여 국가배상책임 제도가 발전하지 못하였다. 그러나 국제사회는 겉으로나마 평등사회를 표방하여 왔기 때문에 일찍부터 국제책임에 관한 국제법 규칙이 발전하여 왔다.

(3) 위험책임의 보상 문제

한편, 국제사회의 발전에 따라 국제법에 위반하지는 않았으나 그 행위의 성격상 일정한 위험을 내포하기 때문에 특별한 주의의무를 요구하는 경우가 점차 증가하고 있다. 이런 행위로부터 다른 국제법 주체에 대하여 손해가 발생하면 위험책임을 근거로 이를 보상해야 한다는 입장이 강하게 대두되게 된 것이다. 물론 이와 같은 위험책임은 특히 위험이 수반되는 특정분야에 한하여 제한적으로 인정되고 있다.

(4) 국제책임의 규율
① 관습법규칙

국제책임에 관한 국제법 규칙은 19세기 후반부터 많은 중재재판을 통하여 관습법규칙으로 형성되어 왔다. 오늘날까지도 국제책임 분야는 관습법의 지배 하에 있는 실정이다.

② 성문법전화 작업

국제책임 관계 법규의 성문법전화는 제2차 세계대전 이후에 본격적으로 시작되었다. 2001년 UN 국제법위원회(International Law Commissioni; ILC)[39]는 제53차 회기에서 기존의 국가책임협약 초안을 수정하여 채택하였다. 명칭도 기존에는 국가책임(State Responsibility)이라는 용어를 사용하였으나, '국제위법행위에 대한 국가의 책임(Responsibility of State for Internationally Wrongful Acts)'이라는 새로운 용어를 채택하였다. 본 초안은 "모든 국제적 위법행위는 국가책임을 수반한다(제1조)."고 하고 있다. 이러한 입장은 ICJ에서도 이미 확인된 바 있다(ICJ가 행한 최초로 국가책임을 인정하는 판결인 Corfu Channel Case[40]).

V. 국제분쟁

1. 국제분쟁의 평화적 해결

(1) 분쟁과 평화적 해결

① 1928년 브리앙-켈로그 조약

1928년 8월 26일 브리앙 – 켈로그 조약{Briand – Kellog Pact, 프랑스의 외무부장관 아리스티드 브리앙(Aristide Briand)과 미국의 국방장관 프랑크 켈로그(Frank Kellog)의 발기에 의하여 파리에서 15개국이 체결한 전쟁 규탄 조약을 말함} 제1조에 의하면 당사국들은 국제분쟁의 해결을 위한 전쟁사용을 규탄하고, 국가정책수단으로서의 전쟁을 포기한다고 선언하고 있다. 이 조약에서 처음으로 국제분쟁에서의 전쟁사용을 전면적으로 금지하였다.

1907년 10월 18일 국제분쟁의 평화적 해결을 위한 Hague 협약만 해도 단지 국제분쟁의 평화적 해결을 촉구한 것이지 의무로 설정한 것은 아니었다. 이

---

39) ILC 홈페이지: http://www.un.org/law/ilc

40) 〈사건개요〉 1946년 10월 22일 영국군함이 알바니아 본토와 Corfu 섬 사이에 있으며 알바니아 영해에 속하는 코르푸해협을 통화할 때 기뢰에 부딪혀 손상을 입었다. 이에 대하여 영국은 알바니아가 계획적으로 기뢰를 부설하였다는 의심을 품고 알바니아의 동의를 얻지 않은 채, 같은 해 11월 12일과 13일에 걸쳐 동 수역의 기뢰를 제거하였다.
〈판례요지〉 이 사건에서 ICJ는 기뢰를 알바니아가 부설하지 않고 유고슬라비아가 부설하였다 할지라도, 제3국에 의한 부설을 알바니아가 승인한 사실에 비추어 위험을 알고 있었음이 분명하며, 항행에 대한 위험을 알면서도 영국군함에 접근하여 경고하지 않은 것은 부작위에 의한 책임을 면할 수 없으므로, 알바니아는 국제관습법상의 무해통항권침해에 따른 손해배상책임이 있다고 판시하였다.

Hague 협약 제1조에는 국가 간 관계에서 가능한 한 무력행사를 예방하기 위하여 당사국들은 국제분쟁을 평화적으로 해결하도록 모든 노력을 다하겠다고 약속했을 뿐이다.

② UN헌장

ⓐ 위 Briand-Kellog 조약에서 한걸음 더 나아가서 UN헌장 제2조 제4항은 전쟁뿐 아니라 모든 무력사용을 일반적으로 금지하였다. 즉 "회원국들은 국제관계에서 어느 국가의 영토보전이나 정치적 중립을 거슬러서, 또는 기타 UN의 목적과 양립할 수 없는 방법으로 위협이나 무력을 사용함을 삼가기로 한다."고 규정하였다.

ⓑ 1970년 10월 24일 UN총회가 채택한 국가 사이의 우호협력관계에 관한 국제원칙 선언에서도 모든 국가는 다른 국가와의 국제분쟁을 평화적으로 해결하여 국제평화, 안전 및 정의가 위험에 빠지지 않도록 해야 한다고 규정하고 있다.

③ 강행규정

그러므로 현재 국제법상 무력사용의 금지와 분쟁의 평화적 해결은 강행법규(jus cogens)라고 할 것이다. 그러나 현재 국제공동체의 불완전성 때문에 당사자들이 구체적으로 효과적 분쟁해결에 도달하도록 강제하는 제도적 장치의 마련이 미흡한 실정일 뿐이다.

④ 평화적 분쟁해결방법의 선택

ⓐ 당사자들은 효과적 분쟁해결에 도달하기 위하여 여러 가지 방법 중에 하나를 선택할 수 있다. 그러나 1924년 국제연맹 5차 총회에서 채택한 Geneve 의정서에서는 A라는 분쟁을 B라는 방법으로 해결하도록 분쟁해결의 구체적 방법을 지정하는 강제규정을 예정하였으나 최종적 합의에 이르지 못하여 결국 포기하게 되었다. UN헌장 제33조에 의하면 분쟁의 연장이 국제평화와 안전의 유지를 위협하는 경우 당사자들은 교섭·국제심사·중개·조정·중재재판·사법적 해결·지역기구 및 협정·기타 임의의 평화적 방법에 따라 해결하도록 규정하고 있다.

ⓑ 이 규정은 '임의의 평화적 방법에 따라 해결'하라는 것이지 어떤 방법을 강요하는 것이 아니다. 중요한 것은 평화적 해결일 뿐이며, 이 목적에 도달하는 방법은 당사국의 선택에 맡기고 있는 것이다. 따라서 당사자들은 구체적인 조약에서 일정한 해결방법을 지정하여 놓은 경우를 제외하고는 구체적 분쟁해결

방법을 자유롭게 선택할 수밖에 없다. 강제적 분쟁해결방법이 의무적으로 규정되어 있지 않다는 것이다.

ⓒ 구체적인 국제사회의 관행을 살펴보면 국가들은 대체로 사법적 해결보다는 비사법적 해결을 선호한다. 국가들은 주권제한을 꺼려할 뿐만 아니라, 비사법적 해결이 오히려 신속한 사건해결에 도움이 되고 편리한 점이 있기 때문이다.

(2) 분쟁의 평화적 해결방법

분쟁의 평화적 해결방법은 국가간체제적 방법(외교적 수단)에 의한 해결방법, 국제기구를 통한 해결방법, 재판에 의한 해결방법 등 3가지로 나눌 수 있다.

① 국가간체제적 방법

ⓐ 국가간체제(interétatisme)란 국제사회를 단지 절대적 주권국가들이 병렬되어 있는 것으로 보던 과거의 국제사회체제를 의미한다. 이러한 체제 하에서의 평화적 분쟁해결방법에는 직접교섭, 국제회의를 통한 교섭, 주선, 중개, 국제심사, 국제조정이 있다.

ⓑ 직접교섭(direct negociation)이라 함은 국제분쟁을 해결하기 위한 가장 초보적 방법으로 분쟁당사국의 대표들이 직접 만나서 합의하여 분쟁을 해결하는 것을 말한다. 한편 주선(good office)이란 국제분쟁의 해결을 위하여 제3자가 개입하여 단지 분쟁당사자들의 접촉이 성립하도록 협력을 제공하는 것이다. 중개(mediation)는 제3자의 개입정도가 주선의 경우보다 더욱 적극적이어서 분쟁당사자들을 단지 만나게 하는 데 그치지 않고, 교섭의 기초를 제공하며 교섭내용에도 직접 개입하여 당사자들이 서로 양보하도록 노력하는 것이다. 국제심사(international inquiry) 또는 사실심사란 분쟁당사자들이 선정한 국제심사위원회라는 공평한 국제기관이 분쟁의 원인이 된 사실 내용만을 명백히 밝힘으로써 분쟁당사자들 간에 얽힌 오해를 풀고 감정을 완화시켜 분쟁의 원인을 제거하는 것이다. 국제조정(international conciliation)은 당사자들이 조약에 의하여 미리 설정한 제3자적 국제기관에 분쟁해결을 맡기고 이 기관이 제시하는 분쟁해결 내용에 따라 분쟁을 평화적으로 해결하는 방법이다. 사실문제만을 명백히 하는 것이 아니라 분쟁의 법률적 쟁점까지도 다룬다는 점에서 국제심사와 차이가 있다.

② 국제기구를 통한 정치적 해결

여기에서는 국제기구를 통한 분쟁의 해결 중 정치적 해결만을 다룬다. 사법적 해결도 국제기구를 통한 해결이지만 편의상 아래에서 별도로 다룬다. 국제기구에 의한 정치적 해결도 UN과 같은 보편기구를 통한 해결과 유럽연합(EU), 아프리카통일기구(Organization for African Unity; OAU), 미주기구(Organization of American States; OAS) 등 지역기구를 통한 해결로 나누어 생각할 수 있다. UN의 경우는 총회와 안보이사회가 이 임무를 수행하는데, 안보이사회가 1차적 책임을 지고 총회는 보조적 위치에 있다. 지역기구에 의한 분쟁해결은 지역기구의 발전 정도에 따라 다르며 유럽연합의 경우는 매우 발달된 분쟁해결제도를 갖고 있다.

　③ 재판에 의한 해결[41]

　(a) 위에서 설명한 분쟁해결방법은 국가간체제적 방법이든 국제기구에 의한 것이든 모두 정치적 해결이다. 이러한 정치적 해결은 당사자들의 교섭·절충·합의를 주요 수단으로 하는 데 비하여, 재판에 의한 해결은 법에 근거한 결정, 당사자에 대한 강제적 효과, 독립기관의 절차진행, 교차논쟁으로 구성되는 변론, 당사자들의 평등한 권리보장, 사전에 설정된 절차규칙에 따른 진행 등이 그 특색이다. 그러나 국제공동체는 아직 불완전하기 때문에 재판의 당사자가 제한되어 있다는 점, 강제관할이 시행되지 못하는 점 등 상당한 취약점을 갖고 있다.

　(b) 국제재판에는 중재재판과 사법재판이 있다. 중재재판(arbitration)이란 당사자들이 선정한 법관이 당사자들이 합의한 절차규칙에 따라 법에 근거하여 당사자들에게 강제력을 가진 판결을 내림으로써 분쟁을 해결하는 제도이다. 이에 반하여 사법재판(judicial settlement)이란 재판기관이 미리 법규정에 따라 구성되어 있고, 적용법규나 절차법규가 당사자의 의사와는 관계없이 국제법에 따라 규정되어 있는 제도화된 재판을 말한다.

2. 강제조치 및 무력행사의 금지

(1) 의　의

　강제조치(contramte)란 법률주체의 자유의사에 반하는 모든 형태의 압력을 의미한다. 무력행사란 강제조치의 주요 수단으로 무력을 사용하는 전쟁 등 모든 군사조치를 말한다. 모든 법공동체에는 법률주체들의 행위를 규율하는 법규

---

41) 지역적, 전문적 사법법원은 현재 그 수가 계속 늘어나고 있는 추세이다. 가령 ICJ 뿐만 아니라, WTO의 분쟁해결기구, 국제해양법재판소, 국제형사재판소, 유럽인권법원, 구유고및 르완다 전범재판소 등이 대표적인 예이다.

범이 있고, 이런 법규범이 준수되지 않을 경우 조직된 기관에 의한 강제조치가 따르게 마련이다. 국내법상 형벌규정, 행정상 강제조치, 사법상 강제집행 등이 모두 이러한 강제조치에 해당한다.

(2) 국제공동체의 현실

그러나 과거부터 국제공동체의 현실은 매우 불완전하다. 조직된 기관에 의한 강제조치가 매우 미흡하여 일종의 자력구제라고 할 수 있는 개별적인 무력행사가 상당히 빈번하였던 것이 과거의 역사였다. 심지어 개별적 무력행사를 국제사회의 제재(Sanction)로 생각하는 견해가 있을 정도이다.

(3) 전통적 강제조치

한편 전통적 강제조치로서 논의되는 것에는 보복, 복구, 전쟁이 있다. 보복(retortion)이란 위법행위는 아니지만 무례하거나 가혹한 조치를 취한 국가에 대하여 피해국가도 똑같은 조치를 취함으로써 가해국가를 화해로 유도하는 무력행사이다. 복구(reprisal)란 상대방의 불법행위로 피해를 배상받기 위하여, 또는 그 불법행위를 중지하도록 압력을 가하는 수단으로 같은 정도의 불법행위를 가해국가에 가하는 무력행사이다. 전쟁이란 전쟁의사를 수반하는 국제법 주체 사이의 무력투쟁이다. 전쟁은 무력행사 중 가장 강력한 것이다.

(4) 개별적 강제조치의 금지: 전쟁의 금지

① 국제공동체가 조직화되면서 제일 먼저 해결해야 했던 것이 이러한 개별적 강제조치, 특히 정책수단으로서의 전쟁을 금지하는 것이었다. 이와 같은 무력행사의 금지는 쉬운 일이 아니었다. 이것은 아주 비싼 대가를 치르고 나서야 점차 성립되었다. 두 번에 걸친 세계대전의 비극을 겪고서야 국제공동체는 진정으로 각성하게 되었다. 1928년 Briand-Kellog 조약, 1945년 UN헌장에 와서야 비로소 무력행사의 금지가 실정법규로 규정되었다.

② 그런데 이러한 무력행사를 금지하려면 국제기관에 의한 강제조치를 위한 제도적 장치가 필요하다. 즉 국제법규의 준수를 확보하는 것과 그 위반에 제재를 가하는 수단이 마련되어야 한다는 것이다. 이를 위하여 매우 불완전하나마 몇 가지 제도가 설정되었다. UN헌장 제7장의 강제조치, 제51조의 집단적 정당방위, 제8장의 지역협력체제 등이 그 예이다.

찾아보기

영문

저자약력

유병화(柳炳華)

가톨릭대학 신학부 철학과정 수료
고려대학교 법과대학 졸업
외무고시 합격
Paris 법과대학(Université de Paris Ⅱ 대학원 졸업(법학박사))
Paris ⅡAP 외교과정 졸업
London 외교관 연수
외무부 주(駐)세네갈·주(駐)프랑스 대사관 근무
Maryland, Law School 객원교수
국제법률경영연구원 이사장
고려대학교 법과대학 교수 및 학장
각종 국가고시 위원
현 UNIDROIT(Roma 소재) 집행이사
　국제법률경영대학원대학교 총장

〈저 서〉
Le Commandement des Nations Unies en Corée et ses Problems Juridiques(1980)
국제법총론(일조각, 1981)
해양법(민음사, 1986)
Peace and Unification in Korea and International Law
　(School of Law University of Maryland, 1986)
동북아지역과 해양법(진성사, 1991)
국제법 I, Ⅱ(민영사, 1998)
국제환경법(민영사, 1998)
법학입문(민영사, 1998)
주관식 국제법, 객관식 국제법(민영사, 1998)

정영환(鄭永煥)

고려대학교 법과대학 법학과 졸업
제25회 사법시험 합격(사법연수원 제15기 수료)
고려대학교 대학원 졸업(석사학위)
울산·부산·수원·서울동부지방법원, 서울고등법원, 대법원(재판연구관)에서 판사 역임
미국 University of Washington School of Law, Visiting Scholar(2008－2009)
고려대학교 법과대학 부교수·교수, 변호사·중재인
사법시험, 행정고시, 변리자자격심사위원회 위원 등 역임
현 고려대학교 법학전문대학원 교수
　중국정법대학교 명예교수

〈저서 및 주요 논문〉
저서: 신민사소송법(법문사, 2023)
주요논문: 민사소송에 있어서 신의성실의 원칙, 민사집행법상의 신의칙,
민사집행제도의 이상에 관한 소고, 신축중의 건물의 집행법상의 지위,
국민의 입장에서 바라본 신모델의 향후과제 등 다수

법학입문 [제5판]

2012년 9월 20일   제2판 발행
2016년 3월 5일   제3판 발행
2018년 3월 5일   제4판 발행
2024년 2월 5일   제5판 1쇄발행

저 자 유 병 화 · 정 영 환
발행인 배　　효　　선

발행처　도서
　　　　출판　　法 文 社

주 소   10881 경기도 파주시 회동길 37－29
등 록   1957년 12월 12일/제2－76호(윤)
전 화   (031)955－6500~6   FAX (031)955－6525
E－mail (영업) bms@bobmunsa.co.kr
　　　　 (편집) edit66@bobmunsa.co.kr
홈페이지 http://www.bobmunsa.co.kr

조 판   (주) 성 지 이 디 피

정가 32,000원　　　　ISBN 978-89-18-91459-6